Studienbuch
Inklusion/Exklusion

Kirsten Puhr

Studienbuch Inklusion/Exklusion

Eine Einführung in die inklusionsorientierte Schul-Pädagogik

Autor
Kirsten Puhr
Institut für Rehabilitationspädagogik
Martin-Luther-Universität
Halle-Wittenberg
Halle (Saale), Deutschland

With Contrib. by
Mirko Moll
Institut für Rehabilitationspädagogik
Martin-Luther-Universität
Halle-Wittenberg
Halle (Saale), Deutschland

ISBN 978-3-658-19062-0   ISBN 978-3-658-19063-7   (eBook)
https://doi.org/10.1007/978-3-658-19063-7

Die Deutsche Nationalbibliothek verzeichnet diese Publikation in der Deutschen Nationalbibliografie; detaillierte bibliografische Daten sind im Internet über http://dnb.d-nb.de abrufbar.

© Springer Fachmedien Wiesbaden GmbH, ein Teil von Springer Nature 2023
Das Werk einschließlich aller seiner Teile ist urheberrechtlich geschützt. Jede Verwertung, die nicht ausdrücklich vom Urheberrechtsgesetz zugelassen ist, bedarf der vorherigen Zustimmung des Verlags. Das gilt insbesondere für Vervielfältigungen, Bearbeitungen, Übersetzungen, Mikroverfilmungen und die Einspeicherung und Verarbeitung in elektronischen Systemen.
Die Wiedergabe von allgemein beschreibenden Bezeichnungen, Marken, Unternehmensnamen etc. in diesem Werk bedeutet nicht, dass diese frei durch jedermann benutzt werden dürfen. Die Berechtigung zur Benutzung unterliegt, auch ohne gesonderten Hinweis hierzu, den Regeln des Markenrechts. Die Rechte des jeweiligen Zeicheninhabers sind zu beachten.
Der Verlag, die Autoren und die Herausgeber gehen davon aus, dass die Angaben und Informationen in diesem Werk zum Zeitpunkt der Veröffentlichung vollständig und korrekt sind. Weder der Verlag, noch die Autoren oder die Herausgeber übernehmen, ausdrücklich oder implizit, Gewähr für den Inhalt des Werkes, etwaige Fehler oder Äußerungen. Der Verlag bleibt im Hinblick auf geografische Zuordnungen und Gebietsbezeichnungen in veröffentlichten Karten und Institutionsadressen neutral.

Planung/Lektorat: Stefanie Laux
Springer VS ist ein Imprint der eingetragenen Gesellschaft Springer Fachmedien Wiesbaden GmbH und ist ein Teil von Springer Nature.
Die Anschrift der Gesellschaft ist: Abraham-Lincoln-Str. 46, 65189 Wiesbaden, Germany

Vorwort mit Anregungen für das Studium

Das vorliegende Studienbuch entfaltet Inklusion/Exklusion – fokussiert auf die Lehrer*innen-Bildung – als vielfältiges interdisziplinäres Thema. Die Aufmerksamkeit für die Vielstimmigkeit ermöglicht es, die Komplexität der Thematik Inklusion/Exklusion zu skizzieren und verschiedenste zum Teil widerstreitende, zum Teil scheinbar unabhängig nebeneinanderstehende pädagogische, politische und wissenschaftliche (erziehungs- und politikwissenschaftlich, soziologisch, philosophisch und nicht zuletzt medizinisch legitimierte) Vorstellungen von Inklusion und Exklusion als kontingente Einsätze zu diskutieren. Dafür werden mögliche Lesarten differenter theoretischer, konzeptioneller und Praxen reflektierender Auseinandersetzungen mit Ansprüchen an, Widersprüchen in und Einsprüchen gegen Inklusion vorgestellt.

Wir konzentrieren uns auf Fragen der Einlösung des Bildungsrechts aller Schüler*innen und damit auf Theorien und Praxisreflexionen der Teilhabe an *und* Ausgrenzung aus schulischen Strukturen und Interaktionen, ohne uns darauf zu beschränken. Das Vorhaben, die Thematik in vielfältigen Weisen mit ihren Inkonsistenzen und Ambivalenzen zur Sprache zu bringen, verbindet sich mit dem Anspruch, scheinbar eindeutige Definitionen von und Feststellungen zu Inklusion/Exklusion zu hinterfragen. Auf diese Weise möchten wir Lektüren anregen, die Studierenden der Schul-Pädagogik[1] sowohl theoretisch-reflexive Positionierungen zu Theorien und Konzepten inklusionsorientierter Pädagogik als auch kritisch-produktive Auseinandersetzungen mit schulischer Inklusion und Exklusion ermöglichen.

---

[1] Die Formulierung Schul-Pädagogik soll darauf verweisen, dass die in diesem Studienbuch thematisierten pädagogischen Einsätze nicht ausschließlich die Schulpädagogik betreffen (vgl. dazu Kap. 1, Abschn. 1.1).

Die Anregung für dieses Studienbuch verdanken wir Stefanie Laux, der Cheflektorin Pädagogik des Springer-Verlages für Sozialwissenschaften. Wir danken Frau Laux dafür, wie auch für ihre sachkundige und geduldige Begleitung des langwierigen zirkulären Entstehungsprozesses. Die Texte der vorliegenden Fassung wurden von Dagmar Günther umsichtig korrigiert. Für diese wertvolle Unterstützung danken wir ganz herzlich. Ebenso danken wir Corinna Becht für das Gegenlesen von Texten. Zudem danken wir Joscha Barisch für das abschließende professionelle Korrektorat.

Den Grundstein für die Texte dieses Buches bilden Skripte der Vorlesung ‚Konzepte von Inklusion und Exklusion'. Diese Vorlesung war von 2015 bis 2019 Bestandteil des Basismoduls ‚Inklusion. Soziologische Dimensionen eines inklusiven Schulsystems'. Dabei handelte es sich um ein Studienangebot der Pädagogischen Hochschule Heidelberg, das sich an die Studierenden aller Bachelor-Studiengänge mit Lehramtsbezug und seit 2017 auch an Studierende des Studiengangs Master of Education der Ruprecht-Karls-Universität Heidelberg richtete. Wir danken der Pädagogischen Hochschule Heidelberg für die Unterstützung bei der Konzeptionierung und Realisierung des Moduls. Des Weiteren danken wir Susanne Heil, Anna Lake und Klemens Ketelhut für ihre Anregungen und ihre Mitarbeit in dieser ersten Phase der Entstehung des Studienbuches.

Mein ganz besonderer Dank gilt Mirko Moll für seine vielfältige Mitarbeit an diesem Studienbuch. Mirko Moll entwarf und gestaltete alle Abbildungen und entwickelte die Studienaufgaben. Er war der erste Leser aller hier versammelten Texte und ihrer vorläufigen Versionen. Seinen produktiv kritischen Lektüren, inhaltlichen und medialen Anregungen sowie unseren vielen inhaltlichen Diskussionen verdanken sich die Texte in ihrer vorliegenden Form. Zudem übernahm Mirko Moll die Formatierungen und laufenden Korrekturen. Ohne diese thematischen, studiendidaktischen und formalen Beiträge wäre die Realisierung dieses Buches als Studienbuch nicht möglich gewesen. Nicht zuletzt dieser Arbeitsgemeinschaft ist das erzählende ‚Wir' geschuldet, das sich in diesem Studienbuch zur Sprache bringt. Mit diesem ‚Wir' weisen sich die Texte als Produkte eines gemeinsamen Produktionsprozesses aus, die sich nur formal der Verantwortung einer Autorin zurechnen lassen.

Wir verstehen unsere Texte als performative wissenschaftliche Erzählungen und alle Aussagen dieses Buches als kontingente Vorstellungen, die wir als heterogenes Gewebe von Differenzen zur Diskussion stellen. Das Konzept der Performativität kennzeichnet dabei sowohl die Unabgeschlossenheit der vorliegenden Auseinandersetzungen mit dem Thema Inklusion/Exklusion als auch deren eklektische Bezüge auf diverse Referenzen. Dieses Verständnis leitet

Vorwort mit Anregungen für das Studium VII

unsere inklusionspädagogisch motivierten Lektüren der wissenschaftlichen Texte zum Thema Inklusion/Exklusion, der medialen Inszenierungen und auch der Erzählungen von Praxen, die uns in ihren wechselseitigen Ergänzungen, Durchkreuzungen und im Widerstreit begegneten. Insofern danke ich auch für ungezählte Anregungen, auf die wir uns im Folgenden direkt und indirekt zitierend berufen.

Dieses Studienbuch versteht sich als eines, das in einige der vielstimmigen theoretischen Vorstellungen von Inklusion und Exklusion einführt. In diesem Zusammenhang lädt es zu Auseinandersetzungen und Diskussionen um die vorgestellten Positionierungen zu inklusionsorientierter Schul-Pädagogik ein. Dafür bietet es inhaltliche Ausführungen zu Ansprüchen, Widersprüchen und Einsprüchen entlang der Themenfokussierungen der einzelnen Kapitel, in denen die Abschnitte jeweils verschiedene Schwerpunkte zur Sprache bringen.

Die Überschriften der vier Teile dieses Studienbuches markieren die Einsätze:

I Differente Zugänge zum Thema Inklusion/Exklusion
II Bildungs(un)gerechtigkeit und Inklusionsgebot
III Inklusion/Exklusion in der Schul-Pädagogik. Konzepte, Beschreibungen und Analysen
IV Ungleiche Bildungs-Chancen – Differente Vorstellungen von Teilhabe und Gerechtigkeit

Quer zur Linearität der vier Teile und der Kapitelreihenfolge des Studienbuches ist von Inklusion/Exklusion in differenten Einsätzen zu lesen, die sich in verschiedenen Theoriezugängen und theoretischen Reflexionen von Praxen verorten:

Inklusion/Exklusion in der Allgemeinen Erziehungswissenschaft, Erziehungsphilosophie und Bildungstheorie:

- in Abschn. 1.4 zu erziehungswissenschaftlichen Inklusion/Exklusion-Forschungen
- in Abschn. 2.1 und 2.3 zum (inklusions)pädagogischen Selbstverständnis
- in Abschn. 3.3 zu Adressierung als Anerkennung
- in Abschn. 7.3 zu Anerkennung als menschenrechtliche Norm für pädagogisches Handeln
- in Abschn. 7.3 zu Heterogenität als ‚egalitäre Differenz'
- in Abschn. 7.3 zu ‚konflikthafter Fremdheit' und ‚unvergleichlicher Singularität'
- in Abschn. 8.3 zu Vorstellungen von Leistungsgerechtigkeit und pädagogischer Gerechtigkeit

Inklusion/Exklusion in der Schulpädagogik:

- in Abschn. 2.1 zum Bildungsrecht
- in Abschn. 2.2 zum Konzept ‚reflexive Inklusion'
- in Abschn. 2.4 und 4.2 zu integrativen Schulkonzepten
- in Abschn. 2.4 zur formalen Aufhebung der Sonderschulpflicht
- in Abschn. 3.3 zu strukturellen und interaktiven Praktiken im schulischen Unterricht
- in Abschn. 5.1 zu inklusionsorientierten Schul- und Unterrichtskulturen
- in Abschn. 5.2 und 5.3 zu inklusionsorientierten Didaktiken
- in Abschn. 5.2 zu heterogenitätssensiblen Diagnosen und Bewertungen von Leistungen
- in Abschn. 8.1 zur Heterogenität schulischer Leistungen
- in Abschn. 9.3 zu Schulbegleitungen als Praxen schulischer Inklusion/ Exklusion
- in Abschn. 11.1 zur Umsetzung von Kinderrechten und Demokratie in der Schule

Inklusion/Exklusion in Differenzpädagogiken:

- in Abschn. 1.3 zu Behinderungen als soziokulturelle Konstruktionen
- in Abschn. 2.3 zu Geschlecht als bildungsrelevante Differenzkonstruktion
- in Abschn. 2.3 zum Konzept der Pädagogik ‚vielfältiger Lebensweisen'
- in Abschn. 2.5 zum Selbstverständnis der Migrationspädagogik
- in Abschn. 3.1 zum Selbstverständnis der Sonderpädagogik
- in Abschn. 3.2 zu Behinderung als pädagogische Kategorie
- in Abschn. 4.3 zum Selbstverständnis menschenrechtsbasierter Inklusiver Pädagogik
- in Abschn. 5.3 zu Differenzkonstruktionen im schulischen Unterricht
- in Abschn. 9.1 und 9.2 zum Selbstverständnis der Sozialpädagogik
- in Abschn. 9.4 zu Inklusion/Exklusion in der Kinder- und Jugendhilfe

Inklusion/Exklusion in soziologischen Theorien und Ungleichheitsforschungen:

- in Abschn. 3.1 zu Schule als Teil ‚sozialer Welten'
- in Abschn. 2.1 und 3.4 zu Vorstellungen von Erziehung als gesellschaftliche Funktion
- in Abschn. 1.1 und in 3.2 bis 3.4 zur ‚Theorie sozialer Systeme'

Vorwort mit Anregungen für das Studium IX

- in Abschn. 5.3 zu Disability Studies
- in Abschn. 6.3 und 8.1 zu empirischen Bildungsforschungen
- in Abschn. 6.1 und 7.2 zu Vorstellungen sozial ungleicher Chancen im ‚Habitus'-Konzept
- in Abschn. 7.2 zu ‚Körperkapital' und Vorstellungen (nicht)behinderter Körper
- in Abschn. 8.2 und 10.4 zu Konstruktionen von ‚Bildungsarmut'
- in Abschn. 7.3 zu sozialkategorialen Bestimmungen von Inklusion/Exklusion
- in Abschn. 10.2 zu Partizipation und Interdependenz in sozialwissenschaftlichen Analysen

Inklusion/Exklusion in politischen Theorien, Konzepten und Praxisreflexionen:

- in Abschn. 1.1, 1.2, 1.3 und 11.1 zu Inklusion als menschenrechtliche Verpflichtung
- in Abschn. 1.2 und 2.1 zu Schulpflicht und Bildungsrecht
- in Abschn. 1.2, 1.3 und 11.1 zur UN-Behindertenrechtskonvention
- in Abschn. 2.1 zur Bildungspolitik
- in Abschn. 2.3 und 8.2 zur Rolle formaler Bildung in Prozessen der Inklusion/Exklusion
- in Abschn. 3.4 und 10.2 zum gesellschaftlichen Inklusionsgebot
- in Abschn. 4.1 zu Sonderpädagogik und Biopolitik
- in Abschn. 8.3 zum meritokratischen Verständnis von Leistungsgerechtigkeit
- in Abschn. 10.2 und 10.4 zu ökonomischer Inklusion/Exklusion
- in Abschn. 10.4 zu kinder- und jugendorientierten politischen Perspektiven der Teilhabe
- in Abschn. 10.2, 10.3 und 10.4 zu Inklusion/Exklusion im Wohlfahrtsstaat
- in Abschn. 11.2 zu Inklusion als Teilhabemöglichkeiten an politischen Entscheidungsprozessen
- in Abschn. 11.3 zur (Un)Möglichkeit gleichberechtigter Teilhabe

Zudem enthält dieses Studienbuch verschiedene didaktische Elemente. Diese Einfügungen fassen die Inhalte der Studientexte zusammen oder erweitern sie. Wir verstehen sie als Angebote für vertiefende Studien.

Die *Abbildungen* fassen grundlegende Aussagen der jeweiligen Kapitelabschnitte zusammen und setzen sie in Beziehung zueinander. Empfehlungen, Beispiele und Exkurse erweitern in je unterschiedlichen Weisen die Studientexte.

In den *Empfehlungen* verweisen wir exemplarisch auf mediale Inszenierungen (Sachbücher, Belletristik, Dokumentar- und Spielfilme), die uns geeignet erscheinen, den vorgestellten Aspekt von Inklusion/Exklusion in einer kulturellen Übersetzung zu diskutieren.[2]

Die *Beispiele* thematisieren inklusionsorientierte pädagogische Konzepte oder Praxisbeobachtungen. In den Beispielen zitieren wir Auszüge aus empirischen Studien und handlungstheoretischen Einsätzen, in denen das Thema Inklusion/Exklusion verhandelt wird. Sie sind mit ihrer Vielstimmigkeit so gewählt, dass sie als pädagogische Fallbeispiele die jeweiligen theoretischen Ausführungen exemplarisch vorstellen und als eigenständige Diskussionsmaterialien genutzt werden können.

Die *Exkurse* führen in grundlegende Konstruktionen der Theorien ein, welche die Perspektiven der entsprechenden Textabschnitte leiten. Sie dienen dem theoretischen Verständnis und wollen zu weiterer Lektüre der aufgerufenen Texte mit ihren differenten theoretischen Konstruktionen von Inklusion/Exklusion einladen.

Die Literaturlisten am Ende der einzelnen Kapitel werden von jeweils ein bis zwei *Hinweisen zu wissenschaftlichen Texten zum vertiefenden Studium* der in den einzelnen Kapiteln skizzierten Thematisierungsweisen von Inklusion/Exklusion angeführt.

Die *Studienaufgaben* zu den Kapiteln dieses Studienbuches verstehen sich als ‚Marker' für kontingente, wissenschaftlich legitimierte Positionierungen zum Thema Inklusion/Exklusion im Studium der Schul-Pädagogik. An einem solchen Verständnis von schul-pädagogischen Studien orientiert sich dieses Studienbuch mit dem Ansinnen, Inklusion/Exklusion als vielstimmiges interdisziplinäres Thema vorzustellen.

Halle/Saale Kirsten Puhr
im Juli 2022

---

[2] Eine Vielzahl weiterer Empfehlungen von Filmen und Literatur zum Themenfeld Inklusion/Exklusion findet sich auf der Homepage des Arbeitsbereichs Allgemeine Inklusionspädagogik an der Martin-Luther-Universität Halle-Wittenberg unter https://film-liste.reha.uni-halle.de/ bzw. https://buecherliste.reha.uni-halle.de/.

Inhaltsverzeichnis

Teil I   Einleitung

1   Differente Zugänge zum Thema Inklusion/Exklusion............   3
   1.1   Fürsprache für inklusionsorientierte schul-pädagogische
        Angebote und Einwände   4
   1.2   Inklusion als rechtlich begründeter Anspruch!?..............   16
   1.3   Zur Bedeutung der UN-Behindertenrechtskonvention für
        inklusionsorientierte und -kritische erziehungswissenschaftliche
        Forschungen..   20
   1.4   Kontingente Positionierungen zum Thema Inklusion/
        Exklusion..   24
   1.5   Zu den Texten dieses Studienbuches   28
   Literatur...   37

Teil II   Bildungs(un)gerechtigkeit und Inklusionsgebot

2   Chancengerechte Bildung als Thema der Schulpädagogik.........   43
   2.1   Zum Bildungsrecht für alle Schüler*innen   44
   2.2   Zum Leitbild ‚Inklusive Schule'   49
   2.3   Geschlecht als bildungsrelevante Differenzkonstruktion........   57
   2.4   (Integrierte) Gesamtschulen und Gemeinschaftsschulen........   75
   2.5   Bildungs(un)gerechtigkeit und Migrationspädagogik..........   87
   Literatur...   102

**3   Gesellschaftliche (Un)Gleichheit. Inklusion/Exklusion
und „das Soziale"**   109
   3.1   Betrachtungsweisen gesellschaftlicher (Un)Gleichheit.........   109
   3.2   Von der Unwahrscheinlichkeit sozialer Ordnungen............   116

3.3	Inklusion/Exklusion im schulischen Unterricht	121
3.4	Inklusion/Exklusion im Erziehungssystem	136
Literatur		154

4 Schulbezogene Sonder-, Integrations- und Inklusionspädagogiken... 157

4.1	Selbstverständigungen der Sonderpädagogik im Zusammenhang mit Bildungsfähigkeit und personenbezogenen Zuschreibungen von Behinderungen	158
4.2	Integrative Sonderschulpädagogik und radikale Integrationspädagogik	173
4.3	Schulbezogene Inklusionspädagogik als spezifische Disziplin zur Bearbeitung von Behinderungen schulischer Bildungschancen	187
Literatur		195

Teil III Inklusion/Exklusion in der Schulpädagogik. Konzepte, Beschreibungen und Analysen

5 Inklusionsorientierte Schul- und Unterrichtskonzepte 203

5.1	Konzepte inklusionsorientierter Schulentwicklungen	203
5.2	Inklusionsorientierte Weiterentwicklungen allgemeiner Didaktiken	217
5.3	Spezifische inklusionsorientierte Didaktiken	232
Literatur		251

6 Soziale Ungleichheit und schulische Inklusion/Exklusion 255

6.1	Soziale Ungleichheit aus einer kultursoziologischen Perspektive	255
6.2	Inklusion/Exklusion in (nicht-)behinderten Körperbildern und praktiken	265
6.3	Sozialkategoriale Bestimmungen von Inklusion/Exklusion	270
Literatur		287

7 Heterogenität als inklusionspädagogisches Konzept 291

7.1	Differenzordnungen in der Schul-Pädagogik	291
7.2	Das Konzept Heterogenität in der Erziehungswissenschaft	296
7.3	Heterogenität als normative Orientierung	303
Literatur		320

8 Heterogene Schulleistungen als (De)Legitimation von Inklusion/Exklusion ... 323
8.1 Heterogenität schulischer Leistungen ... 324
8.2 Bildung als eine ‚Grunddimension' sozialer Ungleichheit ... 337
8.3 Bildungsungleichheit als Leistungsgerechtigkeit? ... 348
Literatur ... 359

Teil IV Ungleiche Bildungs-Chancen – Differente Vorstellungen von Teilhabe und Gerechtigkeit

9 Die Ambivalenz der Sozialpädagogik gegenüber dem Anspruch der Inklusion ... 365
9.1 Inklusionskritische Sozialpädagogik ... 366
9.2 Zur Entwicklung der Kinder- und Jugendhilfe ... 381
9.3 Schulbegleitungen als sozialpädagogische Praxen schulischer Inklusion/Exklusion ... 387
9.4 Inklusion/Exklusion als konstitutives Spannungsverhältnis in der Kinder- und Jugendhilfe ... 396
Literatur ... 400

10 Ungleiche Teilhabe und soziale Ausgrenzungen im Sozialstaat Deutschland ... 405
10.1 Inklusion/Exklusion in sozialwissenschaftlichen Analysen sozialer Ungleichheit ... 406
10.2 Zum sozialpolitischen Versprechen der Inklusion ... 417
10.3 Behinderungen im Sozialstaat ... 434
10.4 Kinderarmut im Sozialstaat ... 447
Literatur ... 458

11 Politische Kulturen der Inklusion/Exklusion ... 465
11.1 Menschenrechte als normative Prinzipien demokratischer Kulturen ... 466
11.2 Deliberation als politische Kultur der ‚Inklusivität' ... 482
11.3 Von der (Un-)Möglichkeit gleichberechtigter Teilhabe ... 494
Literatur ... 506

Abbildungsverzeichnis

Abb. 1.1	Erziehungswissenschaftliche Positionierung und theoretisch-reflektierende Einsätze des Studienbuches. (© Mirko Moll)	9
Abb. 1.2	Differente Verständnisse des Streits um schulische Inklusion. (© Mirko Moll)	11
Abb. 1.3	Positionierungen für bzw. gegen Inklusion im Namen der Gleichheit. (© Mirko Moll)	15
Abb. 2.1	Widersprüchlichkeiten in der Realisierung des Bildungsrechts für alle Schüler*innen. (© Mirko Moll)	47
Abb. 2.2	Leitbild ‚Inklusive Schule'. (© Mirko Moll)	54
Abb. 2.3	Thematisierungen von Geschlecht in pädagogischen Zusammenhängen. (© Mirko Moll)	58
Abb. 2.4	Verhältnisse von Ausländerpädagogik, Interkultureller Pädagogik und Migrationspädagogik. (© Mirko Moll)	96
Abb. 3.1	Soziologische Grundfragen nach Hillebrandt (2001). (© Mirko Moll)	116
Abb. 3.2	Inklusion/Exklusion im Interaktionssystem Unterricht. (© Mirko Moll)	135
Abb. 3.3	Zur Funktion des Schulsystems nach Luhmann (1997). (© Mirko Moll)	152
Abb. 4.1	Schulbezogene Sonderpädagogik in Verbindung mit Vorstellungen von Behinderungen. (© Mirko Moll)	170
Abb. 4.2	Schulbezogene Integrationspädagogiken in Verbindung mit Vorstellungen von Behinderungen. (© Mirko Moll)	182

Abb. 4.3	Schulbezogene Inklusionspädagogik in Verbindung mit Vorstellungen von Behinderungen. (© Mirko Moll)	191
Abb. 5.1	Schulkulturtheoretische Perspektiven (vgl. Helsper 2008, 2015) bezogen auf den Index für Inklusion (vgl. Boban und Hinz 2003; Booth und Ainscow 2017). (© Mirko Moll)	216
Abb. 5.2	Inklusionsorientierte Weiterentwicklungen allgemeiner Didaktiken bezüglich der Sinndimensionen differenzierter gemeinsamer Lehr- und Lernprozesse. (© Mirko Moll)	231
Abb. 5.3	Positionierungen in Spannungsfeldern inklusionsorientierter Didaktiken. (© Mirko Moll)	247
Abb. 6.1	Soziale Ungleichheit im Konzept des Habitus nach Bourdieu (2001). (© Mirko Moll)	264
Abb. 6.2	Klassentheoretische, schichtungstheoretische und milieutheoretische Modelle der Analyse sozialer Ungleichheit. (© Mirko Moll)	275
Abb. 7.1	Bedeutungsdimensionen von Heterogenität im Anschluss an Walgenbach (2014b). (© Mirko Moll)	300
Abb. 7.2	Zur normativen Bedeutungsdimension von Heterogenität nach Prengel (2014 und 2019a). (© Mirko Moll)	306
Abb. 8.1	Erziehungswissenschaftliche Auseinandersetzungen mit der Heterogenität schulischer Leistungen. (© Mirko Moll)	335
Abb. 8.2	Bildung als Grunddimension sozialer Ungleichheit. (© Mirko Moll)	344
Abb. 8.3	Die Prinzipien der Leistungsgerechtigkeit und der pädagogischen Gerechtigkeit. (© Mirko Moll)	351
Abb. 9.1	Inklusionskritische Positionierungen in der Sozialpädagogik. (© Mirko Moll)	372
Abb. 9.2	Sozialintegration im Selbstverständnis der Sozialpädagogik. (© Mirko Moll)	379
Abb. 10.1	Bestimmungen von Inklusion/Exklusion im Anschluss an Kronauer (2002). (© Mirko Moll)	410
Abb. 10.2	Gesellschaftliche Inklusion im Kontext der ‚Theorie Sozialer Demokratie' nach Meyer (2011). (© Mirko Moll)	424
Abb. 10.3	Vorstellungen von Hilfebedürftigkeit und Teilhabebedarfen. (© Mirko Moll)	445
Abb. 10.4	Forderungen wohlfahrtsstaatlicher Regulierungen von Kinderarmut. (© Mirko Moll)	457

Abb. 11.1	Inklusion/Exklusion im Kontext der Menschenrechte. (© Mirko Moll).	473
Abb. 11.2	Grundannahmen deliberativer Demokratie. (© Mirko Moll)	491
Abb. 11.3	Grundannahmen radikaler Demokratie. (© Mirko Moll)	500

Teil I
Einleitung

Differente Zugänge zum Thema Inklusion/Exklusion

1

Zusammenfassung

Den Ausgangspunkt für unsere Vorstellungen zum Thema Inklusion/Exklusion bildet eine Positionierung, die Fürsprachen für inklusionsorientierte schulpädagogische Angebote und vielfältige gesellschaftliche Teilhabe als politische und soziokulturelle Entscheidungen versteht. Diese Fürsprachen verbinden sich mit Ansprüchen chancengerechter Bildung und vielfältigen Lebens in Auseinandersetzung mit ungleichen Teilhabechancen und sozialen Ausgrenzungen. Mit unserer Positionierung beziehen wir uns auf verschiedene Vorstellungen von Inklusion und Exklusion und grenzen uns zugleich von diesen ab. Die folgende Einführung in dieses Studienbuch soll ein Bild von vielfältigen Ideen zum Thema Inklusion/Exklusion, ihren Bezügen und Abgrenzungen an ausgewählten differenten Theorie- und Praxiszugängen entwerfen (Abschn. 1.1 bis 1.4). Der Einführungsteil enthält zudem eine zusammenfassende Übersicht über den Aufbau und die Texte dieses Studienbuches (Abschn. 1.5).

Schlüsselwörter

Differenzkonstruktion · Dissens · Erziehungswissenschaft · Fürsprache · Gleichheit · Inklusion/Exklusion · Inklusionsorientierung · Situiertes Wissen · Teilhabe · UN-Behindertenrechtskonvention

1.1 Fürsprache für inklusionsorientierte schulpädagogische Angebote und Einwände

Dieses Studienbuch widmet sich dem *Thema Inklusion/Exklusion* mit dem Fokus auf die Lehrer*innen-Bildung. Mit dieser Schwerpunktsetzung stehen sowohl *Ansprüche der Teilhabe aller Schüler*innen an einem inklusionsorientierten Schul- und Erziehungssystem* zur Diskussion als auch *Widersprüche,* die sich mit diesen Ansprüchen verbinden. Zudem werden *Einsprüche* gegen die Arten der beanspruchten Teilhabe im Zusammenhang mit vielfältigen Aspekten gesellschaftlicher und sozialer Ungleichheit aufgerufen. Mit diesen Zugängen begründet sich die Vielfältigkeit der aufgerufenen Theorie- und Praxisperspektiven auf das Thema Inklusion/Exklusion in diesem Studienbuch.

Die Formulierung ‚inklusionsorientiert' verwenden wir aus einem theoretischen Verständnis heraus anstelle von Bezeichnungen wie ‚integrativ' oder ‚inklusiv'. Mit dem Ausdruck ‚inklusionsorientiert' verweisen wir zunächst auf Selbstbeschreibungen pädagogischer Theorien und schulischer Bildungsangebote in unterschiedlichen organisatorischen Formen, welche das Ziel chancengerechter Teilhabe aller Schüler*innen am Bildungssystem thematisieren. Darüber hinaus nutzen wir diese Zuschreibung in unseren Betrachtungen interdisziplinärer handlungs- und grundlagentheoretischer sowie bildungs- und sozialpolitischer Darstellungen von Inklusion/Exklusion. Wir stellen Ansprüche und Widersprüche inklusionsorientierter Pädagogik sowie Einsprüche gegen diese zur Diskussion, die sich auf die Schulpädagogik fokussieren, sich jedoch nicht auf diese erziehungswissenschaftliche Teildisziplin beschränken. Die Schreibweise ‚Schul-Pädagogik' soll diese Öffnung markieren.

Das Thema entfalten wir mit verschiedensten Schwerpunktsetzungen. Diese stellen Inklusion/Exklusion in Einsätzen der Erziehungstheorie, der Allgemeinen Pädagogik, der Schulpädagogik, in sogenannten Differenzpädagogiken, in soziologischen Theorien und Ungleichheitsforschungen, in politisch-philosophischen Theorien und Praxisreflexionen sowie in den (diese Theorien) querenden Cultural Studies zur Diskussion (vgl. dazu die Anregungen für das Studium im Vorwort). Mit unseren Lesarten dieser Einsätze und ihren (von uns in vorliegender Weise inszenierten) Verschränkungen möchten wir *vielstimmigen Vorstellungen von Inklusion und Exklusion* Raum geben, diese aufeinander beziehen, ohne sie gegeneinander auszuspielen oder ineinander aufgehen zu lassen. Die Wahl der Differenzkonstruktion Inklusion/Exklusion für die Benennung des Themas dieses Studienbuches ist dieser Idee geschuldet. In der von uns genutzten Schreibweise

1.1 Fürsprache für inklusionsorientierte schul-pädagogische Angebote ...

berufen wir uns mit dem Differenzbegriff Inklusion/Exklusion auf einen kulturpolitischen und einen systemtheoretischen Kontext.[1]

Die ‚Erfindung' des „Begriffspaar[es] Inklusion/Exklusion" (Weibel 2010, S. 11) nimmt eine interdisziplinäre Publikation von Beiträgen für sich in Anspruch, die sich kritisch mit politischen Fragen von Inklusion/Exklusion im Zusammenhang mit Kunst auseinandersetzen. Im Vorwort zur zweiten Auflage wird von einem wissenschaftlichen Symposium im Rahmen einer 1996 ausgerichteten Ausstellung „Inklusion: Exklusion. Kunst im Zeitalter von Postkolonialismus und globaler Migration" (ebd.) erzählt. Wir lesen von Inklusion/Exklusion als einer „wesentliche[n] Operation für die Zukunft sozialer Systeme" (ebd., S. 12, Anpassung K.P.). Die ihr zugeschriebene Bedeutung begründet sich kulturpolitisch mit dem *Sicht-und-sagbar-werden*[2] *der Inklusions- und Exklusionsmechanismen*, „innerhalb derer im Zeitalter der Globalisierung die Moderne umschrieben wird" (ebd.). Solche Inklusions- und Exklusionsmechanismen finden sich in den bildenden Künsten ebenso wie in allen anderen gesellschaftlichen Themenfeldern. Insofern wird Inklusion/Exklusion hier als eine „Meta-Differenz" (ebd.) vorgestellt, „die auch für die Unterscheidung von Recht und Unrecht zuständig ist" (ebd.). Diese Differenzkonstruktion rufen wir in den Texten dieses Studienbuches mit Blick auf die *Ansprüche chancengerechter Bildung und Erziehung für alle Schüler*innen im allgemeinen Schul- und Erziehungssystem sowie vielfältiger soziokultureller Teilhabe und den damit verbundenen Exklusionsproblemen* auf.

Der zitierte kulturpolitische Zugang positioniert sich explizit gegen eine „Verharmlosung des Problems der Exklusion" (ebd.). Eine solche Verharmlosung von Exklusion wird der formal-beschreibenden soziologischen „Unterscheidung Inklusion/Exklusion" (Luhmann 1997, S. 619) zugeschrieben. Diese Einschätzung teilen wir nicht. Vielmehr lesen wir in verschiedenen systemtheoretisch positionierten Texten (u. a. Luhmann 1997; Farzin 2006; Stichweh 2016) die Differenz Inklusion/Exklusion als Grundlage für systemtheoretisch begründete

---

[1] Die nachfolgenden Textabschnitte finden sich, wenn auch anders fokussiert und strukturiert, im Artikel „Inklusion/Exklusion und das Soziale" (Puhr 2022) wieder.

[2] Der gelesene Text markiert als explizites Anliegen der Ausstellung „Inklusion : Exklusion. Kunst im Zeitalter von Postkolonialismus und globaler Migration" (Weibel 2010, S. 11) den seitdem virulenten Anspruch, „eine neue Kartografie der Kunst zu erstellen, die auch KünstlerInnen erfasst, die am Rande des Marktes oder in Ländern arbeiten, die nicht im Fokus der Tradition der westlichen Moderne stehen, also immer noch exkludiert sind" (ebd., S. 12).

soziologische Beobachtungen von Inklusion/Exklusion als Teilhabe-, Teilnahme- *und Ausgrenzungspraktiken*. Solche Praktiken der Inklusion/Exklusion lassen sich z. B. in Organisationen (wie inklusionsorientierten Schulen) beobachten, die sich eine inklusionsvermittelnde Funktion zuschreiben. Die soziologische Systemtheorie geht von der Grundannahme aus, dass „mit der funktionalen Differenzierung des Gesellschaftssystems […] die Regelung des Verhältnisses von Inklusion und Exklusion auf die Funktionssysteme übergegangen" (Luhmann 1997, S. 630) ist. Aus dieser Perspektive werden darstellbare Konsequenzen problematisiert. Dazu gehört u. a. die *„Illusion eines nie zuvor erreichten Standes der Inklusion"* (ebd., Herv. K.P.). Diese Annahme wird zunächst damit erklärt, dass grundsätzlich für alle Personen „Teilnahme unter diesen Bedingungen [denen der funktionalen Differenzierung] möglich ist" (ebd., Ergänzung K.P.). Zur Illusion wird die Idee umfassender Inklusion mit Beobachtungen von ‚Blindheit' gegenüber Exklusionen erklärt. Diese Zuschreibung begründet sich mit der Nichtbeachtung von Praxen, mit denen „sich an den Rändern der Systeme Exklusionseffekte" (ebd.) bilden, die als *„faktische Ausschließung"* aus einem Funktionssystem" (ebd., Herv. K.P.) Teilnahme an anderen massiv beschränken.

In ihrer Widersprüchlichkeit geben diese beiden Zugänge mögliche Begründungen für unsere Bezeichnung des zu diskutierenden Themas Inklusion/Exklusion. In diesem Sinne situieren wir *Fürsprachen für inklusionsorientierte schul-pädagogische Angebote und vielfältige gesellschaftliche Teilhabe als politische und soziokulturelle Entscheidungen* mit Bezug auf kontingente Vorstellungen von Inklusion/Exklusion. Diese Entscheidungen verpflichten sich Ansprüchen chancengerechter formaler wie informeller Bildung und Erziehung in Auseinandersetzung mit ungleichen Teilhabechancen und sozialen Ausgrenzungen.

Von diesem Verständnis ausgehend, stellen wir Theorien, Handlungskonzepte und Praxisreflexionen inklusionsorientierter Bildung und Erziehung mit bildungspolitischen, pädagogischen und gesellschaftlichen Inklusionsansprüchen zur Diskussion. Dabei skizzieren wir insbesondere Vorstellungen von Inklusion und Exklusion sowie von „Anerkennung […] [als] Bezugsrahmen praktisch aller Differenzpädagogiken […] in der aktuellen Debatte um Inklusion" (Raab 2016, S. 127, Anpassung K.P.), die Kontingenzen und damit *Ungewissheit als theoretische und praktische Herausforderung* für Pädagog*innen aufnehmen können (vgl. Abschn. 1.4). Konzepte von Heterogenität, sozialer Ungleichheit, Ausgrenzungen und Behinderungen werden dabei zu „imaginäre[n] Bezugspunkt[en], [die] notwendig zu sein [scheinen], um den Raum des [Inklusions-]Pädagogischen überhaupt erst zu konstituieren" (Schäfer 2012, S. 24, Ergänzung K.P.). Mit dieser Entscheidung wird Nicht-Wissen als

„radikales Nicht-wissen-Können" (Wimmer 2014, S. 87), etwa der Nicht-Identität der*des (als sozial benachteiligt und/oder behindert adressierten) unverfügbaren Anderen, konstitutiv für mögliches (inklusions)pädagogisches Wissen. Inklusionsorientierte schul-pädagogische Konzepte und Praxen, die Ungewissheiten als theoretische und praktische Herausforderungen annehmen können, müssen sich mit *strukturellen, sozialen und kulturellen Ungleichheiten von Teilhabechancen* auseinandersetzen, z. B. mit impliziten Logiken der Praxen gewährter sowie verwehrter Bildung, sozialer Anerkennung und Teilhabe. Vor diesem Hintergrund verbinden sich Auseinandersetzungen mit Ansprüchen an ein inklusionsorientiertes Bildungs- und Erziehungssystem, an Pädagogiken und Praxen mit Fragen nach *Verschiebungen von Anerkennungspraxen* sowie von *Teilhabe und Ausschluss*.

Praxen der Inklusion/Exklusion verändern sich und mit ihnen *Vorstellungen von „Normalität und Abweichung"* (Bublitz 2003, S. 252, Herv. K.P.).

> „Es ist ein bewegliches Koordinatensystem, in dem sich die Diskurse von Recht und Ordnung, von Norm und Abweichung, von Gesundheit und Krankheit, von Normalität und Pathologie einschreiben und kreuzen und immer wieder neue Positionen von Normalität und Abweichung konstituieren" (Bublitz 2003, S. 252).

Solche neuen Positionen von Normalität und Abweichung ermöglichen eine Sensibilität für Inklusions-, Integrations- und Identitätskonflikte in pluralen Gesellschaften (vgl. Liebsch 2003, S. 18). Sie konstituieren sich in sozial- und bildungspolitischen Praxen, z. B. mit der ausgleichenden Politik des gesellschaftlichen Anspruchs gleichberechtigter Teilhabe aller Schüler*innen am allgemeinen Schulsystem, oder auch mit der ressourcenorientierten Politik von Eingliederung und Diversitätsmanagement ebenso wie mit der neoliberalen Politik des Förderns und Forderns und der finanz- und arbeitsmarktorientierten Politik gegen Armut und soziale Ausgrenzungen.

Im Einlassen auf diesen Zugang finden Fragen nach der Einlösung des Bildungsrechts aller Schüler*innen und vielfältiger gesellschaftlicher Teilhabe keine abschließenden Antworten. Die Ansprüche, Widersprüche und Einsprüche, die mit der Thematisierung von Inklusion/Exklusion sicht- und sagbar werden können, konfrontieren Theorien und Praxen inklusionsorientierter Schul-Pädagogik mit vielen offenen Fragen. In Auseinandersetzungen mit inklusionsorientierten Schul- und Lebenspraxen geht es z. B. nicht nur um Abgrenzungen von Strukturen, die vielfältiges Lernen und Leben behindern, sondern auch um Behinderungen in den Strukturen und Praxen, die chancengerechte Teilhabe am systematischen Lernen und selbstbestimmtes Leben ermöglichen sollen. Für

Pädagog*innen stellen sich insbesondere *Fragen nach inklusionspädagogischer Professionalität*, angesichts aller Formen behinderten Lernens und Lebens. Damit sind drei Dimensionen inklusionsorientierter Schul-Pädagogik angesprochen, die in dieser Einführung zu berücksichtigen sind:

1. Als Voraussetzung gelten fachwissenschaftliche, pädagogische und didaktische Konzepte inklusionspädagogischen Wissens und Konzepte des Agierens mit dessen Grenzen.
2. Diese Konzepte finden Anwendung in inklusionsorientierten Praxen. Pädagogische Praxen zeigen sich in ihren (Re)Konstruktionen zugleich als typische und als singuläre. So wird neben dem Wissen auch das Nicht-Wissen bedeutsam.
3. Die Ungewissheit, die sich mit gleichzeitigem Wissen und Nicht-Wissen verbindet, bedarf inklusionspädagogischer Reflexionen.

Für *theoretisch-reflektierende Einsätze* stellt sich die Frage nach inklusionsorientierten Pädagogiken noch einmal anders: Angestoßen werden Auseinandersetzungen „mit der (impliziten) Normativität erziehungs- und bildungswissenschaftlicher sowie pädagogischer Konzepte, Theorien und Modelle" (DGfE 2017, S. 4). Theorien, Konzepte und Modelle eines inklusionsorientierten Schul- und Erziehungssystems werden als pädagogische, erziehungs- und bildungswissenschaftliche Einsätze für Inklusion von wissenschaftlichen Inklusion/ Exklusion-Forschungen beobachtet. Deren produktives Potenzial kann sich mit der Fokussierung „auf den blinden Fleck des beobachteten Beobachters" (Luhmann 1997, S. 1119) entfalten. Aus einer solchen theoretisch-reflektierenden Perspektive kann das, „was in der Gesellschaft als natürlich und notwendig gilt, [...] [als] etwas Artifizielles und Kontingentes" (Luhmann 1997, S. 1119) erscheinen. Damit werden Widersprüche inklusionsorientierter Schul-Pädagogiken sicht- und sagbar sowie Einsprüche gegen deren Normativität und scheinbare Normalität möglich. Jedoch folgt aus einer solchen Reflexion/Beobachtung nicht, „daß man auch sagen könnte, wie es anders zu machen wäre" (ebd.). Vielmehr hätten sich kritische Reflexionen auch auf eigene Konstruktionen und wissenschaftliche Selbstverständnisse im Themenfeld Inklusion/Exklusion zu beziehen. Einige der so aufzurufenden Ansprüche, Widersprüche und Einsprüche bilden den Rahmen, in dem in diesem Studienbuch Fragen nach Realisierungen *und* Behinderungen von Bildungs- und Lebenschancen im Schul- und Erziehungssystem thematisiert werden. Abb. 1.1 fasst die Perspektiven zusammen, welche die Vorstellungen inklusionsorientierter Schul-Pädagogik in diesem Studienbuch leiten.

Fürsprache für inklusionsorientierte schul-pädagogische Angebote und Einwände gegen diese präsentieren sich immer wieder als einander gegenüber-

1.1 Fürsprache für inklusionsorientierte schul-pädagogische Angebote ...

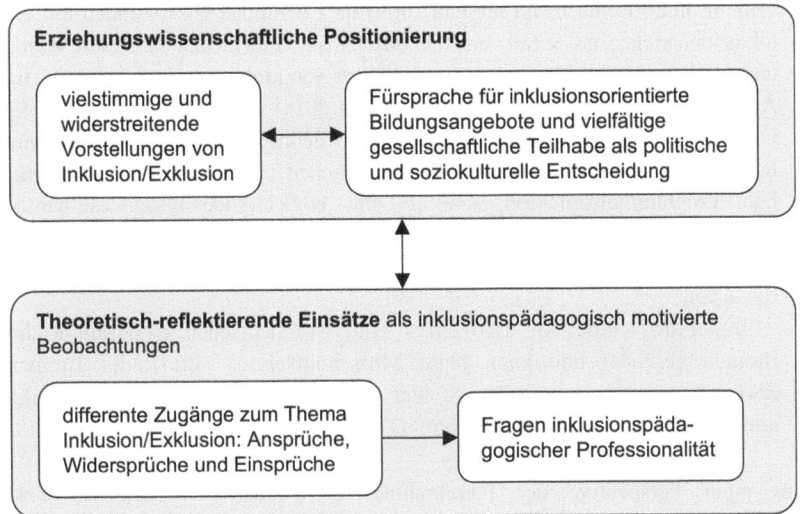

Abb. 1.1 Erziehungswissenschaftliche Positionierung und theoretisch-reflektierende Einsätze des Studienbuches. (© Mirko Moll)

gestellte *antagonistische Perspektiven*. Derartige Gegenüberstellungen können gegebenenfalls Parteinahme für eine der erklärten Positionen und Ablehnung der anderen ermöglichen. Sie lassen sich jedoch auch als nebeneinanderstehende Standpunkte verstehen – *als Dissens, der für die Komplexität, die Inkonsistenzen und Ambivalenzen der Idee Inklusion, ihrer Konzepte und Praxen sensibilisieren kann*. Mit einem solchen Verständnis des Streits um schulische Inklusion könnten Auseinandersetzungen im Dissens zu konstitutiven Momenten der Fürsprache für inklusionsorientierte schul-pädagogische Angebote werden.

In diesem Sinne verweisen wir auf den Dokumentarfilm „Das Märchen von der Inklusion. Eine Bilanz nach 10 Jahren" (Möllers 2019).

Empfehlung

Möllers H. (2019). *Das Märchen von der Inklusion. Eine Bilanz nach 10 Jahren.* **Deutschland.**

Der Dokumentarfilm „Das Märchen von der Inklusion" kann als ein Beispiel für die Methoden angesehen werden, in denen das Thema Inklusion/Exklusion (ausgehend von der Unterzeichnung der UN-Behindertenrechtskonvention durch Deutschland im Jahr 2009) für öffentliche Diskussionen um ein inklusionsorientiertes Schul- und Gesellschaftssystem medial inszeniert wurde und wird. Er erzählt kontroverse Geschichten von „Inklusion in der Schule, im Arbeitsleben und im Alltag" (Radio Bremen 2018) und von Exklusion. In der Form einer Geschehensdarstellung setzt er Beobachtungs-, Handlungs- und Interviewsituationen, Personen, deren Intentionen und Erfahrungen in Szene. Laut Programminformation zieht er „eine ernüchternde Bestandsaufnahme [und zeigt zugleich ein] Bild von einer zerrissenen Republik" (ebd., Ergänzung K.P.) zwischen zwei nicht zu vereinbarenden Positionen zum Thema Inklusion/ Exklusion.

Der Film wurde am 21.01.2019 vom Norddeutschen Rundfunk/Radio Bremen gesendet und kann beim Mittschnittservice von Radio Bremen erworben werden. Der Trailer ist hier einsehbar: https://www.tagesschau.de/multimedia/video/video-496359.html (Zugegriffen: 22. Februar 2023). ◀

Aus einer Perspektive der Parteinahme für Inklusion werden Beispiele schulischen wie lebensweltlichen Lebens und Lernens sowie der Erwerbsarbeit als gelungene Inklusion von Menschen mit Behinderungen vorgestellt. Dabei erscheinen strukturelle Potenziale des Schulsystems, des gemeinschaftlichen Lebens und des Arbeitsmarktes sowie individuelles, familiäres und pädagogisches Engagement als wesentliche Bedingungen für die Möglichkeit der so verstandenen Inklusion. In diesem Zusammenhang wird die Umsetzung von Inklusion eingefordert, die institutionell als Abschaffung separierender Förderschulen sowie des mehrgliedrigen Schulsystems und formal als menschenrechtliche Verpflichtungen sowie gesellschaftliches Gebot dargestellt wird.

Die zu diesem Verständnis kontroverse Ansicht positioniert sich mit Beispielen, die Inklusion als misslungenes ‚Experiment', Förderschulen als notwendig zu bewahrende Schulform und „eine inklusive Gesellschaft [als] ein unerreichbares Ideal" (Radio Bremen 2018) thematisieren. Erzählungen von Überforderungen aller Beteiligten, von ungenügenden strukturellen, konzeptionellen, personellen und finanziellen Ressourcen für inklusionsorientierte Schulen und Erwerbsarbeit sowie von Ausgrenzungs- und Ausschlusserfahrungen begründen hier einen Standpunkt für Einschränkungen von Inklusion. Es wird argumentiert, dass ein umfassendes Recht auf gemeinsames Leben, Lernen und Arbeiten von Menschen mit und ohne Behinderungen praktisch nicht umzusetzen wäre.

Wie eingangs vermerkt, könnten derartig kontroverse Erzählungen auch andere Schlussfolgerungen nahelegen. Versteht man die verschiedenen Standpunkte als Dissens, der für die Komplexität, die Inkonsistenzen und Ambivalenzen

1.1 Fürsprache für inklusionsorientierte schul-pädagogische Angebote ...

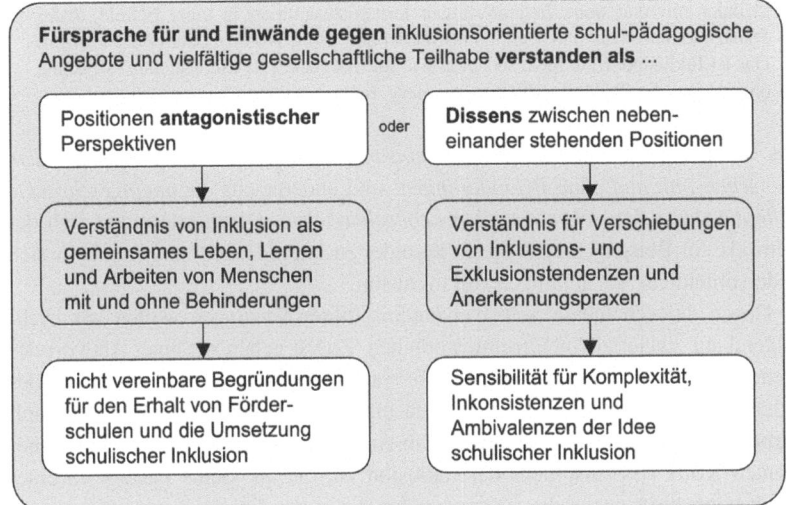

Abb. 1.2 Differente Verständnisse des Streits um schulische Inklusion. (© Mirko Moll)

der Idee Inklusion, ihrer Konzepte und Praxen sensibilisieren kann, können sich in inklusionsorientierten schul-pädagogischen Angeboten *Verschiebungen von Inklusions- und Exklusionstendenzen sowie von Anerkennungspraxen* gegenüber separierenden Bildungs- und Erziehungsangeboten zeigen (vgl. Abb. 1.2). So können Inklusionsansprüche und -kritiken zu Herausforderungen für kritisch-konstruktive Realisierungen inklusionsorientierter schul-pädagogischer Konzepte und -praxen werden (vgl. Puhr 2017a, S. 326 ff.).

In diesem Sinne ließe sich z. B. einer schon vor recht langer Zeit gestellten Frage nachgehen: Warum gerät Inklusion gerade hinsichtlich des Behinderungsphänomens in so starke Turbulenzen? (vgl. Fuchs 2002).

Mit der Ausrichtung einer solchen Frage kann sich die Aufmerksamkeit auf das Dargestellte verschieben. Es kann sichtbar werden, dass der Dokumentarfilm „Das Märchen von der Inklusion. Eine Bilanz nach 10 Jahren" (Möller 2019) (bei aller Unvereinbarkeit der beiden gegeneinander inszenierten Positionierungen) ein Grundverständnis von Inklusion mit einer ambivalenten Fokussierung auf (Nicht)Behinderungen aufruft, welches alle Protagonist*innen unhinterfragt zu teilen scheinen. So heißt es in einer Ankündigung der Dokumentation:

„Kinder mit und ohne *Behinderungen* lernen zusammen in einer Schule. *Jeder Mensch* kann überall dabei sein, am Arbeitsplatz, beim Wohnen oder in der Freizeit: Das ist Inklusion. Eine Idee, so schön wie im Märchen. [...] Ein Märchen – bislang ohne Happy End" (Möller 2019, o. A., Herv. K.P.).

Als Inklusion gilt einerseits *das gemeinsame Lernen, Arbeiten und Leben von Menschen 'mit und ohne Behinderungen'* und andererseits *die uneingeschränkte Teilhabe 'jedes Menschen' in allen Lebensbereichen*. Damit präsentiert sich der Film als ein Beispiel für häufig zu lesende, zu hörende und zu sehende in sich widersprüchliche Vorstellungen von Inklusion.

Gegen das scheinbare Selbstverständnis dieser Setzungen wollen wir nachfolgend auf zweierlei Art Einspruch erheben. Zuerst gehen wir einer Antwort des Aktion Mensch e.V. auf die Frage nach, was Inklusion sei. Diese ähnelt der des zitierten Dokumentarfilmes, macht nach unserem Verständnis jedoch den damit verbundenen Widerspruch sichtbarer. Im Anschluss wenden wir uns einer vehementen Kritik des Anspruchs der Inklusion zu, die als kleine Passage in einer Art Kampfschrift gegen die ausgrenzenden Arten des Engagements „für minoritäre Positionen [...] innerhalb einer neoliberalen Politik" (Pfaller 2018, S. 11) zu finden ist. Mit diesem doppelten Einspruch verweisen wir auf zwei völlig unvergleichbare Zugänge, die uns zur Diskussion anregen, weil sie sich *im Namen der Gleichheit für bzw. gegen Inklusion* engagieren.

Für die Frage ‚Was ist Inklusion?' finden sich in aktuellen Darstellungen und Diskussionen zahlreiche unterschiedliche Antworten, die erklären wollen, was unter Inklusion zu verstehen ist und was Inklusion für Menschen bedeutet. Der Aktion Mensch e. V. z. B. postuliert *Inklusion als vertraglich vereinbartes Menschenrecht* und beschreibt Inklusion als selbstverständliches *Überall-dabei-Sein aller Menschen*, das ein *Gemeinsames-verschieden-Sein* als zu akzeptierende Normalität ermöglicht (vgl. Aktion Mensch e. V. o. J.). So informiert der zitierte Internetauftritt unter den Fragestellungen: „Inklusion – Was ist das eigentlich? Viele Menschen haben den Begriff schon gehört. Aber was genau steckt dahinter? Und was bedeutet Inklusion für jeden von uns persönlich?" (ebd.) seine Interessent*innen:

„Inklusion bedeutet, dass jeder Mensch ganz natürlich dazu gehört. Egal wie du aussiehst, welche Sprache du sprichst oder ob du eine Behinderung hast. Jeder kann mitmachen. Zum Beispiel: Kinder mit und ohne Behinderung lernen zusammen in der Schule. Wenn jeder Mensch überall dabei sein kann, am Arbeitsplatz, beim Wohnen oder in der Freizeit: Das ist Inklusion. Gemeinsam verschieden sein. Wenn alle Menschen dabei sein können, ist es normal verschieden zu sein. Und alle haben etwas davon: Wenn es zum Beispiel weniger Treppen gibt, können Menschen mit

1.1 Fürsprache für inklusionsorientierte schul-pädagogische Angebote ...

Kinderwagen, ältere Menschen und Menschen mit Behinderung viel besser dabei sein. In einer inklusiven Welt sind alle Menschen offen für andere Ideen. Wenn du etwas nicht kennst, ist das nicht besser oder schlechter. Es ist normal! Jeder Mensch soll so akzeptiert werden, wie er oder sie ist. [...] Inklusion ist ein Menschenrecht. Jeder Mensch hat das Recht darauf, dabei zu sein. In der UN-Behindertenrechtskonvention ist das Recht auf Inklusion festgeschrieben. Die UN-Behindertenrechtskonvention ist ein Vertrag, den viele Länder unterschrieben haben. Auch Deutschland. Doch Deutschland und die anderen Länder müssen noch viel dafür tun, damit der Vertrag eingehalten wird" (Aktion Mensch e. V. o. J.).

Die hier zu lesenden Ansprüche des Dazugehörens, des Miteinanders und der Anerkennung beziehen sich auf alle Menschen in ihrem individuellen So-Sein. Weil damit ein Recht aller Menschen aufgerufen ist, kann die Erklärung, dass das Recht auf Inklusion in der UN-Behindertenrechtskonvention festgeschrieben ist (vgl. ebd.), ebenso irritieren wie der Hinweis darauf, dass noch viel zu tun ist, um Inklusion als Menschenrecht zu verwirklichen (vgl. ebd.).

Verweise auf die Geschichte des Vereins Aktion Mensch und zahlreiche Benachteiligungen von Menschen mit zugeschriebenen körperbezogenen Behinderungen mögen diese Fokussierung begründen. Widersprüchlich zum postulierten Recht und Verständnis der Inklusion erscheinen sie doch, weil ungleiche Teilhabechancen und soziale Ausgrenzungen vieler unterschiedlichster Menschen die formulierten Ansprüche infrage stellen. Im Anschluss an diesen Einwand kann sich Fürsprache für inklusionsorientierte schul-pädagogische Angebote und vielfältige gesellschaftliche Teilhabe „mit dem *Inklusionsgebot demokratischer Gesellschaften* begründen, das prinzipiell gleiche Inklusionsmöglichkeiten für *alle* Menschen unabhängig von sozialen Merkmalen und individueller Exklusivität fordert" (Puhr und Geldner 2017, S. XI, Herv. K.P.). Dieses Gebot legitimiert sich zugleich „mit Kritiken an ungleichen Chancen der Teilhabe und sozialen Ausgrenzung in gesellschaftlichen (strukturell organisierten wie gemeinschaftlichen) Praxen" (ebd.).

Für diese Positionierung kann die Lektüre eines Textes wie „Erwachsenensprache. Über ihr Verschwinden aus Politik und Kultur" (Pfaller 2018) eine Irritation ganz anderer Art mit sich bringen. Der aufgerufene Abschnitt des Textes (vgl. S. 49 ff.) gibt vor zu verdeutlichen, „wie irreführend und gefährlich Begriffe wie ‚Inklusion' sind" (ebd., S. 49). *Inklusion* wird hier als *„Einschließung"* (ebd., S. 50, Herv. K.P.) und als „Gegenteil des Prinzips einer offenen Gesellschaft" (ebd.) vorgestellt. Im Kontext einer *Kritik exkludierender neo- und linksliberaler Politiken* werden diverse Beispiele für ‚hochgradig inklusive' Gesellschaften und Milieus (vgl. ebd., S. 49 ff.) aufgerufen, in denen niemand ausgeschlossen wird und jede*r einen ungleichen Platz hat, weil „das Inklusionsmilieu genügend innere Repressionsmechanismen zur Verfügung hat" (ebd., S. 49). Als eine inklusiv-repressive Gesellschaft kann z. B. eine Arbeitsgesellschaft vorgestellt werden, die ein würdiges Leben und soziale Rechte (wie Grundsicherung, Krankenversicherung, Altersvorsorge) an Erwerbsarbeit bindet und auf diese Weise alle Menschen inkludiert. In einer solchen Gesellschaft sind Menschen mit und ohne Erwerbsarbeit in das System inkludiert, als Arbeit-Gebende, als Arbeit-Nehmende, als sich für Erwerbsarbeit-Bildende, als Arbeits-Suchende ebenso wie als ‚Von-Erwerbsarbeit-Befreite'. „Mit anderen Worten: Die Machtlosen werden durch die Verwendung ein- und derselben Terminologie formal in die Welt der Mächtigen eingeschlossen" (Žanić 2010, S. 143).

Der aufgerufene Beitrag stellt „die vermeintlich humanitären Forderungen nach Inklusion" (Pfaller 2018, S. 51) wachsender ökonomischer Ungleichheit und ohnmächtiger demokratisch legitimierter Politik gegenüber, durch die „das Prinzip der Gleichheit in westlichen Gesellschaften insgesamt massiv bedroht ist" (ebd.). Mit dieser Kritik plädiert der Text für Exklusivität:

„Die Aufrechterhaltung einer offenen, egalitären und demokratischen Gesellschaft setzt darum die Existenz von Bereichen voraus, die um des Prinzips der gleichen Stimme willen exklusiv funktionieren müssen. Anstelle von Inklusion muss darum in einer humanen Gesellschaft das Leitprinzip sein, allen ihren Mitgliedern ein würdiges Leben zu ermöglichen (zum Beispiel durch ein nicht an Arbeit gebundenes Grundeinkommen). Dazu aber muss das Prinzip der Inklusion gerade nicht verallgemeinert, sondern viel eher eingeschränkt werden. Die Gesellschaft muss offen genug sein, um ihren Mitgliedern auch ohne Inklusion in diverse identitäre oder gemeinschaftliche Gruppen politische und kulturelle Teilhabe und den Genuss von gesellschaftlicher Solidarität zu ermöglichen" (Pfaller 2018, S. 50).

Die beiden skizzierten Positionierungen für Inklusion als Menschenrecht und gegen Inklusion als Einschließung argumentieren mit unterschiedlichen theoretischen und politischen Bezügen im Namen der Gleichheit (vgl. Abb. 1.3). Wir teilen weder die Ablehnung des Konzeptes der Inklusion noch seine hier vorgestellten Lesarten. Was wir teilen, ist

1. die Kritik an Vorstellungen von Inklusion, welche die Machtverhältnisse, mit denen inklusionsorientierte gesellschaftliche Strukturen und soziale Praxen verbunden sind, ignorieren, und
2. die Fürsprache für Möglichkeiten, „mit gleicher Stimme zu sprechen und Dissens auszutragen, die notwendigerweise exklusiv" (ebd.) sein müssen angesichts der Unentscheidbarkeit grundsätzlich voneinander verschiedener Ansprüche.

1.1 Fürsprache für inklusionsorientierte schul-pädagogische Angebote ...

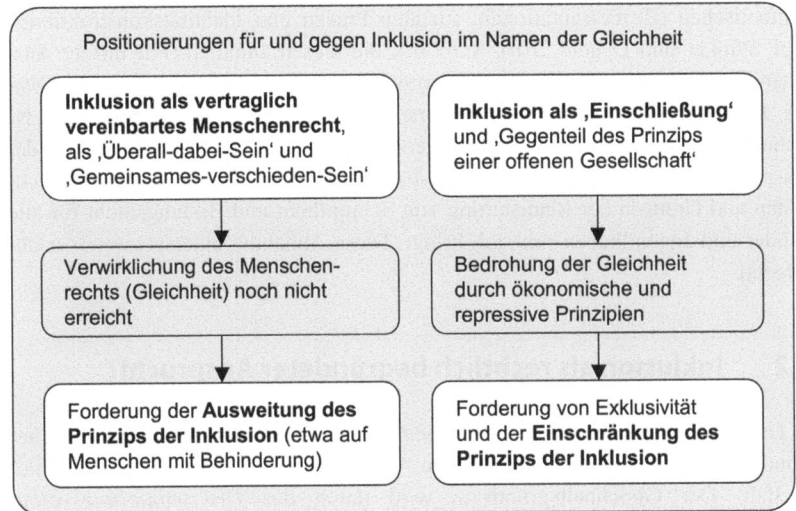

Abb. 1.3 Positionierungen für bzw. gegen Inklusion im Namen der Gleichheit. (© Mirko Moll)

Derart sensibilisiert wollen wir der Komplexität der Thematik Inklusion/Exklusion nachgehen und kontroverse wie scheinbar unabhängig nebeneinander stehende Vorstellungen von Inklusion und Exklusion zur Diskussion stellen. Es soll nicht erklärt werden, was Inklusion oder auch Exklusion ist oder nicht ist. Vielmehr ist es unser Anliegen, von verschiedensten Ideen zu erzählen, die das Thema Inklusion/Exklusion für Schul-Pädagogik bedeutsam werden lassen.

Die Art und Weise der folgenden inhaltlichen Auseinandersetzungen mit Fragen von Inklusion/Exklusion wird von einem spezifischen Theorieverständnis geleitet (vgl. Abschn. 1.4). Wir gehen davon aus, dass sich das inklusionsorientierte Bildungs- und Erziehungssystem, inklusionsorientierte Pädagogiken und Praxen nicht mit unhinterfragbaren Wahrheitsansprüchen begründen können, wohl aber im kritischen, reflexiven Umgang mit ihren Grundlegungen, Konzepten und Praxen. Das gilt auch für die inklusionsorientierten Forderungen, allen Schüler*innen *gleichberechtigt* den *Zugang* zu Grundschulen und Schulen der Sekundarstufe sowie *zu chancengerechter Bildung* zu ermöglichen. Dabei geht es um Fragen nach Realisierungen *und* Behinderungen von Bildungschancen ebenso wie um Fragen nach sozialen Ungleichheiten in gesellschaftlichen Strukturen, symbolischen (Re)Präsentationen, sozialen Praxen und Identitätskonstruktionen (vgl. Winker und Degele 2010, S. 63 ff.), die diesen anhaften. Für unsere Auseinandersetzungen mit diesen Fragen scheint uns die Setzung von *Inklusion als Rechtsanspruch* und deren widersprüchliche Fokussierung auf die UN-Behindertenrechtskonvention grundlegend, weil wir davon ausgehen, dass der Anspruch inklusionsorientierter Schul-Pädagogik Verschiebungen der Möglichkeiten und Grenzen der Realisierung von Schulpflicht und Bildungsrecht für alle Kinder und Jugendlichen mit sich bringt. Diese Annahme untersetzen wir nachfolgend.

1.2 Inklusion als rechtlich begründeter Anspruch!?

In Deutschland gilt der *Gleichheitsgrundsatz des Grundgesetzes* (vgl. Deutscher Bundestag o. J.), mit dem unbedingten Anspruch sozialer Akzeptanz kultureller Vielfalt. Der Gleichheitsgrundsatz wird durch das *Diskriminierungsverbot* gestützt (vgl. ebd., Artikel 3 GG). In diesem Sinne proklamieren die Schulgesetze der Länder der Bundesrepublik Deutschland einen umfassenden *Bildungs- und Erziehungsauftrag,* dem alle Schulen gegenüber allen Schüler*innen unabhängig von ihrer Herkunft, ihrer sozialen Lage und ihrer individuellen Lebenssituation verpflichtet sind und dem alle Heranwachsenden qua *Schulpflicht* unterliegen. So ist z. B. in § 1 Abs. 1 des Schulgesetzes von Baden-Württemberg unter dem Titel „Erziehungs- und Bildungsauftrag der Schule" zu lesen:

> „Der Auftrag der Schule bestimmt sich aus der durch das Grundgesetz der Bundesrepublik Deutschland und die Verfassung des Landes Baden-Württemberg gesetzten Ordnung, insbesondere daraus, daß jeder junge Mensch ohne Rücksicht auf Herkunft oder wirtschaftliche Lage das Recht auf eine seiner Begabung entsprechende Erziehung und Ausbildung hat und daß er zur Wahrnehmung von Verantwortung, Rechten und Pflichten in Staat und Gesellschaft sowie in der ihn umgebenden Gemeinschaft vorbereitet werden muß" (Gesetzblatt für Baden-Württemberg, Nr. 15, 1983, S. 397).

Damit ist ein *Rechtsanspruch* formuliert, der dem Ausschluss von schulischer Bildung formal entgegensteht und Teilhabe festlegt. So ließe sich Inklusion bezogen auf das Schulsystem als rechtlich begründeter Anspruch verstehen. Dagegen lässt sich einwenden, dass sich *Teilhabe* am schulischen Leben und Lernen in differenten Strukturen, vielfältigen Praxen und verschiedenen Qualitäten realisiert, die immer *mit Ausschlüssen und Ausgrenzungen verbunden* sind.

1.2 Inklusion als rechtlich begründeter Anspruch!?

Als ein Beispiel für einen solchen Einwand lesen wir den Text „Das Recht auf Bildung" (Kunze 2013), in dem es heißt: Inklusion „ist als rechtlich begründetes Leitprinzip zu respektieren" (ebd., S. 91). Inklusion könnte damit als Name für den grundsätzlichen Rechtsanspruch der Teilhabe an schulischer Bildung gelesen werden, und es könnte irritieren, dass nicht dieser thematisiert wird, sondern ausschließlich die Frage, in welchen Organisationsformen das Teilhaberecht für Schüler*innen mit zugeschriebenem sonderpädagogischem Förderbedarf bzw. mit ‚Anspruch auf sonderpädagogische Förderung' umgesetzt wird. Erklärlich wird diese Fokussierung mit der formalen Aufhebung der Sonderschulpflicht in den Schulgesetzen aller Länder der Bundesrepublik Deutschland. Diese Gesetzesänderungen werden meist mit der Behindertenrechtskonvention der Vereinten Nationen, speziell mit dem ‚Artikel 24 – Bildung' in Verbindung gebracht. Jedoch gingen der Aufhebung der Sonderschulpflicht in den Schulgesetzen langjährige schulpolitische Kämpfe voraus. Die Aufhebung der Sonderschulpflicht wurde (lange vor der Unterzeichnung der UN-Behindertenrechtskonvention) insbesondere von Elterninitiativen und Vertreter*innen der sogenannten radikalen schulischen Integrationspädagogik gefordert.

Der Begriff ‚Inklusion' wird nicht in der offiziellen deutschen Übersetzung, sondern nur in der sogenannten ‚Schattenübersetzung' der UN-Behindertenrechtskonvention des Netzwerk Artikel 3 e. V. verwendet. In dieser Übersetzung liest sich der Artikel 24 wie folgt:

„(1) Die Vertragsstaaten anerkennen das Recht von Menschen mit Behinderungen auf Bildung. Um dieses Recht ohne Diskriminierung und auf der Grundlage der Chancengleichheit zu verwirklichen, gewährleisten die Vertragsstaaten ein inklusives Bildungssystem auf allen Ebenen und lebenslanges Lernen mit dem Ziel, a) die menschlichen Möglichkeiten sowie das Bewusstsein der Würde und das Selbstwertgefühl des Menschen voll zur Entfaltung zu bringen und die Achtung vor den Menschenrechten, den Grundfreiheiten und der menschlichen Vielfalt zu stärken; b) Menschen mit Behinderungen ihre Persönlichkeit, ihre Begabungen und ihre Kreativität sowie ihre geistigen und körperlichen Fähigkeiten voll zur Entfaltung bringen zu lassen; c) Menschen mit Behinderungen zur wirksamen Partizipation an einer freien Gesellschaft zu befähigen.
(2) Bei der Verwirklichung dieses Rechts stellen die Vertragsstaaten sicher, dass a) Menschen mit Behinderungen nicht aufgrund von Behinderung vom allgemeinen Bildungssystem ausgeschlossen werden und dass Kinder mit Behinderungen nicht aufgrund von Behinderung vom unentgeltlichen und obligatorischen Grundschulunterricht oder vom Besuch weiterführender Schulen ausgeschlossen werden; b) Menschen mit Behinderungen gleichberechtigt mit anderen in der Gemeinschaft, in der sie leben, Zugang zu einem inklusiven, hochwertigen und unentgeltlichen Unterricht an Grundschulen und weiterführenden Schulen haben; c) angemessene

Vorkehrungen für die Bedarfe des Einzelnen getroffen werden; d) Menschen mit Behinderungen innerhalb des allgemeinen Bildungssystems die notwendige Unterstützung geleistet wird, um ihre wirksame Bildung zu ermöglichen; e) in Übereinstimmung mit dem Ziel der vollständigen Inklusion wirksame individuell angepasste Unterstützungsmaßnahmen in einem Umfeld, das die bestmögliche schulische und soziale Entwicklung gestattet, angeboten werden.

(3) Die Vertragsstaaten ermöglichen Menschen mit Behinderungen, lebenspraktische Fertigkeiten und soziale Kompetenzen zu erwerben, um ihre volle und gleichberechtigte Partizipation an der Bildung und als Mitglieder der Gemeinschaft zu fördern. Zu diesem Zweck ergreifen die Vertragsstaaten geeignete Maßnahmen; unter anderem a) fördern sie das Erlernen von Brailleschrift, alternativer Schrift, ergänzenden und alternativen Formen, Mitteln und Formaten der Kommunikation, den Erwerb von Orientierungs- und Mobilitätsfertigkeiten sowie den „peer support" und das Mentoring; b) ermöglichen sie das Erlernen der Gebärdensprache und die Förderung der sprachlichen Identität der Gehörlosengemeinschaft; c) stellen sie sicher, dass blinden, hörbehinderten oder taubblinden Menschen, insbesondere Kindern, Bildung in den Sprachen und Kommunikationsformen und mit den Kommunikationsmitteln, die für den Einzelnen am besten geeignet sind, sowie in einem Umfeld vermittelt wird, das die bestmögliche schulische und soziale Entwicklung gestattet.

(4) Um zur Verwirklichung dieses Rechts beizutragen, treffen die Vertragsstaaten geeignete Maßnahmen zur Einstellung von Lehrkräften, einschließlich solcher mit Behinderungen, die in Gebärdensprache oder Brailleschrift ausgebildet sind, und zur Schulung von Fachkräften sowie Mitarbeitern und Mitarbeiterinnen auf allen Ebenen des Bildungswesens. Diese Schulung schließt die Schärfung des Bewusstseins für Behinderungen und die Verwendung geeigneter ergänzender und alternativer Formen, Mittel und Formate der Kommunikation sowie pädagogische Verfahren und Materialien zur Unterstützung von Menschen mit Behinderungen ein.

(5) Die Vertragsstaaten stellen sicher, dass Menschen mit Behinderungen ohne Diskriminierung und gleichberechtigt mit anderen Zugang zu allgemeiner tertiärer Bildung, Berufsausbildung, Erwachsenenbildung und lebenslangem Lernen haben. Zu diesem Zweck stellen die Vertragsstaaten sicher, dass für Menschen mit Behinderungen angemessene Vorkehrungen getroffen werden" (Netzwerk Artikel 3 e. V. 2018, S. 24 ff.).

Im Text „Das Recht auf Bildung" (Kunze 2013) verbindet sich der ‚Respekt' gegenüber dem Leitprinzip Inklusion mit der Forderung, dieses „pädagogisch-didaktisch differenziert und realistisch auszulegen" (ebd.). Der Formulierung dieses Ansinnens schließt sich ein Plädoyer für separierende Förderschulen als Organisationen der individuellen Förderung und der gesellschaftlichen Inklusion sowie für die Transformation eines sozialwissenschaftlichen Inklusionsverständnisses in ein ethisch-pädagogisches an. Das ethisch-pädagogische Verständnis von Inklusion in Sonderinstitutionen, das dabei vorgestellt wird, legitimiert sich zum einen mit scheinbar sicherem Wissen von den individuellen Besonderheiten

1.2 Inklusion als rechtlich begründeter Anspruch!?

einer Schülerin*eines Schülers und deren*dessen ‚bestmöglicher Förderung'. Zum anderen wendet sich diese Idee von Inklusion gegen eine Vision einklagbaren Widerstandes gegen die Beschulung in einer Förderschule. Im Text ist dazu das Argument unzureichend verfügbarer Ressourcen zu lesen. Von einem solchen Verständnis von ‚Inklusion als rechtlich begründetem Leitprinzip' distanzieren wir uns ausdrücklich. Unsere Vorstellungen inklusionsorientierter Schul-Pädagogik verstehen wir nicht zuletzt als *Einspruch* gegen Positionierungen wie die hier zu lesende:

> „Es steht zu erwarten, dass ein Teil der Eltern unter Verweis auf die Behindertenrechtskonvention auf gerichtlichem Wege die inklusive Beschulung ihrer Kinder zu erzwingen versucht, sodass ihr Kind nicht auf eine Förderschule gehen muss. Zugleich melden sich aber auch Stimmen aus Behindertenverbänden zu Wort, die den Erhalt leistungsfähiger und differenzierter sonderpädagogischer Einrichtungen im Sinne einer optimalen individuellen Förderung anmahnen. Überdies seien behinderte Kinder zur Entwicklung ihres Selbstbewusstseins durchaus auf eine Gleichaltrigengruppe angewiesen, in der sie sich nicht immer nur als der einzige Rollstuhlfahrer oder einzige Gehörlose erfahren. [...] Die Schule ist in erster Linie eine Bildungseinrichtung, kein Instrument des Sozialstaates. Sie hat die Aufgabe, ihren Beitrag zur gesellschaftlichen Inklusion zu leisten – aber mit den ihr eigenen Mitteln. Inklusion ist zunächst ein sozialwissenschaftlicher Begriff; soll er pädagogisch wie ethisch Geltung beanspruchen, muss gefragt werden, in welchen Fällen und unter welchen Bedingungen sich ein Mehr an Vielfalt tatsächlich in erfolgreiches Lernen umsetzen lässt – und wann nicht. Das sind wir den einzelnen Schülern schuldig, von denen jeder für sich ein Recht darauf hat, bestmöglich gefördert zu werden; dies gilt sowohl hinsichtlich besonderer Bedürfnisse und Gefährdungen, aber auch besonderer Begabungen und Fähigkeiten. Ferner ist der Einsatz begrenzter Ressourcen niemals ethisch neutral. Ein kostspieliger Umbau des gesamten Bildungssystems bindet Mittel, die möglicherweise an anderer Stelle fehlen oder pädagogisch sehr viel effektiver hätten eingesetzt werden können, auch für Schüler, die besonderer Förderung bedürfen" (Kunze 2013, S. 90 f.).

Dieser Text scheint in seinem Plädoyer für Förderschulen mit einem Inklusionsverständnis zu operieren, das davon ausgeht, dass ein separierendes Schulsystem Schüler*innen mit zugeschriebenen sonderpädagogischen Förderbedarfen nicht ausgrenzt. Dabei wird das Thema Inklusion/Exklusion auf differente Organisationsformen sonderpädagogischer schulischer Förderung reduziert. In unserer Lesart verweist das Fehlen begründeter differenzierter Vorstellungen von separierenden *und* gemeinsamen Schul- und Arbeitsformen auf die Problematik diesbezüglicher Wahrheitsansprüche. Die Frage, welche Bedeutung angesichts der zu lesenden uneingeschränkten Positionierung für Förderschulen ‚Inklusion als rechtlich begründetes Leitprinzip' zukommt, könnte eine systematische Auseinandersetzung mit den aufgeführten Argumenten leiten und zu einer Gegenposition zu diesen anregen. Eine solche Diskussion bleiben wir an dieser Stelle schuldig. Stattdessen wenden wir uns zunächst weiter der hier aufgerufenen rechtlichen Legitimation zu.

1.3 Zur Bedeutung der UN-Behindertenrechtskonvention für inklusionsorientierte und -kritische erziehungswissenschaftliche Forschungen

Die Setzung, dass das Schulsystem einen Beitrag zur gesellschaftlichen Inklusion zu leisten hat (vgl. Kunze 2013), lässt sich, wie schon vermerkt, der „verstärkte[n] öffentliche[n] wie fachliche[n] Diskussion [zuschreiben], die wesentlich unter Verweis auf die UN-Behindertenrechtskonvention geführt wird" (DGfE 2017, S. 2, Anpassung und Ergänzung K.P.). Die Deutsche Gesellschaft für Erziehungswissenschaften hat vor einiger Zeit „einen *Verständigungs- und Positionierungsprozess zur Frage der Inklusion in erziehungswissenschaftlicher Perspektive*" (Hascher und Kessl 2015, S. 5, Herv. K.P.) angeregt. Als einen wichtigen Beitrag in diesem Prozess lesen wir die „Stellungnahme der Deutschen Gesellschaft für Erziehungswissenschaft zum Thema Inklusion: Bedeutung und Aufgabe der Erziehungswissenschaft" (DGfE 2017)[3]. Unsere erziehungswissenschaftlich verorteten Auseinandersetzungen mit dem Thema Inklusion/Exklusion können sich auf eine Art ‚Auftrag' aus dieser Stellungnahme berufen, weil dort die Erziehungswissenschaft unter anderem mit der Aufgabe verortet wird, „aus wissenschaftlicher Perspektive Stellung zu den bildungspolitischen, konzeptionellen und praktischen Fragen zu beziehen, die sich im Kontext von Inklusion stellen" (ebd., S. 2).

Auch die Stellungnahme der Deutschen Gesellschaft für Erziehungswissenschaft zum Thema Inklusion beruft sich auf die Behindertenrechtskonvention der Vereinten Nationen mit einem „Potenzial der Überwindung einer kategorialen zuschreibenden Perspektive auf Benachteiligung und Behinderung" (ebd., S. 4). Diese wird als Bezug für die normativen Ausrichtungen erziehungs-

---

[3] Die folgenden Positionierungen zur (menschen)rechtlichen Legitimation von Inklusion hat die Autorin in ähnlicher Weise bereits in „Thesen zu Forschungsbedingungen der Erziehungswissenschaft im Themenfeld Inklusion" (Puhr 2017b) zur Diskussion gestellt.

1.3 Zur Bedeutung der UN-Behindertenrechtskonvention für ...

wissenschaftlicher Positionierungen im ‚Themenfeld Inklusion' vorgestellt und als Bekräftigung ‚aller Menschenrechte und Grundfreiheiten', an denen eben auch ‚alle Menschen mit Behinderungen' partizipieren können sollten. Die Förderung der Teilhaberechte präsentiert die UN-BRK als ihren Zweck (vgl. Netzwerk Artikel 3 e. V. 2018). Dieser Zweck begründet sich als Kritik zahlreicher Beobachtungen von Einschränkungen gesellschaftlicher Teilhabemöglichkeiten, die Menschen mit Behinderungen betreffen (ebd., Präambel, Absatz e-t). In diesem Kontext ruft die Behindertenrechtskonvention der Vereinten Nationen zwar keinen „,individualisierenden' bzw. ‚essenzialisierenden' Begriff von Behinderung und Benachteiligung" (DGfE 2017, S. 5) auf, jedoch ein menschenrechtlich und politisch begründetes personifizierendes Verständnis von Behinderung. So ist in Artikel 1 Satz 2 zu lesen:

„Zu den Menschen mit Behinderungen zählen Menschen, die langfristige körperliche, seelische, geistige oder Sinnesbeeinträchtigungen haben, die in Wechselwirkung mit verschiedenen Barrieren ihre volle und wirksame Partizipation gleichberechtigt mit anderen an der Gesellschaft behindern können" (Netzwerk Artikel 3 e. V. 2018, S. 11).

Die Referenz der Behindertenrechtskonvention der Vereinten Nationen legitimiert sich in der Stellungnahme der DGfE (anders als die drei bisher aufgerufenen Zugänge zu Inklusion und Behinderungen) jedoch nicht mit einer Fokussierung auf Menschen mit Behinderungen, sondern mit einem „interaktionistischen Verständnis von Behinderung" (ebd., S. 4), das „einen Blick auf die *sozialen*, also *interaktiv hergestellten, Formen von Behinderung und Benachteiligung*" (ebd., Herv. K.P.) öffnet.

Personifizierte Verständnisweisen von Behinderungen (vorgestellt als Fokussierungen auf Menschen mit diagnostizierten Behinderungen) werden mit diesem Theoriezugang als soziokulturelle Konstruktionen lesbar. Mit der Frage nach sozialen Praxen, die körperbezogene Behinderungen und Nicht-Behinderungen hervorbringen, werden widerstreitende Strategien sichtbar. Diese zeigen sich in inklusionsorientierten Praktiken und Handlungskonzepten ebenso wie in erziehungswissenschaftlichen Theorien und Inklusion/Exklusion-Forschungen. Differenzkonstruktionen körperbezogener (Nicht)Behinderungen werden dabei als Figuren der Legitimation inklusionsorientierter Professionen und Institutionen situiert.

Verschiedene Theorien und Konzepte bieten unterschiedliche Perspektiven, um Behinderungen und als behindert adressierte Körpersubjekte zu betrachten (vgl. Kap. 4). Medizinisch legitimierte Positionierungen konstituieren Vorstellungen des behinderten Körpers als Abgrenzungen zum vollkommenen und funktionstüchtigen Körper. Pädagogisch-therapeutische Handlungsentwürfe und Technologien sollen Kompensationen und Nachteilsausgleiche ermöglichen. Dem zugrunde liegen Betrachtungsweisen von körperbezogenen Behinderungen als soziale Benachteiligungen und eingeschränkte Lebenschancen sowie Konstruktionen von individuellen Bedarfen an pädagogischen und assistierenden Hilfen/Unterstützungen/Begleitungen. Behinderte Körper erscheinen in diesen Einsätzen als biologische und natürlich gegebene Voraussetzungen für Lebenssituationen, die von Nachteilen und geminderter Lebensqualität geprägt sind. Der Körper fungiert dabei scheinbar „als nicht weiter hinterfragter, analytischer Ausgangspunkt für die Rekonstruktion der sozialen Prozesse der Deutung, Bewertung und Behandlung von normaler/abweichender Körperlichkeit" (Gugutzer und Schneider 2007, S. 35).

Gegen solche begrenzenden Benachteiligungsperspektiven streiten kulturwissenschaftlich begründete Praxen inklusionsorientierter Schul-Pädagogik. Sie positionieren sich mit einem Verständnis von Körper als „sozial hergestelltes wie auch herstellendes Medium gesellschaftlicher Zusammenhänge" (Mörgen 2014, S. 74). Der menschliche Körper wird als Differenzkategorie sozialer Ungleichheit aufgefasst, im Sinne eines gesellschaftlich-historischen Produktes und Akteurs. Kulturspezifisch konstruierte Normalitätserwartungen werden als sozial erworbene und einverleibte Erfahrungen zu Dispositionen für Vorstellungen und Wahrnehmungen von Selbst, Anderen und Welt. Zugleich sind mit solchen inkorporierten Normalitäten kulturspezifische Diskriminierungen Anderer verbunden. Diese werden adressiert als „Kranke, weniger Leistungsstarke, körperlich oder geistig behinderte Menschen, aber auch erwerbslose oder ältere Menschen sowie ‚unförmige' Körper, die dem vorherrschenden Schönheitsideal nicht entsprechen" (Bronner und Paulus 2017, S. 64) adressiert. Mit einem solchen Verständnis von Benachteiligung und Behinderung können sich intersektionale Vorstellungen von Strukturkategorien sozialer Ungleichheit verbinden. Als Strukturkategorien gelten Klasse, Herkunft/Ethnizität, Geschlecht und Körper (vgl. Winker und Degele 2010, S. 37 ff.).

Dieser Zugang ermöglicht es zudem, Zuschreibungen von Behinderungen in Formen *physischer, institutioneller und interaktiver Barrieren* als Differenzkonstruktionen zu lesen. Insbesondere Einsätze der rekonstruktiven Inklusionsforschung und Ansätze der ‚Doing Difference'-Forschung insistieren auf die Kontingenz von Differenzkonstruktionen (u. a. Behinderung/Nicht-Behinderung) und darauf, dass diese pädagogisch motivierten Praktiken nicht vorgängig sind, sondern (auch) in diesen hergestellt und legitimiert werden. Behinderung kann sich derart kontextualisiert im Fragen nach diskursiv hervorgebrachten

Konstruktionen (nicht)behinderter Körper, sozialer Situationen und Strukturen als interdependente Kategorie zeigen, die „*in sich* bereits heterogen strukturiert" (Walgenbach 2014, S. 65, Herv. i. Orig.) ist.

Als Argument für diese Lesart kann angeführt werden, dass ein „Kerngedanke dieses Modells lautet, dass Behinderung kein individualisierter Zustand ist, sondern eine kontextbedingte Lebens- und Handlungssituation" (Dederich 2016, S. 108). Als Gegenargument ließe sich einwenden, dass als Ausgangspunkt für derartige Begriffsbestimmungen von Behinderungen auch diagnostizierbare Beeinträchtigungen von Personen/Personengruppen im Sinne personifizierender „Sammelvokabel[n] für heterogene soziale Gruppen" (Farzin 2011, S. 14, Anpassung K.P.) aufgerufen werden. So kann die Hervorhebung der UN-Behindertenrechtskonvention als Ausgangssituation und Kontext für erziehungswissenschaftliche Positionierungen zum Thema Inklusion/Exklusion einerseits als Referenz auf ein spezifisches (unzureichend realisiertes) gesellschaftliches Inklusionsgebot gelesen werden und andererseits als Nicht-Berücksichtigung des Anspruchs, bei der Betrachtung von „Benachteiligungspraktiken oder Behinderungsdynamiken […] nicht nur einzelne Differenz- und Ungleichheitsdimensionen zu berücksichtigen" (ebd., S. 7 f.).

Mit diesen Ideen verbinden sich Verschiebungen von Anerkennungspraxen, Inklusionschancen und Exklusionsrisiken, die sich als Widersprüche zeigen können und Einsprüche ermöglichen. Zugleich werden erst mit solcher Art Forderungen ungleiche Chancen der Teilhabe und exkludierende Praxen zum Problem und deshalb zu wichtigen sozial- und bildungspolitischen, schulpädagogischen, erziehungs-, sozial- und politikwissenschaftlichen Themen. Die UN-Behindertenrechtskonvention kann deswegen als eine bedeutsame Referenz für diese Auseinandersetzungen aufgerufen werden.

Die Bedeutungszuschreibungen von Inklusion/Exklusion lassen sich jedoch (wie bereits einleitend skizziert) auch anders begründen, z. B. politisch mit dem Gleichheitsgrundsatz demokratischer Gesellschaften oder soziologisch mit dem Inklusionsgebot/Exklusionsverbot funktional differenzierter Gesellschaften. Diese Zugänge proklamieren auf unterschiedlichste Weisen prinzipiell gleiche Inklusionsmöglichkeiten für alle Menschen unabhängig von sozialen Merkmalen und individueller Exklusivität. Vor diesem Hintergrund werden vielschichtige *Auseinandersetzungen (auch) mit Bildungsungleichheit und -benachteiligungen, mit exkludierenden Schulstrukturen und Unterrichtspraxen möglich.* Bildungs-, erziehungs-, sozial- und kulturwissenschaftliche Forschungen beschreiben und erklären auf vielfältige Weise ‚herkunftsbedingte' ungleiche Bildungsbeteiligungen und -chancen, sozioökonomische und soziokulturelle Benachteiligungen im Zusammenhang mit Vorstellungen von differenten sozioökonomischen Lagen und soziokulturellen Milieus, Geschlechts- und Identitätskonstruktionen, von Teilhabe an und Ausschlüssen aus Erwerbsarbeit, von Problematisierungen und deren Infragestellungen in den Themenfeldern Migration und Behinderung. Mit jedem dieser Themen verbinden sich differente Problematisierungsweisen von Vielfalt, Teilhabe und Ausgrenzungen in vielen gesellschaftlichen Feldern, auch in Schulen (vgl. Emmerich und Hormel 2013, S. 107 ff.). So werden verschiedenste Beeinträchtigungen von Bildungs- und Lebenschancen im Zusammenhang mit separierenden Strukturen des Schul- und Erziehungssystems ebenso wie mit der Heterogenitätsintoleranz zahlreicher schul-pädagogischer Angebote sowie vieler Lehr- und Lernpraxen des allgemeinen Schulsystems kritisierbar.

Derart sensibilisiert scheint nicht nur die UN-Behindertenrechtskonvention als Bezugsfolie für kritische Auseinandersetzungen in der aufgerufenen Komplexität geeignet. Zu bedenken wäre ein weitaus vielseitigeres Potenzial, über das erziehungswissenschaftliche Inklusion/Exklusion-Forschungen mit Blick auf diverse Behinderungs- und Benachteiligungsdimensionen sowie unter Berücksichtigung verschiedener Differenz- und Ungleichheitstheorien verfügen. Diesen Teil abschließend wollen wir unsere Ideen von einem solchen Potenzial mit kontingenten Positionierungen zum Thema Inklusion/Exklusion anreißen. Dafür kann es zunächst erklärungsbedürftig scheinen, warum wir vom Thema Inklusion/Exklusion schreiben, obwohl doch die zitierte Positionierung der DGfE eine zur Bedeutung von Inklusion für die Erziehungswissenschaften ist.

1.4 Kontingente Positionierungen zum Thema Inklusion/Exklusion

Wenn die Stellungnahme der DGfE „Inklusion als Forschungs- und Diskussionsauftrag an die Erziehungswissenschaft" (ebd., S. 7) ohne Exklusion aufruft, scheint es nahe zu liegen, Inklusion im Sinne „universale[r] Partizipationsmöglichkeiten aller Gesellschaftsmitglieder in allen Teilhabebereichen" (Farzin 2011, S. 19) zu fassen und Exklusion als Gegenbegriff, in der Bedeutung der „Abwesenheit von gesellschaftlichen Teilhabemöglichkeiten" (ebd.). Insofern kann die *Nicht-Thematisierung von Exklusion* einem theoretischen Zugang geschuldet sein, welcher (in der Bezeichnung von Inklusion) Exklusion als die unbezeichnete Seite der Differenz Inklusion/Exklusion positioniert. Sozialwissenschaftliche Kritiken eines solchen Verständnisses von Inklusion und Exklusion als Gegenbegriffe fordern jedoch ein *differenztheoretisches Konzept von Inklusion/Exklusion,* das ein Fragen danach ermöglicht, „welche Formen sozialer Partizipation als Exklusion und somit

1.4 Kontingente Positionierungen zum Thema Inklusion/Exklusion

als gesamtgesellschaftliches Problem bestimmt werden und wie auf diese Weise zugleich Kriterien für ‚normale' Partizipationsformen, also Inklusion, implizit definiert werden" (ebd., S. 20).

Derartig ambivalente (sozial)wissenschaftliche Positionierungen zum Thema Inklusion/Exklusion lesen wir als produktive Referenzen erziehungswissenschaftlicher Forschungen, vor allem mit dem Anspruch, „den Blick auf strukturelle Exklusions- bzw. Marginalisierungsbedingungen zu richten, die sich z. B. in Diskriminierungs- und Etikettierungsprozessen zeigen" (DGfE 2017, S. 5). Dieser Zugang legitimiert sich im Verweis auf „umfangreiche Auseinandersetzungen mit Fragen von Behinderung und Benachteiligung, sozialer Ungleichheit, Diversity und Heterogenität aus den sonder- und integrations- bzw. inklusionspädagogischen Diskussionen [...], aber auch auf Beiträge aus der Allgemeinen Erziehungswissenschaft, der Frauen- und Geschlechterforschung, der Interkulturellen Pädagogik, der empirischen Bildungswissenschaft und vielen anderen Teildisziplinen" (ebd.). Verwiesen wird auf diverse Beiträge, in denen „die Frage nach Inklusion zentral [erscheint], auch wenn sie [...] nicht unter diesem Titel" (Hascher und Kessl 2015, S. 5, Ergänzung K.P.) diskutiert wird. Diese differenten Einsätze erscheinen als interdisziplinäres Potenzial, auf das „die zukünftige Forschung und Lehre zum Themenfeld Inklusion zurückgreifen kann" (ebd.).

Eine in diesem Sinne kritische Inklusionsforschung lesen wir im Band „Theorien der Inklusion" (Boger 2019). Hier wird „*Inklusion als Synonym für Differenzgerechtigkeit* verstanden" (ebd., S. 413, Herv. K.P.), die als „ein Vereinigungszeichen sexismus-, rassismus-, ableismus-, klassismus- und anderer diskriminierungs-/macht-/herrschaftskritischer Zugänge" (ebd.) positioniert ist. Zudem findet sich in diesem Text ein Verweis auf „die vergessenen Vergessenen" (ebd., S. 422). Die Ausführungen zu diesem Vergessen treten als ein Beispiel für eine Erziehungswissenschaft auf, die herausgefordert ist, „eigene ‚*blinde Flecken*' zu erkennen und sich in Bezug auf ihre Forschungs- und Theorieperspektiven veränderungsbereit zu zeigen" (DGfE 2017, S. 6, Herv. K.P.). Als solche ‚blinde Flecke' können *Verstrickungen* inklusionsorientierter wie -kritischer erziehungswissenschaftlicher Forschungen *in gesellschaftlich-kulturelle Prozesse* sichtbar werden (vgl. Geldner 2018, S. 155). Vorstellungen von Inklusion/Exklusion treten so als *kontingentes Zusammenspiel* der gelesenen Texte, möglicher Textkontexte und (un)möglicher Textlektüren in Erscheinung, als Differenzverhältnisse, deren Hervorbringen Ideen von Inklusion und Exklusion sicht- und sagbar werden lassen.

Uns konfrontieren die Konstruktionen der Sicht- und Sagbarkeit von Inklusion/Exklusion nicht zuletzt mit Einsprüchen „gegen eine ausschließlich positive Einschätzung des Modus und Status der Sichtbarkeit" (Schaffer 2008,

S. 52). Dabei wird zu bedenken gegeben, „dass mehr Sichtbarkeit sowohl eine höhere Einbindung in normative Identitätsvorgaben bedeutet wie auch Kontroll- und Disziplinierungsmaßnahmen leichteren Zugriff gewährt" (ebd.). Zudem wird kritisiert, dass „eine *politische Privilegierung der Sichtbarkeit* [...] jene Existenzweisen und (Selbst)Repräsentationsformen" (ebd., S. 53, Herv. K.P.) ausschließt, die unsichtbar bleiben. „Anders gesagt: nicht allein, *dass* etwas sichtbar wird, sondern *wie* es das wird – und was dadurch verdrängt wird, lohnt der Aufmerksamkeit" (ebd., S. 122). Dieser Aufmerksamkeit verpflichten sich die Texte dieses Studienbuches.

Die hier zur Diskussion gestellten Vorstellungen von Inklusion/Exklusion begründen sich letztlich mit der Unmöglichkeit der Letztgültigkeit von Bedeutungen und abschließender Sinnbildungen jeglicher Texte (vgl. Bossinade 2000, S. 178 f.). Sie verorten sich in theoretischen und empirischen Inklusion/Exklusion-Forschungen, die sich an dem abarbeiten, was sie hervorbringen. Im Anschluss an den Aufsatz „Imaginationen des Pädagogischen. Explorationen zur erziehungstheoretischen Bedeutung von (Fall-)Beispielen" (Balzer 2017) lässt sich auch für inklusionsorientierte und -kritische Forschungen festhalten, „dass (Erziehungs-)Wissenschaft weder bloß Wirklichkeiten konstruiert und erfindet, noch bloß die Realität bzw. ‚Tatsachen' und ‚Fakten' beschreibt und ‚erfasst', sondern das hervorbringt und sich an dem abarbeitet, ‚was dazwischen liegt'" (ebd., S. 233 f.). Mit diesem Zugang und mit einer *Aufmerksamkeit für „die politische Dimension von Inklusion"* (Geldner 2018, S. 155, Herv. K.P.) in den Erziehungswissenschaften können „Leistungs- und Teilnahmebedingungen unserer Gesellschaft [...] als Ergebnisse von hegemonialen Auseinandersetzungen verstanden werden, an denen auch die Pädagogik" (ebd.) und die Erziehungswissenschaften beteiligt sind. So lassen sich z. B. grundlegende Verbindungen pädagogischer und erziehungswissenschaftlicher Intentionen, „mehr Menschen (in demokratische Ordnungsgefüge) integrieren zu können" (Mayer 2017, S. 66), mit quantitativen und normalisierenden Vorstellungen der Ordnung, „in die es zu integrieren gilt" (ebd., S. 67), beschreiben. Mit der „Einschränkung [...], daß man niemals bloß ‚theoretisieren', sondern dem Objekt [im vorliegenden Studienbuch den gelesenen Texten] stets die Möglichkeit geben soll, Widerworte zu geben" (Bal 2008, S. 18, Ergänzung K.P.),[4] können solche

---

[4] „Objekte [wie auch die von uns aufgerufenen Texte, K.P.] werden durch pauschale Aussagen über sie oder durch ihren Gebrauch zu bloßer Exemplifizierung stumm. Eine detaillierte Analyse, bei der ein Zitat nie als Illustration dienen kann, sondern stets eingehend und bei gleichzeitiger Außerkraftsetzung aller Gewißheiten im Detail überprüft

1.4 Kontingente Positionierungen zum Thema Inklusion/Exklusion

Geschichten als kritische Inklusion/Exklusion-Forschungen geschrieben und gelesen werden. Wir gehen also davon aus, dass sich *inklusionspädagogisch motivierte Angebote, Konzepte und Theorien* mit ‚hergestelltem' wissenschaftlichem Wissen und der sozialen „Konstruiertheit aller Arten von Erkenntnisansprüchen" (Haraway 1995, S. 74) *als mögliche* legitimieren. Für verschiedenste Theorien im Themenfeld Inklusion/Exklusion, für schulische (wie für alle anderen gesellschaftlichen) Strukturen mit ihren jeweiligen inkludierenden wie exkludierenden Praxen werden begründete Argumente aufgerufen, die einander widersprechen oder auch widerstreiten können. In diesem Sinne thematisiert der Aufsatz „Situiertes Wissen" (Haraway 1995) legitime Erkenntnisse als ‚partielle Perspektiven' einer Wissenschaft „der Interpretation, der Übersetzung, [...] und des partiell Verstandenen" (ebd., S. 89 f.). Das heißt für unser Thema zum einen, auch *situierte kontingente Vorstellungen von Inklusion/Exklusion* sind mit ihrem Wissen und Nicht-Wissen bestreitbar und werden bestritten (vgl. ebd., S. 90). Zum anderen verorten sie sich in einer Wissenschaft, die Fürsprachen für inklusionsorientierte schul-pädagogische Angebote und vielfältige gesellschaftliche Teilhabe im Sinne der „Zurechenbarkeit und Verantwortlichkeit für Übersetzungen und Solidaritäten" (ebd., S. 91) fordert. Der zitierte Text verbindet das skizzierte Wissenschaftsverständnis mit einer Vision, die wir an dieser Stelle zur Diskussion stellen möchten:

„Daher glaube ich, daß mein und ‚unser' Problem darin besteht, wie wir *zugleich* die grundlegende historische Kontingenz aller Wissensansprüche und Wissenssubjekte in Rechnung stellen, eine kritische Praxis zur Wahrnehmung unserer eigenen bedeutungserzeugenden, ‚semiotischen Technologien' [symbolische Strukturen und Praktiken] entwickeln *und* einem nicht-sinnlosen Engagement für Darstellungen verpflichtet sein können, die einer ‚wirklichen' Welt die Treue halten, einer Welt, die teilweise miteinander geteilt werden kann und unterstützend wirkt auf erdumgreifende Projekte mit einem begrenzten Maß an Freiheit, angemessenem materiellen Überfluß, einer Verminderung der Bedeutung von Leiden und einem begrenzten Maß an Glück. [...] [Dieses] notwendigerweise vielfältige Begehren [...] [kann als] postmodernes Beharren auf irreduzibler Differenz und radikaler Vielfalt lokalen Wissens [verstanden werden]. [...] Wir brauchen die Erklärungskraft

---

wird, widersteht der Reduktion. Es liegt auf der Hand, daß Objekte nicht sprechen können, doch sie können im Hinblick auf ihre Komplexität und ihre nicht zu lüftenden Geheimnisse mit genügend Respekt behandelt werden, damit sie die Möglichkeit erhalten, die Stoßkraft einer Interpretation zu bremsen, abzulenken und zu komplizieren" (Bal 2008, S. 18).

moderner kritischer Theorien in der Frage, wie Bedeutungen und Körper hergestellt werden, nicht um Bedeutungen und Körper zu leugnen, sondern um in Bedeutungen und Körpern zu leben, die eine Chance auf eine Zukunft haben" (Haraway 1995, S. 78 f., Herv. i. Orig., Ergänzung und Anpassungen K.P.).

Situierte kontingente Vorstellungen von Inklusion/Exklusion finden sich beispielsweise in Darstellungen empirischer Erforschungen pädagogischer Praxen. Das können kritische Studien zu Teilhabe, Teilnahmen, Ausgrenzungen und Behinderungen in Praxen sein, die als inklusionspädagogisch betrachtet werden. Die partiellen, standortgebundenen Untersuchungen werden von Forscher*innen durchgeführt, mit performativ im Forschungsprozess wirksam werdenden Auffassungen, z. B. von pädagogischen Beziehungen mit gleichwertiger Anerkennung kultureller und körperlicher Vielfalt, als Unterstützungen gleichberechtigter selbstbestimmter Teilhabe und als Einsatz gegen soziale Ungleichheit.

Nach unserem Verständnis positionieren sich die (für ihre Übersetzungen und Solidaritäten verantwortlichen) empirischen Forschungen ebenso wie Theorien und Konzepte mit wirksam werdenden Vorstellungen von (nicht)behinderten Personen und von ihren Beziehungen zu Anderen und Anderem. Solche empirischen Forschungen müssen sich ebenso wie die mit ihnen verbundenen wissenschaftlichen Positionierungen als unabgeschlossene der Diskussion stellen, nicht zuletzt, weil fraglich bleibt, „wie sich situiertes Wissen […] erfassen und hinterfragen lässt, wenn die BeobachterInnen [bzw. Konstrukteur*innen inklusionspädagogischer Wirklichkeiten, Theorien und Konzepte] doch selber ‚situiert' sind" (Rendtdorff 2014, S. 124 f., Ergänzung K.P.). Diese Frage verweist auf *Konstruiertheit und Bedingtheit inklusionspädagogischen Wissens* ebenso wie auf die Perspektivität als „der blinde Fleck der eigenen Subjektivität beziehungsweise soziokulturellen Bedingtheit" (Koschorke 2013, S. 344) erziehungswissenschaftlicher Theorien, Modelle und Positionierungen.

Mit dem skizzierten Zugang bildet eine erziehungswissenschaftliche Positionierung, die Fürsprachen für inklusionsorientierte schul-pädagogische Angebote und vielfältige gesellschaftliche Teilhabe als politische und soziokulturelle Entscheidungen versteht, den Ausgangspunkt für alle Texte dieses Studienbuches.

1.5 Zu den Texten dieses Studienbuches

Die Texte dieses Studienbuches und die Weise, in der sie sich aneinander anschließen und sich verschränken, stellen wir mit dem skizzierten (Selbst)Verständnis als theoretisch-reflektierende Einsätze zum Thema Inklusion/Exklusion

1.5 Zu den Texten dieses Studienbuches

zur Diskussion. Der in dieses Studienbuch einleitende erste Teil will ein Bild von unserer Positionierung zum Thema Inklusion/Exklusion, von unseren Bezügen zu und Abgrenzungen von ausgewählten *differenten Theorie- und Praxiszugängen* entwerfen (Abschn. 1.1 bis 1.4). Er schließt mit der folgenden zusammenfassenden Übersicht über den weiteren Aufbau und die Texte dieses Studienbuches.

Im zweiten Teil dieses Studienbuches, *Bildungs(un)gerechtigkeit und Inklusionsgebot*, steht das Inklusionsgebot im Zentrum des Interesses. Wir stellen drei Zugänge zur Diskussion, mit denen wir Ansprüche an ein inklusionsorientiertes Schulsystem und (mit diesen verbundene) Widersprüche als Auseinandersetzungen um Bildungs(un)gerechtigkeit und (Un)Gleichheit entfalten.

Das Kap. 2 *Chancengerechte Bildung als Thema der Schulpädagogik*, widmet sich Fragen nach einem inklusionsorientierten Bildungssystem, die in bildungspolitischen und pädagogischen Zusammenhängen allgegenwärtig scheinen. So entfalten wir in diesem Kapitel unser Verständnis davon, auf welche Weise Fragen der Inklusion/Exklusion in der Schulpädagogik zentral wurden. Dabei berücksichtigen wir, dass es sich um Fragen handelt, die schulpädagogisch und bildungspolitisch zunächst ohne den Begriff Inklusion (und ohne Bezug zu Vorstellungen von Exklusion) thematisiert wurden. Sie finden sich z. B. in erziehungswissenschaftlichen Auseinandersetzungen mit dem *Bildungsrecht für alle Schüler*innen* und den damit verbundenen ambivalenten Ansprüchen an Schulpädagogik. Diesen Zugang stellen wir im Abschn. 2.1 vor. Im Abschn. 2.2 widmen wir uns dem *Leitbild ‚Inklusive Schule'*. Wir diskutieren es als ein Ideal, das Leistungen des Schulsystems in jeder allgemeinbildenden Schulform im Kontext des Anspruchs gleichberechtigter Bildungsmöglichkeiten für alle Kinder und Jugendlichen beschreibt. In dem Zusammenhang plädieren wir dafür, in Auseinandersetzungen mit Vorstellungen (inklusions)pädagogischer Wirklichkeiten danach zu fragen, was mit welchen Begründungen als pädagogisch sinnvoll gelten kann, und danach, welche Bedeutungen pädagogische Intentionen für Reflexionen pädagogischer Praxen haben können. Diverse schulpädagogische Konzepte und Praxen versprechen ‚Verwirklichungen' des Bildungsrechts für alle Schüler*innen und den Abbau der Differenzen von Teilhabe und Ausgrenzungen, Bildungs(un)gerechtigkeit und (mangelnder) Anerkennung. Mit dem Fokus auf *Geschlecht als bildungsrelevante Differenzkonstruktion* stellen wir im Abschn. 2.3 die These zur Diskussion, dass das, was als pädagogisch legitim und nicht legitim erscheint, als Ergebnis sehr unterschiedlicher gesellschaftskritischer Auseinandersetzungen um ‚Bestimmungsversuche des Pädagogischen' und deren soziale Verortung verständlich werden kann. Als ein Beispiel dafür rufen wir das Konzept einer ‚Pädagogik vielfältiger Lebensweisen' auf. Es bezieht sich auf die ‚Triade' Geschlecht – Sexualität – Lebensform und lässt sich nach unserem Verständnis auch mit Blick auf andere schul-pädagogisch relevante Differenzkonstruktionen als inklusionspädagogisch sinnvoll begründen. Die skizzierten Ansätze legen es nahe, nicht nur nach dem zu fragen, was, auf welche Weise, mit welchen Begründungen als ‚pädagogisch sinnvolles Handeln' vorgestellt werden kann, sondern auch nach den Strukturen, in denen dies möglich wäre. In diesem Sinne skizzieren wir im Abschn. 2.4 Konzepte und Praxisreflexionen *(integrativer) Gesamtschulen und Gemeinschaftsschulen* als Beispiele bildungspolitischer und erziehungswissenschaftlicher Einsätze für schulische Inklusion, gegen Ausgrenzungen in und Exklusion aus Schulen der Sekundarstufe. Deren Konzepte wurden in vielen Schulversuchen zum ‚Gemeinsamen Unterricht' entwickelt. Sie begründeten sich zunächst gar nicht vordergründig mit der Integration von Schüler*innen, die als behindert adressiert wurden, sondern insbesondere als schul-pädagogische Auseinandersetzungen mit dem Thema Migration. Fragen nach dem Inklusionsgebot bezogen auf das Thema Migration widmen wir uns im Abschn. 2.5 unter der Überschrift *Bildungs(un)gerechtigkeit und Migrationspädagogik*. Die Migrationspädagogik diskutiert differenzsensible pädagogische Konzepte auf der Basis der Anerkennung vertrauter und nicht-vertrauter kultureller Lebensformen, deren Vermittlung und in dem Zusammenhang Fragen von Bildungs(un)gerechtigkeit. Die entsprechenden konzeptionellen Forderungen der Professionalisierung verbinden sich mit Kritiken an den Logiken des Rassismus als Denkweise und Praxis, die in diskriminierender Weise Zugehörigkeiten und Nichtzugehörigkeiten konstruiert. Wir schließen unsere Vorstellungen zu chancengerechter Bildung als Thema der Schulpädagogik im Kap. 2 mit einer Positionierung zu Migration im Rahmen universitärer Lehre. Dieser Einsatz verbindet das Pädagogische mit dem Anspruch selbstbezogener kritischer Reflexion und mit Forderungen nach einem grundlegenden Wandel der professionellen Orientierungen in pädagogischen Studienangeboten und Praxen. Wir beziehen diesen Entwurf auf alle Themenschwerpunkte, die in diesem Kapitel diskutiert wurden, und stellen ihn als einen möglichen Zugang kritischer inklusionspädagogischer Professionalisierung zur Diskussion.

Im Kap. 3 *Gesellschaftliche (Un)Gleichheit. Inklusion/Exklusion und ‚das Soziale'*, widmen wir uns dem Pädagogischen als Teil des Sozialen. Wir fragen im Abschn. 3.1 nach soziologischen *Betrachtungsweisen gesellschaftlicher (Un)Gleichheit*, die es ermöglichen, Ansprüche an chancengerechte Bildung und inklusionsorientierte Schul-Pädagogik als Aspekte des gesellschaftlichen Inklusionsgebotes zu verorten. Im Anschluss skizzieren wir im Abschn. 3.2, unter der Überschrift *Von der Unwahrscheinlichkeit sozialer Ordnungen*,

1.5 Zu den Texten dieses Studienbuches

Einsätze der ‚Theorie sozialer Systeme'. Mit diesem Zugang werden differenzierte mehrperspektivische Beschreibungen von Inklusion/Exklusion als Modi der Teilhabe an komplexen Gesellschaftsstrukturen möglich. Inklusionsorientierte Vorstellungen schulischer (Un)Gleichheit zeigen sich mit diesem Zugang als differente soziale Strukturen, in denen sich erwartbare (un)gleiche Formen der Inklusion/Exklusion organisieren müssen, ohne vorherbestimmt zu sein. In Abschn. 3.3 *Inklusion/Exklusion im schulischen Unterricht* und Abschn. 3.4 *Inklusion/Exklusion im Erziehungssystem* thematisieren wir Ansprüche chancengerechter Bildung für alle Schüler*innen und deren Widersprüche im Kontext gesellschaftlicher (Un)Gleichheit. In diesem Rahmen verorten wir zum einen die systemtheoretische Lesart des Inklusionsgebotes (der ‚funktional differenzierten Gesellschaft'), das prinzipiell gleiche Inklusionsmöglichkeiten für alle Menschen unabhängig von sozialen Merkmalen und individueller Exklusivität proklamiert. Zum anderen skizzieren wir diverse Vorstellungen von Inklusion/Exklusion im schulischen Unterricht sowie im Erziehungssystem. So stellen wir einerseits inklusionsorientierte schulpädagogische und soziale Angebote als Unterstützungsleistungen für Inklusion zur Diskussion, die zugleich exkludierende Sonderarrangements schaffen. Andererseits widmen wir uns dem Inklusionsgebot/Exklusionsverbot mit Blick auf die gesellschaftliche Funktion Erziehung. Mit diesem Fokus kann der Antagonismus von individueller Bildung/Lernfähigkeit und gesellschaftlichen Erwartungen als ein der gesellschaftlichen Funktion der Erziehung inhärenter verständlich werden.

Das Kap. 4 *Schulbezogene Sonder-, Integrations- und Inklusionspädagogik,* stellt (vor dem Hintergrund der eingeführten schul-pädagogischen und systemtheoretischen Positionierungen) Ansprüche eines inklusionsorientierten Schulsystems aus den Perspektiven schulbezogener Sonder-, Integrations- und Inklusionspädagogiken vor. Wir skizzieren zunächst, im Abschn. 4.1 *Selbstverständigungen der Sonderpädagogik im Zusammenhang mit Bildungsfähigkeit und personenbezogenen Zuschreibungen von Behinderungen,* auf welche Weise sich die bildungsbezogene Sonderpädagogik als eine Antwort auf die Exklusion von Kindern und Jugendlichen, die als bildungsunfähig galten, vorstellen lässt. Die Sonderpädagogik entstand als eine exklusive Form der Schulpädagogik mit einem separaten Organisationssystem schulischer Bildungsangebote. Mit ihr verbinden sich differente Ideen von (Nicht)Behinderungen und verschiedene schulorganisatorische und handlungstheoretische Entwicklungen, die sich zugleich legitimieren und infrage stellen lassen. Ein solches Verständnis skizzieren wir im Anschluss, im Abschn. 4.2 *Integrative Sonderschulpädagogik und radikale Integrationspädagogik.* Wir verweisen auf entsprechende bildungspolitische Einsätze, diskutieren das Konzept des Sonderpädagogischen Förderbedarfs, die mit ihm verbundene Erweiterung des Verständnisses von Behinderungen und seine Ablehnung durch die radikale Integrationspädagogik, sowie Konstruktionen von Behinderungen als pädagogische Kategorie. Im letzten Abschn. 4.3 wenden wir uns unter der Überschrift *Schulbezogene Inklusionspädagogik als spezifische Disziplin zur Bearbeitung von Behinderungen schulischer Bildungschancen* einem Einsatz der Inklusionspädagogik zu, der sich explizit als menschenrechtsbasierte Inklusive Pädagogik positioniert. Unsere Lesart dieses Zugangs mündet in einem Verständnis für Verschiebungen von Exklusionsrisiken in inklusionsorientierten schulischen Praxen und führt zu der Frage nach dem kritisch produktiven Potenzial der wissenschaftlichen Disziplin der Inklusionspädagogik als Differenzpädagogik.

Den dritten Teil dieses Studienbuches haben wir unter die Überschrift *Inklusion/Exklusion in der Schulpädagogik. Konzepte, Beschreibungen und Analysen* gestellt. Wir stellen zunächst inklusionsorientierte Schul- und Unterrichtskonzepte vor, widmen uns dann Möglichkeiten der Beschreibung von Inklusion/Exklusion aus der Perspektive sozialer Ungleichheit und diskutieren von hier aus verschiedene Vorstellungen von Heterogenität als pädagogischem Konzept.

Im Kap. 5 *Inklusionsorientierte Schul- und Unterrichtskonzepte*, gehen wir davon aus, dass sich das Thema Inklusion/Exklusion in der Schul-Pädagogik mit Konzepten und Praxen von Schul- und Unterrichtsformen verbindet, die mit dem Fokus auf die Heterogenität der Schüler*innen mehr Bildungsgerechtigkeit und den Abbau von Bildungsungleichheiten ermöglichen sollen. Wir wenden uns im Abschn. 5.1 *Konzepten inklusionsorientierter Schulentwicklungen* zu, die versprechen, diesen Anspruch einzulösen. Am Beispiel des ‚Index für Inklusion' skizzieren wir Vorstellungen von ‚Leitideen' sowie ‚Gelingensbedingungen' inklusionsorientierter Schulentwicklungen. Mit dieser Skizze wollen wir die schulpraktische Relevanz dieser Einsätze ebenso wie den an sie gerichteten Vorwurf weitgehenden ‚Theorieverzichts' verdeutlichen. Anschließend stellen wir, im Abschn. 5.2 *Inklusionsorientierte Weiterentwicklungen allgemeiner Didaktiken*, einige präskriptive inklusionsorientierte didaktische Einsätze vor. Wir lesen sie exemplarisch als Konzepte für die Planung, Realisierung und Reflexion von Lernangeboten auf der Basis allgemein- und fachdidaktischen Wissens über die sachlichen, sozialen und zeitlichen Dimensionen differenzierter gemeinsamer Lehr- und Lernprozesse. Im Abschn. 5.3 *Spezifische inklusionsorientierte Didaktiken* widmen wir uns verschiedenen Konzepten, die sich als neue Formen inklusiver Modelle der Bewältigung technisch-organisatorischer Aufgabenstellungen zur Realisierung gleichberechtigter Bildungschancen aller Schüler*innen präsentieren. Wir fragen nach deren Ansprüchen sowie den damit verbundenen Widersprüchen und verweisen abschließend auf einige Einsprüche, die wir als Diskussionsanlässe für

1.5 Zu den Texten dieses Studienbuches

kritisch-produktive reflexive Auseinandersetzungen mit inklusionsorientierten Unterrichtskonzepten und schulischen Praxen lesen.

Das Kap. 6 *Soziale Ungleichheit und schulische Inklusion/Exklusion* stellt inklusionspädagogisch motivierte Beobachtungen von Inklusion/Exklusion in Zusammenhänge mit sozialen Ungleichheiten. Im Abschn. 6.1 *Soziale Ungleichheit aus einer kultursoziologischen Perspektive* diskutieren wir einen kultursoziologischen Entwurf der Reproduktion sozialer Ungleichheit. Mit diesem Zugang wird sozial ungleiche gesellschaftliche Anerkennung im Zusammenhang mit kulturspezifisch konstruierten Normalitätserwartungen verständlich. Von hier aus stellen wir im Abschn. 6.2 *Inklusion/Exklusion in (nicht)behinderten Körperbildern und Praktiken* vor. Dafür skizzieren wir die Tragweite der Klassifikation von Körpern für soziale Ungleichheit. Zum einen fokussieren wir auf die Art und Weise, wie körperbezogene Behinderungen und Krankheiten dargestellt und sichtbar werden, um gesellschafts- und bildungspolitische Forderungen der Inklusion im Sinne gleichberechtigter Teilhabe zu artikulieren. Zum anderen thematisieren wir assistive Technologien als Mittel zur Gestaltung persönlicher und gesellschaftlicher Umweltbedingungen für die Verbesserung von Teilhabechancen. Im Abschn. 6.3 *Sozialkategoriale Bestimmungen von Inklusion/Exklusion wechseln* wir die Perspektive und skizzieren Modelle, die Erklärungen für soziale Ungleichheit bieten. Vorstellungen von Chancenungleichheit und verschiedene theoretisch begründete Konstruktionen sozialer Gruppen thematisieren wir als Grundlagen für systematische Analysen ungleicher Formen von Inklusion/Exklusion.

Die Ausrichtung des Kap. 7 *Heterogenität als inklusionspädagogisches Konzept* ist der Beobachtung geschuldet, dass schulpädagogische Vorstellungen von Inklusion/Exklusion, in denen Differenzordnungen aufgerufen werden, häufig auf Heterogenität referieren. Im Abschn. 7.1 *Differenzordnungen in der Schulpädagogik* widmen wir uns differenzpädagogischen Konstruktionen der Unterschiedlichkeit von Schüler*innen. Wir verweisen darauf, dass sich das Zugleich von Beschreibungen und Zuschreibungen sozialer Ungleichheit einerseits als Dilemma pädagogischer Programmatiken verstehen lässt, die auf Differenzen referieren, und andererseits schul-pädagogische Macht zur Erzeugung von Ungleichheit markiert. Im Selbstverständnis inklusionsorientierter Schul-Pädagogik sollen schulische Organisationen und Kulturen allen Schüler*innen gleichberechtigt Bildung ermöglichen. Die damit verbundenen Ansprüche artikulieren sich zumeist im pädagogischen Konzept Heterogenität, das auf die Unterschiedlichkeit von Schüler*innen einer Lerngruppe fokussiert. Deswegen skizzieren wir im Abschn. 7.2 *Das Konzept Heterogenität in der Erziehungswissenschaft* in verschiedenen Bedeutungsdimensionen mit ihren Grundlegungen und mit kritischen

Einwänden. Im Abschn. 7.3 *Heterogenität als normative Orientierung* widmen wir uns, ausgehend von einem Verständnis von Heterogenität als ‚egalitäre' Differenz, der Frage nach den Möglichkeiten, Heterogenität als Chance für pädagogische Prozesse zu deuten sowie deren Grenzen in Begegnungen mit ‚konflikthafter Fremdheit' sowie ‚unvergleichlicher Singularität'.

Das Kap. 8 *Heterogene Schul-Leistungen als (De)Legitimation von Inklusion/ Exklusion* rückt die Heterogenität von Schulleistungen unter dem Eindruck des meritokratischen Versprechens der Leistungsgerechtigkeit (als Legitimation von Bildungsungleichheit) ins Zentrum der Aufmerksamkeit. Im Abschn. 8.1 *Heterogenität schulischer Leistungen* markieren wir die Ungleichwertigkeit schulischer Leistungen und Abschlüsse und deren gesellschaftliche Bedeutungen als Produkte des Schulsystems, der inklusionsorientierten Schul-Pädagogik und der empirischen Bildungsforschung. In dem Zusammenhang stellen wir, vor dem Hintergrund radikaler Forderungen nach Anerkennung kultureller Pluralität, Einsprüche gegen Leistungs- und Fähigkeitsnormen, gegen die ‚Mittelschichtsorientierung' und gegen ‚Meritokratisierungsstrategien' im Schulsystem zur Diskussion. Damit zeigen sich empirische Bildungsforschungen, Einsätze der Inklusionspädagogik und rekonstruktive Inklusionsforschungen mit je eigenen Positionierungen zu Heterogenität. Im Abschn. 8.2 *Bildung als eine ‚Grunddimension' sozialer Ungleichheit* thematisieren wir Vorstellungen von Gerechtigkeit bezüglich beschreibbarer Leistungen von Schüler*innen als gesellschaftliche Probleme. Damit rücken gesellschaftliche Kontexte schulbezogener Leistungserwartungen, individualisierter Leistungs- und Ressourcenorientierungen sowie personenbezogener Adressierungen ‚sonderpädagogischer Förderbedarfe', sowie hegemoniale Vorstellungen von ‚Bildungsarmut' ins Blickfeld. Der Abschn. 8.3 *Bildungsungleichheit als Leistungsgerechtigkeit* schließlich fokussiert auf das Konzept der Leistungsgerechtigkeit, mit dem Bildungsungleichheiten gesellschaftlich legitimiert erscheinen. Wir skizzieren dafür die ambivalenten Argumente eines Einsatzes, der die ‚moderne' Legitimation ungleicher Bildungschancen mit ‚Charakterzügen der meritokratischen Leitfigur' diskutiert, und einen Zugang, der das ‚problematische Versprechen der Leistungsgerechtigkeit' analysiert.

Der vierte Teil dieses Studienbuches widmet sich *differenten Vorstellungen von Teilhabe und Gerechtigkeit* und den damit verbundenen *ungleichen Chancen* aus sozialpädagogischen, sozialstaatlichen Perspektiven und (dieses Studienbuch abschließend) mit Blick auf politische Kulturen der Inklusion/Exklusion, und damit noch einmal dem Verständnis von Fürsprachen für vielfältige gesellschaftliche Teilhabe (darunter auch für inklusionsorientierte schul-pädagogische Angebote) als politische und soziokulturelle Entscheidungen.

1.5 Zu den Texten dieses Studienbuches

Im Kap. 9 richtet sich unsere Aufmerksamkeit *auf die Ambivalenz der Sozialpädagogik gegenüber dem Anspruch der Inklusion*. Wir thematisieren im Abschn. 9.1 *Inklusionskritische Sozialpädagogik* Theorien und Praxen der Sozialpädagogik, die sich mit der Frage beschäftigen, wie mit unterschiedlichen sozialpolitischen Maßnahmen und sozialpädagogischen Angeboten sozialer Ungleichheit begegnet werden kann. Dabei fragen wir auch nach Weisen, mit denen Sozialpädagogik selbst zur Instanz sozialer Diskriminierungen und Ausschließungen wird. Im Abschn. 9.2 *Zur Entwicklung der Kinder- und Jugendhilfe* lesen wir ausgewählte Darstellungen von Praxen der Kinder- und Jugendhilfe als Antworten auf die Frage der Teilhabe am Leben in der Gesellschaft mit differenten Vorstellungen von Integration/Ausgrenzung, Inklusion/Exklusion und Gerechtigkeit. Als ein aktuelles Beispiel stellen wir im Abschn. 9.3 *Schulbegleitungen als sozialpädagogische Praxen schulischer Inklusion/Exklusion* sozialpädagogische Konzepte und Erzählungen von Praxen der Schulbegleitung als ambivalente Angebote für schulische Lernprozesse zur Diskussion. Dies führt uns letztlich im Abschn. 9.4 zum Verständnis von *Inklusion/Exklusion als konstitutives Spannungsverhältnis in der Kinder- und Jugendhilfe*.

Das Kap. 10 *Ungleiche Teilhabechancen und soziale Ausgrenzungen im Sozialstaat Deutschland*, diskutiert insbesondere Behinderungen und Kinderarmut als soziale Probleme. Die Grundlage dafür bildet der Abschn. 10.1 *Inklusion/Exklusion in sozialwissenschaftlichen Analysen sozialer Ungleichheit*. Hier stellen wir sozialwissenschaftliche Zugänge und Diagnosen vor, die verdeutlichen können, in welchen Weisen die Unterscheidung von Inklusion und Exklusion das Verständnis von Gleichheit und Ungleichheit beeinflusst. Nach diesem Einsatz skizzieren wir im Abschn. 10.2 *Zum sozialpolitischen Versprechen der Inklusion* unsere Lesarten eben dieses Versprechens in einem demokratietheoretischen Erklärungsansatz sowie inkludierender/exkludierender sozialstaatlicher Praxen. Damit begründet sich nach unserem Verständnis auch inklusionspädagogisch motivierte Gesellschaftskritik. Die aufgerufenen theoretischen Erklärungen sowie sozialpolitischen Praxen des Wohlfahrtsstaates werden im Anschluss exemplarisch auf Behinderungen und auf Kinderarmut als Determinanten sozialer Ungleichheit bezogen. Der Abschn. 10.3 *Behinderungen im Sozialstaat* stellt Interpretationen von Behinderungen als gesellschaftliche Probleme in einen Zusammenhang mit hegemonialen gesellschaftlichen Vorstellungen eines guten Lebens im Wohlfahrtsstaat. In diesem Rahmen werden Leistungen zur Sicherung der sozialen und ökonomischen Grundrechte mit spezifischen Konstruktionen von Hilfebedarfen bzw. von sozialen und ökonomischen Risiken skizziert. Im Abschn. 10.4 *Kinderarmut im Sozialstaat* diskutieren wir Kinderarmut, insbesondere mit der Fokussierung auf ‚relative familiäre

Einkommensarmut', als Ausgrenzung und Diskriminierung im Sozialstaat. Damit gehen wir Forderungen der Stärkung der sozialstrukturellen und sozialpolitischen Positionen von Kindern und Jugendlichen vor dem Hintergrund der politischen Ansprüche von Inklusion und gleichberechtigter Teilhabe nach.

Im Kap. 11 *Politische Kulturen von Inklusion/Exklusion* widmen wir uns noch einmal dem Verständnis von Fürsprachen für vielfältige gesellschaftliche Teilhabe (darunter auch für inklusionsorientierte schul-pädagogische Angebote) als politische und soziokulturelle Entscheidungen. Im Abschn. 11.1 *Menschenrechte als normative Prinzipien demokratischer Kulturen* gehen wir davon aus, dass sich das Inklusionsgebot demokratischer Gesellschaften auf der Grundlage der Vorstellung von *Inklusion als menschenrechtliche Verpflichtung* diskutieren lässt. Wir thematisieren die normativen Maßstäbe der Menschenwürde und Inklusion, insbesondere bezogen auf Kinderrechte zwischen ‚Universalitätsanspruch und kultureller Diversität'. Der Abschn. 11.2 *Deliberation als politische Kultur der ‚Inklusivität'* diskutiert die Idee, dass politische Konflikte (wie z. B. der Streit um die Aufnahme der Kinderrechte ins Grundgesetz) in einem liberalen demokratischen Staat in öffentlichen Diskussionen und mit Mehrheitsentscheidungen zu verhandeln wären, und befragt das damit verbundene Verständnis ‚inklusiver gesellschaftlicher Praxen'. Wir gehen dieser Idee an zwei Beispielen in der Kontroverse um ein ‚inklusives' Bildungssystem (ohne separierende Schulen für Schüler*innen mit zugeschriebenen Förderbedarfen) nach, mit der wir in diesem Studienbuch in das Thema Inklusion/Exklusion einführten. Mit der Frage nach möglichen theoretischen Erklärungen für die in dem Zusammenhang aufgerufenen Bedenken und deren kontingenten Bedeutungen für politische Kulturen stellen wir im Abschn. 11.3 *Von der (Un)Möglichkeit gleichberechtigter Teilhabe* ein ‚radikales' Demokratiemodell als alternative Perspektive zum Modell der deliberativen Demokratie zur Diskussion. Dieser Zugang kann für die Komplexität, die Inkonsistenzen und Ambivalenzen der Idee Inklusion, ihrer Konzepte und Praxen sensibilisieren. Er weist Parteinahme für Inklusion als mögliche politische bzw. demokratische Entscheidung aus und verortet Inklusion als Einsatz für das demokratische Versprechen.

So lässt sich nach unserem Verständnis sagen, dass sich inklusionspädagogische Einsätze mit der politischen Kraft des Vertrauens und mit einem Glauben an die Möglichkeit soziokultureller und politischer Veränderungen von Inklusion/Exklusion begründen können. Die mit diesem Verständnis verbundenen Ansprüche, Widersprüche und Einsprüche bilden den Rahmen, in dem in diesem Studienbuch Fragen von Inklusion/Exklusion ohne abschließende Antworten zur Diskussion gestellt werden.

Literatur

Fachwissenschaftliche Literaturempfehlung

Deutsche Gesellschaft für Erziehungswissenschaft (2015). Inklusion – Perspektive, Herausforderung und Problematisierung aus der Sicht der Erziehungswissenschaft. *Erziehungswissenschaft. Mitteilungen der Deutschen Gesellschaft für Erziehungswissenschaft, 51. Das Themenheft der Zeitschrift „Erziehungswissenschaft" versammelt neun Artikel mit je unterschiedlichen erziehungswissenschaftlichen Perspektiven auf das Thema Inklusion. Es stellt sich als Beitrag zur disziplinären Verständigung vor und ermöglicht einen Eindruck von den Weisen, in denen die Erziehungswissenschaft Fragen, Herausforderungen und Probleme diskutiert, die sich mit dem Thema Inklusion verbinden.*

Darüber hinaus verwendete Literatur

Aktion Mensch e. V. (o. J.). Was ist Inklusion? http://www.aktion-mensch.de/dafuer-stehen-wir/was-ist-inklusion.html. Zugegriffen: 28. Juli 2022.
Bal, M. (2008). *Kulturanalyse*. Frankfurt/M.: Suhrkamp.
Balzer, N. (2017). Imaginationen des Pädagogischen. Explorationen zur erziehungstheoretischen Bedeutung von (Fall-)Beispielen. In: Ch. Thompson & S. Schenk (Hrsg.), *Zwischenwelten der Pädagogik* (S. 223–235). Paderborn: Schöningh.
Boger, M.-A. (2019). *Theorien der Inklusion. Die Theorie der trilemmatischen Inklusion zum Mitdenken*. Münster: edition assemblage.
Bossinade, J. (2000). *Poststrukturalistische Literaturtheorie*. Stuttgart/Weimar: Meltzer.
Bronner, Kerstin & Paulus, Stefan (2017). *Intersektionalität: Geschichte, Theorie und Praxis*. Opladen & Toronto: Barbara Budrich.
Bublitz, H. (2003). *Diskurs*. Bielefeld: transcript.
Dederich, M. (2016). Behinderung. In: M. Dederich, I. Beck, U. Bleidick & G. Antor (Hrsg.), *Handlexikon der Behindertenpädagogik. Schlüsselbegriffe aus Theorie und Praxis* (3. erweiterte und überarbeitete Aufl.) (S. 107–110). Stuttgart: Kohlhammer.
Deutsche Gesellschaft für Erziehungswissenschaft (DGfE) (2017). Inklusion: Bedeutung und Aufgabe der Erziehungswissenschaft. Stellungnahme der DGfE. https://www.dgfe.de/fileadmin/OrdnerRedakteure/Stellungnahmen/2017.01_Inklusion_Stellungnahme.pdf. Zugegriffen: 28. Juli 2022.
Deutscher Bundestag (o. J.). Grundgesetz für die Bundesrepublik Deutschland. https://www.bundestag.de/parlament/aufgaben/rechtsgrundlagen/grundgesetz. Zugegriffen: 28. Juli 2022.
Emmerich, M. & Hormel, U. (2013). *Heterogenität – Diversity – Intersektionalität. Zur Logik sozialer Unterscheidungen in pädagogischen Semantiken der Differenz*. Wiesbaden: Springer VS.
Farzin, S. (2006). *Inklusion/Exklusion. Entwicklungen und Probleme einer systemtheoretischen Unterscheidung*. Bielefeld: transcript.

Farzin, S. (2011). *Die Rhetorik der Exklusion. Zum Zusammenhang von Exklusionssemantik und Sozialtheorie.* Weilerswist: Velbrück Wissenschaft.

Fuchs, P. (2002). Behinderung und Soziale Systeme. Anmerkungen zu einem schier unlösbaren Problem. https://www.fen.ch/texte/gast_fuchs_behinderung.htm. Zugegriffen: 28. Juli 2022.

Geldner, J. (2018). Das Versprechen der Inklusion – gesellschaftskritische Potentiale von Inklusionsforschung im Anschluss an hegemonietheoretische Positionen. In: E. Feyerer, W. Prammer, E. Prammer-Semmler, Ch. Kladnik, M. Leibetseder & R. Wimberger (Hrsg.), *System. Wandel. Entwicklung. Akteurinnen und Akteure inklusiver Prozesse im Spannungsfeld von Institution, Profession und Person* (S. 150–156). Bad Heilbrunn: Klinkhardt.

Gesetzblatt für Baden-Württemberg, Nr. 15 (1983). https://www.landtag-bw.de/files/live/sites/LTBW/files/dokumente/gesetzblaetter/1983/GBl198315.pdf. Zugegriffen: 28. Juli 2022.

Gugutzer, R. & Schneider, W. (2007). Der ‚behinderte' Körper in den Disability Studies. Eine körpersoziologische Grundlegung. In: A. Waldschmidt & W. Schneider (Hrsg.), *Disability Studies, Kultursoziologie und Soziologie der Behinderung* (S. 31–53). Bielefeld: transcript.

Haraway, D. (1995). Situiertes Wissen. Die Wissenschaftsfrage im Feminismus und das Privileg einer partialen Perspektive. In: dies., *Die Neuerfindung der Natur. Primaten, Cyborgs und Frauen* (S. 73–97). Frankfurt/M., New York: Campus.

Hascher, T. & Kessl, F. (2015). Editorial. Inklusion – eine erziehungswissenschaftliche Perspektive. *Erziehungswissenschaft. Mitteilungen der Deutschen Gesellschaft für Erziehungswissenschaft, 51*, 5–6.

Koschorke, A. (2013). *Wahrheit und Erfindung. Grundzüge einer allgemeinen Erzähltheorie* (3. Aufl.). Frankfurt/M.: Fischer.

Kunze, A. B. (2013). *Das Recht auf Bildung. Anforderungen an die rechtliche und politische Implementierung.* Münster: Waxmann.

Liebsch, B. (2003). Lebensformen zwischen Widerstreit und Gewalt. Zur Topografie eines Forschungsfeldes im Jahr 2000. In: B. Liebsch & J. Straub (Hrsg.), *Lebensformen im Widerstreit. Integrations- und Identitätskonflikte in pluralen Gesellschaften* (S. 13–44). Frankfurt/M.: Campus.

Luhmann, N. (1997). *Die Gesellschaft der Gesellschaft.* Frankfurt/M.: Suhrkamp.

Mayer, R. (2017). Teilhabe und Teilung. In: I. Miethe, A. Tervooren, & N. Ricken (Hrsg.), *Bildung und Teilhabe. Zwischen Inklusionsforderung und Exklusionsdrohung* (S. 65–85). Wiesbaden: Springer VS.

Möllers, H. (2019). *Das Märchen von der Inklusion. Eine Bilanz nach 10 Jahren.* Deutschland.

Mörgen, R. (2014). ver*Körper*te Ungleichheiten und Soziale Arbeit. In: N. von Langsdorff (Hrsg.), *Jugendhilfe und Intersektionalität* (S. 72–93). Opladen: Budrich.

Netzwerk Artikel 3 e. V. (2018). Schattenübersetzung. Übereinkommen über die Rechte von Menschen mit Behinderungen. Behindertenrechtskonvention – BRK. https://www.nw3.de/attachments/article/130/BRK-Schattenuebersetzung-3-Auflage-2018.pdf. Zugegriffen: 28. Juli 2022.

Pfaller, R. (2018). *Erwachsenensprache. Über ihr Verschwinden aus Politik und Kultur* (4. Aufl.). Frankfurt/M.: Fischer Taschenbuch.

Literatur

Puhr, K. (2017a). Thesen zu inklusionsorientierten Schulvorstellungen. In: K. Puhr & J. Geldner (Hrsg.), *Eine inklusionsorientierte Schule. Erzählungen von Teilhabe, Ausgrenzungen und Behinderungen* (S. 325–351). Wiesbaden: Springer VS.

Puhr, K. (2017b). Drei Thesen zu Forschungsbedingungen der Erziehungswissenschaft im Themenfeld Inklusion. Eine Lektüre der Stellungnahme der Deutschen Gesellschaft für Erziehungswissenschaft zu Inklusion. *Erziehungswissenschaft. Mitteilungen der Deutschen Gesellschaft für Erziehungswissenschaft, 55*, 79–87.

Puhr, K. (2022). Inklusion/Exklusion und das Soziale. In: In: I. Budnik, M. Grummt & St. Sallat (Hrsg.), *Sonderpädagogik – Rehabilitationspädagogik – Inklusionspädagogik. Hallesche Impulse für Disziplin und Profession* (S. 40–64). Weinheim: Beltz.

Puhr, K. & Geldner, J. (2017). Vorwort. In: K. Puhr & J. Geldner (Hrsg.), *Eine inklusionsorientierte Schule. Erzählungen von Teilhabe, Ausgrenzungen und Behinderungen* (S. XI-XIII). Wiesbaden: Springer VS.

Raab, H. (2016). Re/Vision – Inklusion, Behinderung und Geschlecht. In: J. Budde, S. Offen & A. Tervooren (Hrsg.), *Das Geschlecht der Inklusion* (S. 119–135). Opladen: Budrich.

Radio Bremen (2018): Die Story im Ersten: Das Märchen von der Inklusion. https://www.radiobremen.de/presse-mitteilungen/storyimersten-100.html. Zugegriffen: 22. Februar 2023.

Rendtorff, B. (2014). Heterogenität und Differenz. Über die Banalisierung von Begriffen und den Verlust ihrer Produktivität. In: H.-Ch. Koller, R. Casale & N. Ricken (Hrsg.), *Heterogenität. Zur Konjunktur eines pädagogischen Konzepts* (S. 115–130). Paderborn: Schöningh.

Schäfer, A. (2012). *Das Pädagogische und die Pädagogik. Annäherungen an eine Differenz*. Paderborn: Schöningh.

Schaffer, J. (2008). *Ambivalenzen der Sichtbarkeit. Über die visuellen Strukturen der Anerkennung*. Bielefeld: transcript.

Stichweh, R. (2016). Inklusion/Exklusion und die Soziologie des Fremden. In: ders., *Inklusion und Exklusion. Studien zur Gesellschaftstheorie* (2. Aufl.) (S. 179–188). Bielefeld: transcript.

Walgenbach, K. (2014). *Heterogenität – Intersektionalität – Diversity in der Erziehungswissenschaft*. Opladen: Budrich.

Weibel, P. (2010). Vorwort zur 2. Auflage. In: P. Weibel & S. Žižek (Hrsg.), *Inklusion : Exklusion. Probleme des Postkolonialismus und der globalen Migration* (2. Aufl.) (S. 11–12). Wien: Passagen.

Wimmer, M. (2014). Grenzen pädagogischen Wissens und der praktische Wert des Nichtwissens in der Pädagogik. In: M. Wimmer, *Pädagogik als Wissenschaft des Unmöglichen. Bildungsphilosophische Interventionen* (S. 77–94). Paderborn: Schöningh.

Winker, G. & Degele, N. (2010). *Intersektionalität. Zur Analyse sozialer Ungleichheiten* (2. Aufl.). Bielefeld: transcript.

Žanić, I. (2010). In den Fesseln der Sprache. Einige Anmerkungen dazu, wie Menschen redundant gemacht werden. In: P. Weibel & S. Žižek (Hrsg.), *Inklusion : Exklusion. Probleme des Postkolonialismus und der globalen Migration* (2. Aufl.) (S. 131–144). Wien: Passagen.

Teil II
Bildungs(un)gerechtigkeit und Inklusionsgebot

Chancengerechte Bildung als Thema der Schulpädagogik

Zusammenfassung

Fragen von Inklusion/Exklusion wurden in die Schulpädagogik in kritischer Auseinandersetzung mit dem Anspruch chancengerechter Bildung für alle Schüler*innen im allgemeinbildenden Schulsystem eingeführt (Abschn. 2.1). Daran schließen sich pädagogische und bildungspolitische Ansprüche an, die sich unter dem Leitbild ‚Inklusive Schule' in der Schulpädagogik mit dem Thema Inklusion/Exklusion verbinden (Abschn. 2.2). Die kontroversen bildungspolitischen und erziehungswissenschaftlichen Diskussionen um schulische Inklusion intensivierten sich mit der Abschaffung der Sonderschulpflicht. Die konzeptionellen und schulstrukturellen Entwicklungen haben jedoch bereits eine 50-jährige Geschichte. Es wurden verschiedene schulpädagogische Angebote zur Einlösung des Bildungsrechts und der gesellschaftlichen Teilhabe entwickelt, z. B. solche, in denen Geschlecht als bildungsrelevante Differenzkonstruktion erschien (Abschn. 2.3). Mit dem Anspruch chancengerechter Bildung entstanden auch (Integrierte) Gesamtschulen und Gemeinschaftsschulen, zunächst in Auseinandersetzungen mit dem Thema Migration (Abschn. 2.4). Daran anknüpfend stellen wir schulpädagogische Positionierungen zu Migration unter dem Aspekt Bildungs(un)gerechtigkeit und Migrationspädagogik zur Diskussion (Abschn. 2.5).

Schlüsselwörter

Bildungsexpansion · Bildungsrecht · Chancengerechtigkeit · Geschlecht · Gemeinschaftsschule · (Integrierte) Gesamtschule · Inklusive Schule · Kritische Professionalisierung · Migration · Reflexive Inklusion · Schulpädagogik

© Springer Fachmedien Wiesbaden GmbH, ein Teil von Springer Nature 2023
K. Puhr, *Studienbuch Inklusion/Exklusion,*
https://doi.org/10.1007/978-3-658-19063-7_2

2.1 Zum Bildungsrecht für alle Schüler*innen

„Inklusion ist in aller Munde und scheint fast allen politischen Positionen die passende Antwort auf den Umgang mit jeglicher Form von Heterogenität zu sein. Inklusion ist allerdings kein neues Thema in der Erziehungswissenschaft. Ganz im Gegenteil: Seit die Heterogenität von Gruppen entweder institutionell ausgeblendet oder in alternativen Reformversuchen möglich gemacht werden soll, seit der Wunsch nach mehr Integration und weniger Segregation besteht, ist die Frage nach Inklusion zentral – auch wenn sie historisch nicht unter diesem Titel firmierte" (Hascher und Kessl 2015, S. 5).

Mit dieser Aussage wird das Themenheft „Inklusion – Perspektive, Herausforderung und Problematisierung aus der Sicht der Erziehungswissenschaft" (DGfE 2015) eingeführt. Hier wird festgestellt, dass Inklusion (anders als das schulpolitisch zuweilen immer noch behauptet wird) kein neues Thema in der Erziehungswissenschaft ist, sondern eines, das mit anderen Bezeichnungen (im Zusammenhang mit Heterogenitätsvorstellungen) bereits seit Langem als grundlegendes Thema anzusehen ist. Von dieser Annahme ausgehend, wollen wir in diesem Kapitel unser Verständnis davon vorstellen, in welchen Weisen Fragen der Inklusion/Exklusion in der Schulpädagogik[1] zentral wurden. Dabei werden wir berücksichtigen, dass es sich um Fragen handelt, die schulpädagogisch und bildungspolitisch zunächst ohne den Begriff Inklusion (und ohne Bezug zu Vorstellungen von Exklusion) thematisiert wurden. Wohl aber wurden Vorstellungen von Teilhabe und Ausgrenzungen, Bildungs(un)gerechtigkeit und (mangelnder) Anerkennung verhandelt. Nach einer Argumentation des Textes „Inklusion und Organisationsentwicklung" (Moser 2017) lassen sich die Themen *Bildungsgerechtigkeit, Teilhabe und Anerkennung sowie Antidiskriminierung als die pädagogischen Dimensionen von Inklusion* bezeichnen, unter denen um die Verbesserung der Bildungschancen aller Schüler*innen und der Bildungsqualität gestritten wird (vgl. ebd., S. 20 ff.). In diesem Sinne richten wir die Aufmerksamkeit auf die genannten pädagogischen Dimensionen von Inklusion/Exklusion,

---

[1] In diesem Kapitel verwenden wir die Schreibweise ‚Schulpädagogik' und ‚schulpädagogisch', wenn wir explizit auf diese erziehungswissenschaftliche Teildisziplin bzw. die Institution Schule fokussieren; die Schreibweise ‚Schul-Pädagogik' und ‚schulpädagogisch' soll die Relevanz der Aussage für schul- und andere pädagogische Einsätze anzeigen.

die in der Schulpädagogik historisch ohne das Begriffspaar Inklusion/Exklusion zentral wurden.

Die Schulpädagogik widmet sich Fragen der Gestaltung von Schule und Unterricht mit Blick auf die Strukturen und die bildungspolitischen und institutionellen Rahmenbedingungen des Schulsystems, auf die Organisationsformen und -prozesse, die Kulturen von Einzelschulen sowie auf die Praxen schulischen Lehrens, Lernens und Lebens. In all diesen Feldern werden „Themen, die die gesellschaftliche Bedingtheit und Bedeutung von Schule im weitesten Sinne betreffen" (Bohl et al. 2015, S. 73), relevant.

Als wissenschaftliche Disziplin hat sich die Schulpädagogik im Zuge der Bildungsreformen der 1960er-Jahre etabliert, die in „umfassende Modernisierungsprozesse der Gesellschaft eingebunden" (ebd., S. 20) waren. Der zitierte Text greift die Stichworte „*Bildungsexpansion, […] deutsche Bildungskatastrophe, […] Bildung ist Bürgerrecht […] [und] Begabungsreserven*" (ebd., S. 21, Herv. i. Orig., Anpassung K.P.) auf und benennt Veränderungen von Bildungsplänen und Schulstrukturen als Mittel, die wesentlichen Ziele der Bildungsreformen zu erreichen. Als solche galten „die Erhöhung der Anzahl der Abiturienten" (ebd.) und die weitere Ausschöpfung von ‚Begabungsreserven' (vgl. ebd.) sowie mehr Chancengerechtigkeit für *alle* Schüler*innen.

> „Vor allem mittels Lehrplanrevision und der Veränderung der Schulstrukturen sollten die angemahnten ‚Begabungsreserven' geweckt werden, zum anderen sollte die Chancengleichheit für alle in einem (chancen-)gerechten Schulwesen verwirklicht werden" (Bohl et al. 2015, S. 21).

Wir wenden uns zunächst den genannten Zielstellungen zu. Sie lassen sich unter der Aufgabe der „Realisierung des Rechts auf Bildung […] [in der] Spannung zwischen normativem Anspruch und fehlbarer Wirklichkeit" (Kunze 2013, S. 20, Anpassung K.P.) zur Diskussion stellen.

Die *Realisierung des Bildungsrechts für alle Schüler*innen* könnte heißen, jedem Kind und jeder*jedem Jugendlichen uneingeschränkt die Möglichkeiten dafür zu eröffnen, das eigene Wissen, die Fähigkeiten und Fertigkeiten in allen Kompetenzbereichen durch *selbstbestimmtes Lernen* zu erweitern. Wir beziehen uns mit dieser Idee auf „Neun Thesen: Grundlinien einer zeitgemäßen Bildungskonzeption" (Klafki 1990, S. 92 ff.). Nach diesen Annahmen zielen schulische Bildungsangebote zum einen auf die Entwicklung der „kognitiven, emotionalen, ästhetischen, sozialen, praktisch-technischen Fähigkeiten" (ebd., S. 100) aller Schüler*innen ab. Zum anderen begründen sie sich mit Erweiterungen der

Möglichkeiten, „das eigene Leben an individuell wählbaren ethischen und/oder religiösen Sinndeutungen zu orientieren" (ebd.). Dazu gehört auch die Aufgabe, alle Schüler*innen in ihren Kompetenzen und in ihrem Selbstbewusstsein so zu stärken, dass sie in einer pluralen Gesellschaft fähig sind, sich kritisch mit Normierungen und Welt- und Selbstbildern auseinanderzusetzen. Solcher Art Kompetenzen und Selbstbewusstsein der Schüler*innen gelten als Grundlagen dafür, im Rahmen ihrer jeweiligen Lebenswelt, mit ihren individuellen Lebensmöglichkeiten und Einschränkungen, ihr Leben gestalten zu können. Angesichts ihrer unterschiedlichen Zugangsvoraussetzungen, Lebensbedingungen und Lebensperspektiven sollen alle Schüler*innen in Begleitung von Pädagog*innen in der Schule die fachlichen und sozialen Kompetenzen entwickeln, die es ihnen ermöglichen,

- selbst über individuelle „Lebensbeziehungen und Sinndeutungen" (ebd., S. 93) zu entscheiden,
- verantwortlich über „die Gestaltung unserer gemeinsamen kulturellen, gesellschaftlichen und politischen Verhältnisse" (ebd., S. 94) mitzubestimmen und
- sich solidarisch mit Menschen zu verbinden, „denen eben solche Selbst- und Mitbestimmungsmöglichkeiten aufgrund gesellschaftlicher Verhältnisse, Unterprivilegierung, politischer Einschränkungen oder Unterdrückungen vorenthalten oder begrenzt werden" (ebd.).

Schüler*innen, deren schulische Lernmöglichkeiten eingeschränkt sind, sollen besondere schulische Förderung erfahren, die unter dem Anspruch steht, der jeweiligen Individualität und Situativität gerecht zu werden. Mit diesen Erwartungen sind schulpädagogische Idealvorstellungen formuliert, welche „die inhaltliche *und* organisatorische Demokratisierung des Bildungswesens" (ebd., Herv. i. Orig.) einfordern. Dazu gehören u. a. der „Abbau selektiver Faktoren im Bildungswesen [...] [sowie die] Ausdehnung und Intensivierung gemeinsamer Bildungseinrichtungen" (ebd., Anpassung K.P.).

Ganz andere Ideen von Bildung und Kompetenzen sind in den *Vorstellungen von Basiskompetenzen* durch das PISA-Konsortium zu lesen. ‚Gleich gute Bildungschancen' für alle Schüler*innen und deren individuelle Förderung werden als ‚ausgleichende' bildungspolitische Aufgaben *und* schulpädagogische Ideale aufgerufen, wenn es heißt:

„Zu den wichtigsten bildungspolitischen Aufgaben demokratischer Gesellschaften gehört es, allen Heranwachsenden gleich gute Bildungschancen zu geben, sie individuell optimal zu fördern und gleichzeitig soziale, ethnische und kulturelle Dis-

2.1 Zum Bildungsrecht für alle Schüler*innen

paritäten der Bildungsbeteiligung und des Bildungserfolgs auszugleichen" (Baumert und Schümer 2001, S. 323).

Von diesem Zugang her werden die formulierten Basiskompetenzen als diejenigen Kompetenzen verstanden, „die in modernen Gesellschaften für eine befriedigende Lebensführung in persönlicher und wirtschaftlicher Hinsicht sowie für eine aktive Teilnahme am gesellschaftlichen Leben notwendig sind" (Baumert et al. 2001, S. 16). Als solche werden kognitive Kompetenzen in den Basisbereichen Lesekompetenz, mathematische Grundbildung, naturwissenschaftliche Grundbildung und fächerübergreifende Kompetenzen in den Bereichen Leseverständnis, selbstregulierendes Lernen und Vertrautheit mit Computern vorgestellt (vgl. S. 15).

Derart verschiedene Ansprüche an ‚gleich gute Bildungschancen' für alle Schüler*innen, an ‚individuell optimale Förderung' bei gleichzeitigem Ausgleich von ‚Disparitäten der Bildungsbeteiligung und des Bildungserfolgs' (vgl. ebd.) lassen sich als ambivalente bildungspolitische und schulpädagogische Ideale verstehen, die in pädagogischen Praxen wirksam werden (vgl. Abb. 2.1).

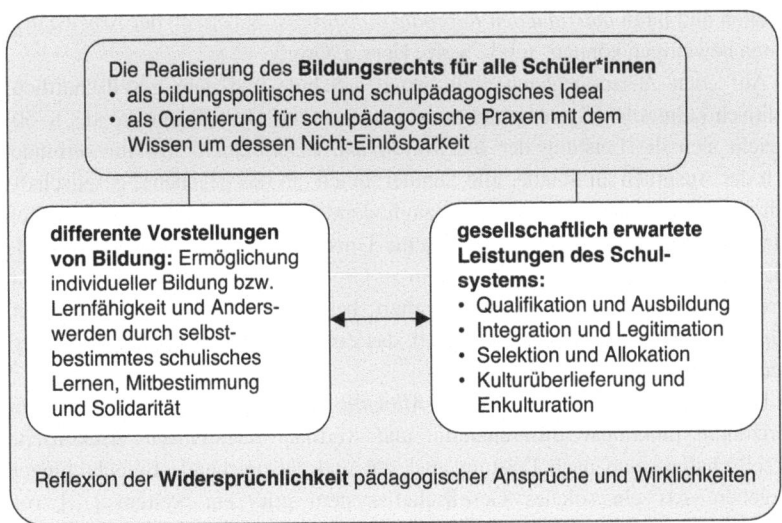

Abb. 2.1 Widersprüchlichkeiten in der Realisierung des Bildungsrechts für alle Schüler*innen. (© Mirko Moll)

Als *pädagogische Intention* gelesen, kann die Realisierung des umfassenden Bildungsrechts aller Schüler*innen eine *Orientierung für schulpädagogische Praxen* darstellen, die sich *mit dem Wissen um dessen Nicht-Einlösbarkeit* verbindet. Das ist u. a. der inhärenten Widersprüchlichkeit zwischen den Funktionen des Schulsystems (Bildung bzw. Lernfähigkeit) und den Leistungen des Schulsystems gegenüber der Gesellschaft geschuldet (vgl. Klafki 2002, S. 44). Einerseits soll schulisches Lernen allen Schüler*innen individuelle Bildung bzw. Lernfähigkeit und Anderswerden ermöglichen (vgl. Ricken 1999, S. 311 ff.). Andererseits sollen schulische Lernangebote gesellschaftliche Erwartungen erfüllen, die Vorstellungen und Möglichkeiten individuellen Lernens entsprechen können, aber häufig widersprüchlich zu diesen erscheinen. Als Leistungen des Schulsystems, mit denen gesellschaftliche Erwartungen erfüllt werden sollen, lassen sich Qualifikation und Ausbildung, Integration und Legitimation, Selektion und Allokation sowie Kulturüberlieferung und Enkulturation bestimmen (vgl. Klafki 2002, S. 43 ff.).

Die Leistung der *Qualifikation und Ausbildung* beschreibt die Erwartung, alle Schüler*innen „mit den Fähigkeiten, Fertigkeiten, Erkenntnissen, Kenntnissen und Einstellungen auszustatten, die […] für notwendig gehalten werden, damit die Heranwachsenden später im gesellschaftlichen *Reproduktionsprozess* mitarbeiten und ihren *individuellen Reproduktionsprozess* außerhalb der Arbeitstätigkeiten bewältigen können" (ebd., S. 46, Herv. i. Orig.).

Auf „den Zusammenhang zwischen der Schule und dem gesellschaftlich-politisch-kulturellen System und seinen normativen Grundlagen" (ebd., S. 50) bezieht sich die Leistung der *Integration und Legitimation*. Mit ihr verbindet sich der Anspruch an Schule, alle Schüler*innen „in das gegebene, gesellschaftlich-politisch-kulturelle System einzugliedern" (ebd., S. 51). Das Ansinnen setzt die Unterstellung voraus, dass seine Umsetzung möglich wäre, „wenn sie [die Schule] dieses System und die ihm zu Grunde liegenden Normen, ggf. auch deren Wandlungen, rechtfertigt, legitimiert, begründet, d. h. als im Prinzip gut, wünschenswert darstellt, als ein System, das Zustimmung und Unterstützung verdient" (ebd., Ergänzung K.P.).

Die Leistung der *Selektion und Allokation* besagt, dass Schulen für das horizontal funktional differenzierte und vertikal hierarchisch strukturierte Gesellschaftssystem nach Leistung auslesen und entsprechende Berechtigungen vergeben. Als ein solches Gesellschaftssystem gilt „ein System […] von sehr unterschiedlichen Möglichkeiten[,] zu Besitz und Wohlstand, zu Einfluss, Entscheidungs- und Machtausübungsmöglichkeiten zu kommen" (ebd., S. 48). Das Medium dieser „Auslese […] ist das sog. Leistungsprinzip, das im Benotungs- und Zeugnissystem seinen deutlichsten Ausdruck findet. Dieses schulische *Leistungsprinzip* bildet die Grundstufe des gesellschaftlichen Berechtigungssystems" (ebd.) (vgl. dazu Abschn. 7.3 im Kap. 7).

Kulturüberlieferung und Enkulturation schließlich sollen kulturelles Wissen, Identität und Teilhabe von, in und an den Sinnsystemen einer symbolischen Ordnung ermöglichen (vgl. dazu Abschn. 3.1 im Kap. 3).

Die zitierten Vorstellungen thematisieren die genannten Aufgaben der Schule als gesellschaftliche Anforderungen, für die eine Schule in ‚relativer Autonomie' und ‚dialektischer Vermittlung' ein ‚eigenes Aufgabenbewusstsein der Erziehung' entwickeln muss, wenn sie „ihrer spezifischen pädagogischen Funktion, junge Menschen um ihrer selbst willen zum Leben und zur Mitwirkung in dieser Gesellschaft zu befähigen, gerecht werden will und damit zugleich der Aufgabe, diese Gesellschaft vor den Heranwachsenden zu rechtfertigen" (Klafki 2002, S. 58).

Diese Positionierung begründet sich mit dem Bild einer ‚demokratischen Schule' (vgl. ebd., S. 59 ff.), das in neun Thesen „eine Schule *permanenter Reform* und zugleich eine *selbstreflexive Schule*" (ebd., S. 61) entwirft. Demnach setzen sich demokratische Schulen u. a. mit gesellschaftlichen „Diskrepanzen und Widersprüchen" (ebd., S. 59) auseinander, machen „Interessen- und Auffassungsunterschiede und Konflikte" (ebd.) zum Thema, bewahren Nähe und kritische Distanz zu außerschulischen Erfahrungen (vgl. ebd.). Ihr „Kern [wäre] *entdeckendes* und *verstehendes* sowie *exemplarisches Lernen*" (ebd., S. 60, Herv. und Anpassung K.P.). Diese Darstellungen lesen wir als Antwort auf den möglichen Einwand, „‚idealistische' Forderungen aufzustellen, ohne konkret zu zeigen, wie bzw. wie weit solche Forderungen auch im Alltag der Schule und angesichts der gegebenen Bedingungen schrittweise verwirklicht werden können" (ebd., S. 58).

In dem Selbstverständnis selbstreflexiver Schulen lässt sich auch das Leitbild ‚Inklusive Schule' diskutieren, mit dem wir in die folgenden Ausführungen zur inklusionsorientierten Schulpädagogik einführen.

2.2 Zum Leitbild ‚Inklusive Schule'

Das *Leitbild ‚Inklusive Schule'* kann als eines vorgestellt werden, das Leistungen des Schulsystems *in jeder allgemeinbildenden Schulform* im Kontext des Anspruchs gleichberechtigter Bildungsmöglichkeiten für alle Kinder und Jugendlichen und des „Abbau[s] von Bildungsungleichheit" (Budde und Hummrich 2015, S. 36) beschreibt. Das heißt, ein inklusionsorientiertes Bildungssystem wäre bestrebt, allen Schüler*innen formal einen *gemeinsamen Zugang zu Bildung* zu ermöglichen (Zugehörigkeit über Teilhaberechte/Partizipation) *und angemessene differenzierte Lernangebote* (soziale Einbindung/Interdependenz) zu realisieren, die *gleichberechtigte Bildungschancen* eröffnen (vgl. dazu Kap. 10, Abschn. 10.2). Das Thema Teilhabe an inklusionsorientierten schulpädagogischen Angeboten schließt überdies Ansprüche uneingeschränkter Anerkennung und selbstbestimmter Gestaltung des eigenen Lebens ein, zudem Fragen der Wahrnehmung politischer Interessen mit den gesellschaftlich möglichen Wunsch- und Wahlmöglichkeiten (vgl. Kronauer 2002, S. 47). Dieses Leitbild legitimiert sich nicht zuletzt mit der besonderen Rolle, die formaler Bildung für Prozesse der Inklusion/Exklusion zugeschrieben wird (vgl. Hillmert 2009, S. 85 ff.).

Exkurs

Zur Rolle formaler Bildung in Prozessen der Inklusion/Exklusion
Der Text „Soziale Inklusion und Exklusion: die Rolle von Bildung" (Hillmert 2009, S. 85 ff.) erklärt die besondere Bedeutung von Bildung für Inklusions-/Exklusionsprozesse mit einer engen Verknüpfung von individuellen und gesellschaftlichen Konsequenzen. Hier ist zu lesen: „Für den *Einzelnen* […] ist die zertifizierte Bildung mit einer Vielzahl von sozialen Folgen und Chancen auf Belohnungen (‚Lebenschancen') verbunden. […] In kollektiver Hinsicht ist soziale Integration eine mehr oder weniger explizite Zielsetzung von Bildungsprozessen, ausgedrückt durch die Weitergabe von (kollektiven) Ressourcen und sozialen Normen. […] Als soziale *Querschnittsvariable* kann Bildung in vielen Fällen eine mehrdimensionale Inklusion in verschiedenen Lebensbereichen leisten […]. Mit der quantitativen Verschiebung hin zu einer ‚Massenbildung' wird Bildung ein Breiten-Inklusionsmedium. Gleichzeitig bedeutet dies aber, dass eine besondere Exklusionsgefahr für diejenigen besteht, welche die qualifikatorischen Mindestanforderungen nicht erfüllen" (ebd., S. 86, Herv. i. Orig.).

Ohne empirisch ‚Bildungseffekte' zu konstatieren, werden statistische Zusammenhänge mit formalen Bildungsabschlüssen in verschiedensten Lebensbereichen in der „Verbindung von Multidimensionalität und Stabilität dieser Bildungseffekte" (ebd., S. 89) mit einem „nennenswerten Potenzial an sozialer In- und Exklusion" (ebd., Anpassung K.P.) beschrieben. Zu lesen ist z. B. von „Phänomenen der *selektiven* Partnerwahl [sowie von] Muster[n], in denen bestimmte Individuen mit ähnlichem Bildungs- bzw. Statushintergrund

2.2 Zum Leitbild ‚Inklusive Schule'

als (Ehe-)Partner zusammenfinden" (ebd., S. 88, Herv. i. Orig., Anpassungen K.P.), davon, dass sich „Bildungs- bzw. Statusgruppen [...] hinsichtlich ihres generativen Verhaltens" (ebd.) unterscheiden, davon, dass „[w]eitere Zusammenhänge mit Bildungsprozessen [...], beispielsweise die soziale und politische Beteiligung, Gesundheit und Krankheit bzw. das Gesundheits- und Risikoverhalten und schließlich die individuelle Lebenserwartung" (ebd., Anpassung K.P.) betreffen.

Als ein ‚zentraler' Zusammenhang wird die „Kopplung von Qualifikation und Arbeitsmarkt" (ebd., S. 87) aufgerufen. Insbesondere in Deutschland zeigt sich aufgrund der weitgehenden Institutionalisierung des beruflichen Bildungssystems der Übergang in den Arbeitsmarkt in hohem Maße qualifikationsgebunden (vgl. ebd., S. 87). Formale ‚einheimische' schulische Bildungsabschlüsse ermöglichen oder verwehren in Erwerbsarbeitsgesellschaften den Zugang zu beruflicher Bildung sowie zu Erwerbsarbeit mit differenten Einkommen, Beschäftigungs- und Karrierechancen. So scheint es fast selbstverständlich, dass „[f]ür beruflich und akademisch Qualifizierte [...] sowohl die Zugangschancen zu Beschäftigung insgesamt als auch die ausbildungsadäquate vertikale (hinsichtlich des beruflichen Status) und horizontale Positionierung (hinsichtlich der beruflichen Tätigkeit) im Erwerbssystem" (ebd., Anpassung K.P.) bedeutend höher sind als für Personen ohne (in Deutschland) anerkannte berufliche oder akademische Qualifikation.

Derartige Bedeutungszuschreibungen an formale Bildung verbinden sich in bildungspolitischen Debatten mit Forderungen nach besseren Bildungschancen für alle zur Förderung sozialer Teilhabe. Einsprüche gegen ein solches Bildungsverständnis werden mit differenten Positionierungen erhoben. So beharrt der Text „*Mehr Bildung, größere Gleichheit*. Bildung ist mehr als die Magd der Wirtschaft" (Allmendinger 2015, S. 74 ff., Herv. K.P.) darauf, dass „ein Mehr an guter Bildung" (ebd., S. 80) Ungleichheit entgegenwirkt, weil sie bessere Chancen auf dem Arbeitsmarkt ermöglicht. Problematisiert werden Entwicklungen auf dem Arbeitsmarkt wie der „Trend zur bedingungslosen Erwerbstätigkeit, die geforderte Bereitschaft zu Lohnabstrichen, [der] Verlust an freier Zeit und die zunehmende Ungleichheit" (ebd., S. 75, Anpassung K.P.) ebenso wie mangelnde Leistungsgerechtigkeit. Zu lesen ist: „Diese Chancen [auf dem Arbeitsmarkt] sind *leistungsgerechter*, wenn sie nicht mehr so eng an das Elternhaus gekoppelt sind. Und sie sind *inklusiver*, wenn wir die Zahl jener, die sich im Übergangssystem, in Arbeitslosigkeit und in prekärer Beschäftigung befinden, deutlich reduzieren" (ebd., S. 80, Ergänzung

K.P.). Der Text „*Mehr Bildung, größere Ungleichheit.* Ein Dilemma der Aktivierungspolitik" (Münch 2015, S. 65 ff., Herv. K.P.) erklärt, dass der „Umstand, dass quer durch alle Parteien verstärkt auf mehr und bessere Bildung gesetzt wird, zur Durchsetzung einer liberalen Ordnung mit einem liberalen Gerechtigkeitsverständnis und damit zu mehr sozialer Ungleichheit und erheblichen Desintegrationserscheinungen führt" (ebd., S. 65). ◄

Vorstellungen von chancengerechter Teilhabe *und* Bildung sowie Erfahrungen von Ausschluss, Ausgrenzungen und Diskriminierungen begründen im Leitbild ‚Inklusive Schule' Kritiken an separierenden Schulstrukturen und ausgrenzenden Schulpraxen in allen Schulformen. Dabei kommen bildungs- und sozialwissenschaftliche Vorstellungen von Inklusion/Exklusion zum Tragen, die kritische Beschreibungen von Ausgrenzungen innerhalb von Systemen (wie dem Schulsystem) ermöglichen. Sie werden z. B. diskutiert:

- als Probleme der Legitimation von „Leistungs- und Begabungsdifferenzierung[en]" (Budde und Hummrich 2015, S. 36, Anpassung K.P.),
- als „Überhöhungen des Pädagogischen" (ebd., S. 37) angesichts gesellschaftlicher Ausgrenzungspraktiken,
- als Exklusion derjenigen, die „als ‚Andere' inkludiert werden und […] [deren] Exkludiertenstatus verdoppelt wird" (Yıldız 2015, S. 55, Anpassung K.P.) und
- als soziale Ungleichheiten der Teilhabe an „gesellschaftlich realisierten Möglichkeiten des Lebensstandards, der politischen Einflussnahme und der sozialen Anerkennung" (Kronauer 2002, S. 11).

Vorstellungen angemessener Lebenschancen dienen als Legitimationsfiguren für theoretische wie praktische Konzeptionen inklusionsorientierter Schulen (vgl. Puhr 2017, S. 15). Sie sind gemeinsam mit diesen als „Bestandteil[e] gesellschaftlicher Ungleichheiten und Machtverhältnisse […] in ihren verwobenen Dimensionen zu thematisieren und zugänglich zu machen" (Yıldız 2015, S. 57, Anpassung K.P.). Aus einer solchen Perspektive lassen sich auch Leitbilder für ‚inklusive Schulen' als bildungspolitische und schulpädagogische Ideale verstehen, die in pädagogischen Praxen in unterschiedlichen Weisen wirksam werden. So thematisieren erziehungs- und sozialwissenschaftliche Einsätze Inklusion zunehmend mit Blick auf *Qualitäten inklusionsorientierter Schul- und Unterrichtsgestaltungen*, einige mit der Idee, „Unterrichts-, Personal- und

2.2 Zum Leitbild ‚Inklusive Schule'

Schul(kultur)entwicklung" (Moser und Egger 2017, S. 9) von Einzelschulen in Programmen und Prozessen zu unterstützen.[2]
Andere Fragen nach differenten Qualitäten von Teilhabe und Ausgrenzungen zeigen verschiedene Formen der (Re)Produktion sozialer Ungleichheiten in *jeglichen* schul-pädagogischen Praxen. So setzt sich z. B. die Theorie „reflexive[r] Inklusion" (Budde und Hummrich 2013) kritisch produktiv mit Fragen von Inklusion *und* Exklusion in der Schul-Pädagogik auseinander. In dieser Theorie werden (Re)Produktionen sozialer Ungleichheiten in schul-pädagogischen Praxen mit der „Antinomie von Gleichheit und Differenz" und dem „universalistischen Geltungsanspruch" (ebd., o. A.) erklärt, der „Grenzen pädagogischen Handelns" (ebd.) mit sich bringt. Dabei zeigen sich Inklusions- und Heterogenitätsorientierung als antinomische, in sich ambivalente pädagogischen Aufgaben, die in unterschiedlichen Weisen zu handhaben, aber nicht abschließend zu lösen sind (vgl. ebd.).

Wie bereits mit dem Fokus Bildungsrecht thematisiert, kann auch das Leitbild ‚Inklusive Schule' (Abb. 2.2) als eine Orientierung für schulpädagogische Praxen vorgestellt werden, die sich mit dem Wissen um ihre Nicht-Einlösbarkeit verbindet. Den begründeten pädagogischen Aufgaben wohnen (angesichts kontingenten pädagogischen Wissens und seiner unhintergehbaren sachlichen, sozialen und zeitlichen Grenzen) unauflösbare Antinomien inne. Gefordert wäre z. B. eine pädagogische Orientierung

- an den differenten Lebenskontexten der Schüler*innen; an ihren performativen individuellen Lebensgeschichten und kontingenten Lebensentwürfen, die instabil, offen und nicht vorauszusehen sind;
- an sozio-kulturellen Normalitäten und Normativitäten, für die es keinen gesellschaftlichen Konsens gibt und zugleich
- an aktuellen sachbezogenen, sozial- und wirtschaftspolitischen Anforderungen, die Teilhabe an allen Bereichen gesellschaftlichen Lebens, insbesondere an Arbeitsteilung über Erwerbsarbeit ermöglichen oder versagen.

---

[2]Der zitierte Band „Inklusion und Schulentwicklung. Konzepte, Instrumente, Befunde" (Moser und Egger 2017) versteht sich „als ein Beitrag, Ziele und Strukturentwicklungen wie auch die Steuerungspraxen im Bildungssystem in den Blick zu nehmen sowie andererseits eine systematische Analyse von Qualitätsmerkmalen und zugehörigen Indikatoren in der gegenwärtigen Landschaft vorhandener Schulentwicklungsinstrumente im Kontext von Inklusion vorzulegen" (ebd., S. 10).

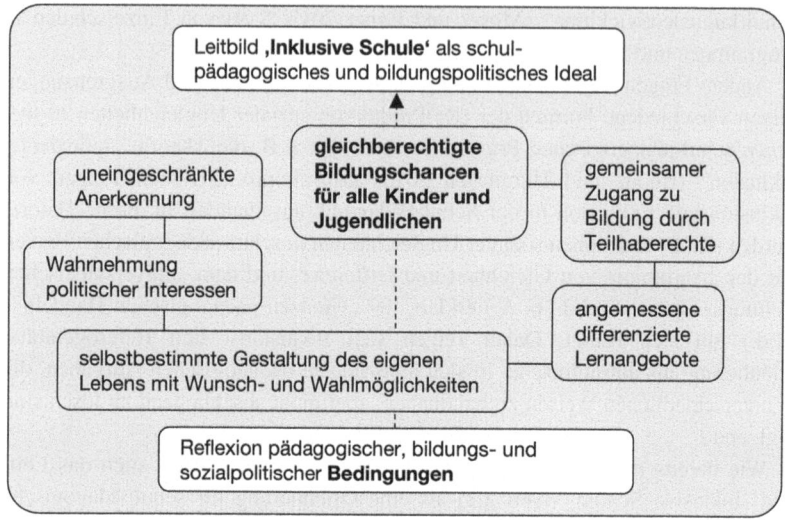

Abb. 2.2 Leitbild ‚Inklusive Schule'. (© Mirko Moll)

Das Antinomische der Schul-Pädagogik kann z. B. verständlich werden mit Ideen von Erziehung unter Berufung auf inklusionspädagogisch begründete Theorien, Konzepte und Praxen und dem gleichzeitigen Wissen um die Nicht-Kontrollierbarkeit sozialer Prozesse sowie die Nicht-Steuerbarkeit von Personen. Das kann sich in Beobachtungen von Situationen zeigen, die als schul-pädagogische gesehen, gehört, gelesen, (re)konstruiert werden. Dieses Verständnis begründet die Vorstellung, dass jegliche pädagogische Praxen Teilhabe *und* Ausgrenzungen (re)produzieren. In diesem Sinne verbindet sich der „Anspruch einer reflexiven Inklusion" (Budde und Hummrich 2015, S. 39) mit Forderungen nach einem umfassenden „Wandel in den professionellen Orientierungen" (ebd., S. 38) in pädagogischen Studienangeboten und Praxen:

> „Reflexive Inklusion zielt [...] sowohl auf das *Wahrnehmen und Ernstnehmen von Differenzen und das Sichtbarmachen von darin eingeschriebener Benachteiligung*, als auch auf den Verzicht auf Festschreibung und Verlängerung impliziter Normen durch deren Dekonstruktion. [...] Um ein solches Inklusionsverständnis als Teil einer sich professionalisierenden Pädagogik zu etablieren, müsste in der pädagogischen Bildung erstens darauf hingewirkt werden, dass überall dort *keine Unterschiede* gemacht werden und *Ungleichheitskategorien dekonstruiert* werden, wo dies mög-

2.2 Zum Leitbild ‚Inklusive Schule'

lich ist, damit der universalistische Geltungsanspruch von Schule und Bildung umgesetzt wird. Da dies ein Anspruch ist, der pädagogisches Handeln an seine Grenzen bringt, bedarf es zweitens der systematischen Fallarbeit, in welcher die exkludierenden Aspekte von pädagogischem Handeln reflexiv zugänglich werden. Drittens ist ein spezifisches Wissen um pädagogische Diagnostik und die Bedeutung von sozialen Ungleichheitskategorien wie Behinderungen, Gender, Ethnizität, Milieu usw. notwendig" (Budde und Hummrich 2015, S. 38 f. Herv. K.P.).

So lässt sich „reflexive Inklusion [als] interdisziplinäre Aufgabe unterschiedlicher erziehungswissenschaftlicher, schulpädagogischer, sonderpädagogischer, sozialpädagogischer oder etwa fachdidaktischer Domänen" (ebd., S. 38, Ergänzung K.P.) verstehen und im Kontext eines kritischen Professionsverständnisses verorten, in dem es nicht nur um Strukturen und Praktiken geht, die Lernen behindern, sondern auch um Lern-Behinderungen in den Strukturen und Praktiken, die chancengerechte Teilhabe am systematischen Lernen ermöglichen sollen (vgl. Abschn. 1.1 im Kap. 1). Ein solches Verständnis ‚reflexiver Inklusion' ermöglicht kritische Auseinandersetzungen mit jeglichen Strukturen und Praxen schulischer Inklusion/Exklusion angesichts des Anspruchs chancengerechter Bildung für alle Schüler*innen und des Abbaus von Chancenungleichheiten im allgemeinbildenden Schulsystem. Das Leitbild ‚Inklusive Schule' und das Verständnis ‚reflexiver Inklusion' können für diese Kritiken als imaginäre Orientierungen verständlich werden.

Der Text „Das Pädagogische und die Pädagogik" (Schäfer 2012) gibt zu bedenken, dass „[d]as Imaginäre […], [z. B. eine Idee vom Inklusionspädagogischen] so etwas wie eine Bedingung der Möglichkeit der Rede von Erziehung" (Schäfer 2012, S. 24 f., Anpassung und Ergänzung K.P.) ist. Im Einlassen auf diese Idee kann nachvollziehbar werden, in welchen Weisen das Verständnis ‚reflexiver Inklusion', wie jedes andere „moderne pädagogische Selbstverständnis […] mit einer *gesellschaftskritischen* Attitüde" (ebd., S. 152, Herv. K.P.) verbunden ist. Pädagogisch motivierte Gesellschaftskritik äußert sich mit verschiedenen Themenschwerpunkten. Im zitierten Text kann der Anspruch individueller Bildung als Begründung für Kritiken an scheinbar selbstverständlichen Vorstellungen gesellschaftlicher Inklusion gelesen werden. Es wird argumentiert, dass die „Durchsetzung des allgemeinbildenden Schulwesens […] an der Vorstellung einer Bildung des Individuums vor der Ausbildung, vor dem gesellschaftlichen Zugriff [hängt], um so diesem Individuum einen Stand gegenüber der Gesellschaft zu geben" (ebd., Anpassung K.P.). Zugleich wird verdeutlicht, dass das Pädagogische Teil des Sozialen ist und damit als ein Part immer möglicher Auseinandersetzungen um hegemoniale und partikulare Positionierungen verständlich werden kann. Das heißt unter anderem, auch pädagogische Positionierungen dazu, was unter individueller Bildung, ihren Bedingungen, angemessenen Konzepten und Strukturen zu verstehen wäre, bilden sich innerhalb kontingenter gesellschaftlicher Erwartungen. Für erziehungswissenschaftliche Reflexionen schul-pädagogischer Konzepte und Praxen bedeutet das: Sie können prinzipiell immer legitimiert *und* infrage gestellt werden, weil sich Einschätzungen, Ansprüche, Absichten und Angebote stets gleichzeitig an verschiedenen (nicht miteinander in Übereinstimmung zu bringenden) Bezugspunkten orientieren können/müssen, die auch noch in sich problematisch bleiben (vgl. oben). Deshalb ist bei *Vorstellungen pädagogischer Wirklichkeiten* (vgl. ebd., S. 154) danach zu fragen, was mit welchen Begründungen als pädagogisch sinnvoll gelten kann und danach, welche Bedeutungen pädagogische Intentionen für Reflexionen pädagogischer Praxen haben können. Dieser Anspruch wird im zitierten Text wie folgt begründet:

> „Von hier aus ließe sich auch eine Perspektive entwickeln, die die Entstehung hegemonialer Artikulationen in konkreten pädagogischen Feldern wie Schulklassen, Schulen und auch in der Lehrerbildung untersuchen könnte. Auch in pädagogischen Räumen dürfte gelten, dass es nicht die eine und maßgebliche Bedeutung von Sachverhalten, Vorkommnissen, Handlungen und Ereignissen gibt. […] Was als pädagogisch ‚sinnvoll' und ‚sinnlos', als legitim und nicht legitim in solchen Feldern eine gleichsam selbstverständliche Bedeutung gewinnt, lässt sich als Ergebnis von Auseinandersetzungen analysieren – wenn man diese Signifikanz als etwas zu verstehen bereit ist, dem weder eine objektive Referenz in der Wirklichkeit noch eine nicht zu hinterfragende moralische Übereinstimmung aller Wohlgesinnten entspricht. Um dominante Bestimmungsversuche des Pädagogischen in solchen Feldern zugleich als hegemoniale begreifen zu können, wird man darauf achten müssen, dass diese Bestimmungsversuche in den unterschiedlichsten Situationen sich immer wieder erneut schließen müssen" (Schäfer 2012, S. 154).

Derartige erziehungswissenschaftliche Betrachtungen setzen bildungspolitische und schul-pädagogische Ideale, wie das der ‚Inklusiven Schule' und das der chancengerechten Bildung, nicht außer Kraft. Sie können jedoch dafür sensibilisieren, dass sich pädagogische Konzepte und Praxen nicht unwidersprochen legitimieren lassen und sich Widersprüche schulpädagogischer Ansprüche nicht auflösen.

Im kritischen Fragen nach den ‚Verwirklichungen' des Bildungsrechts für alle Schüler*innen zeigen sich immer wieder Differenzen von Teilhabe und Ausgrenzungen, Bildungs(un)gerechtigkeit und (mangelnder) Anerkennung. Solchen Unterschieden wollen diverse schulpädagogische Konzepte und Praxen entgegenwirken. Sie präsentier(t)en sich (mit und ohne explizite Nennung von Inklusion/Exklusion) als sinnvolle Angebote zur Einlösung des Bildungsrechts und der gesellschaftlichen Teilhabe, z. B. bezogen auf Geschlecht als bildungsrelevante Differenzkonstruktion. Mit diesem Schwerpunkt wollen wir im nächsten Abschnitt die These zur Diskussion stellen, dass das, was als pädagogisch legitim und nicht legitim erscheint, als Ergebnis gesellschaftskritischer Auseinandersetzungen um ‚Bestimmungsversuche des Pädagogischen' und deren soziale Verortung verständlich werden kann.

2.3 Geschlecht als bildungsrelevante Differenzkonstruktion

Mit der Frage nach schul-pädagogischen Konzepten, die Geschlecht als bildungsrelevante soziale Konstruktion thematisieren, richten wir die Aufmerksamkeit auf eines der Themenfelder, in welchem, nach dem Selbstverständnis der Deutschen Gesellschaft für Erziehungswissenschaft, Inklusion seit Langem als grundlegendes Thema anzusehen ist (vgl. DGfE 2015), jedoch ohne dass der Begriff verwendet wurde. Im Jahrbuch Frauen- und Geschlechterforschung 2016 zum Thema „Das Geschlecht der Inklusion" (Budde et al. 2016) heißt es dazu: „Diskurse und Praxen der Inklusion sind […] auf vielfältige Weise mit Geschlechterdiskursen verbunden" (ebd., S. 7). Wir stellen in diesem Abschnitt idealtypisch unterschieden drei Thematisierungsweisen von Geschlecht in entsprechenden pädagogischen Zusammenhängen vor. Abb. 2.3 bietet einführend eine Zusammenfassung.

Um die pädagogische Bedeutung zweigeschlechtlicher Differenzkonstruktionen nachzuvollziehen, wenden wir uns zunächst noch einmal den Bildungsreformen der 1970er-Jahre zu. Zu deren wesentlichen gesellschaftlichen und schulpädagogischen Zielen wurden Ausschöpfungen von ‚Begabungsreserven' und mehr Chancengerechtigkeit für *alle* Schüler*innen gezählt (vgl. Abschn. 2.1). Begründet wurden diese Ziele mit der „*Ungleichheit von Bildungschancen* in Abhängigkeit von Klasse und Geschlecht, aber auch von Religion und Konfession, die in der Figur des ‚katholischen Arbeitermädchens vom Lande' in eine einprägsame Formel gebracht wurde" (Kluchert et al. 2016, S. 5, Herv. K.P.). Diese Figur kann somit als ein Symbol für Ausgrenzungen im und durch das Schulsystem gelesen werden. Sie kann zugleich als Legitimation für strukturelle und konzeptionelle Schulentwicklungen verständlich werden, die gleichberechtigte Bildung und Lebensperspektiven befördern sollten – Anliegen, die sich später mit Vorstellungen von Inklusion verbanden.

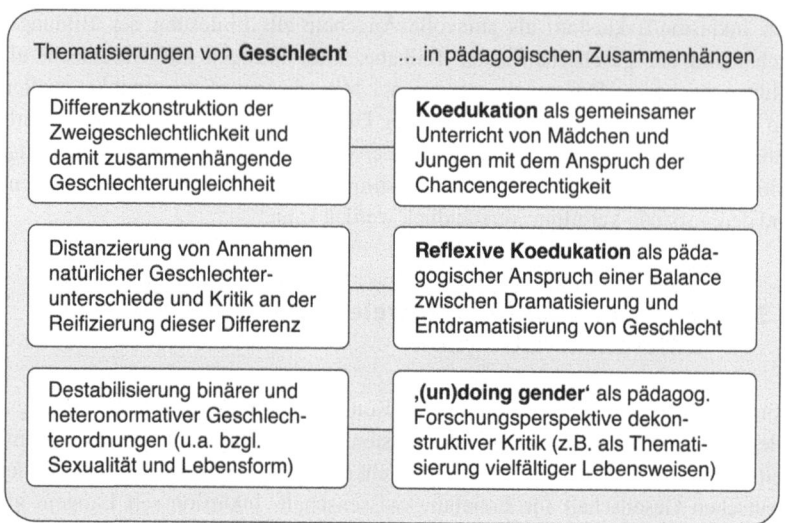

Abb. 2.3 Thematisierungen von Geschlecht in pädagogischen Zusammenhängen. (© Mirko Moll)

Bildungsbenachteiligungen sollte u. a. strukturell „durch die flächendeckende Einführung der *Koedukation* [des gemeinsamen Unterrichts von Schülerinnen und Schülern] und dem Zugang von Mädchen und Frauen zu allen Bildungsgängen mit schulorganisatorischen Maßnahmen begegnet werden" (Emmerich und Hormel 2013, S. 137, Herv. und Ergänzung K.P.). In der Folge ließen sich ‚relative Verbesserungen' der formalen Bildungschancen von Mädchen beobachten (vgl. ebd.). Allerdings wird auch darauf verwiesen, dass Koedukation nicht „grundsätzlich von der Idee einer zu verwirklichenden Gleichberechtigung getragen [wurde]. Sie stellte stattdessen vielmehr ein verwaltungstechnisch relativ leicht umzusetzendes Mittel zur geforderten Anhebung des Qualifikationsniveaus dar" (Herwartz-Emden et al. 2012, S. 16, Anpassung K.P.). Zudem wurde im koedukativen Unterricht lange das didaktische Prinzip der Gleichbehandlung praktiziert, zum Beispiel in Formen „der Vermittlung gemeinsamer Inhalte an alle in gleicher Weise" (Budde et al. 2016, S. 24). Solche Praktiken wurden in gesellschaftskritischen reflexiven Auseinandersetzungen um das, was als pädagogisch sinnvoll gelten soll, einerseits mit dem Argument der Bildungsgerechtigkeit legitimiert. Andererseits wurden sie als Praxen der ‚Homogenisierung' und als Benachteiligungen von Mädchen im gemeinsamen Unterricht mit Jungen kritisiert.

2.3 Geschlecht als bildungsrelevante Differenzkonstruktion

Zu Beginn des 21. Jahrhunderts erscheint Koedukation zuweilen als eine geschlechtergerechte ‚kulturelle Selbstverständlichkeit'. So ist im Lehrbuch „Mädchen und Jungen in Schule und Unterricht" (Herwartz-Emden et al. 2012) zu lesen:

> „Koedukation gilt als Symbol einer praktizierten Geschlechtergerechtigkeit, als Instrument zur Auflösung geschlechtsspezifischer Disparitäten, das seinen Ausdruck in einer Angleichung von Bildungs- und Lebenschancen beider Geschlechter findet" (Herwartz-Emden et al. 2012, S. 15).

Der Begriff der Koedukation verweist sowohl auf Schulkonzepte als auch auf *zweigeschlechtliche Differenzkonstruktionen* mit Vereindeutigungen von sogenannten geschlechtsspezifischen Körpermerkmalen, mit Eigenschaftszuschreibungen, mit sozialen Verhaltenserwartungen, einschließlich des Sexualverhaltens, und mit dichotomen Ordnungen von Lebensformen (vgl. Hartmann 2002, S. 23).

Eine neuere erziehungswissenschaftliche Studie zum Thema weist darauf hin, dass Fragen der Mono- und Koedukation ab dem Anfang des 20. Jahrhunderts und dann besonders in den 1980er-Jahren, im Zuge frauenrechtlicher und reformpädagogischer Bestrebungen um höhere Bildung und gleichberechtigte Bildungschancen für Mädchen, intensiver diskutiert wurden[3] (vgl. Budde et al. 2016, S. 26). Zudem sind sie im bildungs- und sozialpolitischen „Diskurs über Jungen als Bildungsverlierer" (ebd., S. 28) relevant.

Für Koedukation wurde mit gerechtigkeitstheoretischen und emanzipatorischen Argumenten gestritten. Dabei wurde die Idee chancengerechter Bildung für alle in den Kontext des Anspruchs gesellschaftlicher Gleichberechtigung gestellt. Der Zusammenhang von institutionalisierter Bildung und der Reproduktion der gesellschaftlichen Geschlechterordnung konnte jedoch nicht unterbrochen werden (vgl. Emmerich und Hormel 2013, S. 139). Diesbezüglich lässt sich eine Diskrepanz zwischen dem ‚Selbstverständnis der Geschlechter' und der sozialen Ungleichheit beobachten. Solche Beobachtungen insistieren darauf,

---

[3] Demnach waren bis dahin „[h]öhere Bildungsgänge ausschließlich Jungen vorbehalten, vornehmlich jenen aus höher gestellten sozialen Milieus" (Budde et al. 2016, S. 26). Dagegen wurde „im deutschsprachigen Raum zumeist pragmatisch organisierte koedukative (wenngleich räumlich im Klassenzimmer getrennte) Volksschulbildung durchgeführt" (ebd.).

soziale Ungleichheit im Kontext der hegemonialen Geschlechterordnung nicht zu verharmlosen. Geschlechterungleichheit scheint nach wie vor

„[...] tief verankert in der Reproduktionsweise unserer Gesellschaft, der gesellschaftlichen Organisation der Reproduktion. [...] Zwar dominieren heute Angleichungstendenzen in Kompetenzprofilen, Lebensstilen und Lebensentwürfen zwischen den Geschlechtern, über die ein erstaunlicher Gleichheitsglaube vorangetrieben wird. Dieser allerdings bestimmt das Selbstverständnis der Geschlechter vor allem in der Lebensphase des Aufwachsens [...]; im Erwachsenenalter stellt sich die Geschlechterzugehörigkeit erneut als Produzent von Ungleichheit heraus" (Krüger 2007, S. 178 f., Herv. i. Orig.).

Die anhaltende Bedeutung der Differenzkonstruktion Geschlecht als Produzent sozialer Ungleichheit zeigt sich beispielsweise an der Verdienstlücke zwischen Frauen und Männern in gleichen Berufen (Gender Pay Gap) (vgl. Abschn. 7.2 im Kap. 7) und an dem hohen Anteil von Frauen in den sogenannten ‚Care-Bereichen' des Arbeitsmarktes (in denen vorwiegend erziehende, sorgende und pflegende Leistungen zu erbringen sind) im Zusammenhang mit der „niedrige[n] Bewertung und Entlohnung dieser Tätigkeiten" (Baar et al. 2019, S. 35). Im zitierten Text wird diese „institutionalisierte Ungleichheitsordnung" (ebd.) historisch mit dem Konzept der ‚geistigen Mütterlichkeit' begründet. Mit derartigen Konstruktionen spezifisch weiblicher Fähigkeiten kämpfte die erste Frauenbewegung im 19. Jahrhundert politisch für bessere Mädchenschulen[4] und erstritt ‚westlich-bürgerlichen' Frauen Zugang zu Erwerbsarbeit und zu akademischen Ausbildungen, insbesondere zum Lehramt. Dagegen lässt sich einwenden, dass die erste Frauenbewegung zwar Unterschiede zwischen den Geschlechtern annahm und strategisch nutzte, dass sie jedoch grundlegend für Gleichheit stritt, und zwar bezogen „auf das allgemeine Mensch-Sein, auf Rechte sowie auf gleiche Freiheiten und Unabhängigkeit" (Baader et al. 2021,

---

[4] Es „ist zu sagen, daß die Arbeitertöchter aufgrund der familiären Notsituation meist nur wenige Jahre am Schulunterricht teilgenommen haben und ihre Lehre meist eine kurze Anlernzeit war. Denn die traditionellen weiblichen Erwerbstätigen – meist im Textilbereich – fielen nicht unter die Vorschriften der Gewerbeordnung, dementsprechend verfügten sie auch über keinen abgeschlossenen und geregelten Ausbildungsgang. Die Arbeitertöchter hatten nur die Möglichkeit, entweder sofort die Fabrikarbeit zu erlernen [...] oder sich in [...] gewerblichen Tätigkeiten einweisen zu lassen [...] Aber diese angelernten Tätigkeiten bildeten oft auch nur die Vorstufe zur Fabrikarbeit" (Schlüter 1990, S. 21). Für diesen Literaturhinweis danken wir Klemens Ketelhut.

2.3 Geschlecht als bildungsrelevante Differenzkonstruktion

S. 217). Die Fokussierung auf ‚Geschlechterdifferenz' markierte demnach erst in der zweiten Frauenbewegung in den 1970er- und 1980er-Jahren analytische Beschreibungen „unterschiedlicher Lebenslagen und Erfahrungen in machtkritischer Absicht" (ebd., S. 222).

Auch schulische Praxen der Koedukation (wie der Monoedukation) wurden mit binären Differenzen zwischen Mädchen und Jungen begründet. Die *Differenzkonstruktion der Zweigeschlechtlichkeit* „sieht eine eindeutige und unveränderbare Zugehörigkeit entweder zur Kategorie ‚Frau' oder zur Kategorie ‚Mann' vor [...] [und] weist ihr eine *umfassende Bedeutung* in allen Lebensbereichen und -phasen zu" (Thon 2017, S. 78, Herv. und Anpassung K.P.). Dazu gehören auch die hegemonialen kulturellen Vorstellungen von zweigeschlechtlich bestimmten Lebensformen und von heteronormativer Sexualität. Bezogen auf den Lebensbereich Schule wurden und werden ungleiche Leistungen und Bildungschancen mit Differenzsetzungen zwischen Schülerinnen und Schülern beschrieben und Leistungsunterschiede mit Verweis auf die Geschlechtskonstruktion Mädchen/Jungen in der Schule vorgestellt:

> „Werden Mädchen und Jungen in Bezug auf ihre Leistungen in bestimmten Fächern verglichen, wie das internationale Schulleistungsvergleichsstudien wie PISA, IGLU oder TIMSS[5] tun, so zeigt sich, dass den geringen Lesekompetenzen von Jungen [...] auf Seiten der Mädchen schlechtere Leistungen im mathematischen und naturwissenschaftlichen Bereich gegenüberstehen. Dabei sind die Differenzen in beiden Bereichen nicht als Folgen geschlechtsspezifischer Begabungen zu erklären. Die zum Zeitpunkt der Einschulung nur geringen Leistungsdifferenzen nehmen mit der Dauer der Schullaufbahn zu, sodass sie eher als in der Schule produziert zu sehen sind" (Thon 2017, S. 87).

Allerdings fehlte häufig die Sichtweise, dass *in* den Schulen (aller Schulformen) Bildungsbenachteiligungen von Schülerinnen produziert wurden. Die Leistungsdifferenzen wurden vorwiegend mit angenommenen unterschiedlichen Interessen und Fähigkeiten von Jungen und Mädchen begründet.

---

[5] IGLU ist eine internationale Untersuchung, in der die Lesekompetenzen von Schüler*innen am Ende des vierten Schuljahres erfasst und verglichen werden. TIMMS ist eine internationale Studie, welche die Kompetenzen von Schüler*innen verschiedener Schuljahrgänge in Mathematik und in den Naturwissenschaften erfasst. Die international vergleichenden PISA-Studien erheben die sogenannten ‚Basiskompetenzen' (vgl. Abschn. 2.1 in diesem Kapitel) bei fünfzehnjährigen Schüler*innen (vgl. Herwartz-Emden et al. 2012, S. 33).

Dagegen erklär(t)en kritisch distanzierte erziehungswissenschaftliche Reflexionen Bildungsbenachteiligungen von Mädchen mit „normativen Männlichkeitskonzeptionen als implizite[m] Maßstab für Schule und Unterricht" (Budde et al. 2016, S. 27; Anpassung K.P.), der „Jungen wie Mädchen unterschiedliche vergeschlechtlichte Positionen zuweise" (ebd.). So würden Jungen den gemeinsamen Unterricht dominieren (vgl. Herwartz-Emden et al. 2012, S. 17). Mädchen „würden auch in koedukativen Schulen, die vermeintlich allen die gleichen Bildungschancen zukommen lassen, durch einen heimlichen Lehrplan[6] [...] sozialisiert" (Thon 2017, S. 86). Bildungsbenachteiligungen von Jungen wurden eher strukturell erklärt, u. a. mit der professionsgeschichtlich begründeten „Überrepräsentanz von Lehrerinnen, verbunden mit einer Bevorzugung als weiblich konnotierter Interessen und Verhaltensweisen und einem Mangel an männlichen Vorbildern" (ebd., S. 87). Verhalten von Jungen, das als weniger schulkonform wahrgenommen wurde, ging demnach mit diskriminierenden schlechteren Leistungsbewertungen durch Lehrerinnen einher (vgl. Herwartz-Emden et al. 2012, S. 19).

Schul-pädagogische Auseinandersetzungen mit solchen Erklärungen verbinden sich mit weiteren Suchen nach dem Pädagogisch-Sinnvollen. Dabei stellt sich die Frage, „wie es gelingen kann, Mädchen *und* Jungen auch und gerade hinsichtlich der sozialen, kulturellen und sprachlichen Heterogenität in Schule und Unterricht angemessen zu fördern" (ebd., S. 12, Herv. i. Orig.). Zu möglichen Antworten gehör(t)en Entwürfe ‚sozialer Jungenförderung' (Kaiser 2005, S. 152 ff.) ebenso wie monoedukative Konzepte der Jungenbildung (vgl. Winter 2018, S. 72 ff.) und separate mathematische, naturwissenschaftliche sowie technische Bildungsangebote für Mädchen (vgl. Herwartz-Emden et al. 2012, S. 94 ff.), aber auch ‚gendersensible' Didaktiken sowie Konzepte zur Entwicklung von ‚Genderkompetenzen' bei Lehrer*innen und Schüler*innen (vgl. ebd., S. 86 ff.). Ein Beispiel bietet eine Erzählung von einem gesellschaftskritischen pädagogischen Projekt zur „Geschlechterbewusste[n] Pädagogik an der Laborschule Bielefeld" (Biermann und Schütte 2014).

---

[6] „Die Figur des ‚heimlichen Lehrplans' diente dabei als Leitmotiv, um die Einübung in geschlechterstereotype Rollenmuster auf der Grundlage curricularer Inhalte ebenso wie sexistischer Interaktionsstrukturen innerhalb des Sozialraums Schule zu charakterisieren" (Emmerich und Hormel 2013, S. 139).

2.3 Geschlecht als bildungsrelevante Differenzkonstruktion

> **Beispiel**
>
> **Ein Projekt zur Mädchen- und Jungensozialisation**
> An der Laborschule Bielefeld wurde 1990 ein Projekt zur Mädchen- und Jungensozialisation durchgeführt, welches unter der Überschrift „Das Thema ‚Gender' in der Retrospektive" (Biermann 2014, S. 17 ff.) in der Form einer Reflexion dargestellt wird.
> Die Darstellung beginnt mit einem Zitat aus einem Bericht der Projekt-/Forschungsgruppe zum Anliegen des Vorhabens. „Das Projekt ‚Mädchen- und Jungensozialisation an der Laborschule' startet 1990 mit dem Interesse, ‚nicht nur Mädchen fähiger zu machen, in einer von männlichen Maßstäben geprägten Welt zu bestehen, sondern mit ihnen weibliche Maßstäbe zu entdecken und auch die Jungen damit zu konfrontieren bzw. ihnen [diese] zu vermitteln. Wir wollen den Schülerinnen und Schülern nicht nur Situationen verdeutlichen, die durch Vorteile, Chancen, Rechte, letztlich die Herrschaft des einen (männlichen) Geschlechts gegenüber dem anderen definiert sind, sondern mit ihnen Verhaltensmöglichkeiten entdecken, die ohne Herrschaftsstrukturen auskommen und Jungen und Mädchen neue Möglichkeiten bieten. Deshalb versuchen wir nicht nur Mädchenförderung zu übernehmen, sondern suchen nach neuen Entwicklungsmöglichkeiten für Jungen – wie sie die antisexistische Jungenarbeit anstrebt: Wege, die es ihnen ermöglichen, ihre kommunikative und soziale Kompetenz zu erweitern und so über bisherige Rollenmuster hinauszuwachsen [...]" (ebd.).
> Dazu wird erläutert: „Das Zitat macht deutlich, dass die Forschungsgruppe noch mit eher starren und wenig individualisierten Geschlechterzuschreibungen – die Mädchen und die Jungen – arbeitet, wenngleich es das Ziel ist, diese überwinden zu wollen. Die Forschungsgruppe formuliert [...] den Anspruch, neben einer parteilichen Mädchenarbeit auch etwas für Jungen zu tun. Die haben dabei also gleichsam ein Konzept der Differenzen der Geschlechter im Kopf und setzen dies z. B. in Jungen- und Mädchenkonferenzen [...] um. Im Sinne des Gleichheitsdiskurses entwickeln sie aber andererseits ein Reproduktionscurriculum, das neben einem Haushaltspass auch ein Kita-Praktikum enthält [...]. Dabei ist die Prämisse: Alle sollen alles können und deshalb dafür üben. Die Ausgangslage und die Zukunftschancen, sowohl auf der Ebene der Erwerbs- als auch der Familienarbeit, sollen für beide Geschlechter gleich sein. Im Laufe des Projektes werden den Beteiligten, insbesondere durch die Arbeit mit den geschlechtshomogenen Gruppen, die großen Unterschiede innerhalb der Geschlechter deutlich [...].

> ‚Die Erfahrung in homogenen Gruppen ermöglicht erst die Wahrnehmung der vielen Differenzen innerhalb der eigenen Geschlechtergruppe und zwingt zu viel genauerer Auseinandersetzung mit Konflikten […]' schreiben zwei Projektmitglieder 1994. […] Dies habe sie sensibler für den Umgang mit schon ‚vorgedachten' Zuschreibungen gemacht und sie darin bestärkt, vor allen Dingen die SchülerInnen zu Wort kommen zu lassen und mit vielen verschiedenen Lernarrangements – Groß- und Kleingruppen, Projekten, Methodenvielfalt – an der Verbesserung des Unterrichts zu arbeiten" (Biermann 2014, S. 27 f.). ◄

Unterstützungen von Genderkompetenzen bei Lehrer*innen, wie sie im Beispiel anklingen, wurden seit den 1990er-Jahren insbesondere als ‚*reflexive Koedukation*' vorgestellt. Hier ging es darum, selbstreflexiv das eigene pädagogische Handeln bzw. „alle pädagogischen Gestaltungen daraufhin [zu] durchleuchten […], ob sie die bestehenden Geschlechterverhältnisse eher stabilisieren, oder ob sie eine kritische Auseinandersetzung und damit ihre Veränderung fördern" (Faulstich-Wieland und Horstkemper 1996; zitiert nach Thon 2017, S. 89). Dafür erhebt das Konzept der ‚reflexiven Koedukation' den Anspruch, eine ambivalente Balance zwischen Dramatisierung und Entdramatisierung von Geschlecht zu praktizieren. – Das (im Abschn. 2.2) skizzierte Konzept der ‚reflexiven Inklusion' schließt daran an. Auch hier werden Dramatisierungen (das „Wahrnehmen und Ernstnehmen von Differenzen und das Sichtbarmachen von darin eingeschriebener Benachteiligung" (Budde und Hummrich 2015, S. 38)) und Entdramatisierungen, die darauf hinwirken, „dass überall dort keine Unterschiede gemacht werden und Ungleichheitskategorien dekonstruiert werden, wo dies möglich ist" (ebd., S. 39), erwartet. – Im Konzept der ‚reflexiven Koedukation' wird Dramatisierung als „ein offensives ‚In-den-Vordergrund-Rücken' und direktes Thematisieren von Geschlecht" (Budde et al. 2008, S. 14) im Unterricht und im Rahmen schul-pädagogischer Angebote vorgestellt. Entdramatisierung meint entsprechend das ‚In-den-Hintergrund-Rücken'. Die Ambivalenz lässt sich wie folgt skizzieren:

> „Dramatisierung als Betonung von Geschlechtszugehörigkeit und entsprechenden Differenzen (z. B. durch die gezielte Adressierung ‚der Mädchen' und ‚der Jungen' oder durch geschlechtergetrennte Unterrichtsmaterialien oder -settings) ermöglicht die Benennung von Konflikten, Benachteiligung und Privilegierung. Sie vereinnahmt aber zugleich die einzelnen Individuen unter der Kategorie ‚Mädchen' oder ‚Jungen', aktiviert Stereotype und macht Differenzierungen innerhalb der so erzeugten Gruppen unsichtbar. Entdramatisierung kann über die Betonung vielfältiger Unterschiede zwischen Individuen erfolgen, die sich gerade nicht auf

2.3 Geschlecht als bildungsrelevante Differenzkonstruktion

eine Kategorie wie Geschlecht zurückführen lassen, ist aber mit der Gefahr einer vermeintlichen Neutralisierung und Unsichtbarmachung von Differenzen und Ungleichheiten verbunden" (Thon 2017, S. 89 f.).

Im Sinne einer Balance zwischen Dramatisierung und Entdramatisierung von Geschlecht lesen wir zum Beispiel Darstellungen interaktiver Praktiken der Geschlechterunterscheidung von Schüler*innen in einer ethnographischen Studie zur Gleichaltrigenkultur (die auch in der Laborschule Bielefeld durchgeführt wurde). Die Studie „Der Geschlechteralltag in der Schulklasse" (Breidenstein und Kelle 1998) versteht sich als reifizierungskritische Forschung, welche Praxen der Geschlechterunterscheidung und deren Bedeutungen im Alltag von Schüler*innen analysiert und so „deren konkrete Pragmatik und Kontextualität" (ebd., S. 265) herausarbeitet. Diese Forschung distanziert sich explizit von forschenden Fragen nach Geschlechterunterschieden und daran anschließenden Thematisierungen sozialer Ungleichheit der Geschlechter, welche diese *reifizieren*, indem sie sie als natürlich gegeben voraussetzen (vgl. Breidenstein und Kelle 1998, S. 22).

Beispiel

Praxen der ‚Geschlechterunterscheidung' in Schulklassen
Im Rahmen der ethnographischen Studie „Der Geschlechteralltag in der Schulklasse" (Breidenstein und Kelle 1998) wurden von 1993 bis 1997 9- bis 12-jährige Schüler*innen in zwei Schulklassen an der Laborschule Bielefeld beobachtet und befragt. Diese Beobachtungen wurden (I) mit drei Perspektiven der „Ordnung der Schulklasse" (ebd., S. 35), (II) in drei „Szenarien der Geschlechterunterscheidung" (ebd., S. 153) und (III) mit zwei Bezügen zu „Alltagstheorien" (ebd., S. 223) vorgestellt. Die Veröffentlichung der Studie bietet mit Szenenbeschreibungen und Fotos, Gesprächsdarstellungen und Interpretationen vielfältige Eindrücke zu unterschiedlichen Perspektiven der Thematik.
  Zum Selbstverständnis der Studie ist u. a. zu lesen: „Unser Feld, die Laborschule Bielefeld lag direkt vor der Tür, nur wenige Minuten von unserem universitären Büro entfernt. […] Schließlich war uns das Feld in mancher Hinsicht sehr vertraut, insofern das Leben in der Schulklasse zu den zentralen Erfahrungen unserer eigenen Biographie gehört. Die Beobachtungen aktivieren die Erinnerungen an die eigene Schulzeit, an das eigene Erleben der sozialen Situation der Schulklasse und an die eigene Form der Beteiligung an den Praktiken um die Geschlechterunterscheidung. (Und die heutige Sicht des

Geschehens in der Schulklasse dürfte unweigerlich durch diese Erinnerungen und Erfahrungen geprägt sein.) Und dennoch handelte es sich beim Hinüberwechseln in die Schule um das Eintauchen in eine andere Welt. Der Verstrickung der Beobachter in das Feld und der Gefahr des going native begegneten wir mit einem rekursiven Forschungsdesign, [...] [einem] Wechsel von Erhebungs- und Auswertungsphasen, von Feldaufenthalt und Distanzierung vom Feld mit der Möglichkeit der Reflexion der bisherigen Forschungserfahrungen" (ebd., S. 21 f.).

Die Studie kommt zum „Schluß: Geschlecht als Zugehörigkeit" (ebd., S. 265), aus dem wir auszugsweise zitieren: „Wenn man nach der interaktiven Praxis der Geschlechterunterscheidung unter Kindern fragt, so stößt man nicht (oder nicht vorrangig) auf die Dominanz der Jungen über die Mädchen. Für den konkreten, alltäglichen Gebrauch der Geschlechterunterscheidung zählen die mannigfachen interaktiven Ressourcen, die die Geschlechterunterscheidung bietet und die für die Teilnehmerinnen und Teilnehmer vor allem als symmetrische funktionieren. Das heißt jedoch nicht, dass die Praxis der Geschlechterunterscheidung der Mädchen und Jungen [...] nicht auch durch grundlegende Asymmetrien des Geschlechterverhältnisses bestimmt wäre. [...]

Die Schulklasse ist ein Feld, das von einander überlagernden Zugehörigkeiten durchzogen ist. Nicht nur gehören ihre Mitglieder einer von zwei Geschlechtergruppen an, sie zählen auch zur allgemeineren Kategorie der Kinder (gegenüber der Kategorie der Erwachsenen). Sie gehören zu einer spezifischen Schule, Schulklasse und einer ganz bestimmten Tischgruppe. Eventuell gehören sie einer ‚Clique' oder sonstigen Freundschaftsformationen an. [...] Kein Zugehörigkeitskriterium ist immer und überall von Bedeutung. Welches gerade zählt, entscheidet sich in der Situation. Die Kontingenz der situativen Bedeutsamkeit stellt sich für die einzelnen Zugehörigkeiten, die das Feld der Schulklasse strukturieren, jedoch auf je besondere Weise dar. [...]

Die Geschlechtszugehörigkeit ist, im Alltagsverständnis, nicht bestreitbar und schon gar nicht aushandelbar. Das Identitätsmerkmal Geschlecht ist als solches unproblematisch, insofern es unter keinen Umständen zur Disposition steht. [...] Eine solche Form der Zugehörigkeit, die nicht bezweifelt wird, ortsunabhängig und entlastet ist von der Verantwortlichkeit eigener Wahl, ist eine jederzeit aktivierbare Ressource für Identifikation und Distinktion. [...] Die Binarität der Geschlechterkategorien ist von großem Wert für den interaktiven Alltag [...]. Diese sozialen ‚Leistungen' geraten bei der Suche nach Unterschieden und in den politischen Auseinandersetzungen um das Geschlechterverhältnis leicht aus dem Blick. Die Vitalität und die Vielfalt der

2.3 Geschlecht als bildungsrelevante Differenzkonstruktion

Geschlechterunterscheidung in der Schule und unter Kindern vermittelt uns den Eindruck, daß sie vor allem ‚praktisch' ist für eine Reihe von Aufgaben, die sich im (Schul)Alltag stellen. Im Vergleich zu anderen Zugehörigkeiten reicht Geschlechtszugehörigkeit in ihrer sozialen Bedeutsamkeit und Identitätsrelevanz viel weiter und ist viel tiefer verankert – sie ist dem Körper eingeschrieben –, für die Kinder erweist sie sich trotzdem (oder deswegen) an vielen Stellen als eine vergleichsweise unproblematische und manchmal sogar recht vergnügliche Zugehörigkeit" (ebd., S. 265 ff.). ◄

Mit dem Anliegen, Praktiken der Geschlechterunterscheidung in Interaktionen zwischen Schüler*innen zu erforschen und diese für pädagogische Praxen sowie deren Reflexionen zu erschließen, wird die Fokussierung des Themas auf Fragen sozialer Ungleichheit in ihrer pädagogischen Relevanz scheinbar infrage gestellt. So heißt es im würdigenden Vorwort der Studie:

> „Die ethnographischen Einblicke in die Gleichaltrigenkultur lassen sich nicht im Muster von makrosoziologisch breit angelegten Ungleichheitsphänomenen diskutieren. Die konstruktivistische Perspektive erweitert vielmehr den Horizont der Geschlechterforschung. [...] Für die pädagogische Praxis und deren Reflexion könnte es von erheblicher Bedeutung sein, die Praktiken der Geschlechterunterscheidung durch die Kinder selbst zur Kenntnis zu nehmen. Befreite dieser Blick doch handelnde Erwachsene gegenüber Kindern vom sozio-politischen indizierten Ballast im Kopf, der die Wahrnehmung von Kindern mit ihren ganz eigenen Vorstellungen stört oder gar verhindert" (Jacobi 1998, S. 7 f.).

Das Argument der Befreiung vom ‚sozio-politisch indizierten Ballast' für die Untersuchung der Differenzierungspraktiken lässt sich als pädagogisch motivierte gesellschaftskritische Attitüde ebenso lesen wie als ‚Vergessen' sozialer Ungleichheit in schul-pädagogischen und forschenden Praxen. Gegen ein solches Vergessen plädiert die folgende gesellschaftswissenschaftliche Kritik gegen (derartige) ‚Doing-gender'-Forschungen. Sie streitet für die Fokussierung auf die gesellschaftliche Reproduktion sozialer Ungleichheit und die anhaltende Bedeutung der Differenzkonstruktion Geschlecht als deren Produzentin. Gegen das eigene Selbstverständnis als erweiternde Perspektive auf Geschlecht als bildungsrelevante Differenzkonstruktion wird der forschende Blick auf Praxen des ‚doing gender' als Verengung kritisiert:

> „So kann z. B. eines der größten Hindernisse, die sozialstrukturelle oder makrostrukturelle Dimension von Geschlechterungleichheit zu erkennen, darin liegen, dass die [...] Debatte um das ‚doing gender' die Aufmerksamkeit auf nur

eine, die mikro-soziale Ebene der unmittelbaren Eigen- und Fremdbeteiligung an der bipolaren Zuordnung von Differenzen zwischen den Geschlechtern, konzentriert hat […]. In sich selbstgenügsam zeigt sich das Konzept des ‚doing gender' als ein Theorem der konkreten Interaktion. Im alltäglichen Umgang miteinander werden unausweichlich kulturelle Figuren der Geschlechterdifferenz aktualisiert und rekodiert. Geschlechterstereotype Attribuierungen beziehen sich auf das äußere Erscheinungsbild ebenso wie auf beobachtbares und vermutetes Verhalten, auf Orientierungen und Intentionen, und beeinflussen das eigene Verhalten ebenso wie das der InteraktionspartnerInnen. Geschlechterdifferenz, Diskriminierung und Ungleichheit werden auf dieser Ebene in einer personalisierten Weise erlebt und in Form von Personalisierungen reflektiert. […] Die Reproduktion von Ungleichheit zwischen den Geschlechtern erfolgt aber im Gesamtzusammenhang der Gesellschaft, der weitere Ebenen der Strukturierung erfasst" (Krüger 2007, S. 180 f.).

Die beiden zitierten differenten Positionierungen eignen sich in der Zusammenschau nach unserem Verständnis als Beispiel für die These, dass auch (erziehungs-)wissenschaftliche Forschungen und Theorien, ebenso wie (pädagogische) Konzepte und Praxen, immer legitimiert *und* infrage gestellt werden können, weil sie sich an partiellen, kontingenten Bezugspunkten orientieren müssen, die in sich problematisch sind.

Ein Problem, das sich aus einer Beobachtungsperspektive im Konzept des ‚doing gender' ebenso wie in seiner gesellschaftswissenschaftlichen Kritik als ‚blinder Fleck' zeigen kann, ist die eigene Reifizierung der binären Geschlechterordnung. Mit dem Anspruch, die zweigeschlechtliche Ordnung infrage zu stellen, wurde bereits am Konzept der ‚reflexiven Koedukation' kritisiert, dass es die der Koedukation innewohnende „binäre und heteronormative Ordnung" (Thon 2017, S. 90) nicht hinterfragen würde. Eine solche Kritik könnte sich auch gegen die aufgerufenen Positionen richten.

Dem Anliegen, die binäre Geschlechterordnung zu hinterfragen, widmen sich (Un)doing-gender-Forschungen. Mit ihnen werden „die Konstruktion und Gestaltung von Geschlechterverhältnissen und -rollen, dem Doing Gender, sowie dessen Dekonstruktionen, dem Undoing Gender" (Bidwell-Steiner und Krammer 2010, S. 7) zum Bespiel im schulischen Unterricht beobachtet und analysiert. Sie erheben den Anspruch, „die Geschlechterdifferenz in der Beobachtungsperspektive […] methodisch offen zu halten [und damit ohne engführende Vorentscheidungen zu untersuchen], ob und welche Unterscheidungen mit welchen Folgen im institutionellen Kontext Schule prozessiert werden" (Emmerich und Hormel 2013, S. 146, Ergänzung K.P.). Der Begriff ‚Gender' markiert in (Un)doing-gender-Forschungen analytische Umgangsweisen mit sozialen und kulturellen Konstruktionen bezüglich der Kategorie Geschlecht (vgl. Thon 2017, S. 77). Es geht darum, die „Aufladung von Unterschieden mit kulturellen Bedeutungen nachzuvollziehen und zu erklären, *wie die* […] *Vielfältigkeit von Individuen*

2.3 Geschlecht als bildungsrelevante Differenzkonstruktion

durch Zuschreibungs- und Interpretationsprozesse in ein vereinfachendes Zwei-Geschlechter-System überführt wird" (Thon 2017, S. 78, Herv. K.P.). Darüber hinaus stellt sich die Frage, wie *"vielfältige Lebensweisen"* (Hartmann 2002, S. 23, Herv. i. Orig.) anders als in zweigeteilten, einander ausschließenden Unterscheidungen im Kontext vereinfachender Geschlechterordnungen thematisiert werden können und so nicht zum Schweigen gebracht werden. Eben das scheint in schul-pädagogischen Praxen eher eine Ausnahme darzustellen. Mit Ausschlüssen, Diskriminierungen, Unsichtbar- und Unsagbarkeiten vielfältiger Lebensweisen wird dem Anspruch chancengerechter Bildung für alle in der Schulpädagogik häufig zuwidergehandelt. Das zeigt z. B. eine Betrachtung des Forschungsstandes zu geschlechterbewusster Pädagogik mit dem Titel „Vielfältige geschlechtliche und sexuelle Lebensweisen – (k)ein Thema der Schulpädagogik" (Klenk 2019, S. 58 ff.). Hier wird zum einen auf Analysen „ausgewählter [als pädagogisch sinnvoll geltender] Genderkompetenzmodelle für das Handlungsfeld Schule" (ebd., S. 58, Ergänzung K.P.) verwiesen. Die Analysen zeigen, dass die Modelle „nach wie vor am System heterosexueller Zweigeschlechtlichkeit ausgerichtet bleiben" (ebd.). Zum anderen wird aus empirischen Studien zu Lebenssituationen und Bildungsbedingungen von LGBT(TIQ*)-Jugendlichen ungenügende Professionalität der Lehrer*innen und unzureichende Professionalisierung in der Schul-Pädagogik resümiert:

> „Entsprechende Studien konnten für das Handlungsfeld Schule diverse Professionalisierungsbedarfe feststellen – z. B. hinsichtlich des themenbezogenen und rechtlichen (Kontext-)Wissens des Personals, der verhandelten Themen im Rahmen der (universitären) Lehrer*innenbildung und des Unterrichts, bezüglich der motivationalen Bereitschaft zur proaktiven Unterstützung von Jugendlichen und jungen Erwachsenen durch das Fachpersonal, […] bezüglich der Prävention von sowie der Intervention in ausgeübte Diskriminierungen, der Fähigkeiten zur didaktischen und methodischen Adressierung der Thematik oder der Verwendung einer diskriminierungskritischen Sprache" (Klenk 2019, S. 59 f.).

Differenzierter ist zu dieser Problematik in einem Artikel zu „[g]eschlechtliche[r] und sexuelle[r] Diversität im Kontext Schule" (Hartmann 2014, S. 97 ff., Anpassung K.P.) zu lesen. Auch dieser Beitrag bezieht sich mit seiner Einschätzung auf empirische Studien. Problematisiert wird eine Kluft zwischen ‚toleranten Haltungen' und (meist implizit) ausgrenzenden und diskriminierenden Praxen der Thematisierung sowie der Nichtsicht- und Nichtsagbarkeit geschlechtlicher und sexueller Vielfalt (vgl. ebd., S. 103 ff.). Bezüglich der Thematisierungen, insbesondere ‚lesbischer und schwuler' Lebensweisen, werden pädagogische Fortschritte gewürdigt (vgl. ebd., S. 105). Kritisiert werden diskriminierende Weisen, in denen das Thema diskutiert wird. Sie wirken diskriminierend, wenn „diese

Lebensweisen einen zugestandenen Platz bislang vorwiegend als Abweichung, jedoch nicht als Selbstverständlichkeit erhalten haben und eine darüber hinausweisende Vielfalt weiter ausgeschlossen verbleibt" (ebd.). Mit diesen Analysen wird Schule als Institution diskutiert, die sich bezüglich vielfältiger Lebensweisen als widersprüchlicher Ort zeigt. Der Widerspruch bestehe darin, dass einerseits „gesellschaftlich tradiertes, den aktuellen Fachdebatten jedoch nicht mehr entsprechendes Wissen" (ebd., S. 104) vermittelt und damit heteronormative Zweigeschlechtlichkeit reproduziert wird und andererseits „viele Pädagog_innen dem Anspruch folgen, aufgeklärt, reflektiert und kritisch überkommenen Ordnungen entgegen zu wirken" (ebd., S. 105). Mit eben diesem Anspruch plädiert der vorgestellte Artikel für mehr ‚selbstkritische' Reflexion in der Schul-Pädagogik, für die ‚Revision' pädagogischer Konzepte, die sich an scheinbar „feststehenden Identitäten und normativer Zweigeschlechtlichkeit orientieren" (ebd., S. 107), sowie dafür, „Vielfalt von der Vielfalt aus zu denken" (Hartmann 2002, S. 271):

> „Mit dem Ansatz vielfältiger Lebensweisen betone ich die Vielfalt selbst als Ausgangspunkt und überschreite damit das Prinzip des zusätzlichen Thematisierens, das die Struktur von Norm und Abweichung, Allgemeinem und Besonderem reproduziert. Ziel dieses Zugangs ist es, ein selbstverständliches Aufgreifen vielfältiger Lebensweisen als Abbild von und als Auseinandersetzung mit gesellschaftlicher Realität zu ermöglichen. Von der Vielfalt aus zu denken ist eine Möglichkeit, um überkommene Selbstverständlichkeiten anhand real gelebter Vielfalt in Frage zu stellen. Ein solcher Zugang schließt das Kennenlernen einzelner Lebensweisen als integrale Bestandteile ein und intendiert, dass Lebensweisen wie alle anderen sowohl als Teil einer umfassenden Vielfalt, wie in ihrer eigenen Vielfältigkeit zu vermitteln. Eine denormalisierende Bewegung weg vom Normalen und Allgemeinen hin zum Vielfältigen und Besonderen bringt dabei das Besondere, Einmalige, Partikulare zur Geltung, das einer *Pädagogik vielfältiger Lebensweisen* folgend nicht über Verallgemeinerbarkeit legitimiert werden muss" (Hartmann 2002, S. 270, Herv. i. Orig.).

Die pädagogisch-erziehungswissenschaftlichen Vorstellungen ‚*vielfältiger Lebensweisen*' entwerfen einen Zugang zum Thema, der für „Dynamisierungen in der Triade Geschlecht – Sexualität – Lebensform[7]" (Hartmann 2002;

---

[7] Das Konstrukt ‚Lebensform' verweist auf persönliche soziale Beziehungen und den Grad ihrer Institutionalisierung. Persönlichen sozialen Beziehungen werden unterschiedliche individuelle Bedeutungen zugeschrieben. Sie „stellen Grundlage, Essenz und politischen Brennpunkt von Lebensformen auf ideeller und materieller Ebene dar. […] Es handelt sich […] um soziale Konstrukte, die durch politische und ökonomische Interessen, diverse Diskurse, das Handeln der Subjekte, lebensgeschichtliche Erfahrungen, emotional-affektive Impulse und kulturelle Symbolisierungen […] strukturiert sind" (Hartmann 2002, S. 27).

2.3 Geschlecht als bildungsrelevante Differenzkonstruktion

Untertitel) eintritt. Sie unterscheiden sich in dreifacher Weise von den bisher skizzierten Zugängen zu Geschlecht als bildungsrelevanter Differenzkategorie:

- Der Ansatz ‚vielfältige Lebensweisen' lässt sich nicht in den zuvor vorgestellten differenten Positionierungen mit Fokussierungen auf Bedeutungen von Geschlecht entweder als Differenzkategorie gesellschaftlicher Ungleichheit oder in interaktiven Praktiken verorten. Er praktiziert vielmehr Verknüpfungen „zwischen Existenzweisen und Lebensformen, zwischen dem Selbstverständnis der Individuen, ihrer Bedeutungsgebung und ihrem Lebensentwurf sowie zwischen strukturellen und zeitlichen Dimensionen" (ebd., S. 23 f.).
- Dabei wird *Geschlecht in (nicht-kausalen) Zusammenhängen mit Sexualität und Lebensform* (diskurstheoretisch begründet) als machtvolles ‚Dispositiv' diskutiert. Dieses Dispositiv kann als normierendes und normalisierendes ‚Gewebe' und als ‚Bündel' von Bedeutungen verständlich werden, das „Gruppen verschiedener [auch pädagogisch motivierter] Praktiken zu bestimmten Themen, Kategorien und sozialen Feldern – wie Geschlecht, Sexualität und Lebensform – zusammen[fasst]" (ebd., S. 24, Ergänzung und Anpassung K.P.) und so z. B. (un)mögliche Identitäten und Lebensformen erzeugt.
- Des Weiteren wird sowohl von der *Vielfalt als auch* von der *Beweglichkeit und Veränderlichkeit kulturell akzeptierter Normalitätsvorstellungen* und deren Grenzen ausgegangen (vgl. Hartmann 2014, S. 107). Dieses prozessuale Verständnis von *Lebensweisen* verbindet Einsätze zur Pluralisierung in Praxen gelebter Lebensformen mit dem Versuch, deren „Uneindeutigkeiten als solche begrifflich zu fassen und kritisch gegen die Tendenz zur Vereindeutigung von Identitäten sowie zur Reproduktion fragwürdiger Normen und starrer Machtverhältnisse zu erheben" (ebd.). In diesem Sinne soll das Konstrukt ‚Lebensweisen' „insbesondere die inhärenten Übergänge, Unabgeschlossenheit und Unbestimmtheiten begrifflich hervorheb[en]" (Hartmann 2002, S. 24).

Empfehlung

Für den Nachvollzug pädagogisch-erziehungswissenschaftlicher Vorstellungen ‚vielfältiger Lebensweisen' und deren Vorortung als Teil des Sozialen bieten sich zahlreiche mediale Inszenierungen an. Wir verweisen hier auf zwei literarische Darstellungen, die vielfältige Lebensweisen als gelebtes Leben in Zeiten und gesellschaftlichen Ordnungen verorten, in denen dies unmöglich schien:

Emcke, C. (2013). *Wie wir begehren*. Bonn: bpb.
Die (von der Bundeszentrale für politische Bildung herausgegebene) autobiographische Erzählung „Wie wir begehren" (Emcke 2013) thematisiert

das Aufwachsen der Erzählerin, die Entdeckung ihres Begehrens, Identitätszuschreibungen, Ausgrenzungen und Diskriminierungen im Deutschland der 1970er- und 1980er-Jahre und fragt in dem Zusammenhang danach, warum sich ihr Mitschüler Daniel das Leben nahm. „Dazu gehört auch, Figuren, die so leben wie wir, selten auf der Leinwand zu sehen, dazu gehört auch, selten selbst entscheiden zu dürfen, wann wir uns als ‚wir' begreifen wollen und wann als ‚ich', wann unsere Andersartigkeit relevant sein muss und wann sie irrelevant sein darf, dazu gehört auch, selten Romane zu lesen, in denen unsere Lust aufscheint, nicht als zentrales, problematisches Thema, sondern als so normal und belanglos, wie wir es selbst empfinden" (ebd., S. 246).

Steidele, A. (2021). *In Männerkleidern. Das verwegene Leben der Catharina Margaretha Linck alias Anastasius Lagrantinus Rosenstengel, hingerichtet 1721.* **Berlin: Insel.**

Die biographische ‚Skizze' „In Männerkleidern. Das verwegene Leben der Catharina Margaretha Linck alias Anastasius Lagrantinus Rosenstengel, hingerichtet 1721" (Steidele 2021) dokumentiert das Leben in Armut (als Kind im Waisenhaus und in der Schule der Franckeschen Stiftungen in Halle/Saale), das mehrfache Überschreiten der geltenden Standes- und Geschlechtsgrenzen (das erste Mal als 15-jährige mit einem männlichen Synonym und in verbotenen Männerkleidern) sowie das Sterben der letzten Frau, „die wegen der sogenannten Unzucht mit einer anderen Frau in Deutschland, ja in Europa hingerichtet wurde" (ebd., S. 9). „Geblieben ist von Catharina Link alias Anastasius Rosenstengel nichts als die schriftlichen Quellen. Der würdige Platz, den sie verdient, liegt in der deutschen Sozial-, Geschlechter- und Sexualgeschichte. Sein außerordentlich gut dokumentierter Fall ist für die weitgehend ungeschriebene Geschichte der weiblichen Homosexualität und Transidentität ante verbum im deutschen Sprachraum einzigartig. Nur wenige andere Fälle sind bislang bekannt. […] Die Geschichte von Lesben und/oder Transmenschen […] ist eine überfällige Korrektur der einseitig patriarchalen Geschichtsschreibung" (ebd., S. 184 ff.). ◄

Wenn wir die mit den Literaturempfehlungen zitierten Anliegen der Sensibilisierung und Akzeptanz in Konzepten der Schul-Pädagogik suchen, können wir sie im Beispiel des pädagogischen Konzeptes „vielfältige Lebensweisen" (Hartmann 2002, S. 271 ff.) finden. Wir lesen das Konzept, aus dem wir nachfolgend zitieren, als einen inklusionspädagogisch orientierten gesellschaftskritischen Zugang, der sich explizit auf die ‚Triade' Geschlecht – Sexualität –

2.3 Geschlecht als bildungsrelevante Differenzkonstruktion

Lebensform bezieht, jedoch auch mit Blick auf andere schul-pädagogisch relevante Differenzkonstruktionen als pädagogisch sinnvoll begründet werden kann.

Beispiel

„**Eine Pädagogik vielfältiger Lebensweisen**" (Hartmann 2002, S. 271)
Das pädagogische Konzept stellt „Vielfältige Lebensweisen als pädagogische Haltung und als Gegenstand inhaltlicher Auseinandersetzung [...] [sowie] als dekonstruktive Herrschaftskritik" (ebd., S. 271 ff.) wie folgt vor:

„Eine Pädagogik, die dem Begriff *vielfältige Lebensweisen* folgt, reagiert auf vorherrschende Strukturen der gesellschaftlichen Realität und auf damit einhergehende hierarchische Bewertungen. Sie erkennt die damit verbundene psychische und bildungs-politische Notwendigkeit von Identitäten an. Indem sie reale Vielfältigkeit und Grenzüberschreitungen im Feld von Geschlecht – Sexualität – Lebensform wertschätzend aufgreift und vermittelt, weist eine *Pädagogik vielfältiger Lebensweisen* jedoch über die genannten Identitätsnotwendigkeiten hinaus und bewegt sich dem Druck der Identitätslogik widerstehend in Paradoxien. In einer Doppelbewegung folgt sie unterstützend wahrgenommenen Identitätsbedürfnissen ihrer AdressatInnen und interveniert im Wissen um Widersprüche, Ambivalenzen und grenzüberschreitende Wünsche sowie angesichts von Tendenzen zur Verhärtung und Vereinheitlichung im Sinne einer produktiven Verunsicherung. [...] Die Arbeit an vorherrschenden Differenzen intendiert, diese zu dekonstruieren und damit mögliche Bewegungsräume zu öffnen. Aufmerksamkeit gilt insbesondere auch inkohärenten und diskontinuierlichen Identitäten sowie den Differenzen innerhalb des Subjekts bzw. innerhalb der gesetzten Gruppen. Vielfalt und Differenz nicht nur zwischen Existenz- und Lebensweisen, vielmehr auch innerhalb derselben verortend, zielt sie im Wissen um die konstitutive Abhängigkeit des Einen vom Anderen nicht auf ein Vervielfachen der Kategorien, was einem Vervielfältigen der Ausschließung gleich käme. Bei Anerkennen des Differenten zielt sie vielmehr auf ein Vermitteln zwischen dem Vielfältigen und Differenten, auf ein Oszillieren und ein Wahrnehmen der Zwischentöne. [...]

Ein Ziel ist es, allen Kindern und Jugendlichen und (jungen) Erwachsenen, unabhängig von deren gegenwärtiger Lebensweise, eine Reflexionsgrundlage für ihr eigenes Selbstverständnis anzubieten und ihnen darüber hinaus neue Welten zu eröffnen. [...]

Vielfältige Lebensweisen als pädagogische Haltung verstanden zielt auf eine Praxis, die sich vom Gedanken der Vielfalt ausgehend über ein verändertes und veränderndes Alltagshandeln manifestiert und hierüber Wirkung entfaltet. [...] [E]ine Haltung vielfältiger Lebensweisen [...] findet ihren Ausdruck im alltäglichen Tun. [...] Handlungsorientiert zielt [...] [sie] auf mehrere Ebenen: Zum einen richtet sie sich auf die Ebene der Subjekte, für die es um Offenheit als integraler Bestandteil des eigenen Selbstkonzeptes geht, so dass sie den eigenen Widersprüchlichkeiten und Ambivalenzen aufgeschlossen begegnen können. Auf einer weiteren Ebene ist eine wertschätzende Haltung gegenüber den Mitmenschen intendiert, die different zur eigenen Lebensweise, zum eigenen Lebensentwurf leben. Ihnen mit Offenheit zu begegnen, ohne das jeweils Eigene als (normativen) Maßstab zu setzen, wäre ein Schritt zu mehr Achtung und Freude im sozialen Miteinander. Die dritte Ebene bezieht sich auf gesellschaftspolitische Partizipation. Offenheit ermöglichen bedeutet hier [...] anzuregen, selbst tätig zu werden im Sinne eines kritischen ‚Einmischen und Mitmischen'.

Angesichts der vorherrschenden Blockaden, Verhärtungen, sozialen Ungleichheiten und gesellschaftlichen Macht- und Herrschaftsstrukturen ist eine Haltung vielfältiger Lebensweisen immer auch eine der Kritik und des gesellschaftspolitischen Sensibilisierens [...]. Über eine in der Tradition kritischer Pädagogik zu formulierende Kritik an bestehenden Hierarchisierungen und verkrusteten Machtstrukturen zwischen verschiedenen Existenz- und Lebensweisen hinaus wendet sich eine Pädagogik vielfältiger Lebensweisen damit auch den diese Strukturen tragenden Differenzen zu. Als hegemoniale Diskurse verstanden, verlieren diese den Nimbus unverrückbarer Gegebenheiten. Mit der Intention, sie zu dynamisieren, zielt dekonstruktive Herrschaftskritik auch auf die bestehenden Grenzen selbst und ist daran orientiert, sowohl die Komplexität möglicher Erklärungen für diese zu entfalten als auch zu deren Verschiebung beizutragen. [...] Übertragen auf dominante Konstruktionen in der Triade Geschlecht – Sexualität – Lebensform eröffnet dies die Möglichkeit, das Vorherrschende – Zweigeschlechtlichkeit, Heterosexualität und Kleinfamilie – in seiner gesellschaftlichen Funktion zur Aufrechterhaltung der herrschenden Norm(alität) sowie in seinen Konstitutions- und Konstruktionsprozessen zu untersuchen, dabei Ausgeschlossenes zu erkennen und Hierarchisierungen aufzuweichen. [...]

Um eine unterschwellige binäre Codierung zu überwinden, erweist sich ein differenzierter und entidealisierender Blick auf alle Lebensweisen als notwendig, der berücksichtigt, dass jede Vermittlung von Lebensweisen dieselben mit hervorbringt und immer an Ausschließungen geknüpft ist" (ebd., S. 271 ff., Herv. i. Orig., Anpassungen K.P.) ◄

Der skizzierte Ansatz einer ‚Pädagogik vielfältiger Lebensweisen' legt es nahe, nicht nur nach dem zu fragen, was, in welchen Weisen, mit welchen Begründungen als ‚pädagogisch sinnvolles Handeln' vorgestellt werden kann, sondern auch nach den Strukturen, in denen dieses möglich wäre. In diesem Sinne skizzieren wir nachfolgend Konzepte und Praxisreflexionen integrativer Gesamtschulen und Gemeinschaftsschulen als Beispiele bildungspolitischer und erziehungswissenschaftlicher Einsätze für schulische Inklusion, gegen Ausgrenzungen in und Exklusion aus Schulen der Sekundarstufe.[8]

2.4 (Integrierte) Gesamtschulen und Gemeinschaftsschulen

„Mit der Begründung Chancenungleichheit verringern zu wollen" (Bohl et al. 2015, S. 22) und mit der Intention, das dreigliedrige Schulsystem zu überwinden sowie frühe Selektionsprozesse und Laufbahnentscheidungen (also Ausschluss von den Bildungsangeboten einiger Schulformen) zu vermeiden, wurden ab 1967 Gesamtschulen eingeführt. Das ist eine Schulstruktur, um die kontroverse bildungspolitische und erziehungswissenschaftliche Auseinandersetzungen geführt wurden (vgl. ebd.). Auch dieses Anliegen ließ sich mit dem Argument der ‚Ausschöpfung von Bildungsreserven' durch die Herstellung von gleichen Bildungschancen „vor allem sozial unterprivilegierter Kinder" (Ellger-Rüttgardt 2008, S. 305) verbinden.

Vor dem Hintergrund der „meritokratischen Leitfigur" (Solga 2009, S. 72), das heißt der scheinbar chancengleichen individuellen Erfolgsmöglichkeiten im Bildungssystem (vgl. ebd., S. 63), gab es zunächst relativ starke politische

---

[8] Als ein Beispiel für Auseinandersetzungen um mehr Bildungsgerechtigkeit und gemeinsames Lernen in Grundschulen kann die „Neugestaltung der Schuleingangsphase im Spannungsfeld der Debatte um ‚veränderte Kindheit' und ‚Schulfähigkeit'" (Teumer 2012, S. 14) seit Mitte der 1990er-Jahre gelesen werden. Ziele und Ansprüche lauten hier u. a.: „alle Kinder als kompetente Akteure und Experten für ihr Lernen in der Grundschule willkommen zu heißen" (ebd., S. 15) und die „Heterogenität der Gruppe schulpflichtiger Kinder zu akzeptieren" (ebd., S. 17).

Unterstützung für die Einführung der Gesamtschulen und für die Erprobung neuer Lerninhalte und -methoden in Schulversuchen. In einer Geschichte der Gesamtschulen ist dazu Folgendes zu lesen:

> „So entstanden die am 30./31. Januar 1969 vom Deutschen Bildungsrat verabschiedeten Empfehlungen seiner Bildungskommission zur ‚Einrichtung von Schulversuchen mit Gesamtschulen'. Empfohlen wurde eine Versuchsreihe mit 40 Gesamtschulen in Stadt und Land, die eine ‚Entwicklungsaufgabe im Bereich der Lehrplanrevision, der Einrichtung einer pädagogischen Schulberatung, der Reform der Leistungsbewertung und der Veränderung der Schulorganisation (für das gesamte Schulwesen) leisten' sollten [...]. Das Prinzip grundsätzlicher Gleichheit der Bildungschancen war dabei ‚Ausgangspunkt aller Begründungen für die Notwendigkeit der Gesamtschulen' [...]. An Lernzielen wurden genannt: rationale Weltorientierung, Kritik- und Kommunikationsfähigkeit, soziale Integration, Wissenschaftswissen, ‚individualisiertes Lernen' und die Entwicklung der Fähigkeit lebenslanger Weiterbildung, Zielvorstellungen also, die historisch-pädagogisch begründet waren" (Haft 1989, S. 16).

Trotz der anfänglich breiten politischen Unterstützung, der vorliegenden Ergebnisse der Schulversuche und der pädagogischen Begründungen für diese Schulform wurden noch 1989 nur ca. 250 Gesamtschulen gezählt, bei einer Anzahl von „mehr als 32.000 Schulen des dreigliedrigen Systems" (Haft 1989, S. 9). Dennoch wurden weitere Schulversuche zu Modellen der Schulentwicklung an Integrierten Gesamtschulen initiiert.

Gesamtschulen konnten und können als kooperative und als integrierte Schulen geführt werden. In kooperativen Gesamtschulen werden nur einzelne Unterrichtsfächer gemeinsam unterrichtet. Die grundlegende Organisation basiert auf parallelen Klassen des Haupt-, des Realschul- und des Gymnasialzweiges. Das Konzept der Integrierten Gesamtschule sieht den gemeinsamen Unterricht von Schüler*innen vor, die unterschiedliche Schulabschlüsse anstreben. Leistungsdifferenzierte Angebote erfolgen in Kursen mit verschiedenen Niveaustufen. Insbesondere Modelle Integrierter Gesamtschulen sollten die Bildungskonzepte der Hauptschule überarbeiten sowie an Erfahrungen der Integration von Schüler*innen mit zugeschriebenen sonderpädagogischen Förderbedarfen in Grundschulen anschließen und entsprechende Konzepte für die Sekundarstufe entwickeln.[9]

---

[9] Zu diesen Modellversuchen gehörte beispielsweise der „Landesschulversuch ‚Integrationsklassen im Team-Kleingruppenmodell in der Sekundarstufe I' an der IGS Halle/S. [...] mit einer Laufzeit von zunächst zwei Jahren (1.8.1997–31.7.1999)" (Heimlich und Jacobs 2001, S. 7).

2.4 (Integrierte) Gesamtschulen und Gemeinschaftsschulen

> „Die Integrierte Gesamtschule […] hatte sich zum Ziel gesetzt, die volkstümliche Bildung für die Hauptschüler durch eine modernisierte, wissenschaftsorientierte Bildung für alle Schülerinnen und Schüler zu ersetzen. Außerdem sollte durch soziales Lernen, durch die Individualisierung des Lernens und eine bessere Förderung benachteiligter Gruppen Chancengleichheit erreicht werden. Umgesetzt werden sollte dies in einem bundesweit relativ festgelegten Konzept, das die Gliederung in Kernfächer, Wahlpflichtfächer und fachleistungsdifferenzierte Fächer vorsah, die in drei bis vier Leistungsniveaus angeboten werden mussten" (Preuss-Lausitz 2008, S. 13).

Die ersten *Konzepte Integrierter Gesamtschulen* waren auf die Integration von Schüler*innen unterschiedlicher sozialer und kultureller Kontexte und *gegen ungleiche Bildungschancen im allgemeinen Schulsystem* ausgerichtet. Sie öffneten sich im Zuge der Entwicklung heterogenitätssensibler Schul- und Unterrichtskonzepte auch für Schüler*innen, die im Zusammenhang mit der Zuschreibung eines schulischen Förderbedarfes einer Sonderschulpflicht unterlagen. Ein Beispiel für eine solche integrative Gesamtschule bietet die Ernst-Reuter-Schule II in Frankfurt/Main (vgl. Geldner 2017, S. 9 ff.).

Beispiel

Die integrative Gesamtschule Ernst-Reuter-Schule II in Frankfurt/Main
Die Ernst-Reuter-Schule begann 1969 den Schulversuch ‚Integrierte Gesamtschule'. Als Hauptziele des Schulversuchs werden soziale Integration und Chancengleichheit genannt. Mit diesen Zielen begründeten sich zunächst Differenzierungen der Unterrichtsfächer Deutsch, Mathematik und Englisch nach Leistung in zunächst fünf, später drei Kurse, mit dem Ziel, allen Schüler*innen die höchstmögliche Qualifikationschance zu bieten. Diese Differenzierungen, das inzwischen etablierte Angebot der Schulsozialarbeit, ein schulpsychologischer Beratungsdienst und spezifische Förderkonzepte für den Erwerb der deutschen Sprache können als Grundlage für den 1989 begonnenen Schulversuch ‚Gemeinsamer Unterricht' verstanden werden, der als konsequente Weiterentwicklung der Idee der integrierten Gesamtschule und als Chance der Weiterentwicklung der Schule thematisiert wird (vgl. Wolff und Holzschuh 2013, S. 83). Auf der Ebene der Unterrichtsgestaltung wurden Formen der Individualisierung und Differenzierung des Lernens wie der Wochenplan, Projektunterricht, Freiarbeit u. a. eingeführt. Diese schul- und unterrichtsorganisatorischen Veränderungen wurden flankiert von lebensweltorientierten Angeboten der Schulsozialarbeit, von sozialpädagogischer Betreuung im außerunterrichtlichen Bereich zur Unterstützung der sozialen Integration, von Beratungen durch einen psychologischen Dienst sowie von therapeutischen Angeboten in der Schule (vgl. ebd., S. 83 ff.).

Der folgende Auszug einer Erzählung findet sich in der Studie „Eine inklusionsorientierte Schule. Erzählungen von Teilhabe, Ausgrenzungen und Behinderungen" (Puhr und Geldner 2017). In dieser Schrift sind 15 Lebensgeschichten von Absolvent*innen der Ernst-Reuter-Schule II in Frankfurt/Main zu lesen, die zu unterschiedlichen Zeiten Schüler*innen dieser Schule waren. Die Erzählungen dieser Autor*innen bringen u. a. vielfältige Schulerfahrungen mit der integrativen Gesamtschule zur Sprache.

Andrzej Bodek, ein ehemaliger Schüler der Ernst-Reuter Schule, erzählt: „Im Hinblick auf meinen Status als Flüchtling, als staatenloser Ausländer, der weder über Kenntnisse der deutschen Sprache noch in einer weiteren schulkompatiblen Fremdsprache verfügte, war ich Nutznießer dieses Schulmodells. Dies gilt auch insbesondere für meine damalige soziale Situation, die als die erste Integrationsphase in einer neuen Umgebung bezeichnet werden könnte, wo für einen Jugendlichen alles Kopf steht, alles innerlich durcheinanderwirbelt. In dieser Zeit, in der ich dann auch sehr eng mit Schule verbunden war, hätte ich vielleicht die zahlreichen sozialintegrativen Potenziale und Optionen der Ernst-Reuter-Schule noch intensiver nutzen können, wenn ich mir dessen bewusst und dafür mehr offen gewesen wäre. Das hat aber was mit meiner Familienherkunft zu tun und mit den Verhältnissen, wie ich sie zuvor in Polen erlebt habe.

Was mir aber im Rückblick nochmals bewusst wird: Ich glaube, dass man Schulen insgesamt so organisieren sollte, dass sie auch jenseits der Schulcurricula einen aktiven Beitrag leisten zu diesem sogenannten Integrationsprozess in der Gesellschaft, natürlich in erster Linie auf Schüler bezogen, aber ebenso auch unter Einbindung der Familien. Für die Vermittlung unserer kulturellen und gesellschaftlichen Werte erscheinen Schulmodelle wie die Ernst-Reuter-Schule als geeignete Orte, an denen zahlreiche Prozesse der jeweils individuellen Integrationsentwicklungen ihren Ausgang nehmen bzw. laufende wirksam unterstützt werden können. Viele Bildungsanstalten sind bis heute ihren bildungspolitischen Idealen verpflichtet und sind in dieser Hinsicht noch sehr verschlossen. Die Ernst-Reuter-Schule ist ein Beispiel für die Offenheit und eine Weiterentwicklungsoption gerade auch in Verbindung mit der Integrationsthematik, die nicht nur ausländische Kriegs- und Armutsflüchtlinge oder Arbeitsmigranten meint, sondern das schwierige soziale Umfeld der Ballungsräume insgesamt, also auch viele deutsche Familien mit einbezieht. Dort fanden innerhalb und außerhalb der Schule soziale Prozesse statt, die das Zusammenleben von Familien unterschiedlicher kultureller, sozialer, materieller und ethnischer Herkunft positiv beeinflusst haben" (Bodek et al. 2017, S. 89 f.). ◄

2.4 (Integrierte) Gesamtschulen und Gemeinschaftsschulen

Im Jahr 2020 waren in Deutschland 18,6 % aller Schüler*innen der Sekundarstufe Schüler*innen an Integrierten Gesamtschulen (1.076.223 von 5.788.105) (vgl. Statistisches Bundesamt 2022, o. S.). 10 % aller Sekundarschulen wurden als Integrierte Gesamtschulen registriert (1576 von 15.759) (vgl. ebd.). Das entspricht einer Verdreifachung der Schulen dieser Schulform in den letzten 15 Jahren (vgl. Statistisches Bundesamt 2018, S. 36).[10] Als Gründe dafür werden die Abschaffung der Hauptschule in neun Bundesländern und die Umstrukturierung von Haupt- und Realschulen in Integrierte Gesamtschulen benannt (vgl. ebd.). Im Jahr 2020 gab es nur noch in sechs Bundesländern insgesamt 1818 Hauptschulen (in Baden-Württemberg, Bayern, Hessen, Niedersachsen, Nordrhein-Westfalen und Rheinland-Pfalz). Das entspricht bundesweit knapp 12 % aller Sekundarschulen. Mehr als 52 % dieser Hauptschulen wurden in Bayern registriert (vgl. Statistisches Bundesamt 2022, o. A.).

Mit der Umstrukturierung verbunden war die Schließung von 45 % aller Haupt- und 30 % aller Realschulen (vgl. Statistisches Bundesamt 2018, S. 36), bei etwa gleichbleibender Anzahl von Gymnasien (3146 Schulen) und einer bundesweiten Schließung von 14 % der Förderschulen (verbleibende 2806 Schulen) (vgl. Statistisches Bundesamt 2022, o. A.). So konnte sich das Gesamtschulkonzept, mit dem Ziel Chancenungleichheiten zu verringern, *neben* den anderen Schulformen etablieren. Die bildungspolitisch angestrebte Aufhebung der Mehrgliedrigkeit der Sekundarstufe wurde mit ihm nicht umgesetzt.

Außer den Integrierten Gesamtschulen gibt es seit 2006 in Deutschland Gemeinschaftsschulen als „ergänzende oder ersetzende Schulart zu jener der Haupt-, Real-, Gesamtschule und des Gymnasiums" (Pergl 2008, S. 187). Gemeinschaftsschulen werden vom Statistischen Bundesamt unter der Bezeichnung ‚Schulen mit mehreren Bildungsgängen' subsumiert. Das waren im Jahr 2020 ca. 12 % aller Sekundarschulen (1878 von 15.759) (vgl. Statistisches Bundesamt 2022, o. A.). Gemeinschaftsschulen lassen sich wie folgt beschreiben:

---

[10] Zum Zeitpunkt der Fertigstellung des Studienbuches lag die letzte kommentierte Zusammenstellung von deutschlandweiten Schul- und Schüler*innen-Daten in der Broschüre „Schulen auf einen Blick" (Statistisches Bundesamt 2018) für das Schuljahr 2016/17 vor. Wir haben die Zahlen nach den verfügbaren Tabellen zu Schul- und Schüler*innen-Daten der einzelnen Bundesländer für 2020 aktualisiert (vgl. Statistisches Bundesamt 2022). Da sie nur zusammengenommen unwesentlich von den Angaben für das Schuljahr 2016/17 abweichen, verweisen wir im Text auf die Kommentierungen der Broschüre von 2018.

„Ausgangspunkt ist das Leitziel der Bereitstellung einer gemeinsamen Schule für alle Schülerinnen und Schüler der Sekundarstufe I. Das bedeutet, dass der Übergang von der Grundschule zunehmend in Bildungseinrichtungen erfolgt, die alle Schülerinnen und Schüler aufnehmen und in diesem Sinne als ‚vollständige Angebote' zu bezeichnen sind. Vollständigkeit repräsentieren per definitionem integrierte Systeme, ebenso aber auch schulrechtliche Einheiten aus den drei Bildungsgängen des gegliederten Schulsystems" (Rösner 2004, zitiert nach Rösner 2008, S. 34).

Das Konzept für diese Schulform wurde als „Folge geringer Jahrgangsstärken und verstärkter Nachfrage nach anspruchsvolleren Bildungsgängen" (Rösner 2008, S. 35) entwickelt, die dazu führt, dass „die Übergangsquoten zur Hauptschule in allen Bundesländern sinken" (ebd.). „Das durch Hauptschulen repräsentierte Bildungsangebot" (ebd., S. 36) soll in der Form der Gemeinschaftsschule erhalten bleiben mit der Begründung, dass ansonsten mancherorts für einen Teil der Schüler*innen „der vollständige Verlust weiterführender Bildung" (ebd.) drohe. Dieses infrastrukturelle Problem wurde für ein Konzept genutzt, das langfristig eine ‚Schule für alle' sowie ein ‚Haus des Lernens' für alle Schüler*innen der Klassen 1 bis 10 anstrebt (vgl. ebd.). Den einzelnen Schulen bleibt die Entscheidung darüber, welches ‚Differenzierungskonzept' sie praktizieren, selbst überlassen (vgl. ebd., S. 39).

In den Zielstellungen sowie den Weisen der Organisation des Lehrens und Lernens lassen sich zwischen den beiden Schulformen, der Integrierten Gesamtschule und der Gemeinschaftsschule, viele Gemeinsamkeiten benennen, aber auch Unterschiede. Als ein wesentlicher Unterschied wird die Art der Berücksichtigung der Heterogenität der Schüler*innen bestimmt:

„*Gemeinschaftsschule* geht von kognitiver, motivationaler und kultureller Heterogenität in jeder Lerngruppe aus. *Gesamtschule* setzt dagegen außerhalb des Kernunterrichts in der Regel durch Wahlpflichtfächer und durch Fachleistungskurse auf die interessen- oder leistungshomogene Lerngruppe" (Preuss-Lausitz 2008, S. 14, Herv. K.P.).

Die einzelnen Bundesländer haben verschiedene Modelle für Gemeinschaftsschulen entwickelt. Die Gemeinsamkeit lässt sich in den Grundsätzen „einer allgemeinen Grundbildung, einer individuellen Schwerpunktsetzung und einer leistungsgerechten Förderung" (KMK 2006, zitiert nach Pergl 2008, S. 188) angeben sowie in zwei „Leitprinzipien" (ebd.). Als solche werden „dieSicherung der Gleichwertigkeit von Abschlüssen und Durchlässigkeit" (ebd.) und die „Erhöhung der Gestaltungsfreiheit der Länder" (ebd.) angegeben. Ausdrücklich

2.4 (Integrierte) Gesamtschulen und Gemeinschaftsschulen

wird auf den Stellenwert der „festgelegten Bildungsstandards" (ebd.) hingewiesen, die auch in Gemeinschaftsschulen gelten (vgl. dazu Kap. 5, Abschn. 5.2).

In welchen Weisen Gemeinschaftsschulen als inklusionsorientierte Schulen vorgestellt werden können, sollen die beiden nachfolgend beispielhaft skizzierten Konzepte anzeigen.

> **Beispiel**
>
> **Auszug aus zwei Konzepten von Gemeinschaftsschulen**
> Die beiden nachfolgend skizzierten Konzeptbeispiele einer Gemeinschaftsschule in Berlin-Mitte und einer in Schleswig-Holstein sind (neben anderen) in einem Text der „Rahmenbedingungen für Gemeinschaftsschulen und ausgewählte Schulkonzepte" (Pergl 2008) zu lesen (vgl. S. 197 und 200). Sie werden dort in einen Zusammenhang mit verschiedenen Vorstellungen von Konzepten, Erfahrungen und Problemlösungen gebracht, die sich mit der Frage „Gemeinschaftsschule − Ausweg aus der Schulkrise?" (Preuss-Lausitz 2008) auseinandersetzen.
>
> **Aus dem Konzept einer Gemeinschaftsschule in Berlin-Mitte**
> „Differenzierungsmodell: keine äußere Leistungsdifferenzierung; binnendifferenzierter Unterricht; hoher Praxisbezug und Lernen an außerschulischen Orten; kein Abschulen; Integration von Kindern mit sonderpädagogischem Förderbedarf.
>
> Lernformen: jahrgangsübergreifender Unterricht; Wochenplan- und Freiarbeit, Teilungsstunden [Aufteilung einer Schulklasse in leistungsdifferenzierte Lerngruppen], Projektunterricht; Lernbüro, Werkstätten; Peer-Education; interkulturelles Lernen.
>
> Schulkultur: AGENDA-Schule [Nachhaltigkeit in der Schule]; Anerkennungskultur; Auszeichnung Civil-Courage; Community Education; Lernen durch Engagement im Gemeinwesen.
>
> Leistungsbeurteilung: bis Kl. 9 alternative differenzierte Leistungsrückmeldungen; individuelle Pensenbücher [Dokumentationen von Lernfortschritten anhand definierter individueller Ziele], Portfolios; Zertifikate für Leistungen im Lernbüro.
>
> Unterrichtszeit: 45- und 90-Minuten-Einheiten; offenes Ganztagsangebot (GTA)" (Pergl 2008, S. 197, Ergänzungen K.P.).
>
> **Aus dem Konzept einer Gemeinschaftsschule in Schleswig-Holstein**
> „Differenzierungsmodell: binnendifferenzierter Unterricht in Kl. 5 und 6; Ergänzung des Lernens im Klassenverband durch Zusatzangebote und

jahrgangsübergreifende Modelle; ab Kl. 7 zunehmende Verlagerung des Unterrichts in den Modul-Bereich; innere/äußere Differenzierung je nach pädagogischem Bedarf; Integration von Kindern mit sonderpädagogischem Förderbedarf.

Lernformen: fächerübergreifendes und projektorientiertes Arbeiten, individueller Zeitplan, persönliche/r Tutor/in für jede/n Schüler/in, AGs [Arbeitsgemeinschaften], Stützunterricht, Begabtenförderung.

Leistungsbeurteilung: ergänzend zum Notenzeugnis Verwendung von individuellen Leistungsbeurteilungen in Form von Lernplänen mit Zielvorgaben, Kompetenzbögen, Portfolios, Dokumentationen des persönlichen Bildungsprofils, Diplome/Zertifikate für besondere Leistungen. Unterrichtszeit: 45- bis 240-Minuten-Einheiten; offenes GTA [Ganztagsangebot]" (ebd., S. 200, Ergänzungen K.P.). ◄

In den skizzierten Konzepten der beiden Gemeinschaftsschulen könnte (angesichts der Vorstellung ‚kognitiver, motivationaler und kultureller Heterogenität in jeder Lerngruppe' (vgl. Preuss-Lausitz 2008, S. 14) die Aufführung der „Integration von Kindern mit sonderpädagogischem Förderbedarf" (Pergl 2008, S. 197 und 200) irritieren, weil andere Differenzkategorien nicht benannt werden. Die gesonderten Verweise mögen sich damit erklären, dass die Teilhabe der knapp 7 % Schüler*innen mit zugeschriebenen sonderpädagogischen Förderbedarfen (568.701) (vgl. Statistisches Bundesamt 2022, o. A.) an einem leistungsdifferenzierten Unterricht in Schulen des deutschen Bildungssystems immer wieder als Besonderheit und als problematischer Gegenentwurf zum Lernen in Förderschulen thematisiert wird (vgl. u. a. Stein und Müller 2014). Derartige Positionierungen legitimieren sich in unterschiedlichen Weisen, trotz inzwischen über 50-jährigen Erfahrungen im ‚Gemeinsamen Unterricht' (vgl. Katzenbach 2011) und obwohl über 44 % aller Schüler*innen mit zugeschriebenen sonderpädagogischen Förderbedarfen (im Jahr 2020) nicht an Förderschulen, sondern an einer der übrigen allgemeinbildenden Schulen lernten (vgl. Statistisches Bundesamt 2022, o. A.).

Allerdings ist bei der Betrachtung der Zahlen von Schüler*innen, die als behindert adressiert werden, an sogenannten Regelschulen und an Förderschulen zu berücksichtigen, dass sich seit 2009, also nach dem Inkrafttreten der UN-Behindertenrechtkonvention, die Förderquote (der Anteil der Schüler*innen mit sonderpädagogischen Förderbedarfen an der Gesamtanzahl der Schüler*innen) um 20 % steigerte. Das waren 2016 90.000 mehr Zuschreibungen von Förderbedarfen als 2009 (vgl. Knauf und Knauf 2019, S. 9 f.). Wir müssen zur Kenntnis nehmen: „In allen Förderbereichen hat es zwischen 2009 und 2016

2.4 (Integrierte) Gesamtschulen und Gemeinschaftsschulen

eine – größtenteils deutliche – Zunahme der Feststellung sonderpädagogischer Förderbedarfe gegeben. [...] Im Förderschwerpunkt Emotionale und soziale Entwicklung gab es sogar einen Anstieg um 58 %" (ebd.).

In einer überblicksartigen Darstellung von Forschungsergebnissen zum gemeinsamen Unterricht unter Einbezug von Schüler*innen mit zugeschriebenen sonderpädagogischen Förderbedarfen bis zum Jahr 2011 ist diesbezüglich als kritisches Fazit zu lesen:

> „Die Forschungslage nach fast vierzig Jahren praktischer Erfahrungen ist eindeutig: Der gemeinsame Unterricht behinderter und nicht-behinderter Kinder ist nicht nur machbar, sondern er ist der für alle Beteiligten bessere Weg – wenn die Rahmenbedingungen stimmen. Dies verlangt schul-organisatorische Veränderungen, nämlich die Verlagerung sonderpädagogischer Kompetenz in die Regelschulen [...] bei Sicherstellung eines ausreichenden Ressourcenumfangs. Damit alleine ist es allerdings nicht getan: Zum Gelingen des Gemeinsamen Unterrichts braucht es im Regelschulsystem ein heterogenitätsgerechtes methodisch-didaktisches Vorgehen, vor allem aber die Veränderung von Einstellungen und Haltungen" (Katzenbach 2011, S. 21).

Die geforderten Ressourcen, Didaktiken und Einstellungen für den ‚Gemeinsamen Unterricht' von Schüler*innen ohne und mit zugeschriebenen sonderpädagogischen Förderbedarfen konkurrier(t)en mit Strukturen, Praxen und Positionierungen für das separierende System der Sonderschulen. Für die Teilhabe am schulischen Lernen war für Schüler*innen mit zugeschriebenen Förderbedarfen bis vor wenigen Jahren strukturell die exklusive Schulform Sonder-/Förderschule vorgesehen. Mit der formalen Aufhebung der Sonderschulpflicht in allen Bundesländern besteht prinzipiell die Möglichkeit, dass auch diese Schüler*innen zur Heterogenität in jeder Lerngruppe beitragen. Allerdings waren auch im Jahr 2020 von den deutschlandweit 568.701 registrierten Schüler*innen mit sonderpädagogischen Förderbedarfen (das entspricht ca. 7 % der insgesamt 8.380.7649 Schüler*innen) noch 317.096 (also fast 56 %) Schüler*innen einer Förderschule (vgl. Statistisches Bundesamt 2022, o. A.).

Der folgende Exkurs skizziert anhand der Schulpolitik in Sachsen-Anhalt schulgesetzliche Praktiken, die in einigen Bundesländern die formale Aufhebung der Sonderschulpflicht festschreiben und zugleich konterkarieren.

Exkurs

Zur formalen Aufhebung der Sonderschulpflicht

In der „Verordnung über die Förderung von Schülerinnen und Schülern mit sonderpädagogischem Bildungs-, Beratungs- und Unterstützungsbedarf" (LSA

2013, o. A.) im Bundesland Sachsen-Anhalt werden im § 9 Vorstellungen zum ‚Gemeinsamen Unterricht' festgehalten. Der Gemeinsame Unterricht kann hier als schulstrukturelles und -pädagogisches Konzept gelesen werden, das zur Aufhebung der Sonderschulpflicht beiträgt. So heißt es:

„(1) Gemeinsamer Unterricht kann zielgleich oder zieldifferent eingerichtet sein.
(2) Schülerinnen und Schüler mit sonderpädagogischem Förderbedarf, Behinderungen oder Beeinträchtigungen nehmen zielgleich am Unterricht der allgemeinen Schule teil, wenn sie die curricularen Vorgaben der besuchten Schulform erfüllen können.
(3) Schülerinnen und Schüler mit sonderpädagogischem Förderbedarf, Behinderungen oder Beeinträchtigungen nehmen zieldifferent am Unterricht der Grundschule, Sekundar- oder entsprechenden Angeboten der Gesamt- oder Gemeinschaftsschule teil, wenn sie auch bei Einsatz aller Formen des Nachteilsausgleichs die curricularen Vorgaben der allgemeinen Schule nicht erreichen können. Sie erhalten eine Lernförderung auf Grundlage einer individuellen Lern- und Förderplanung oder des Lehrplans der Förderschule für Geistigbehinderte.
(4) Schülerinnen und Schüler mit Behinderungen oder einem sonderpädagogischen Förderbedarf, die an Förderschulen lernen und einen gymnasialen Abschluss anstreben, wechseln dazu in den gemeinsamen Unterricht und nehmen zielgleich am Unterricht an einem Gymnasium oder an den entsprechenden Angeboten einer Gesamt- oder einer Gemeinschaftsschule teil. Sie können auch den Schulbesuch an einer Förderschule mit gymnasialem Bildungsgang in einem anderen Bundesland beim Landesschulamt beantragen.
(5) Gemeinsamer Unterricht erfordert unter anderem: Lehrkräfte mit sonderpädagogischer Kompetenz, gegebenenfalls Unterstützungskräfte, die über eine entsprechende Antragstellung der Personensorgeberechtigten für Leistungen zur Teilhabe (Eingliederungshilfe) [...] bewilligt wurden, erforderliche Lehr- und Lernmittel, angepasstes Mobiliar, Kommunikationsmittel, apparative Hilfen und Ähnliches, organisatorische Voraussetzungen, wie Schülerbeförderung, bauliche Gegebenheiten, schulorganisatorische Abläufe, zu berücksichtigende individuelle Tagesrhythmen, erforderliche Pflegezuwendungen.
(6) Das Landesschulamt weist den Schulen Lehrerwochenstunden zur sonderpädagogischen Unterstützung für den gemeinsamen Unterricht zu. Sie sollen an

2.4 (Integrierte) Gesamtschulen und Gemeinschaftsschulen

den Grund-, Sekundar-, Gesamt- und Gemeinschaftsschulen möglichst an eine Förderschullehrkraft für den gemeinsamen Unterricht gebunden werden. Für die Gymnasien werden Lehrerwochenstunden für den gemeinsamen Unterricht am Gymnasium oder als Kontingent im Rahmen der überregionalen ambulanten und mobilen Angebote zur Verfügung gestellt. Das Landesschulamt kann den Schulen zur Unterstützung des gemeinsamen Unterrichts eine pädagogische Mitarbeiterin oder einen pädagogischen Mitarbeiter zuweisen" (LSA 2013, o. A.).

Im folgenden Paragraphen der Verordnung – § 10 zu Förderschulen – wird im Abschnitt (1) zum einen das Wahlrecht Personensorgeberechtigter bezüglich der Schulform festgeschrieben. Zum anderen werden der ‚gemeinsame Unterricht' oder die ‚Aufhebung des sonderpädagogischen Förderbedarfs' als Ziele der Beschulung in einer Förderschule lesbar. Nach unserem Verständnis all dem entgegenstehend, finden sich dann im Abschnitt (2) Begründungen dafür, dass eine Förderung nicht an einer anderen Schulform als der Förderschule erfolgen kann:

„(1) An Förderschulen werden Schülerinnen und Schüler mit sonderpädagogischem Bildungs-, Beratungs- und Unterstützungsbedarf unterrichtet, wenn die Personensorgeberechtigten diese Schulform wählen. Grundsätzliches Ziel ist der Wechsel der Schülerinnen und Schüler in den gemeinsamen Unterricht oder die Aufhebung des sonderpädagogischen Förderbedarfs.

(2) Das Landesschulamt kann eine Schülerin oder einen Schüler an eine geeignete Förderschule überweisen, wenn die Schülerin oder der Schüler einen sonderpädagogischen Förderbedarf hat und gemeinsamer Unterricht nicht eingerichtet oder nicht weiter vorgehalten werden kann, weil die Lernentwicklung der Schülerin oder des Schülers oder der anderen Schülerinnen und Schüler beeinträchtigt ist, die sonstigen Rechte von Mitgliedern der Schulgemeinschaft beeinträchtigt sind oder die Voraussetzungen in § 9 Abs. 5 derzeit weder vorhanden sind noch nach Maßgabe der Haushalte geschaffen werden können. Die Entscheidung ist für einen bestimmten Zeitraum zu treffen, der ein Schuljahr nicht unterschreiten darf" (ebd.).

Die Schulpolitik des Bundeslandes Sachsen-Anhalt hält nicht nur an den exklusiven und separierenden Förderschulen, sondern auch an der Pflicht zum ‚Besuch' einer Förderschule fest, wenn die Schulbehörde entscheidet, dass das Recht auf Schulbildung in einer allgemeinen Schule nicht realisiert werden kann. So heißt es im Schulgesetz des Landes Sachsen-Anhalt (LSA 2018, o. A.) in § 39 zum Besuch von Förderschulen:

„(1) Schülerinnen und Schüler, die einer sonderpädagogischen Förderung bedürfen, sind zum Besuch einer für sie geeigneten Förderschule oder des für sie geeigneten Sonderunterrichts verpflichtet, wenn die entsprechende Förderung nicht in einer Schule einer anderen Schulform erfolgen kann.
(2) Die Schulbehörde entscheidet nach dem Ergebnis eines sonderpädagogischen Feststellungsverfahrens, ob die Verpflichtung nach Absatz 1 besteht, und bestimmt nach Anhörung der Erziehungsberechtigten, welche Förderschule die Schülerin oder der Schüler besuchen soll. Für die Entscheidung können ärztliche Untersuchungen durchgeführt, anerkannte Testverfahren angewandt und Gutachten von Sachverständigen eingeholt werden" (ebd.). ◄

Zu den vorgestellten Praktiken von Verpflichtungen zum ‚Besuch einer Förderschule' ließe sich diskutieren, in welchen Weisen die Aufhebung der Sonderschulpflicht dazu beiträgt, dass die Anzahl von Schüler*innen an Förderschulen relativ wenig sinkt, ihre Anzahl an anderen Schulen jedoch steigt. Mit anderen Worten: „Die wachsende Zahl von Schülerinnen und Schülern mit sonderpädagogischem Förderbedarf auf allgemeinbildenden Schulen stammt nur zu einem kleineren Teil von Förderschulen. Vielmehr rekrutiert sie sich zum Großteil aus zusätzlich als förderbedürftig diagnostizierten Schülerinnen und Schülern der allgemeinen Schulen" (Knauf und Knauf 2019, S. 11). Daraus lässt sich bezogen auf die Differenzkategorie Behinderung schließen: „Der Fortschritt bei der schulischen Inklusion ist gering" (ebd., S. 3).

„Dem deutschen Sozial- und Bildungssystem gelingt es kaum, die durch die UN BRK deutlich formulierte Aufgabe (Abbau der Segregation und qualitativ hochwertige Inklusion) zu bewältigen, stattdessen werden die Ressourcen dafür verwendet, bei immer mehr Schülerinnen und Schülern einen sonderpädagogischen Förderbedarf festzustellen und für diese Maßnahmen einzuleiten" (Knauf und Knauf 2019, S. 13).

Mit der Aussicht auf die Abschaffung der Schulform Sonder-/Förderschule ging die Einführung des Begriffes Inklusion in die Schulpädagogik einher (vgl. dazu Abschn. 4.3 im Kap. 4). Zugleich richteten die kritischen Auseinandersetzungen um Ansprüche, Leitvorstellungen, Ambivalenzen sowie Exklusionstendenzen ihren Blick nicht mehr nur auf die exklusiven schulischen Organisationsformen, sondern auch auf die inklusionsorientierte Schul-Pädagogik.

Wir haben dargestellt, dass Fragen von Teilhabe und Ausgrenzungen in schul-pädagogischen Angeboten zuvor insbesondere mit den Forderungen (und Begriffen) der Integration und Chancengleichheit verhandelt wurden. Schulversuche zum ‚Gemeinsamen Unterricht' begründeten sich neben dem Ziel der Integration von Schüler*innen, die als behindert adressiert wurden, zunächst insbesondere als spezifische Förderkonzepte für den Erwerb der deutschen Sprache (vgl. oben). Die diesbezüglich erprobten Konzepte und Praxen der sogenannten ‚Ausländerpädagogik' lassen sich als eine wesentliche Basis für die Etablierung der inklusionsorientierten Schul-Pädagogik verstehen. Allerdings sind die migrationspädagogisch motivierten Verschiebungen der Auseinandersetzungen um Integration und chancengerechte Bildung auch als grundlegende Kritiken an inklusionspädagogischen Vorstellungen von Inklusion/Exklusion zu lesen. Beide Aspekte wollen wir im letzten Abschnitt dieses Kapitels skizzieren.

2.5 Bildungs(un)gerechtigkeit und Migrationspädagogik

‚Migration' bezeichnet zum einen Mobilität/‚Wanderungen' von Menschen mit verschiedensten Motiven und Erwartungen in einem „Raum vielfältiger Grenzziehungen" (Diehm und Messerschmidt 2013, S. 9) im Zusammenhang mit „sozialen Entwicklungen in den Herkunftsländern oder unsteuerbaren Ereignissen wie Naturkatastrophen und Kriegen" (Gogolin 2005, S. 281). Zum anderen wird sie als symbolisch und sozial hergestelltes ‚diskursives Phänomen' vorgestellt, das „Fragen der nationalen Zugehörigkeit und kulturell kodierter Fremd- und Selbstbilder" (Diehm und Messerschmidt 2013, S. 9) aufwirft. In diesem Rahmen des Sozialen verorten sich differente pädagogische und erziehungswissenschaftliche Positionierungen. Wir orientieren uns mit unseren Fragen nach dem Inklusionsgebot, bezogen auf das Thema Migration, an dem Selbstverständnis der *Migrationspädagogik*. Mit dem Ziel der Anerkennung und der Integration ‚kulturell Anderer' versteht sich die Migrationspädagogik als selbstständiger disziplinärer Kontext der Bearbeitung von (Un)Gleichheit.

Eine geschichtliche Verortung der Migrationspädagogik (vgl. Mecheril 2004, S. 83 ff.) stellt dar, warum und wie Migration in Deutschland in den 1970er-Jahren zu einem schul-pädagogischen Thema wurde. Das begründet sich unter anderem damit, dass viele ‚Gastarbeiter*innen' im Zuge des wirtschaftlichen Aufschwungs in den 1960er-Jahren in die BRD kamen und später ihre Familien nachzogen. Die steigende Anzahl der Kinder der Arbeitsmigrant*innen wurde als Frage von Entwicklungschancen, als Problem der ‚sozialen Stabilität' und als ‚sozialer Zündstoff' problematisiert (vgl. Czock 1993, S. 60). „Mit dieser Anordnung war das als bedrohlich stilisierte Problem einer Desintegration ausländischer Jugendlicher zugleich als Frage der Bildung und Ausbildung konzipiert […] und die Bearbeitung der Integrationsfrage an die Bildungs- und Schulpolitik delegiert" worden (ebd., S. 61).

Der proklamierten Krise und den beobachteten Defiziten sollte durch individuelle Bildung und Ausbildung entgegengewirkt werden, welche als „Grundlage für die sozial-strukturelle Integration" (ebd., S. 73) vorgestellt wurden. Aus der Perspektive „Interkultur" (Terkessidis 2010) wird dieses Krisenverständnis hinterfragt. Die Auffassung von Krise, die nicht an das Schulsystem, sondern an die Zahl von Schüler*innen mit ‚Migrationshintergrund' gekoppelt wurde und wird, steht grundlegend zur Diskussion:

> „Allerdings wäre es wichtig, endlich die Begriffe Krise und Migration semantisch zu entkoppeln. Die Rhetorik der Krise ist in Deutschland stets auch eine der Migration, da die Migration selbst als Krisensymptom gilt. Man redet nicht von einer allgemeinen Krise der Schule, die es dringend zu reformieren gilt, sondern von Kitas und Schulen, an denen der Anteil von Kindern mit Migrationshintergrund bei 80% liegt. Doch solche Zahlen sagen überhaupt nichts aus – es sei denn, man nimmt an, die Zukunft dieser Kinder stehe bereits geschrieben. Für Kitas und Schulen ist es im Grunde gleich, welchen Hintergrund die Kinder haben, wenn es die Bereitschaft gibt, die unterschiedlichen Voraussetzungen im ‚Normalbetrieb' zu berücksichtigen" (Terkessidis 2010, S. 162).

Die Adressierung ‚Migrationshintergrund' hat sich im deutschsprachigen Raum weitgehend durchgesetzt und wird kritisiert „als Bezeichnung für diejenigen […], die zwar nicht mehr Ausländer genannt werden, es aber offenbar dennoch bleiben sollen" (Diehm und Messerschmidt 2013, S. 9). Sie konstruierte kulturelle Differenzen zwischen Ausländer*innen und Deutschen und damit ein ‚Migrationsproblem'.

Statt der Bereitschaft, ‚unterschiedliche Voraussetzungen' für chancengerechte Bildung zu berücksichtigen, entwickelte sich mit den steigenden Zahlen der Schüler*innen mit ‚Migrationshintergrund' in Schulen ein linguizistisches Problembewusstsein für Lernschwierigkeiten (vgl. Dirim et al. 2018, S. 57). Auf das so konstruierte Problem Migration wurde insbesondere mit Konzepten kompensatorischer Erziehung reagiert (Czock 1993, S. 63). Das heißt, Kommunikationsschwierigkeiten wurden sprachlichen ‚Defiziten' der Schüler*innen zugeschrieben, diese wurden als dominantes Problem wahrgenommen und sollten mit sinnvollen schul-pädagogischen Konzepten behoben werden.

2.5 Bildungs(un)gerechtigkeit und Migrationspädagogik

Der Begriff ‚Linguizismus' markiert „eine spezifische Form von Rassismus. Diese gründet in Vorurteilen und Sanktionen gegenüber Menschen, die eine bestimmte Sprache, ein bestimmtes Register in einer solchen Form verwenden, die von den staatlichen und weiteren hegemonialen Normen abweicht" (ebd.). Das zeigt sich z. B. in ‚Bestandsaufnahmen' und ‚Problemvergewisserungen' in den ersten größeren Veröffentlichungen wie „Gastarbeiterkinder in deutschen Schulen" (Koch 1970) und „Ausländerkinder in deutschen Schulen" (Müller 1974).

Vergleichsstudien schulischer Leistungen skandalisieren seither immer wieder gruppenbezogene Unterschiede und attestieren dem deutschen Schulsystem mangelnde ‚Begabungsgerechtigkeit'. So wird beispielsweise ein Ergebnis der PISA-2000-Studie als ‚besonders bemerkenswert' hervorgehoben. Es geht um die Feststellung, dass nur etwa 2 % der erfassten Schüler*innen, deren beide Eltern nach Deutschland zugewandert sind, die höchste Kompetenzstufe im Bereich ‚Lesefähigkeit' erreichten und fast 50 % von ihnen die elementaren Kompetenzstufen im Lesen nicht überschritten (vgl. Gogolin und Krüger-Potratz 2010, S. 94 f.). In dem Zusammenhang wird darauf verwiesen, dass sich „[m]angelnde Lesekompetenz im Deutschen kumulativ auf die mathematische und naturwissenschaftliche Leistungsfähigkeit aus[wirkt]" (ebd., Anpassung K.P.). Solche Leistungsvergleichsstudien zeigen aber kaum strukturelle und kulturelle Zusammenhänge auf, die die ungleiche Teilhabe am Bildungssystem bedingen. Den darin zu lesenden spezifischen Anspruch der Bildungsgerechtigkeit markiert der Aufsatz „Der Migrationshintergrund als Topos in gegenwärtigen Diskursen über Bildungsgerechtigkeit" (Stojanov 2010) wie folgt:

> „Die unterdurchschnittliche Bildungsbeteiligung von Kindern und Jugendlichen mit Migrationshintergrund in Deutschland ist in den letzten Jahren zu einem zentralen Thema in Bildungsforschung und Bildungspolitik geworden. […] Demnach wäre ein Zustand von Bildungsgerechtigkeit dann erreicht, wenn die Verteilung von Bildungsgütern in der Form von Ressourcen und Zeugnissen anstatt nach Herkunft, nach Begabungen bzw. nach kognitiven Ausgangsvoraussetzungen vollzogen wird" (Stojanov 2010, S. 79 ff.).

Der zitierte Text verweist nicht nur auf die Problematik dieses Gerechtigkeitskonzeptes, er verdeutlicht auch den „ökonomischen Reduktionismus in aktuellen Diskursen über Bildungsgerechtigkeit" (ebd., S. 84). Das heißt, dass die unterschiedliche Bildungsbeteiligung von Schüler*innen mit sogenanntem Migrationshintergrund weniger als Benachteiligung artikuliert wird, sondern vielmehr als „wirtschaftliches Defizit, das darin besteht, dass ‚Begabungen' und ‚Bildungsreserven' […] ungenutzt für die Wirtschaft bleiben" (ebd., S. 85).

Der Text „Integration als Anpassungs- und Leistungsdruck" (Geisen 2010, S. 16 ff.) markiert die Ausgrenzungsaspekte dieser Vorstellungen von Teilhabe. Er kritisiert, dass Integration nicht „im Sinne verbesserter Partizipationsmöglichkeiten, individueller und kultureller Schutzrechte, sowie von politischen Beteiligungsrechten" (ebd., S. 16) diskutiert wird. Vielmehr, so heißt es hier, wird „den Individuen eine Art Bringschuld auferlegt [...]. Beispielsweise müssen sie ihren Integrationswillen und ihre Integrationsbereitschaft aktiv darstellen und belegen. [...] Integration erhält dadurch einen repressiven Charakter und eine neue ordnungspolitische Funktion" (ebd.).

In diesem Zusammenhang kann beobachtet werden, dass „eine kulturelle Differenz zwischen Familie und Schule unterstellt wird, bei der Familie nicht in der Lage sei, sich für die schulischen Belange von Kindern zu engagieren" (Hummrich und Wiezorek 2005, S. 105). Dieser Unterstellung lässt sich widersprechen, z. B. wenn (wie in der zitierten Fallstudie) berücksichtigt wird, dass Bildung innerhalb unterschiedlicher Möglichkeitsräume geschieht, „die durch das Bedingungsgefüge elterlicher Bildungsaspiration und Unterstützungsleistungen, schulischer Anerkennungsbeziehungen und außerschulischer sowie außerfamiliärer Unterstützungssysteme und [...] den individuellen biographischen Vorstellungen bestimmt werden" (ebd., S. 118).

Derart sensibilisiert ist davon auszugehen, dass sich schul-pädagogische Vorstellungen von Migrationsphänomenen und entsprechend begründete Konzepte mit Konstruktionen kultureller Andersartigkeit legitimieren. Die Wahrnehmung der Anderen als Andere lässt sich als eine machtvolle pädagogische Konstruktion verstehen. Der Text „Interkulturelle Erziehung und Pädagogik. Subjektivierung und Macht in den Ordnungen des nationalen Diskurses" (Yıldız 2009) diskutiert derartige Konstruktionen. Er macht z. B. darauf aufmerksam, dass Kinder über kein Bewusstsein von sich selbst und über fremde Erfahrungen verfügen, dass sie sich vielmehr erst durch spezifische Anrufungen als Ausländer*innen als diese identifizieren (vgl. ebd. S. 121 ff.).

Als solche Anrufungen lassen sich die zugeschriebenen Sprachdefizite diskutieren. Ihnen sollte in den 1970er-Jahren mit Ansätzen der *Ausländerpädagogik* durch schulische Integration der ‚Ausländerkinder' in den Regelunterricht der Grund- und Sekundarschulen entgegen gewirkt werden, der durch sogenannte kompensatorische Fördermaßnahmen ergänzt wurde. Als derartige kompensatorischen Maßnahmen wurden z. B. Vorklassen bzw. Vorbereitungsklassen und muttersprachlicher Ergänzungsunterricht am Nachmittag konzipiert. Diese Maßnahmen der ‚bildungspolitischen Doppelorientierung' (vgl. Emmerich und Hormel 2013, S. 128) begründeten zugleich Konzepte der schulischen und außerschulischen ‚Ausländerpädagogik' mit wachsender

2.5 Bildungs(un)gerechtigkeit und Migrationspädagogik

Bedeutung der Fremd- und Zweitsprachendidaktik, mit „Sozialberatungsdiensten für Ausländer" (Mecheril 2004, S. 84) und mit sozialpädagogischen Angeboten für ‚ausländische' Arbeitnehmer*innen und ihre Familien. Als Begründungen für die Maßnahmen zur Förderung der deutschen Sprache *und* ‚muttersprachlichen Ergänzungsunterricht' wird „das Doppelziel der Schulpolitik [benannt] – Integration für die Dauer des Aufenthalts bei gleichzeitigem Erhalt der Rückkehrfähigkeit" (Czock 1993, S. 69).

Der Einsatz der Ausländerpädagogik verbindet sich in diesen unterschiedlichen Handlungsansätzen, unter Bezug auf verschiedene theoretische Referenzen und pädagogische Selbstverständnisse, durchgehend mit *Ideen von Chancengleichheit*. Dem Ziel der Chancengleichheit, so heißt es aus der Perspektive der Migrationspädagogik, dienen alle Versuche „der Kompensation von Defiziten der Anderen, die sie *zu Anderen machen*" (Yıldız 2016, S. 92, Herv. K.P.). Zum Beispiel begründet sich die Vorstellung, „das Erlernen der deutschen Sprache […] [sei der] Schlüssel für eine gute Bildung" (ebd., S. 97, Anpassung K.P.) mit einem Verständnis formaler Chancengleichheit, nachdem jeder*jedem die gleichen Bedingungen gegeben werden sollen. Erst so wird das Nicht-Sprechen oder das nicht-elaborierte Sprechen der deutschen Sprache zum Defizit, das gegebenenfalls mit pädagogisch-didaktischen Konzepten zu kompensieren wäre. Die damit verbundenen normativen Erwartungen und Ansprüche lassen sich als Ungerechtigkeiten in einer Migrationsgesellschaft aufrufen, weil sie mit einer impliziten oder expliziten „Missachtung aller anderen gesprochenen Sprachen, also auch der Nicht-Anerkennung von anderen sozialen Lebensweisen und -bedingungen […] unterschiedliche[r] Sprach- und Sozialmilieus" (ebd., S. 97, Anpassung K.P.) verbunden scheinen. Die Ausländerpädagogik legitimiert sich demnach als Differenzpädagogik mit Ansprüchen der Gleichbehandlung. Zugleich praktiziert sie mit Konstruktionen defizitärer Kompetenzen und Fertigkeiten von Kindern und Jugendlichen ohne deutsche Staatsbürgerschaft bzw. nicht-deutscher Herkunft Bevorzugungen/Benachteiligungen. Mit einem Verständnis von Unterschieden als Abweichungen von einem als gegeben angenommenem Maßstab strebt sie deren *Assimilation* [Anpassung/Angleichung] in den „dominanten Handlungskontext", z. B. „in einen monolinguistischen Handlungsraum" (Mecheril 2004, S. 92, Ergänzung K.P.), an.

Für Schüler*innen, die dem Assimilationsvorstellungen nicht entsprachen, wurden die „durch die organisatorischen Sondermaßnahmen strukturell bereitgestellten Exklusionsoptionen" (Emmerich und Hormel 2013, S. 127) zum Teil auf Dauer gestellt und zur „Normalform des Unterrichts für Migrantenkinder" (Czock 1993, S. 69). Zudem wurden sie durch Zuschreibungen von Lernbeeinträchtigungen bzw. entsprechenden sonderpädagogischen Förderbedarfen und Separierungen in Sonder-/Förderschulen erheblich ausgeweitet:

„Offensichtlich führte die Suche nach neuen Exklusionsoptionen und deren Legitimationsfähigkeit dazu, Kinder mit Migrationshintergrund als ‚lernbehindert' zu klassifizieren, um ihnen einen ‚neuen' sonderpädagogischen Bedarf zuschreiben zu können. Durch diese Neu-Klassifizierung konnte eine ‚neue' pädagogische Problembeschreibung mit Plausibilität ausgestattet und an die bestehenden schulorganisatorischen Differenzierungsstrukturen angepasst werden. Das Problem der bis heute beobachtbaren Überrepräsentation von SchülerInnen mit Migrationshintergrund an Sonder- oder Förderschulen […] scheint seine historische Ursache nicht zuletzt in diesem an den Strukturbedingungen des Erziehungssystems orientierten ‚Umgang mit Heterogenität' zu haben" (Emmerich und Hormel 2013, S. 127).

Empfehlung

Uebel, C. & Baur, G. (2018). *Ein Schüler verklagt den Staat. Nenad und das Recht auf Bildung*. **Deutschland.**

Ein prominentes Beispiel für diese Exklusionspraxen bietet Nenad Mihailovic, der das Land Nordrhein-Westphalen auf Schadenersatz verklagte, weil er durch die Zuschreibung einer ‚geistigen Behinderung' und die damit verbundene Verpflichtung zum Besuch einer Förderschule jahrelang am Erwerb eines Hauptschulabschlusses gehindert wurde. Der Film ist hier verfügbar: https://www.youtube.com/watch?v=JNdHUyGNWlA (Zugegriffen: 02. Mai 2022). ◄

Mit den skizzierten spezifischen Weisen schul-pädagogischer Inklusion, die mit der „rechtlichen, ökonomischen, vor allem aber politischen Exklusion" (Emmerich und Hormel 2013, S. 128) verbunden waren, wird die Ausländerpädagogik als „pädagogische Praxis der Inklusion/Exklusion" (ebd.) verständlich.

In Abgrenzung vom Assimilationsanspruch und von Exklusionsoptionen setzt(e) sich die *Interkulturelle Pädagogik* kritisch mit den (An-)Forderungen an ‚integrative Teilhabe' auseinander. Sie proklamierte eine Abkehr von der Defizitperspektive und die *„Hinwendung zur Differenz"* (Mecheril 2004, S. 85, Herv. K.P.). Konstrukte wie ‚sprachliche und kulturelle Identität' wurden zu Legitimationsfiguren pädagogischer Programme (vgl. Emmerich und Hormel 2013, S. 128). Das Verständnis von Migration als schul-pädagogisches Problem veränderte sich: „Nicht ‚Migrationskinder' stellen das Problem und die Ursache der Bildungsmisere dar, sondern das nationale Selbstverständnis der Bildungseinrichtungen und die nichtreflektierten institutionellen Diskriminierungsformen" (Mecheril 2004, S. 162).

In diesem Zusammenhang wird von „Rhetoriken der Anerkennung, [von der] Forderung nach der Respektierung von Differenzen und Vielfalt, […vom] Verständnis einer multikulturellen Gesellschaft, […von] Interkulturalität

2.5 Bildungs(un)gerechtigkeit und Migrationspädagogik

und [... von Vorstellungen der] Begegnung mit dem Anderen" (ebd., S. 86, Anpassungen K.P.) als Bereicherung berichtet. Interkulturelle Bildung und Erziehung wurden als allgemeine Aufgaben der Schule diskutiert und entsprechende interkulturelle pädagogische Konzepte wurden entwickelt. Sie konnten sich in den schul-pädagogischen Praxen jedoch zunächst kaum durchsetzen. Vielmehr dominierten weiterhin vor allem ‚kompensatorische' Ansätze. Als solche lassen sich aktuell die sogenannten Willkommens- oder Intensivklassen diskutieren. In diesen exklusiven Schulklassen sollen geflüchtete Kinder und Jugendliche Kenntnisse der deutschen Sprache erwerben, die für den ‚Regelunterricht' als notwendig erachtet werden, und sie sollen auf diesen Unterricht vorbereitet werden. Verschiedene Beispiele finden sich im Band „Flüchtlingskinder in der Schule. Praxisratgeber für eine gelingende Integration" (Blum und Diegelmann 2017, S. 113 ff.). Bildungspolitisch legitimiert markieren Willkommens- und Intensivklassen eine schulorganisatorische Segregation.

„Da Migration bildungspolitisch als ein *gruppenspezifisch eingrenzbares pädagogisches Sonderproblem* konstruiert wurde, erschienen eine kompensatorische ‚Sonderpädagogik' und deren Umsetzung durch Einrichtung von Spezialklassen für MigrantInnen bildungsorganisatorisch als folgerichtig" (Emmerich und Hormel 2013, S. 125, Herv. i. Orig.).

Diese Separierung entspricht jedoch nicht dem Selbstverständnis der Interkulturellen Pädagogik, die vor dem Hintergrund rassistischer und rechtsextremer Angriffe gegen asylsuchende Menschen und in Auseinandersetzung mit einem immer lauter werdenden Alltagsrassismus in den 1990er-Jahren eine ganz andere bildungspolitische Legitimation erhielt. Ein Beschluss der Kultusministerkonferenz der Länder von 1996 erklärte interkulturelle Bildung und Erziehung zum Bestandteil allgemeiner Bildung. Interkulturelle Pädagogik konnte sich damit ebenso als eigenständiges erziehungswissenschaftliches Fachgebiet etablieren wie Interkulturalität als Querschnittsaufgabe sozialer Dienste (vgl. ebd., S. 87).

Die zentralen Themen Interkultureller Pädagogik sind *Kultur als allgemeines Unterscheidungskriterium* eigener/anderer sowohl kultureller als auch sprachlicher Lebenskontexte und die*der Andere in ihrer*seiner Identität, in den spezifischen Weisen ihres*seines Welt- und Selbstbezuges. Der Fokus richtet sich auf die*den Einzelne*n in ihrer*seiner Einzigartigkeit und die Vielfalt kultureller Identitäten. Unterschiede werden als wechselseitig anzuerkennende Differenzen thematisiert (vgl. Mecheril 2004, S. 91). Bezogen auf das Bildungssystem wird eine „multikulturelle und reflexive Schule" (ebd., S. 161) gefordert, die allen

Schüler*innen in ihrer Unterschiedlichkeit chancengerechte Bildungsangebote ebenso ermöglicht wie ein Aufbrechen der „nationalstaatlichen Zentriertheit des Bildungswesens und der mit ihr verbundenen ethnozentrischen Denk- und Handlungsmuster" (ebd., 162).

Diesem Perspektivenwechsel sind pädagogische Konzepte geschuldet, die „bei unterstellter Differenz auf Begegnungen und Prozesse des Verstehens setzen" (Mecheril 2004, S. 92). Damit sind zum einen interkulturelle pädagogische Praxen benannt und zum anderen Vorstellungen von *Interkultureller Bildung als neuer Allgemeinbildung* (vgl. ebd., S. 93). Diese lassen sich als pädagogische Intentionen wie folgt ausdrücken: „Eintreten für die Gleichheit aller ungeachtet der Herkunft, die Haltung des Respekts für Andersheit, die Befähigung zum interkulturellen Verstehen und die Befähigung zum interkulturellen Dialog [… sind] die leitenden Motive der Interkulturellen Pädagogik" (ebd., S. 106, Anpassung K.P.). Als Schlüsselbegriff interkultureller Bildung gilt ein Konzept von Anerkennung, dem ein grundlegendes normatives und bildungstheoretisches Orientierungspotenzial zugeschrieben wird (vgl. ebd.). *Anerkennung von Verschiedenheit* wird zur politischen „Begründungsformel für das Eintreten von Rechten" aller Bürger*innen (ebd., S. 213). Allerdings scheint auch das Konzept der interkulturellen Bildung „nicht unbeeinflusst vom dominierenden Wettbewerbsgedanken in (Bildungs-)Politik und (Fach-)Öffentlichkeit, dem es vornehmlich um messbare Integrationsfortschritte und Erklärungsmodelle für die evidente Bildungsbenachteiligung von Kindern und Jugendlichen mit sogenanntem Migrationshintergrund geht" (Diehm und Messerschmidt 2013, S. 11).

In interkulturell motivierten pädagogischen Praxen der Bearbeitung von so different verstandenen Ungleichheitsproblemen wird das Wissen um das Anderssein zum handlungsleitenden Wissen über konkrete Andere. Und genau darin liegt aus migrationspädagogischer Perspektive das Dilemma: „Ein Problem der […] interkulturellen Ziele besteht darin, dass sie implizit oder explizit davon ausgehen, dass interkulturelles Handeln gelingt, wenn die handelnde Person spezifisches Wissen über das Gegenüber zum Einsatz bringt" (Mecheril 2004, S. 126). Ein solches Wissen über Andere ist jedoch nicht als Wissen über die Einzigartigkeit einer*eines Einzelnen zu verstehen. Vielmehr schafft es kategoriale Zuschreibungen, welche die Legitimation der Interkulturellen Pädagogik infrage stellen können, weil sie durch die schul-pädagogische Aufmerksamkeit den Status als Andere/Fremde konstituiert und bestätigt. Das heißt, das mögliche Wissen über Andere kennzeichnet zugleich ein Nicht-Wissen. Beides artikuliert sich in einer Art „Gleichzeitigkeit von Verstehen und Nicht-Verstehen" (ebd., S. 127). In diesem Sinne lässt sich „Interkulturell […] [als] eine Chiffre für die Undurch-

2.5 Bildungs(un)gerechtigkeit und Migrationspädagogik

schaubarkeit und die Nicht-Vorhersehbarkeit von kommunikativen Situationen, für die Zerstörbarkeit der fraglosen Voraussetzungen des unbedachten wie des bedachten Handelns, für die Grenzen des Berechenbaren, Planbaren und Erwirkbaren" (ebd., S. 131, Anpassung K.P.) diskutieren. Der Anspruch, Andere in ihrer Einzigartigkeit vollständig zu verstehen, zeigt sich von hier aus als Illusion, weil jede mögliche Beobachtung und Beschreibung nur auf der Basis kategorialer Begrifflichkeiten erfolgen kann. So begründet sich nicht zuletzt das Selbstverständnis, dass Interkulturelle Pädagogik (den Ansprüchen ‚reflexiver Inklusion' und ‚reflexiver Koedukation' ähnlich, vgl. Abschn. 2.2 und 2.3) nur im „Modus ‚Reflexiver Interkulturalität'" (Hamburger 2009, zitiert nach Emmerich und Hormel 2013, S. 135) agieren kann. Das Potenzial dieser Reflexivität kann wie folgt vorgestellt werden:

> „Interkulturelle Pädagogik lässt sich damit nur noch im Modus ‚Reflexiver Interkulturalität' […] begründen, mit der die sinnhafte und kontextabhängige Referenz auf Kultur und Ethnizität durch soziale Akteure und Institutionen in den Vordergrund rückt […]. In diesem Horizont erweist sich die Bezugnahme auf das Gesellschaftsmodell des Multikulturalismus und das diesem korrespondierende Verständnis von Gesellschaft als Sozialgefüge unterscheidbarer kultureller und ethnischer Gruppen […] als problematisch, […] insbesondere die auf dieser Grundlage erfolgte Kategorisierung von Individuen trägt der Pädagogik ein Reflexionsproblem ein. Nicht zuletzt wird dabei deutlich, dass die mit Migration befassten pädagogischen Organisationen von ethnisierend-kulturalisierenden Unterscheidungen Gebrauch machen, die im Fall des Schulsystems zur gleichzeitigen Sichtbarmachung wie Benachteiligung der so typisierten Gruppen beitragen" (Emmerich und Hormel 2013, S. 135 f.).

Vor diesem Hintergrund fragt die *Migrationspädagogik* systematisch nach Begründungen für die Konstituierung der Differenz ‚Migrant*in/Nicht-Migrant*in'. Sie argumentiert mit einem Verständnis radikaler Differenz des Andersseins und tritt für Chancengerechtigkeit mittels Kritik an der Macht von Differenzkategorien ein (vgl. Yıldız 2016, S. 100 ff.) und adressiert auf diese Weise auch Einsätze der Ausländer- und Interkulturellen Pädagogik. Abb. 2.4 setzt die idealtypisch skizzierten Einsätze der Ausländerpädagogik, der Interkulturellen Pädagogik und der Migrationspädagogik zusammenfassend zueinander in Beziehung.

Das angesprochene Dilemma lässt sich als ein zentrales migrationspädagogisches Thema und Problem auffassen, das den prekären Rahmen der Migrationspädagogik bildet (vgl. ebd., S. 93). Entsprechend wird konstatiert: „Die allgemeine migrationspädagogische Orientierung muss […] in sich spannungsvoll sein. Anerkennungen von Zugehörigkeiten, Akkulturation und

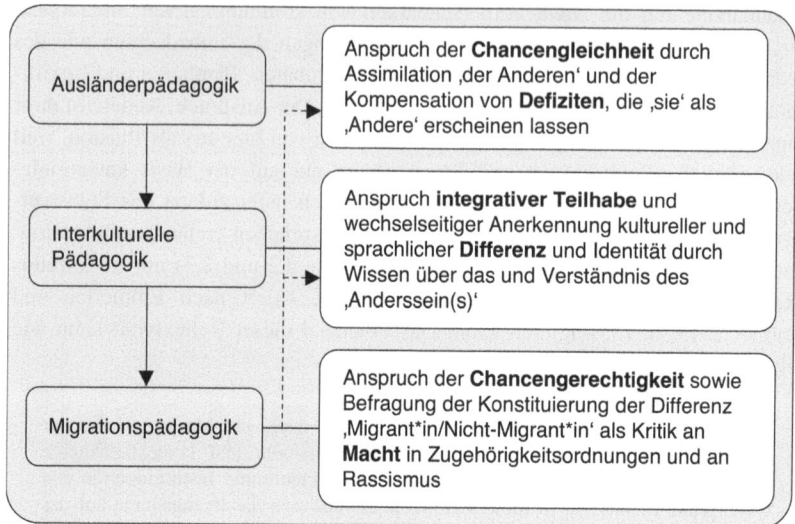

Abb. 2.4 Verhältnisse von Ausländerpädagogik, Interkultureller Pädagogik und Migrationspädagogik. (© Mirko Moll)

Verschiebung von Zugehörigkeitsordnungen stehen in einem unversöhnlichen Verhältnis zu einander" (Mecheril 2004, S. 225). Von hier aus stellen sich offene Fragen des Umgangs mit gesellschaftlicher und pädagogisch relevanter Pluralität (vgl. ebd., S. 88).

So diskutiert die Migrationspädagogik differenzsensible pädagogische Konzepte auf der Basis der „Anerkennung und Verschiebung von Zugehörigkeitsordnungen" (Mecheril 2004, S. 213). Ähnlich dem Konzept einer Pädagogik ‚vielfältiger Lebensweisen' (vgl. Abschn. 2.3) geht es um Ansprüche vertrauter und nicht-vertrauter kultureller Lebensformen, deren Vermittlung und in dem Zusammenhang um Fragen von Bildungs(un)gerechtigkeit. Die Migrationspädagogik stellt sich mit diesem Einsatz als rassismuskritische pädagogische Perspektive vor, die gegen eine Logik des Rassismus eintritt, der in allen gesellschaftlichen Strukturen, auch im Bildungssystem, zu finden ist.

Vielleicht irritiert die Verwendung des Begriffs ‚Rassismus' in den gesellschafts- und bildungspolitisch motivierten Kritiken der Migrationspädagogik. Logiken des Rassismus lassen sich als symbolische Macht und hegemoniale Herrschaft beschreiben (vgl. Yıldız 2016). In dieser Lesart wird Rassismus als ein „analytischer Begriff für die Untersuchung [aller]

2.5 Bildungs(un)gerechtigkeit und Migrationspädagogik

abstammungs- und herkunftsthematisierender Ungleichwertigkeitsvorstellungen [z. B. auch der Zuschreibungen von Ungleichwertigkeiten europäischer und nicht-europäischer Migrant*innen] verstanden" (Messerschmidt 2016, S. 63, Ergänzung K.P.). So wird Rassismus als eine „Denkweise und Praxis [kritisiert], die systematisch Zugehörigkeitsordnungen strukturiert und die Art und Weise steuert, wie Nichtzugehörigkeiten in der Migrationsgesellschaft wahrgenommen und angeordnet werden" (ebd., Anpassung K.P.).

Mit dem folgenden Beispiel, in dem das Autor*innenkollektiv „Jugendliche ohne Grenzen" (2018) von unterschiedlichen eigenen Schulerfahrungen berichtet, wollen wir die rassismuskritische Legitimation der Migrationspädagogik verdeutlichen: „Mit rassistischen Unterscheidungspraxen werden ‚Andere' bezeichnet. […] Die Logik des Rassismus konstruiert Unterschiede und übt Gewalt gegen das Konstruierte aus" (Mecheril 2004, S. 187).

Beispiel

Rassismuserfahrungen
Die nachfolgenden Auszüge entstammen dem Band „Zwischen Barrieren, Träumen und Selbstorganisation. Erfahrungen junger Geflüchteter" (Autor*innenkollektiv ‚Jugendliche ohne Grenzen' 2018). Zu dem Autor*innenkollektiv gehören namentlich genannte und anonym bleibende in Deutschland lebende junge Geflüchtete. Das Kollektiv wird von einem Sozialarbeiter in einem Beratungs- und Betreuungszentrum und Mitbegründer der Selbstorganisation ‚Jugendliche ohne Grenzen' koordiniert (vgl. ebd., S. 22 f.).

„Zu den Regelklassen hatten wir Kontakt, weil wir, die Mathe konnten, konnten in die 9. Klasse in den Mathematikunterricht gehen. Aber da warst du immer ein Flüchtling, du warst ausgegrenzt, ausgeschlossen. Die haben dich nicht gemocht als Flüchtling. Die waren richtige Rassisten und so, ja die haben sehr viel geredet.

Es waren auch Ausländer da, aber die waren mehr als sechs Jahre hier und deswegen war Ausländer gegen Ausländer, und das geht eigentlich nicht. Es waren zwei oder drei Deutsche in der ganzen Schule.

Es war schlimm. Die deutschen Mädchen und Jungen, die haben so viele schlechte Wörter gesagt über die Flüchtlinge, und ich war allein aus einem anderen Land und ich habe das verstanden, aber ich konnte nicht antworten. Aber ich sollte nichts machen, ich konnte nichts machen. Das war wirklich schlimm. Ich wollte nicht noch mal in dieser Klasse sein. Bei mir war die Willkommensklasse besser, hundertmal besser als die Regelklasse.

[…] Ich mag es, in die Schule zu gehen. Als ich klein war, habe ich immer geweint, wenn ich andere Kinder gesehen habe. Ich wollte zur Schule gehen, aber meine Eltern hatten kein Geld. Das kostet viel Geld, da wo ich gelebt habe. Aber hier in Deutschland habe ich die Chance gehabt, etwas zu lernen. Jetzt mache ich die 9. Klasse, und ich freu' mich, was zu lernen, damit ich weiß, was passiert. Wenn man lernt – wie soll ich das sagen –, dann öffnet sich eine andere Tür, dann weißt du, was passiert in dieser Welt.

Manchmal bin ich in Deutschland sehr gerne zur Schule gegangen. Ich hatte mal eine Lehrerin, ich habe ihre Nummer, wir halten zusammen. Wenn ich Probleme hatte oder so was, dann haben wir uns unterhalten. Oder die Lehrerin geht einkaufen für mich. Aber manchmal zum Beispiel, bei anderen Menschen, die mir eigentlich helfen wollen, wenn es mir schlecht geht, dann habe ich schlechte Laune.

[…] Ich war in der Willkommensklasse und meine Mathelehrerin war sehr nett und so, und ich habe immer noch Kontakt zu ihr. Und ich schwöre, wenn jemand so eine Lehrerin findet, das ist ein Geschenk von Gott.

Bei manchen Lehrern ist es so: Du erzählst ihnen, weil du denkst, das ist die richtige Person. Aber am Ende sagt der: ‚Ja, was machst du überhaupt hier?' Und du denkst dann: ‚Was willst du jetzt von mir?' Dann habe ich auch die Schule gewechselt.

Das Besondere an meiner Lehrerin war, dass ich ihr vertrauen konnte oder ich habe es mir vorgestellt. Die ist hier geboren, aber ihre Eltern waren halt Kurden oder Türken, das weiß ich jetzt nicht. Deswegen dachte ich, die hat einen Migrationshintergrund, die weiß was, wie es ist, alleine zu sein. Oder wie wichtig es ist, mit anderen Leuten zusammen anderen Leuten zu helfen. Sie hat mir so sehr geholfen, sie hat mir alles noch mal erklärt. Bei den anderen Lehrerinnen konntest du dich die ganze Zeit melden und du bist doch nicht drangekommen.

[…] In der Willkommensklasse sind nur Flüchtlinge, nur Menschen, die neu in Deutschland sind. Es ist gut, es ist ruhig, besser als in der Regelklasse, wir bereiten uns vor auf die Regelklasse.

[…] Während der ersten drei Monate waren nur syrische Leute in der Klasse. Da habe ich angefangen Arabisch zu lernen, bevor ich Deutsch gelernt habe. Dann sind die Lehrerinnen ein paar Mal gekommen und haben miteinander geredet und haben uns verboten, Arabisch zu reden. Sie haben geschrien, wer so redet, bekommt eine sechs oder geht nach Hause. Dann haben wir irgendwann angefangen auf Deutsch miteinander zu reden, dann meinte die Lehrerin: ‚ihr seid zu laut' und dann durften wir nicht reden.

2.5 Bildungs(un)gerechtigkeit und Migrationspädagogik

[…] Der Lehrer entscheidet, auf welche Klasse du nach der Willkommensklasse kommst. Du bekommst ein Zeugnis. Zwei von uns sind trotz Zuckerfest [das islamische Fest des Fastenbrechens am Ende des Ramadan] in die Schule gegangen, nur die beiden. Die beiden haben die Zeugnisse für das Gymnasium bekommen und die anderen nicht. Bis zum Tod bin ich sauer auf die Schule, weil jetzt bin ich hier […] und nicht auf dem Gymnasium. Der Lehrer hat mein Leben kaputt gemacht und meine Chancen gebrochen. Ein Lehrer kann dein Leben kontrollieren, auch später, ist nicht mehr da und kontrolliert dein Leben immer noch.

[…] Bei uns in der Schule im Kosovo ist es mit den Lehrern so, dass sie wie ein zweiter oder dritter Elternteil sind. Das heißt, der Lehrer ist auch dein Vater, er weiß alles, was dein Vater weiß, und er passt auf dich auf wie ein Vater. Hier in Deutschland, du hast auch Lehrer, die kommen und die schreien rum. Sie schreiben was an die Tafel und dann sagen sie: ‚Schreib ab!', ob du was verstanden hast oder nicht.

[…] Ich glaube, jeder von uns hat seine Motivation in Deutschland verloren. Ich habe die Schule gewechselt, bin jetzt irgendwo an einer Schule, das ist jetzt schön. Aber ich habe jetzt auch keinen Bock mehr weiterzumachen. Auch wenn ich weiß, ich muss das machen, weil ich bin ja deswegen hier. Aber wenn du so viel erlebt und gesehen hast wie ich, ich weiß nicht. Nur meine Mathelehrerin war eine Gute. Von fünf Lehrern nur eine Gute" (Autor*innenkollektiv ‚Jugendliche ohne Grenzen' 2018, S. 47 ff., Ergänzung K.P.). ◄

Kritiken an den Logiken des Rassismus verbinden sich mit konzeptionellen Forderungen der Professionalisierung in der Migrationspädagogik. Zum Beispiel werden (bezogen auf den Linguizismus, auf den wir am Anfang dieses Abschnittes als eine spezielle Form des Rassismus verwiesen haben) folgende linguizismuskritische Empfehlungen zur Professionalisierung von Lehrer*innen gegeben. Wir ergänzen die Empfehlungen durch die Positionierung zu den eigenen (zu reflektierenden) Verstrickungen migrationspädagogischer Konzepte, die zu dieser Professionalisierung dazu gehört:

„a) Wahrnehmung gegenseitiger sprachbezogener Zuschreibungen unter den Schüler*innen und Schaffung von Räumen, in denen herabwürdigende sprachbezogene Zuschreibungen thematisiert und bearbeitet werden können,
b) Reflexion der eigenen sprachbezogenen Ausdrucks- und Arbeitsweisen, um Praktiken, die Schüler*innen über Sprache(n) ausgrenzen, zu erkennen und, wo möglich, zu vermeiden.

c) Umgang mit außerschulischen Praktiken sprachbezogener Hierarchisierung, insbesondere mit linguizistischen Darstellungen und Berichten in den Medien, die Schüler*innen auf verschiedene Weise erreichen" (Dirim et al. 2018, S. 61).

„Auch die Ansätze der Antidiskriminierung und der Auseinandersetzung mit Rassismus sind verstrickt in diskriminierende und rassifizierende Strukturen und Praktiken. Kritiker_innen können hier keine ‚reine' Position einnehmen, die völlig unberührt wäre von dem, was sie kritisieren. Eher geht es darum, sich in Ambivalenzen zu bewegen und dabei immer wieder auf eigene Projektionen zu stoßen" (Diehm und Messerschmidt 2013, S. 14).

In diesem selbstreflexiven Sinne geht der Text „Involviert in Machtverhältnisse" (Messerschmidt 2016, S. 59 ff.) unter anderem der Frage nach: „Wie aber kann eine *kritische Professionalisierung* überhaupt erfolgen, wenn der gesellschaftliche und institutionelle Kontext in der Lage ist, jede Kritik zu vereinnahmen und für hegemoniale Steuerungsprojekte nutzbar zu machen?" (ebd., S. 66; Herv. i. Orig.). Den Ausführungen zu dieser Frage wollen wir im folgenden (das Kapitel abschließenden) Beispiel Raum geben. Hier wird eine Positionierung zu „Kritik üben innerhalb aktueller Machtverhältnisse" (ebd.) im Rahmen universitärer Lehre zu Migration entworfen. Auch dieser Einsatz verbindet das Pädagogische mit dem Anspruch selbstbezogener kritischer Reflexion und mit Forderungen nach einem grundlegenden Wandel der professionellen Orientierungen in pädagogischen Studienangeboten und Praxen. Insofern lässt er sich auf alle anderen Themenschwerpunkte beziehen, die in diesem Kapitel diskutiert wurden. Wir stellen diesen Entwurf als einen möglichen Zugang kritischer inklusionspädagogischer Professionalisierung zur Diskussion.

Beispiel

Kritische Professionalisierung (vgl. Messerschmidt 2016)

„Akademisch Lehrende vermitteln erst dann ein kritisches Professionalitätsverständnis, wenn sie ihre eigene Profession nicht der Kritik entziehen. Sie können sich nicht ungebrochen als Aufklärer_innen über problematische gesellschaftliche Tendenzen positionieren, sondern sollten deutlich machen, wie sie in der Verwertung ihrer selbst und anderer involviert sind. Der kritischen Professionalisierung bedürfen angehende Pädagog_innen genauso wie ihre wissenschaftlich professionalisierten Hochschullehrer_innen. Das Lehren – sei es das akademische Lehren an einer Universität[11] oder das unter-

---

[11] „Was diese Universität beansprucht, ja erfordert und prinzipiell genießen sollte, ist über die sogenannte akademische Freiheit hinaus eine unbedingte Freiheit der Frage und Äußerung […]. Dieses Prinzip unbedingten Widerstands ist ein Recht, das die Universität

2.5 Bildungs(un)gerechtigkeit und Migrationspädagogik

richtsbezogene Lehren an der Schule – kann aber nur kritisch werden, wenn die Lehrenden nicht nur das Wissen, das sie vermitteln, einer Kritik aussetzen, sondern auch ihre eigenen Formen der Vermittlung. Eine Voraussetzung dafür ist die Offenlegung der Ortsbedingungen, also der Verhältnisse, von denen aus akademische Lehre und schulisches Unterrichten erfolgen: wer spricht, lehrt, unterrichtet aus welchen sozialen Positionierungen heraus und wie wirkt sich das auf die Lernenden aus? […]

Studierende der Pädagogik befinden sich heute mitten in den Dynamiken einer nach betriebswirtschaftlichen Effizienzkriterien ausgerichteten Bildungssteuerung, von der sie in doppelter Weise betroffen sind: einerseits als Teile der Institution, also der Universität, die sich immer mehr von ihrer Idee entfernt und sich zur Verwaltungsinstanz entwickelt; andererseits als zukünftige Professionelle im Bildungsbereich, der in den letzten Jahren immer mehr zu einem Feld betriebswirtschaftlicher Steuerungspraktiken geworden ist. In der akademischen Lehre geht es daher nicht darum, in einer distanzierten Pose über problematische gesellschaftliche Entwicklungen aufzuklären, sondern zur Diskussion zu stellen, wie Hochschulen selbst in diese Prozesse involviert sind und welche Möglichkeiten es gibt, kritische Perspektiven zu entwickeln. Wenn Lehrende dabei vermitteln, wie sie sich selbst als Akteur_innen in Verhältnissen neoliberaler Bildungssteuerungen wahrnehmen, kann eine Diskussion über den Umgang mit ihrer eigenen Integration in zu kritisierende Verhältnisse eröffnet werden. Statt einer Position der Überlegenheit nehmen Lehrende dabei eine Position des Involviert-Seins ein und stellen Begriffe und Analyseperspektiven für Studierende zur Verfügung, um sich im Studium und im späteren Beruf nicht einfach mit den Gegebenheiten zu arrangieren, sondern die eigenen Handlungsspielräume zu erweitern. […]

Studieren und Lehren wird in dieser Perspektive zu einem Prozess der Auseinandersetzung mit dem Kontext des eigenen Handelns und mit dessen Wirkungen auf die Art und Weise, sich in diesem Kontext als Studierende und Lehrende zu begegnen. […]

Kritik bedeutet in der Konsequenz der Anerkennung eigener Integration in bestehende Machtverhältnisse wesentlich Selbstkritik und diese ist auch von den Bildungsarbeiter_innen in universitären, schulischen und

---

selbst zugleich reflektieren, erfinden und setzen müsste […]. [D]ieser unbedingte Widerstand [könnte] die Universität zu einer ganzen Reihe von Mächten in Opposition bringen […], zu allen Mächten, welche die kommende und im Kommen bleibende Demokratie einschränken" (Derrida 2018, S. 9 ff.).

außerschulischen Feldern zu erwarten. Rassismuskritik mit dieser Perspektive zu vermitteln, verlangt von den Lehrenden, offenzulegen, wie sie selbst in hegemoniale rassistische Verhältnisse integriert sind und die Kategorie der Migration als Bildungsproblem verwerten. Die Macht des Integrationsdiskurses und der interkulturellen Bildung zu thematisieren und das eigene Unbehagen daran zu benennen, eröffnet einen Raum der immanenten Kritik, der in einem hierarchisch strukturierten Feld das Sprechen derer, die von Bewertungen abhängig sind, erst möglich macht" (Messerschmidt 2016, S. 62 ff.). ◄

Anregungen für das Selbststudium

1. Skizzieren Sie, inwiefern sich mit Differenzkonstruktionen von ‚Geschlecht' und ‚Migration' Ansprüche chancengerechter Bildung verbinden und auf welche Weisen diese Vorstellungen in den Konzepten Gesamtschule, Gemeinschaftsschule und ‚Inklusive Schule' wirksam werden.
2. Arbeiten Sie mit einer medialen Darstellung, in der die Verbindung von Migration und separierender Beschulung zum Thema gemacht wird, z. B. mit dem Dokumentarfilm „Nenad und das Recht auf Bildung". Welche Vorstellungen der Realisierung des Bildungsrechts werden im Film artikuliert? Welche Widersprüchlichkeiten des Schulsystems werden sichtbar?
3. Lesen Sie das Beispiel „Kritische Professionalisierung" noch einmal und reflektieren Sie, von welcher ‚Position des Involviert-Seins' aus Sie die ersten beiden Fragen beantwortet haben. Von welcher ‚sozialen Positionierung' aus *sprechen* Sie?
4. Was könnte es bedeuten, auf diese Weise ‚Machtverhältnisse' zu beleuchten, um pädagogische ‚Handlungsspielräume' für die Antwort auf die Frage, was Bildung und Schule sein könnte, zu eröffnen? ◄

Literatur

Fachwissenschaftliche Literaturempfehlungen

Budde, J. & Hummrich, M. (2013). Reflexive Inklusion. In: *Zeitschrift für Inklusion, 04/2013*. https://www.inklusion-online.net/index.php/inklusion-online/article/view/193/199. Zugegriffen: 02. Mai 2022. *Dieser Beitrag geht davon aus, dass „Inklusion zumeist mit der Forderung nach Teilhabe von Menschen mit Behinderungen konzeptioniert" wird. Er „argumentiert, dass […] Inklusion notwendigerweise in einem unauflösbaren Spannungsverhältnis zu Exklusion steht und das Feld durch die Spannungslinie von Universalis-*

mus und Partikularismus konstituiert wird" und dass *„eine schulpädagogische Sicht auf die blinden Flecken einer Engführung von Inklusion hin[weist], da eine intersektionale Perspektive notwendigerweise aus dem Blick gerät.* Am Ende skizziert der Beitrag das Konzept einer reflexiven Inklusion" *(ebd., Ergänzung K.P.).*

Klafki, W. (2002). *Schultheorie, Schulforschung und Schulentwicklung im politisch-gesellschaftlichen Kontext. ausgewählte Studien.* Weinheim und Basel: Beltz. Die in diesem Band versammelten Studien können als ‚Klassiker' der kritisch-konstruktiven Erziehungswissenschaft gelesen werden, die sich mit Fragen chancengerechter Bildung auseinandersetzen. Sie thematisieren Grundfragen der Schulpolitik und Schultheorie, Vorstellungen von Schule als gesellschaftliche Institution, Konzepte basisorientierter Schulentwicklung und die Bedeutung praxisnaher Schulforschung.

Darüber hinaus verwendete Literatur

Allmendinger, J. (2015). Mehr Bildung, größere Gleichheit. Bildung ist mehr als die Magd der Wirtschaft. In: St. Mau & N. M. Schöneck (Hrsg.), *(Un-)Gerechte (Un-)Gleichheiten* (S. 74–82). Berlin: Suhrkamp.

Autor*innenkollektiv ‚Jugendliche ohne Grenzen' (2018). *Zwischen Barrieren, Träumen und Selbstorganisation. Erfahrungen junger Geflüchteter.* Göttingen: Vandenhoeck & Ruprecht.

Baader, M.-S., Breitenbach, E. & Rendtorff, B. (2021). *Bildung, Erziehung und Wissen der Frauenbewegungen. Eine Bilanz.* Stuttgart: Kohlhammer.

Baar, R., Hartmann, J. & Kampshoff, M. (2019). Geschlechterreflektierende Professionalisierung – Geschlecht und Professionalität in pädagogischen Berufen. Eine Einführung. In: R. Baar, J. Hartmann & M. Kampshoff (Hrsg.), *Jahrbuch erziehungswissenschaftliche Geschlechterforschung. Geschlechterreflektierende Professionalisierung – Geschlecht und Professionalität in pädagogischen Berufen* (S. 31–54). Opladen, Berlin, & Toronto: Barbara Budrich.

Baumert, J. & Schümer, G. (2001). Familiäre Lebensverhältnisse, Bildungsbeteiligung und Kompetenzerwerb. In: Deutsches PISA-Konsortium (Hrsg.), *PISA 2000. Basiskompetenzen von Schülerinnen und Schülern im internationalen Vergleich* (S. 323–407). Opladen: Leske + Budrich.

Baumert, J., Stanat, P. & Demmrich, A. (2001). PISA 2000: Untersuchungsgegenstand, theoretische Grundlagen und Durchführung der Studie. In: Deutsches PISA-Konsortium (Hrsg.), *PISA 2000. Basiskompetenzen von Schülerinnen und Schülern im internationalen Vergleich* (S. 15–68). Opladen: Leske + Budrich.

Bidwell-Steiner, M. & Krammer, St. (2010). (Un)Doing Gender: Einblicke. In: M. Bidwell-Steiner & St. Krammer (Hrsg.), *(Un)Doing Gender als gelebtes Unterrichtsprinzip. Sprache – Politik – Performanz* (S. 7–10). Wien: Facultas.

Biermann, Ch. & Schütte, M. (Hrsg.) (2014). *Geschlechterbewusste Pädagogik an der Laborschule Bielefeld.* Bad Heilbrunn: Klinkhardt.

Biermann Ch. (2014). Das Thema „Gender" in der Retrospektive. In: Ch. Biermann & M. Schütte (Hrsg.), *Geschlechterbewusste Pädagogik an der Laborschule Bielefeld* (S. 17–38). Bad Heilbrunn: Klinkhardt.

Blum, V. & Diegelmann, E. (Hrsg.) (2017). *Flüchtlingskinder in der Schule. Praxisratgeber für eine gelingende Integration.* Köln, Kronach: Link.
Bodek, A., Geldner, J. & Puhr, K. (2017). Die Schule war für uns alle eine sehr prägende Zeit. In: K. Puhr, & J. Geldner (Hrsg.), *Eine inklusionsorientierte Schule. Erzählungen von Teilhabe, Ausgrenzungen und Behinderungen* (S. 79–95). Wiesbaden: Springer VS.
Bohl, Th., Harant, M. & Wacker, A. (2015). *Schulpädagogik und Schultheorie.* Bad Heilbrunn: Klinkhardt.
Breidenstein, G. & Kelle, H. (1998). *Geschlechteralltag in der Schulklasse. Ethnographische Studien zur Gleichaltrigenkultur.* Weinheim und München: Juventa.
Budde, J., Scholand, B. & Faulstich-Wieland, H. (2008). *Geschlechtergerechtigkeit in der Schule. Eine Studie zu Chancen, Blockaden und Perspektiven einer gender-sensiblen Schulkultur.* Weinheim und München: Juventa.
Budde, J. & Hummrich, M. (2015). Inklusion aus erziehungswissenschaftlicher Perspektive. *Erziehungswissenschaft. Mitteilungen der Deutschen Gesellschaft für Erziehungswissenschaft, 51*, 33–41.
Budde, J., Offen, S. & Tervooren, A. (2016). Das Geschlecht der Inklusion – eine Einleitung. In: J. Budde, S. Offen & A. Tervooren (Hrsg.), *Jahrbuch Frauen- und Geschlechterforschung in der Erziehungswissenschaft. Das Geschlecht der Inklusion* (S. 7–11). Opladen, Berlin und Toronto: Barbara Budrich.
Czock, H. (1993). *Der Fall Ausländerpädagogik. Erziehungswissenschaftliche und bildungspolitische Codierung der Arbeitsmigration.* Frankfurt/M.: Cooperative.
Derrida, J. (2018). *Die unbedingte Universität* (7. Aufl.). Frankfurt/M.: Suhrkamp.
Deutsche Gesellschaft für Erziehungswissenschaft (DGfE) (2015). Inklusion – Perspektive, Herausforderung und Problematisierung aus Sicht der Erziehungswissenschaft. *Erziehungswissenschaft. Mitteilungen der Deutschen Gesellschaft für Erziehungswissenschaft, 51.*
Diehm, I. & Messerschmidt, A. (2013). Das Geschlecht der Migration – Bildungsprozesse in Ungleichheitsverhältnissen. In: I. Diehm & A. Messerschmidt (Hrsg.), *Das Geschlecht der Migration – Bildungsprozesse in Ungleichheitsverhältnissen* (S. 9–19). Opladen, Berlin & Toronto: Barbara Budrich.
Dirim, İ., Knappik, M. & Thoma, N. (2018). Sprache als Mittel der Reproduktion von Differenzordnungen. In: İ. Dirim & P. Mecheril unter Mitarbeit von A. Heinemann, N. Khakpour, M. Knappik, S. Shure, N. Thoma O. Thomas-Olalde & A. J. Vorrink (Hrsg.), *Heterogenität, Sprache(n) und Bildung* (S. 51–61). Bad Heilbrunn: Klinkhardt.
Ellger-Rüttgardt, S. (2008). *Geschichte der Sonderpädagogik.* München: Reinhardt Verlag.
Emcke, C. (2013). *Wie wir begehren.* Bonn: bpb.
Emmerich, M. & Hormel, U. (2013). *Heterogenität – Diversity – Intersektionalität. Zur Logik sozialer Unterscheidungen in pädagogischen Semantiken der Differenz.* Wiesbaden: Springer VS.
Geisen, Th. (2010). Vergesellschaftung statt Integration. Zur Kritik des Integrations-Paradigmas. In: P. Mecheril, I. Dirim, M. Gomolla, S. Hornberg & K. Stojanov (Hrsg.), *Spannungsverhältnisse. Assimilationsdiskurse und interkulturell-pädagogische Forschung* (S. 13–34). Münster: Waxmann.
Gogolin, I. (2005). „Integration" – deutsche Erfahrungen und Beispiele von anderswo. In: F. Hamburger, T. Badawia & M. Hummrich (Hrsg.), *Migration und Bildung. Über das*

Literatur

Verhältnis von Anerkennung und Zumutung in der Einwanderungsgesellschaft (S. 279–294). Wiesbaden: Verlag für Sozialwissenschaften.
Gogolin, I. & Krüger-Potratz, M. (2010). *Einführung in die interkulturelle Pädagogik* (2. Aufl.). Opladen, Berlin & Toronto: Verlag Barbara Budrich.
Geldner, J. (2017). Exkurs: Die Ernst-Reuter-Schule II in Frankfurt/M. In: K. Puhr & J. Geldner (Hrsg.), *Eine inklusionsorientierte Schule. Erzählungen von Teilhabe, Ausgrenzungen und Behinderungen* (S. 9–11). Wiesbaden: Springer VS.
Haft, H. (1989). Zwischen demokratischer Bildung und Ständestaat: Die Gesamtschule. In: H. Haft, L. v. Friedburg, H.-G. Rolff, W. Klafki, G. Otto, G. Nissen, E. Rühmkorf, R. Koglin (Hrsg.), *Gesamtschule. Geschichte – Konzeption – Praxis* (S. 9–24). Kiel: Institut für die Pädagogik der Naturwissenschaften (IPN).
Hartmann, J. (2002). *Vielfältige Lebensweisen. Dynamisierungen in der Triade Geschlecht – Sexualität – Lebensform. Kritisch-dekonstruktive Perspektiven für die Pädagogik.* Wiesbaden: Springer.
Hartmann, J. (2014). Geschlechtliche und sexuelle Diversität im Kontext Schule. Reflexionen über subjektive Performanzen und pädagogische Relevanzen. In: B. Kleiner & N. Rose (Hrsg.), *(Re-)Produktion von Ungleichheiten im Schulalltag. Judith Butlers Konzept der Subjektivation in der erziehungswissenschaftlichen Forschung* (S. 97–115). Opladen, Berlin & Toronto: Barbara Budrich.
Hascher, T. & Kessl, F. (2015). Editorial. Inklusion – eine erziehungswissenschaftliche Perspektive. *Erziehungswissenschaft. Mitteilungen der Deutschen Gesellschaft für Erziehungswissenschaft, 51*, 5–6.
Heimlich, U. & Jacobs, S. (Hrsg.) (2001). *Integrative Schulentwicklung im Sekundarbereich. Das Beispiel der Integrierten Gesamtschule Halle/Saale.* Bad Heilbrunn: Klinkhardt.
Herwartz-Emden, L., Schurt, V. & Waburg, W. (2012). *Mädchen und Jungen in Schule und Unterricht.* Stuttgart: Kohlhammer.
Hillmert, St. (2009). Soziale Inklusion und Exklusion: die Rolle von Bildung. In: R. Stichweh & P. Windolf (Hrsg.), *Inklusion und Exklusion: Analysen zur Sozialstruktur und sozialen Ungleichheit* (S. 85–100). Wiesbaden: VS Verlag für Sozialwissenschaften.
Hummrich, M. & Wiezorek, Ch. (2005). Elternhaus und Schule – Pädagogische Generationenbeziehungen im Konflikt? In: F. Hamburger, T. Badawia & M. Hummrich (Hrsg.), *Migration und Bildung. Über das Verhältnis von Anerkennung und Zumutung in der Einwanderungsgesellschaft* (S. 105–119). Wiesbaden: Verlag für Sozialwissenschaften.
Jacobi, J. (1998). Vorwort. In: G. Breidenstein & H. Kelle (Hrsg.), *Geschlechteralltag in der Schulklasse. Ethnographische Studien zur Gleichaltrigenkultur* (S. 7–8). Weinheim und München: Juventa.
Kaiser, A. (2005). Soziale Jungenförderung als Weg zur Gleichberechtigung? In: A. Kaiser (Hrsg.), *Koedukation und Jungen* (2. Aufl.) (S. 152–171). Weinheim und Basel: Beltz.
Katzenbach, D. (2011). Praktisch, erprobt, empirisch gesichert. Forschungsergebnisse zum gemeinsamen Unterricht behinderter und nichtbehinderter Kinder. *Schulverwaltung Spezial (Themenheft Inklusion), 03/2011*, 19–21.
Klafki, W. (1990). Abschied von der Aufklärung? Grundzüge eines bildungstheoretischen Gegenentwurfs. In: H.-H. Krüger (Hrsg.), *Abschied von der Aufklärung* (S. 91–104). Opladen: Leske + Budrich.

Klenk, F. Ch. (2019). Interdependente Geschlechtervielfalt als un/be/deutende Anforderung an pädagogische Professionalität. In: R. Baar, J. Hartmann & M. Kampshoff (Hrsg.), *Jahrbuch erziehungswissenschaftliche Geschlechterforschung. Geschlechterreflektierende Professionalisierung – Geschlecht und Professionalität in pädagogischen Berufen* (S. 57–81). Opladen, Berlin, & Toronto: Barbara Budrich.

Kluchert, G., Groppe, C. & Matthes, E. (2016). Bildung und Differenz in historischer Perspektive. Facetten des Themas, Stand der Forschung, Trends und Ausblicke. In: C. Groppe, G. Kluchert & E. Matthes (Hrsg.), *Bildung und Differenz. Historische Analysen zu einem aktuellen Problem* (S. 1–17). Wiesbaden: Springer VS.

Knauf, H. & Knauf M. (2019). Schulische Inklusion in Deutschland 2009–2017. Eine bildungsstatistische Analyse aus Anlass des 10. Jahrestags des Inkrafttretens der UN Behindertenrechtskonvention am 26. März 2019. https://www.pedocs.de/volltexte/2019/16689/pdf/Knauf_2019_Schulische_Inklusion_in_Deutschland.pdf. Zugegriffen: 02. Mai 2022.

Koch, H. R. (1970). *Gastarbeiterkinder in deutschen Schulen*. Königswinter a. Rh.: Verlag für Sprachmethodik.

Kronauer, M. (2002). *Exklusion. Die Gefährdung des Sozialen im hochentwickelten Kapitalismus*. Frankfurt/M.: Campus.

Krüger, H. (2007). Geschlechterungleichheit verstimmt: Institutionalisierte Ungleichheit in den Verhältnissen gesellschaftlicher Reproduktion. In: C. Klinger, G.-A. Knapp & B. Sauer (Hrsg.), *Achsen der Ungleichheit. Zum Verhältnis von Klasse, Geschlecht und Ethnizität* (S. 178–192). Frankfurt/M.: Campus.

Kunze, A. B. (2013). *Das Recht auf Bildung. Anforderungen an die rechtliche und politische Implementierung*. Münster: Waxmann.

Land Sachsen-Anhalt (LSA) (2013). Verordnung über die Förderung von Schülerinnen und Schülern mit sonderpädagogischem Bildungs-, Beratungs- und Unterstützungsbedarf. https://mb.sachsen-anhalt.de/fileadmin/Bibliothek/Landesjournal/Bildung_und_Wissenschaft/Verordnungen/Verordnung_sonderpaedagogischer_Foerderungsbedarf.pdf. Zugegriffen: 02. Mai 2022.

Land Sachsen-Anhalt (LSA) (2018). Schulgesetz des Landes Sachsen-Anhalt (SchulG LSA) in der Fassung der Bekanntmachung vom 9. August 2018. https://www.landesrecht.sachsen-anhalt.de/bsst/document/jlr-SchulGST2018pG10. Zugegriffen: 02. Mai 2022.

Mecheril, P. (2004). *Einführung in die Migrationspädagogik*. Weinheim und Basel: Beltz.

Mecheril, P. (2010). *Migrationspädagogik*. Weinheim und Basel: Beltz.

Messerschmidt, A. (2016). Involviert in Machtverhältnisse. Rassismuskritische Professionalisierungen für die Pädagogik in der Migrationsgesellschaft. In: A. Doğmuş, Y. Karakaşoğlu & P. Mecheril (Hrsg.), *Pädagogisches Können in der Migrationsgesellschaft* (S. 59–70). Wiesbaden: Springer VS.

Moser, V. (2017). Inklusion und Organisationsentwicklung. In: V. Moser & M. Egger (Hrsg.), *Inklusion und Schulentwicklung. Konzepte, Instrumente, Befunde* (S. 15–30). Stuttgart: Kohlhammer.

Moser, V. & Egger, M. (2017). Einleitung. In: V. Moser & M. Egger (Hrsg.), *Inklusion und Schulentwicklung. Konzepte, Instrumente, Befunde* (S. 9–13). Stuttgart: Kohlhammer.

Müller, H. (1974). *Ausländerkinder in deutschen Schulen. Ein Handbuch*. Stuttgart: Klett Verlag.

Literatur

Münch, R. (2015). Mehr Bildung, größere Ungleichheit. Ein Dilemma der Aktivierungspolitik. In: St. Mau & N. M. Schöneck (Hrsg.), *(Un-)Gerechte (Un-)Gleichheiten* (S. 65–73). Berlin: Suhrkamp.

Pergl, K. (2008). Anhang: Rahmenbedingungen für Gemeinschaftsschulen und ausgewählte Schulkonzepte. In: U. Preuss-Lausitz (Hrsg.), *Gemeinschaftsschule – Ausweg aus der Schulkrise? Konzepte, Erfahrungen, Problemlösungen* (S. 187–202). Weinheim und Basel: Beltz.

Preuss-Lausitz, U. (2008). Gemeinschaftsschule als Antwort auf die Krise der Schule? Voraussetzungen und Erfolgsmaßstäbe. In: U. Preuss-Lausitz (Hrsg.), *Gemeinschaftsschule – Ausweg aus der Schulkrise? Konzepte, Erfahrungen, Problemlösungen* (S. 9–24). Weinheim und Basel: Beltz.

Puhr, K. (2017). Theoretische Einsätze in Erzählungen von Teilhabe, Ausgrenzungen und Behinderungen im Kontext inklusionsorientierter Schulvorstellungen. In: K. Puhr, & J. Geldner (Hrsg.), *Eine inklusionsorientierte Schule. Erzählungen von Teilhabe, Ausgrenzungen und Behinderungen* (S. 13–61). Wiesbaden: Springer VS.

Puhr, K. & Geldner, J. (Hrsg.) (2017). *Eine inklusionsorientierte Schule. Erzählungen von Teilhabe, Ausgrenzungen und Behinderungen*. Wiesbaden: Springer VS.

Ricken, N. (1999). *Subjektivität und Kontingenz. Markierungen im pädagogischen Diskurs*. Würzburg: Königshausen und Neumann.

Rösner, E. (2008). Gemeinschaftsschule – Konzept und Akzeptanz eines neuen Schulmodells: In: U. Preuss-Lausitz (Hrsg.), *Gemeinschaftsschule – Ausweg aus der Schulkrise? Konzepte, Erfahrungen, Problemlösungen* (S. 34–49). Weinheim und Basel: Beltz.

Schäfer, A. (2012). *Das Pädagogische und die Pädagogik. Annäherungen an eine Differenz*. Paderborn: Schöningh.

Schlüter, A. (1990). Der Kampf um die Berufsausbildung von Arbeitertöchtern. In U. Rabe-Kleberg (Hrsg.), *Besser gebildet und doch nicht gleich! Frauen und Bildung in der Arbeitsgesellschaft* (S. 17–33). Bielefeld: Kleine.

Solga, H. (2009). Meritokratie – die moderne Legitimation ungleicher Bildungschancen. In: H. Solga, J. Powell, & P. A. Berger (Hrsg.), *Soziale Ungleichheit. Klassische Texte zur Sozialstrukturanalyse* (S. 63–72). Frankfurt/M.: Campus.

Statistisches Bundesamt (2018). Schulen auf einen Blick. https://www.statistischebibliothek.de/mir/servlets/MCRFileNodeServlet/DEHeft_derivate_00035140/Schulen_auf_einen_Blick_2018_Web_bf.pdf;jsessionid=5BBFAA19E06C8B05F31D4EF0E0326230. Zugegriffen: 01. Mai 2022.

Statistisches Bundesamt (2022). Bildung, Forschung und Kultur. Schulen. https://www.destatis.de/DE/Themen/Gesellschaft-Umwelt/Bildung-Forschung-Kultur/Schulen/_inhalt.html. Zugegriffen: 02. Mai 2022.

Steidele, A. (2021). *In Männerkleidern. Das verwegene Leben der Catharina Margaretha Linck alias Anastasius Lagrantinus Rosenstengel, hingerichtet 1721*. Berlin: Insel.

Stein, R. & Müller, T. (2014). Was wird aus den Förderschulen? Inklusive Beschulung und bestehende Sonderbedarfe. In: S. Kroworsch (Hrsg.), *Inklusion im deutschen Schulsystem. Barrieren und Lösungswege* (S. 103–114). Berlin: Deutscher Verein für öffentliche und private Fürsorge e. V.

Stojanov, K (2010). Der Migrationshintergrund als Topos in gegenwärtigen Diskursen über Bildungsgerechtigkeit. In: P. Mecheril, I. Dirim, M. Gomolla, S. Hornberg &

K. Stojanov (Hrsg.), *Spannungsverhältnisse. Assimilationsdiskurse und interkulturellpädagogische Forschung* (S. 79–90). Münster: Waxmann.

Terkessidis, M. (2010). *Interkultur*. Berlin: Suhrkamp.

Teumer, S. (2012). *Beratung als Herausforderung für Grund- und Förderschullehrkräfte im Spannungsfeld der Neugestaltung des Schulanfangs. Fallportraits im Spiegel des Arbeitsbogenkonzepts*. Bad Heilbrunn: Klinkhardt.

Thon, Ch. (2017). Kategorie Geschlecht. In: Th. Bohl, J. Budde & M. Rieger-Ladich (Hrsg.), *Umgang mit Heterogenität in Schule und Unterricht* (S. 77–92). Bad Heilbrunn: Klinkhardt.

Uebel, C. & Baur, G. (2018). *Ein Schüler verklagt den Staat. Nenad und das Recht auf Bildung*. Deutschland.

Winter, R. (2018). *Praxisbuch Jungen in der Schule. Pädagogische Handlungsmöglichkeiten für Lehrerinnen und Lehrer*. Weinheim und Basel: Beltz.

Wolff, R. & Holzschuh, H. (2013). Gemeinsamer Unterricht als Motor der inneren Reform einer Schule am Beispiel der ERS II. In: M. Kraus (Hrsg.), *Die Schulen der Nordweststadt feiern 50-jähriges Bestehen. 1963–2013* (S. 83–89). Frankfurt/M.: Ernst-Reuther-Schule.

Yıldız, S (2009). *Interkulturelle Erziehung und Pädagogik. Subjektivierung und Macht in den Ordnungen des nationalen Diskurses*. Wiesbaden: VS Verlag für Sozialwissenschaften.

Yıldız, S. (2015). Inklusion!? Was ist daran wahr? *Erziehungswissenschaft. Mitteilungen der Deutschen Gesellschaft für Erziehungswissenschaft, 51*, 53–60.

Yıldız, S. (2016). Politik, Pädagogik und Bildung im Kontext sprachlich-symbolischer Ordnungsverhältnisse. In: E. Arslan & K. Bozay (Hrsg.), *Symbolische Ordnung und Bildungsungleichheit in der Migrationsgesellschaft* (S. 87–104). Wiesbaden: Springer VS.

Gesellschaftliche (Un)Gleichheit. Inklusion/Exklusion und „das Soziale"

Zusammenfassung

In diesem Kapitel werden zunächst inklusionspädagogische Ideen im Gesellschaftssystem verortet, in dem sich ungleiche Formen der Teilhabe organisieren müssen, ohne vorherbestimmt zu sein (Abschn. 3.1). Daran anschließend stellen wir vor, wie die ‚Theorie sozialer Systeme' mehrperspektivische Beschreibungen von Inklusion/Exklusion als Modi der Teilhabe an komplexen Gesellschaftsstrukturen ermöglicht (Abschn. 3.2). In Verbindung mit der ‚These der Unwahrscheinlichkeit' sozialer Ordnungen diskutieren wir mit Blick auf Inklusion/Exklusion in Interaktionen (Abschn. 3.3) und in der Gesellschaft (Abschn. 3.4) Ansprüche chancengerechter Bildungsangebote und deren Widersprüche im Kontext gesellschaftlicher (Un)Gleichheit.

Schlüsselwörter

Soziale Ordnung · (Un)Gleichheit · Inklusion/Exklusion · Interaktionssystem Unterricht · Kommunikative Adressierung · Erziehungssystem

3.1 Betrachtungsweisen gesellschaftlicher (Un)Gleichheit

Im Anschluss an den Text „Das Pädagogische und die Pädagogik" (Schäfer 2012) haben wir *das Pädagogische als Teil des Sozialen* (vgl. Abschn. 2.2 im Kap. 2) vorgestellt. Damit können pädagogische Positionierungen, z. B. zu dem, was unter chancengerechter individueller Bildung und zu dem, was unter gesellschaftlich erwarteten Leistungen des Schulsystems (und damit auch als schulische Inklusion/ Exklusion) aufgefasst werden kann, als Einsätze in immer möglichen Auseinandersetzungen um hegemoniale und partikulare Positionierungen verständlich werden. Wir wenden uns nun Fragen nach ‚dem Sozialen' zu. Diese Blickrichtung ermöglicht es, das schul-pädagogische Thema Inklusion/Exklusion in Zusammenhänge mit *Betrachtungsweisen gesellschaftlicher (Un)Gleichheit* zu stellen.

Mit Fragen gesellschaftlicher (Un)Gleichheit lassen sich die Ansprüche an chancengerechte Bildung und inklusionsorientierte Schul-Pädagogik als Aspekte des *gesellschaftlichen Inklusionsgebotes* verorten. Aus dieser Perspektive legitimiert sich die Bedeutung des Themas Inklusion/Exklusion mit gesellschaftstheoretischen Argumenten und nicht mit menschenrechtlichen Beweggründen (vgl. Abschn. 1.2 und Kap. 4, Abschn. 4.3), denen eine Verharmlosung und ein Hinauslaufen „auf eine Klage ohne Ende und ohne Adressat" (Luhmann 1997, S. 631) zugeschrieben werden kann. Weniger polemisch lassen sich gesellschaftstheoretische Einsätze als eine Art Vordergrund/Hintergrund-Verschiebung der Sicht auf Inklusionsansprüche lesen. In den Blick kommen nicht zuerst zu inkludierende Menschen, sondern die Gesellschaft, die für ihr Funktionieren darauf angewiesen ist, dass (formal) alle Menschen an allen Formen gesellschaftlichen Lebens teilhaben können. Die Brisanz des Themas Inklusion/Exklusion kann sich damit begründen, dass *Ideen (chancengerechter) Teilhabe in komplexen Gesellschaften* nicht durch die Herkunft einer Person bedingt werden, sondern durch gesellschaftliche Prozesse und Strukturen. Wir leben in einer Gesellschaft, an der Menschen auf verschiedenste Weisen teilhaben und die nicht unwidersprochen begründen kann, dass sie Menschen exkludiert.

„Inklusion wird stärker individualisiert" (Luhmann 1997, S. 620). So entsteht der Eindruck, „daß die Gesellschaft für alle Menschen Inklusionsmöglichkeiten bereitstellt" (ebd.) und die Frage einzig darin bestünde, „wie *Gleichheit (für alle)* und *Ungleichheit je nach Anerkennung und Erfolg* vermittelt werden" (ebd., Herv. K.P.). In diesem Kontext erhält der Anspruch chancengerechter individueller Bildung seine gesellschaftliche Bedeutung.

> „Die neue Ordnung der Inklusionen führt zu einer dramatischen Veränderung im Selbstverständnis der Individuen. In der alten Welt war die Inklusion durch die soziale Position konkretisiert, deren normative Vorgaben dann nur noch die Möglichkeit boten, den Erwartungen mehr oder weniger gerecht zu werden. [...] Heute sind Situationen typisch, in denen man erklären muß, wer man ist; in denen man Testsignale aussenden muß, um zu sehen, wie weit andere in der Lage sind, richtig einzuschätzen, mit wem sie es zu tun haben. Deshalb braucht man ‚Bildung' oder Signale, die auf das Vermögen hinweisen, über das man verfügt. Deshalb wird ‚Identität', wird ‚Selbstverwirklichung' ein Problem" (Luhmann 1997, S. 626 ff.).

3.1 Betrachtungsweisen gesellschaftlicher (Un)Gleichheit

Systemtheoretische Betrachtungen ‚des Sozialen' verweisen darauf, dass mit den Tendenzen, Fragen von Inklusion/Exklusion zu individualisieren, gesellschaftliche Inklusions- und Exklusionsbedingungen „als Teil der gesellschaftlichen Wirklichkeit nicht mit entsprechender Sorgfalt" (ebd., S. 627) ausgearbeitet werden. Derart sensibilisiert wenden wir uns jetzt einer möglichen Lesart des Sozialen zu.

Von ‚dem Sozialen' lässt sich in ganz unterschiedlichen Weisen erzählen. Es kann z. B. aus einer wissenssoziologisch informierten „Erfahrungsperspektive der alltäglichen Lebenswelt" (Zifonun 2016, S. 24) als Vielfalt „soziale[r] Welten" (ebd., S. 24, Anpassung K.P.) vorgestellt werden. Dabei können differente soziale Welten je als „ein gemeinsamer Fundus an geteilten Wissensbeständen, Routinen und Interaktionsmustern" (ebd., S. 27) mit einer „wechselseitige[n] Normalitätsunterstellung" (ebd.) erscheinen. In diesem Sinne wären *Teilhabe und Teilnahme an ‚der Gesellschaft' als Prozesse alltagsweltlicher und symbolischer Integration/ Inklusion in ‚soziale Welten'* zu entwerfen. Deren Grenzen sind dort zu suchen, „wo eine Unterstellung gemeinsamer Deutungs- und Handlungsrepertoires nicht mehr erreicht wird, wo typisierte Verhaltenserwartungen nicht wechselseitig erfüllt werden. Am Umschlag von Vertrautheit und Fremdheit" (ebd.).

Der zitierte Text bietet ein „Fallbeispiel Schule" (ebd., S. 257), das davon erzählt, wie verschiedene ‚Erfahrungsperspektiven' Schule als Teil differenter sozialer Welten erscheinen lassen können.

> **Beispiel**
>
> **Schule als Teil differenter sozialer Welten**
> Das folgende Beispiel wird im Rahmen einer Analyse als ‚interkulturelle' Kommunikationssituation vorgestellt, in der differente Kontexte unvermittelt bleiben. Es ist Teil der empirischen Studie sozialer Welten mit dem Titel „Das Quartier als Welt" (Zifonun 2016, S. 232 ff.). Erzählt wird von einem Gespräch zwischen einer Grundschullehrerin und Eltern ‚türkischer' Kinder. Im Anschluss werden die zu lesenden Differenzen der Gesprächssituation mit unvereinbaren Vorstellungen von Schule in verschiedenen sozialen Welten erklärt (vgl. ebd., S. 257 ff.). Zudem ist zu lesen, „dass die Eltern die Lehrerin für ausländerfeindlich halten" (ebd., S. 259), und: „Die Lehrerin ihrerseits hält die Eltern für ‚bildungsfern' und ihre Erziehung für problematisch" (ebd.).
>
> Die Schule (Ort dieses Gespräches), als „Schule ‚auf der Hochstätt" (ebd., S. 257) benannt, ist in einem Mannheimer Stadtteil angesiedelt. Dieser trägt laut Studie „die typischen Merkmale eines ‚Armenviertels' vom Typ ‚periphere Neubausiedlung'" (ebd., S. 237). Erklärt wird diese Zuschreibung

mit der ‚höchsten Arbeitslosenquote der Stadt', mit dem ‚größten Anteil an Menschen, die Hilfe zum Lebensunterhalt beziehen', und mit einem „für Mannheim überdurchschnittlichen Anteil von so genannten ‚Ausländern' von fast 35 % [...‚] unter denen Türken mit 64 % die deutlich größte Gruppe ausmachen" (ebd., S. 236). Es wird vom ‚schlechten Ruf' des Stadtteils berichtet. „Er gilt als hässlich, heruntergekommen und gefährlich. Wer von der ‚Hochstätt' kommt, ist stigmatisiert" (ebd.). Es wird aber auch von einer ganz anderen Sicht auf das Quartier erzählt. „Dies betrifft die Statusposition und die Stadtteilbindung der ‚etablierten Türken'. [...] Die etablierten Türken sind die einzige Bevölkerungsgruppe, die Bewältigungsstrategien des Stigmas aufweist, die das Leben im Stadtteil mit einem besonderen ‚Glanz' versehen. Von ihnen wird das Quartier lebensweltlich als ‚gallisches Dorf' stilisiert, d. h. als Widerstandsnest, als belagerte Gemeinschaft, die den Anfeindungen der Umwelt trotzt und eine eigene, selbstbewusste Identität bewahrt, oder auch als ‚unentdeckter Stadtteil', dessen Qualitäten (ruhige Lage, viel Grün im Quartier, Natur direkt vor der Haustür) – zum Glück – von ‚den Reichen' aus anderen Stadtteilen (noch) nicht wahrgenommen wurden" (ebd., S. 242 f.).

„Das Gespräch fand beim Abholen der Kinder statt. Der Schule ‚auf der Hochstätt' stand zu dieser Zeit eine große Veränderung bevor: die Umstellung auf den Ganztagsschulbetrieb. Ungeklärt war zu diesem Zeitpunkt noch die Frage, wie die Kinder, die bis 16 Uhr in der Schule sein würden, zu Mittag essen sollten. Dieses Thema beschäftigte die Eltern stark und es wird auch in diesem Gespräch aufgebracht. Eine Mutter schlägt vor, dass die Eltern sich um das Mittagessen in der Schule kümmern könnten [...], dass die Zubereitung des Mittagessens von den Eltern übernommen wird. Die Lehrerin stellt in ihrer Reaktion den Eltern entgegen: ‚die Schule macht das'. Sie sind verwundert [...]. Der Vater will dann ausräumen, was er für ein Missverständnis auf Seiten der Lehrerin hält: Natürlich kümmert sich die Schule darum und zwar in Person der Eltern. Die Eltern sind aus seiner Sicht Teil der Schule. Sie würden das Essen daher selbstverständlich in der Schule zubereiten. Das wiederum versteht nun die Lehrerin nicht. Sie [...] bekräftigt ihre Grenzziehung zwischen Schule und Eltern. (‚Ich bin mir sicher die Schule nimmt das in die Hand'). Die Eltern sind rat- und wortlos. Sie verstehen nicht, warum die Lehrerin nicht erkannt hat, dass sie ja einen Vorschlag dafür gemacht haben, wie die Schule ‚das in die Hand nehmen' könnte, dass sie also das ‚irgendwie' in der Äußerung der Lehrerin mit einem ‚wie' gefüllt haben. Es kommt zu einer fünfsekundigen Pause, ohne dass eines der Elternteile das Wort ergreift. Darauf leitet die Lehrerin einen Themenwechsel ein [...].

3.1 Betrachtungsweisen gesellschaftlicher (Un)Gleichheit

Wie können wir diesen eigentümlichen Gesprächsverlauf erklären? [...] Aufseiten der Eltern besteht die Vorstellung von der Schule als Einheit aus Lehrern, Eltern und Kindern in einer lokalen Gemeinde. Für die Eltern ist die Lehrerin persönliche Vertrauensperson, es besteht eine emotionale Bindung zwischen Lehrern und Familie. Die Schule ist nicht eigenständige Institution, sondern Teil der lokalen Gemeinde. Die Eltern gehören, wegen der Kinder, zur Schule, so wie die Lehrer wegen der Kinder zur Familie gehören. Die türkischen Eltern aktualisieren damit ein Schul- und Bildungsverständnis, wie es charakteristisch ist für das kleinbürgerlich-türkische Milieu in der Türkei. Für die Lehrerin dagegen ist die Schule eine eigenständige Institution mit Bildungsauftrag und – da zukünftig Ganztagsschule – Versorgungsauftrag. Sie ist als sozialer Raum klar geschieden von den Eltern, der Gemeinde und der Familie. Diese Sphären sind nicht integriert, sondern zwischen ihnen bestehen Grenzbeziehungen. Die Lehrerin aktualisiert das Institutionenverständnis der Schule: Gerade weil man auf Ganztagsbetrieb umstellt, entfernt man sich weiter von den Eltern. Die Schule vertritt nun nicht nur eigenständig ihre Bildungsziele und Bildungsideale, sondern übernimmt auch noch eigenverantwortlich die Versorgung der Kinder während eines Großteils des Tages. Die Kinder treten in die institutionelle Sphäre der Schule ein und verlassen damit die Sphäre der Familie. Die Interaktanten realisieren damit unterschiedliche Bedeutungen von ‚Schule'. [...] Wo diese kaum hinterfragbaren und kaum kommunizierbaren Differenzen aufeinanderstoßen, entstehen Unverständnis und Unsicherheit" (ebd., S. 257 ff.). ◀

In diesem Beispiel werden Differenzen unvermittelter Vorstellungen, wechselseitiges ‚Unverständnis' und ‚Unsicherheiten' von Personen mit verschiedenen Erfahrungswelten aus einer (wissens)soziologischen Perspektive (vgl. ebd., S. 47 ff.) erklärt und problematisiert. Als Kontexte dieser Differenzen erscheinen ein ‚Institutionenverständnis der Schule' und ein Verständnis von Schule als ‚Teil der lokalen Gemeinde'. Ihrer Unvereinbarkeit wird in der Studie über die erzählte Situation hinaus Bedeutung beigemessen. Das kann Fragen nach Inklusion/Exklusion angesichts zugeschriebener ‚Bildungsferne' und ‚Ausländerfeindlichkeit' ebenso provozieren wie Diskussionen angesichts der aufgerufenen Fremd- und Selbstvorstellungen von ‚stigmatisierten' und zugleich ‚selbstbewussten' Menschen in einem ‚typischen Armutsviertel' (vgl. ebd.). Die dieser Studie zugrunde liegende Idee, das Soziale (das sich im Quartier und in der Schule zeigt) als Einheit einer differenten Vielfalt sozialer Welten zu thematisieren, kann als eine Möglichkeit gelesen werden, „sich eine Vorstellung davon zu machen, wie soziale Ordnung möglich wird" (Hillebrandt 2001, S. 48).

Die Frage „*Wie ist soziale Ordnung möglich?*" (Luhmann 1993, S. 195, Herv. K.P.) bündelt soziologisches ‚Denken' von sozialen Einheiten *und* Differenzen, das grundlegend von der *„ungesicherte*[n] *Möglichkeit von Sozialität"* (ebd., S. 195, Herv. und Anpassung K.P.) ausgeht. Diese Positionierung lässt sich wie folgt als Grundlage der Soziologie vorstellen:

> „In diesem Sinne ist die Soziologie Sozialtheorie – nicht weil das Wort ‚sozial' in seinem semantischen Gehalt begrenzt ist und dieser Gehalt mit mehr oder weniger großer Unschärfe angegeben werden kann; sondern weil sie Sachverhalte auf ein Problem, nämlich auf die ungesicherte Möglichkeit von Sozialität überhaupt bezieht. Insofern ist nicht der Disziplintitel und nicht der allgemeinste Gegenstandsbegriff der Disziplin, sondern eine die Disziplin konstituierende Problemstellung der allgemeinste semantische Bezugspunkt, über den die Disziplin verfügt" (Luhmann 1993, S. 195).

Soziologische Sichtweisen können als Arten „professionelle[n] Neugierverhalten[s]" (Henecka 2015, S. 28, Anpassung K.P.) angenommen werden, die es ermöglichen, „hinter die scheinbaren Selbstverständlichkeiten und Rätsel des Alltags zu schauen und die damit verbundenen Erfahrungen aus kritischer Distanz zu hinterfragen" (ebd.).

Der Text „Differenz und Differenzierung in soziologischer Perspektive" (Hillebrandt 2001) fächert die Frage nach der Möglichkeit, soziale Ordnungen zu untersuchen, in „drei Grundfragen der Soziologie" (ebd., S. 48) auf. Die uns hier leitende Frage nach Inklusion/Exklusion im Kontext gesellschaftlicher (Un)Gleichheiten lässt sich so als eine *soziologische Grundfrage* nach „dem Verhältnis von Individuum und Gesellschaft" (ebd.) reformulieren. Dieses Verhältnis kann als ein heterogenes, ungleiche Formen von Inklusion/Exklusion einschließendes, beobachtet und bestimmt werden. Es lässt sich mittels Analysen typischer ungleicher Lebensbedingungen von Gruppen innerhalb einer Gesellschaft (im Beispiel innerhalb eines Quartiers) beschreiben und erklären.

Der zitierte Text markiert die Fragestellung nach dem *Verhältnis von Individuum und Gesellschaft* als eine abgeleitete – hervorgegangen aus den soziologischen Grundfragen nach den Möglichkeiten von (I) *Interaktionen* und (II) *Gesellschaften*.

Zu (I): Ein ‚professionell neugieriger' soziologischer Blick auf die Interaktionen im ‚Fallbeispiel Schule' könnte es unwahrscheinlich erscheinen lassen, dass Menschen mit so verschiedenen Vorstellungen von Schule (wie die Lehrerin und die Eltern, von denen erzählt wird) wechselseitiges Verständnis entwickeln und in „hinreichend erwartbare und enttäuschungssichere Beziehungen

3.1 Betrachtungsweisen gesellschaftlicher (Un)Gleichheit

zueinander treten" (Hillebrandt 2001, S. 48). Von der Unwahrscheinlichkeit ausgehend, kann sich vor jeder Erklärung von Unverständnis und Unsicherheit die Frage stellen, wie in Interaktionssituationen überhaupt Verständigung und scheinbar sichere „geordnete Sozialität" (ebd.) vorstellbar werden.

Zu (II): Wenn wir von der Unwahrscheinlichkeit des Sozialen ausgehen, können auch Gesellschaftsvorstellungen ihre scheinbare Selbstverständlichkeit verlieren, und es kann sich die Frage stellen, wie sich „eine soziale Realität situationsunabhängig konstituieren" (ebd.) kann. Im Beispiel haben wir von einem Gespräch in einer Schule gelesen. Die Schule wird hier als ein Ort des Sozialen und als Teil verschiedener sozialer Ordnungen lesbar, mit dem sich bestimmte (differente, unterschiedlich begründete) Erfahrungen und Erwartungen verbinden. Angesichts derartiger Differenzen stellt sich die soziologische Grundfrage „nach der Möglichkeit einer übergeordneten, alle Sozialität umfassenden sozialen Ordnung" (ebd.), die „in der Soziologie mit dem Begriff Gesellschaft" (ebd.) bezeichnet und in ihrer Strukturiertheit als „Produkt sozialer Differenzierungsprozesse" (ebd., S. 49) verstanden wird. Der so verorteten Frage nach Inklusion/Exklusion im Kontext gesellschaftlicher (Un)Gleichheit lässt sich mittels Lektüre zweier Soziologietraditionen nachgehen, die quer zueinander liegen, indem sie gesellschaftliche Differenzierung bzw. soziale Ungleichheit als theoretische Konzepte ausarbeiten (vgl. Schwinn 2007, S. 11). „Die Differenzierungstheorie geht von einer *Ungleichartigkeit* der Ordnungen oder Teilsysteme aus, die Ungleichheitsanalyse dagegen von einer *Ungleichwertigkeit* von sozialen Lagen" (ebd., Herv. i. Orig.). Die skizzierten soziologischen Grundfragen fasst Abb. 3.1 zusammen.

In diesem Kapitel setzen wir uns mit einer Form der Differenzierungstheorie auseinander (zu Ungleichheitsanalysen vgl. Kap. 6, Abschn. 6.1 und 6.2 sowie Kap. 9).

Als soziologische Systemtheorie ausgearbeitet, findet sich die ‚Theorie sozialer Systeme' mit mehrdimensionalen Positionierungen zum Konzept Inklusion/Exklusion (vgl. u. a. Luhmann 1997, S. 618 ff.). Sie ermöglicht vielschichtige Beschreibungen von Interaktions-, Organisations- und Gesellschaftssystemen mit ihren Weisen, (Un)Gleichheiten zu strukturieren und mit je eigenen formalen Vorstellungen von Inklusion/Exklusion. Im folgenden Abschnitt wenden wir uns theoretischen Darstellungen von Inklusion/Exklusion in (un)gleichen sozialen Ordnungen zu.

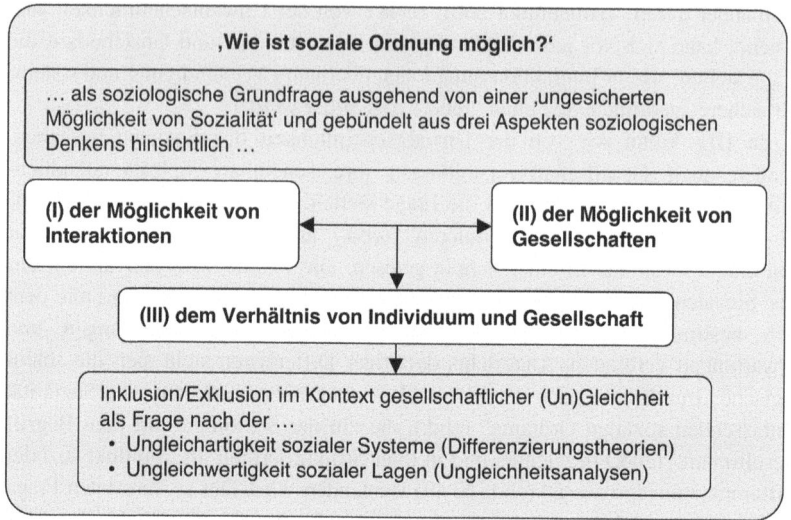

Abb. 3.1 Soziologische Grundfragen nach Hillebrandt (2001). (© Mirko Moll)

3.2 Von der Unwahrscheinlichkeit sozialer Ordnungen

In der ‚Theorie sozialer Systeme' werden Inklusion und Exklusion als Formen jeglicher sozialen Ordnungen verstanden. Mit der ‚Unterscheidung Inklusion/ Exklusion' wird das Verhältnis von Individuum und Gesellschaft als *Verhältnis von Personen und sozialen Systemen* gekennzeichnet (vgl. Luhmann 1997, S. 619).

Das Verhältnis von Personen und sozialen Systemen und mit ihm die Bedingungen von Inklusion/Exklusion variieren je nach gesellschaftlicher Differenzierung. Das kann am Beispiel der Ausdifferenzierung des Erziehungssystems verständlich werden. Die Entstehung von Schulen und die Idee schulischer Bildung können als gesellschaftliche Differenzierung zwischen Erwachsenen- und Kinderwelt dargestellt werden. Diese Aufgliederung wird mit der ‚Entdeckung des Kindes' und der Entwicklung individualisierter Formen der Kontrolle des menschlichen Verhaltens begründet. So lässt sie sich als Inklusion der Heranwachsenden in ein Bildungssystem beschreiben, aber ebenso als entwicklungsbedingte Ausgrenzung von Kindern aus der Lebenswelt der Erwachsenen in eigens für sie vorstrukturierte schulische Institutionen

3.2 Von der Unwahrscheinlichkeit sozialer Ordnungen

(vgl. Tenorth 1988, S. 58). Das heißt, Erziehungssysteme und Schulen (als spezifische Organisationsformen eines Erziehungssystems) lassen sich als Variationen gesellschaftlicher Differenzierung beobachten. Unterschiedliche Organisationsformen (wie z. B. Kindertagesstätten, Grund- und Sekundarschulen, Kinder- und Jugendfreizeiteinrichtungen, Berufsausbildungen) sind mit differenten Bedingungen von Inklusion/Exklusion verbunden.

Mit zunehmender Komplexität müssen alle Menschen individuell verschieden an ‚der Gesellschaft', d. h. an sozialen Systemen, teilhaben. Die ‚Theorie sozialer Systeme' erklärt diese Vorstellung damit, dass *‚funktional differenzierte' Gesellschaften* nur funktionieren, wenn formal gleiche Inklusions- und Exklusionsmöglichkeiten für alle Menschen bestehen. Zugleich geht die Theorie davon aus, dass die Teilhabe von Personen an sozialen Systemen immer mit Exklusionen verbunden ist.

Die ‚Theorie sozialer Systeme' stellt sich als eine Beobachtungstheorie vor, welche die soziale Welt als Systeme beschreibt: „Das heißt, jeder soziale Kontakt wird als System begriffen bis hin zur Gesellschaft als Gesamtheit der Berücksichtigung aller möglichen Kontakte" (Luhmann 1984, S. 33).

Exkurs

Zur ‚Theorie sozialer Systeme', einer Beobachtungstheorie, welche die soziale Welt in Form von Systemen beschreibt

Die ‚Theorie sozialer Systeme' (s. u. a. Luhmann 1984, 1997) kann als ein ‚differenztheoretischer Ansatz' mit komplexen Ideen des Sozialen gelesen werden. Sie wird in zirkulären Konstruktionen vorgestellt, deren Sprachstil und formale Strukturen alltägliche Vorstellungen des ‚Sozialen' in besonderen Weisen irritieren können.

Die Theorie verortet sich innerhalb einer „allgemeinen Systemtheorie" (Luhmann 1984, S. 16), die soziale und psychische Systeme, Organismen und Maschinen (vgl. ebd.) als Systeme beobachtet. Dazu heißt es einführend: „Die Aussage ‚es gibt Systeme' besagt […] nur, daß es Forschungsgegenstände gibt, die Merkmale aufweisen, die es rechtfertigen, den Systembegriff anzuwenden; so wie umgekehrt dieser Begriff dazu dient, Sachverhalte herauszuabstrahieren, die unter diesem Gesichtspunkt miteinander und mit andersartigen Sachverhalten auf gleich/ungleich hin vergleichbar sind" (ebd.).

Mithilfe der Schriften der Systemtheorie lässt sich nicht erklären, warum Menschen sich selbst, andere und anderes erleben, wie sie es erleben, und warum sie handeln, wie sie handeln. Vielmehr beschreiben und erklären Einsätze dieser Theorie Interaktionen, Organisationen und Gesellschaften, indem sie deren Strukturen als mögliche (kontingente) Komplexitätsreduktionen vorstellen, die als ‚das Soziale' beobachtet werden können. Dabei geht die Theorie davon aus, dass sowohl alle Lebewesen als auch die soziale und materiale Welt, viel zu komplex sind, als dass es möglich wäre, sie vollständig zu erkennen und zu verstehen.

Aus einer systemtheoretischen Perspektive lässt sich etwas als etwas Bestimmtes nur beobachten, indem es von anderem unterschieden wird, das auch beobachtbar wäre, aber es im Moment nicht wird. Etwas erscheint mit einem Sinn, es wird bedeutsam, es „steht im Blickpunkt, im Zentrum der Intention, und anderes wird marginal angedeutet als Horizont für ein Und-soweiter des Erlebens und Handelns" (Luhmann 1984, S. 93).

Wie wird es möglich (beispielsweise in einer Unterrichtssituation), auf etwas Bestimmtes aufmerksam zu werden, darüber nachzudenken und zu sprechen? Die systemtheoretische Antwort auf diese Frage lautet: durch Beobachtung/Unterscheidung. Etwas wird beobachtet (z. B. eine Aussage zum Unterrichtsthema, die Art des Aussagens, der Lösungsweg einer Aufgabe, das als störend empfundene Agieren einer Schülerin*eines Schülers) im Unterschied/in Differenz zu etwas, das nicht beobachtet wird (andere im Moment im Raum kommunizierte Themen, andere praktizierte, jedoch nicht kommunizierte Lösungswege, andere Schüler*innen, aber auch die Sitzordnung, der Geräuschpegel usw.).

Das Nicht-Beobachtete wird als Umwelt vorgestellt, die im Moment des Beobachtens von etwas Bestimmten nicht wahrgenommen werden kann. Sie bleibt ‚Rauschen'. Von Moment zu Moment wird immer wieder anderes zum Beobachteten und damit auch anderes zu Umwelt. So hat jede Beobachtung ihre ‚blinden Flecken'. Diese können durch andere Beobachtungen ‚sichtbar' werden.

Im Moment des Beobachtens, Denkens, Kommunizierens ist es nicht möglich, diese Prozesse, Strukturen und Funktionen zu reflektieren. Das ist nur aus einer Außenperspektive möglich, von der als Beobachtung zweiter Ordnung zu lesen ist. Damit ist keine Hierarchie gemeint, sondern eine Beobachtung der Beobachtung erster Ordnung. Diese macht zu einer anderen Zeit etwas Anderes auf andere Weise zum Thema als die Beobachtung erster Ordnung. In diesem Sinne kann das gelesene ‚Fallbeispiel Schule' ebenso als eine Beobachtung zweiter Ordnung gelesen werden wie unsere Lektüre und auch die folgenden Ausführungen.

Etwas hat Bedeutung/Sinn. Diese Bedeutung kann vielfältig sein. Sie zeigt sich systemtheoretisch in unterschiedlichen Weisen in Sinndimensionen, in einer Sach-, Zeit- und Sozialdimension (vgl. ebd., S. 92 ff.). Zum Beispiel kann eine Aussage zur Essensversorgung in der Schule in der Bedeutung der Sachlogik des Schulsystems beobachtet werden, im Kontext des sozialen

3.2 Von der Unwahrscheinlichkeit sozialer Ordnungen

Zusammenlebens in dieser Schule und/oder bezogen auf heterogene Erfahrungen mit den schulischen Praxen. (Weitere Ausführungen zum Verständnis von Sinn in der ‚Theorie sozialer Systeme' sind im letzten Exkurs dieses Kapitels zu lesen.)

Was jeweils beobachtet wird und wie es beobachtet wird, kann nur die*der Beobachtende (selbstreferenziell, nach eigener Aufmerksamkeit, nach eigenem Interesse etc.) auswählen. Die Auswahl geschieht auf der Basis gelernter Sinnkonstruktionen. Lernen ist angewiesen auf Anregungen/ Irritationen, kann aber nicht determiniert werden. Umwelt kann nicht bestimmen, was gedacht und kommuniziert wird. (Gedanken entstehen nur in psychischen Systemen. Kommunikationsakte und -strukturen entstehen nur in sozialen Systemen. Die ‚Theorie sozialer Systeme' nutzt für diese Selbstbezüglichkeit den Begriff ‚autopoietische Systeme'.) Aber Umwelt regt an, irritiert, enthält das Beobachtbare. So wird System/Umwelt als strukturelle Kopplung vorgestellt. Alles, was nicht das System selbst ist, ist Umwelt.

Beobachtende werden als (selbstreferenzielle autopoetische) psychische Bewusstseinssysteme und soziale Kommunikationssysteme vorgestellt. Dazu ist zu lesen: „Sie […] können ihre eigenen Strukturen jeweils nur selbst aktualisieren und spezifizieren, daher auch jeweils nur selbst ändern. Sie benutzen einander aber zugleich zu einer gegenseitigen Auslösung solcher Strukturänderungen. Kommunikationssysteme können sich überhaupt nur durch Bewußtseinssysteme reizen lassen; und Bewusstseinssysteme achten in hohem Maß präferentiell auf das, was in extrem auffälliger Weise von Sprache kommuniziert wird. Unser Argument ist, daß die überschneidungsfreie Separierung der jeweils geschlossenen Systeme eine Voraussetzung ist für strukturelle Komplementarität, also für das gegenseitige Auslösen (aber eben nicht: Determinieren) der jeweils aktualisierten Strukturwahl" (Luhmann 1995; zitiert nach Farzin 2006, S. 19 f.).

Was hier zur Sprache kommt, ist ein wesentlicher Unterschied zu anderen Theorien, es ist die Annahme, dass Menschen (in der Komplexität ihrer psychischen, organischen und neuronalen Strukturen) nicht Teil ‚des Sozialen' sind/sein können. Diesbezüglich lesen wir: „Die Beziehung von Mensch zu Mensch ist […] auf den gleichen Begriff gebracht wie die Beziehung von Mensch und sozialer Ordnung. […] Selbstverständlich bleibt die Beziehung von Mensch zu Mensch ein soziales Phänomen. Nur als solches interessiert sie die Soziologie" (Luhmann 1984, S. 303).

Die Idee der Person gilt in der ‚Theorie sozialer Systeme' als soziales Konstrukt, das es ermöglicht, Beobachtetes und Erwartetes zuzuschreiben. ‚Person' wird so als eine Form der Komplexitätsreduktion in sozialen Systemen aufgefasst. Soziale Systeme ihrerseits werden als Kommunikationsstrukturen vorgestellt, die Interaktionen, unwahrscheinliche Verständigungen und damit Kooperation/Konflikt ermöglichen. Soziale und psychische Systeme gelten als sinnverarbeitende Systeme. Ihre ‚strukturelle Kopplung' kann als Voraussetzung für gedankliche und kommunikative Anschlussmöglichkeiten gedacht werden. Verstehen ermöglicht kommunikative Anschlussmöglichkeiten und damit ‚das Soziale'. Die ‚Theorie sozialer Systeme' erklärt, in welchen Weisen Sinnstrukturen (formelle und informelle Regeln und Normen) Verstehen im Sinne kommunikativer Anschlussmöglichkeiten in sozialen Strukturen (Interaktions- und Organisationssystemen) wahrscheinlicher werden lassen und wie ‚symbolisch generalisierte Kommunikationsmedien' Anschlüsse in Funktionssystemen bieten (vgl. dazu den Exkurs in Abschn. 2.3, Kap. 2). ◄

Auf die soziologische Grundfrage, wie sich soziale Realität situations- und personenunabhängig konstituieren kann, antwortet der in die Theorie einführende Text „Soziale Systeme. Grundriß einer allgemeinen Theorie" (Luhmann 1984) mit einem begrifflichen Abstraktionsschema. Dieses unterscheidet *soziale Systeme als Interaktionen, Organisationen und Gesellschaften* (vgl. ebd., S. 16 f.). Die Besonderheit, ‚das Soziale' in diesen drei unterschiedlichen Ebenen vorzustellen, liegt im konsequenten Ausgang von der „These der Unwahrscheinlichkeit" (Hillebrandt 2001, S. 56) sozialer Ordnungen. Von dieser kann wie folgt gelesen werden:

> „Die neuere Systemtheorie Luhmanns [...] setzt die Routineerwartungen und Sicherheiten des täglichen Lebens nicht voraus, sondern versucht zu erklären, ‚wie Zusammenhänge, die an sich unwahrscheinlich sind, dennoch möglich, ja hochgradig sicher erwartbar werden' [...]. Die Existenz sozialer Ordnungen ist nicht als Erfahrungstatsache der Ausgangspunkt der Überlegungen, sondern wird vielmehr problematisiert. Das allgemein Bekannte und Vertraute wird zur Möglichkeit im Horizont anderer Möglichkeiten. Diese Option determiniert eine methodische Verlagerung der Gesellschaftsanalyse, weg von den Integrationsleistungen der Systeme – und somit auch der Gesellschaft – hin zu Problembearbeitungen, die zur Systembildung führen" (Hillebrandt 2001, S. 56).

Die beiden nachfolgend angesprochenen Systemebenen (Interaktions- und Funktionssysteme) rufen wir in Verbindung mit der ‚These der Unwahrscheinlichkeit' sozialer Ordnungen für unsere Verortungen inklusionsorientierter Vorstellungen von schulischer (Un)Gleichheit auf. Sie zeigen sich als differente soziale Strukturen, in denen sich erwartbare (un)gleiche Formen der Inklusion/Exklusion organisieren müssen, ohne vorherbestimmt zu sein. Wir skizzieren sie mit Bezug zu Fragen chancengerechter Teilhabe

- am schulischen Unterricht als Interaktionssystem sowie
- am Schulsystem als Teil des Erziehungssystems und in dem Zusammenhang an Schule als Organisationssystem.

3.3 Inklusion/Exklusion im schulischen Unterricht

Systemtheoretisch kann schulischer Unterricht in einer Lerngruppe/Schulklasse als ein *Interaktionssystem* beobachtet werden, das *Wahrnehmbarkeit, Interaktionen und Kommunikationen zwischen Anwesenden* für alle in gleicher Weise ermöglicht. ‚Interaktionssystem' wird als ein Begriff vorgestellt, „der die Kontakte unter Anwesenden beschreibt, ohne infrage zu stellen, daß es sich um Kommunikation im Gesellschaftssystem handelt" (Luhmann 1997, S. 814). Zur Erklärung heißt es hier:

> „Interaktionssysteme bilden sich nicht außerhalb der Gesellschaft, um dann als fertige Gebilde in die Gesellschaft einzugehen. Sie sind, da sie Kommunikationen benutzen, immer Vollzug der Gesellschaft in der Gesellschaft. Dennoch haben sie eine eigene Form der Operation, die ohne Interaktion nicht verwirklicht werden könnte. Zugleich sind sie mit besonderen Sensibilitäten ausgestattet, die es ihnen ermöglicht, Rücksicht zu nehmen auf das, was als ihre Umwelt in der Gesellschaft vorkommt" (ebd.).

Mit diesem Einsatz thematisieren wir Inklusion/Exklusion im Interaktionssystem schulischer Unterricht im Folgenden als einen *Vollzug der Gesellschaft in einer Gesellschaft mit Inklusionsgebot/Exklusionsverbot*. Ausgehend von der ‚These der Unwahrscheinlichkeit' skizzieren wir zunächst die systemtheoretische Vorstellung von Inklusion/Exklusion in Interaktionssystemen. Sie setzt einen „differenz- und selektionsorientierte[n] Kommunikationsbegriff" (Luhmann 1984, S. 207, Anpassung K.P.) voraus und begründet die Relevanz sprachlicher Kommunikation für die Bildung sozialer Systeme.

Exkurs

Zum Kommunikationsbegriff der ‚Theorie sozialer Systeme'
Kommunikation wird in der Theorie sozialer Systeme als Differenz von Information, Mitteilung und Verstehen vorgestellt. Sie „setzt die Differenz von Information [Kommunikationsthema] und Mitteilung [Art und Weise des Mitteilens] und setzt beide als kontingent voraus" (Luhmann 1984, S. 207, Ergänzungen K.P.).

Zur Erklärung heißt es: „Kommunikation ist [...] ohne Mitteilungsabsicht möglich [...], ist unter der gleichen Bedingung auch ohne Sprache möglich, etwa durch ein Lächeln, durch fragende Blicke, durch Kleidung, durch Abwesenheit und ganz allgemein und typisch durch Abweichen von Erwartungen, deren Bekanntsein man unterstellen kann" (ebd., S. 208). Jedoch bleibt alles, was nicht als Mitteilung verstehbar ist, unverfügbar. Deswegen verwendet der systemtheoretische Kommunikationsbegriff „Intentionalität und Sprachlichkeit nicht zur Definition" (ebd., S. 209), sondern die Differenz von Information und Mitteilung als Möglichkeit, „etwas als Zeichen für anderes zu verwerten" (ebd.). Allerdings wird die Bedeutung der Wortsprachen hervorgehoben mit der „These, daß Sprache die Ausdifferenzierung von Kommunikationsprozessen aus einem (wie immer anspruchsvollen, komplexen) Wahrnehmungskontext ermöglicht" (ebd., S. 210). Diese These wird wie folgt begründet: „Erst durch Ausdifferenzierung von Kommunikationsprozessen kann es zur Ausdifferenzierung sozialer Systeme kommen. Diese bestehen keineswegs nur aus sprachlicher Kommunikation; aber daß sie auf Grund sprachlicher Kommunikation ausdifferenziert sind, prägt alles, was an sozialem Handeln, ja an sozialen Wahrnehmungen sonst noch vorkommt. Zur Ausdifferenzierung trägt nicht nur die besondere phänomenale Prägnanz, Auffälligkeit und Abgehobenheit des Sprachverhaltens bei. Ebenso wichtig ist, daß Sprache die Reflexivität des Kommunikationsprozesses sicherstellt und damit Selbststeuerung ermöglicht. [...] Man kann unerwartete, ungewöhnliche Mitteilungen wagen, man kann sich knapper fassen und Verständigungshorizonte ungeprüft voraussetzen, man kann unter völlig Unbekannten kommunizieren, wenn bei Zweifeln oder Verständigungsschwierigkeiten nachgefragt werden kann. Man braucht nicht alles schon in der direkten Kommunikation zu leisten, wenn zusätzlich jene Metaebene zur Verfügung steht, auf der man über Gelingen oder Mißlingen einer kommunikativen Verständigung kommunizieren kann" (ebd., S. 210 f.). Die Weisen, in denen etwas von einer anderen Person verstanden wird, lassen sich nicht beobachten. Sie erschließen sich nur über die Art, wie an eine Mitteilung angeschlossen wird (die in verschiedensten Ausdrucksweisen zur ‚Sprache' kommen kann). Verstehen heißt aber nicht unbedingt zustimmen. Eine Information (beispielsweise die Idee, dass Eltern in der Schule die Mittagsversorgung übernehmen) kann verstanden, angenommen, kritisiert oder abgelehnt werden (vgl. ebd., S. 212).

Wir lesen eine systemtheoretisch begründete Annahme zu Bedingungen der Kommunikation: „Wir wissen noch nicht sehr viel über die infra- oder extrastrukturellen Bedingungen der Möglichkeit von Kommunikation, aber einige wenige Bedingungen liegen auf der Hand: Kommunikation kann nur in Gang kommen und betrieben werden, wenn in ihrer Umwelt Wahrnehmungsverarbeitung möglich ist, weil sie selbst über keinerlei Wahrnehmungsmöglichkeiten verfügt. Kommunikation kann nur in Gang kommen und betrieben werden, wenn in ihrer Umwelt Sinnverarbeitungsmöglichkeiten nichtkommunikativer Art existieren, Prozessoren also, denen ein Binnenverhältnis zu sich selbst (Umgang mit der eigenen Selbstreferenz) unterstellt werden kann. Kommunikation kann nur in Gang kommen und betrieben werden, wenn die relevanten Prozessoren ihrer Umwelt ihre Binnenzeit mit der Zeit der Sozialsysteme akkordieren können. Kommunikation kann nur in Gang kommen und betrieben werden, wenn die Differenz von Mitteilung und Information auch psychisch beobachtet und deswegen verstanden werden kann. Sobald eine oder mehrere dieser Möglichkeitsbedingungen für Kommunikation tangiert werden, gerät das soziale System auf nicht ignorable Weise unter Druck" (Fuchs 2002, o. A.).

Die ‚Theorie sozialer Systeme' entwirft auf diese Weise ein spezifisches Verständnis von Kommunikation und geht zugleich davon aus, dass „Kommunikation nur selten als eine einzelne Einheit auftritt – als Warnruf; als Hilferuf; als Bitte, die sofort erfüllt werden kann" (Luhmann 1984, S. 212). Kommunikationen, so ist zu lesen, verknüpfen sich häufiger zu Kommunikationssystemen. In diesen beziehen sich kommunikative Sequenzen auf Themen, die Beiträge in „einem länger dauernden, kurzfristigen oder auch langfristigen Sinnzusammenhang" (ebd., S. 213) überdauern. „Themen dienen also als sachlich-zeitlich-soziale Strukturen des Kommunikationsprozesses, und sie fungieren dabei als Generalisierungen insofern, als sie nicht festlegen, welche Beiträge wann, in welcher Reihenfolge und durch wen erbracht werden. Auf der Ebene der Themen lassen sich deshalb Sinnbezüge aktualisieren, die an der Einzelkommunikation kaum sichtbar zu machen wären. […] Zugleich sind Themen Reduktionen der durch Sprache eröffneten Komplexität. […] Erst anhand von Themen kann man die Richtigkeit eigenen und fremden kommunikativen Verhaltens im Sinne eines Zum-Thema-Passens kontrollieren" (ebd., S. 216). ◄

Das folgende Beispiel kann als eines gelesen werden, das Fragen von Inklusion und Exklusion als Fragen der Kommunikation im schulischen Unterricht aufwirft. Es erzählt von den *Teilnahmen* des Schülers ‚Andy' an Interaktionen einer Schulklasse, von den *interaktiven Praktiken und kommunikativen Beiträgen* eines Schülers, der am Interaktionssystem schulischer Unterricht nicht (oder kaum) teilhat und somit *zugleich inkludiert und exkludiert* scheint.

> **Beispiel**
>
> **Vom Schüler ‚Andy'. Eine Verständigung zu Interaktionen im Unterricht**
> Wir zitieren einen Auszug aus der Erzählung „Andys Leistung. Wider die Genese der Dummheit" (Götz und Jauch 2003). Diese findet sich in einer Sammlung verschiedenster Geschichten ungewöhnlicher Erfahrungen in Schulen, die unter dem Titel „Inanspruchnahme. Wenn Kinder und Jugendliche die Initiative ergreifen" (Hiller 2003) erschien.
> „‚Andy ist ein ganz schwieriger Fall', sagt die Lehrerin. Sie stimmt mit diesem Satz kein Klagelied über einen unzumutbaren Schüler an. Im Gegenteil: Halten will sie ihn in ihrer 2a, einer Grundschulklasse, und organisiert sonderpädagogische Unterstützung. [...]
> Andy kommt gern in die Schule. [...] Dort findet er, wie man so sagt, eigentlich gute Lernbedingungen vor: eine engagierte, einfühlsame Pädagogin, eine lebendige und solidarische Klassengemeinschaft, viel und anforderungsdifferenzierte Tages- und Wochenplanarbeit und anderes mehr, das helfen sollte. Noch dazu ist Andy durchaus beliebt. Er steht nicht am Rande, er steht mitten drin, geizt und besticht, ärgert, kloppt und streitet nicht mehr als andere. [...]
> [F]ür fast alles ist er zu haben, nur nicht für das, was Schule ins Zentrum rückt. Da, wo es um Zahl und Wort geht, taucht er ab, entzieht sich mal mehr, mal weniger geschickt. Er träumt viel vor sich hin, gibt in der Freiarbeit alle Nase lang eine neue phantastische Geschichte nach links, rechts, vorne und hinten und sich selbst zum Besten, wobei er noch jedes Objekt – vom Stuhl über den Schnürsenkel bis zum Stift – dramaturgisch aufwendig einzubeziehen weiß. Er kämpft Schlachten mit Speeren der Stärke HB, schlägt imaginierte Bösewichter mit einer Heerschar bunter Kreide in die Flucht, rettet Hilflose aus abstürzenden Radiergummis oder macht papierne Tiergefängnisse per Faustschlag dem Erdboden gleich. Freundlich ist er und wird grantig nur zu dem, der ihn auf unterrichtliches Terrain zu lotsen sucht. [...]
> Über viele Wochen beobachten wir Andy und bemühen uns mit anderen, ihm während der Freiarbeit in seiner Klasse Hilfe anzudienen und ihm zu kleinen Erfolgserlebnissen zu verhelfen. Viel wird beratschlagt mit anderen und probiert, aber gelingen will uns nicht wirklich viel, um nicht zu sagen nichts.
> Wieder treffen wir Andy an einem Mittwochmorgen in der Klasse und bieten uns an. Er ist einverstanden, und wir fragen ihn, was er denn von seinem Tagesplan angehen wolle, Rechnen oder Lesen. Die Frage nach den Hausaufgaben fällt, um Andy eine Brücke in die Freiarbeit – und zu mög-

lichen sinnvollen Aufgaben – zu bauen. Aber der Ranzen ist leer – weder Hausaufgaben noch Stifte, Blätter oder Hefte. Uns scheint dennoch, dass seine Mappe vollgepackt ist, vollgepackt mit einem Bündel von Lebensfragen, für die die Schule kein Alphabet findet und die er gleichwohl mit seinen Flugobjekten, seinen Wurfgeschossen und Rettungsaktionen ins Spiel bringt. Das ist seine (Lebens-)Leistung, an der er sich abmüht und die er kunstvoll und mit Eigensinn gegen alle Verführungskünste des Schulprogramms verteidigt. Bewegt er sich nicht ständig an Norm- und Könnensgrenzen – an der Grenze zwischen dem (in der Schule) Erlaubten und Unerlaubten, aber auch an der Grenzlinie des Erträglichen, das er in der Schule (noch) findet, und des Unerträglichen, das er Tag für Tag von zu Hause in die Schule mitschleppt, und die er im Spiel überschreitet und thematisiert? [...]

Noch ist Andy nicht mit dem Stigma des Schulversagens und des schlechten Schülers behaftet, der durch Faulheit, Frechheit und gewalttätige Störmanöver auffällt. Er vermag durch sein freundliches Verhalten, seine Phantasie und seine Stärken in der Kinderkultur, aber auch durch die kommunikativen Begleitsignale, mit denen er sein Abtauchen in seine Wurf- und Rettungsspiele verständig zu machen versucht, auszudrücken, dass er mehr ist als das, was sich in einer Schulleistungsziffer festmacht. [...] Seine kreativen Konstruktionen und Dekonstruktionen, die er der Erwachsenenwelt entgegensetzt, enthalten Beziehungsangebote, die sich uns erst auf den zweiten Blick enthüllen. Auffallend ist: Andy arbeitet in seinen Aufführungen mit Handbewegungen und Körpergesten, mit Blicken und gesprochenen Worten, und es scheint uns, dass all das ein kommunikatives Angebot enthält" (ebd., S. 28 ff., Anpassung K.P.). ◄

In dieser Geschichte ist die Rede von Kommunikationsangeboten im Unterricht, die wenige kommunikative Verständigungen zwischen Pädagog*innen und Schüler ermöglichen und auch keine Nachfragen bei Zweifeln und Verständigungsschwierigkeiten zulassen. Der Text erzählt zudem davon, in welchen Weisen Reflexionen der ‚Kommunikationsprozesse' (mittels Sprache) Pädagog*innen die Chance geben, sich zu dem Wahrgenommenen zu verständigen, um so ein Verständnis für das Unverstandene zu finden. Diese Darstellung mündet in die Formulierung einer inklusionspädagogischen Aufgabe ein, die dem Schüler ‚Andy' Teilnahme am schulischen Unterricht und Teilhabe an schulischer Bildung ermöglichen soll.

Mit der Unterscheidung von Teilnahme und Teilhabe berufen wir uns auf den Text „Ausblick: Zwischen Teilnahme und Teilhabe" (Jergus 2017). Er stellt

Teilnahme und Teilhabe in einen Zusammenhang mit Bildungsprozessen und erläutert diesen wie folgt: „Während die Teilnahme an Bildungsprozessen als Voraussetzung für gesellschaftliche Teilhabe gilt, wird die Teilhabe an Bildung und an gesellschaftlichen Prozessen zur Bedingung der Teilnahme an sozialen Prozessen und Angelegenheiten gemacht" (ebd., S. 340). Dieser Zusammenhang wird als ein paradoxaler vorgestellt: „Partizipation und ‚Bildung' gelangen in ein wechselseitiges Bedingungsverhältnis. Sie stellen füreinander Bedingung, Ziel, Medium und Prozess dar" (ebd.). In diesem Zusammenhang werden zum einen Vorstellungen von Teilnahmen und deren Bedeutung für Bildungsangebote und -prozesse lesbar. Zum anderen markiert der Text eine Differenz zwischen Teilnahme und Anwesenheit:

> „Teilnahme konstituiert sich grundlegend über die Möglichkeit, einen Wechsel zu Modi der bloßen Anwesenheit vollziehen zu können, die Einbindung in das Gegebene und dessen Verbindlichkeit infrage zu stellen. Teilnahme muss prozessiert werden, sie ist nicht einfach gegeben, sondern ruht auf Freiheitsspielräumen und Ungewissheit auf [sic]. In der Teilnahme ist bereits eine Differenz eingelagert, in der die Lücke zwischen dem Immer-schon-eingebunden-Sein und der Möglichkeit aufscheint, sich zu diesen Bindungen in ein Verhältnis setzen zu müssen. Teilnahme ist damit stets auch von ihrer Wahrnehmbarkeit – der Beobachtung durch sich selbst und durch andere – abhängig [...]. Mit dem Blick auf die *Praktiken* der Teilnahme geht eine Abkehr von Orientierungen an einem starken Teilnahme-Subjekt einher, das über körperliche Anwesenheit und souveräne Verfügbarkeit gedacht wird. Stattdessen rücken die Modi und Praktiken des Eingebundenseins in den Blick ebenso wie das Ringen um spezifische Formen der Zuwendung und Abwendung, womit thematisch wird, wie Teilnahme und Ausschlüsse miteinander zusammenhängen" (Jergus 2017, S. 339, Herv. i. Orig.).

Die inklusionspädagogische Aufgabe, die dem Schüler ‚Andy' Teilnahme ermöglichen soll, lautet: „für ihn angemessene Schlüsselthemen und Medien zu finden, in denen er sich wiederfindet und seine Erfahrungsbruchstücke sortieren, symbolisieren und mitteilen kann" (Götz und Jauch 2003, S. 35). Die Lösung dieser Aufgabe wird als Voraussetzung dafür lesbar, dass der Schüler ‚Andy' am schulischen Unterricht teilhaben und damit auch langfristig in seiner Schulklasse inkludiert bleiben kann. Die beschriebenen Weisen, mit denen er an den Interaktionen der Schulklasse teilnimmt, stellen das ‚Gegebene und dessen Verbindlichkeit' in Frage.

Die interaktiven Praktiken, kommunikativen Beiträge und deren Reflexionen (von denen in der Erzählung der Begegnung mit ‚Andy' die Rede ist) können als Vollzug der Gesellschaft in einer Gesellschaft mit Inklusionsgebot/Exklusionsverbot verständlich werden. Ihnen wird zugeschrieben, „Widerstände gegen

3.3 Inklusion/Exklusion im schulischen Unterricht

jenen Totalanspruch eines bürgerlichen Bildungs- und Leistungsverständnisses [zu mobilisieren], das stets mit der heuchlerischen Rede von Gleichheit und Gerechtigkeit die Ungerechtigkeiten der Meritokratie maskiert" (ebd., S. 30, Ergänzung K.P.). Mit diesem Verständnis könnte der Text für den pädagogischen „Anspruch einer reflexiven Inklusion" (Budde und Hummrich 2015, S. 39) stehen (vgl. Kap. 2, Abschn. 2.2). Wir lesen ihn hier aus der Perspektive einer systemtheoretischen Beobachtung von Inklusion/Exklusion im Unterricht einer Schulklasse.

In dieser Betrachtungsweise ist von Interesse, wie die kommunikativen Beiträge in einem schulischen Unterricht nicht nur als Einzelsituationen, sondern als ein *Interaktionssystem* vorgestellt werden können. Im gelesenen Beispieltext finden sich als Themen (die kommunikative Beiträge in einem ‚Sinnzusammenhang' überdauern, vgl. Luhmann 1984, S. 213) z. B. der Schüler ‚Andy', seine Teilnahmen an Interaktionen und schulische Leistungserwartungen. Die Bildung von Kommunikations- und damit auch Interaktionssystemen begründet sich systemtheoretisch mit „Hindernissen, die die Kommunikation überwinden muß, damit sie überhaupt zustandekommen kann" (ebd., S. 217):

„Die immanenten Unwahrscheinlichkeiten des Kommunikationsprozesses und die Art, wie sie überwunden und in Wahrscheinlichkeiten transformiert werden, regeln zugleich den Aufbau sozialer Systeme. Man hat den Prozeß [...] zu begreifen als Umformung und Erweiterung der Chancen für aussichtsreichere Kommunikation, als Konsolidierung von Erwartungen, um die herum die Gesellschaft dann ihre sozialen Systeme bildet; und es liegt auf der Hand, daß dies [...] ein selektiver Prozeß ist, der bestimmt, welche Arten sozialer Systeme möglich werden, wie Gesellschaft sich gegen bloße Interaktion absetzt und was als zu unwahrscheinlich ausgeschlossen wird" (Luhmann 1984, S. 219).

Da ist zunächst die Unwahrscheinlichkeit, dass eine Person versteht, was eine andere meint. Die beiden zitierten Beispiele können davon zeugen. Die Lehrerin versteht ‚Andy' nicht und ‚organisiert sonderpädagogische Unterstützung', um unterrichtliche Kommunikation zu ermöglichen. Die Eltern im ‚Fallbeispiel Schule' verstehen die Idee von Schule als ‚eine eigenständige Institution mit Bildungsauftrag' nicht. So missverstehen sie die Aussage der Lehrerin, wenn sie sagt ‚die Schule macht das'. Die Lehrerin versteht die ‚Vorstellung von der Schule als Einheit aus Lehrern, Eltern und Kindern in einer lokalen Gemeinde' nicht. Die Kommunikation zur ungeklärten Mittagsversorgung der Schüler*innen bricht ab.

Das zweite Problem, das eine Kommunikation überwinden muss, wird mit Blick auf die räumliche und zeitliche Begrenzung von Aufmerksamkeit im

Rahmen einer Kommunikation auf eine Situation und die anwesenden Personen thematisiert. Es scheint nicht selbstverständlich, dass das, was in einer einzelnen Situation kommuniziert wird, und die Weisen, wie es kommuniziert wird, jenseits von Interaktionsgrenzen Interesse finden (vgl. Luhmann 1984, S. 218). Deswegen bedarf es solcher Strukturen (wie z. B. Unterricht), die Anschlüsse ermöglichen.

Die dritte Hürde kommunikativer Beiträge stellt die „Unwahrscheinlichkeit des Erfolgs" (ebd.) dar. „Selbst wenn eine Kommunikation vom dem, den sie erreicht, verstanden wird, ist damit noch nicht gesichert, daß sie auch angenommen und befolgt wird" (ebd.). Wir haben gelesen, dass der Schüler ‚Andy' nicht zur Freiarbeit zu bewegen ist, obwohl er sich mit den anbietenden Pädagog*innen einverstanden zeigt.

Soziale Systeme sollen, anders als einzelne Interaktionen, erwartungsgemäße Kommunikation und damit auch inklusionsorientierte Anschlussmöglichkeiten bieten. Interaktionssysteme gestalten sinnvoll erscheinende Kommunikation unter Anwesenden (die so zu Teilnehmenden werden können). Das Gesellschaftssystem organisiert die Gesamtheit aller erwartbaren Kommunikationen und die entsprechenden Teilhabemodi (vgl. ebd., S. 535). Ausgehend von diesem Verständnis fragen wir nach Erwartungen und damit nach *erwartbaren (un)gleichen Formen der Inklusion/Exklusion im schulischen Unterricht.*

Als ein Charakteristikum schulischen Unterrichts kann zunächst *die Einbeziehung anwesender und die Nichteinbeziehung nicht-anwesender Personen* benannt werden.

> „Die Schulklasse ist deshalb ein Interaktionssystem, weil alle Mitglieder einer Schulklasse füreinander wechselseitig wahrnehmbar sind, also alles Geschehen in der Schulklasse die Form der Interaktion unter Anwesenden annimmt. Die Schulklasse besteht nur aus Interaktionen und aus nichts anderem. Auch deshalb gehören die teilnehmenden Personen zur Umwelt des Systems und können nur punktuell und ereignishaft inkludiert oder exkludiert sein" (Stichweh 2016, S. 165).

Aus dieser Perspektive wäre Inklusion/Exklusion einer Schülerin*eines Schülers nicht mit Bezug auf eine bestimmte Schulform oder eine konkrete Schule zu thematisieren, sondern ausschließlich mit Blick auf die *Weisen der Teilnahme, Teilhabe und des Ausschlusses, bezogen auf Interaktionen/Kommunikationen im schulischen Unterricht.* So sind z. B. zeitweise Unterrichts- und Schulverweise sowie Formen separierenden Unterrichts, aber auch Krankmeldungen, sogenannte Schulverweigerungen von Schüler*innen und gesellschaftspolitische Aktivitäten zu Unterrichtszeiten als spezifische Weisen des expliziten Ausschlusses aus dem gemeinsamen Unterricht einer Schulklasse zu beobachten.

3.3 Inklusion/Exklusion im schulischen Unterricht

Als eine gesellschaftspolitische Aktivität, mit der sich Schüler*innen gezielt vom schulischen Unterricht exkludier[t]en, stellte sich die soziale Bewegung „Fridays for Future" vor. Auf der Internetseite der Bewegung war folgende Erklärung zu lesen[1]:

> „Wir sind Schülerinnen und Schüler, die für mehr Klimaschutz streiken. Wir sind damit Teil der weltweiten Bewegung Fridays for Future. Der Klimawandel ist längst eine reale Bedrohung für unsere Zukunft. Wir werden die Leidtragenden des Klimawandels sein. Gleichzeitig sind wir die letzte Generation, die einen katastrophalen Klimawandel noch verhindern kann. Doch unsere Politiker*innen unternehmen nichts, um die Klimakrise abzuwenden. Die Treibhausgas-Emissionen steigen seit Jahren, noch immer werden Kohle, Öl und Gas abgebaut. Deswegen gehen wir freitags weder in die Schule noch in die Uni. Denn mit jedem Tag, der ungenutzt verstreicht, setzt ihr unsere Zukunft aufs Spiel! […] Wir sind weder an eine Partei noch an eine Organisation gebunden. Die Klimastreik-Bewegung hat ihre eigene Dynamik und wird genauso wie diese Website durch hunderte individuelle junge Menschen getragen. Vorbild für unsere Klimastreiks ist die Schülerin Greta Thunberg. Die 16-jährige Schwedin bestreikt seit Monaten freitags die Schule, um für echten Klimaschutz zu kämpfen. Weltweit haben sich ihr Tausende Schüler*innen angeschlossen und demonstrieren unter dem Motto Fridays for Future vor den Parlamenten, statt in die Schule zu gehen" (Fridays for Future 2019).

Die Aktionen lassen sich unter dem Thema Inklusion/Exklusion als Ausschluss beobachten: Schüler*innen nehmen jeden Freitag nicht am schulischen Unterricht teil.

Ihre Aktivitäten können zugleich als Teilnahmen an Bildungsprozessen betrachtet werden: Schüler*innen praktizieren ihre Partizipation und Bildung in gesellschaftlich-sozialen Zusammenhängen (vgl. Jergus 2017, S. 340). Sie entscheiden selbst über individuelle „Lebensbeziehungen und Sinndeutungen" (Klafki 1990, S. 93) und fordern ein, verantwortlich über „die Gestaltung unserer gemeinsamen kulturellen, gesellschaftlichen und politischen Verhältnisse" (ebd., S. 94) mitzubestimmen. Sie verbinden sich solidarisch als Menschen, „denen eben solche Selbst- und Mitbestimmungsmöglichkeiten aufgrund gesellschaftlicher Verhältnisse, Unterprivilegierung [und] politischer Einschränkungen […] begrenzt werden" (ebd.). In diesem Sinne bilden sich die Jugendlichen der Initiative „Fridays for Future" und fordern (unter anderem) mit ihren Exklusionen

---

[1] Inzwischen findet sich diese Positionierung nicht mehr auf der Internetseite der Bewegung. Das Zitat ist jedoch unter https://schulstreik.wordpress.com (Zugegriffen: 09.05.2022) nachzulesen.

vom schulischen Unterricht politische Teilhabe zur Eindämmung der Klimakrise ein: „Die Klimakrise ist eine reale Bedrohung für die menschliche Zivilisation – die Bewältigung der Klimakrise ist die Hauptaufgabe des 21. Jahrhunderts. Wir fordern eine Politik, die dieser Aufgabe gerecht wird" (Fridays for Future 2022).

Eine systemtheoretisch nicht zu thematisierende Form der Exklusion von schulischem Unterricht stellen Unterrichtsausfälle dar, die mit Lehrer*innen-Mangel und Krankschreibungen von Lehrer*innen, aber auch mit schulorganisatorischen Argumenten begründet werden. Das Ministerium für Kultus, Jugend und Sport Baden-Württemberg veranlasste vom 3. bis 8. Juni 2019 die vierte „Vollerhebung zum Unterrichtsausfall". Aus der Ergebnisveröffentlichung ist zu entnehmen, dass in diesem Zeitraum „4,5 % aller Stunden des Pflichtunterrichts ausgefallen" (MKJSBW 2019, o. A.) sind. Des Weiteren ist zu lesen:

> „Die geringsten Ausfallquoten weisen die Grundschulen auf. Nur 1,0 Prozent der geplanten Stunden sind dort ausgefallen. Den zweitniedrigsten Unterrichtsausfall verzeichnen die Sonderpädagogischen Bildungs- und Beratungszentren mit Förderschwerpunkt Lernen. Dort beträgt der Unterrichtsausfall 2,0 Prozent. Den höchsten Unterrichtsausfall weisen wie schon bei der vorherigen Vollerhebung die Gymnasien mit 7,4 Prozent auf, gefolgt von den beruflichen Schulen mit 6,4 Prozent. […] Bei den Haupt- und Werkrealschulen lag der Unterrichtsausfall bei 4,3 Prozent, bei den Realschulen bei 4,9 Prozent. Die Gemeinschaftsschulen verzeichneten in der abgefragten Juniwoche einen Unterrichtsausfall von 3,2 Prozent" (MKJSBW 2019, o. A.).

Die Abwesenheitsquote lag über alle Schularten hinweg bei 11,0 %. In 6,5 % der Fälle konnte der Unterricht vertreten werden (vgl. ebd.). Eine fünfte Vollerhebung im November 2019 ergab für Baden-Württemberg einen Rückgang des Ausfalls von Pflichtstunden auf 3,3 %. Diese Entwicklungen werden mit zusätzlichen Übernahmen von Vertretungsstunden begründet, welche mit zusätzlichen Belastungen der Gesundheit der Lehrer*innen einhergehen (vgl. Linek 2020, o. A.).

Wenn wir von der Vorstellung schulischen Unterrichts als Interaktionssystem ausgehen, ist *Inklusion und Exklusion gleichermaßen situativ begrenzt und ereignishaft* zu erwarten, weil eine Unterrichtssituation als permanentes Prozessieren der zeitlichen Differenz von potenzieller und aktueller Kommunikation vorgestellt werden kann. Das heißt, angesichts der nicht zu bewältigenden Komplexität möglicher Interaktionen/Kommunikationen kann eine konkrete Unterrichtssituation als Komplexitätsreduktion beobachtet werden, in der Inklusion und Exklusion zugleich stattfinden. Mit dieser Blickrichtung

3.3 Inklusion/Exklusion im schulischen Unterricht

können verschiedene Teilnahmepraktiken (als Voraussetzung für Teilhabe) sowie implizite Ausschlüsse, Ausgrenzungen, Diskreditierungen als Ereignisse von Inklusion/Exklusion thematisiert werden.

So lässt sich erforschen, wie Schüler*innen am schulischen Unterricht (un)gleich teilnehmen, sich ausschließen, implizit oder explizit ausgeschlossen werden. Einige Schüler*innen werden in einer Situation eines gelenkten Unterrichtsgesprächs (direkt und indirekt) angesprochen, andere nicht, d. h. einige schließen an eine mitgeteilte Information in Form einer Denkanregung/Frage/Aufgabenstellung/Aufforderung an, andere nicht. Einige diskutieren gemeinsam in einer Lerngruppe, andere nicht usw. Inklusion/Exklusion erfolgt so als „kommunikative Adressierung" (Stichweh 2016, S. 163), d. h. die angesprochenen Schüler*innen werden „auf diese Weise temporär in das Unterrichtsgeschehen einbezogen" (ebd.), sie sind inkludiert. Die Nicht-Angesprochenen sind für den Moment exkludiert. Die Beobachtung des Unterrichts einer Schulklasse hätte von hier aus nach den Weisen ‚kommunikativer Adressierung' (der Teilnahme und des Ausschlusses) zu fragen.

Über den Moment hinaus lassen sich im schulischen Unterricht vielfältige *Formen der Teilnahme mit differenten Möglichkeiten der Teilhabe an Bildungsangeboten* sowie *impliziten und expliziten Exklusionstendenzen* beobachten. Rücksichtslosigkeiten und kommunikative Ablehnungen (durch Lehrer*innen und Mitschüler*innen in Formen diskriminierender Äußerungen, distanzlosen wie aggressiven Verhaltens und anderer ausgrenzender Praktiken), aber auch Formen von Mitleidsäußerungen und aufgedrängten Hilfen (die Schüler*innen Teilnahme am gemeinsamen Unterricht und Teilhabe an schulischer Bildung verwehren) widersprechen Ansprüchen inklusionsorientierter Schul-Pädagogik.

Zugleich lassen sich derartige Ausgrenzungen, Ablehnungen, Benachteiligungen und Besonderungen kommunikationstheoretisch (und ohne Bewertung der Qualität) als *Formen der Teilhabe am gemeinsamen Schulalltag* beobachten, „inkludieren sie doch die betroffenen Personen in einer für sie kaum zu umgehenden Art und Weise" (Farzin 2006, S. 112). Aus dieser Lesart lässt sich schlussfolgern, dass die systemtheoretischen Konzeptionierungen von Inklusion und Exklusion sich *nicht* dazu eignen, *soziale Ungleichheiten* zu analysieren:

> „Konsequent kommunikationstheoretisch ausgeführt bedeutet das, dass der Begriff der Exklusion nicht zur Bezeichnung sozialer Ungleichheiten verwendet werden kann, sind diese [Praktiken der Ausgrenzung, Ablehnung, Benachteiligung und Besonderung] doch nach dieser Definition eindeutig als Personen inkludierende Zusammenhänge auszuweisen" (Farzin 2006, S. 112, Ergänzung K.P.).

Diese Vorstellung geht davon aus, dass Ausgrenzungen, Ablehnungen, Benachteiligungen und Besonderungen Kommunikationsweisen darstellen, welche die so Angesprochenen kaum ignorieren können. Indem sie sich (wie auch immer) dazu verhalten, haben sie formal Teil an derartigen Interaktionen/ Kommunikationen und damit am Schulalltag.

Lektüren praxistheoretisch verorteter Texte ermöglichen ein anderes Verständnis des Konstrukts ‚kommunikative Adressierung' als die ‚Theorie sozialer Systeme'. Solche Einsätze verbinden Fragen nach Adressierungen mit Vorstellungen von Anerkennung, die Momente der Interaktion überschreiten, und thematisieren „Adressierung als Anerkennung" (Ricken 2014, S. 125).

> „Adressierung […] meint dabei sowohl die (nicht nur) sprachliche explizite Ansprache eines oder einer Anderen als auch die (zumindest implizierte) Adressiertheit von kooperativen Akten überhaupt […]. Im Angesprochenwerden bzw. stillschweigenden Angesprochensein wird jemand von einem oder einer anderen als ein spezifischer jemand identifiziert und im Geltungshorizont unterschiedlicher Normen positioniert. Als wer jemand – von wem und vor wem – angesprochen wird und wie dieser Angesprochene darauf antwortet, gibt daher Aufschluss darüber, zu wem jemand von anderen gemacht wird und sich – in der realadressierenden Antwort – selbst macht. […] Anerkennung als Adressierung zu verstehen stellt […] eine analytische Wendung des Anerkennungsbegriffs dar, in der die Momente der Performativität und Sequenzialität zentral sind […]. *Performativität* meint dabei, dass Angesprochen- bzw. Adressiertwerden bedeutet, zugleich anerkannt und subjektiviert zu werden, d. h. als spezifischer Jemand konstituiert und in einem Raum begrenzter Anerkennbarkeit positioniert zu werden […]. In diesen Ordnungen sind zum einen Definitionen der jeweiligen Situation enthalten; zum anderen aber werden auch normative Horizonte mitgesetzt, beansprucht oder zurückgewiesen, in denen geregelt wird, was sein und nicht sein soll, was sagbar und nicht sagbar etc. ist" (Ricken 2014, S. 124 ff., Herv. i. Orig.).

Mit einem solchen Zugang ließe sich unser Beispiel vom Schüler ‚Andy' als eine andere Praxis von Inklusion/Exklusion thematisieren. Quer zu den bereits erzählten Vorstellungen von Exklusion aus dem schulischen Unterricht bei gleichzeitiger Inklusion in das Interaktionsgeschehen der Schulklasse wird es aus der hier aufgerufenen praxistheoretischen Perspektive möglich, die gelesene ‚Verständigung zu Interaktionen im Unterricht' als performative Konstituierung eines ‚besonderen' Schülers zu lesen, die ihn aus der Gruppe der anderen Schüler*innen heraushebt/selektiert. Die Weisen, in denen der Schüler ‚Andy' in der Erzählung adressiert wird, ließen sich von hier aus als „Wertzuschreibungen" (ebd., S. 126) in Verbindung mit etablierten, d. h. „als gültig behauptete[n] Ordnungen" (ebd., Anpassung K.P.) und deren In-Frage-Stellung lesen.

3.3 Inklusion/Exklusion im schulischen Unterricht

Als Gegensatz zu dieser Art von Differenzzuschreibung im Bemühen um Teilnahme kann das folgende Beispiel verständlich werden. Mit der hier zu lesenden Mitleidsäußerung verbindet sich ein impliziter Ausschluss aus dem gemeinsamen Unterricht.

> **Beispiel**
>
> ‚Die ärmsten Würmer'. Erzählung von einer Besonderung
> Ein Beispiel für ausgrenzende Praktiken gegenüber Schüler*innen einer inklusionsorientierten Schule kann in dem Text „Herstellung und Bearbeitung von Differenz im inklusiven Unterricht" (Sturm 2015, S. 223 ff.) gelesen werden. Der Text basiert auf einer Studie zu „Differenzkonstruktionen in unterrichtlichen Praktiken" (ebd., S. 227), in deren Rahmen 30 Gruppendiskussionen mit Lehrer*innen unterschiedlicher Schulformen und Sozialräume geführt wurden. Vorgestellt wird die (Re)Konstruktion einer Passage aus einer Gruppendiskussion an einer Schule, die sich als ‚inklusive' Grundschule versteht.
>
> „Die ausgewählte Passage entstammt der Mitte des Gesprächs [...]. Unmittelbar vor dieser Passage unterhalten sich die Lehrerinnen über die Richtlinien, nach denen sie die Schüler/innen bewerten sollen, die einen ‚Sonderstatus', im Sinne des sonderpädagogischen Förderbedarfs, aufweisen. [...] ‚[A]lso die ärmsten Würmer sind eigentlich die finde ich die so gerade an der Grenze vorbeischrammen die dann irgendwie n IQ von hundert haben [...] wenn man in der ersten Klasse ist [...] möchte [man] sich zügig darum kümmern dann gibt es außerunterrichtliche Lernhilfen [...] auch noch nicht, [...] ich spreche jetzt von Eltern die einfach auch nicht das Geld haben und es ist damit ja auch oft nicht getan'. Die Umschreibung [...] ‚ärmste Würmer' verweist einerseits auf empathisches Mitgefühl und andererseits auf ihre Herabsetzung. [...].
>
> Die Lehrerinnen diskutieren ihre eigenen Schwierigkeiten, für diese Gruppe Unterstützungsangebote zu organisieren, die sie zudem durchgängig außerhalb des Unterrichts suchen. Sie selbst fühlen sich für die Lehr- bzw. Lernprozesse dieser Schülergruppe unterrichtlich nicht zuständig. Die aufgerufenen außerschulischen Fördermöglichkeiten unterstützen die Lehrerinnen ebenso wie die Überprüfung, ob für die Kinder sonderpädagogischer Förderbedarf generiert werden kann. [...] Damit rufen die Lehrerinnen die Orientierung auf, dass die Schüler/innen zur Schule passen oder durch außerschulische Unterstützung an sie angepasst werden sollen. [...] Die unterrichtliche Orientierung führt dazu, dass auf die Schülergruppe im Unterricht nicht eingegangen wird bzw. sie nicht als Lernende mit spezifischen Bedürfnissen adressiert werden" (ebd., S. 227 f., Anpassungen K.P.). ◀

In dem zitierten Beispiel werden Schüler*innen als ‚Lernende mit spezifischen Bedürfnissen' in zweifacher Weise zum Thema. Zum einen werden sie als Schüler*innen diskreditierend adressiert, mit einer Stigmatisierung, welche (auch) als ‚emphatisches Mitgefühl' vorgestellt wird. Zum anderen ist die Rede davon, dass sie als Personen im Unterricht nicht berücksichtigt werden. Damit ist eine Form von Exklusion aus dem schulischen Unterricht bei gleichzeitiger Inklusion in die Schulklasse thematisiert.

Die so vollzogenen Ausschlüsse lassen sich als Bestandteile von Lernangeboten vorstellen, an die einige Schüler*innen kommunikativ nicht anschließen können. Derartige Lehr- und Lernarrangements können ‚die ärmsten Würmer' als Schüler*innen erscheinen lassen, „von denen man nichts mehr erwartet und deren kommunikative Adressierung nach Möglichkeit vermieden wird" (Stichweh 2016, S. 164). Exklusion kann dabei „die Form eines Nichtereignisses" (ebd.) aufweisen, das kaum auffällig wird. Diesbezüglich lässt sich vermerken:

> „Exklusionen sind insofern viel schwerer zu identifizieren und zu beweisen, als dies bei Inklusionen der Fall ist, weil sie eine Sequenz von Kommunikationsereignissen voraussetzen, in denen eine inklusive Kommunikation hätte erfolgen können, aber eine solche inklusive Kommunikation nicht verwendet worden ist" (Stichweh 2016, S. 164).

Werden *Exklusionen* in Interaktionssystemen *als ‚Nichtereignisse'* unter dem Aspekt der Bedingungen der Möglichkeit von Kommunikation in Interaktionssystemen thematisiert, können sich Kommunikationsbedingungen als Herausforderungen für Inklusionsansprüche und konstruktive Realisierungen inklusionsorientierter Unterrichtspraxen zeigen. So lassen sich Exklusionen/Ausschlüsse bei Anwesenheit im schulischen Unterricht mit Vorstellungen von Behinderungen erklären. Der Text „Behinderung und Soziale Systeme. Anmerkungen zu einem schier unlösbaren Problem" (Fuchs 2002) geht der Frage nach: ‚Warum gerät Inklusion gerade hinsichtlich des Behinderungsphänomens in so starke Turbulenzen?' (vgl. ebd., o. A.). Er antwortet mit der These, „daß Behinderung soziale Systeme zumindest auf der Ebene der Interaktion so strapaziert, daß Exklusion erwartbar wird" (vgl. ebd.).

Demnach wären Exklusionen im Interaktionssystem schulischer Unterricht wahrscheinlich, wenn kommunikative Erwartungen, die sich gleichermaßen an alle Schüler*innen richten, von einigen Schüler*innen irritiert werden, bzw. wenn keine konkreten Erwartungen möglich sind, weil ein Verstehen unerwarteter Mitteilungsweisen und Informationen und damit Kommunikationsakte unwahrscheinlich sind. Das könnte beispielsweise bei Unterschieden der

3.3 Inklusion/Exklusion im schulischen Unterricht

von den anwesenden Personen praktizierten Sprachen der Fall sein, oder auch bei eingeschränktem Hör- und Lautsprachvermögen oder bei Wahrnehmungs- und Sinnverarbeitungsbesonderheiten. Die Erwartungswahrscheinlichkeit kann erhöht werden „durch die Ausdifferenzierung von Einrichtungen, die die sachlichen, zeitlichen und sozialen Bedingungen schaffen, unter denen belastete Kommunikation möglich ist" (ebd.). Als eine solche Einrichtung hat sich im Schulsystem die Sonderpädagogik etabliert. Ihr wird die Aufgabe „der Entdeckung und Behandlung von Behinderungen und Erwartungsverletzungen" (Weisser 2005, S. 12) im Sinne einer ‚Barrierenanalyse' und eines kritischen ‚Heterogenitätsmanagements' zugeschrieben.

Abb. 3.2 gibt einen zusammenfassenden Überblick zu den skizzierten Weisen der Inklusion/Exklusion bezogen auf das Interaktionssystem Unterricht.

Die sich hier anschließende Frage wäre, ob ein inklusionsorientierter Unterricht als ein Interaktionssystem vorgestellt werden kann, das die sachlichen, zeitlichen und sozialen *Bedingungen* schafft, *unter denen belastete Kommunikation möglich ist und damit situative, ereignishafte Inklusion wahrscheinlicher wird*. Inklusionsorientierte schul-pädagogische und soziale Angebote lassen sich in diesem Sinne als Unterstützungsleistungen für Inklusion auffassen. Sie schaffen zugleich exkludierende Sonderarrangements.

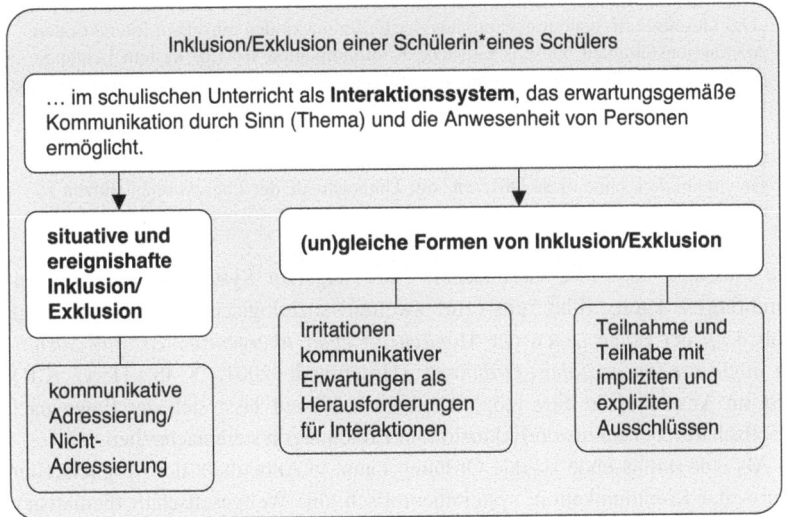

Abb. 3.2 Inklusion/Exklusion im Interaktionssystem Unterricht. (© Mirko Moll)

Als legitimierende Kontexte für inkludierende/exkludierende Unterstützungen belasteter unterrichtlicher Kommunikation können Fragen ungleicher Teilnahme- und Teilhabechancen ebenso aufgerufen werden wie der Anspruch ‚funktional differenzierter' Gesellschaften, Inklusion für alle Personen zu ermöglichen. Unsere Lesart systemtheoretischer Konstruktionen dieser Kontexte skizzieren wir im nächsten Abschnitt.

3.4 Inklusion/Exklusion im Erziehungssystem

Wir haben Inklusion/Exklusion im Interaktionssystem schulischer Unterricht als einen Vollzug der Gesellschaft in einer Gesellschaft mit Inklusionsgebot/Exklusionsverbot vorgestellt. In dem Zusammenhang thematisierten wir exemplarisch die systemtheoretische Antwort auf die soziologische Grundfrage nach den Möglichkeiten von Interaktionen. Dabei kann schon lesbar geworden sein, dass (aus systemtheoretischer Perspektive) Interaktion und Gesellschaft als *verschiedenartige* Sozialsysteme zu thematisieren sind. Diese Verschiedenartigkeit verhindert, dass man „Gesellschaftssysteme in Interaktionssysteme zerlegen oder Interaktionssysteme zum Gesellschaftssystem zusammenfügen kann" (Luhmann 1984, S. 568). Wir lesen:

> „Das Gesellschaftssystem gewinnt aus der Differenz zu den einzelnen Interaktionen Abstraktionsfähigkeit. Gesellschaftliche Kommunikation wird in weitem Umfange (nicht ausschließlich) als Interaktion durchgeführt. [...] Die Gesellschaft schließt Interaktion nicht aus, sondern ein. Es kommt also nicht zu einer Trennung unterschiedlicher Handlungssorten: gesellschaftlicher bzw. interaktioneller. [...] Die Gesellschaft kann ihre eigene Systemdifferenzierung durchführen, das heißt Subsysteme bilden, ohne diese Differenz auf Unterschiede der Interaktionen stützen zu müssen" (Luhmann 1984, S. 574).

Die Aussage, dass ‚die Gesellschaft' ihre ‚eigenen Systemdifferenzierungen' durchführen kann, führt uns zur zweiten soziologischen Grundfrage (vgl. Abb. 3.1), der Frage „nach der *Möglichkeit einer übergeordneten, alle Sozialität umfassenden sozialen Ordnung*" (Hillebrandt 2001, S. 48, Herv. K.P.). Erst im Anschluss an eine mögliche Antwort darauf lässt sich der Frage nach gesellschaftlicher Inklusion/Exklusion im Erziehungssystem nachgehen.

Als eine umfassende soziale Ordnung kann, in Anbetracht der Möglichkeiten weltweiter Kommunikation, systemtheoretisch eine Weltgesellschaft thematisiert vorgestellt und wie folgt skizziert werden:

3.4 Inklusion/Exklusion im Erziehungssystem

„Das Kriterium der kommunikativen Erreichbarkeit bestimmt die Ausdehnung der Gesellschaft, die keine räumliche, sondern eine kommunikative ist. ‚Gesellschaft als Gesellschaft aller erwartbaren Kommunikationen' ist in ihrer modernen Form Weltgesellschaft und dadurch definiert über eine eindeutige Grenzsetzung; Weltgesellschaft ist dasjenige soziale System, in dessen Umwelt es nichts Soziales mehr gibt" (Farzin 2006, S. 77, mit Bezug auf Luhmann 1984, S. 535).

Wir hätten demnach davon auszugehen, dass Gesellschaft heute als eine kommunikative und als Weltgesellschaft aufzufassen ist, und zudem davon, dass es nicht möglich ist, die Komplexität der (Welt-)Gesellschaft in all ihren Formen zu erfassen. In dem Zusammenhang kann „sich die Frage nach den Möglichkeiten der *Selbstbeschreibung der Weltgesellschaft* auf[drängen]" (Luhmann 1984, S. 585, Herv. i. Orig., Anpassung K.P.).

Die ‚Theorie sozialer Systeme' beantwortet die Frage nach der Möglichkeit einer umfassenden sozialen Ordnung zunächst mit zwei Einschränkungen. Zum einen präsentiert sie ihre vorgelegte Gesellschaftstheorie als ein „Angebot einer Selbstbeschreibung der modernen Gesellschaft" (Luhmann 1997, S. 1139), das „als Resultat des Versuchs, eine Vielzahl verschiedener Theorieentscheidungen aufeinander abzustimmen" (ebd., S. 1138), zu lesen wäre. Zum anderen verweist sie darauf, „daß die Position des Beobachters zweiter Ordnung [in dem Fall die ‚Theorie sozialer Systeme'] nur kontingente Phänomene erzeugen kann" (ebd., S. 1137, Ergänzung K.P.). Mit diesen Begrenzungen schlägt sie die *Unterscheidung Welt und Sinn* vor und gibt zu bedenken: „Wenn man […] die Gesellschaft als Einheit beschreiben will, hat man in den Sinndimensionen einen Anhaltspunkt für die Themen, die in der Beschreibung zu berücksichtigen sind" (ebd., S. 1137).

Exkurs

Zur Vorstellung von Sinn in der ‚Theorie sozialer Systeme'
Die Sinndimensionen werden in der Systemtheorie wie folgt charakterisiert: „die Sozialdimension durch das Konzept der Kommunikation und ihrer Medien; die Zeitdimension durch das Konzept der Evolution; und die Sachdimension durch das Konzept der Systemdifferenzierungen […]. So wie die Sinndimensionen einander wechselseitig voraussetzen und jede von ihnen zum Ausgangspunkt für die Beobachtung der anderen genommen werden kann, so sind auch Kommunikationstheorie, Evolutionstheorie und Differenzierungstheorie jeweils verschiedene Einstiegstore für die Darstellung der Gesamttheorie" (Luhmann 1997, S. 1138).

Zur Erklärung heißt es: „Alles Selbstbeobachten und Selbstbeschreiben ist letztlich ein Unterscheiden, eine distinguierende Operation. Die Selbstbeschreibung der Welt muß deshalb durch eine Leitdifferenz charakterisiert werden. Hierfür kommt als letztgültige Form nur die Unterscheidung von Sinn und Welt in Betracht. Die *Einheit* der sinnhaften Konstitution von Welt (der welthaften Konstitution von Sinn) wird für die phänomenologische Beschreibung als *Differenz* artikuliert und kann in dieser Form zur Informationsgewinnung dienen" (Luhmann 1984, S. 105, Herv. i. Orig.). ‚Sinn' wird als „evolutionäre Errungenschaft" (ebd., S. 92) vorgestellt, die durch die ‚Koevolution' von selbstreferenziellen autopoietisch agierenden Personen und sozialen Systemen entsteht. „Personen können nicht ohne soziale Systeme entstehen und bestehen und das gleiche gilt umgekehrt. [...] Beide Systemarten sind auf sie [die evolutionäre Errungenschaft Sinn] angewiesen, und für beide ist sie bindend als unerläßliche, unabweisbare Form ihrer Komplexität und ihrer Selbstreferenz" (ebd., Ergänzung K.P.). ‚Welt', so heißt es, „erscheint in ihrer Einheit als Letzthorizont alles Sinnes" (ebd., S. 105).

‚Sinn' wird (wie schon vermerkt) in der ‚Theorie sozialer Systeme' nicht als Einheit vorgestellt, sondern in drei Sinndimensionen unterschieden, in die Sach-, Zeit- und Sozialdimension. Diese werden wie folgt eingeführt: „Von Sachdimension soll die Rede sein im Hinblick auf alle *Gegenstände sinnhafter Intention* (in psychischen Systemen) oder *Themen sinnhafter Kommunikation* (in sozialen Systemen). [...] Die *Zeitdimension* wird dadurch konstituiert, daß die Differenz von Vorher und Nachher, die an allen Ereignissen unmittelbar erfahrbar ist, auf Sonderhorizonte bezogen, nämlich in die Vergangenheit und in die Zukunft hinein verlängert wird. [...] Zeit ist demnach für Sinnsysteme die Interpretation der Realität im Hinblick auf eine Differenz von Vergangenheit und Zukunft [...] [,die] nur intendiert bzw. thematisiert, nicht aber erlebt oder behandelt werden [können]. [...] Die *Sozialdimension* betrifft das, was man jeweils als seinesgleichen, als ‚alter Ego' annimmt, und artikuliert die Relevanz dieser Annahme für jede Welterfahrung und Sinnfixierung. [...] Das heißt: Man kann allen Sinn daraufhin abfragen, ob ein anderer ihn genauso erlebt wie ich oder anders" (ebd., S. 114 f., Herv. i. Orig.).

In der Schulpädagogik ist eine solche Unterscheidung von Sach-, Zeit- und Sozialdimension keine unbekannte. Auf diese Weise werden beispielsweise Leistungsbewertungen kommuniziert. **Sachdimension:** Eine zu betrachtende Leistung einer Schülerin*eines Schülers zu einem Unterrichtsgegenstand (Thema sinnhafter Kommunikation) lässt sich sachlich vergleichend im Bezug zu der Art bewerten, wie der Gegenstand im Unterricht thematisiert wurde. **Zeitdimension:** Dieselbe Leistung lässt sich auch vergleichend im

3.4 Inklusion/Exklusion im Erziehungssystem

Zusammenhang mit den bisher beobachtbaren Leistungen der Schülerin*des Schülers (Verlängerung der ‚Realität' in die Vergangenheit) und im Bezug auf deren*dessen antizipiertes Leistungspotenzial (Verlängerung der ‚Realität' in die Zukunft) bewerten. **Sozialdimension:** Ebenso kann dieselbe Leistung sozialvergleichend in Bezug zu den Leistungen bewertet werden, die andere Schüler*innen zu dem entsprechenden Lerngegenstand erbracht haben oder aber auch in Bezug zu den kommunizierten Leistungserwartungen konkreter und abstrakter Anderer (z. B. Kolleg*innen, Vorgaben aus Vergleichsstudien). Jede dieser Bewertungsweisen wird der zu betrachtenden Leistung eine andere Bedeutung zuschreiben, und diese Bedeutungsdifferenzen lassen sich selten ungebrochen in einer Bewertung zusammenführen. Als Ausnahme kann eine Leistung vorgestellt werden, die den kommunizierbaren Erwartungen in allen drei Sinndimensionen entspricht.

Die Aussage, dass ‚die Gesellschaft' ihre ‚eigenen System-differenzierungen' durchführen kann, ist der Sachdimension einer möglichen sinnvollen Beschreibung von (Welt-)Gesellschaft zuzuordnen. Mit diesem Einsatz beschreibt die systemtheoretische Differenzierungstheorie die Ungleichartigkeit und die Gemeinsamkeiten der Systeme einer *funktional differenzierten Gesellschaft*[2] in Differenz zu anderen beobachtbaren gesellschaftlichen Ordnungen. Als funktional differenziert lässt sich eine Gesellschaft vorstellen, die *zunehmende gesellschaftliche Arbeitsteilung* zeigt und in der *unterschiedliche Handlungslogiken* nebeneinander existieren (vgl. Hillebrandt 2001, S. 50).

Die ‚Theorie sozialer Systeme' geht davon aus, dass sich unterschiedliche Handlungslogiken gesellschaftlicher Teilsysteme in komplexen Gesellschaften anhand spezifischer *Funktionen* unterscheiden lassen. „Auch Funktionen dienen […] der Selbstbeschreibung eines komplexen Systems, der Einführung eines Ausdrucks für Identität und Differenz in das System. […] Man kann […] vermuten, daß in der Funktionsorientierung ein Ordnungsmodus bereitgehalten wird, der immer dann erstrangige Bedeutung gewinnt, wenn Systeme zu komplex werden für Hierarchisierung" (ebd., S. 406).

Als gesellschaftlich zu ordnende Funktionen werden z. B. Politik, Wirtschaft, Religion, Medizin, Wissenschaft, Erziehung, Kunst, Sport, Soziale Arbeit, Liebe, Massenmedien und soziale Bewegungen vorgestellt. Ihre

---

[2] Die Beobachtung, dass sich nicht das gesamte Soziale der (Welt-)Gesellschaft als funktional-differenziert zeigt, markiert einen der ‚blinden Flecken' dieser systemtheoretischen Konstruktion.

Ordnungen werden als Systeme mit je eigenen Funktionen, Leistungen und Selbstbeschreibungen/Reflexionen thematisiert. Die *Funktionen* beziehen sich auf die Gesamtgesellschaft. Sie werden mit unterschiedlichen Handlungslogiken, entsprechenden selbstreferenziellen Beobachtungen und Entscheidungen mithilfe symbolisch generalisierter Kommunikationsmedien beschrieben.

Von symbolisch generalisierten Kommunikationsmedien ist bezüglich aller Funktionssysteme zu lesen. Das bedeutet z. B.: Das politische System prozessiert seine Funktion (Wahl politischer Rechte und Pflichten) mittels des symbolischen Mediums ‚Macht'; das Wirtschaftssystem prozessiert seine Funktion (Waren zu erwirtschaften und Einkommen zu ermöglichen) mittels des Mediums ‚Geld'; das medizinische System prozessiert seine Funktion (Funktionsfähigkeit von Personen zu erhalten) mittels des Mediums ‚Gesundheit'; das Funktionssystem Kunst prozessiert seine Funktion (ästhetischer Dimensionierung) mittels des Mediums ‚Schönheit' usw.; und das Erziehungssystem prozessiert seine Funktion (Bildung bzw. Lernfähigkeit zu ermöglichen) mittels des Mediums ‚Kind' (vgl. Luhmann 1997, S. 316 ff.). Symbolisch generalisierte Kommunikationsmedien verdanken sich der „These [...]: daß selbstreferentielles Prozessieren von Sinn *symbolische Generalisierungen* erfordert. Der Begriff Symbol/symbolisch soll dabei das Medium der Einheitsbildung bezeichnen, der Begriff Generalisierung ihre Funktion der operativen Behandlung einer Vielheit" (Luhmann 1984, S. 135, Herv. i. Orig.). Sie werden als Ermöglichung von Erwartungen vorgestellt, wenn es heißt: „Symbolische Generalisierungen verdichten die Verweisungsstruktur jeden Sinnes zu Erwartungen, die anzeigen, was eine gegebene Sinnlage in Aussicht stellt. Und ebenso gilt das Umgekehrte: Die in konkreten Situationen benötigten und bewährten Erwartungen führen und korrigieren ihre Generalisierungen. [...] Als Selektion ist die Generalisierung *Einschränkung* des Möglichen und zugleich Sichtbarmachen *anderer* Möglichkeiten. Als Einheit dieser beiden Aspekte führt Generalisierung zur Entstehung konstruktiver Komplexität" (ebd., S. 139 f.).

Zudem werden *Leistungen* markiert, die Funktionssysteme für andere Funktionssysteme (d. h. für Umwelten) zu erbringen haben. Das Problem, das sich dabei zeigt, ist, dass Erwartungen der Funktionssysteme entsprechend ihrer jeweiligen Logiken unvereinbar sein können, z. B. Qualifikationserwartungen des Wirtschaftssystems vs. individuelle Bildung, z. B. Allokationserwartung des Wirtschaftssystems vs. Inklusionsgebot des politischen Systems. Welche Erwartungen erfüllt werden, kann und

3.4 Inklusion/Exklusion im Erziehungssystem

muss im Funktionssystem nach den ihm eigenen Bedeutungen und nicht in den Systemen der Umwelt entschieden werden. Die Entscheidungen sind abhängig von strukturellen Kopplungen (enger und loser Kopplungen), je nach der Bedeutung, die bestimmten Erwartungen zugeschrieben wird. Wenn dem Wirtschaftssystem große Bedeutung zugeschrieben wird, werden dessen Erwartungen für Entscheidungen im Erziehungssystem oder auch im politischen System hohe Relevanz haben.

Die Funktionssysteme beschreiben sich und ihre Leistungen mit Blick auf ihre gesellschaftlichen Funktionen. In den *Selbstbeschreibungen/ Reflexionen* der Funktionssysteme kommen die Leistungserwartungen, die nicht erfüllt werden, nicht in den Blick. Beispielsweise werden in Selbstbeschreibungen des Erziehungssystems Qualifikations- und Inklusionserwartungen des politischen Systems und Leistungserwartungen des Wirtschaftssystems kommuniziert, jedoch nicht die damit verbundene Exklusion, die Ausgrenzungen/Behinderungen/Barrieren. Diese ‚blinden Flecken' können nur Beobachtungen 2. Ordnung wahrnehmen, z. B. wissenschaftliche Beobachtungen wie PISA-Studien und Inklusionsforschungen, die andere blinde Flecken haben.

In dieser Weise werden Teilsysteme als selbstreferenzielle[3] *Funktionssysteme* vorgestellt. So lassen sich „unterschiedliche Handlungslogiken der Gesellschaft, die sich relativ autonom reproduzieren und immanenten Gesetzen gehorchen" (ebd.), mit ihren Differenzen und Gemeinsamkeiten ordnen. Als Differenzen lassen sich z. B. die „Logik der auf Machterwerb zielenden Politik, der auf Gewinnmaximierung zielenden Wirtschaft, der auf Wahrheitssuche ausgerichteten Wissenschaft etc." (ebd.) oder auch die Logik der auf „humane Perfektion/Bildung/Lernfähigkeit" (vgl. Luhmann und Schorr 1988, S. 63 ff.) ausgerichteten Erziehung beschreiben. ◀

Im Text „Reflexionsprobleme im Erziehungssystem" (Luhmann und Schorr 1988) ist zu lesen, dass sich der Sinn und mit ihm die Leitideen des Erziehungssystems historisch verändern und sich diese Veränderungen mit den ‚Kontingenzformeln humane Perfektion, Bildung und Lernfähigkeit' (ebd., S. 60 ff.) beschreiben lassen. Als Kontingenzformeln werden symbolische Strukturen vorgestellt,

---

[3] Das heißt, auch gesellschaftliche Teilsysteme werden thematisiert als „Systeme mit der Fähigkeit, Beziehungen zu sich selbst herzustellen und diese Beziehungen zu differenzieren gegen Beziehungen zu ihrer Umwelt" (Luhmann und Schorr 1988, S. 31).

die die Logik eines Funktionssystems so abstrahieren und generalisieren, dass Erwartungen bezüglich der Funktion „sinnhaft faßbar gemacht und durch Bestimmung präzisiert werden" (ebd., S. 59) können. So kann zum Beispiel erwartet werden, dass Erziehung Lernfähigkeit ermöglichen soll, und es wird beobachtbar, in welchen Weisen dies geschieht.

Die Veränderung der Kontingenzformeln des Erziehungssystems hin zu Lernfähigkeit wird mit der Entstehung und den Verschiebungen der Funktion des Schulsystems erklärt. Sie erscheint im Zusammenhang mit „ein[em] ungewöhnlich schnell laufende[n], abrupte[n] Prozess der Ausdifferenzierung, […] ein[em] immense[n] Anwachsen möglicher Unterrichtsthemen […] [und] eine[r] hohe[n] funktionale[n] Relevanz von Überschneidungsbereichen, die sich der vollen Ausdifferenzierung entziehen [z. B. familiale Strukturen], aber gleichwohl Erziehungsleistungen erbringen und durch den von Schulen organisatorisch getragenen Ausdifferenzierungsprozess betroffen [sind] und verändert werden" (ebd., S. 61, Anpassungen und Ergänzung K.P.).

Mit der Vorstellung einer funktional differenzierten (Welt-)Gesellschaft zeigt sich das *Inklusionsgebot/Exklusionsverbot im Erziehungssystem* auf selbstreferenzielle Weise: Alle Heranwachsenden müssen erzogen werden. Aber nicht alle müssen in allen Organisationsformen gleich erzogen werden. Die Vorstellung der Notwendigkeit von Erziehung wird damit begründet, dass funktionale Differenzierung keinen festen Wissenskanon, keine eindeutigen Verhaltensregeln und klare Handlungsoptionen ermöglicht, in die ‚hinein sozialisiert' und damit inkludiert werden könnte. Exklusivität/Individualität angesichts vielfältiger Möglichkeiten und differente kontingente Formen ‚des Sozialen' erfordern flexibles Agieren und Reagieren auf der Basis individueller Bildung. Das heißt im Verständnis der Systemtheorie, ‚Lernfähigkeit' muss gelernt werden.

Das Inklusionsgebot/Exklusionsverbot wird als eine Übereinstimmung aller Funktionssysteme lesbar: Inklusion bedeutet unter den Bedingungen einer funktional-differenzierten Gesellschaft, dass alle Mitglieder der Gesellschaft prinzipiell Zugang zu allen Funktionen haben müssen, die ‚das Soziale' ordnen (vgl. ebd., S. 31). Faktisch ungleiche Chancen der Teilhabe, wie z. B. ungleiche Bildungschancen, werden zum gesellschaftlichen Problem, weil sie im Erziehungssystem ‚funktionslos reproduziert'[4] werden. Formal bestehen gleiche Inklusionsmöglichkeiten für alle:

---

[4] Erklären lassen sich ungleiche Bildungschancen jedoch als Leistungen des Erziehungssystems gegenüber dem Wirtschaftssystem. Mit Bezug auf die Institution Schule werden kontingente bildungspolitische Erwartungen begründet, auch solche, die sich vor allem an der Logik des Wirtschaftssystems orientieren.

3.4 Inklusion/Exklusion im Erziehungssystem

„Im Prinzip sollte jeder rechtsfähig sein und über ausreichendes Geldeinkommen verfügen, um an Wirtschaft teilnehmen zu können. Jeder sollte als Teilnehmer an politischen Wahlen auf seine Erfahrungen mit Politik reagieren können. Jeder durchläuft, soweit er es bringt, zumindest die Elementarschulen. Jeder hat Anspruch auf ein Minimum an Sozialleistungen, Krankenpflege und ordnungsmäßige Beerdigung. Jeder kann, ohne von Genehmigungen abzuhängen, heiraten. Jeder kann einen religiösen Glauben wählen oder es lassen" (Luhmann 1997, S. 625).

Das hieße, formal kann und muss jede Person *im „Modus vollwertiger Mitgliedschaft"* (ebd., Herv. K.P.) gleichermaßen *wählen* können, in welchen Weisen sie an Funktionssystemen teilhat. Dass diese Wahlen der Teilhabe angesichts der Idee einer Weltgesellschaft eingeschränkt sein müssen, scheint schon aus Gründen der Vielzahl an Teilhabemöglichkeiten und begrenzter Zugänglichkeiten plausibel. Alle Personen müssen an allen Funktionssystemen teilhaben können, aber an allen Interaktions- und Organisationssystemen können sie nicht teilhaben (vgl. Stichweh 2016, S. 167).

Die Vorstellung gleicher Inklusionsmöglichkeiten für alle wird systemtheoretisch als *Selbstbeschreibung/Reflexion* von Funktionssystemen thematisiert, in denen es keine funktional begründeten Erklärungen (Exklusionsmotive) für den Ausschluss einzelner Personen oder Gruppen gibt (vgl. ebd., S. 71 und 163 ff.). Damit sind keine Aussagen über die Qualitäten der Leistungen der jeweiligen Funktionssysteme für die einzelnen Personen getroffen. Je nach Funktion ist *Inklusion/Exklusion systemspezifisch regelhaft* und in verschiedenen Formen zu beobachten (vgl. Stichweh 2016, S. 24 ff.)

Die Vorstellung funktionaler Differenzierung schließt ein, dass keinem Funktionssystem allein die Teilhabe einer Person an der gesamten Gesellschaft zugeschrieben werden kann. Zugleich lassen sich prinzipiell Teilhabeunterschiede für jede Person je nach Funktionssystem beobachten. Mit diesen unterschiedlichen Teilhaben an Funktionen, die ‚das Soziale' ordnen, begründet die ‚Theorie sozialer Systeme' *Individualität/Exklusivität* bzw. „Exklusionsindividualität" (Farzin 2006, S. 29). Zur Vorstellung der ‚Exklusivität' ist zu lesen:

„Die *Teilnahme* am sozialen System fordert dem Menschen Eigenbeiträge ab und führt dazu, daß die Menschen sich voneinander unterscheiden, sich gegeneinander *exklusiv* verhalten, denn sie müssen ihren Beitrag selbst erbringen" (Luhmann 1984, S. 299, Herv. K.P.).
„Und wenn jemand seine Chancen, an Inklusion teilzunehmen, nicht nutzt, wird ihm das individuell zugerechnet. Auf diese Weise erspart die moderne Gesellschaft, zunächst jedenfalls, es sich, die andere Seite der Form, die Exklusion als sozialstrukturelles Phänomen wahrzunehmen" (Luhmann 1997, S. 625).

Diese Erklärung legt nahe, die Vorstellung der vollständigen Inklusion „aller Menschen in die Gesellschaft" (Luhmann 1997, S. 630) als Ausblendung von Exklusionen zu beobachten. Diese systemtheoretische Beobachtungsperspektive ermöglicht zum einen, Exklusionsprobleme als „direkte Folgen der funktionalen Differenzierung des Gesellschaftssystems" (ebd., S. 631) zu thematisieren. Zum anderen lassen sich ‚Individualisierungen' und Ungleichheit von Inklusion/ Exklusion im Zusammenhang mit gesellschaftlicher „Anerkennung und Erfolg" (ebd., S. 620) problematisieren. Die Brisanz der Exklusionsproblematik in funktional differenzierten Gesellschaften markiert das folgende Zitat:

> „Die Idealisierung des Postulats der Vollinklusion aller Menschen in die Gesellschaft täuscht über gravierende Probleme hinweg. Mit der funktionalen Differenzierung des Gesellschaftssystems ist die Regelung des Verhältnisses von Inklusion und Exklusion auf die Funktionssysteme übergegangen, und es gibt keine Zentralinstanz mehr (so gern die Politik sich in dieser Funktion sieht), die die Teilsysteme in dieser Hinsicht beaufsichtigt. [...] Da Teilnahme unter all diesen Bedingungen möglich ist, kann man sich der Illusion eines nie zuvor erreichten Standes der Inklusion hingeben. Faktisch ist dies jedoch nicht nur eine Frage [...] einer unvermeidlichen Diskrepanz von Erwartungen und Realitäten. Vielmehr bilden sich an den Rändern der Systeme Exklusionseffekte, die auf dieser Ebene zu einer negativen Integration der Gesellschaft führen. Denn die faktische Ausschließung aus einem Funktionssystem – keine Arbeit, kein Geldeinkommen, kein Ausweis, keine stabilen Intimbeziehungen, kein Zugang zu Verträgen und zu gerichtlichem Rechtsschutz, keine Möglichkeit, politische Wahlkampagnen von Karnevalsveranstaltungen zu unterscheiden, Analphabetentum und medizinische wie auch ernährungsmäßige Unterversorgung – beschränkt das, was in anderen Systemen erreichbar ist und definiert mehr oder weniger große Teile der Bevölkerung, die häufig auch wohnmäßig separiert und damit unsichtbar gemacht werden. [...] Exklusionsprobleme [...] sind direkte Folgen der funktionalen Differenzierung des Gesellschaftssystems insofern, als sie auf funktionsspezifische Formen der Abweichungsverstärkung [...] und auch darauf zurückgehen, daß Mehrfachabhängigkeit von Funktionssystemen den Exklusionseffekt verstärkt" (Luhmann 1997, S. 630).

Gesellschaftliche Funktionen realisieren sich jedoch mit je eigenen Teilhabemodi quer zu Inklusionen/Exklusionen von Personen in sozialen Praktiken und Strukturen. Mit einem systemtheoretischen Zugang lassen sich Exklusionsprobleme vor dem Hintergrund gesellschaftlicher Ordnungen/Systeme im Zusammenhang mit Funktionen oder auch Themenbereichen beschreiben, die für das soziale Zusammenleben in einer Gesellschaft organisiert werden müssen. Funktionssysteme können als abstrakte soziale Ordnungen vorgestellt werden, die in konkreten Interaktionen und Organisationsstrukturen (wie z. B. in einer Unterrichtssequenz, in einer Schule oder im Schulsystem) beobachtbar werden.

3.4 Inklusion/Exklusion im Erziehungssystem

Das heißt, Funktionssysteme sind selbst nicht als Organisationen/Institutionen oder Interaktionen vorzustellen. Sie lassen sich mit ihren sachlichen, zeitlichen und sozialen Konstruktionen von Sinn in Interaktionen und Organisationen/Institutionen betrachten. Diese Idee wollen wir anhand der Funktion ‚Erziehung' skizzieren. Das entsprechende System wird als Erziehungssystem vorgestellt.[5]

Aus dieser Perspektive stellt sich die Frage, was sich als Erziehung beobachten lässt. Erziehungssystemspezifische selbstreferenzielle Beobachtungen und Entscheidungen ermöglichen differente Antworten auf diese Frage. Sie werden nach systemtheoretischem Verständnis mithilfe des symbolisch generalisierten Kommunikationsmediums ‚Kind' getroffen (vgl. Luhmann 2004a, S. 159 ff.). Das hieße in unserer Lesart: Das, was in der Logik des Erziehungssystems als sinnvoll beobachtet wird, erscheint mit Bezug auf das Symbol ‚Kind'[6]. Differente Erwartungen, etwas als Erziehung zu verstehen, und Möglichkeiten, sich darüber zu verständigen, verleihen diesem Symbol verschiedenartige Bedeutungen/Formen. Zur Differenz von Medium und Formen ist u. a. zu lesen: „Das System operiert in einer Weise, daß es das eigene Medium [z. B. die Symbolisierung ‚Kind'] zu eigenen Formen bindet [z. B. eine konkrete Vorstellung einer*eines ‚lernfähigen erziehungsbedürftigen Heranwachsenden']" (Luhmann 1997, S. 197, Ergänzungen K.P.). Die symbolische Generalisierung mithilfe des Mediums ‚Kind' schränkt ein, was als Erziehung thematisierbar ist, und macht zugleich sichtbar, dass vieles Erziehung sein kann.

Die mögliche Produktivität eines solchen Verständnisses von Erziehung skizzierten wir an unserem ‚Fallbeispiel Schule' (s. oben). In dessen Einführung wird von der Bewertung des Erziehungsverständnisses der Eltern durch

---

[5] Die Bezeichnung ‚Erziehungssystem' wird der möglichen Bezeichnung ‚Bildungssystem' vorgezogen mit der Begründung, dass ‚Erziehung' „der kulturunabhängigere und insofern geeignete Name" (Stichweh 2016, S. 166) sei. Das Schulsystem lässt sich mit diesem Zugang nicht als Funktionssystem, sondern ebenso wie eine Schule und auch eine Schulklasse als ein spezifisches Organisationssystem beobachten.

[6] Die hier skizzierte Logik des Erziehungssystems kommt an ihre Grenzen, wenn Pädagogik als Theorie der Erziehung und als Erwachsenenbildung kommuniziert wird, Schulerziehung und Erwachsenenbildung demselben Funktionssystem zugeordnet werden. „Sofern es auf diesen *Unterschied* ankommt, ist Kindsein und Erwachsensein ein Konstrukt. […] Die Frage kann nur sein, welche Unterscheidungen verwendet werden, um Kinder bzw. Erwachsene zu identifizieren" (Luhmann 2004b, S. 260 f.). Vor diesem Hintergrund wird die Idee diskutiert, „daß der Lebenslauf das allgemeinste Medium des Erziehungssystems sein könnte mit sehr unterschiedlichen Ausprägungen (oder Untermedien), je nachdem, ob es sich um Kinder oder um Erwachsene handelt" (ebd., S. 266).

die Lehrerin berichtet. Wir haben gelesen: „Die Lehrerin […] hält die Eltern für ‚bildungsfern' und ihre Erziehung für problematisch" (Zifonun 2016, S. 259). Eine systemtheoretisch motivierte Beobachtung könnte die ‚Bildungsferne' verständlich werden lassen als Ausdruck

a) eines Konfliktes zwischen schulischen und familialen Erwartungen an Erziehung in der Institution Schule und/oder
b) funktionsspezifischer differenter Vorstellungen von ‚Kindern' und deren Erziehung.

Wir untersetzen zunächst unsere Lesart (a), ‚Bildungsferne' als Ausdruck eines Konfliktes zwischen schulischen und familialen Erwartungen an Erziehung in der Schule zu betrachten. Im Fallbeispiel wird von einem solchen Konflikt erzählt. Er wird erklärt als Differenz zwischen einer „Vorstellung von der Schule als Einheit aus Lehrern, Eltern und Kindern in einer lokalen Gemeinde, […] die charakteristisch ist für das kleinbürgerlich-türkische Milieu" (ebd., S. 258) einerseits und andererseits einem „Institutionenverständnis der Schule" (ebd.), das die Lehrerin aktualisiert. Mit dem ‚Institutionenverständnis' wurde Schule „als eine eigenständige Institution mit Bildungsauftrag und – da zukünftig Ganztagsschule – als Versorgungsauftrag […] als sozialer Raum klar geschieden von den Eltern, der Gemeinde und der Familie" (ebd.). Dieses Verständnis der Institution Schule als ‚sozialer Raum', der strikt von den Eltern und der Gemeinde zu trennen wäre, lesen wir als eine mögliche, nicht notwendige (kontingente) Auffassung. Als Gegenentwürfe können z. B. Schulkonzepte mit einer „[s]ozialräumliche[n] Verankerung im Stadtteil" (Deutsches Schulportal 2022) aufgerufen werden. Ein derartiges Konzept (das Netzwerk „INFamilie") stellt z. B. die „Dortmunder Grundschule Kleine Kielstraße" (ebd.) vor. Von dieser Schule heißt es, dass sie „eng mit anderen sozialen Akteuren im Stadtteil [kooperiert], um bestehende Bildungsangebote besser zu verknüpfen und neue zu schaffen" (ebd., Ergänzung K.P.).

> **Beispiel**
>
> **Netzwerk ‚INFamilie'**
> Das Nicht-Geschiedensein der Schule von den Eltern und der Gemeinde erscheint in der zitierten Selbstdarstellung des Netzwerkes INFamilie als ein Aspekt des Institutionenverständnisses, wenn es heißt: „In unserem Netzwerk geht der Blick aller Beteiligten über die eigenen Arbeits- und Berufsgrenzen hinaus. Das macht aus meiner Sicht den Erfolg des Projektes INFamilie aus" (Deutsches Schulportal 2022, o. A.).

3.4 Inklusion/Exklusion im Erziehungssystem

> Von der Zusammenarbeit im Netzwerk INFamilie ist unter anderem zu lesen: „Gemeinsam mit dem Familienzentrum Haus der Generationen und dem Familien-Projekt der Stadt Dortmund hat die Grundschule Kleine Kielstraße 2011 das Netzwerk INFamilie gegründet. Ziel ist es, den Kindern in der Dortmunder Nordstadt angemessene Startchancen in Schule und Beruf zu ermöglichen und möglichst früh passgenaue, unterstützende Angebote bis hin zu Präventionsketten anzubieten. Dazu ist jede Institution nicht länger nur für bestimmte Lebensabschnitte eines Kindes zuständig, sondern alle Akteurinnen und Akteure fühlen sich für die gesamte Bildungsbiographie verantwortlich. Zum Netzwerk gehören neben der Grundschule auch eine örtliche Kita sowie das Förderzentrum der Diakonie. Gemeinsam identifizieren die am Netzwerk Beteiligten Angebotslücken im Stadtteil und entwickeln Lösungen, um diese zu schließen. […] Die Zusammenarbeit zwischen Elternhaus und Schule nimmt in der Grundschule Kleine Kielstraße eine zentrale Stellung ein. So war von Beginn an klar, dass der Grundschule als erste staatliche Institution, mit der Familien konfrontiert werden, im Rahmen der Netzwerkarbeit eine Schlüsselrolle zufällt, denn im Unterschied zu freiwilligen Angeboten erreicht die Schule alle Eltern. […] Die Eltern der zukünftigen Erstklässlerinnen und Erstklässler werden ab Dezember einmal im Monat zu einem zweistündigen Elterngesprächskreis in die Schule eingeladen. Hier können sie sich mit anderen Eltern über ihre Sorgen und Vorfreuden austauschen, erhalten Tipps zur vorschulischen Förderung ihrer Kinder und können erste Einblicke in Schulalltag und Unterricht gewinnen. […] Das Elterncafé ist ein niederschwelliges Kontaktangebot, in dem Mütter und Väter die Möglichkeit haben, Kontakte zu knüpfen, Sprach- und Computerkurse zu besuchen oder sich bei individuellen Problemen beraten zu lassen. Sogenannte ‚Rucksackmütter', die bereits Deutsch sprechen, unterstützen Eltern aus der gleichen Ethnie, denen diese Kenntnisse noch fehlen" (ebd.; Herv. i. Orig.).
>
> Weitere Anregungen (z. B. eine filmische Inszenierung der Grundschule Kleine Kielstraße) finden Sie auf der folgenden Website: https://deutschesschulportal.de/konzepte/infamilie-sozialraeumliche-verankerung-einer-schule-im-stadtteil/ (Zugegriffen: 09.05.2022). ◄

Mit einem solchen Gegenentwurf kann die ‚Bildungsferne', von der in unserem ‚Fallbeispiel Schule' die Rede ist, als Ausdruck eines Konfliktes zwischen zwei konkreten (gleichermaßen möglichen, aber nicht notwendigen) schulischen und familialen Ansprüchen an Erziehung erscheinen. Beide Seiten der Erwartungsdifferenz ließen sich mit der Logik der Funktion Erziehung betrachten. Schule und Familie können hier als zwei spezifische Institutionen verständlich werden, die sich mit differenten Bezügen auf das Symbol ‚Kind' zeigen. Aus der Vielheit möglicher Erwartungen an Erziehung werden je eigene, einander entfernte Vorstellungen von Erziehung und Bildung aufgerufen. Eine Beobachtung zweiter Ordnung (im Sinne der Reflexion des je eigenen Verständnisses von Erziehung als kontingentes durch die beteiligten Personen) könnte theoretisch eine ‚Verständigung im Dissens' ermöglichen. Mit einer systemtheoretisch motivierten Lesart wäre davon auszugehen, dass in funktional differenzierten Gesellschaften kein genereller Grundkonsens und auch kein (für alle Personen verbindlicher) kultureller Orientierungskonsens denkbar sind. Deswegen bringt jedes Entscheiden Dissens, also Nichtübereinstimmungen oder Meinungsverschiedenheiten mit sich, die es erforderlich machen, Konflikte über zu treffende Entscheidungen durch entscheidbare Konflikte zu ersetzen (vgl. Luhmann 2017, S. 101).

Mit unserer Lesart (b), ‚Bildungsferne' als einen Ausdruck funktionsspezifischer differenter Vorstellungen von ‚Kindern' und deren Erziehung zu beobachten, verschieben wir die unter (a) diskutierte Betrachtungsweise. Schule nicht als sozialen Raum, sondern als eine Institution des Erziehungssystems zu konstruieren, kann die im ‚Fallbeispiel Schule' aufgerufene ‚Bildungsferne' mit funktionsspezifischen differenten Vorstellungen von ‚Kindern' und deren Erziehung in Familien und Schulen erklären.

Diese Möglichkeiten skizzieren wir mit Blick auf die besondere Bedeutung, welche die ‚Theorie sozialer Systeme' dem *Schulsystem* als Institution zuschreibt. Für die damit zur Sprache kommende Weise der Differenzierung gesellschaftlicher Ordnung ist davon auszugehen, dass alles, was als Erziehung beobachtet werden kann, dem Funktionssystem Erziehung zuzuordnen wäre.

Erziehung kann sich in verschiedensten Interaktionen und Organisationen zeigen, in einer Familie, einer Kindertagesstätte, einer Schule, einer Freizeiteinrichtung, einem Museum, einer Beratungsstelle, einem Gerichtssaal, einem Wirtschaftsunternehmen, einer Kirche, einer Zahnarztpraxis, einem Kino usw. Andererseits lassen sich nicht alle Interaktionen, die sich z. B. in Schulen ereignen, dem Funktionssystem Erziehung zurechnen. Interaktionen und Kommunikationsstrukturen, die Verwaltungsleistungen, das Schulgebäude, das Schulbudget, Schulfreundschaften usw. thematisieren, sind nicht (oder doch nur vermittelt durch pädagogische Themen) unter der Funktion Erziehung zu beschreiben. Mit einer möglichen Thematisierung der Erziehungsfunktion ließe sich gegebenenfalls auch die Frage der Essenversorgung im ‚Fallbeispiel Schule' dem Erziehungssystem zurechnen.

Das *Schulsystem* kann als ein „Sondersystem" (Luhmann und Schorr 1988, S. 25) (bzw. als eine besonders organisierte Form des Erziehungssystems)

3.4 Inklusion/Exklusion im Erziehungssystem

erscheinen, in dem „[d]urch Ausdifferenzierung besonderer Situationstypen, besonderer Rollen, schließlich sogar besonderer Sozialsysteme für Erziehung" (ebd., Anpassung K.P.) die Funktion Erziehung „die Themenwahl steuert, statt umgekehrt mitlaufender Nebeneffekt zu bleiben" (ebd., S. 53 f.).

„Soweit dies möglich ist, wird die Funktion dann durch einen intentional veranstalteten Lehr-/Lernprozeß erfüllt, und zwar typisch in der Form schulmäßigen Unterrichts, die es ermöglicht, Lehrkräfte rationell, das heißt für eine Mehrzahl von Schülern zugleich, einzusetzen. In dieser Form wird Erziehung organisierbar" (Luhmann und Schorr 1988, S. 54).

Der gelesene Text verweist darauf, dass auch andere Organisationsstrukturen, in denen ‚Erziehung' zu beobachten ist, als wichtige ‚Erziehungsbereiche' zu thematisieren sind. Jedoch hat in ihnen die Funktion ‚Erziehung' nicht den ‚Primat' (vgl. Luhmann und Schorr 1988, S. 54). Das heißt, sie verdanken sich nicht in der Weise wie Schulen und zumeist auch nicht vordergründig der Funktion Erziehung.

Die ‚Theorie sozialer Systeme' beschreibt z. B. *Familien als Formen der Organisation von ‚Intimbeziehungen'*, in denen *unter anderem auch* Erziehung stattfindet. Ihre gesellschaftliche Funktion kann als ‚Sozialisation' und ‚Reproduktion' von Personen vorgestellt werden, die sich in der Befriedigung persönlicher und geselliger Interaktionsbedürfnisse realisieren. Familien ermöglichen (wie alle anderen Intimbeziehungen) ‚Inklusionsindividualität', d. h. Teilnahmen und Teilhaben, in denen die ‚Gesamtheit' einer Person bedeutsam werden kann, die sich nicht auf spezifische Rollen beschränkt (vgl. Burkhart 2005, S. 101 ff.).

Angesichts der Schulpflicht und des schulischen Bildungsrechts aller Heranwachsenden können und müssen sich Familien (als autopoietische selbstreferenzielle Organisationssysteme) zu kommunizierten Erwartungen des Schulsystems verhalten. Ein solches Sich-verhalten-können-und-müssen zu schulischen Erwartungen wird insbesondere dann sichtbar, wenn Familien die Exklusion ihrer Kinder aus dem institutionalisierten Schulsystem befördern, z. B. mit grundsätzlichen Kritiken am Schulsystem (vgl. u. a. Caspar-Jürgens 2004) oder auch im Zusammenhang mit kulturell verankerten Familien- und Erziehungsvorstellungen der Sinti und Roma (vgl. u. a. Brombach 1995). Diese können ‚Bildungsferne' als familiäre Entscheidung mit kontingenten Erziehungsvorstellungen verständlich werden lassen, z. B. mit folgender Erläuterung:

> „Der Nichtbesuch einer Schule durch die Kinder destabilisiert die Familie nicht (zumal sie in der Regel die Kinder im Haus unterrichten wird) [...]. Dort [...] ist eher anzunehmen, dass die Erziehungserwartung an die Familie entsprechend steigt, dass wir es insofern lokal mit einer Situation zu tun haben, die noch vor dem Vorgang der Differenzierung von Familie und Schule liegt. Dann wird alles Wissen, das die Kinder für das Leben benötigen, über andere Kommunikationswege vermittelt: Familie, Gleichaltrige, außerfamiliale Personen mit Autorität" (Stichweh 2016, S. 168 f.).

Das kann jedoch nicht in allen Fällen schulischer Exklusion vorausgesetzt werden; zum einen nicht, wenn gar keine schulischen Bildungsangebote erreichbar sind, und zum anderen nicht in Situationen expliziter oder impliziter Exklusionen aus einer Schule, die als „Scheitern des Individuums in der Schule" (Stichweh 2016, S. 168) kommuniziert werden.

Vor dem Hintergrund scheinbar selbstverständlicher schulischer Ansprüche lassen sich Familien als ‚bildungsnah' oder ‚bildungsfern' beobachten, z. B. angesichts des Ansinnens, „dass Eltern sekundäre Leistungsrollen" (Stichweh 2016, S. 165) im Schulsystem übernehmen sollen, ihnen also „aktive Beiträge zugedacht werden, was beispielsweise damit zu tun haben kann, dass ohne die intensive Mitwirkung der Eltern die schulischen Leistungen der Kinder nicht mehr erbracht werden können" (ebd., S. 164). In solchen Fällen werden jedoch Familien die ‚Inklusionsleistungen' zugemutet, die der Schule obliegen. Viele Beispiele dafür finden sich unter dem Stichwort ‚Homeschooling'. Das sogenannte ‚Homeschooling' war eine der Maßnahmen zum Infektionsschutz in der Corona-Pandemie. Das Deutsche Komitee für Unicef etwa veröffentliche „6 Tipps, um Ihre Kinder im Homeschooling zu unterstützen" (Sandgathe 2021, o. A.). Darin werden Eltern und andere Angehörige als ‚Ersatz-Lehrkräfte' angesprochen, denen u. a. empfohlen wird, mit ihren Kindern „eine Lern-Routine zu vereinbaren – ähnlich einem Stundenplan, den die Kinder aus dem Schulalltag schon kennen" (ebd.), „für alle Fächer zunächst kürzere Lernzeiten [zu planen] [...][,] [und] sofern möglich, Online- und Offline-Lerninhalte in einer Lernphase" (ebd.) zu kombinieren. Im Rahmen dieser Vorstellungen scheint gar nicht die Frage aufzukommen, ob Eltern oder andere Angehörige diese ‚sekundäre Leistungsrolle' erfüllen können. Stattdessen gibt es den Ratschlag für alle: „Achten Sie angesichts der Mehrfachbelastung zwischen Home-Arbeitsplatz, Videokonferenzen und Lehrer-Dasein darauf, gut für sich selbst zu sorgen. Denn nur so können Sie eine gute Unterstützung für Ihre Kinder sein" (ebd.).

In der systemtheoretisch beobachteten Logik des *Erziehungs*systems hat das Schulsystem explizit die Funktion, *allen* Personen/Schüler*innen *systematisch* Lernfähigkeit bzw. deren Steigerung (vgl. Luhmann 1997, S. 626 f.) zu ermög-

3.4 Inklusion/Exklusion im Erziehungssystem

lichen. Die Leistung erbringen die Schüler*innen selbst, weil „Erziehung nur möglich ist, wo Lernfähigkeit vorausgesetzt werden kann"[7] (Luhmann und Schorr 1988, S. 87). Die (kontingente) Funktionszuschreibung der Lernfähigkeit begründet sich zum einen mit der „Funktion der Erziehung für *Personen*" (ebd., S. 276, Herv. i. Orig.), nämlich damit, dass es „in allem Lernen [...] auf die dabei mitgelernte Fähigkeit, das Gelernte als Grundlage weiteren Lernens zu verwenden" (ebd., S. 86), ankommt. Zum anderen legitimiert sie sich mit ihrer „Funktion für das *Gesellschaftssystem*" (ebd., S. 276, Herv. i. Orig.).

> „Das Konzept des zu lernenden Lernenkönnens paßt sich in eine funktional differenzierte Gesellschaftsordnung ein. [...] Höhere Komplexität, die selektives Verhalten erzwingt, erfordert höhere Umstellfähigkeit" (Luhmann 1997, S. 87).

Für die (Re-)Konstruktion der gesellschaftlichen Relevanz der Funktion der Erziehung stellt die ‚Theorie sozialer Systeme' den Begriff der ‚Karriere' vor. Er markiert die Idee, dass sich Lernfähigkeit in kontingenten individuellen Lebenswegen, eben ‚Karrieren', manifestiert. Das Verständnis von Karriere, das hier zur Sprache kommt, verortet „pädagogische Selektion, die *im Funktionssystem für Erziehung* stattfindet, sich nach *dessen Kriterien* richtet und *dessen Positionen bzw. Symbole für Erfolge/Mißerfolge* zuteilt" (Luhmann und Schorr 1988, S. 252, Herv. i. Orig.), im Verhältnis zu anderen gesellschaftlichen Selektionen. Pädagogisch begründete Selektionen sind in diesem Verständnis eine Grundlage der Legitimation individueller Lebenswege im Sinne von Karrieren. Dazu heißt es im Text:

> „Unter Karriere im allgemeinsten Sinne verstehen wir eine Sequenz von selektiven Ereignissen, die Personen mit positiv oder negativ bewerteten Attributen verknüpfen bzw. solche Verknüpfungen lösen [...][,] mit zugeschriebenen Kenntnissen und Fähigkeiten, Rollen und Ämtern, Zensuren, Beurteilungen, Reputationsmerkmalen, Mitgliedschaften in sozialen Systemen, Einkünften oder sonstigen erwerbbaren Qualitäten" (Luhmann und Schorr 1988, S. 278).

Aus dieser Perspektive lässt sich die Widersprüchlichkeit der Ermöglichung individueller Bildung und der Funktion(en) des Schulsystems in der Gesellschaft

---

[7] Wir erinnern: Autopoietische psychische Systeme, angesprochen als Personen, können von ihren Umwelten nicht determiniert, wohl aber zum Lernen angeregt und irritiert werden.

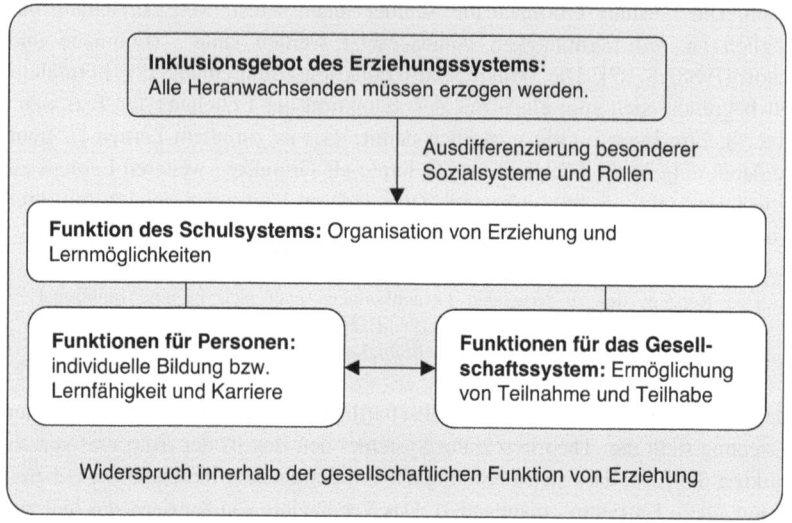

Abb. 3.3 Zur Funktion des Schulsystems nach Luhmann (1997). (© Mirko Moll)

(vgl. Klafki 2002, S. 44) reformulieren (vgl. Kap. 2 Abschn. 2.1). Der Antagonismus von (individueller Bildung und/oder) Lernfähigkeit und gesellschaftlichen Erwartungen kann als einer vorgestellt werden, welcher der gesellschaftlichen Funktion von Erziehung inhärent ist.[8] So begründet sich systemtheoretisch die Vorstellung, dass das Schulsystem formal *allen* Schüler*innen Teilhabe *und* Teilnahme *ermöglichen* muss, weil es nur so seine Funktion erfüllen kann (vgl. Abb. 3.3).

Auf die vorgestellte Weise werden schulische Voraussetzungen für Bildung, Lernfähigkeit und Karriere thematisierbar. Deren Differenzen werden jedoch individualisiert den Schüler*innen zugeschrieben. Systematisch organisierte Möglichkeiten schulischen Lernens markieren die Erziehungsfunktion des Schulsystems, sind jedoch nicht als Leistungen schulischer Erziehung zu verstehen, an denen sich Erziehungserfolge und -misserfolge unterscheiden ließen.

---

[8]Von der gesellschaftlichen Funktion des Erziehungssystems zu unterscheiden wären Leistungserwartungen anderer Funktionssysteme zu deren „Förderung und Entlastung […][,] etwa zur Kräftigung der Gesundheit, zur politischen Sozialisation, zum Rechtsbewußtsein oder zum Arbeitsmarkt der Wirtschaft" (Luhmann und Schorr 1988, S. 276).

3.4 Inklusion/Exklusion im Erziehungssystem

Mit diesem Zugang wenden wir uns (dieses Kapitel abschließend) noch einmal den bereits aufgerufenen Beispielen „Vom Schüler ‚Andy'" (Götz und Jauch 2003, S. 28 ff.) und „Die ärmsten Würmer" (Sturm 2015, S. 223 ff.) zu. Beide Beispiele lassen sich als Geschichten vom ‚Scheitern' schulischer Inklusion lesen. Es wird von ‚exkludierten' Schüler*innen erzählt, von Ideen für ihre potenzielle Teilhabe am schulischen Unterricht und von den ‚Anstrengungen' ihrer Lehrer*innen, eben diese zu ermöglichen. In beiden Erzählungen finden sich jedoch grundlegend verschiedene Antworten auf die Frage nach der systematischen Ermöglichung schulischen Lernens, bezogen auf die thematisierten Schüler*innen.

Wir können lesen: Die Grundschullehrerin des ‚kreativen' und ‚eigensinnig kommunizierenden' Schülers ‚Andy' und die sie beratenden Pädagog*innen formulieren für sich die (in der erzählten Zeit nicht eingelöste) inklusionspädagogische Aufgabe, „für ihn angemessene Schlüsselthemen und Medien zu finden" (Götz und Jauch 2003, S. 35). Die Lehrerin kann sich an dieser Idee im Sinne ‚reflexiver Inklusion' orientieren. Diese begründet sich mit der Vorstellung, dass ‚Andy' am gemeinsamen Unterricht teilnehmen und langfristig teilhaben kann.

Von den Lehrer*innen der ‚ärmsten Würmer' (vorgestellt als Schüler*innen mit einem ‚grenzwertigen Intelligenzquotienten' und mit Eltern, die kein Geld für ‚außerunterrichtliche Lernhilfen' haben) erfahren wir, dass sie sich „für die Lehr- bzw. Lernprozesse dieser Schülergruppe unterrichtlich nicht zuständig" (Sturm 2015, S. 228) fühlen. Die Abweisung der Ermöglichung schulischen Lernens im gemeinsamen Unterricht legitimiert sich in der Erzählung (ebenso wie die Unterstützung für ‚Überprüfungen sonderpädagogischer Förderbedarfe' und ‚außerschulischer Förderangebote') mit einer Grenzziehung zwischen Schüler*innen, als ‚Lernende mit und ohne spezifische Bedürfnisse' (vgl. ebd.). Damit erscheint die ‚inklusive' Grundschule (von der in dieser Erzählung die Rede ist) als eine Schule, in der die Erwartung herrscht, dass sich Schüler*innen an vorhandene grundschulpädagogische oder sonderpädagogische Lehr- und Lernangebote anpassen lassen und auf diese Weise Teilhabe und Teilnahme möglich wird. Exklusion, Ausgrenzungen, Behinderungen und Barrieren können so als zu überwinden thematisiert werden. Mit der Frage nach der Ermöglichung systematischen Lernens für alle Schüler*innen erscheint diese Schule als eine, die (in der Zweiteilung Schüler*innen mit und ohne zugeschriebene sonderpädagogische Förderbedarfe) schulinterne Inklusion und Exklusion in spezifischer Weise praktiziert. *Chancenungleichheiten für Bildung, Lernfähigkeit und Karriere* durch die damit vorstellbaren Weisen der eigenen Leistungserbringungen kommen in solcher Art Selbstbeschreibungen eines ‚inklusiven'

Schulsystems nicht zur Sprache. Sie stellen das Inklusionsgebot, den Teilhabeanspruch an schulischer Bildung und damit das Funktionieren des Schulsystems infrage.

> **Anregungen für das Selbststudium**
>
> 1. Skizzieren Sie den in diesem Kapitel vorgestellten Zusammenhang von Inklusion/Exklusion und (Un-)Gleichheit. Setzen Sie sich sodann mit der Vorstellung ‚gleicher Inklusionsmöglichkeiten für alle' im Schulsystem vor dem Hintergrund gesellschaftstheoretischer Argumente auseinander.
> 2. Erläutern Sie an einem selbstgewählten Beispiel unterrichtlicher Interaktion Inklusion/Exklusion a) als kommunikative Adressierung/Nicht-Adressierung, b) angesichts irritierender kommunikativer Erwartungen und c) als Teilnahme und Teilhabe mit impliziten und expliziten Ausschlüssen (vgl. dazu Abb. 3.3).
> 3. Setzen Sie sich vertiefend mit folgender Aussage auseinander: Systematisch organisierte Möglichkeiten schulischen Lernens stellen Voraussetzungen für Bildung, Lernfähigkeit und Karriere dar. Unterschiedliche Bildung, Lernfähigkeiten und Karrieren werden individualisiert den Schüler*innen zugeschrieben. ◄

Literatur

Fachwissenschaftliche Literaturempfehlungen

Luhmann, N. & Schorr, K. E. (1988). *Reflexionsprobleme im Erziehungssystem.* Frankfurt/Main: Suhrkamp. *Dieser Band vermittelt eine systemtheoretische Vorstellung davon, auf welche Weisen sich das Erziehungssystem mit seinen grundlegenden Problemstellungen (Kontingenz und Autonomie, Technik und Reflexion sowie Gleichheit und Selektion) auseinandersetzt. Als Themen der Reflexion werden „die Frage nach der sachlichen Besonderheit und Autonomie des Erziehens, die Frage nach einer Technologie für zeitliche Fernwirkungen und die Frage der Verantwortung für die soziale Selektivität des Erziehungsprozesses" (Luhmann und Schorr 1988, S. 9) entfaltet.*

Farzin, S. (2006). *Inklusion/Exklusion. Entwicklungen und Probleme einer systemtheoretischen Unterscheidung.* Bielefeld: transcript. *Diese Studie führt in die unterschiedlichen systemtheoretischen Bestimmungen des Konzeptes Inklusion/Exklusion ein. Dabei wird eine analytische Trennung system-, differenzierungs- und kommunikationstheoretischer Ausarbeitungen vorgenommen, die es ermöglicht, sich der Komplexität des Differenzkonzeptes Inklusion/Exklusion aus verschiedenen Perspektiven zu nähern.*

„Verdeutlicht werden soll [...][das,] wovon die Rede ist, wenn Systemtheoretiker die Unterscheidung Inklusion/Exklusion in ganz unterschiedlichen Kontexten in ihren Überlegungen verwenden, und warum damit ein zentrales Themenfeld der Soziologie betroffen ist" (Farzin 2006, S. 12).

Darüber hinaus verwendete Literatur

Brombach, H. (1995). Roma und moderne Gesellschaft. Ein Beitrag zur Erklärung der Probleme zwischen traditionell lebenden Roma und modernen Industriegesellschaften. In: J.S. Hoffmann (Hrsg.), *Sinti und Roma in Deutschland. Versuch einer Bilanz* (S. 33–63). Frankfurt/M.: Lang.

Budde, J. & Hummrich, M. (2015). Inklusion aus erziehungswissenschaftlicher Perspektive. In: *Erziehungswissenschaft. Mitteilungen der Deutschen Gesellschaft für Erziehungswissenschaft, 51*, 33–41.

Burkhart, G. (2005). Die Familie in der Systemtheorie. In: G. Runkel & G. Burkhart (Hrsg.), *Funktionssysteme der Gesellschaft. Beiträge zur Systemtheorie von Niklas Luhmann* (S. 101–128). Wiesbaden: Springer VS.

Caspar-Jürgens, A. (2004). Die Temenos-Lerngruppe – Herausforderung für Eltern. In: B. Herz, K. Puhr & H. Ricking (Hrsg.), *Problem Schulabsentismus. Wege zurück in die Schule* (S. 203–212). Bad Heilbrunn: Klinkhardt.

Deutsches Schulportal (2022). INFamilie. Sozialräumliche Verankerung im Stadtteil. https://deutsches-schulportal.de/konzepte/infamilie-sozialraeumliche-verankerung-einer-schule-im-stadtteil/. Zugegriffen: 09. Mai 2022.

Fridays for Future (2019). Gemeinsam gegen den Klimawandel. https://schulstreik.wordpress.com/?msclkid=78a50523b8dd11ecae2e344a4696c6fb. Zugegriffen: 09. Mai 2022.

Fridays for Future (2022). Startseite. https://fridaysforfuture.de. Zugegriffen: 09. Mai 2022.

Fuchs, P. (2002). Behinderung und Soziale Systeme. Anmerkungen zu einem schier unlösbaren Problem. In: *Das gepfefferte Ferkel – Online-Journal für systemisches Denken und Handeln.* www.fen.ch/texte/gast_fuchs_behinderung.htm. Zugegriffen: 09. Mai 2022.

Götz, B. & Jauch, P. (2003). Andys Leistung. Wider die Genese der Dummheit. In: G.G. Hiller (Hrsg.), *Inanspruchnahme. Wenn Kinder und Jugendliche die Initiative ergreifen* (S. 27–35). Langenau-Ulm: Vaas.

Henecka, H.-P. (2015). *Grundkurs Soziologie* (10. Aufl.). Konstanz und München: UVK.

Hillebrandt, F. (2001). Differenz und Differenzierung in soziologischer Perspektive. In: H. Lutz & N. Wenning (Hrsg.), *Unterschiedlich verschieden. Differenz in der Erziehungswissenschaft* (S. 47–70). Opladen: Leske + Budrich.

Hiller G.G. (Hrsg.) (2003). *Inanspruchnahme. Wenn Kinder und Jugendliche die Initiative ergreifen.* Langenau-Ulm: Vaas.

Jergus, K. (2017). Ausblick: Zwischen Teilnahme und Teilhabe. Das pädagogische Selbst zwischen Aneignung und Aussetzung. In: K. Jergus und Ch. Thompson (Hrsg.), *Autorisierungen des pädagogischen Selbst. Studien zur Adressierung der Bildungskindheit* (S. 319–353). Wiesbaden: Springer VS.

Klafki, W. (1990). Abschied von der Aufklärung? Grundzüge eines bildungstheoretischen Gegenentwurfs. In: H.-H. Krüger (Hrsg.), *Abschied von der Aufklärung* (S. 91–104). Opladen: Leske + Budrich.

Klafki, W. (2002). *Schultheorie, Schulforschung und Schulentwicklung im politisch gesellschaftlichen Kontext. Ausgewählte Studien*. Weinheim: Beltz.

Linek, J. (2020). Fünfte Vollerhebung zum Unterrichtsausfall: VBE fordert stärkere Anstrengungen für den Gesundheitsschutz der Lehrkräfte. https://www.vbe-bw.de/pressemeldung/fuenfte-vollerhebung-zum-unterrichtsausfall-vbe-fordert-staerkere-anstrengungen-fuer-den-gesundheitsschutz-der-lehrkraefte/. Zugegriffen: 09. Mai 2022.

Luhmann, N. (1984). *Soziale Systeme. Grundriß einer allgemeinen Theorie*. Frankfurt/M.: Suhrkamp.

Luhmann, N. (1993). Wie ist soziale Ordnung möglich? In: N. Luhmann. *Gesellschaftsstruktur und Semantik. Studien zur Wissenssoziologie der modernen Gesellschaft. Band 2* (S. 195–285). Frankfurt/M.: Suhrkamp.

Luhmann, N. (1997). *Die Gesellschaft der Gesellschaft*. Frankfurt/Main: Suhrkamp.

Luhmann, N. (2004a). Das Kind als Medium der Erziehung (1991). In: N. Luhmann. *Schriften zur Pädagogik* (S. 159–186). Frankfurt/M.: Suhrkamp.

Luhmann, N. (2004b). Erziehung als Formung des Lebenslaufs (1997). In.: N. Luhmann. *Schriften zur Pädagogik* (S. 260–277). Frankfurt/M.: Suhrkamp.

Luhmann, N. (2017). *Legitimation durch Verfahren* (10. Aufl.). Frankfurt/M.: Suhrkamp.

Ministerium für Kultus, Jugend und Sport Baden-Württemberg (MKJSBW) (2019). Vierte Vollerhebung zum Unterrichtsausfall. https://km-bw.de/,Lde/Startseite/Service/2019+09+13+Vierte+Vollerhebung+zum+Unterrichtsausfall. Zugegriffen: 09. Mai 2022.

Ricken, N. (2014). Adressierung und (Re-)Signifizierung. Anmerkungen zum Zusammenhang von sozialer Herkunft und schulischer Leistung aus praxistheoretischer Perspektive. In: B. Kleiner & N. Rose (Hrsg.), *(Re-)Produktion von Ungleichheiten im Schulalltag. Judith Butlers Konzept der Subjektivation in der erziehungswissenschaftlichen Forschung* (S. 119–133). Opladen, Berlin & Toronto: Barbara Budrich.

Sandgathe, L. (2021). Corona-Pandemie: 6 Tipps, um Ihre Kinder im Homeschooling zu unterstützen. https://www.unicef.de/informieren/aktuelles/blog/corona-tipps-homeschooling/234234?msclkid=bdc73043b90211ec8ab62dfb07d9c1ce. Zugegriffen: 09. Mai 2022.

Schäfer, A. (2012). *Das Pädagogische und die Pädagogik. Annäherungen an eine Differenz*. Paderborn: Schöningh.

Schwinn, Th. (2007). *Soziale Ungleichheit*. Bielefeld: transcript.

Stichweh, R. (2016). *Inklusion und Exklusion. Studien zur Gesellschaftstheorie* (2. Aufl.). Bielefeld: transcript.

Sturm, T. (2015). Herstellung und Bearbeitung von Differenz im inklusiven Unterricht. In: K. Bräu & Ch. Schlickum (Hrsg.), *Soziale Konstruktionen in Schule und Unterricht. Zu den Kategorien Leistung, Migration, Geschlecht, Behinderung, Soziale Herkunft und deren Interdependenzen* (S. 223–234). Opladen, Berlin und Toronto: Barbara Budrich.

Tenorth, H.-E. (1988). *Geschichte der Erziehung. Einführung in die Grundzüge ihrer neuzeitlichen Entwicklung*. Weinheim: Juventa.

Weisser, J. (2005). *Behinderung, Ungleichheit und Bildung. Eine Theorie der Behinderung*. Bielefeld: transcript.

Zifonun, D. (2016). *Versionen. Soziologie sozialer Welten*. Weinheim und Basel: Juventa.

4 Schulbezogene Sonder-, Integrations- und Inklusionspädagogiken

> **Zusammenfassung**
>
> Dieses Kapitel stellt Ansprüche an die inklusionsorientierte Schul-Pädagogik aus Perspektiven schulbezogener Sonder-, Integrations- und Inklusionspädagogiken vor. Die damit verbundenen Theorien und Konzepte entstanden zunächst weitgehend separiert von denen der allgemeinen Schulpädagogik (Abschn. 4.1). Die spezifischen Einsätze fokussieren das Thema Inklusion/Exklusion auf Behinderungen schulischer Bildungschancen. In Abgrenzung von den strukturellen und zum Teil auch von den disziplinären Separierungen finden sich differente Positionen, die sich als Integrationspädagogik darstellen (Abschn. 4.2). Wiederum in Abgrenzung und mit einem Verständnis der Weiterentwicklung zeigen sich schulbezogene Inklusionspädagogiken. Wir skizzieren einen Einsatz und fragen nach dem kritisch produktiven Potenzial der wissenschaftlichen Disziplin der Inklusionspädagogik als Differenzpädagogik (Abschn. 4.3).

> **Schlüsselwörter**
>
> Behinderung · Bildungsrecht · Sonderpädagogik · Integrationspädagogik · Inklusionspädagogik · Disability Studies

4.1 Selbstverständigungen der Sonderpädagogik im Zusammenhang mit Bildungsfähigkeit und personenbezogenen Zuschreibungen von Behinderungen

Die schulbezogene Sonderpädagogik[1] begründet sich (ebenso wie die allgemeine Sonderpädagogik und auch die sozial-pflegerische Behindertenhilfe) wesentlich mit Ideen von Besonderheit. Als ihr zentrales Thema lässt sich die Verschiedenheit von Kindern und Jugendlichen im Zusammenhang mit Zuschreibungen von Bildungsunfähigkeit/besonderer Bildsamkeit und von körperbezogenen Behinderungen bzw. schulischen Förderbedarfen darstellen (vgl. Hänsel und Schwager 2003, S. 172 ff.).

Menschen, deren Körperstrukturen und -funktionen kulturell etablierten Normalvorstellungen nicht entsprachen, galten lange als bildungsunfähig. Sie erhielten deshalb keine Schulbildung. Die *Vorstellung von Bildungsunfähigkeit* kann als Ausdruck eines Normalitätsbildes von Schulpädagogik interpretiert werden, aus dem alles ausgeklammert wurde, was schulischen und damit zugleich gesellschaftlichen Leistungsansprüchen nicht entsprach. In einer „Einführung in die sonderpädagogische Schultheorie" (Hänsel und Schwager 2003) heißt es dazu:

> „Die Sonderpädagogik gewinnt als Disziplin und als Profession im Bereich von Schule ihre Identität über die Verschiedenheit der Kinder und grenzt sich als Pädagogik der Verschiedenen bzw. der Verschiedenheit von der Allgemeinen Pädagogik ab" (Hänsel und Schwager 2003, S. 172).

So lässt sich die Sonderpädagogik zunächst als Widerstand gegen den vollständigen Ausschluss/die Exklusion bestimmter Menschen aus dem Schulsystem erklären: Menschen, die z. B. als ‚Krüppel', ‚Blinde', ‚Taube', ‚Idioten', ‚Schwachsinnige' oder ‚Wahnsinnige' stigmatisiert wurden. Erst mit der Proklamation eines allgemeinen Bildungsrechts wurde auch die *kulturspezifische Entdeckung der*

---

[1] Wir verwenden den Begriff der ‚Sonderpädagogik' für alle Formen der Pädagogiken, die sich mit Konstruktionen körperbezogener Differenzen von Behinderungen/Nicht-Behinderungen begründen. Er steht damit hier auch für Konzepte der Heil-, Behinderten- und Rehabilitationspädagogik, wenngleich diese sich in ihrem Selbstverständnis voneinander abgrenzen (s. u. a. Moser und Sasse 2008).

Bildbarkeit und des Bildungsrechts von Menschen mit zugeschriebenen körperbezogenen Behinderungen möglich (vgl. Ellger-Rüttgardt 2008, S. 22). Eine völlige Abkehr von der Kategorie ‚bildungsunfähig' und die Durchsetzung des schulischen Bildungsrechts für alle Heranwachsenden wurde in der Bundesrepublik Deutschland erst durch die 1958 gegründete Elterninitiative ‚Bundesvereinigung Lebenshilfe für geistig Behinderte' vorangetrieben. Noch in einer Empfehlung der Kultusministerkonferenz von 1960 wurde wie selbstverständlich davon ausgegangen, dass sogenannte ‚pflegebedürftige' Kinder wenig bild- und erziehbar seien. Mit dieser Annahme wurde die Möglichkeit der schulischen Bildung ausgeschlossen. Stattdessen wurden Betreuungsangebote empfohlen:

> „Diejenigen Kinder, deren Erziehbarkeit und Bildbarkeit so gering sind, daß sie weder in Schulen noch in Heilpädagogischen Kindergärten gefördert werden können, haben auch ein Anrecht darauf, als Menschen beachtet und behandelt zu werden. Der Staat darf sich der Verpflichtung nicht entziehen, auch diesen Kindern gerecht zu werden. Er muß Heilpädagogische Lebenskreise für pflegebedürftige Kinder schaffen, die die ihnen eigenen körperlichen und seelischen Kräfte pflegen und soweit wie möglich entwickeln" (KMK 1960, nach Ellger-Rüttgardt 2008, S. 304).

Zusammenfassend lässt sich sagen, dass (auf der Basis eines Verständnisses von körperbezogenen Behinderungen als sonderpädagogische Aufgabe) Menschen mit Behinderungen „besondere, abweichende Formen" (Sturm 2016, S. 180) von Bildsamkeit zugesprochen wurden.

Mit der Sonderpädagogik verbunden finden sich *personenbezogene, anthropologisch legitimierte Unterscheidungen von Behinderungen und Nicht-Behinderungen*, die Behinderungen in Formen medizinisch-psychologischer Konstruktionen bildbarer Menschen mit negativ konnotierten Abweichungen entwarfen. „Die Pädagogische Pathologie oder die Lehre von den Fehlern der Kinder" (Stümpel 1890, zitiert nach Bleidick 1999b, S. 59) gilt als Beginn derartiger sonderpädagogischer Begriffstheorien. Hier sind psychopathologische und mit grundsätzlicher Bildungsfähigkeit begründete Vorstellungen der Verhütung und Heilung von Kinderfehlern zu lesen, die als „Störungen der Bildsamkeit des Kindes" (ebd., S. 61) dargestellt werden. In diese Tradition lassen sich auch Theorien der Sonderpädagogik in der Form einer „Anthropologie des Behinderten" (Moser und Sasse 2008, S. 57) stellen, die Sonderpädagogik als Arbeit an Defiziten bzw. ‚Entwicklungsrückständen' von Kindern und Jugendlichen begründen.

„Dabei wird ‚erfolgreiches' (schulisches) Lernen an soziale und körperliche ‚Intaktheit' geknüpft und konzipiert; ihm stehen ‚Grundbehinderungen' gegenüber, die die Ursachen für Erziehungsbehinderungen sind" (Sturm 2016, S. 180).

Derartige Grundlegungen ermöglichten sowohl die Proklamierung von Bildungsrechten der Kinder und Jugendlichen, die als behindert galten, als auch normative Setzungen der Legitimität sonderpädagogischer Erziehungsziele und separierender Formen der Teilhabe an schulischer Bildung. Mit einem schulspezifischen Verständnis lassen sich Behinderungen als intervenierende Variablen erklären, die den „normalen Ablauf von Bildung und Erziehung beeinträchtigen, hemmen, stören, variieren, unterbrechen" (Bleidick 1999a, S. 95) können. So wurden Vorstellungen individueller Verschiedenheiten von Schüler*innen und Konstruktionen der Differenz Behinderung/Nicht-Behinderung in pädagogische Aufgabenbeschreibungen transformiert und im Sinne der Inklusion bisher exkludierter Menschen in ein separierendes Schulsystem institutionalisiert.

Verstanden als Behinderungen durch Ausschluss aus schulischer Bildung konnten derartige Unterscheidungen Prozesse der Entstehung bzw. Etablierung einer Reihe von Differenzpädagogiken mit dem Fokus auf Behinderungen sowie eines ‚behinderungsspezifischen' Schulsystems legitimieren. Damit begründeten sich z. B.

- erste institutionalisierte „Erziehungs- und Bildungsversuche für Sinnesbeeinträchtigte im aufklärerischen Frankreich Ende des 18. Jahrhunderts" (Hofer-Sieber 2000, S. 11),
- die Gründung der ersten „Erziehungsanstalt für arme krüppelhafte Kinder" (Möckel 2007, S. 82) für deren schulische und berufliche Qualifizierung als „Mittel gegen die Bettelei" (ebd., S. 88) 1833 in München,
- die ersten staatlichen Beschulungsversuche „schwachsinniger Kinder" (Fornefeld 2009, S. 36) Ende des 19. Jahrhunderts und
- die Gründung der ersten Nachhilfeklasse 1803 in Zeitz zur „Förderung Schwachbegabter im Rahmen der allgemeinen Volksschule" (Ellger-Rüttgart 2003, S. 26) als Vorläufer der organisatorisch selbstständigen Hilfsschulen, von denen die ersten 1879 in Elberfeld sowie 1881 in Braunschweig und Leipzig entstanden.

Eine „Geschichte der Heilpädagogik" (Möckel 2007) macht darauf aufmerksam, dass sich die Entstehung der Hilfsschulen in anderer Weise erklärt als die der sonstigen Sonderschulformen, die gegründet wurden, damit Heranwachsende, die als behindert galten, überhaupt schulische Bildung erhielten. Hilfsschulen gelten

4.1 Selbstverständigungen der Sonderpädagogik im Zusammenhang ...

als ein Arrangement der *Entlastung* der Volksschulen von Schüler*innen, denen in dieser Schulform Bildungsmöglichkeiten abgesprochen wurden. So stellt die Hilfsschule die „erste heilpädagogische Schule [dar], die nicht neben dem allgemeinen, staatlichen Erziehungswesen, sondern als Differenzierung aus ihm heraus entstand" (Möckel 2007, S. 135, Ergänzung K.P.). Hilfsschulen sollten Schüler*innen mit Lernschwierigkeiten das Lernen an ihrem Wohn- und Lebensort ermöglichen. Sie legitimierten sich mit den Zielen der Arbeitsfähigkeit und des sozialen Funktionierens ihrer Schüler*innen. Zugleich diskriminierten sie diese mittels medizinischer Diagnostiken als erbkrank und/oder „debil (schwachsinnig)" (ebd., S. 137).

Aus einer Perspektive der Professionsentwicklung betrachtet, verdankt sich „das Sonderschulsystem und vor allem die Hilfsschule als dessen Keimzelle dem Interesse von Pädagogen [...], die Pädagogik als Disziplin zu einer exakten Wissenschaft zu entwickeln, die die Verschiedenheit der Kinder im Hinblick auf schulische Bildung in den Griff kriegt, und dem Interesse der Hilfsschullehrer, sich als eigenständige, höherwertige Profession von den Volksschullehrern abzugrenzen" (Hänsel und Schwager 2003, S. 180).

Nicht zuletzt mit diesen Interessen wurden Sonderschulen in der Zeit des Nationalsozialismus zu ‚Sammelbecken' von sogenannten ‚erbkranken' Kindern, die Informationen zu ihren Schüler*innen für Verfahren der Zwangssterilisierung und für systematische Tötungen erhoben und weitergaben. Wahrgenommene körperbezogene Behinderungen erschienen unter dem Aspekt der Nützlichkeit als ein Risiko für die Gesellschaft, welches es mithilfe biopolitischer und pädagogischer Maßnahmen zu kontrollieren galt.

Empfehlung

Für differenzierte sachkundige und zugleich lebensweltnahe Auseinandersetzungen mit Diskriminierungen, Ausschlüssen und den Massenmorden im Nationalsozialismus in Deutschland, unter anderem an Kindern mit Behinderungen, empfehlen wir den Kinder- und Jugendroman:

Zöller, E. (2004). *Anton oder die Zeit unwerten Lebens.* **Frankfurt/M.: Fischer.**
Die Weisen der Erfassung, ‚Behandlung' und systematischen Tötung von Kindern, deren Leben als ‚unwert' galten, werden in diesem Kinder- und Jugendroman exemplarisch z. B. mit einer Erinnerung „an den Jungen von Kappernagels" (ebd., S. 80) und mit einem Verweis auf „Heiner Ehrlich, ‚mongoloid', zehn Jahre alt" (ebd, S. 122), der ‚abgeholt' wurde, dargestellt.

Der Protagonist ‚Anton' entgeht der drohenden Ermordung mithilfe seiner sensibilisierten Eltern und eines Lehrer-Onkels. Die ständige Bedrohung, die nicht zuletzt von nationalsozialistischen Lehrer*innen und Mitschüler*innen ausgeht, wird in vielen Szenen dieses Buches erlebbar, so auch in dieser: „Herr Heimann schlägt in einer Konferenz vor, die ganze Schule solle einen Ausflug in ein ‚Krüppelheim' machen. […] Als alle anderen Klassenlehrer ablehnen, hängt Herr Heimann am nächsten Tag in sämtlichen Klassenzimmern Plakate auf. Auf der linken Seite des Plakats ist ein sogenannter Erbkranker zu sehen, dem auf der rechten eine so genannte erbgesunde Familie mit drei Kindern gegenübersteht. […] Solches ‚Anschauungsmaterial' bringt Heimann von NS-Schulungen über Erbgesundheit und die Sparzwänge des Krieges mit. […] Seitdem weiß der Vater, auf wen Heimann es abgesehen hat. Er redet eindringlich mit Anton und schärft ihm ein, auf keinen Fall nach der Schule mit einem Fremden mitzugehen" (ebd., S. 121 f.). ◄

Der Deportationen und systematischen Tötungen ungeachtet verstanden sich viele Sonderschullehrer*innen in der Zeit des Nationalsozialismus als Retter*innen ihrer Schulen um den Preis der Zugehörigkeit zur „parteihörigen Berufsorganisation" (Möckel 2007, S. 76), der „Verdrängung von Kollegen aus ihren Ämtern" (ebd.) und der „Preisgabe ihrer schwächsten Schüler" (ebd.). So ist auch das Thema Behindertenfeindlichkeit kein der Disziplin äußerliches Problem, auf das die Sonderpädagogik reagiert, sondern eines, das sie selbst in sich trägt. Deswegen gehören nach unserem Verständnis die Verstrickungen der Sonderpädagogik in behindertenfeindliche Exklusionen und ihre Begründungen auch in dieses Studienbuch.

Im folgenden Exkurs stellen wir das skizzierte sonderpädagogische Selbstverständnis sowie die politischen Diskriminierungs- und Tötungspraktiken des deutschen Nationalsozialismus in einen Zusammenhang mit biopolitischen Theorievorstellungen der Zeit. Im letzten Teil des Exkurses geben wir aktuelle biopolitische Einsätze zu bedenken. Mit diesen Ausführungen zu historischen Gemeinsamkeiten und Unterschieden biopolitischer Vorstellungen und deren Bedeutungszuschreibungen für die Pädagogik stellen wir wiederum das Pädagogische in Zusammenhängen mit gesellschaftlichen Erwartungen (vgl. Abschn. 2.2 im Kap. 2) zur Diskussion.

Exkurs

Sonderpädagogik und Biopolitik
Personenbezogene anthropologisch und medizinisch legitimierte Unterscheidungen von Behinderungen und Nicht-Behinderungen bildeten die

4.1 Selbstverständigungen der Sonderpädagogik im Zusammenhang ...

Voraussetzungen für besondere (exkludierende) Schulbildung sowie für medizinisch-therapeutische Hilfen, mit dem Ziel, Arbeitsfähigkeit und soziales Funktionieren ‚herzustellen'. Zugleich sind sie als Teil der gesellschaftlichen Voraussetzungen zu verstehen, die Diskriminierungen und Stigmatisierungen von Menschen, die als behindert galten, legitimierten, bis hin zu deren systematischen Tötungen im Nationalsozialismus.

So konstatiert eine kritische Auseinandersetzung: „Die Heilpädagogik setzte in ihren Anfängen im Namen einer lebenssteigernden Macht auf die biologisch-medizinische Erneuerung der Gesellschaft" (Rösner 2014, S. 86). Unter dem Aspekt der Nützlichkeit erschien Behinderung als ein Risiko für die Gesellschaft, welches es mithilfe biopolitischer und pädagogischer Maßnahmen zu kontrollieren galt. Das lässt sich exemplarisch belegen.

So propagiert bereits die Schrift „Die Heilpädagogik mit besonderer Berücksichtigung der Idiotie und der Idiotenanstalten" (Georgens und Deinhardt 1861, zit. nach Rösner 2014, S. 87) „eine gesunde Cultur gegenüber der Verwilderung, Erschlaffung und Ausartung, die trotz den Fortschritten der Civilisation zurückbleiben und theilweise durch sie bedingt sind" (ebd.).

In einem „Grundriß der Heilpädagogik" (Heller 1912, zit. nach Petzold 2001, S. 48) ist zu lesen: „Die Fürsorge für schwachsinnige und schwachbefähigte Kinder ist nicht bloß eine humanitäre Pflicht, sondern auch eine soziale Notwendigkeit. In letzter Hinsicht kommt in Betracht, daß ein nicht geringer Teil der arbeitsscheuen Bettler und Vagabunden zweifellos schwachsinnig ist, daß fernerhin Schwachsinnige sehr leicht und häufig schon in früher Jugend dem Verbrechen in die Arme fallen. [...] Der Schwachsinnige, der im jugendlichen Alter bereits kriminell geworden ist, bleibt in der Regel auch weiterhin ein sozialer Schädling. [...] Eine Unzahl von geistig minderwertigen Menschen fällt der Armenversorgung und Spitalpflege dauernd zur Last, so daß sich hieraus für den Staatshaushalt beträchtliche Kosten ergeben" (ebd.).

In diesem Sinne ermöglichten z. B. Hilfsschulen Kindern schulisches Lernen, indem sie diese mittels medizinischer Diagnostiken als „debil (schwachsinnig)" (Möckel 2007, S. 137) diskreditierten. Mit der ‚Gleichschaltung' der Sonderpädagogik 1933 wurde die Hilfsschule zum ‚Sammelbecken von erbkranken Schüler*innen' und zur Unterstützerin von Zwangssterilisationen und Euthanasie.

Ab 1939 wurden Menschen, die als unheilbar krank galten, und Menschen, deren Leben als ‚lebensunwert' bezeichnet wurde, systematisch getötet. Unter anderem bestand eine Meldepflicht für „idiotische und mißgebildete Kinder" (vgl. Petzoldt 2001, S. 130), in deren Folge ca. 5000 Kinder in sogenannten ‚Kinderfachabteilungen' durch Verhungern, mit einer Überdosis spezieller

Medikamente, durch Gift oder in Gaskammern getötet wurden. Viele der Kinder wurden vor ihrer Ermordung Opfer von ‚medizinischen Versuchen' und Experimenten für die systematischen Massenmorde in Konzentrationslagern (vgl. Klee 2010).

Die rechtlichen und bürokratischen Bedingungen des deutschen Nationalsozialismus reichen nicht aus, um die Tötungen der Kinder, der mehr als 70.200 erwachsenen Menschen, die als behindert, asozial, krank u. a. galten, im Rahmen der Aktion ‚T4' (vgl. ebd.) und die millionenfachen Massen- und Völkermorde zu erklären. Die radikale Umsetzung rassenhygienischer, sozialdarwinistischer, eugenischer Vorstellungen von absoluter (Erb)Gesundheit, reibungsloser Funktionstüchtigkeit, Abschaffung von Andersartigkeit, ‚Schwäche', biologischer und später auch sozialer ‚Minderwertigkeit' mit dem Ziel, sich der ‚sozialen' Frage zu entledigen, brauchten gesellschaftlichen Rückhalt. „Es bedurfte daher keiner Lügen oder Ideologien, um den Rassismus zu rechtfertigen. Es genügte, der inneren Logik der neuen Bio-Macht bis zum Exzess zu folgen" (Rösner 2014, S. 89). Eine solche Positionierung kann die Aufmerksamkeit auf biopolitische Fragen lenken, in denen sich Behinderungen als Zuschreibungen an Personen zugleich als Behinderungen durch gesellschaftliche Bedingungen und kulturelle Vorstellungen zeigen.

Im Kontext der Aufklärung und ihrer Vorstellungen von Menschlichkeit im Namen der Vernunft wurden Behinderungen zu Themen der Medizin und der Pflege. Die medizinischen und pflegerischen Erklärungen bestimmter Lebensformen als ‚behinderte' lassen sich als Teil gesellschaftlicher Macht sowie als Voraussetzungen für Diskriminierungen und Stigmatisierung betrachten, bis hin zur Vernichtung von Menschen, die als behindert galten, im Nationalsozialismus.

Die Ideologien des Nationalsozialismus und jedes Rechtsextremismus, welche Tötungen menschlichen Lebens eugenisch und rassistisch legitimieren, stellen Ausnahmen dar. Dennoch stehen sie nicht für sich allein, sondern sind auch Ausdruck zeitpopulärer Ideen. Solche zeitpopulären Ideen können als hegemoniale Vorstellungen menschlichen Lebens vor 1933 thematisiert werden. Dazu gehören Brauchbarkeitsvorstellungen ebenso wie biopolitische Entwicklungen, die Etablierung der Eugenik als Wissenschaft und die damit verbundene Rassenideologie.

Vorstellungen von gesellschaftlicher Brauchbarkeit (mit den Aspekten Arbeitsfähigkeit und soziales Funktionieren) waren die Grundlage dafür, abweichende Lebensformen zu konstruieren, die als medizinisch-therapeutisch behandlungsbedürftig und auf Pflege angewiesen waren. Sie waren zugleich die Basis für die Bewertung von Leben unter einer Perspektive der Brauchbarkeit.

4.1 Selbstverständigungen der Sonderpädagogik im Zusammenhang ...

Der Begriff der Biopolitik lässt beschreibbar werden, dass (a) medizinisches Wissen in der zweiten Hälfte des 18. Jh. eine zunehmend politische Bedeutung erfuhr und dass (b) damit politische Macht mit Formen der Normierung und zu verinnerlichender Disziplinierung einherging.

Die zunehmende politische Bedeutung medizinischen Wissens begründet sich (a) wesentlich durch technologische Entwicklungen. Dazu ist grundlegend zu lesen: „Technologische Neuerungen lösen soziale und mentale Veränderungen aus; sie stellen tradierte Vorstellungen von Natur, Körper, Menschsein, Würde, Recht und Ethik in Frage. Biopolitische Innovationen fordern grundlegend die bestehenden Welt- und Selbstbilder heraus und markieren somit einen spezifischen Moment in der Geschichte" (Klein 2020, S. 78).

Als ein spezifischer geschichtlicher Moment kann (b) das Verständnis politischer Macht mittels biopolitischer Normierungen und Disziplinierungen vorgestellt werden. Das lässt sich wie folgt erklären: Ausgehend von Vorstellungen eines ‚Gesellschaftskörpers' und der Abhängigkeit des Lebens der Menschen von der „aneignenden und entzugsmächtigen Macht" (Esposito 2004, S. 192) des Staates war anzunehmen, „daß die Stärke des Staates buchstäblich mit dem erleichterten Überleben der Untertanen zusammenfällt, die in Gestalt ihres eigenen Körpers" (ebd.) Träger eben dieser Stärke sind. „[W]enn der Körper der Bürger [...] der Ort wird, an dem sich die Ausübung der Macht konzentriert, dann wird offenkundig, daß die Frage der öffentlichen Gesundheit, verstanden in ihrem weitesten und allgemeinsten Sinne des ‚Wohlergehens' der Nation, zum Angelpunkt wird, um den herum sich schließlich die gesamte ökonomische, administrative und politische Aktivität des Staates dreht" (ebd., Anpassung K.P.). Mit anderen Worten: „Die modernen Staaten haben seit dem 18. Jahrhundert die Bevölkerung als beeinflussbare Masse verstanden, die [...] wie ein biologischer Organismus erklärt und reguliert werden kann. [...] Die Fortpflanzung, die Geburten- und Sterblichkeitsrate, das Gesundheitsniveau, die Lebensdauer, die Langlebigkeit usw. wurden zum Gegenstand eingreifender Maßnahmen und regulierender Kontrollen" (Rösner 2014, S. 88).

Als Rahmen für biopolitische Formen der Regierung lassen sich zahlreiche gesellschaftliche Veränderungen im 18. Jahrhundert aufführen, die mit neuen Risiken für Leib und Leben verbunden waren. Dazu zählen u. a. der technische Fortschritt (auch in der Landwirtschaft und der Medizin), die Industrialisierung, die Verstädterung und das starke Anwachsen der Bevölkerung. Biopolitik hat sich so erstens aus Angst vor Todesfällen in der Bevölkerung und somit als Ausdruck der Nächstenliebe entwickelt, zweitens in Bezug auf sonst anfallende Pflegekosten und den Entzug der Arbeitskräfte vom Arbeitsmarkt sowie drittens mit den Funktionen der sozialen Kontrolle im Interesse der jeweiligen politischen Ordnung und öffentlichen Sicherheit.

Somit wird Biopolitik im Dienste der Nützlichkeit verständlich, verbunden mit dem Glauben an die Biologie, die Medizin, die Technik und an die Steuerbarkeit sozialer Prozesse. „[D]as Leben wird in jeder Hinsicht zur Regierungsangelegenheit, und diese Regierung gerät vor allem zur Steuerung des Lebens" (Esposito 2004, S. 193). Zu Rechtsprechung und Bestrafung kamen Normierungen mit biopolitischen Kontrollen. Zu lesen ist von medizinischen Normen dessen, was als Gesundheit und Krankheit verstanden wurde, von medizinisch begründeten Vorschriften, welche die Lebensumstände normierten, z. B. Programme öffentlicher Hygiene (ebd.).

Für die Sonderpädagogik hatte (und hat) die Biopolitik eine enorme Bedeutung. Zur Unterscheidung normal/anormal kam die Unterscheidung gesund/nicht-gesund bzw. gesund/behindert hinzu. Diese Unterscheidung wurde erst mit der Entstehung der Bio-Macht denkbar. Behinderte/Nicht-Gesunde wurden als spezifische Zielgruppe entdeckt, auf die mit (vor allem) medizinischen, jedoch auch mit pädagogischen Maßnahmen Einfluss genommen werden konnte/kann. Insofern fordert das Konzept der Biopolitik mit seiner ‚erkenntniskritischen Grundhaltung' nicht zuletzt das bioethische Selbstverständnis der Sonder- und auch der Inklusionspädagogik heraus, das „auf die diskursethische Behandlung biomedizinischer Problemlagen fokussiert" (Klein 2020, S. 83).

Die grundlegende Bedeutsamkeit der skizzierten biopolitischen Entwicklungen für unser kulturelles Verständnis von Gesundheit und damit auch von Krankheit, von funktions- und leistungsfähigen Körpern sowie eingeschränkter Funktions- und Leistungsfähigkeit stellt eine Studie mit dem Titel „Exklusive Gesundheit" (Schmidt 2017) vor.

Die Studie kritisiert, dass in solchen Ideen kein Platz für plurale Vorstellungen von Gesundheit ist: „In der heutigen Gesundheitsgesellschaft sind die Vorstellungen und Vorschriften zur Gesundheit klar [...]. Gesundheit ist heute nicht mehr ein plurales Phänomen, sondern ein eng gezurrter Seinszustand. [...] Faktisch steht nicht vielgestaltiges Wohlbefinden, sondern biomedizinische Normgerechtigkeit, funktionstüchtige Leistungsfähigkeit und eigenverantwortliches Gesundheitsverhalten im Fokus der Debatten. [...] Biogesundheit [...] [wird als] verengtes Verständnis von Gesundheit [...] in seiner leistungsgesellschaftlichen Verwertungslogik [...] [diskutiert. Es geht um Gesundheit,] die möglichst in Eigenleistung herzustellen ist und den Einzelnen möglichst lange unabhängig machen soll von solidarischen und sozialstaatlichen Leistungen" (Schmidt 2017, S. 4 f., Ergänzung K.P.).

Was hier zur Sprache kommt, sind biopolitische Ideen und Biopolitik als Teil hegemonialer Vorstellungen menschlichen Lebens. Heute sind biopolitische Vorstellungen Teil vielfältiger Technologien der Optimierung menschlicher Körper. Gesetze verbieten Diskriminierungen. Nachteilsausgleiche sowie angemessene Vorkehrungen sollen den Rahmen für selbstbestimmte und gleichberechtigte Teilhabe bieten. Diskurse um (Nicht-) Behinderungen verändern sich. Das zeigt sich u. a. im vielfältigen Einsatz neuer Technologien, die es ermöglichen, biologische Grenzen menschlicher Körper mithilfe von Technik (Ergänzungen/‚Prothesen') zu erweitern.

‚Prothesen' ermöglichen ‚Optimierungen des Selbst'. Sie lassen sich als Antworten auf die grundsätzliche Unvollständigkeit des Menschen verstehen. Wenn der Begriff ‚natürliche' Prothese gebraucht wird, geht es um Technik, die als Ausdehnung unserer Körper verständlich werden kann, „der aufrechte Gang oder die Greifbewegung, […] die Sprache selbst, insofern sie Ausdruck ist, ist bereits […] Prothese" (Esposito 2004, S. 207). Als ‚künstliche' Prothesen werden meist Ersetzungen körpereigener Strukturen durch körperfremde bezeichnet. Dazu gehören z. B. Hand- oder Beinprothesen und ‚Talker' oder augengesteuerte Geräte zur Kommunikation genauso wie transplantierte Herzen oder Stammzellen sowie diverse Gen- und Reproduktionstechnologien. Mit künstlichen Prothesen gehen menschliche Körper Verbindungen im Sinne von „Interaktion[en] zwischen verschiedenen Spezies" (ebd., Anpassung K.P.) ein. In solchen Zusammenhängen ist umstritten, was letztlich zum menschlichen Körper gehört und was nicht.

‚Künstliche Prothesen' und andere Körpertechnologien können dazu anregen, scheinbar selbstverständliche Vorstellungen von der Natur (der Körper) und von Technik sowie deren Differenzkonstruktionen zu hinterfragen (vgl. ebd., S. 210). Zu fragen wäre z. B. nach dem ‚technischen' Charakter der Körper und nach den fraktalen, d. h. vielfältig gebrochenen Möglichkeiten der Technik. Sie zeigen sich als Maßnahmen des Selbstmanagements und als ‚Selbstoptimierungsangebote'. Ideen von Gesundheit, Arbeitsfähigkeit und Schönheit lassen sich dabei als „Inklusions- und Anerkennungsdimensionen" (Villa 2013, S. 67) betrachten, die an Konstrukte scheinbar vollkommener Körper gekoppelt sind und damit zugleich an Vorstellungen von Behinderungen.

So kommen auch in diesen Technologien gleichermaßen Inklusions- und Exklusionspotenziale der Biopolitik zur Sprache. Das lässt sich unter anderem am Beispiel der umstrittenen Gen- und Reproduktionstechnologien nachvollziehen, bei denen es „immer auch um ‚Selektion' im Sinne einer medizinischen Definition von ‚Behinderung' oder auch ‚Krankheit/Erbkrankheit' geht. [...] Während einerseits eine Genetifizierung und Rebiologisierung ebenso wie neue Formen der Behindertenfeindlichkeit, sozialer Ungleichheit und qualitativer Bewertung der Nachkommenschaft zu beobachten sind, erweitern sich andererseits die Möglichkeiten von Sexualität, Fortpflanzung, Zugehörigkeit, Partnerschaft und Familie" (Klein 2020, S. 86 ff.).

Im Einlassen auf solche Entwicklungen eröffnen sich für die Pädagogik neue Fragestellungen. Sie muss „die technologischen Herausforderungen annehmen, und zwar nicht nur, weil die fortschreitende Technologisierung der Spezies Mensch nicht zu leugnen ist, sondern weil es das Humane nicht ohne technische Bedingungen gäbe [...][,] weil Mensch und Technik, Natur und Kultur immer schon eine in sich heterogene Einheit bilden" (Wimmer 2018, S. 288 f.). ◄

Ohne kritische Auseinandersetzung mit der nationalsozialistischen Geschichte der Disziplin und des eigenen Berufsstandes wurde ab 1949 der Ausbau des Sonderschulwesens in Deutschland massiv vorangetrieben. Dabei lässt sich das „Gutachten zur Ordnung des Sonderschulwesens" der Kultusministerkonferenz von 1960 als „Höhepunkt im dem Streben der westdeutschen Sonderpädagogik nach ideeller und schulorganisatorischer Abgrenzung und Eigenständigkeit" (Ellger-Rüttgardt 2008, S. 301) verstehen. Es legitimierte zehn bis zwölf eigenständige Sonderschulformen, die „jedoch regional sehr unterschiedlich ausgeprägt [waren], quantitativ wie qualitativ" (Powell 2007, S. 326).

Als Ziele der Sonderschulen galten soziale Chancengleichheit und die Entschärfung gesellschaftlicher Selektionsprozesse durch individuelle Bildung und Förderung, angemessene Qualifikation sowie soziale Integration (vgl. Opp et al. 2001, S. 163). Die Praxen sonderpädagogischer Förderung führten jedoch zu einer weitgehenden sozialen Separierung von Schüler*innen mit zugeschriebenen Behinderungen in Sondereinrichtungen. Dazu trug wesentlich die „Pflicht zum Besuch der Sonderschule" (Staatsministerium Baden-Württemberg 1983, S. 417) bei, die beispielsweise in der „Bekanntmachung der Neufassung des Schulgesetzes für Baden-Württemberg" (ebd.) wie folgt festgeschrieben wurde:

"§ 15 Sonderschule
(1) Die Sonderschule dient der Erziehung und Ausbildung von Kindern und Jugendlichen, die schulfähig sind, aber infolge körperlicher, geistiger oder seelischer Besonderheiten in den allgemeinen Schulen nicht die ihnen zukommende Erziehung und Ausbildung erfahren können" (Staatsministerium Baden-Württemberg 1983, S. 401).
„§ 82 Allgemeines
(1) Die in § 15 bezeichneten Kinder und Jugendlichen sind zum Besuch der für sie geeigneten Sonderschule verpflichtet, sofern sie nicht von der Schulpflicht befreit sind. (2) Darüber, ob die Pflicht zum Besuch einer Sonderschule im Einzelfall besteht, und darüber, welcher Typ der Sonderschule für den Sonderschulpflichtigen geeignet ist, entscheidet die Schulaufsichtsbehörde. Auf deren Verlangen haben sich Kinder und Jugendliche an einer pädagogisch-psychologischen Prüfung (Schuleignungs- bzw. Schulleistungsprüfung und Intelligenztext) zu beteiligen und vom Gesundheitsamt untersuchen zu lassen" (ebd., S. 417).

So wurde die Sonderschulpflicht zum Instrument „inkludierender Exklusion" (Stichweh 2016, S. 173) von Schüler*innen, denen körperbezogene Behinderungen zugeschrieben wurden. Sie haben als Schüler*innen formal (nur) an exklusiven schulischen Bildungsangeboten teilgenommen. Aus einer funktionalen Perspektive ist mit der *Schulpflicht* aller Heranwachsenden deren Inklusion in das Schulsystem realisiert, weil sie alle als Schüler*innen „der Logik des Bildungssystems unterworfen [sind], d. h. in ihrem Lebenslauf unausweichlich und ohne Ausnahme als lernfähige Subjekte behandelt und als Lernende biographisch in das Bildungssystem integriert werden" (Tenorth 2018, S. 60). Mit dieser *Funktionslogik* ist jedoch weder etwas über (un)gleiche Bildungschancen im allgemeinen Schulsystem gesagt, noch lässt sich mit ihr die *Sonderschulpflicht* begründen. Letzteres wird als *hegemoniale bildungspolitische Entscheidung* verständlich, die u. a. von der Profession der Sonderpädagog*innen legitimiert wurde. Abb. 4.1 soll die skizzierten Zusammenhänge verdeutlichen.

Die *Disziplin der Sonderpädagogik* konsolidierte sich als Wissenschaft mit Vorstellungen der exkludierenden Sonderschule als institutionalisierte „eigene Form der Inklusion" (ebd., S. 165) (Teilhabe an schulischer Bildung). Sie legitimierte sich mit theoretischen Schwerpunkten in der Begründung der sonderpädagogischen Fachrichtungen und ihrer Didaktik unter Berufung auf die eigene „außerschulische und schulische Expertise zu unterschiedlichen Behinderungen – von Körper, Geist und Sinnen [...] [und mit der] Entwicklung eines personenbezogenen, ontologischen Verständnisses von Behinderung" (Sturm 2016, S. 180, Ergänzung K.P.). Dafür kann der folgende Auszug aus einer Fallstudie ‚Peter' (Bleidick 1963, zitiert nach Hänsel und Schwager 2003, S. 161 ff.) ein Beispiel geben.

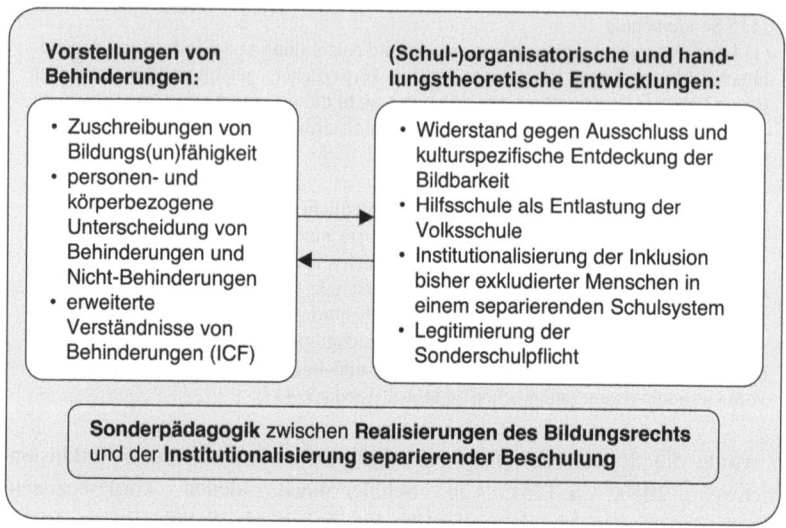

Abb. 4.1 Schulbezogene Sonderpädagogik in Verbindung mit Vorstellungen von Behinderungen. (© Mirko Moll)

Beispiel

Fallstudie ‚Peter'

Der nachfolgende Auszug entstammt der Rekonstruktion einer Fallbeschreibung, die wie folgt kommentiert wurde: „In dem Fallbeispiel Peter aus dem Jahr 1963 bemüht sich U. Bleidick um die typischen Merkmale eines Hilfsschulkindes. Das Fallbeispiel erlaubt eine ‚Verallgemeinerung' […]. Als konstitutiv für seine Hilfsschulbedürftigkeit wird seine besondere Angewiesenheit auf Erziehung angesehen" (Hänsel und Schwager 2003, S. 159).

„Peter wurde wegen unterdurchschnittlicher Schulleistungen in der Volksschule und beträchtlicher Erziehungsschwierigkeiten der Hilfsschule zur Begutachtung vorgestellt. […] In der Schule kam es zu erheblichen Verhaltensschwierigkeiten. Peter störte Lehrer und Mitschüler, war unverträglich, hinterlistig und das schwarze Schaf der Klasse. Während des zweiten Schuljahres ließ sein Lerneifer soweit nach, dass er wegen insgesamt mangelhafter Leistungen nicht versetzt wurde. Im dritten Jahr drohte er noch einmal sitzen zu bleiben. […] Peter wurden beim ersten Besuch des Untersuchers in der Volksschule Einsteckprobe und HAWIK vorgelegt. […] Peter ist ein 10-jähriger körperlich gut entwickelter Junge von ungepflegtem Aussehen, der jedoch gewandt aufzutreten weiß und sich gern auffällig in Szene setzen möchte. Die Intelligenz ist insgesamt niedrig, wobei die sprachlich gebundenen Leistungen weit geringer sind als die manuell-praktischen Tätigkeiten, in denen er es noch zu eben durchschnittlichen Fertigkeiten bringt. Als bemerkenswert kann das Versagen der Konzentration angesehen werden. Die Schulleistungen liegen durchweg sehr niedrig, so dass man allgemein von einem Entwicklungsrückstand sprechen muss, bei dem besonders die Unausgeglichenheit der einzelnen Fähigkeiten ins Gewicht fällt. [...] Er besitzt charakterlich Züge von unkontrollierter, heftiger Impulsivität, kritiklosem Selbstgefühl, sozialer und sachlicher Unangepasstheit und Haltschwäche. Mehrere Verhaltenszüge können als Verwahrlosungssymptome gedeutet werden. Obgleich ein hirnorganischer Befund nicht vorliegt, erscheint es nicht ausgeschlossen, dass eine angeborene Belastung besteht, die erblicherseits auch dem Bilde des Vaters nahe kommt. [...] Die erzieherische Prognose muss auf den ersten Blick ungünstig lauten, wenn die niedrige Intelligenz, Hemmungslosigkeit, Erregbarkeit und Labilität in Rechnung gestellt werden. [...] Auf der anderen Seite ist Peter in seiner Entwicklung so wenig verfestigt und noch so formbar, dass die Anknüpfung bei seinen vorhandenen Anlagen die Entfaltung positiver Verhaltensweisen und eines zureichenden Maßes sozialer Brauchbarkeit sichern kann. [...] Dazu wird ein dringender Milieuwechsel sowohl in familiärer als auch schulischer Hinsicht unumgänglich sein. Es wird daher Bereitstellung einer geeigneten Pflegefamilie und die Überweisung an eine Sonderschule angeraten" (Bleidick 1963, zitiert nach Hänsel und Schwager 2003, S. 161 ff.) ◄

Mit Statusdiagnosen wie im ‚Fall Peter' wurde die Sonderpädagogik zu einer Institution der Konstruktion körperbezogener Behinderungen von Schüler*innen.

In kritischen Auseinandersetzungen wurden derartige eindimensionale Erklärungen von Behinderungen zunehmend zugunsten von Perspektivenerweiterungen in sogenannten Mensch-Umfeld-Analysen aufgegeben (vgl. Moser und Sasse 2008, S. 65 ff.). Diese orientieren sich u. a. an medizinischen Diagnosen der „Funktionsfähigkeit, Behinderung und Gesundheit" (DIMDI 2005), welche für die Feststellung von Behinderungen neben *Körperfunktionen und Körperstrukturen* auch *Teilhabeaspekte der Aktivität und Partizipation* sowie *Umweltfaktoren* erfassen. Im Vorwort der „Internationalen Klassifikation der Funktionsfähigkeit, Behinderung und Gesundheit" (DIMDI 2005) ist das zugrunde liegende Konzept ‚funktionale Gesundheit' wie folgt skizziert:

„Der Begriff der Funktionsfähigkeit eines Menschen umfasst alle Aspekte der funktionalen Gesundheit. Eine Person ist funktional gesund, wenn – vor dem Hintergrund ihrer Kontextfaktoren –

1. ihre körperlichen Funktionen (einschließlich des mentalen Bereichs) und Körperstrukturen denen eines gesunden Menschen entsprechen (Konzepte der Körperfunktionen und -strukturen),
2. sie all das tut oder tun kann, was von einem Menschen ohne Gesundheitsproblem (ICD) erwartet wird (Konzept der Aktivitäten),
3. sie ihr Dasein in allen Lebensbereichen, die ihr wichtig sind, in der Weise und dem Umfang entfalten kann, wie es von einem Menschen ohne gesundheitsbedingte Beeinträchtigung der Körperfunktionen oder -strukturen oder der Aktivitäten erwartet wird (Konzept der Partizipation an Lebensbereichen)" (DIMDI 2005, S. 4 f.).

Die ICF-Klassifikation der Weltgesundheitsorganisation gilt als „internationaler Standard für die Beschreibung von Behinderungen" (Hollenweger 2016, S. 161). Das heißt, systematische Beschreibungen von Behinderungen sind auf dieser Basis als medizinische und soziale Diagnosen von Behinderungen möglich, jedoch erlauben sie keine konzeptionellen (sonder-)schulpädagogischen Ableitungen (vgl. ebd., S. 164).

Auch mit diesem erweiterten Verständnis von Behinderungen erreichen Sonderbeschulungen nicht die politisch angestrebte Entschärfung gesellschaftlicher Selektion und die pädagogisch implizierte soziale Integration in Strukturen des Gemeinwesens und des Arbeitsmarktes. Die Sonderpädagogik trug und trägt sowohl zur Realisierung der Bildungsrechte der als behindert kategorisierten Schüler*innen als auch zu deren Behinderungen bei. Entgegen der dargestellten Selbstverständigungen der Sonderpädagogik im Zusammenhang mit Bildungsfähigkeit und personenbezogenen Zuschreibungen von Behinderungen insistieren kritische Auseinandersetzungen auf deren *Ambivalenz* und entwerfen ein entsprechendes Bild von Sonderpädagogik:

„Die sonderpädagogische Profession spielte bei der Überwindung der schulischen Exklusion einerseits eine wichtige Rolle, indem sie die Förderung der als behindert klassifizierten Kinder sicherstellt; andererseits definierte sie aber auch stigmatisierende Kategorien – und begründete ‚besondere' schulische Organisationsformen. [...] Schulische Behinderung ist demnach definiert als ein kontinuierlich sich ausbreitender Prozess des Behindertwerdens durch eine offizielle Klassifizierung und Beschulung in räumlich getrennten und stigmatisierenden Einrichtungen" (Powell 2007, S. 321).

Gegen derartige Prozesse des ‚Behindertwerdens' und der inkludierenden Exklusion formierte sich seit den 1970er-Jahren unter anderem die ‚radikale'

Integrationspädagogik. Deren Ideen von (Nicht-)Behinderungen und Infragestellungen der Eigenständigkeit der Sonderpädagogik werden im folgenden Abschnitt skizziert. Zuvor werden (schul-)organisatorische und handlungstheoretische Entwicklungen der ‚integrativen Sonderschulpädagogik' vorgestellt.[2]

4.2 Integrative Sonderschulpädagogik und radikale Integrationspädagogik

Die Fokussierung der sonderpädagogischen Förderung, der System- und Professionsentwicklung auf das individuell Besondere, die Ideen von abweichenden Formen der Bildsamkeit bzw. von Behinderung als zugeschriebene personale Eigenschaft wurden vielfach kritisiert. Im Zusammenhang mit der Behindertenbewegung als einer der großen sozialen Bewegungen, die sich nach ‚1968' formierten, finden sich diverse *emanzipatorische Forderungen* von Menschen, die als ‚Behinderte' adressiert wurden. Es ging u. a. um den politischen Anspruch „so normal wie möglich" (Bank-Mikkelsen 1971, zitiert nach Thimm et al. 1985, S. 6) (das hieß mit den gleichen Wahlmöglichkeiten wie andere Menschen in einem Lebensraum) leben und lernen zu können. Sonderinstitutionen und besondere Förderkonzepte wurden zunehmend mit ihren stigmatisierenden und isolierenden sozialen Folgen beschrieben. Mit diesem Fokus erscheint die Bezeichnung ‚*Integration*' als „Synonym für *größtmögliche Teilhabe behinderter Menschen* in der Gemeinschaft" (Köbsell 2006, S. 65, Herv. K.P.) und zugleich als „Ausdruck der *Anpassung* behinderter Menschen *an* die *Normen und Vorstellungen der Gesellschaft*, die man kritisiert" (ebd., Herv. K.P.).

Empfehlung

Pastor, A. & Naharro, A. (2009). *Me too – Wer will schon normal sein (Yo, también).* **Spanien.**
Eine von vielen möglichen medialen Inszenierungen für die hier angesprochene Ambivalenz der skizzierten Integrationsbestrebungen bietet der spanische Spielfilm „Me too – Wer will schon normal sein (Yo, también)"

---

[2] Mit der Unterscheidung von ‚integrativer Sonderschulpädagogik' und ‚radikaler Integrationspädagogik' berufen wir uns auf die „Einführung in die Sonderpädagogische Schultheorie" (Hänsel und Schwager 2003), in der diese Differenzlinie in Darstellungen der „Sonderpädagogik als integrative Pädagogik" (ebd., S. 100 ff.) markiert wird.

(Pastor und Naharro 2009). Im Film gibt es einige Szenen, die häusliches Lernen vor dem Hintergrund hegemonialer Leistungserwartungen zur Diskussion stellen. Die Handlung lehnt sich an die Lebensgeschichte des Lehrers, Autors und Schauspielers Pablo Pineda an. Er gilt als erster Mensch mit dem sogenannten Down-Syndrom, der einen Universitätsabschluss schaffte. Im „Online-Handbuch Inklusion als Menschenrecht" (Deutsches Institut für Menschenrechte 2022, o. A.) ist unter dem Stichwort Biographie zu Pablo Pineda zu lesen: „Als Down-Syndrom bezeichnet man eine spezielle Genom-Mutation beim Menschen, bei der das gesamte 21. Chromosom oder Teile davon dreifach vorhanden sind. Neben für das Syndrom als typisch geltenden körperlichen Merkmalen sind in der Regel die kognitiven Fähigkeiten des betroffenen Menschen beeinträchtigt. Pablo Pineda schlug trotz seiner Behinderung einen normalen Bildungsweg ein und schloss ihn ohne Assistenz erfolgreich ab. Seine Familie unterstützt ihn bis heute. Pablo Pineda sagt über Menschen mit Down-Syndrom, sie seien genauso wie alle anderen Menschen auch. Im Leben und in der Schule lernten die einen eben schneller und die anderen langsamer. Einige lernen seiner Meinung nach bestimmte Dinge auch nie. Pablo Pinedas Eltern sind sehr stolz auf ihren Sohn: ‚Wir haben immer an Pablo geglaubt und ihn von klein auf wie ein ganz normales Kind behandelt. Schon mit vier Jahren brachte ihm mein Mann lesen bei. Als er eingeschult wurde, konnte er schon einfache Texte lesen'" (ebd.). Der Trailer zum Film ist zum Beispiel hier abrufbar: https://www.youtube.com/watch?v=W0CySsgHRbM (Zugegriffen: 01. August 2022). ◄

Die Ambivalenz, die sich in derartigen Integrations-/Anpassungsleistungen zeigen kann, lässt sich mit einem Verweis auf ein soziologisches Verständnis von Integration erklären. Soziologisch vereint der Begriff Integration die Konzepte System- und Sozialintegration. *Systemintegration* kennzeichnet „den inneren Zusammenhalt differenzierter Systeme" (Luhmann 1997, S. 618), wie z. B. den des Schulsystems. Dieses System kann verschiedene Formen „operative[r] Kopplungen" (ebd., S. 606) bilden (z. B. die Sonderschule als exklusive und die integrative Gesamtschule als inklusive Form schulischen Lernens für Schüler*innen, denen körperbezogene Behinderungen zugeschrieben werden). Jedoch sind alle Schulformen mit der Gleichzeitigkeit der funktionalen Erwartung von Bildungskapital und individueller Bildung konfrontiert und können diese nicht auflösen (vgl. Kap. 2, Abschn. 2.1).

Als *Sozialintegration* lässt sich das Verhältnis von Personen und Systemen (vgl. Luhmann 1997, S. 618 ff.) bezeichnen. Der Begriff der Sozialintegration

4.2 Integrative Sonderschulpädagogik und radikale Integrationspädagogik

wird u. a. in der Systemtheorie durch den Differenzbergriff Inklusion/Exklusion ersetzt (vgl. Kap. 3, Abschn. 3.2). Sozialintegration und Inklusion/Exklusion markieren Verhältnisse, die in allen Systemen in Form von Regeln und Praxen der Teilhabe und Ausgrenzungen beobachtet werden können. Die Ansprüche der Sozialintegration bzw. der Inklusion/Exklusion konfrontieren die Schul-Pädagogik nicht nur mit Fragen nach Strukturen, die Lernen behindern, sondern auch mit Fragen von Ent- und Behinderungen des Lernens *in* integrativen Schulstrukturen. Als mögliche Antworten auf solche Fragen finden sich sehr verschiedene integrationspädagogische Konzepte, die sich idealtypisch konträr als integrative Sonderschulpädagogik und als radikale Integrationspädagogik vorstellen lassen (vgl. Hänsel und Schwager 2003, S. 100 ff.).

So gibt es seit den 1970er-Jahren kontroverse Debatten um die gemeinsame Erziehung und Bildung von Schüler*innen ‚mit und ohne Behinderungen' (vgl. Abschn. 2.4 im Kap. 2). In ihnen werden „Optionen *integrierender und separierender Maßnahmen* als Antwort auf Behinderungen *im* und *des* Systems" (Weisser 2005, S. 81, Herv. i. Orig.) verhandelt. Entscheidungen für eine der beiden Optionen, also Antworten auf die Frage, ob entweder eine gemeinsame Schule für alle Schüler*innen oder ein nach Leistungs- bzw. Unterstützungserwartungen gegliedertes Schulsystem das bessere wäre, lesen wir als Entscheidungen im Widerstreit (vgl. Kap. 1., Abschn. 1.1).

Die Frage nach der ‚besseren' Schulform zeigt sich als unentscheidbare, wenn wir davon ausgehen, dass zwischen Integration und Separierung schulischer Lernangebote *keine theoretische Differenz* besteht (vgl. Weisser 2005, S. 81, Herv. i. Orig.). Für die Möglichkeit schulischer Integration (und damit gegen die Unbedingtheit der Sonderschulpflicht) sprachen und sprechen die bildungspolitischen Ansprüche chancengerechter Bildung ebenso wie die Praxen der integrierten Gesamtschulen und die der sogenannten Integrationsschulen. Zu den ersten Modellversuchen schulischer Integration im Grundschulbereich gehörte die Fläming-Grundschule Berlin (vgl. Twele 2005a und 2005b).

Empfehlung

Siegert, H. (2005). *Klassenleben*. Deutschland.
Der Dokumentarfilm „Klassenleben" (Siegert 2005) dokumentiert und kommentiert Praxen der Integration in der Fläming-Grundschule mit Filmmaterial aus der Zeit von Februar bis Juni 2004.

Von der Fläming-Grundschule Berlin wird berichtet, dass sie „die älteste Integrationsschule Deutschlands" (Twele 2005a) sei. Die Schule beschreibt sich mit einem integrationspädagogischen Modell, das individuelle Förderung als Anspruch für alle Schüler*innen thematisiert. So zu lesen in einer Ankündigung zum Film:

„Die 1875 gegründete Volksschule im Berliner Außenbezirk Friedenau erhielt 1956 ihren jetzigen Namen ‚Fläming-Grundschule'. [...] Auf Betreiben der Elterninitiative des Kinderhauses Friedenau wurde 1975 zum ersten Mal eine Vorklasse mit drei körperbehinderten und zwölf nichtkörperbehinderten Kindern eingerichtet. Die Schule ist damit die älteste Integrationsschule Deutschlands. [...] Heute werden behinderte Schüler/innen in allen vier Parallelklassen der Fläming-Grundschule gemeinsam unterrichtet. In den d-Klassen, den so genannten Fläming-Klassen, sind durchschnittlich 15 bis 18 Schüler/innen, darunter bis zu fünf mit sonderpädagogischem Förderbedarf. Diese Klassen werden jeweils von zusätzlich mindestens zwei Pädagogen/innen betreut. Unter den Kindern mit sonderpädagogischem Förderbedarf sind alle Behinderungsarten vertreten: lernbehinderte, verhaltensauffällige, körper- und sinnesgeschädigte, geistig behinderte sowie mehrfach behinderte Schüler/innen. In den letzten Jahren hat sich die Schule darüber hinaus der Integration von schwer erkrankten Kindern angenommen, was auch bedeutet, dass sich die Klassengemeinschaft mit der Thematik des Sterbens auseinandersetzen muss. [...] Um den vielfältigen Bedürfnissen und Fähigkeiten der Schüler/innen Rechnung zu tragen, wird der Unterricht in den Integrationsklassen so geführt, dass möglichst jedes Kind auf seinem Niveau teilnehmen kann. Welche Form der Förderung ein Kind erhält, egal ob behindert oder nicht behindert, wird in Klassenstufenkonferenzen geklärt. Teilnehmende dieses Gremiums sind alle Lehrer/innen, die in einer Jahrgangsstufe unterrichten, zwei Mitarbeiter/innen des Schulpsychologischen Dienstes, ein Sonderpädagoge, der die Kind-Umfeld-Diagnosen für die Schüler/innen mit Förderbedarf der Schule erstellt, eine Sprachheilpädagogin und die Schulleiterin. Zur Philosophie der Fläming-Grundschule gehört, dass Konflikte als Bestandteil des täglichen Alltags anerkannt und kreative Problemlösungsstrategien entwickelt werden, um alle Beteiligten zu entlasten" (Twele 2005a).

Die Bundeszentrale für politische Bildung hat ein Filmheft herausgegeben (vgl. Twele 2005b), das Problemstellungen schulischer Integration skizziert und Anregungen zu analytischen Arbeiten mit dem Film gibt.

Inzwischen gibt es einen ‚Folgefilm'. Der Dokumentarfilm „Die Kinder der Utopie" (2019) erzählt von „sechs junge[n] Erwachsene[n] – drei mit und drei ohne Behinderung, die sich zwölf Jahre nach ihrer Grundschulzeit [an der Fläming-Grundschule] wiedertreffen" (Kino Zeit 2019, o. A., Anpassung und Ergänzung K.P.). ◄

4.2 Integrative Sonderschulpädagogik und radikale Integrationspädagogik

Als bildungspolitischer Einsatz für Integrationsschulen kann die Bildungsratsempfehlung von 1973 gelesen werden. Sie steht der „Empfehlung zur Ordnung des Sonderschulwesens" der Kultusministerkonferenz von 1972 entgegen, die weiterhin „Sonderschule als alleinigen Lernort" (Bleidick et al. 1995, S. 248) für Schüler*innen vorsah, die als behindert adressiert wurden. Schulische Separation wird in der Empfehlung des Bildungsrates mit „Isolation Behinderter" (Deutscher Bildungsrat 1973, S. 15 f., zitiert nach Ellger-Rüttgardt 2008, S. 308) gleichgesetzt. Stattdessen wird mit ausdrücklichem Verweis auf die „Förderung behinderter und von Behinderung bedrohter Kinder und Jugendlicher" (ebd.) schulische Integration propagiert:

„Die Bildungskommission [...] legt in der vorliegenden Empfehlung eine neue Konzeption zur Förderung behinderter und von Behinderung bedrohter Kinder und Jugendlicher vor, die eine weitmögliche gemeinsame Unterrichtung von Behinderten und Nichtbehinderten vorsieht und selbst für behinderte Kinder, für die eine gemeinsame Unterrichtung mit Nichtbehinderten nicht sinnvoll erscheint, soziale Kontakte mit Nichtbehinderten ermöglicht. Damit stellt sie der bisher vorherrschenden schulischen Isolation Behinderter ihre schulische Integration entgegen" (Deutscher Bildungsrat 1973, S. 15 f. zitiert nach Ellger-Rüttgardt 2008, S. 308).

Langfristig konsolidiert die Sonderpädagogik in diesem Duktus ihre Position und bestimmt diese „neu als System differenzierter sonderpädagogischer Hilfen [...], das auf Integration angelegt ist und das als solches mit der allgemeinen Schule nicht in einem Verhältnis von strikter Trennung, sondern von Kooperation steht" (Hänsel und Schwager 2003, S. 102). Jedoch verbinden sich mit dieser Neubestimmung als *integrative Sonderschulpädagogik* sowohl strukturelle und konzeptionelle Grenzziehungen als auch massive Widerstände von Sonderpädagog*innen in schulischen, schulpolitischen und wissenschaftlichen Praxen. Dazu ist zu lesen:

„Dem neuen Selbstverständnis der Sonderschulpädagogik als integrativer Schulpädagogik geht die von Eltern behinderter Kinder gegen den massiven Widerstand sonderpädagogischer Experten durchgesetzte Unterrichtung ihrer Kinder in der allgemeinen Schule voraus. [...] An der Hauptgruppe der behinderten Kinder in der Schule, den Lernbehinderten, deren Eltern typischerweise nicht zu den Sozialund Bildungsbegünstigten gehören, gingen die Versuche, behinderte und nicht behinderte Kinder in der allgemeinen Schule gemeinsam zu unterrichten, zunächst weitgehend vorbei" (ebd., S. 98).

Erst 20 Jahre später nehmen die „Empfehlungen zur sonderpädagogischen Förderung in den Schulen in der Bundesrepublik Deutschland" (KMK 1994) die des Bildungsrates von 1973 auf und binden die „Erfüllung Sonderpädagogischer Förderbedarfe [...] nicht an Sonderschulen" (ebd., S. 2). Allerdings fehlt dieser Fürsprache die vom Bildungsrat vorgeschlagene Reichweite gemeinsamer Unterrichtung.

Von der Kultusministerkonferenz wurde nun eine „Vielfalt der Organisationsformen" (ebd.) schulischer ‚sonderpädagogischer Förderung' empfohlen, die „im gemeinsamen Unterricht, [...] in Sonderschulen, [...] in kooperativen Formen [...] [und] im Rahmen von Sonderpädagogischen Förderzentren[3]" (ebd., S. 14 f., Ergänzung K.P.) möglich sein sollte. Dabei stellt die *Teilhabe am gemeinsamen Unterricht* für Schüler*innen mit zugeschriebenen sonderpädagogischen Förderbedarfen eine *Kann-Bestimmung* dar, welche die Sonderschulpflicht nicht außer Kraft setzt. Zudem ist sie an Bedingungen geknüpft, die an vielen Schulen nicht als gegeben vorausgesetzt werden konnten (vgl. Abschn. 2.4 im Kap. 2). Insbesondere die pädagogischen Voraussetzungen, die in der KMK-Empfehlung unter der Überschrift „Sonderpädagogische Förderung im gemeinsamen Unterricht" (ebd., S. 14) zu lesen sind, markieren diese als Standard für gemeinsamen und separierenden Unterricht, den ‚integrationsinteressierte' Schulen weitgehend eigenverantwortlich organisieren mussten.

> „Kinder und Jugendliche mit Sonderpädagogischem Förderbedarf *können* allgemeine Schulen besuchen, *wenn* dort die notwendige *sonderpädagogische* und auch *sächliche Unterstützung* sowie die *räumlichen Voraussetzungen* gewährleistet sind; die Förderung aller Schülerinnen und Schüler muß sichergestellt sein. Zu den notwendigen Voraussetzungen gehören neben den äußeren Rahmenbedingungen sonderpädagogisch qualifizierte Lehrkräfte, individualisierende Formen der Planung, Durchführung und Kontrolle der Unterrichtsprozesse und eine abgestimmte Zusammenarbeit der beteiligten Lehr- und Fachkräfte. Dabei ist eine inhaltliche, methodische und organisatorische Einbeziehung pädagogischer Maßnahmen, auch individueller Unterrichtsziele und -inhalte, in die Unterrichtsvorhaben für die gesamte Schulklasse vorzunehmen. Sonderpädagogische Förderung findet dabei im, und wenn notwendig, auch neben dem Klassenunterricht statt" (KMK 1994, S. 14, Herv. K.P.).

---

[3] Sonderpädagogische Förderzentren werden als „Weiterentwicklung der Sonderschule" (Stoellger 1997, S. 24) vorgestellt. Sie gelten als „Sonderschulen, die auch an der Aufgabe der pädagogischen Förderung behinderter Kinder und Jugendlicher in Allgemeinen Schulen – in Regelklassen (Einzelintegration) oder in Integrationsklassen – beteiligt sind [...], die in ihren Mauern manchmal sogar Schüler fördern, die sonderpädagogischen Förderbedarf haben, aber keine Sonderschüler, sondern Schüler mit dem Status des Grundschülers sind [...], die Diagnose-Förderklassen bzw. Sonderpädagogische Förderklassen oder Integrationsklassen besuchen" (ebd.).

4.2 Integrative Sonderschulpädagogik und radikale Integrationspädagogik

Der hier eingeführte Begriff ‚sonderpädagogischer Förderbedarf' soll den an eine Institution gebundenen Terminus der Sonderschulbedürftigkeit ersetzen (vgl. Pluhar 2003, S. 70). Er steht zugleich im „Verdacht, dass […] [er] nichts anderes bezeichne als das Etikett ‚Sonderschulbedürftigkeit', nämlich zuallererst Erkenntnisvorgänge, die nach verwaltungstechnischen Regeln vor dem Hintergrund eines kaum veränderten selektiven Schulsystems ablaufen" (Schuck 2003, S. 55, Ergänzung K.P.). Diese Vermutung begründet sich mit der nachfolgend zitierten Begriffsbestimmung:

> „Sonderpädagogischer Förderbedarf ist bei Kindern und Jugendlichen anzunehmen, die in ihren Bildungs-, Entwicklungs- und Lernmöglichkeiten so beeinträchtigt sind, daß sie im Unterricht der allgemeinen Schule ohne sonderpädagogische Unterstützung nicht hinreichend gefördert werden können. […] Sonderpädagogischer Förderbedarf ist immer auch in Abhängigkeit von den Aufgaben, den Anforderungen und den Fördermöglichkeiten der jeweiligen Schule zu definieren. […] [S]eine Erklärung und Beschreibung müssen das Umfeld der Kinder bzw. Jugendlichen einschließlich der Schule und die persönlichen Fähigkeiten, Interessen und Zukunftserwartungen gleichermaßen berücksichtigen" (KMK 1994, S. 5 f.).

Das Konzept des sonderpädagogischen Förderbedarfs stellt keinen Verzicht auf die diskriminierende schulamtliche Feststellung von Defiziten und die Zuordnung zu einer bestimmten Behinderungsart dar. Es ermöglichte vielmehr die Ausweitung der Zuständigkeit der Sonderpädagogik auf Schüler*innen, die als sozial benachteiligt galten. Das wurde möglich, weil sich neben Behinderungen als körperbezogene Zuschreibungen an Personen Vorstellungen von *Behinderungen durch soziale/gesellschaftliche Bedingungen* etablierten, die insbesondere als Barrieren für chancengerechte Bildung und soziale Teilhabe diskutiert wurden (vgl. Weisser 2005, S. 73).

In diesem Verständnis kennzeichnen Behinderungen/Barrieren gesellschaftlich relevante Erwartungsverletzungen, bezogen auf Körpersubjekte *und* bezogen auf Strukturen, Phänomene sowie Praktiken sozialer Ungleichheiten. Das betrifft „Probleme des Sehens und Hörens […][,] Probleme der Konzentration, der Bewegungsfreiheit, der kognitiven Verarbeitung, der praktischen Autonomie, der Beziehungsfähigkeit, der schulischen Infrastruktur, des Selbstverständnisses des Lehrberufs, der Unterrichtsorganisation, knapper werdender Finanzen, des Verlustes des Bildungsmonopols usw." (ebd., S. 75). Mit diesen Ideen wurden zum einen *Behinderungen in und durch gesellschaftlich erzeugten Strukturen* (vgl. Maschke 2007, S. 300) als institutionell verankerte Barrieren und als physische Barrieren (z. B. für chancengerechte Bildung) thematisierbar (vgl. ebd., S. 304). Zum anderen wurden *Behinderungen in und von „sozialen*

Interaktion[en]" (ebd., Herv. und Anpassung K.P.) als Formen sozialer Barrieren beschrieben.

Als eine der ersten empirischen Untersuchungen zu Behinderungen durch soziale Benachteiligungen und zur Bedeutung von Schule als ‚institutionell verankerte Barriere' von Seiten der Sonderpädagogik gilt die Studie „Die Erziehung der sozio-kulturell benachteiligten Schüler" (Begemann 1970). Die Studie zeigte, wie ungleich die Bildungsbeteiligung und die Bildungschancen der Kinder verschiedener sozialer ‚Schichten' waren, und folgerte:

> „Die soziokulturellen Gegebenheiten der Lebenswirklichkeit wirken sich für bestimmte Gruppen der Gesellschaft, vor allem bei den unteren Berufsgruppen, beeinträchtigend für den individuell optimalen Begabungsaufbau, die Bildungsmotivation und die Lebensstrategien der heranwachsenden Generation dieser Gruppen aus" (ebd., S. 80 f).

Mit einem Verständnis von *Behinderungen als Barrieren für chancengerechte Bildung und soziale Teilhabe* richtete sich (aus einer kritischen integrationspädagogischen Perspektive) die Aufmerksamkeit weniger auf Schüler*innen, denen körperbezogene Behinderungen und/oder sonderpädagogische Förderbedarfe zugeschrieben wurden, sondern vielmehr auf die Weisen, wie verschiedenste Schüler*innen durch Schulstrukturen und -praxen an der Realisierung ihres Bildungsrecht *behindert werden*. Die damit verbundene Kritik betrifft insbesondere „kontextuelle Erwartungen, wie z. B. auf Leistung bezogene in der Schule, die im Kontext der Lebenssituationen der/des Einzelnen zu betrachten sind" (Sturm 2016, S. 181) und verbindet sich mit Ideen für alternative Schulentwicklungsprozesse.

Im „Handbuch Integrationspädagogik" (Eberwein und Knauer 2009) findet sich ein solcher kritischer Einsatz unter der Überschrift „Theoretische und institutionelle Behinderungen der Integration und ‚inclusion'" (Begemann 2009) mit der Forderung einer „Schulkonzeption für Menschen, die sich nicht typisch, sondern jeweils individuell spezifisch unterscheiden, die verschiedene Lebensformen leben müssen und dürfen, die verschiedene Ziele haben und doch gemeinsam Schule und Gesellschaft gestalten wollen" (ebd., S. 127).

In diesem Zusammenhang lehnten einige integrationspädagogische Einsätze den Begriff ‚Behinderung' und eine damit verbundene besondere Pädagogik vollständig ab. Als Legitimation wird die Bekräftigung eines grundsätzlichen Bildungsrechts unabhängig von individuellen Unterschieden durch die ‚Salamanca-Erklärung' vorgestellt, die auf dem Weltkongress der UNESCO 1994 verabschiedet wurde (vgl. Begemann 2009, S. 128). Der zitierte Text ruft Auszüge aus dem „Salamanca Statement On Special Needs Education" (ebd.) auf:

4.2 Integrative Sonderschulpädagogik und radikale Integrationspädagogik

„Wir glauben und erklären, dass jedes Kind ein grundsätzliches Recht (Grundrecht) auf Bildung (education) hat und dass ihm die Möglichkeit gegeben werden muss, ein akzeptables Lernniveau zu erreichen und zu erhalten, dass jedes Kind einmalige Eigenschaften, Interessen, Fähigkeiten und Lernbedürfnisse hat, dass Schulsysteme entworfen und Lernprogramme eingerichtet werden sollen, die dieser Vielfalt an Eigenschaften und Bedürfnissen Rechnung tragen" (UNESCO 1994, zitiert nach Begemann 2009, S. 129).

Vorstellungen der *radikalen Integrationspädagogik*, die sich auf diese Erklärung berufen, verbinden sich mit Konzepten „für die Veränderung der allgemeinen Pädagogik im Sinne ihrer Verantwortung für alle Schüler/-innen sowie für die Überwindung der disziplinären Trennung von Allgemeiner und Sonderpädagogik" (Sturm 2016, S. 181). So positioniert sich das zitierte Handbuch mit einem einführenden Beitrag zur „Integrationspädagogik als Ansatz zur Überwindung pädagogischer Kategorisierungen und schulischer Systeme" (Eberwein und Knauer 2009, S. 17 ff.). Der Text kann als Plädoyer gegen „symptomorientierte" (ebd., S. 19) sonderpädagogische Lesarten von Behinderungen, gegen „Kategorisierungen, Einstufungen und Ausgrenzungen" (ebd.) gelesen werden. Folglich wird gegen die Eigenständigkeit der Sonderpädagogik in pädagogischen Praxen und der universitären Lehre und für „die Integration sogenannter *sonderpädagogischer* Problemstellungen in die Allgemeine Erziehungswissenschaft" (ebd., S. 27, Herv. i. Orig.) argumentiert.

Abb. 4.2 fasst die Entwicklungen integrativer Schulpädagogiken in Verbindung mit ihren Vorstellungen von Behinderungen zusammen.

Insbesondere Vorstellungen der radikalen Integrationspädagogik verbinden sich mit der allgemeinen Schul-Pädagogik in ihrem Einsatz für chancengerechtere Bildungsangebote und Anerkennung vielfältiger Lebensweisen für *alle* Schüler*innen. Sie plädieren „für die Veränderung der allgemeinen Pädagogik im Sinne ihrer Verantwortung für alle Schüler/-innen sowie für die Überwindung der disziplinären Trennung von Allgemeiner und Sonderpädagogik zugunsten einer Allgemeinen Pädagogik […] für eine individuelle Betrachtung aller Schüler/-innen […], deren Individualität immer spezifische Erziehungs- und Bildungsangebote erfordert" (Sturm 2016, S. 181). Insofern könnten radikale integrationspädagogische Einsätze als inklusionsorientiere Schul-Pädagogiken verstanden werden, die sich dafür einsetzen, einen gemeinsamen Zugang zu Bildung und gleichberechtigte Bildungschancen für alle Schüler*innen zu ermöglichen. Kritiker*innen unterstellen jedoch, dass auch solche Positionierungen „dem Denkmuster der Sonderpädagogik verhaftet [bleiben], das zwischen Behinderten und Nichtbehinderten, zwischen allgemeinen und sonderpädagogischen Lehrern und

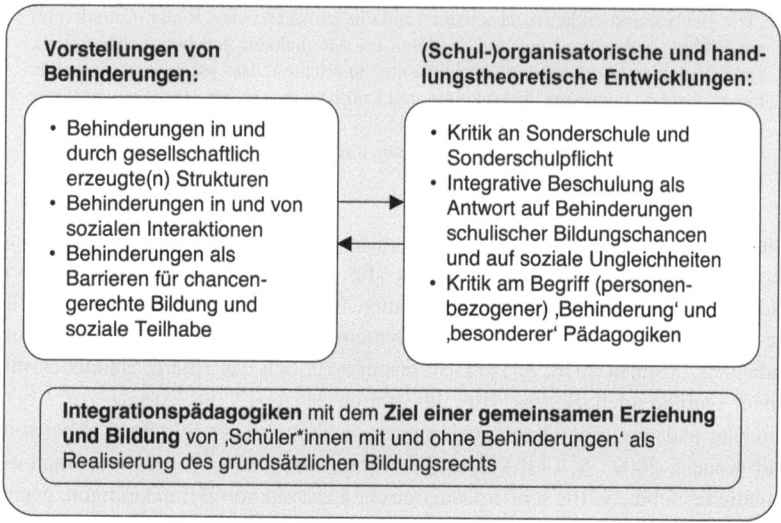

Abb. 4.2 Schulbezogene Integrationspädagogiken in Verbindung mit Vorstellungen von Behinderungen. (© Mirko Moll)

zwischen allgemeiner Pädagogik und Sonderpädagogik unterscheidet" (Hänsel und Schwager 2003, S. 102, Ergänzung K.P.).

Das Potenzial zur ‚Überwindung der Sonderpädagogik' wird dagegen „inklusive[r] Pädagogik als Konzept" (Hinz 2014, S. 18, Anpassung K.P.) zugeschrieben, jedoch mit dem Zusatz, „dass Inklusion immer auch einen visionären Anteil hat und nie als vollständig erreichbar angesehen werden kann" (ebd.). Unter diesem Blickwinkel stellen wir im letzten Abschnitt dieses Kapitels unsere Lesart der Ansprüche bildungsbezogener Inklusionspädagogik zur Diskussion. Wir verorten deren produktives Potenzial in einem Selbstverständnis als spezifische Disziplin zur Bearbeitung von Behinderungen schulischer Bildungschancen.

Zuvor skizzieren wir mit dem folgenden Exkurs *verschiedene Sichtweisen auf ‚körperbezogene' Behinderungen,* mit denen sich nach unserem Verständnis Sonder-, Integrations- und Inklusionspädagogiken (de)legitimieren, indem sie Behinderungen als pädagogisch relevante Kategorie konstruieren und dekonstruieren.

4.2 Integrative Sonderschulpädagogik und radikale Integrationspädagogik

Exkurs

Zu Behinderung als pädagogische Kategorie
Von ‚körperbezogenen' Behinderung kann *zugleich* auf verschiedenste Weisen erzählt werden, z. B.: mit Blick auf die „Konstituierung von Behinderung als Problem […] [im Zusammenhang mit sozialen Erwartungen wie] Schönheit, Gesundheit oder Perfektion, […] mit dem Streben nach Verbesserung und Perfektionierung des Menschen" (Staupe und Zirden 2001, S. 163, Ergänzung K.P.), mit Geschichten von „flexibler Normalität, […] Möglichkeiten, […] Normalisierung […] [und] Akzeptanz" (ebd., S. 164 f., Ergänzung K.P.) und mit einer „Sicht auf die Individualität des Menschen und ihre zwar (im-) perfekten, doch höchst unterschiedlichen und in ihrer Unterschiedlichkeit faszinierenden Wahrnehmungswelten" (ebd., S. 163 f.).

Mit der Frage nach sozialen Praxen, die körperbezogene Behinderungen (und damit zugleich Nicht-Behinderungen) hervorbringen, werden diese verschiedenen Verständnisweisen häufig als widerstreitende Strategien sichtbar. Das kann sich in Beobachtungen pädagogisch motivierter Praktiken ebenso zeigen wie in Handlungskonzepten und in schul-pädagogischen Theorien sowie in Forschungen im Themenfeld Inklusion/Exklusion.

Differenzkonstruktionen körperbezogener Behinderungen/Nicht-Behinderungen werden als Figuren der Legitimation *und* In-Frage-Stellung sonder-, integrations- und inklusionspädagogischer Professionen und Institutionen situiert. Verschiedene Theorien und Konzepte bieten unterschiedliche Perspektiven, um Behinderungen und als behindert adressierte Körpersubjekte zu betrachten.

Medizinisch legitimierte Pädagogiken konstituieren Vorstellungen des behinderten Körpers als Abgrenzungen zum vollkommenen und funktionstüchtigen Körper. – Beispielsweise werden Behinderungen als Differenzen der Aktivität, der Leistungsfähigkeit und der Partizipation im Zusammenhang mit Beeinträchtigungen von Körperstrukturen und -funktionen diagnostiziert. Pädagogisch-therapeutische Handlungsentwürfe und Technologien sollen Kompensationen und Nachteilsausgleiche ermöglichen. Dem zugrunde liegen Betrachtungsweisen von körperbezogenen Behinderungen als soziale Benachteiligungen und eingeschränkte Lebenschancen sowie Konstruktionen von individuellen Bedarfen an pädagogischen und assistierenden Hilfen/Unterstützungen/Begleitungen. Behinderte Körper erscheinen in diesen Einsätzen als biologische und natürlich gegebene Voraussetzungen für Lebenssituationen, die von Nachteilen und geminderter Lebensqualität geprägt sind (vgl. Gugutzer und Schneider 2007). Der Körper fungiert dabei scheinbar „als nicht weiter hinterfragter, analytischer Ausgangspunkt für die Rekonstruktion der sozialen Prozesse der Deutung, Bewertung und Behandlung von normaler/abweichender Körperlichkeit" (ebd., S. 35).

Das stellt z. B. eine Studie zu „Bildungsverläufe[n] von zehn Jugendlichen mit Beeinträchtigungen" (Rehle et al. 2021) zur Diskussion, die alle integrative Kindergärten besuchten und die ihre Schulzeit in ‚inklusiven' Grundschulen begannen (ebd., S. 41). Zu lesen ist von „vielfach[en] Schullaufbahnbrüche[n] und kritische[n] Ereignisse[n] […], die mit der Zielerwartung der angestrebten Inklusion nicht vereinbar sind" (ebd., S. 9, Anpassung K.P.). Die Studie geht von einer „besondere[n] Normalität" (ebd., S. 27) aus und betont: „Gerade aus der Notwendigkeit, ein Defizit zu kompensieren, erwachsen manchmal neue, außergewöhnliche Talente und Strategien, die allesamt die große Lernfähigkeit dieses Menschen illustrieren" (ebd., S. 28). Mit diesem Einsatz werden die aufgeführten verschiedenen Varianten der medizinischen Diagnose ‚Down-Syndrom' (vgl. ebd., S. 62, S. 75, S. 98, S. 107, S. 120 und S. 132) sowie die medizinischen Diagnosen ‚autistische Spektrumstörung' (vgl. ebd., S. 90), ‚Autismus mit einer schweren geistigen Behinderung' (vgl. ebd., S. 54), ‚De-Grouchy-Syndrom' (vgl. ebd., S. 42) und ‚partielle Monosomie 5p' (vgl. ebd., S. 58) als zu kompensierende Defizite lesbar.

Gegen solche medizinisch legitimierten begrenzenden Benachteiligungsperspektiven streiten sozial- und kulturwissenschaftlich begründete Praxen integrations- und inklusionsorientierter Pädagogik. Sie positionieren sich mit einem Verständnis von Körper als „sozial hergestelltes wie auch herstellendes Medium gesellschaftlicher Zusammenhänge" (Mörgen 2014, S. 74).

Der menschliche Körper wird aus sozial- und kulturwissenschaftlichen Perspektiven als Differenzkategorie sozialer Ungleichheit aufgefasst, im Sinne eines gesellschaftlich-historischen Produktes und Akteurs. Kulturspezifisch konstruierte Normalitätserwartungen werden als sozial erworbene und einverleibte Erfahrungen zu Dispositionen für Vorstellungen und Wahrnehmungen von Selbst, Anderen und Welt. Zugleich sind mit solchen inkorporierten Normalitäten kulturspezifische Diskriminierungen Anderer verbunden – als „Kranke, weniger Leistungsstarke, körperlich oder geistig behinderte Menschen, aber auch erwerbslose oder ältere Menschen sowie ‚unförmige' Körper, die dem vorherrschenden Schönheitsideal nicht entsprechen" (Bronner und Paulus 2017, S. 64).

Sensibilisiert durch den Text „Archiv des Körpers" (Bublitz 2018) lässt sich in Konstruktionen von Normalität und Defiziten beobachten, „dass im Diskurs des Lebendigen von körperlichen Abweichungen, Behinderungen oder Fehlbildungen etwas Beunruhigendes aus[geht]. […] Sie werden zu konstitutionellen Bestandteilen des Normalen und kultureller Vorstellungen des Anderen – und konstituieren die eingeschlossenen Bereiche ebenso wie die ausgeschlossenen" (ebd., S. 47).

Mit einer solchen Situierung identifizieren integrations- und inklusionspädagogisch motivierte Studien kommunikative, soziale und räumliche Barrieren als Behinderungen. Sie machen es sich zur Aufgabe, grundlegend Ausgrenzungen entgegenzuwirken sowie angemessene Vorkehrungen für gleichwertige Anerkennung und gleichberechtigte selbstbestimmte Teilhabe zu fordern. In diesen Positionierungen wird nicht der als unvollkommen und eingeschränkt funktionsfähig adressierte Körper als Behinderung vorgestellt. Stattdessen werden gesellschaftliche Bedingungen und soziale Prozesse als behindernd sicht- und sagbar. Ein Beispiel für ein solches Verständnis von Behinderungen bieten die Fallkonstruktionen der Studie „Die Subjekte der Integration. Schule, Biographie und Behinderung" (Buchner 2018) mit ihrer Kritik an schulpädagogischen „Besonderungspraktiken und imperative[n] ableistische[n] Körpernormalitäten" (ebd., S. 323). Eine Reflexion des Forschungsprozesses verweist „unter einer machtkritischen Perspektive" (ebd., S. 152) explizit auf *„Reproduktionen von Differenz,* die mit dem Rekrutierungsmodus [Anrufungen und Positionierungen als Menschen mit Behinderungen] sowie der thematischen Schwerpunktsetzung [...] verbunden sind, sowie die subjektivierende Wirkung, die biographische Erzählungen unter den veranschlagten Parametern entwickeln können" (ebd., S. 152 f., Herv. i. Orig., Ergänzung K.P.).

Die Kategorie Behinderung ist so als *(De)Legitimationsfigur für pädagogische Modelle und Forschungen* zu lesen. Je nach der Weise, in der von Behinderung erzählt wird, ermöglicht dies, solchen Modellen ein allgemeines Wissen um konkrete strukturelle und situative Behinderungssituationen, pädagogischen Unterstützungsbedarf sowie entsprechende „Möglichkeiten der pädagogischen Intervention [...] der Diagnostik und Beratung" (Moser 2001, S. 139) zuzuschreiben oder abzusprechen. Derartige (De)Legitimationsfiguren können jedoch auch als Konstruktionen mit ‚(sozial-)ethische[n] Engführungen' (vgl. Dederich 2015, S. 192, Anpassung K.P.) verstanden werden, welche „die Funktion begrifflicher Erkenntnis für die Reflexion und Planung pädagogischen Handelns" (ebd., S. 193) ebenso wie dessen spezifischen „Gegenstandsbereich" (ebd., S. 201) vernachlässigen.

In solchen Diskussionen verbindet sich die Frage nach pädagogischen Verständnisweisen von (Nicht-)Behinderungen sowie von (nicht-) behinderten Körpern mit der Frage nach der Rolle der Pädagogik bei sozialen Konstituierungen praktizierter Normalitäten von (Nicht-)Behinderungen und kulturell vorherrschenden Körperpraktiken sowie Widerständen gegen diese.

Problematisierende reflexive Lektüren von Modellen der Sonder-, Integrations- und Inklusionspädagogik, welche die Kategorie Behinderung nicht ausschließen, widmen sich in unterschiedlichen Weisen Fragen ihrer (De)Legitimation. So konstruiert die „Performative Theorie von Behinderung" (Weisser 2005), die eine „radikale Dekategorisierung von Behinderung" (ebd., S. 35) ermöglichen soll, *Behinderung als „universale Differenz"* (ebd., S. 39, Herv. K.P.). Sie entwirft die Differenz Behinderung/Nicht-Behinderung als eine eigenständige Perspektive. Jedoch stellt sich diese Theorie von Behinderung nicht in der Tradition der Inklusionspädagogik vor, sondern als eine wissenschaftliche Beobachtertheorie mit einem „Vorschlag, wie Behinderungen als soziale Erfahrungen zu beobachten sind" (ebd., S. 8). Aus dieser Beobachtungsposition heraus (re-)konstruiert sie pädagogische „Wahrnehmungs- und Wissenspraxen im Feld der Behinderung" (ebd.). Sie erzählt von Beobachtungen praktischer Wirksamkeiten der Differenz Behinderung/Nicht-Behinderung, von Hervorbringungen eines performativen Unterschieds (vgl. ebd., S. 25) in verschiedenen Praxen der Differenzierung, die zugleich auf deren Kontingenz verweisen.

Mit einer solchen Aufmerksamkeit können diverse Formen der Kategorie Behinderung als pädagogisch motivierte Vorstellungen von (Nicht-)Behinderungen gelesen werden, auf die sich pädagogische Konzepte performativ gründen. So zeigen sich z. B. in „Erzählungen von Teilhabe, Ausgrenzungen und Behinderungen" (Puhr und Geldner 2017) Formen der Kategorie Behinderung, mit denen sich sonder-, integrations- und inklusionspädagogische Praxen legitimieren:

„*als Mangel*, z. B. an Leistungspotentialen, an Mobilität, an Einkommen, an Anerkennung; als spezifische Subjektivierungs- und Existenzweise, z. B. als Angewiesen-Sein auf Hilfe und als existentielle Krise;

als dichotome Abgrenzungsfigur mit unterschiedlichen Differenzkonstruktionen, z. B. Krankheit/Gesundheit, Homosexualität/Heterosexualität, Ausländer*in/Inländer*in und schlechtere*r/bessere*r Schüler*in;

als diskursive (interaktive, soziale und politische) Barriere, z. B. als kommunikative Nicht-Berücksichtigung, als Bildungsbenachteiligung und als Exklusionsrisiko in demokratischen Gesellschaften mit Inklusionsgebot;

als kausale Begründungsfigur für Ausgrenzungen, Ausschlüsse und besondere Ressourcen, z. B. als Begründung für Interventionen gegen nicht erwünschtes Sozial- und Lernverhalten, für Konstituierungen differenter Leistungs- und Lerngruppen, für besondere Ausstattungen von Lerngruppen mit gemeinsamem Unterricht, für exklusive soziale Beziehungen/Interaktionen und für individuell zu beanspruchende Sozialleistungen/Nachteilsausgleiche;

als Irritation von Routinen sozialen Zusammenlebens, z. B. als Störquelle für gemeinsames schulisches Leben und Lernen, als selbst-verschuldete oder selbst-gewollte Ab- und Ausgrenzung, als Erwartungsverletzung bezüglich Aufmerksamkeit und Unterstützung, als Verhaltensunsicherheit;
und/oder *als Vorstellung unsicheren/unentschiedenen Wissens* in Selbst- und sozialen Positionierungen" (Puhr 2017, S. 339 f.).

In der Vielfalt der Formen, mit denen die Kategorie Behinderung aufgerufen wird, können sich der konstituierende Charakter der Unterscheidung Behinderung/Nicht-Behinderung, ihre Kontingenz und ihre Kennzeichnung „als autonome Unterscheidung eines Beobachters" (Weisser 2005, S. 10) zeigen. Sie können aber auch auf strategische Perspektiven verweisen, mit denen Praxen von Sonder-, Integrations- und Inklusionspädagogik zugleich die Kategorie Behinderung und sich selbst legitimieren. ◄

4.3 Schulbezogene Inklusionspädagogik als spezifische Disziplin zur Bearbeitung von Behinderungen schulischer Bildungschancen

Die Einführung des Begriffes Inklusion in die Schulpädagogik und damit auch die Selbstbezeichnungen ‚Inklusionspädagogik' oder ‚Inklusive Pädagogik' verknüpfen sich schulgeschichtlich und -pädagogisch mit der Aussicht auf die Abschaffung der Schulform Sonder-/Förderschule (vgl. Abschn. 2.2 im Kap. 2). Dabei wird die ‚Inklusive Pädagogik' als ‚konzeptionelle Weiterentwicklung' und als Einsatz gegen kritisierte Praxen schulischer Integration mit Differenzkonstruktionen von Schüler*innen mit und ohne sonderpädagogische Förderbedarfe vorgestellt (vgl. Hinz 2002). Das Konzept zeichnet sich durch die normative Ausrichtung auf *Inklusion als menschenrechtliche und bildungspolitische Verpflichtung* aus. Das Bild einer inklusiven Pädagogik, das wir hier exemplarisch mit Bezug auf den Text „Inklusion im Bildungskontext: Begriffe und Ziele" (Hinz 2014) entwerfen, positionieren wir als einen Einsatz schulbezogener Inklusionspädagogik.[4]

Verstanden als „Orientierung für nächste konkrete Entwicklungsschritte, die unmittelbar angegangen werden können – und vor dem Hintergrund der uni-

---

[4] Die Formulierung ‚schulbezogene Inklusionspädagogiken' nutzen wir in diesem Kapitel als eine Art ‚Behelfskonstruktion' für Einsätze inklusionsorientierter Schulpädagogik, die sich explizit in Abgrenzungen zu und/oder als Weiterentwicklungen von Vorstellungen schulbezogener Sonder- und Integrationspädagogik positionieren.

versellen Menschenrechte sowie deren Bestätigung durch die UN-Behindertenkonvention durch Einzelne und die Gesellschaft als Ganzes auch umgesetzt werden müssen" (Hinz 2014, S. 18) – wird *Inklusion als „normative[r] ‚Nordstern'"* (ebd., Anpassung K.P.) *für Inklusive Pädagogik* lesbar. Mit dieser Fokussierung werden dem Konzept Inklusive Pädagogik weitreichende Chancen grundlegender Veränderungen des Schulsystems, der Vorstellungen von Gleichheit und Verschiedenheit aller Menschen als „etwas Positives" (ebd., S. 17) sowie der *Verantwortung aller Pädagogiken und Pädagog*innen für „alle Aspekte der Vielfalt von Menschen"* (ebd., Herv. K.P.) zugeschrieben.

Als relevante Differenzaspekte erscheinen z. B. „unterschiedliche Fähigkeiten, Geschlechterrollen, ethnische Herkünfte, Nationalitäten, Erstsprachen, Hautfarben, soziale Milieus, Religionen, sexuelle Vorlieben, körperliche Bedingungen, politische und philosophische Orientierungen und andere Aspekte mehr" (ebd.). Im Wortlaut des zitierten Textes heißt es:

„Mit einem solchen Fokus bietet inklusive Pädagogik als Konzept die Chance,

- über die Integration bestimmter Gruppen *in etwas Bestehendes hinein* hinauszugehen, also von einem tendenziell assimilativen zu einem stärker transformativen Verständnis zu kommen,
- über die unangemessene Definition von verschiedenen, scheinbar abgrenzbaren Gruppen [...] hinauszukommen und sich der Vorstellung eines nicht unterteilbaren Spektrums gleicher und verschiedener Individuen anzunähern [...],
- zu einer gemeinsamen Zuständigkeit aller Pädagogiken und pädagogischen Professionen für Heterogenität zu kommen [...], und
- den Fokus auf Veränderung und Weiterentwicklung der pädagogischen und institutionellen Bedingungen statt auf die Veränderung von Lernenden, ihre ‚richtige Platzierung' und ihre ‚responsive Entwicklung'[5] zu legen" (Hinz 2014, S. 18, Herv. i. Orig.).

In diesem Verständnis Inklusiver Pädagogik wird „Inklusion als Werterahmen für Bildungsgerechtigkeit" (Sulzer 2013, S. 12 ff.) aller Schüler*innen unter Berück-

---

[5] Die Kritik gilt hier einem sonderpädagogischen Förderkonzept, dem Konzept „Response-to-Intervention" (Huber et al. 2013), das von seinen Protagonist*innen als Lösungsansatz für die „konsequente Prävention von Lern- und Verhaltensproblemen [als] eine[r] der zentralen Gelingensbedingungen für Inklusion" (ebd., S. 79, Anpassung K.P.) vorgestellt wird. „Die Grundidee des RTI-Konzepts besteht darin, beginnende Lern- und Verhaltensprobleme bei allen Schülerinnen und Schülern frühzeitig zu erkennen und zu einem sehr frühen Zeitpunkt konsequent und gezielt mit evidenzbasierten Methoden intensiv zu fördern" (ebd.).

sichtigung relevanter Differenzkategorien aufgerufen: „Inklusion stellt demnach eine Aufforderung dar, Kinder in ihrer Unterschiedlichkeit wahrzunehmen und anzuerkennen – in ihrer ganzen Persönlichkeit als mehrfachzugehörig und nicht nur mit Blick auf *einen Aspekt* ihrer Identität" (ebd., S. 14, Herv. K.P.).

Mit einer solchen Positionierung proklamieren viele Selbstbeschreibungen der Inklusiven Pädagogik den *Verzicht auf die Kategorie Behinderung* und legitimieren *zugleich deren Beibehaltung*. So versteht sich z. B. der Handbuchbeitrag „Behinderung als alltagspraktische, historische und erziehungswissenschaftliche Kategorie" (Sasse und Moser 2016) als Einsatz einer widerspruchsvollen wissenschaftlichen Perspektive der Dekategorisierung. Hier werden Behinderungen als Figuren der Legitimation sonderpädagogischer Professionen und inklusionspädagogischer Institutionen verortet, und diesen wird (als Zuschreibungen an Personen) zugleich jegliche Bedeutung für das Pädagogische abgesprochen (vgl. ebd., S. 144).

Dieses Verständnis lässt sich als „Verschiebung von Kategorien" (Walgenbach 2018, S. 33) lesen, die (inklusionspädagogisch motivierte) Bilder von Behinderungen infrage stellt, diese jedoch (mit bildungspolitischen Legitimationen) in Abgrenzungen zu Nicht-Behinderungen konstruiert. Mit anderen Worten:

> „In Bezug auf die Kategorie der Behinderung bleibt das realpolitische Inklusionsverständnis also einer diagnoseabhängigen Zielgruppendefinition verpflichtet. Das Etikettierungs-Ressourcen-Dilemma bleibt nicht nur aufgrund sozialpolitischer Notwendigkeit unangetastet – ja, es repräsentiert im Grunde gar kein Dilemma, sondern eher einen adäquaten funktionalen Mechanismus zur Sicherstellung der gesellschaftlichen Chancenverteilungsfunktion" (Dannenbeck 2015, S. 238).

So lassen sich diverse *„strukturelle Ausgrenzungstendenzen"* (Wansing 2005, S. 93, Herv. K.P.) nicht nur als Exklusionsrisiken, sondern auch *als Inklusionsfolgen* beobachten. Menschen, die als behindert (und/oder mit sonderpädagogischem Förderbedarf) adressiert werden, sind nicht mehr davon ausgeschlossen, als Schüler*innen am allgemeinen Bildungssystem teilzuhaben. Jedoch schützt der rechtliche Anspruch nicht vor Ausgrenzung (vgl. ebd., S. 97). Das zeigt z. B. die Studie „Teilhabe an der Gesellschaft. Menschen mit Behinderung zwischen Inklusion und Exklusion" (Wansing 2005 und 2007). Diese Studie diskutiert Behinderungen als Exklusionsrisiken ebenso wie vielfältige Formen sozialpolitischer Risikobearbeitung (ebd., S. 102). Sie zeigt und fordert Aufmerksamkeit dafür, dass sich mit strukturellen und konzeptionellen Inklusionsorientierungen Teilhabe- und Ausgrenzungstendenzen in der Weise verschieben, dass Fragen von Behinderungen als Fragen nach den Weisen von Inklusion zu stellen wären:

> „Es scheint also nicht ein prinzipieller Mangel an Inklusion die Problemlage von Menschen mit Behinderung zu kennzeichnen, sondern vielmehr die *Art und Weise* ihrer Inklusion. Man sollte vor diesem Hintergrund [...] darüber nachdenken, soziale Probleme wie Behinderung nicht als Exklusionsfolgen, sondern als Inklusionsfolgen zu diskutieren" (Wansing 2007, S. 288, Herv. i. Orig.).

Die Konfrontation mit derartigen soziostrukturellen und -kulturellen Praxen könnte die Inklusive Pädagogik (als schulbezogene Inklusionspädagogik) auffordern, sich von der Illusion zu verabschieden, dass die vollständige Einlösung des Bildungsanspruchs aller Schüler*innen in einem nicht separierenden schulischen Organisationssystem möglich sei (vgl. Abschn. 3.2, Kap. 3). Sich in diesem Wissen (legitimiert mit dem politischen Inklusionsgebot/Exklusionsverbot) für ein inklusionsorientiertes Schulsystem einzusetzen, schließt Fragen nach Behinderungen als ‚Folgen' inklusionsorientierter Schulentwicklungen ein (vgl. Abb. 4.3).

Ein solcher Einsatz würde das Konzept Inklusive Pädagogik als eine schulbezogene Inklusionspädagogik mit dem Anspruch ‚reflexiver Inklusion' (vgl. Kap. 2, Abschn. 2.3) charakterisieren, die *Teilhabe und Ausgrenzungen als Fragen der Art und Weise von Inklusion* diskutiert. Mit einem derartigen Selbstverständnis als inklusionsorientierte Schulpädagogik wäre eine Sensibilität für Unterschiede der Inklusion/Exklusion anzustreben und eine Fähigkeit, Unvergleichliches zu ertragen. Diese Irritationen begleiten das Thema Inklusion/Exklusion auch bezogen auf (Nicht-)Behinderungen pädagogisch in praktischer und theoretischer Hinsicht.

Angebote für derartige ‚reflexive Inklusion' bieten die *Disability Studies*. Allerdings wehren sich Vertreter*innen der Disability Studies (auch in Abgrenzung gegen Einsätze inklusionsorientierter Schul-Pädagogik) gegen Vereinnahmungen „in Diskursen um Inklusion, Teilhabe und Partizipation, in denen unter dem Label der Disability Studies oftmals lediglich konventionelle Behinderungsforschung betrieben wird" (Brehme et al. 2020, S. 11).

Es wird hervorgehoben, dass es keine gemeinsame Perspektive der Disability Studies auf Inklusion gibt, sondern „unterschiedliche Sichtweisen von Wissenschaftler*innen, Vertreter*innen und Unterstützer*innen der Disability Studies" (Tillmann 2022, S. 519). Dabei wird idealtypisch zwischen einer Position für und einer gegen „Begriff und Konzept der Inklusion" (ebd., S. 522) unterschieden. „Das ‚Für' der Inklusion aus Sicht der Disability Studies" (ebd.) begründet sich zum einen mit der Orientierung an den gesellschaftlichen Zielen der Inklusion, Teilhabe und Gleichstellung sowie mit einem gesellschaftlichen und kulturellen Verständnis von Behinderungen und Barrieren (vgl. ebd., S, 522 f.). Zum anderen

4.3 Schulbezogene Inklusionspädagogik als spezifische Disziplin ...

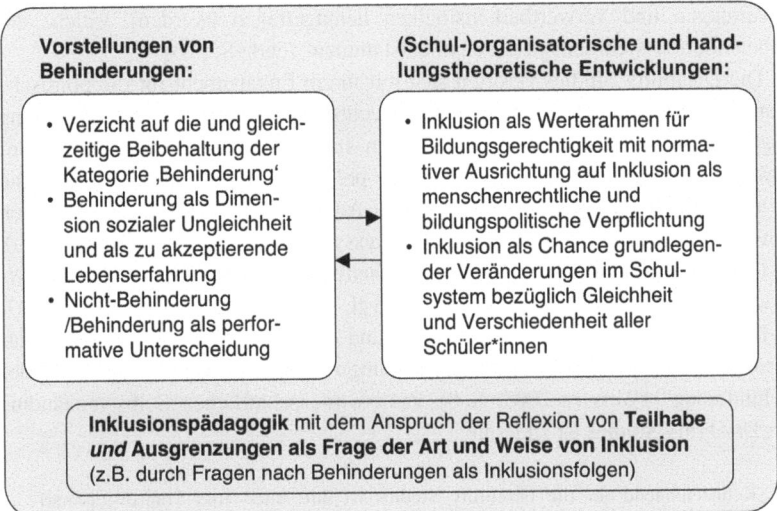

Abb. 4.3 Schulbezogene Inklusionspädagogik in Verbindung mit Vorstellungen von Behinderungen. (© Mirko Moll)

wird der Aspekt der Barrierefreiheit bzw. „Zugänglichkeit als Grundgedanke" (ebd., S. 523) aufgerufen. Ihm ist der „Anspruch der Disability Studies [...] als politische Wissenschaft [geschuldet,] Formen exklusiver Benachteiligungen, Diskriminierungen und Barrieren aufgrund von Beeinträchtigungen zu identifizieren, zu benennen und Behinderung als soziale Situation abzubauen" (ebd., S. 524, Anpassung K.P.). Dagegen legitimiert sich „[d]as ‚Wider' der Inklusion aus Sicht der Disability Studies" (ebd., Anpassung K.P.) zunächst grundlegend mit der Akzeptanz von ‚ethnischen und kulturellen Minderheiten', die Inklusion ablehnen, wie z. B. Menschen, die mit Gebärdensprachen kommunizieren und sich als kulturelle Minderheit verstehen (vgl. ebd., S. 524 f.). Darüber hinaus wird gegen Inklusion mit Hinweisen auf „‚Lippenbekenntnisse' zur Inklusion als Political Correctness" (ebd., S. 525) bei gleichzeitigen Entwicklungen gesellschaftlicher Exklusion und Verhinderungen behinderten Lebens argumentiert. Nicht zuletzt begründet sich die Ablehnung des Begriffs und der Vorstellungen von Inklusion mit der „Vereinnahmung des Inklusionsgedankens durch neoliberale Politik [...] [z. B. im] sogenannten erwerbsarbeitszentrierten Inklusionsdiskurs, [in dem] [...] [a]n die Inklusionspraxis [...] Produktivitätserwartungen und Verwertbarkeitslogiken herangetragen [werden], welche der unbehinderten Mehrheitsgesellschaft entstammen" (ebd., S. 526).

Die Disability Studies verorten sich mit ihrem Engagement für die politische Durchsetzung von Ansprüchen gleichberechtigter Teilhabe und Gleichstellung angesichts individueller Verschiedenheiten in der Tradition der Behindertenbewegung als „emanzipatorisch orientierte politische und soziale Bewegung, die sich für die Rechte und gesellschaftliche Anerkennung behinderter Menschen sowie den Aufbau konkreter Unterstützungssysteme einsetzte" (Dederich 2010, S. 170). Sie rufen *Behinderungen als Dimension sozialer Ungleichheit und als zu akzeptierende Lebenserfahrungen* auf (vgl. Waldschmidt und Schneider 2007, S. 10). Aus diesen Positionen heraus re- und dekonstruieren die interdisziplinär verorteten Disability Studies „Wahrnehmungs- und Wissenspraxen im Feld der Behinderung" (Weisser 2005, S. 8). Zum wissenschaftlichen Selbstverständnis der Disability Studies ist zu lesen:

> „Kennzeichnend für die Disability Studies ist ihre Inter- und Transdisziplinarität: Ihr Gegenstand ist die (De-)Konstruktion von Normalität und Behinderung aus dem Blickwinkel verschiedener Wissenschaftsdisziplinen. Zentral sind dabei (1) das Erfahrungswissen von Forscher*innen und außerakademischen Akteur*innen mit Beeinträchtigungen, (2) die machtkritische Analyse von Wissensordnungen, die sich u. a. in Diskursen, Dokumenten, Gesetzen und Politiken manifestieren, und (3) die Analyse der Praktiken des Behinderns, z. B. Diskriminierung, Exklusion und paternalistische Fürsorge" (Brehme et al. 2020, S. 9)

Die (De)Konstruktionen von Normalitäten und Behinderungen erfolgen in den Disability Studies mit verschiedenen Theorieansätzen. Diese werden in einem entsprechenden Handbucharikel (vgl. Waldschmidt und Schillmeier 2022) exemplarisch mit drei Fokussierungen skizziert:

- „Dis/ability als normalistisches Dispositiv" (ebd., S. 82).
  Theoriegeleitete kritische Betrachtungen von Normalität eröffnen ein Verständnis für „die gesellschaftlichen Problematisierungs- und Bearbeitungsweisen von Behinderung als Mischung von [...] rigide begrenzenden, sowie durchlässigen, sogenannten flexibel-normalistischen ‚Strategien' der Normalisierung" (ebd.).
- „Die kosmopolitische Theorie der (Nicht-)Behinderung" (ebd., S. 83).
  Dieser Ansatz problematisiert „am Beispiel von (Nicht-)Behinderung den ‚Kosmos' unhinterfragter Ordnungen und Normalität. [...] Im Sinne einer Prozess- und Ereignisanalyse werden die Praxis- und Bedeutungsvielfalt der

Verbindungen kultureller, psycho-sozialer, somatischer, materialer, affektiver/emotionaler und technischer Prozesse in den Vordergrund gerückt. Dabei werden tradierte Konstruktionen von Körperlichkeit, Individualität und Sozialität sichtbar und zugleich fragwürdig" (ebd.)
- „Ableismus – ein transdisziplinärer Theorieansatz" (ebd.).
„[U]nter dem Stichwort ableism [werden u. a.] behinderungsspezifische Formen der Diskriminierung problematisiert […], um eine Kritik am Neoliberalismus zu formulieren und den repressiven Charakter ableistischer Orientierungen zu betonen" (ebd., S. 84).

Die Einsätze der Disability Studies gehen von einer politisch-praktischen Wirksamkeit der Differenz Behinderung/Nicht-Behinderung aus, der Hervorbringung eines ‚performativen Unterschieds' (vgl. Weisser 2005, S. 25) im Gebrauch einer Differenz, die zugleich auf ihren politischen Einsatz wie auf ihre Kontingenz verweist. Nach ihrem Selbstverständnis stärken die Disability Studies in den Erziehungswissenschaften „durch ihre Kritik an pädagogischer Normierung, Subjektivierung und institutionellen Grenzziehungen […] die Forschung zu Inklusion […] und Partizipation" (Pfahl und Schönwiese 2022, S. 288).

Die *„Disability Studies in Education"* (Köbsell 2015, Herv. K.P.) platzieren sich so explizit als „kritische Begleiterin[nen]" (ebd., o. A., Anpassung K.P.) schul-pädagogischer Praxen „auf dem Weg zur Inklusion" (ebd.), die einerseits „dafür sorgen [könnten], dass für gelingende Inklusion zentrale Themen und Fragen tatsächlich berücksichtigt werden […], die scheinbare Naturhaftigkeit von Behinderung ebenso wie Normalitätskonstruktionen hinterfragt, Ableism entlarvt und Umgangsweisen entsprechend verändert werden" (ebd., Ergänzung K.P). Andererseits wollen sie „dazu beitragen, dass inklusive Bildungsangebote erfolgreich im Sinne der gelungenen Berücksichtigung der Bedürfnisse beeinträchtigter Schüler/innen – ohne Reproduktion behindernder Strukturen und Verhaltensweisen oder gar neuer Ausgrenzungserfahrungen – sein können" (ebd.). In diesem Sinne werden in Studien der Disability Studies z. B. differenzierte „Erkenntnisse […] für die Professionalisierung und den Aufbau inklusiver Schulen" (Buchner 2018, S. 319) zur Diskussion gestellt. Neben vielem anderen wird hier die „Schule als Ort des Verlernens ableistischer Selbstbildung […] mit der *Dekonstruktion selbstverständlicher Fähigkeiten und Selbstständigkeitsidealen und dem Herausarbeiten der prinzipiellen Verletzlichkeit und Interdependenz von Subjekten*" (ebd., S. 324, Herv. i. *Orig.*) konzipiert. Dazu wird eine Schulkultur gefordert, die entgegen einer „bloße[n] Präsenz von behinderten Schüler*innen […] aufgrund einer ableistisch geprägten Gesellschaft und einer von meritokratischen Idealen geformten Schule [...] zu einem respektvollen, anerkennenden Miteinander"(ebd., S. 325) führt.

Derart sensibilisiert kann die inklusionsorientierte Schulpädagogik als wissenschaftliche Disziplin im Austausch mit den vielstimmigen Einsätzen der Disability Studies Anregungen für kritisch-produktive Reflexionen der eigenen Konzepte erhalten. Inklusionspädagogische Konzepte und Praxen können Fragen nach Teilhabe und Ausgrenzungen, nach Verschiedenheiten und Behinderungen als Fragen nach kontingenten, vieldeutigen und instabilen Konstruktionen und den damit verbundenen Machtverhältnissen in den Blick bekommen. So können sie nach unserem Verständnis in widerstreitenden Konfrontationen „in einem Kontext des Konflikts und der Diversität" (Mouffe 2010, S. 87) ein spezifisches kritisch-produktives Potenzial entfalten. Die Entscheidung für ein inklusionsorientiertes Schulsystem ist mit dieser Positionierung nicht als eindeutig theoretisch fundiert oder empirisch belegt zu begründen (vgl. Kap. 1). Sie kann jedoch im Widerstreit politisch, sozial und pädagogisch legitimiert und auf theoretische wie praktische Ungewissheiten befragt werden.

In diesem Sinne wenden wir uns im dritten Teil dieses Studienbuches Konzepten, Beschreibungen und Analysen zum Thema Inklusion/Exklusion in der Schulpädagogik zu.

Anregungen für das Selbststudium

1. Wie werden in den Sonder-, Integrations- und Inklusionspädagogiken Behinderung(en) jeweils verhandelt und welche (sich gegebenenfalls widersprechende) Gründe sprechen im Hinblick auf historische Zusammenhänge für und gegen jeweilige Vorstellungen? Skizzieren Sie dabei, welche Normalitätskonstruktionen des Schulsystems sich mit diesen Vorstellungen verbinden.
2. Inwiefern lässt sich vor den Hintergründen der thematisierten Pädagogiken und Problematisierungen der Disability Studies von einer ‚Gruppe von Menschen mit Behinderungen' sprechen, die in das Schulsystem oder in die Gesellschaft ‚inkludiert' werden soll? Welche Vorstellungen von Behinderungen (etwa als Behinderungen schulischer Bildungschancen) irritieren ein solches Bild?
3. Welche strukturellen Bedingungen des Schulsystems und welche Handlungsweisen von Lehrer*innen geraten in den Blick, wenn Behinderungen und Ausgrenzungen als Inklusionsfolgen thematisiert werden? Wie lassen sich diesbezüglich integrations- und inklusionspädagogische Ansprüche einer Verantwortung aller Pädagogiken und Pädagog*innen für alle Schüler*innen diskutieren? ◄

Literatur

Fachwissenschaftliche Literaturempfehlungen

Buchner, T. (2018). *Die Subjekte der Integration. Schule, Biographie und Behinderung.* Bad Heilbrunn: Klinkhardt. *„In der vorliegenden Studie werden Subjektivierungsprozesse im Kontext von Schule und Behinderung erforscht. Die Arbeit verortet sich in den Disability Studies in Education. [...] Im empirischen Teil wird anhand von drei biographischen Fallkonstruktionen untersucht, wie sich ableistische Normalitäten von Schule auf die Subjektivitäten junger behinderter Personen auswirken. [...] Anhand der biographischen Texte wird rekonstruiert, über welche Selbsttechniken Subjekte sich zu den schulischen Normierungsregimen in Relation setzen. Die Ergebnisse werden abschließend hinsichtlich ihrer Bedeutung für die Professionalisierung im Bereich inklusive Bildung aufbereitet" (ebd.).*

Hedderich, I., Biewer, G., Hollenweger J. & Markowetz. R. (Hrsg.) (2016). *Handbuch Inklusion und Sonderpädagogik.* Bad Heilbrunn: Klinkhardt. *Das Handbuch, an dem 137 Autor*innen mit verschiedenen erziehungswissenschaftlichen Zugängen mitwirkten, präsentiert wesentliche Positionierungen zum Gegenstandsbereich Inklusion und Sonderpädagogik. Es bietet einen grundlegenden Überblick über sonderpädagogische Themenstellungen und – mit Bezug auf die Behindertenrechtskonvention der Vereinten Nationen – über interdisziplinäre Vorstellungen von Inklusion als (sonder)pädagogisches Leitprinzip.*

Darüber hinaus verwendete Literatur

Begemann, E. (1970). *Die Erziehung der sozio-kulturell benachteiligten Schüler. Zur erziehungswissenschaftlichen Grundlegung der Hilfsschulpädagogik.* Hannover: Schroedel.

Begemann, E. (2009). Theoretische und institutionelle Behinderungen der Integration und der „inclusion". In: H. Eberwein & S. Knauer (Hrsg.), *Handbuch Integrationspädagogik. Kinder mit und ohne Beeinträchtigung lernen gemeinsam* (7) (S. 126–139). Weinheim und Basel: Beltz.

Bleidick, U. (1999a). *Behinderung als pädagogische Aufgabe. Behinderungsbegriff und behindertenpädagogische Theorie.* Stuttgart: Kohlhammer.

Bleidick, U. (Hrsg.) (1999b). *Allgemeine Behindertenpädagogik. Band 1 der Studientexte zur Geschichte der Behindertenpädagogik.* Neuwied u. a.: Luchterhand.

Bleidick, U., Rath, W. & Schuck, K. D. (1995). Die Empfehlungen der Kultusministerkonferenz zur sonderpädagogischen Förderung in den Schulen der Bundesrepublik Deutschland. In: *Zeitschrift für Pädagogik, 41* (2), 247–264.

Brehme, D., Fuchs, P., Köbsell, S. & Wesselmann, C. (2020). Einleitung: Zwischen Emanzipation und Vereinnahmung. Disability Studies im deutschsprachigen Raum. In:

D. Brehme, P. Fuchs, P., S. Köbsell & C. Wesselmann (Hrsg.), *Disability Studies im deutschsprachigen Raum. Zwischen Emanzipation und Vereinnahmung* (S. 9–21). Weinheim und Basel: Beltz.

Bronner, K. & Paulus, St. (2017). *Intersektionalität: Geschichte, Theorie und Praxis*. Opladen und Toronto: Barbara Budrich.

Bublitz, H. (2018). *Das Archiv des Körpers. Konstruktionsapparate, Materialitäten und Phantasmen*. Bielefeld: transcript.

Dannenbeck, C. (2015). Zur Konstruktion von Behinderung im hegemonialen Inklusionsdiskurs. In: K. Bräu & Ch. Schlickum (Hrsg.), *Soziale Konstruktionen in Schule und Unterricht. Zu den Kategorien Leistung, Migration, Geschlecht, Behinderung, Soziale Herkunft und deren Interdependenzen* (S. 235–247). Opladen: Budrich.

Dederich, M. (2010). Behinderung, Norm, Differenz – Die Perspektive der Disability Studies. In: F. Kessl & M. Plößer, M. (Hrsg.), *Differenzierung, Normalisierung, Andersheit. Soziale Arbeit als Arbeit mit Anderen* (S. 170–184). Wiesbaden: VS Verlag für Sozialwissenschaften.

Dederich, M. (2015). Kritik der Dekategorisierung. Ein philosophischer Versuch. *Vierteljahresschrift für Heilpädagogik und ihre Nachbargebiete, 84 (3)*, 192–205.

Deutsches Institut für medizinische Dokumentation und Information (DIMDI) (2005). Internationale Klassifikation der Funktionsfähigkeit, Behinderung und Gesundheit. https://www.soziale-initiative.net/wp-content/uploads/2013/09/icf_endfassung-2005-10-01.pdf. Zugegriffen: 10. Juni 2022.

Deutsches Institut für Menschenrechte (2022). Online-Handbuch. Inklusion als Menschenrecht. Gegenwart. Biographien. Pablo Pineda. https://www.inklusion-als-menschenrecht.de/gegenwart/biografien/pablo-pineda. Zugegriffen: 10. Juni 2022.

Eberwein, H. & Knauer, S. (2009). Integrationspädagogik als Ansatz zur Überwindung pädagogischer Kategorisierungen und schulischer Systeme. In: H. Eberwein & S. Knauer (Hrsg.), *Handbuch Integrationspädagogik. Kinder mit und ohne Beeinträchtigung lernen gemeinsam* (7. Aufl.) (S. 17–35). Weinheim und Basel: Beltz.

Ellger-Rüttgardt, S. (Hrsg.) (2003). *Lernbehindertenpädagogik. Studientexte zur Geschichte der Behindertenpädagogik. Band 5*. Weinheim und Basel: Beltz.

Ellger-Rüttgardt, S. (2008). *Geschichte der Sonderpädagogik. Eine Einführung*. München: Reinhardt Verlag.

Esposito, R. (2004). *Immunitas. Schutz und Negation des Lebens*. Berlin: diaphanes.

Fornefeld, B. (2009). *Grundwissen Geistigbehindertenpädagogik* (4. Aufl.). München und Basel: Reinhardt.

Gugutzer, R. & Schneider, W. (2007). Der ‚behinderte' Körper in den Disability Studies. Eine körpersoziologische Grundlegung. In: A. Waldschmidt & W. Schneider (Hrsg.), *Disability Studies, Kultursoziologie und Soziologie der Behinderung* (S. 31–53). Bielefeld: transcript.

Hänsel, D. & Schwager, H. J. (2003). *Einführung in die sonderpädagogische Schultheorie*. Weinheim u. a.: Beltz.

Hinz, A. (2002). Von der Integration zur Inklusion – terminologisches Spiel oder konzeptionelle Weiterentwicklung? *Zeitschrift für Heilpädagogik, 53*, 354–361.

Hinz, A. (2014). Inklusion im Bildungskontext: Begriffe und Ziele. In: S. Kroworsch (Hrsg.), *Inklusion im deutschen Schulsystem. Barrieren und Lösungswege* (S. 15–25). Berlin: Deutscher Verein für öffentliche und private Fürsorge e. V.

Hofer-Sieber, U. (2000). *Bildbar und verwertbar. Utilitätsdenken und Vorstellungen der Bildbarkeit behinderter Menschen Ende 18. und Anfang 19. Jahrhundert in Frankreich.* Würzburg: edition bentheim.

Hollenweger, J. (2016). Klassifizierungen der Medizin und Gesundheitswissenschaft. In: I. Hedderich, G. Biewer, J. Hollenweger & R. Markowetz, (Hrsg.), *Handbuch Inklusion und Sonderpädagogik* (S. 161–165). Bad Heilbrunn: Klinkhardt.

Huber, Ch., Grosche, M. & Schütterle, P. (2013). Inklusive Schulentwicklung durch response-to-Intervention (RTI) – Realisierungsmöglichkeiten des RTI-Konzepts im Förderbereich Lesen. In: *Gemeinsam leben. Zeitschrift für Inklusion, 21 (2),* 79–90.

Kino Zeit (2019). Die Kinder der Utopie. https://www.kino-zeit.de/film-kritiken-trailer/die-kinder-der-utopie-2019. Zugegriffen: 10. Juni 2022.

Klee, E. (2010). *„Euthanasie" im Dritten Reich. Die „Vernichtung lebensunwerten Lebens"* (3. Aufl.). Frankfurt/M.: Fischer.

Klein, A. (2020). Biopolitik in der Hochschullehre? Alltag, Geschlecht und Behinderung im Zeitalter der Gen- und Reproduktionstechnologien. In: C. Nolte (Hrsg.), *Dis/ability Historie Goes Public – Praktiken und Perspektiven der Wissensvermittlung* (S. 77–114). Bielefeld: transcript.

Köbsell, S. (2006). Im Prinzip: „Jein" – Zum Verhältnis der deutschen Behindertenbewegung zur Integration behinderter Menschen. In: M. Dederich, H. Greving, Ch. Mürner & P. Rödler (Hrsg.), *Inklusion statt Integration? Heilpädagogik als Kulturtechnik* (S. 62–71). Gießen: Psychosozial.

Köbsell, S. (2015). Disability Studies in Education. *Zeitschrift für Inklusion, 2015 (2).* https://www.inklusion-online.net/index.php/inklusion-online/article/view/275. Zugegriffen: 10. Juni 2022.

Luhmann, N. (1997). *Die Gesellschaft der Gesellschaft.* Frankfurt/Main: Suhrkamp.

Maschke, M. (2007). Behinderung als Ungleichheitsphänomen – Herausforderung an Forschung und politische Praxis. In: A. Waldschmidt & W. Schneider (Hrsg.), *Disability Studies, Kultursoziologie und Soziologie der Behinderung* (S. 299–320). Bielefeld: transcript.

Möckel, A. (2007). *Geschichte der Heilpädagogik* (2. Aufl.). Stuttgart: Klett-Cotta.

Mörgen, R. (2014). ver*Körper*te Ungleichheiten und Soziale Arbeit. In: N. von Langsdorff, N. (Hrsg.), *Jugendhilfe und Intersektionalität* (S. 72–93). Opladen: Budrich.

Moser, V. (2001). Behinderung – notwendiges Konstitutiv sonderpädagogischer Theoriebildung. In: A. Müller (Hrsg.), *Sonderpädagogik provokant* (S. 133–141). Luzern: Edition SZH.

Moser, V. & Sasse, A. (2008). *Theorien der Behindertenpädagogik.* München: Reinhardt.

Mouffe, Ch. (2010). Inklusion/Exklusion: Das Paradox der Demokratie. In: P. Weibel, P. & S. Žižek (Hrsg.), *Inklusion : Exklusion. Probleme des Postkolonialismus und der globalen Migration* (2. Aufl.) (S. 75–90). Wien: Passagen Verlag.

Opp, G., Fingerle, M. & Puhr, K. (2001). Differenz als Konstitutionsproblem der Sonderpädagogik. In: H. Lutz & N. Wenning (Hrsg.), *Unterschiedlich verschieden. Differenz in der Erziehungswissenschaft* (S. 161–176). Opladen: Leske + Budrich.

Pastor, A. & Naharro, A. (2009). *Me too – Wer will schon normal sein (Yo, también).* Spanien.

Petzold, V. (2001). *Kontinuitäten und Diskontinuitäten in der historischen Entwicklung der Heil- und Sonderpädagogik und ihre Zuspitzung in der Zeit des Nationalsozialismus.* Regensburg: Roderer.

Pfahl, L. & Schönwiese V. (2022). Disability Studies in der Erziehungswissenschaft. In: Waldschmidt, A. (Hrsg.), *Handbuch Disability Studies (S. 287–303)*. Wiesbaden: Springer VS.

Pluhar, Ch. (2003). Sonderpädagogischer Förderbedarf aus der Sicht eines Mitglieds der KMK-Arbeitsgruppe. In: G. Ricken, A. Fritz & Ch. Hoffmann (Hrsg.), *Diagnose: Sonderpädagogischer Förderbedarf* (S. 68–82). Lengerich: Pabst.

Powell, J. W. (2007). Behinderung in der Schule, behindert durch Schule? Die Institutionalisierung der schulischen Bildung. In: A. Waldschmidt & W. Schneider (Hrsg.), *Disability Studies, Kultursoziologie und Soziologie der Behinderung. Erkundungen in einem neuen Forschungsfeld* (S. 321–343). Bielefeld: transcript.

Puhr, K. (2017). Thesen zu inklusionsorientierten Schulvorstellungen. In: K. Puhr & J. Geldner (Hrsg.), *Eine inklusionsorientierte Schule. Erzählungen von Teilhabe, Ausgrenzungen und Behinderungen* (S. 325–351). Wiesbaden: Springer VS.

Puhr, K. & Geldner, J. (Hrsg.) (2017). *Eine inklusionsorientierte Schule. Erzählungen von Teilhabe, Ausgrenzungen und Behinderungen.* Wiesbaden: Springer VS.

Rehle, C., Schmitt-Bosslet, St. & Häberlin-Klumpner, R. (2021). *Inklusion „am seidenen Faden". Bildungsverläufe von zehn Jugendlichen mit Beeinträchtigungen.* Bad Heilbrunn: Klinkhardt.

Rösner, H.-U. (2014). *Behindert sein – behindert werden.* Bielefeld: transcript.

Sasse, A. & Moser, V. (2016). Behinderung als alltagspraktische, historische und erziehungswissenschaftliche Kategorie. In: I. Hedderich, G. Biewer, J. Hollenweger & R. Markowetz (Hrsg.), *Handbuch Inklusion und Sonderpädagogik* (S. 138–145). Bad Heilbrunn: Klinkhardt.

Schmidt, B. (2017). *Exklusive Gesundheit. Gesundheit als Instrument zur Sicherstellung sozialer Ordnung.* Wiesbaden: Springer VS.

Schuck, K. D. (2003). Sonderpädagogischer Förderbedarf oder: Stellen wir die richtigen Fragen im Prozess von Diagnose und Förderung? In: G. Ricken, A. Fritz & Ch. Hoffmann (Hrsg.), *Diagnose: Sonderpädagogischer Förderbedarf* (S. 54–67). Lengerich: Pabst.

Sekretariat der Ständigen Konferenz der Kultusminister der Länder in der Bundesrepublik Deutschland (KMK) (1994). Empfehlungen zur sonderpädagogischen Förderung in den Schulen in der Bundesrepublik Deutschland. Beschluß der Kulturministerkonferenz vom 06.05.1994. https://www.kmk.org/fileadmin/veroeffentlichungen_beschluesse/1994/1994_05_06-Empfehlung-sonderpaed-Foerderung.pdf. Zugegriffen: 10. Juni 2022.

Siegert, H. (2005). *Klassenleben.* Deutschland.

Staatsministerium Baden-Württemberg (1983). Gesetzblatt für Baden-Württemberg 1983, Nr. 15. https://www.landtag-bw.de/files/live/sites/LTBW/files/dokumente/gesetzblaetter/1983/GBl198315.pdf. Zugegriffen: 10. Juni 2022.

Staupe, G. & Zirden H. (2001). Vom Recht auf Unvollkommenheit. In: Stiftung Deutsches Hygiene-Museum und Deutsche Behindertenhilfe – Aktion Mensch e. V. (Hrsg.), *Der (im-)perfekte Mensch. Vom Recht auf Unvollkommenheit* (S. 161–165). Ostfildern-Ruit: Hatje Cantz.

Stichweh, R. (2016). *Inklusion und Exklusion. Studien zur Gesellschaftstheorie* (2. Aufl.). Bielefeld: transcript.

Stoellger, N. (1997). Das Sonderpädagogische Förderzentrum – Darstellung und Erläuterung eines Reformkonzepts. In: K. Hasemann & H. Meschenmoser (Hrsg.), *Sonderpädagogische Förderzentren. Entstehung, Praxen, Perspektiven* (S. 23–29). Hohngehren: Schneider.

Sturm, T. (2016). Entwicklungslinien inklusiver Pädagogik. In: I. Hedderich, G. Biewer, J. Hollenweger & R. Markowetz (Hrsg.). *Handbuch Inklusion und Sonderpädagogik* (S. 179–183). Bad Heilbrunn: Klinkhardt.

Sulzer, A. (2013). Inklusion als Werterahmen für Bildungsgerechtigkeit. In: P. Wagner (Hrsg.), *Handbuch Inklusion. Grundlagen vorurteilsbewusster Bildung und Erziehung* (S. 12–21). Freiburg im Breisgau: Herder.

Tenorth, H.-E. (2018). Inklusion im Spannungsfeld von Universalisierung und Individualisierung. In: B. Lütje-Klose, Th. Riecke-Baulecke & R. Werning (Hrsg.), *Basiswissen Lehrerbildung: Inklusion in Schule und Unterricht. Grundlagen in der Sonderpädagogik* (S. 59–77). Seelze: Klett & Kallmeyer.

Thimm, W., von Ferber, Ch., Schiller, B. & Wedekind, R. (1985). *Ein Leben so normal wie möglich führen... Zum Normalisierungskonzept in der Bundesrepublik und in Dänemark*. Marburg an der Lahn: Kempkes.

Tillmann, C. (2022). Für und Wider der Inklusion: Welche Position vertreten die Disability Studies in der Inklusionsdebatte? In: Waldschmidt, A. (Hrsg.), *Handbuch Disability Studies* (S. 517–531). Wiesbaden: Springer VS.

Twele, H. (2005a). Das Modell der Fläming-Grundschule. https://www.kinofenster.de/filme/ausgaben/kf0509/das_modell_der_flaeminggrundschule. Zugegriffen: 10. Juni 2022.

Twele, H. (2005b). *Klassenleben. Hubertus Siegert. Deutschland 2005b*. Bonn: bpd.

Villa, P.-I. (2013). Prekäre Körper in prekären Zeiten – Ambivalenzen gegenwärtiger somatischer Technologien des Selbst. In. R. Mayer, Ch. Thompson und M. Wimmer (Hrsg.), *Inszenierung und Optimierung des Selbst. Zur Analyse gegenwärtiger Selbsttechnologien* (S. 57–74). Wiesbaden: Springer.

Waldschmidt, A. & Schneider W. (2007). Disability Studies und Soziologie der Behinderung. Kultursoziologische Grenzgänge. Eine Einführung. In: A. Waldschmidt & W. Schneider (Hrsg.), *Disability Studies, Kultursoziologie und Soziologie der Behinderung. Erkundungen in einem neuen Forschungsfeld* (S. 9–28). Bielefeld: transcript.

Waldschmidt, A. & M. Schillmeier (2022). Theorieansätze in den Disability Studies. In: Waldschmidt, A. (Hrsg.), *Handbuch Disability Studies* (S. 93–108). Wiesbaden: Springer VS.

Walgenbach, K. (2018). Dekategorisierung – Verzicht auf Kategorien? In: O. Musenberg, J. Riegert & T. Sansour (Hrsg.), *Dekategorisierung in der Pädagogik. Notwendig und riskant?* (S. 11–39). Bad Heilbrunn: Klinkhardt.

Wansing, G. (2005). *Teilhabe an der Gesellschaft. Menschen mit Behinderung zwischen Inklusion und Exklusion*. Wiesbaden: VS Verlag für Sozialwissenschaften.

Wansing, G. (2007). Behinderung: Inklusions- oder Exklusionsfolge? Zur Konstruktion paradoxer Lebensläufe in der modernen Gesellschaft. In: A. Waldschmidt & W. Schneider (Hrsg.), *Disability Studies, Kultursoziologie und Soziologie der Behinderung. Erkundungen in einem neuen Forschungsfeld* (S. 275–297). Bielefeld: transcript.

Weisser, J. (2005). *Behinderung, Ungleichheit und Bildung. Eine Theorie der Behinderung.* Bielefeld: transcript.

Wimmer, M. (2018). Antihumanismus, Transhumanismus, Posthumanismus: Die Enden des Menschen und seiner humanistischen Bildung. In: S. Schenk & M. Karcher (Hrsg.), *Überschreitungslogiken und die Grenzen des Humanen. (Neuro-)Enhancement – Kybernetik – Transhumanismus* (S. 277–294). Halle/Saale: Martin-Luther-Universität Halle-Wittenberg.

Zöller, E. (2004). *Anton oder die Zeit unwerten Lebens.* Frankfurt/M.: Fischer.

Teil III
Inklusion/Exklusion in der Schulpädagogik. Konzepte, Beschreibungen und Analysen

Inklusionsorientierte Schul- und Unterrichtskonzepte

5

Zusammenfassung

Im Fokus dieses Kapitels stehen inklusionsorientierte Schul- und Unterrichtskonzepte. Zunächst skizzieren wir am Beispiel des ‚Index für Inklusion' Konzepte, die ‚Leitideen' sowie ‚Gelingensbedingungen' inklusionsorientierter Schulentwicklungen formulieren (Abschn. 5.1). Anschließend stellen wir einige präskriptive inklusionsorientierte didaktische Einsätze vor, die wir als Weiterentwicklungen allgemeiner Didaktiken lesen (Abschn. 5.2). Der dritte Abschnitt widmet sich exemplarisch zwei Konzepten, die sich als spezifische inklusionsorientierte Didaktiken darstellen (Abschn. 5.3). Wir fragen nach deren Ansprüchen sowie den damit verbundenen Widersprüchen und verweisen abschließend auf einige Einsprüche.

Schlüsselwörter

Allgemeine Didaktik · Differenzierung · Gemeinsamkeit · Index für Inklusion · inklusionsorientierte Didaktik · Inklusionsorientierter Unterricht · Sachdimension · Schulentwicklung · Schulkultur · Sozialdimension · Zeitdimension

5.1 Konzepte inklusionsorientierter Schulentwicklungen

Wenn „*Schulentwicklung in der Inklusion*" (Kiel und Weiß 2020, S. 295 ff., Herv. K.P.) thematisiert wird, ist von organisationstheoretisch begründeten Prozessen der Organisations-, Personal- und Unterrichtsentwicklung (vgl. ebd., S. 297 ff.), von „Prozessmodelle[n] über den idealtypischen Ablauf von Schulentwicklung" (ebd., S. 301, Anpassung K.P.), von Leitideen und „Gelingensbedingungen inklusiver Schulentwicklung" (ebd., S. 318) sowie von „Analyse- und Steuerungsinstrument[en] für inklusive Veränderungen in Bildungsinstitutionen der Gesellschaft" (ebd., S. 307, Anpassung K.P.) zu lesen. All diese Entwicklungsaspekte begründen sich mit einer bildungstheoretischen Perspektive, aus der „sich zentrale Werte für Schulentwicklung durch die Begriffe Selbstbestimmungsfähigkeit, Mitbestimmungsfähigkeit und Solidaritätsfähigkeit charakterisieren" (ebd., S. 297) ließen.

Die *„Entwicklung einer inklusiven Schulkultur"* (Laux und Adelt 2018, S. 9) wird als Rahmen für inklusionsorientierte Neugestaltungen von Schule und Unterricht diskutiert. Schulkultur wird „als Ergebnis der kollektiven und individuellen Auseinandersetzungen und Interaktionen der schulischen Akteure mit äußeren Vorgaben und damit als die über die Handlungen einzelschulspezifisch ausgeformte, regelgeleitete Struktur konzipiert, die ihrerseits wiederum konstitutiv für die schulischen Mikroprozesse ist" (Helsper 1989, zitiert nach Budde et al. 2008, S. 14 f.). Dem entsprechend ist in der Einleitung zum Band „Inklusive Schulkultur: Miteinander. Leben. Gestalten. Grundlagen und Beispiele gelungener Praxis" (Laux und Adelt 2018) von Bedeutsamkeiten der Schulkultur für Veränderungen schulischer Strukturen und Praktiken zu lesen.

> „[D]ie Entwicklung einer inklusiven Schulkultur [bietet] die Chance, sowohl strukturelle Veränderungen planvoll umzusetzen, als auch Möglichkeiten der Reflexion und Weiterentwicklung pädagogischer Haltungen und Einstellungen in den Fokus zu nehmen. Denn ‚Schulkultur soll auf die Einstellung und dann wiederum auf die Praktiken der Akteur*innen unmittelbar einwirken' [...]. Zahlreiche Schulen [...] stellen sich diesen Entwicklungsbedarfen und haben sich auf den Weg begeben, engagiert, kreativ und auf die eigenen Bedarfe bezogen inklusive Schulentwicklung zu gestalten" (Laux und Adelt 2018, S. 9, Anpassung und Ergänzung K.P.).

Der zitierte Band „versteht sich als eine wissenschaftliche Publikation, die Impulse für eine inklusive Schulentwicklung" (ebd., S. 9) geben will. Er präsentiert in unterschiedlichen Weisen „Merkmale inklusiver Schulen [...] und ihre mögliche Gestaltung" (ebd.). So werden u. a. „Qualitätskriterien, Bedingungen und Entwicklungsprozesse inklusiver Schulen" (Arndt und Werning 2018, S. 15 ff.) als „Ergebnisse der qualitativen Studie ‚Gute inklusive Schule'" (ebd.) vorgestellt, die an ‚Jakob-Muth-Preisträgerschulen' durchgeführt wurden. Als Qualitätskriterien werden aufgeführt:

5.1 Konzepte inklusionsorientierter Schulentwicklungen

„Merkmale inklusiver Schule und Schulentwicklung [...]

- Die Bildung aller Kinder und Jugendlichen steht im Mittelpunkt [...]
- Unterricht und Schulleben fokussieren auf Individualität und Heterogenität [...]
- Verbindliche Absprachen schaffen verlässliche Strukturen [...]
- Die Praxis steht regelmäßig auf dem Prüfstand [...]
- Kollegium und Leitung arbeiten eng zusammen [...]
- Inklusive Haltung, Kompetenz und Engagement stellen die Basis dar" (Arndt und Werning 2018, S. 20).

Ausführungen zu diesen ‚Qualitätskriterien' finden sich analog in der Broschüre „Sieben Merkmale guter inklusiver Schulen" (Bertelsmann Stiftung 2016). Mit dem Jakob-Muth-Preis (ausgelobt vom Beauftragten der Bundesregierung für die Belange von Menschen mit Behinderungen, der Deutschen UNESCO-Kommission e. V. und der Bertelsmann Stiftung) werden inklusionsorientierte Schulen mit Blick auf fünf Handlungsfelder ausgezeichnet (vgl. Bertelsmann Stiftung 2016, S. 14):

„1. Schule auf dem Weg zur Inklusion: Wie ist die Schule zu einer inklusiven Schule geworden und wie möchte sie sich weiterentwickeln? 2. Inklusives Lernen: Wie sieht der inklusive Schulalltag für die Schüler aus? 3. Inklusives Lehren und Arbeiten: Wie sieht der inklusive Schulalltag für Mitarbeiterinnen und Mitarbeiter aus? 4. Inklusion und Leistung: Welche Leistungen erbringen die Schüler in unterschiedlichen Bereichen? 5. Inklusion und Gesellschaft: Wie wirkt die Schule daran mit, den Inklusionsgedanken in ihr Umfeld zu tragen?" (Bertelsmann Stiftung 2016, S. 14).

In den benannten Kriterien und Fragen sowie in den Darstellungsweisen lassen sich Parallelen zum *Index für Inklusion* (Boban und Hinz 2003; Booth und Ainscow 2017) lesen. Explizit wird er in der Vorstellung des ‚inklusiven Gesamtkonzeptes' einer Jakob-Muth-Preisträgerschule (der Kettelerschule in Bonn) als „wichtiges Instrument" (Lang-Winter 2018, S. 120) aufgerufen, das „zahlreiche Themenkomplexe und Fragestellungen [liefert], die jede Schulgemeinde auf den Weg zur Findung ihrer eigenen inklusiven Identität in der Inklusion führen kann" (ebd., Ergänzung K.P.).

Empfehlung

Die mit dem Jakob-Muth-Preis ausgezeichneten Schulen stellen sich in vielfältiger Weise der Öffentlichkeit vor. Von den inklusionsorientierten Konzepten und Praxen der Kettelerschule in Bonn, die den Preis 2013 erhielt, erzählt zum Beispiel die Dokumentation:

Bertelsmann Stiftung (2013): *Jakob-Muth-Preis 2013 – Kettelerschule Bonn.* **Deutschland.**
Dieser Film stellt verschiedene Aspekte der Schul- und Unterrichtskultur der Schule vor, die ein ‚Lern- und Lebensraum' sein möchte, in dem sich alle wohl fühlen (vgl. ebd.). Dabei wird u. a. hervorgehoben, dass in allen acht altersgemischten Lerngruppen je fünf Schüler*innen mit sonderpädagogischen Förderbedarfen lernen, von denen nach der Grundschule keine*r eine Empfehlung für den Besuch einer Förderschule erhalten wird. Dieser Film ist auf der YouTube-Seite der Bertelsmann Stiftung verfügbar: https://www.youtube.com/watch?v=gLlfMRxu3Ck (Zugegriffen: 23. April 2022). ◄

Unter all den vorliegenden Konzepten zur Entwicklung von inklusionsorientierten Schul- und Unterrichtskulturen genießt der ‚Index für Inklusion' eine besondere Popularität. Er wird als das international und im deutschsprachigen Raum „am weitesten verbreitete Instrument zur Förderung und Steuerung einer inklusiven Schulentwicklung" (Giese 2019, S. 20) vorgestellt. Wir lesen ihn exemplarisch als Konzept für inklusionsorientierte Schulentwicklungen. In der ersten adaptierten deutschsprachigen Übersetzung (vgl. Boban und Hinz 2003) ist einleitend vom Anspruch zu lesen, dass hier ein Konzept der Barrierenanalyse und des Barrierenabbaus vorgelegt wird, das *jeder* Schule helfen kann, die eine inklusive Schulentwicklung anstrebt:

> „Dieser *Index* bietet die Möglichkeit, inklusive Schulentwicklung zu fördern. Er ist eine Materialsammlung, die jeder Schule bei den eigenen nächsten Schritten ihrer Schulentwicklung hin zu einer ‚Schule für alle' helfen kann, die eine Pädagogik der Vielfalt anstrebt. Die Materialien knüpfen an dem vorhandenen Wissen und den Erfahrungen der Menschen in ihrer jeweiligen Praxissituation an. Sie fordern die Entwicklungspotentiale jeder Schule heraus und unterstützen sie gleichzeitig – unabhängig davon, in welchem Maße die Schule momentan meint, ‚inklusiv' zu sein. […] Der *Index* benutzt bewusst den Begriff Inklusion, denn er meint damit die Erziehung und Bildung *aller* Kinder und Jugendlichen. Er bietet Schulen eine Unterstützung im Prozess ihrer Reflexion und Entwicklungsplanung, indem er die Sichtweisen der SchülerInnen, der Eltern, der MitarbeiterInnen und anderer Menschen aus dem Umfeld sichtbar zu machen hilft. Dabei beinhaltet er eine detaillierte Analyse, wie Barrieren für das Lernen und die Teilhabe aller SchülerInnen abgebaut und überwunden werden können" (Boban und Hinz 2003, S. 8).

Mit umfangreichen Empfehlungen zu Phasen des ‚Index-Prozesses' (ebd., S. 18 ff.), mit einem Indikatoren-, einem unabgeschlossenen Fragenkatalog und ausgearbeiteten Fragebögen wird der ‚Index für Inklusion' als ein *‚Hilfs-*

5.1 Konzepte inklusionsorientierter Schulentwicklungen

mittel' (vgl. ebd., S. 8) vorgestellt, welches dem Ziel verplfichtet ist, in Schulentwicklungsprozessen „die Steigerung von Leistungen mit der Entwicklung kooperativer Beziehungen und der Verbesserung des Lern- und Lehrumfeldes zu verbinden" (ebd.).

Im ‚Index für Inklusion' (vgl. Booth und Ainscow 2017) geht es normativ um ‚inklusive Kulturen', die in zwei Dimensionen gefasst sind: „eine *Gemeinschaft* […], die sicher und anerkennend, kooperativ und anregend ist" (ebd., S. 64, Herv. K.P.) und gemeinsame „*Werte inklusiver Schulkulturen*" (ebd., Herv. K.P.). So werden Schulkulturen mit Ideen von ‚Gemeinschaft' und ‚inklusiven Werten' als „Fundament" und „Herz von Schulentwicklung" (ebd., S. 14) bezeichnet, „die Strukturen und Praktiken verändern und […] nachhaltig wirken" (ebd., S. 15). Die weiteren Ausführungen scheinen ein Idealbild schulischer Kulturen, Strukturen und Praktiken zu zeichnen. Mit dieser Darstellung wird ein normativer Begriff aufgerufen, „dem gemäß Schulkultur vor allem unter der Perspektive gelingender positiver Schul- und Lernkulturen zu fassen wäre und der nach spezifischen Merkmalskonstellationen von Lern-, Erziehungs- und Organisationskultur eine Einteilung in gute und schlechte Schulen erlaubt" (Böhme et al. 2015, S. 11). In der neueren adaptierten deutschen Übersetzung wird ein solches Verständnis von gelingenden Schul- und Lernkulturen wiederum aufgerufen (vgl. S. 64 f.)

Die Indikatoren des ‚Index für Inklusion' (und die Vielzahl von Fragen, die diesen zugeordnet werden, vgl. Boban und Hinz 2003, S. 53–96 sowie Booth und Ainscow 2017, S. 100–199) lassen sich als ‚Gelingensbedingungen inklusiver Schulen' lesen, die dem schulinternen Vergleich bestehender Verhältnisse und Zielsetzungen dienen sollen (vgl. Boban und Hinz 2003, S. 16). Sie können die Komplexität der Ansprüche an die Entwicklung inklusionsorientierter Schul- und Unterrichtskulturen ebenso wie deren Normativität sichtbar werden lassen. Das Beispiel des nachfolgend zitierten Auszugs soll einen Eindruck von beidem ermöglichen.

Beispiel

Ein Konzept zur Entwicklung inklusionsorientierter Schul- und Unterrichtskulturen. Auszug aus dem ‚Index für Inklusion' (vgl. Boban und Hinz 2003; Booth und Ainscow 2017)

Der Text der ersten Übersetzung und Adaption des ‚Index für Inklusion' verortet sich zunächst mit Positionierungen zu ‚Schlüsselkonzepten' für inklusionsorientierte Schulentwicklungen. Als solche werden „‚Inklusion', ‚Barrieren für Lernen und Teilhabe', ‚Ressourcen für die Unterstützung von Lernen und Teilhabe' und ‚Unterstützung von Vielfalt'" (Boban und Hinz

2003, S. 9) skizziert. Im Anschluss wird in die Dimensionen und Bereiche des Index für Inklusion wie folgt eingeführt:

„Der Rahmen für die Bestandsaufnahme und die Entwicklung von Zielperspektiven der inklusiven Schule wird durch drei miteinander verbundene Dimensionen gebildet, mit denen das Schulleben erforscht wird: Es gilt, inklusive Kulturen zu schaffen, inklusive Strukturen zu etablieren und inklusive Praktiken zu entwickeln […]. Alle drei Dimensionen sind notwendig, um Inklusion in einer Schule zu entwickeln. Jedes Schulprogramm muss jede von ihnen in den Blick nehmen. […].

Die Indikatoren bezeichnen Zielsetzungen, die mit den bestehenden Verhältnissen verglichen werden, um daraus Prioritäten für die weitere Entwicklung abzuleiten. Jeder Indikator repräsentiert einen wichtigen Aspekt von Schule, manchmal wird aber die Wichtigkeit einer Frage – wie Ethnizität, Geschlechterrollen oder Beeinträchtigung – erst dadurch deutlich, dass sie sich durch viele Indikatoren zieht. Die Bedeutung jedes Indikators wird durch eine Reihe von Fragen erklärt […]. Die Fragen zu jedem Indikator laden die Schulen dazu ein, seine Facetten im Detail zu erkunden. Sie fordern dazu heraus, über einen bestimmten Indikator nachzudenken und sich die vorhandenen Erfahrungen bewusst zu machen. So schärfen die Fragen die Wahrnehmung der Situation in der Schule, geben zusätzliche Ideen für Entwicklungsaktivitäten und dienen als Kriterien für die Bewertung des Fortschritts. Wenn man sich mit den Details der Fragen zu beschäftigen beginnt, erkennt man die praktische Relevanz des Index. Am Ende jedes Frageteils sind Freistellen vorgesehen, die dazu einladen sollen, eigene Fragen hinzuzufügen. Jede Schule erstellt ihre eigene Version des Index, indem sie ihn an ihre Situation und Bedarfe anpasst, bestehende Fragen verändert und eigene hinzufügt" (ebd. S. 14 ff.).

Die neuere adaptierte Übersetzung unterscheidet sich von der ersten Fassung zum einen durch eine noch stärkere Selbstdarstellung als „ganzheitlicher Ansatz für die Entwicklung Ihrer Schule" (Booth und Ainscow 2017, S. 27). Es werden explizite Vorstellungen gesellschaftlicher und lebensweltlicher ‚inklusiver Werte' (ebd., S. 34 ff.) aufgeführt, die sich in ‚Indikatoren' von Schulkulturen, schulischen Strukturen und Praktiken wiederfinden. Zum anderen fokussiert die Darstellung ‚inklusiver Praktiken' ausdrücklich auf nachhaltiges gemeinsames Lernen aller Schüler*innen. Im Folgenden zitieren wir die Beschreibung der Dimensionen und deren Untersetzung in Indikatoren aus dieser Fassung.

‚Dimension A: Inklusive Kulturen schaffen'

„Bei dieser Dimension geht es darum, eine Gemeinschaft zu bilden, die sicher und anerkennend, kooperativ und anregend ist, die willkommen heißt

5.1 Konzepte inklusionsorientierter Schulentwicklungen

und alle wertschätzt. Es werden gemeinsame inklusive Werte entwickelt und dem gesamten Schulpersonal, den Kindern und Jugendlichen, Eltern und Erziehungsberechtigten, den Mitgliedern der schulischen Gremien, Initiativen und Gruppen im Umfeld sowie allen zugänglich gemacht, die in und mit der Schule zusammenarbeiten. Die Werte inklusiver Schulkulturen bieten Orientierung bei Entscheidungen über Strukturen und tägliche Praktiken, sodass sich die Schule in einem kontinuierlichen und ganzheitlichen Prozess weiterentwickelt. Wenn die Schule Veränderung in ihrer Kultur verankert, kann es gelingen, dass alle Beteiligten sie verinnerlichen und an neue Mitglieder weitergeben" (ebd., S. 64).

‚Indikatoren'
„A1 Gemeinschaft bilden

1. Jede*r fühlt sich willkommen.
2. Das Schulpersonal arbeitet konstruktiv zusammen.
3. Kinder und Jugendliche arbeiten konstruktiv zusammen.
4. Schulpersonal und Schüler*innen gehen respektvoll miteinander um.
5. Die Mitglieder des Schulpersonals und Eltern/Erziehungsberechtigte kooperieren.
6. Schulpersonal und schulische Gremien arbeiten konstruktiv zusammen.
7. Die Schule ist ein Modell für demokratisches Zusammenleben.
8. Die Schule öffnet den Blick für die wechselseitigen Beziehungen zwischen Menschen weltweit.
9. Erwachsene, Kinder und Jugendliche gehen auf unterschiedliche Formen von Geschlechtsidentität ein.
10. Die Schule und ihr lokales Umfeld unterstützen sich gegenseitig in ihrer Entwicklung.
11. Das Schulpersonal verbindet das Bildungsangebot in der Schule mit den Lebenswelten der Schüler*innen.

A2: Inklusive Werte verankern

1. Die Schulgemeinschaft verständigt sich über gemeinsame inklusive Werte.
2. Die Schulgemeinschaft setzt sich für die Achtung der Menschenrechte ein.
3. Die Schulgemeinschaft setzt sich für den Schutz der Umwelt ein.
4. Inklusion wird als Möglichkeit gesehen, die Teilhabe aller zu entwickeln.
5. An jedes Kind und jede*n Jugendliche*n werden hohe Erwartungen gestellt.

6. Alle Kinder und Jugendlichen erfahren die gleiche Wertschätzung.
7. Die Schulgemeinschaft tritt jeder Form von Diskriminierung entgegen.
8. Die Schulgemeinschaft setzt sich für ein gewaltfreies Miteinander und eine friedliche Konfliktlösung ein.
9. Die Schulgemeinschaft unterstützt Kinder, Jugendliche und Erwachsene bei der Entwicklung einer positiven Beziehung zu sich selbst.
10. Die Schulgemeinschaft trägt zur Gesundheit und zum Wohlbefinden der Kinder, Jugendlichen und Erwachsenen bei." (ebd., S. 18)

,Dimension B: Inklusive Strukturen etablieren'
„Diese Dimension stellt sicher, dass Inklusion als Leitbild alle Ebenen einer Schule durchdringt und alle einbezieht. Kinder, Jugendliche und das Schulpersonal werden von Anfang an zur aktiven Teilhabe angeregt. Die Schule wird darin bestärkt, alle Kinder und Jugendlichen in ihrem Einzugsgebiet aufzunehmen und Aussonderungsdruck zu minimieren. Dabei helfen alle Aktivitäten, die die Schule befähigen, auf die Vielfalt der Kinder, Jugendlichen und Erwachsenen einzugehen und alle wertzuschätzen. Alle Arten der Unterstützung werden in einem zentralen Rahmen zusammengeführt, der die Teilhabe aller und die Entwicklung der Schule als Ganzes absichern soll" (ebd., S. 64).

,Indikatoren'
„B1: Eine Schule für alle entwickeln

1. Die Schule entwickelt sich partizipativ weiter.
2. Die Schule hat ein inklusives Verständnis von Leitung.
3. Personalentscheidungen sind transparent und vermeiden jede Form von Diskriminierung.
4. Die fachlichen Kompetenzen und Kenntnisse des Schulpersonals sind bekannt und werden genutzt.
5. Die Schule unterstützt neues Schulpersonal, sich in der Schule einzuleben.
6. Die Schule nimmt alle Kinder und Jugendlichen aus ihrem Einzugsgebiet auf.
7. Die Schule unterstützt neu angekommene Kinder und Jugendliche, sich in der Schule einzuleben.
8. Die Schule organisiert Lerngruppen so, dass die Vielfalt abgebildet und das Lernen aller unterstützt wird.
9. Die Schule begleitet Übergänge von Schüler*innen.
10. Die Schule ist für alle Menschen barrierefrei zugänglich.
11. Gebäude und Schulgelände sind so gestaltet, dass sie die Teilhabe aller unterstützen.

12. Die Schule verringert ihren CO_2-Fußabdruck und ihren Wasserverbrauch.
13. Die Schule trägt zur Müllvermeidung bei.

B2: Unterstützung für Vielfalt organisieren

1. Die Schule reflektiert den Unterstützungsbedarf und koordiniert die verschiedenen Formen der Unterstützung.
2. Fort- und Weiterbildungen unterstützen das Schulpersonal, auf die Vielfalt der Schüler*innen einzugehen.
3. Ressourcen zum Sprachenlernen stärken die Mehrsprachigkeit der Einzelnen und der ganzen Schule.
4. Die Schule unterstützt Kontinuität in der Begleitung von Kindern und Jugendlichen in Fremdunterbringung.
5. Die Schule reflektiert ihren Umgang mit einem zugeschriebenen sonderpädagogischen Förderbedarf bzw. individuellen Bildungsbedarf kritisch und setzt entsprechende Maßnahmen inklusiv um.
6. Die Schule versteht den Umgang mit herausforderndem Verhalten als ein gemeinsames Anliegen aller Beteiligten.
7. Die Schule vermeidet es, Ausschluss als Konsequenz von Regelverstößen einzusetzen.
8. Die Schule erkennt die Gründe für das Fernbleiben von Schüler*innen und entwickelt Strategien, um allen einen regelmäßigen Schulbesuch zu ermöglichen.
9. Die Schule setzt sich aktiv gegen Mobbing ein." (ebd., S. 18 f.)

‚Dimension C: Inklusive Praktiken entwickeln'
„Bei dieser Dimension geht es um die Entwicklung von Lernprozessen, die die inklusiven Werte und Strukturen der Schule widerspiegeln. Auf die Bedeutung der inklusiven Werte für die Gestaltung des Lernens wird im Bereich ‚Curricula für alle erstellen' […] näher eingegangen. Diese Dimension verbindet das Lernen mit den lokalen und globalen Erfahrungen der Kinder, Jugendlichen und Erwachsenen und bezieht Fragen nach den Rechten und der Nachhaltigkeit mit ein. Lernen wird so orchestriert, dass es wie in einem Orchester der Vielfalt aller Menschen gerecht wird. Die Schüler*innen werden dazu angeregt, aktive und kritische Lernende zu sein. Sie werden selbst als Ressource für das gemeinsame Lernen angesehen. Die Erwachsenen arbeiten zusammen und übernehmen die Verantwortung für das gemeinsame Lernen und das Lernen aller Kinder und Jugendlichen" (ebd. S. 64).

,Indikatoren'
„C1: Curricula für alle erstellen

1. Die Kinder und Jugendlichen erkunden die Zyklen von Nahrungserzeugung und Nahrungsverbrauch.
2. Die Kinder und Jugendlichen erkunden die Bedeutung von Wasser.
3. Die Kinder und Jugendlichen beschäftigen sich mit Kleidung und Schmuck.
4. Die Kinder und Jugendlichen erforschen den Bereich ‚Wohnen und Gebäude'.
5. Die Kinder und Jugendlichen beschäftigen sich mit Mobilität und Migration von Menschen.
6. Die Kinder und Jugendlichen setzen sich mit Gesundheit und Beziehungen auseinander.
7. Die Kinder und Jugendlichen befassen sich mit der Erde, dem Sonnensystem und dem Universum.
8. Die Kinder und Jugendlichen setzen sich mit ökologischen Zusammenhängen auseinander.
9. Die Kinder und Jugendlichen erforschen Energieressourcen.
10. Die Kinder und Jugendlichen befassen sich mit Kommunikation und Kommunikationstechnologien.
11. Die Kinder und Jugendlichen befassen sich mit Literatur, Kunst und Musik und werden selbst kreativ.
12. Die Kinder und Jugendlichen setzen sich mit dem Thema ‚Arbeit' und der Entwicklung eigener Interessen auseinander.
13. Die Kinder und Jugendlichen setzen sich mit Fragen der Ethik, Politik und Macht auseinander.

C2: Das Lernen orchestrieren

1. Die Lernaktivitäten werden mit Blick auf die Vielfalt der Schüler*innen geplant.
2. Die Lernaktivitäten stärken die Teilhabe aller Schüler*innen.
3. Die Schüler*innen werden zu selbstbewusstem, kritischem Denken ermutigt.
4. Die Schüler*innen gestalten ihr eigenes Lernen aktiv mit.
5. Die Schüler*innen lernen voneinander und miteinander.
6. Die Schüler*innen entwickeln ein Verständnis für Gemeinsamkeiten und Unterschiede zwischen Menschen.

5.1 Konzepte inklusionsorientierter Schulentwicklungen

7. Rückmeldungen und Bewertungen stärken die Lernprozesse und Leistungen aller Schüler*innen.
8. Der Umgang miteinander beruht auf gegenseitiger Achtung.
9. Die Mitglieder des Schulpersonals planen, gestalten, reflektieren im Team und lernen voneinander.
10. Das Schulpersonal entwickelt gemeinsam Ressourcen, die das Lernen unterstützen.
11. Das zusätzliche Personal setzt sich für das Lernen und die Teilhabe aller Schüler*innen ein.
12. Hausaufgaben tragen zum Lernen aller Kinder und Jugendlichen bei.
13. Aktivitäten, die über das formale Lernen hinausgehen, sind für alle Kinder und Jugendlichen zugänglich.
14. Die Ressourcen im Umfeld der Schule sind bekannt und werden genutzt." (ebd., S. 19) ◄

Eine kritische Auseinandersetzung mit dem ‚Index für Inklusion' stellt der Anerkennung seines praktischen Nutzens den Vorwurf des ‚Theorieverzichts' (Giese 2019, S. 26) gegenüber. So ist unter anderem zu lesen, dass sich „[e]in solcher Theorieverzicht […] in Bezug auf die pädagogische Legitimität des Index für Inklusion dysfunktional" (ebd., Anpassung K.P.) auswirkt.

In einer einleitenden Erläuterung zum ‚Index für Inklusion' (vgl. Booth und Ainscow 2017) bzw. zu den ‚Hintergründen der vorliegenden deutschsprachigen Fassung' ist vom ‚Theorieverzicht' als intendierte Entscheidung der Herausgeber*innen wie folgt zu lesen: „Dem Anliegen der Autoren des Index for Inclusion folgend haben wir weitgehend darauf verzichtet, weitere theoretische Perspektiven und Verweise auf wissenschaftliche Diskurse und Literatur im Text zu ergänzen. Der Index soll in erster Linie ein *anwendungsbezogener* Leitfaden zur Unterstützung inklusiver Prozesse in der pädagogischen Praxis sein" (ebd., S. 11, Herv. K.P.). Wir wollen diesem Anspruch und dem gelesenen Einspruch mit Lektüren schulkulturtheoretischer Texte nachgehen.

Unter Verweis auf den Beitrag „Schulkulturen – die Schule als symbolische Sinnordnung" (Helsper 2008) lässt sich der ‚Index für Inklusion' in Diskussionen um eine ‚gute' Schule und Schulqualitätsentwicklungen verorten, in denen „der Begriff der Schul- oder Lernkultur als eine empirisch bestimmbare Dimension der Schule verstanden" (ebd., S. 65) wird. Mit einer solchen Lesart erscheint „[d]ie theoretische Grenze dieser Zugänge […] darin, dass […] keine grundlegende kulturtheoretische Perspektive auf die Schule als Sinnordnung entworfen [wird], sondern isolierte Dimensionen des Schulischen erscheinen als Kultur, die mehr oder weniger gut entwickelt sein kann" (ebd., Ergänzung K.P.). Aus dieser kulturtheoretischen Perspektive ließe sich im ‚Index für Inklusion' ein ‚Theorieverzicht' in doppelter Weise lesen:

- in der Nichtthematisierung von „Spannungen pädagogischen Handelns unter dem Begriff der *Antinomie*, [...] der *Paradoxie*, des *Dilemma*s und der *gesellschaftlichen Widersprüche*" (Helsper 2015, S. 486, Herv. K.P.) und
- in dem Entwurf einer Schulkultur als kohärente Ordnung, ohne Sensibilität dafür, dass „Kohärenz immer nur als momentaner Ausdruck deutlicher Hegemonie und Dominanz erscheint, deren Kehrseite aber immer das Dominierte, das Ausgeschlossene, Unsagbare und Verfemte bildet, das als eingeschlossenes Ausgeschlossenes Bestandteil der Schulkultur ist" (ebd., S. 451).

Dagegen folgt die *Schulkulturtheorie* einem „grundlegende[n] Zweifel am Entwurf einer kohärenten Homologie von Kulturen" (ebd., S. 450, Anpassung K.P.). Von daher ruft sie „als eine zentrale Bestimmung der Schulkultur [...] [auf], dass sie durch *Dominanz- und Hegemonialverhältnisse,* durch *Kämpfe um die Durchsetzung legitimer pädagogischer Anerkennungsordnungen* gekennzeichnet" (ebd., S. 482, Herv. und Ergänzung K.P.) ist. In diesem Verständnis werden Schulen „als akteursgenerierte, strukturelle, symbolische Ordnungen von Diskursen, Praktiken und Artefakten" (Helsper 2008, S. 66) und Schulkulturen in diversen Spannungsverhältnissen „als Möglichkeits- und Machtraum" (Helsper 2015, S. 458) bestimmt. Dazu ist zu lesen:

„Schulkultur ist als symbolische Ordnung der einzelnen Schule in der Spannung von Realem, Symbolischem und Imaginärem zu fassen. Die Schulkultur wird generiert durch die handelnde Auseinandersetzung der schulischen Akteure mit übergreifenden bildungspolitischen Vorgaben und Strukturierungen vor dem Hintergrund historischer Rahmenbedingungen und der sozialen Auseinandersetzung um die Durchsetzung und Distinktion pluraler kultureller Ordnungen und deren Hierarchisierung. Die jeweilige Schulkultur stellt die einzelschulspezifische Strukturvariante dar, in der die Strukturprobleme des Bildungssystems und die grundlegenden Antinomien des pädagogischen Handelns – die selbst sinnkonstituierend sind – je spezifisch gedeutet werden und in symbolischen pädagogischen Formen, Artefakten, Praktiken, Regeln, imaginären pädagogischen Sinnentwürfen und schulischen Mythen ihren jeweiligen Ausdruck finden" (Helsper 2008, S. 66 f.).

Mit einer derartigen schulkulturtheoretischen Positionierung lässt sich der ‚Index für Inklusion' (ebenso wie ‚Merkmale guter inklusiver Schulen' und andere Konzepte zur Entwicklung inklusionsorientierter Schul- und Unterrichtskulturen) als *‚imaginäre Sinnstiftung'* (vgl. Helsper 2015, S. 482)

5.1 Konzepte inklusionsorientierter Schulentwicklungen

lesen (vgl. dazu Abschn. 2.2 im Kap. 2). Solche Sinnstiftungen werden als Erzählungen „des Gelingens und des Richtigen [verständlich] […], die legitime Anerkennungsordnung[en] zum Ausdruck [bringen] und […] damit auch durch die Dialektik des Ein- und des Ausschlusses gekennzeichnet" sind (ebd., Ergänzungen K.P.). So zeigen sich inklusionsorientierte Schul- und Unterrichtskonzepte in einer ‚Doppelstruktur' „[a]ls *symbolische Potentialität* des Imaginären, *des Entwurfs von Neuem* einerseits und als *verkennende (Selbst-)Illusionierung* gegenüber Scheitern, Grenzen, antinomischen Spannungen und dem Einbruch der ‚brute facts'[1]" (Helsper 2015, S. 478, Herv. und Anpassung K.P.) andererseits.

Nach unserer Lesart kann dem ‚Index für Inklusion' eine derartige ‚imaginäre Sinnstiftung' nicht abgesprochen werden. Als eine solche kann er pädagogische Legitimation beanspruchen. Vorgestellt als normativ-präskriptiver ‚Leitfaden zur Unterstützung inklusiver Prozesse' lässt sich jedoch der Vorwurf des ‚Theoriedefizits' kaum entkräften. Abb. 5.1 fasst die vorgestellten schulkulturtheoretischen Perspektiven auf den Index für Inklusion zusammen.

Zudem wird zu bedenken gegeben, dass sich Schulkulturen in Praxen „weniger konsensorientierten Diskursen [verdanken], an denen alle Beteiligten teilnehmen können; sie gehen vielmehr aus hegemonialen Kämpfen um deren Gestalt hervor" (Rieger-Ladich 2017, S. 36, Anpassung K.P.). Diese lassen sich wie folgt beschreiben:

> „In einem Klassenzimmer, auf einem Pausenhof oder bei einem Elternabend treffen daher stets unterschiedliche, ihrerseits heterogene Gruppen – also Schülerschaft und Elternschaft, Lehrerschaft und Schulleitung – mit ihren je spezifischen Voraussetzungen, Möglichkeiten und Interessen aufeinander. Sie ringen dabei um die Definitionshoheit, suchen ihren Einfluss geltend zu machen und bestimmte soziale Praktiken als legitime und vernünftige fest zu etablieren. Dabei muss unterstellt werden, dass nicht vorab feststeht, welche Verhaltensmuster in einer Schule als

---

[1] „[B]rute facts" (Helsper 2015, S. 478) lassen sich als hinzunehmende Tatsachen lesen. Im Text werden Beispiele aufgerufen. Wir zitieren eines, das die Verwendung des Begriffs verständlich machen kann. So ist zu lesen: „In einem gewissen Sinne sind es die ‚brute facts', die innerhalb und außerhalb der Einzelschule in Erscheinung treten: […] der demographische Wandel konfrontiert die Schule mit einem rasanten Rückgang der Schülerzahlen und gefährdet ihren Bestand […]. Ob der Schülerrückgang als Bedrohung der Schule oder als ‚Erlösung' der Schule von ihrem Standort und deren Schülerklientel gedeutet wird, ob dies symbolisch repräsentiert, abgeblendet oder ausgeschlossen wird, all dies ist für die symbolische Herstellung des Strukturproblems und der imaginären und symbolischen Auseinandersetzung entscheidend – aber diese Deutungen ändern nichts am ‚brute fact' des Rückgangs selbst" (ebd., S. 477 f.).

angemessen oder als unangemessen, als tolerabel oder als intolerabel gelten. Was Anstoß anregt und was nicht, ist das Ergebnis eines fortgesetzten, meist konflikthaften Aushandlungsprozesses, in dem unterschiedlich machtvolle soziale Gruppen aufeinandertreffen" (Rieger-Ladich 2017, S. 36).

Aus diesem Grund richtet z. B. eine Studie „zu Chancen, Blockaden und Perspektiven einer gender-sensiblen Schulkultur" (Budde et al. 2008) ihre Aufmerksamkeit nicht nur auf den „formalen Anspruch und die Positionen, welche die Schule […] nach Außen darstellt" (ebd., S. 16), sondern vielmehr auf den Alltag „als Ergebnis und Produktionsstätte von Schulkultur […] [sowie] als Resultat von Aushandlungsprozessen […] zwischen Lehrkräften, SchülerInnen, Schulleitung und Eltern und zum anderen als Aushandlung zwischen institutioneller und individueller Ebene" (ebd., S. 15). Vor dem Hintergrund einer solchen Positionierung wäre darüber nachzudenken, wie Schul- und Unterrichtskulturen als empirische Praxen konflikthafter Aushandlungsprozesse bezüglich der Umsetzung *und* Nicht-Umsetzung der Indikatoren des ‚Index für Inklusion' reflektiert werden können.

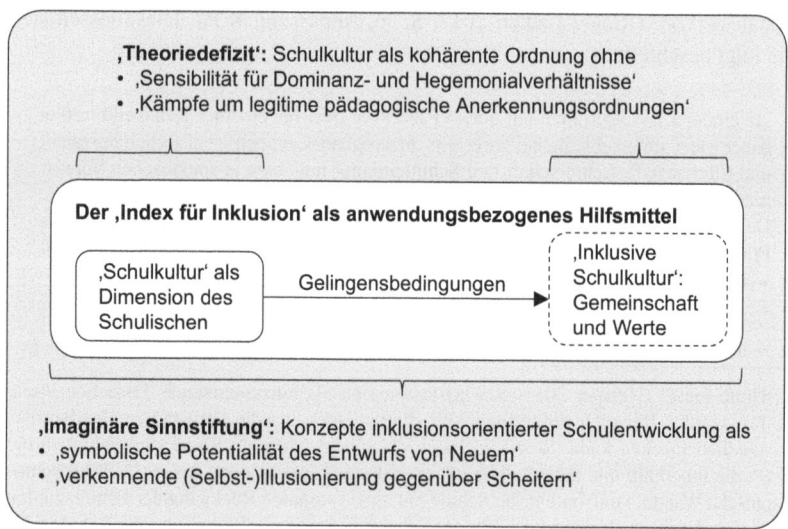

Abb. 5.1 Schulkulturtheoretische Perspektiven (vgl. Helsper 2008, 2015) bezogen auf den Index für Inklusion (vgl. Boban und Hinz 2003; Booth und Ainscow 2017). (© Mirko Moll)

Ein ‚Theoriedefizit' wird gelegentlich auch „im Hinblick auf die Konstituierung einer inklusiven Didaktik" (Giese 2019, S. 26) diagnostiziert. Zudem wird (zumindest) der Allgemeinen Didaktik „[a]ngesichts der im letzten Jahrzehnt vorangetriebenen Empiriesierung der Beobachtung von Unterricht […] ein Empiriedefizit zugeschrieben" (Rabenstein 2016, S. 233, Anpassung K.P.). Das hieße, auch Vorstellungen inklusiver Didaktik legitimieren sich nicht theoretisch und/oder empirisch, sondern normativ-präskriptiv. So begründet sich die Erwartung der „empirische[n] Fundierung didaktischer Theoriebildung inklusiven Unterrichts, die nicht präskriptiv verfahren will" (ebd., S. 242, Anpassung K.P.). Im Folgenden lesen wir einige präskriptive didaktische Einsätze mit Blick auf Ansprüche der Realisierung individuell verschiedener Lernmöglichkeiten im schulischen Unterricht und die damit verbundenen theoretischen und empirischen Widersprüche.

5.2 Inklusionsorientierte Weiterentwicklungen allgemeiner Didaktiken

Die Frage „Was ist Didaktik" (Hinz 2002, S. 52 ff.) lässt sich auf unterschiedliche Weise beantworten. Das Buch „Didaktik und Inklusion" (Ziemen 2018) z. B. ruft Fragen nach dem Was, dem Warum und dem Wie der Unterrichtsgestaltung als drei „Didaktische Grundfragen" (ebd., S. 176) und deren ‚Konsequenzen für Inklusion' auf. Wir zitieren:

> „Didaktik umfasst stets Fragen danach,
> was erreicht werden soll (Ebene des Ziels),
> warum etwas erreicht werden soll (Ebene der Motive) und
> wie etwas erreicht werden soll (Ebene der Konzepte und Motive).
> Werden die didaktischen Grundfragen betrachtet, so ergeben sich mit Blick auf Inklusion folgende Konsequenzen:
> *Was?* Die Frage nach den *Inhalten* für alle Schüler*innen erweist sich durch die bestehenden unterschiedlichen Curricula für unterschiedliche Schulformen als schwierig. Die Inhalte sind entsprechend der Sachstruktur einer Analyse zu unterziehen.
> *Wie?* Die Frage nach *Methoden, Sozialformen, Medien* usw. muss dahingehend beantwortet werden, allen Schüler*innen geeignete Entwicklungs- und Lernmöglichkeiten zur Verfügung zu stellen. […]
> *Wozu?* Die Frage nach den *Zielen* orientiert sich am Inhalt und an den Entwicklungs- und Lernmöglichkeiten jedes einzelnen Schülers, jeder einzelnen Schülerin. Die Ziele können individualisiert gestellt werden. […]

Warum? Die Frage nach den *Begründungen* für die Planungen und Vorhaben sollte sich nicht ausschließlich aus den Curricula ableiten lassen. Die Gegenwarts- und Zukunftsbedeutung und die exemplarische Bedeutung tritt dabei für alle Schüler*innen in den Vordergrund.
Wem? Die Frage nach den *Adressaten*, d. h. den Schüler*innen mit ihren unterschiedlichen Entwicklungs- und Lernmöglichkeiten [...] [verbindet sich mit der Frage] nach den Ausgangsbedingungen für Lernen und [...] nach den Umfeldbedingungen [...].
Wo? Die Frage danach, in welcher *Umgebung* Lehr- und Lernprozesse stattfinden, ist zum einen von Inhalt und Ziel abhängig, zum anderen aber von den Interessen und Bedürfnissen der Schüler*innen.
Wann? Die Frage nach der *Tages-, Wochen- und Jahreszeit* ist von den Inhalten, den Zielen, aber auch den Schüler*innen mit deren Interessen, Bedürfnissen und Möglichkeiten abhängig.
Wer? Die Frage nach den *Rollen der Akteure* gewinnt in inklusiven Kontexten besondere Bedeutung, da zumeist mehrere Lehrpersonen oder Teammitarbeiter*innen in verschiedenen Rollen die unterrichtlichen Prozesse gestalten und evaluieren" (Ziemen 2018, S. 176 f. Herv. i. Orig. Ergänzung K.P.).

Das Konzept der „Mehrdimensionale[n] reflexive[n] Didaktik" (Ziemen 2018, Anpassung K.P.) gibt auf diese Fragen spezifische Antworten. (Wir gehen im Abschn. 5.1 darauf ein.) Daneben lässt sich eine Vielzahl didaktischer Ansätze finden, die sowohl in ihren Erkenntnisinteressen und ihren theoretischen Grundlegungen als auch in ihren Gegenstandskonstruktionen erheblich differieren wie z. B. bildungstheoretische, lern- bzw. lehrtheoretische, kybernetische, kritisch-kommunikative, curriculare, lernzielorientierte und konstruktivistische Didaktiken (vgl. Gonschorek und Schneider 2015, S. 154 ff.) oder auch dialektische und Neurodidaktiken (vgl. Meyer 2014, S. 102 f.).

Differente Vorstellungen schulischer Inklusion/Exklusion können als Rahmen für Entwicklungen von Didaktiken verstanden werden, die sich der ‚Verpflichtung zur Inklusion' (vgl. Kiel et al. 2014, S. 10) in unterschiedlichen Weisen stellen, „angefangen von der Position, dass entwickelte Konzepte bereits vorliegen würden, bis hin zu einer Position, dass Inklusion eine Art (neues) Leitprogramm für Schule und Unterricht darstellen müsse" (ebd.) und als „Motor gesamtgesellschaftlicher Veränderungen gedacht" (ebd., S. 11) werden könne. So lassen sich mit einem Verständnis von Allgemeiner Didaktik als „*Analyse* und [...] *Gestaltung* von Unterricht" (Hinz 2002, S. 56, Herv. i. Orig.) Ansprüche der Inklusionsorientierung als Anlässe interpretieren, die ‚lediglich' zur Weiterentwicklung vorhandener didaktischer Ansätze der Unterrichtsgestaltung motivieren, welche sich zum Teil im Feld der Allgemeinen Didaktik und zum Teil in der Integrationspädagogik verorten.

Präskriptive „Prinzipien guten Unterrichts" (Kiel et al. 2014, S. 10) und eine ‚lange Tradition des Umgangs mit Heterogenität' (vgl. ebd.) mit entsprechenden

5.2 Inklusionsorientierte Weiterentwicklungen allgemeiner Didaktiken

Konzepten und Begriffen wie „,innere Differenzierung', ,individualisiertes und personalisiertes Lernen', ,kooperatives Lernen', ,Heterogenität'" (ebd.) werden zur Legitimation dieser Position ebenso aufgerufen wie die Notwendigkeit „eine[r] besondere[n] Berücksichtigung des Spannungsfeldes von Gemeinsamkeit und Differenz" (ebd., Anpassung K.P.). Derartige Konzepte lassen sich als Einsätze der „Didaktik im engeren Sinn" (Gonschorek und Schneider 2015, S. 154 f.) lesen, die als „Theorie[n] vom Lehren und Lernen in der Schule" (ebd., S. 155, Anpassung K.P.) markiert werden können. Wir lesen sie exemplarisch als Konzepte für die Planung, Realisierung und Reflexion von Lernangeboten auf der Basis allgemein- und fachdidaktischen Wissens über die *sachlichen, sozialen und zeitlichen Dimensionen differenzierter gemeinsamer Lehr- und Lernprozesse*. Dementsprechend stellen wir einige didaktische Einsätze vor, bei deren Lektüren wir jeweils eine Sinndimension (vgl. Kap. 3, Abschn. 3.4) in das Zentrum unseres Interesses rücken, zunächst die Sach-, dann die Sozial- und danach die Zeitdimension (vgl. Luhmann 1993, S. 114 ff.)[2].

Ansprüche an didaktische Umsetzungen schulischer Bildungsangebote sind vielfach formuliert worden. Sie finden sich z. B. in Konzepten der bildungstheoretischen Didaktik u. a. als „Grundzüge eines bildungstheoretischen Gegenentwurfs" (Klafki 1990, S. 91 ff.) gegen Vorstellungen vom „Abschied von der Aufklärung" (ebd.). Das hier in „Grundlinien einer zeitgemäßen Bildungskonzeption" (ebd., S. 92 ff.) entfaltete bildungspolitische Ideal (allen Schüler*innen uneingeschränkt die Möglichkeiten dafür zu eröffnen, das eigene Wissen, die Fähigkeiten und Fertigkeiten in allen Kompetenzbereichen durch selbstbestimmtes Lernen zu erweitern) kann als Orientierung für schulpädagogische Praxen gelesen werden, die sich (angesichts der Widersprüchlichkeit der Funktionen des Schulsystems) mit dem Wissen um seine Nicht-Einlösbarkeit verbindet (vgl. Kap. 2, Abschn. 2.1). In diesem Sinne können auch die Entwürfe der bildungstheoretischen Didaktik gelesen werden. Entfaltet werden sie in zwei Dimensionen: „die Auseinandersetzung mit ,Schlüsselproblemen' und die Dimension der vielseitigen Fähigkeitsentwicklung" (ebd., S. 101). Dazu heißt es:

---

[2] Diese Struktur verläuft quer zu Vorstellungen ,didaktischer Analysen', wie sie in Empfehlungen für die Erarbeitung von Unterrichtsentwürfen zu lesen sind (vgl. Gonschorek und Schneider 2015, S. 302 ff.). Hier gelten ,Sachanalysen zum Unterrichtsgegenstand' sowie ,Analysen der Lernvoraussetzungen von Schüler*innen' als Grundlagen, die in ,didaktischen Transformationen „miteinander in Beziehung gebracht" (ebd., S. 303) werden sollen, die ihrerseits begründete Festlegungen von Lernzielen und Unterrichtsschritten sowie -methoden ermöglichen sollen (vgl. ebd.).

"In den pädagogisch vermittelten Lernprozessen müßten kognitive Anforderungen und kognitive Förderung verbunden werden mit sozialem, mit kooperativem Lernen, ästhetischer Gestaltung und Rezeption mit der Reflexion über ihre Voraussetzungen und Wirkungen. Praktisch-handwerkliches Gestalten bzw. technisches Handeln und Konstruieren müßte in produktive Wechselbeziehung zum Entdecken und Begreifen der zugrundeliegenden naturwissenschaftlichen und technologischen Gesetzmäßigkeiten und zur Einsicht in ihre Funktion in den außerschulischen Produktionsverhältnissen gebracht werden" (Klafki 1990, S. 101).

Entsprechend der Forderung nach nicht-exkludierenden Unterrichtskonzepten müsste zunächst die *didaktische Sachdimension schulischen Unterrichts* so konzipiert werden, dass allen Schüler*innen derartig komplexe Fähigkeitsentwicklungen ermöglicht werden. Dazu können sich „alle Gegenstände sinnhafter Intentionen oder Themen sinnhafter Kommunikation" (Luhmann 1993, S. 114) eignen. Als inhaltlich begründete Auswahl solcher Lehr- und Lerngegenstände ließen sich ‚kontext- bzw. inputorientierte' Vorgaben von ‚Lehrplänen' (vgl. von Saldern 2011, S. 67 ff.) ebenso diskutieren wie die Indikatoren und Fragestellungen zum Thema ‚Curriculum für alle' im ‚Index für Inklusion' (vgl. Booth und Ainscow 2017, S. 146 ff.).

Ausgehend von einem Verständnis als ‚Schlüsselprobleme' müssten Unterrichtsthemen für Möglichkeiten ‚handelnder Auseinandersetzungen in aktiven Austausch- und Aneignungsprozessen' aller Schüler*innen aufbereitet werden (vgl. Feuser 1997, S. 19). In diesem Sinne stellt sich an Lehrer*innen der fachdidaktische Anspruch, einen Unterrichtsgegenstand so zum Thema zu machen, dass er alle Schüler*innen zu eigenständig lernenden Auseinandersetzungen anregt.[3] Die Voraussetzung dafür wäre es, die *Sachlogik der Unterrichtsgegenstände* in ihrer ‚bedeutungskonstituierenden und sinnstiftenden Funktion' (vgl.

---

[3] In diesem Studienbuch diskutieren wir keine fachdidaktischen Einsätze. Dafür verweisen wir auf den Text „Inklusive Fachdidaktik. Ein Überblick" (Dexel und Witten 2022, S. 88 ff.). Hier wird einführend erläutert: „Fachdidaktiken diskutieren fachimmanente Fragen und Herausforderungen, die u. a. durch die jeweilige fachwissenschaftliche Bezugsdisziplin gegeben sind, bearbeiten gesamtgesellschaftliche Anforderungen (wie z. B. Bildung für nachhaltige Entwicklung) und setzen sich mit bildungspolitischen bzw. bildungswissenschaftlichen Anforderungen auseinander, wie z. B. der Kompetenzorientierung [...]. Mit Inklusion standen die Fachdidaktiken einem gleichermaßen gesellschaftlichen wie politischen und pädagogischen Anliegen gegenüber. So waren die Fachdidaktiken herausgefordert, eigene Unterrichtsmodelle, Vorschläge, Methoden, Aufgaben, Forschungsfragen und -formate etc. auf ihr inkludierendes bzw. exkludierendes Potenzial hin zu überprüfen" (ebd., S. 88).

5.2 Inklusionsorientierte Weiterentwicklungen allgemeiner Didaktiken

ebd.) zu analysieren und differenziert für sinnhafte Unterrichtskommunikation, d. h. für individuelles und für gemeinsames Arbeiten am gemeinsamen Gegenstand zu erschließen (vgl. ebd.). Die entwicklungslogische Didaktik mit ihrer Konzeption „Gemeinsames Lernen am gemeinsamen Gegenstand" (Feuser 1998) bietet sich als methodisch-didaktischer Ansatz zieldifferenten Lehrens und Lernens in heterogenen Gruppen an. Formal schulgesetzlich wird *„[z]ieldifferenter Unterricht* […] als abweichender Anforderungshorizont im Hinblick auf Ziele und Leistungsansprüche in den gesonderten ‚Bildungsgängen' der Förderschwerpunkte Lernen und Geistige Entwicklung definiert" (Riegert 2016, S. 215, Anpassung K.P.). Inklusionsorientierte Unterrichtskonzepte rufen den Begriff ‚Zieldifferenz' zumeist auf, „um auf Unterricht mit Lerngruppen zu verweisen, die sich durch große Heterogenität, insbesondere im Hinblick auf die Spannweite an kognitiven Lernvoraussetzungen auszeichnen" (ebd.). In diesem Zusammenhang ist von ‚besonderen Anforderungen' an differenzierte Unterrichtsgestaltungen zu lesen:

> „Ein solches Verständnis zieldifferenten Unterrichts verbindet sich mit der Forderung nach innerer (anstelle äußerer) Differenzierung und der Prämisse eines gemeinsamen, für alle Schüler*innen geltenden Curriculums. […] Knüpft man Zieldifferenz an die Vorstellung eines gemeinsamen inhaltlichen Bezugspunkts von Unterricht, entsteht die didaktische Notwendigkeit und Herausforderung, (gemeinsame) Lerninhalte so differenziert ‚aufzubereiten' und in einem gemeinsamen Unterrichtssetting umzusetzen, dass sie für alle Schüler*innen zum Lerngegenstand werden können. Diese didaktische Aufgabenstellung geht dabei über den Anspruch einer barrierefreien Unterrichtsgestaltung hinaus, da sich nicht nur methodische und mediale Fragen des Zugangs zu einem Inhalt stellen, sondern die Unterrichtsinhalte selbst und ihr Potenzial für die individuellen Lernprozesse aller Kinder bzw. Jugendlichen in den Fokus didaktischer Betrachtung rücken" (Riegert 2016, S. 215 f.).

Die entwicklungslogische Didaktik entwirft den ‚gemeinsamen Lerngegenstand' theoretisch als den „zentralen Prozess, der hinter den Dingen und beobachtbaren Erscheinungen steht und sie hervorbringt" (Feuser 1998, S. 32). Mit dem Ansinnen, individuelles *und* gemeinsames Lernen zu ermöglichen, wird für inklusionsorientierte (Fach-)Didaktiken ein ‚Spannungsfeld' markiert (vgl. Müller et al. 2019, S. 12). Das heißt, Fragen der *Chancengerechtigkeit* in heterogenen Lerngruppen und *Anforderungen des didaktischen Umgangs mit heterogenen Lernvoraussetzungen einer Lerngruppe* sind ebenso aufzurufen (vgl. ebd., S. 16 f.) wie Fragen nach dem sozialen und fachlichen Lernen aller Schüler*innen (vgl. ebd., S. 18 f.). Angesprochen ist damit die Professionalisierung von Lehrer*innen, die „dem Paradoxon ausgesetzt [scheinen][,] zur Herstellung von Gleichheit Kinder und Jugendliche angemessen ungleich zu behandeln und gleichzeitig Gemeinschaft zu initiieren" (ebd., S. 20, Ergänzung K.P.).

Derart motiviert finden sich im Zentrum schulpädagogischer Sichtweisen von Heterogenität „vor allem differenzielle Lern- und Bildungsvoraussetzungen sowie Lernbedürfnisse von Schülerinnen und Schülern sowie deren Konsequenzen für die Unterrichtsgestaltung" (Walgenbach 2014, S. 12). Sie zeigen sich in Vorstellungen von Heterogenität als didaktische Herausforderung (vgl. Kap. 6, Abschn. 6.1) mit verschiedenen Blickrichtungen. So werden einerseits ‚heterogenitätssensible' pädagogisch-didaktische Konzepte vorgestellt, welche „die Notwendigkeit förderorientierter Lerndiagnosen, die Entwicklung adaptiver [also an die Voraussetzungen und Möglichkeiten der Schüler*innen angepasste] Lernangebote [und] die Potentiale des jahrgangsübergreifenden Lernens" betonen (Walgenbach 2014, S. 43, Ergänzungen K.P.). Andererseits werden Schwierigkeiten unterrichtlicher Praxen diskutiert, etwa die „didaktische Problematisierung von Leistungsheterogenität oder der gemeinsame Unterricht von behinderten und nicht-behinderten Schülern" (ebd.) und die damit verbundene Komplexität handelnder Auseinandersetzungen mit Unterrichtsgegenständen. So lässt sich in empirischen Studien feststellen, „dass Kinder und Jugendliche mit unterschiedlichen Lernvoraussetzungen im Zuge ihrer Auseinandersetzung mit einem Inhalt nicht dasselbe lernen" (Riegert 2016, S. 228).

Die Heterogenitätsorientierung koppelt didaktische Überlegungen mit Fragen nach Anschlussmöglichkeiten für den ‚Eigensinn' der einzelnen Schüler*innen, die mit differenten bedeutsamen Bildungserfahrungen (sinnlich konkreten Wahrnehmungen, entdeckenden und verstehenden Einsichten der zu lernenden Phänomene und Prozesse, entdeckendem und verstehendem Wissen von Zusammenhangsstrukturen und Theoriebildungen (vgl. Feuser 1997, S. 19) gemeinsam und gleichwertig ganz Unterschiedliches lernen sollen. Im Text „Inklusive Didaktik: Die Frage nach dem ‚Kern der Sache'" (Seitz 2006) heißt es dementsprechend:

> „Die Frage nach dem ‚Kern der Sache' aus der Kindersicht steht daher im Zentrum einer didaktischen Strukturierung. Ihre Bearbeitung kann vorangehend zu aller Individualisierung das Verbindende im Unterricht bereitstellen und gewährleisten, dass sich unterschiedliche Lerner/innen auf ihren einzigartigen Lernwegen ‚begegnen' und somit in Dialog treten können. Die Kinderperspektiven bilden daher den ‚Startpunkt' eines didaktischen Suchprozesses. Ihre gedankliche ‚Auffächerung' als fraktales Muster ist die Grundlage für die weiteren didaktischen Überlegungen, insbesondere für die ‚Spiegelung' an den fachwissenschaftlichen Perspektiven zum Lernfeld" (ebd., o. A.).

5.2 Inklusionsorientierte Weiterentwicklungen allgemeiner Didaktiken

Der *sachlogische Eigensinn* der Schüler*innen wird in diesem Kontext als Grundlage einer analytischen Ordnung für didaktische Strukturierungen aufgerufen (vgl. Seitz 2006, o. A.). Er könne es Lehrer*innen ermöglichen, „die subjektiven Bedeutsamkeiten der Kinder […] in Verbindung mit den objektiven Bedeutsamkeiten einer Gesellschaft in Einklang zu bringen" (Feyerer 2003, S. 5) und damit zugleich „die Welt vielfältiger zu sehen und zu begreifen" (ebd.). Im Gegensatz zu fachwissenschaftlichen und -didaktischen Konstruktionen eines ‚Gemeinsamen Gegenstandes' (vgl. Feuser 1998), scheint die Idee vom ‚Kern der Sache' davon auszugehen, „dass sich das Gemeinsame […] in jeder Lerngruppe neu konstituiert" (Musenberg 2016, S. 23). Dazu ist zu lesen:

„Erst nachdem die Schüler*innen die Möglichkeit hatten, ihre Imaginationen zu einem (noch nicht feststehenden) Gegenstand zu äußern und die Lehrer*innen die Möglichkeit hatten, einen ‚Kern der Sache' zu diagnostizieren, können in einem zweiten Schritt die Kinderperspektiven mit fachwissenschaftlichen Ideen zusammengebracht werden" (ebd., S. 23 f.).

In diesem Verständnis sollen Schüler*innen und Lehrer*innen voneinander lernen können. Damit verschränken sich die didaktische Sach- und die Sozialdimension, welche „die Relevanz […] [Anderer] für jede Welterfahrung und Sinnfixierung" (Luhmann 1993, S. 119) artikuliert. Auf dieser Basis scheint ein inklusionsorientierter Unterricht möglich, der an vorhandene didaktische Ansätze der Unterrichtsgestaltung anschließt und diese weiterentwickelt. Das wären z. B. die „vier ineinandergreifende[n] didaktische[n] Prinzipien" (Klafki 1990, S. 101 f., Anpassung K.P.) des exemplarischen Lehrens und Lernens, des methodenorientierten Lernens, des handlungsorientierten Unterrichts sowie der Verbindung von sachbezogenem und sozialem Lernen, von denen wie folgt zu lesen ist:

„Exemplarisches Lehren und Lernen, d. h. also Gestaltung eines Unterrichts, in dem Schülerinnen und Schüler sich jeweils an wenigen, in ihrem Erfahrungsbereich liegenden oder in ihn einzuführenden Beispielen das Verständnis mehr oder minder verallgemeinerbarer Prinzipien, Einsichten, Gesetzmäßigkeiten, Zusammenhänge erarbeiten können.
Methodenorientiertes Lernen, also die Aneignung von übertragbaren Verfahrensweisen des Lernens und Erkennens sowie die Übersetzung von Erkenntnis in praktische Konsequenzen.
Handlungsorientierter Unterricht, heute oft ‚praktisches Lernen' genannt. Mit dieser abkürzenden Kennzeichnung ist eigentlich die Verknüpfung zweier Elemente gemeint: des praktischen Tuns und Herstellens, szenischer Gestaltung, des Vollzugs von Erkundungen und Befragungen innerhalb und außerhalb der Schule, des aktiven Einsatzes der Medien […] und der Durchführung von Praktika und von Projekten

auf der einen Seite und der reflexiven Verarbeitung und ersten Schritten der Verallgemeinerung des Erfahrenen sowie dem Entwurf weiterführender Perspektiven auf der anderen. Ein solcher handlungsorientierter Unterricht, der an den Problemen, die junge Leute hier und heute als für sich selbst bedeutsam erfahren können, anknüpft und Lernen in den Zusammenhang mit sinnlich vermittelten Aktivitätsformen rückt, dürfte auch die pädagogisch aussichtsreichste Weise sein, um auf den vielbeklagten Motivationsschwund in der jungen Generation, ihre Zweifel am Sinn schulischen Lernens zu antworten. Ein solcher Unterricht öffnet […] den Lernort Schule überdies hin zu anderen, außerschulischen Lernorten und Erfahrungsfeldern und bringt schulisches Lernen mit der gegenständlichen und sozialen Umwelt, dem Gemeinwesen, in Beziehung.

Handlungsorientiertes Lernen ist mit einem vierten Unterrichtsprinzip verschränkt, nämlich der *Verbindung von sachbezogenem und sozialem Lernen,* die eine Skala von Aufgaben und Möglichkeiten umfaßt […]: [beispielsweise] das kooperierende Lernen in Partner- und Kleingruppen; die Fähigkeit, anderen sachgemäß bei Schwierigkeiten im Lernprozeß zu helfen […]; das Erlernen von rationalen Formen der Konfliktbewältigung; die Fähigkeit, sich auch in größere Gruppen mit Anregungen, Kritik, eigenen Argumentationen einbringen zu können" (Klafki 1990. S. 101 f., Herv. und Ergänzung K.P.).

Die Prinzipien der Handlungsorientierung und der Verbindung von sachbezogenem mit sozialem Lernen entwerfen didaktische Unterrichtsprozesse als gestaltete Räume der Möglichkeiten für Erfahrungen und Zusammenarbeit (vgl. Ziemen 2018, S. 163). Sie rufen die *didaktische Sozialdimension* mit Aspekten des Verhältnisses von Individualisierung und Gemeinsamkeit in ‚gemeinsamen Lernsituationen' auf und können (wie im folgenden Beispiel) mit dem Anspruch einer *Balance zwischen differenzierenden und integrierenden Lernsituationen* (vgl. Wocken 2008, S. 3) auftreten.

Beispiel

Skizze gemeinsamer Lernsituationen. Ausführungen zur Sozialdimension inklusionsorientierter Didaktiken (vgl. Wocken 2008**)**
In einer „Skizze zur Theorie des gemeinsamen Unterrichts" (Wocken 2008, S. 1) werden verschiedene „Gemeinsame Lernsituationen" (ebd.) mit Beziehungs- und Inhaltsaspekten vorgestellt. Zunächst wird erklärt, wie die verschiedenen Aspekte gefasst werden: „Mit Inhaltsaspekten sind die Ziele, Aufgaben, Pläne, Gegenstände, Themen usw. von Situationsteilnehmern gemeint. Mit Beziehungsaspekt sind die sozialen Prozesse, das konkrete Interaktionsverhalten und der kommunikative Austausch gemeint" (ebd., S. 3). Es folgt ein „Katalog gemeinsamer Lernsituationen" (ebd., S. 10), der keinen Anspruch auf Vollständigkeit erhebt, sondern die Vielfalt möglicher unterrichtlicher Lernsituationen skizzieren soll.

‚Koexistierende Lernsituationen'

‚Koexistierende Lernsituationen' sind nach diesem Katalog von einer „raumzeitliche[n] Gemeinsamkeit der Beteiligten" (ebd., S. 4, Anpassung K.P.) geprägt und geben deren Differenzen Geltung. „Die koexistierenden Situationen sind dadurch charakterisiert, daß das Verhalten der beteiligten Partner im wesentlichen durch ihre je eigenen Pläne bestimmt ist und der jeweils andere in die Realisierung der eigenen Handlungspläne nur partiell einbezogen wird. [...] Jeder ist gleichsam ganz bei der Sache und bei sich selbst – in Anwesenheit der anderen" (ebd., S. 3 f.). Als Beispiele werden ‚Freie Arbeit', ‚Wochenplanunterricht' und ‚Bewegungslandschaften' aufgerufen, bei denen Schüler*innen individuell an je eigenen Aufgaben lernen (vgl. ebd., S. 4). Ihnen wird eine „didaktische Potenz [...] der Entfaltung individueller Fähigkeiten, Kenntnisse und Kompetenzen" (ebd., S. 5) zugeschrieben.

‚Kommunikative Lernsituationen'

Gemeint sind hiermit ‚informelle Situationen und Gespräche', in denen Themen nicht vorgegeben, sondern erst erzeugt werden (vgl. ebd., S. 6). Ein offener Unterrichtsbeginn, Pausen und gemeinsame Mahlzeiten werden als Beispiele für ‚kommunikative Lernsituationen' benannt. Von diesen ist zu lesen: „Die Pädagogik tut sich schwer, in kommunikativen Lernsituationen irgendeinen Sinn zu erkennen. [...] Und dennoch: [...] Aus der Unzahl kommunikativer, informeller Lernsituationen konstituiert sich die soziale Atmosphäre, das Schul- und Unterrichtsklima, der emotionale Kitt aller lernzielorientierten, sach- und gegenstandsbezogenen Lernsituationen. [...] Auf dem Schulweg kann sich [...] durch belanglose Unterhaltungen mehr Gemeinsamkeit entwickeln als in kunstvoll arrangierten Situationen" (ebd., Anpassung K.P.).

‚Subsidiäre Lernsituationen'

Im Folgenden ist von ‚unterstützenden' und ‚prosozialen' als zwei Formen ‚subsidiärer Lernsituationen' zu lesen, die durch Asymmetrie zwischen den Beteiligten gekennzeichnet sind (vgl. ebd., S. 7). Dabei wird etwas sarkastisch angemerkt, dass gemeinsamer Unterricht „mehr als ein Sozialpraktikum" (ebd., S. 8) und nicht „allzusehr in die Nähe von Caritas" (ebd.) zu rücken sei. „In unterstützenden Situationen leistet A Hilfe, ohne dabei die eigenen Ziele und Aufgaben aus dem Auge zu verlieren und hintanzustellen. [...] [D]er alltägliche Unterricht ist durchsetzt mit vielen kleinen unauffälligen Unterstützungssituationen. [...] Unterstützende Leistungen werden eher episodisch gegeben; es sind vielfach nur flüchtige Gefälligkeiten: ein aufmunternder Arbeitsanstoß, das Vorsagen bei kleinen Gedächtnislücken, das Ausleihen eines Radiergummis, ein korrigierender Hinweis auf Fehler, ein hilfreicher Tipp, und anderes mehr. In der Unterrichtsgestaltung werden die Unterstützungskompetenzen von Schülern systematisch als Tutorendienste genutzt […]. In prosozialen Situationen ist der gemeinsame Gegenstand vielfach auch ein einsamer Gegenstand. Eine bekannte Methode, die auf prosozialen Lernsituationen aufbaut, ist das ‚Sekretärsystem'. Einem Schüler, der des Schreibens nicht mächtig ist, wird ein schreibgewandter Schüler zugeordnet. Dieser schreibt nun als sein Sekretär die mündlich erzählte Geschichte als schriftlich fixierten Aufsatz auf" (ebd., S. 7 f., Anpassung K.P.).

‚Kooperative Lernsituationen'
Schlussendlich werden ‚komplementäre' und ‚solidarische' als ‚kooperative' Lernsituationen vorgestellt (vgl. ebd., S. 8 ff.). „In komplementären Situationen verfolgen A und B unterschiedliche Ziele, aber: A und B können ihre Ziele nicht allein verwirklichen und sind auf die aktive Mitwirkung des anderen angewiesen. […] Im Unterrichts- und Schulleben kommen komplementäre Lernsituationen immer dann zum Tragen, wenn mit verteilten Rollen gespielt wird: Der Leser liest dem Nichtleser vor. Oder: Ein Text wird im Partnerdiktat geübt. Nicht zuletzt ist ein großer Teil der didaktischen Spiele […] dem Typus komplementärer Lernsituationen zuzuordnen. […] Kooperative Lern- und Arbeitssituationen werden in ihrer höchsten und reinsten Form dann erreicht, wenn die Handlungsziele der Beteiligten sich weitestgehend angenähert haben oder gar ein gemeinsames Ziel angestrebt wird. […] [G]emeinsame Ziele haben eine organisierende Funktion, sie lenken die Richtung aller Aktivitäten und entfalten eine steuernde synergetische Kraft. Das didaktische Paradestück für kooperative Lernsituationen sind arbeitsteilige Vorhaben und Projekte. […] Kooperative, solidarische Lernsituationen vereinen in höchster Form alle gemeinschaftsstiftenden, integrationsfördernden Faktoren: Die Aufgaben und Ziele sind aufeinander bezogen, die Tätigkeiten und Arbeitsprozesse sind koordiniert und wechselseitig abgestimmt, es gibt einen Fundus an gemeinsamen Erfahrungen und Erlebnissen" (ebd. S. 9 f., Anpassung K.P.). ◄

Unsere Lektüre dieser Vorstellungen ‚gemeinsamer Lernsituationen' als Konzept der didaktischen Sozialdimension provoziert die Frage nach damit verbundenen Erwartungen an Lehrer*innen und Schüler*innen. Sie werden in der Skizze nicht explizit thematisiert, ließen sich jedoch (im Sinne einer inklusionsorientierten

Weiterentwicklung) z. B. mithilfe verschiedener Rollen beschreiben. Dieser Idee gehen wir im Folgenden nach.

Rollen fassen (nach einer systemtheoretischen Lesart) Erwartungen zusammen, „die die Prozesse der kommunikativen Adressierung steuern und die dies wiederholt auf ähnliche Weise tun" (Stichweh 2016, S. 164). In einer älteren Darstellung von Lehrer*innen-Sichtweisen auf Unterrichtsmethoden ist von „einer problematischen *Lehrerzentriertheit* des Unterrichtsablaufs" (Meyer 1987, S. 36, Herv. K.P.) zu lesen. Diese ließe sich damit begründen, dass Lehrer*innen, wenn sie einen Klassenraum betreten, „sich […] automatisch für alles Weitere, was passiert, verantwortlich" (ebd.) fühlen. Die scheinbar selbstverständliche Rollenzuschreibung, der „'Motor' des Unterrichtsprozesses" (ebd.) zu sein, wird hier als ‚Selbsttäuschung' von Lehrer*innen problematisiert. Lehrer*innenzentrierte Unterrichtsmethoden „primär [als] *Hilfen zur Vermittlung der Unterrichtsinhalte*" (ebd., Herv. K.P.) für Schüler*innen zu verstehen, so heißt es weiter, verkennt „[d]ie Tatsache, daß der Lehrer durch sein methodisches Handeln immer auch Gewalt über Schüler ausübt" (ebd., Anpassung K.P.).

Solcher Art Verkennungen finden sich auch in aktuelleren *Rollenerwartungen an Lehrer*innen und Schüler*innen*, wie beispielsweise in einem „Arbeitspapier Lernbegleitung" (Fahland et al. 2012)[4]. Dieser Text entwirft ein „Kompetenzprofil" (ebd., S. 2) von Lehrer*innen, das sich mit der Forderung begründet, Unterricht heute „im Wesentlichen aus der Perspektive des lernenden Subjekts" (ebd., S. 1) zu denken. Schüler*innen werden als ‚eigenverantwortliche' und ‚selbstorganisierte' Personen vorgestellt, die ihrem je eigenen subjektzentrierten Lernprozess folgen (vgl. ebd.). Ihnen werden sowohl individuelles Wissen und Können als auch Entwicklungsbedarfe zugeschrieben, die sie in unterrichtlichen Interaktionen der Lernbegleitung erkennen, reflektieren und daraus eigenverantwortlich und selbstorganisiert neue Lern- und Methodenkompetenzen hervorbringen (vgl. ebd.). Das Handeln der Schüler*innen wird als ein Streben beschrieben, das sich einerseits auf „den größtmöglichen Kompetenzzuwachs" (ebd.) und andererseits auf „Lebensgestaltung aus eigener Kraft, […] Selbstverantwortung […][,] Autonomie […] [und] Bindung" (ebd., S. 2, Ergänzung K.P.)

---

[4] Die folgende Textpassage zu Rollenerwartungen an Lehrer*innen und Schüler*innen hat die Autorin gemeinsam mit Stephanie Winter in einem Beitrag zu „Lern(prozess) begleitungen als unterrichtliche Interaktionen" (Puhr und Winter 2019, S. 33 ff.) zur Diskussion gestellt.

bezieht. Der Text scheint uneingeschränkt von einem derartigen Schüler*innen-Selbst- und Weltbild auszugehen und zudem davon, dass Schüler*innen „während selbständiger Arbeitsphasen" (ebd., S. 4) im Unterricht sowohl mit Lehrer*innen als auch mit Mitschüler*innen entsprechend dieser Vorstellungen interagieren.

Komplementär zu den bezeichneten Rollenerwartungen an Schüler*innen sind sechs Rollen zu lesen, die Lehrer*innen zugeschrieben werden: der*die Lernprozessgestalter*in „gestaltet Lernarrangements, um ein lernförderliches Klima und individuelle Kompetenzerweiterung zu schaffen" (ebd.), der*die Inputgeber*in „hält Lehrvorträge, gibt Input" (ebd.), der*die Moderator*in „ist verantwortlich für den Lernprozess und das Entstehen von Ergebnissen (nicht für die Inhalte)" (ebd.), der*die Lernbegleiter*in „ist verantwortlich für die individuelle Unterstützung beim Lernen" (ebd.), der*die Erzieher*in „ist verantwortlich für Erziehungs-, Gruppen- und Entwicklungsprozesse" (ebd.) und der*die Bewerter*in „zeigt Anforderungen auf, bewertet, beurteilt, benotet Leistungen" (ebd.). Die Selbstverständlichkeit der hier zitierten Rollenerwartungen kann hinterfragt werden. Wir lesen sie kritisch als kontingente Vorstellungen von ‚Leistungsrollen'[5] (vgl. Stichweh 2016, S. 164) für einen ‚kompetenzorientierten' Unterricht.

Vielleicht wäre für die Frage nach der didaktischen Sozialdimension zudem nach ‚Elternrollen' zu fragen. Auch sie lassen sich in den Vorstellungen der Institution Schule beobachten. Wir können von ‚Publikumsrollen' und ‚sekundären Leistungsrollen' (vgl. Stichweh 2016, S. 164 f.) lesen, die Eltern in zwiespältiger Weise als Beobachter*innen aus dem Schulsystem exkludieren und über Erwartungen der Mitwirkung bei der Erbringung von Schulleistungen ihrer Kinder inkludieren (vgl. Kap. 3, Abschn. 3.4). Entsprechend lassen sich ‚Elternrollen' in Verhältnissen zu den ‚Leistungsrollen' des Schulsystems positionieren:

> „Es gibt dort die Inklusionsrollen des Lehrers und des Schülers, die deshalb beide als Leistungsrollen beschrieben werden können, weil die Leistungsträgerrollen mit ihren Beiträgen oder Leistungen den Kern des Schulgeschehens tragen. Daneben sind die Eltern wichtig, die nicht in Leistungs-, sondern in Publikumsrollen agieren, da sie primär auf einen Beobachterstatus verwiesen sind [...].
> Sobald die Elternrolle anders definiert wird und den Eltern auch aktive Beiträge zugedacht werden, was beispielsweise damit zu tun haben kann, dass ohne die

---

[5] Das aufgerufene Verständnis von ‚Leistungsrollen' kann als ein mögliches gelesen werden. Die Rollen ‚Lehrer*in/Schüler*in' können auch als ‚Komplementärrollen' (vgl. Luhmann 1997, S. 739) vorgestellt werden.

5.2 Inklusionsorientierte Weiterentwicklungen allgemeiner Didaktiken 229

intensive Mitwirkung der Eltern die schulischen Leistungen der Kinder nicht mehr ernsthaft erbracht werden können, liegt es nahe [...], dass man davon spricht, dass die Eltern sekundäre Leistungsrollen übernehmen" (Stichweh 2016, S. 164 f.).

Mit dem Aufrufen von *Schüler*innen-Leistungen* ist eine dritte didaktische Perspektive markiert. Sie lässt sich als *Zeitdimension* thematisieren, die es ermöglichen kann, Lernerfahrungen und -prozesse „im Hinblick auf eine Differenz von Vergangenheit und Zukunft" (Luhmann 1993, S. 116) als Leistungen zu interpretieren. Werden derartige Interpretationen als „Beschreibung und Analyse unterschiedlicher gegenstandsbezogener Lern- und Entwicklungsstände von SchülerInnen [und diese] als Ausgangspunkt für die Konzeption von Lehr-Lernarrangements" (Schiefele et al. 2019, S. 11, Ergänzung K.P.) vorgestellt, können sie gleichermaßen als Themen pädagogischer Diagnostik *und* inklusionsorientierter Didaktik gelesen werden:

„In diagnostischen Prozessen wird gefragt, welche Strukturen des Gegenstands sich ein/e SchülerIn bereits angeeignet hat, also in innere Strukturen transformiert hat oder über sie als Wahrnehmungs- und Denkschema verfügt. Das Ergebnis des Abgleichs eröffnet die Beschreibung dessen, was als Nächstes gelernt werden kann und soll. Die Lehrpersonen sind dann entsprechend aufgefordert, Lernsettings zu gestalten, die dies eröffnen, und – durch kontinuierliches Evaluieren – zu prüfen, ob die gesetzten Maßnahmen zum Erfolg führen oder modifiziert werden müssen" (Schiefele et al. 2019, S. 49).

Im Sinne eines individualisierten Bildungsanspruchs aller Schüler*innen scheint es nicht mehr legitim, die verschiedenen Leistungen von Schüler*innen ausschließlich mit Notenbewertungen zwischen sehr gut und ungenügend zu benennen (vgl. Ziemen 2018, S. 170). Die Normierungen, die sich in Zensuren oder anderen Leistungsbewertungen mit einer *Orientierung an einem festgelegten Leistungsniveau* zeigen, werden zum Problem (vgl. Walgenbach 2014, S. 38 ff.).

Als heterogenitätssensible Alternative gilt dann ggf. die *Norm einer individuellen Leistungssteigerung*. Dementsprechend sollen individuelle *Lernleistungen prozessorientiert und kontinuierlich* interpretiert werden. Ihre Kommunikation soll der Unterstützung von unterrichtlichen Lernprozessen aller Schüler*innen dienen. Verschiedenste didaktische Methoden und Materialien (wie z. B. unterrichtsbegleitende Beobachtungen und Diagnostiken, Aufgabensammlungen für Prozessdiagnosen von Kompetenzen, Lernstandanalysen, Lernpässe, Lernlandkarten, Portfolios und Kompetenzraster (vgl. Liebers und Seifert 2012, o. A.) werden als „Assessmentkonzepte für die inklusive Schule" (ebd.)

dargestellt. Zudem werden Entwicklungsberichte und pädagogische Tagebücher empfohlen (vgl. Ziemen 2018, S. 170 f.). Sie sollen der Erfassung und Kommunikation individueller Lernerfahrungen, -prozesse und -leistungen dienen. Mit all diesen Formen des ‚Festhaltens' werden kontingente Vorstellungen individueller Lernvoraussetzungen einer Schülerin*eines Schülers ebenso wie (Re-) Konstruktionen vergangener pluraler Lernbedingungen im Hinblick auf aktuelle individuelle Lernpotenziale und mögliche Antizipationen differenter Lernziele in Bezug zu gegenwärtigen Lernprozessen als zu teilendes Wissen aufgerufen.

So werden für systematische Erfassungen individueller Leistungssteigerungen insbesondere sogenannte Kompetenzraster empfohlen (vgl. von Saldern 2011, S. 136 ff.). Diese lassen sich als ‚Matrix' beschreiben, „bei der unterschiedliche Kompetenzen mit ihren unterschiedlichen Reflexionsebenen formalisiert dargestellt werden" (ebd., S. 131). Dazu ist zu lesen:

> „Kompetenzraster dienen dazu, fachliche Themen, aber auch außerfachliche Kompetenzen, und die dazugehörigen Anforderungen klar zu systematisieren. Darüber hinaus allerdings dienen Kompetenzraster auch zur Selbststeuerung der Schülerinnen und Schüler. Individuelles Lernen wird klar strukturiert und das Raster gibt Schülern (und Lehrkräften) ständig Überblick über den eigenen Lernstand" (von Saldern 2011, S. 131).

Die Grundlage für die Entwicklung von Kompetenzrastern bilden *Bildungsstandards*. Diese „orientieren sich an allgemeinen gesellschaftlichen Bildungszielen und definieren Kompetenzen im Sinne von Leistungsdispositionen, die den Schülern bis zu einer bestimmten Jahrgangsstufe vermittelt werden sollen" (von Saldern 2011, S. 73). Sie sollen es ermöglichen, individuelle Schüler*innenleistungen, im Vergleich zu Vorstellungen von Basiskompetenzen (vgl. Baumert et al. 2001) oder von zu erwartenden ‚Handlungskompetenzen'[6], zu erfassen. Mit Bildungsstandards werden jedoch ‚Kompetenzstufen' (vgl. ebd., S. 162) formuliert, die Schüler*innenleistungen eben nicht nur im Hinblick auf individuelle Entwicklungen, sondern auch sach- und sozialbezogen hierarchisch konzipieren.

Entsprechend erscheinen heterogenitätssensible diagnostische Prozesse ebenso wie inklusionsorientierte Unterrichtsgestaltungen „durch widersprüchliche

---

[6] Handlungskompetenzen lassen sich über Fach-, Methoden-, Sozial- und Persönlichkeitskompetenzen als Teilkompetenzen vorstellen, bei denen es sich um „vier unterschiedliche Perspektiven handelt, aus welchen man *eine* Handlung interpretiert" (von Saldern 2011, S. 54).

5.2 Inklusionsorientierte Weiterentwicklungen allgemeiner Didaktiken

Anforderungen gekennzeichnet, die im formalen, bildungspolitischen Rahmen der Organisation Schule verankert sind" (Schiefele et al., 2019, S. 54).

„So besteht die Anforderung an Lehrpersonen darin, einen adaptiven Unterricht zu gestalten, der möglichst passgenau auf die Lernausgangslagen der SchülerInnen zugeschnitten ist, zugleich sollen die Lernenden miteinander, im Sinne einer sozialen Bezugsnorm, als auch entlang der Normen, wie sie in der Erfüllung klassenstufenbezogener Erwartungen festgehalten sind, verglichen werden. Der Vergleich bringt […] hierarchische Unterscheidungen hervor" (Schiefele et al., 2019, S. 54).

Eine zusammenfassende Übersicht über die vorgestellten inklusionsorientierten Weiterentwicklungen allgemeiner Didaktiken bezüglich der sachlichen, sozialen und zeitlichen Dimensionen differenzierter gemeinsamer Lehr- und Lernprozesse bietet Abb. 5.2.

Kritische Auseinandersetzungen insistieren darauf, dass auch die als heterogenitätssensibel geltenden Feststellungen individueller Leistungssteigerungen nichts daran ändern, dass in Schulen „soziale Ungleichheit und Benachteiligungen (re) produziert" (Sturm 2015, S. 25) werden und „Bildungs(miss)erfolg nicht allein auf

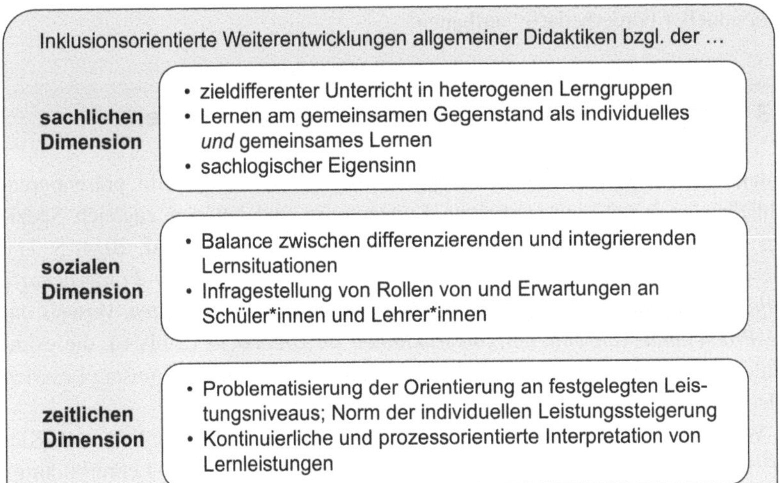

Inklusionsorientierte Weiterentwicklungen allgemeiner Didaktiken bzgl. der …

sachlichen Dimension
- zieldifferenter Unterricht in heterogenen Lerngruppen
- Lernen am gemeinsamen Gegenstand als individuelles *und* gemeinsames Lernen
- sachlogischer Eigensinn

sozialen Dimension
- Balance zwischen differenzierenden und integrierenden Lernsituationen
- Infragestellung von Rollen von und Erwartungen an Schüler*innen und Lehrer*innen

zeitlichen Dimension
- Problematisierung der Orientierung an festgelegten Leistungsniveaus; Norm der individuellen Leistungssteigerung
- Kontinuierliche und prozessorientierte Interpretation von Lernleistungen

Abb. 5.2 Inklusionsorientierte Weiterentwicklungen allgemeiner Didaktiken bezüglich der Sinndimensionen differenzierter gemeinsamer Lehr- und Lernprozesse. (© Mirko Moll)

individuelle Leistung zurückzuführen ist, sondern in Korrelation zu gesellschaftlich relevanten Differenz- und Ungleichheitsdimensionen [...] und schulischen Kontextfaktoren steht" (ebd., S. 27).

Dennoch oder gerade deswegen wird die „Wertschätzung unterschiedlicher Lernausgangslagen" (Schiefele et al. 2019, S. 11) (nach unserem Verständnis die Aufmerksamkeit für individuelle Lernvoraussetzungen, -bedingungen und -potenziale) als „zentrales Primat schulischer Inklusion" (ebd.) vorgestellt. Der Glaube an die ‚Wertschätzung' heterogener Lernvoraussetzungen geht einher mit der Erwartung, dass Lehrer*innen „diese nicht nur beobachten und verstehen, sondern auch, dass sie sie [unterschiedliche Lernausgangslagen bzw. heterogene Lernvoraussetzungen] zum Ausgangspunkt unterrichtlicher Lern-, Entwicklungs- und Bildungsprozesse heranziehen, also bei der Gestaltung individueller und kooperativer Lehr-Lern-Situationen" (ebd., Ergänzung K.P.).

Mit diesem Anspruch präsentieren sich einige didaktische Konzepte als neue Formen inklusiver Modelle der Bewältigung technisch-organisatorischer Aufgabenstellungen zur Realisierung gleichberechtigter Bildungschancen aller Schüler*innen. Als solche diskutieren wir im folgenden Abschnitt exemplarisch verschiedene Didaktiken, die sich als inklusionsorientierte vorstellen. Einleitend erläutern wir unsere Abgrenzung von Modellen, die inklusionsorientierte Entwicklungen von Schulkulturen und Unterricht auf unhinterfragte Konstruktionen ‚individueller Förderbedarfe' aufbauen.

5.3 Spezifische inklusionsorientierte Didaktiken

Didaktische Konzepte, die sich explizit als inklusionsorientierte präsentieren, schließen an bereits ausgearbeitete Konzepte an und betonen zugleich Spezifika „für den Unterricht in inklusiven Lerngruppen" (Textor et al. 2014, S. 71). Diese zeigen sich zuweilen noch mit *Ausarbeitungen spezifischer Förderbedarfe entlang gängiger Klassifikationen* (1), zumeist jedoch *mit explizitem Verweis auf die Problematik von Differenzkonstruktionen im Unterricht* (2 bis 6), die es zu berücksichtigen gelte. Im Folgenden skizzieren wir exemplarisch unsere Lesarten solcher didaktischer Entwürfe.

Wir verweisen (1) auf das „Studienbuch Inklusion" (Heimlich und Kiel 2020), das sich als inklusionsorientierter „Wegweiser für die Lehrerbildung" (ebd.) vorstellt. Dieses Buch lesen wir als eine aktuelle Veröffentlichung, die Vorstellungen inklusionsorientierter Entwicklungen von Schulkulturen und Unterricht nahezu ausschließlich auf gängige sonderpädagogisch motivierte *Klassifikationen ‚individueller Förderbedarfe'* aufbaut. Im Vorwort ist von

5.3 Spezifische inklusionsorientierte Didaktiken

der „Intention einer Basissensibilisierung für das Thema Heterogenität und Diversität" (ebd., S. 5) zu lesen und davon, dass „Inklusion alle Heterogenitätsdimensionen wie Alter, Geschlecht, soziale und kulturelle Herkunft, sexuelle Orientierung usf." (ebd.) umfasst. Dennoch werden im ersten Teil des Studienbuches ausschließlich ‚sonderpädagogische Förderschwerpunkte' präsentiert. Zu lesen ist von den Förderschwerpunkten ‚emotionale und soziale Entwicklung', ‚geistige Entwicklung', ‚Hören', ‚körperliche und motorische Entwicklung', ‚Lernen', ‚Sehen', ‚Sprache', ‚Autismus-Spektrum-Störungen' und ‚langfristige Erkrankungen' (vgl. ebd., S. 17 ff.). Erst der abschließende dritte Teil des Buches widmet sich den Themen ‚inklusiver Unterricht und inklusive Schulentwicklung' (vgl. ebd., S. 245 ff.). Hier wird „inklusiver Unterricht" (Heimlich und Bjarsch 2020, S. 248 ff.) (mit verschiedenen didaktischen Modellen, mit Methoden und Prinzipien ‚inklusiven' Unterrichts, mit Planungshinweisen sowie mit Möglichkeiten von Leistungsbewertungen und Kooperation) im Hinblick auf die Aufgabe entworfen, „Lernsituationen zu gestalten, an denen von vornherein alle Schülerinnen und Schüler teilhaben und zu denen alle etwas beitragen können" (ebd., S. 248).

Das Thema „Schulentwicklung in der Inklusion" (Kiel und Weiß 2020, S. 295 ff.) wird mit Modellen der Schul- und Prozessentwicklung und einem eigenen ‚Indikatorenraster' (vgl. ebd., S. 311 ff.) zur Entwicklung von Schulqualitäten dargestellt. Dieses Indikatorenmodell besteht aus drei Teilen. Leitfragen zur ‚Ebene der Kinder und Jugendlichen' eröffnen es. Deren rein *sonderpädagogische Fokussierung* irritiert uns. Es finden sich ausschließlich Fragen zum „Einbezug sonderpädagogischer Förderschwerpunkte" (ebd., S. 312), zu ‚förderdiagnostischen Berichten', zu ‚Förderplänen', zur ‚Überprüfung von Lernausgangslagen und -entwicklung' sowie zur ‚Verfügbarkeit individueller Förderangebote' (vgl. ebd., S. 312 f.).

Angesichts der einführend formulierten Intention, für das Thema Heterogenität und Diversität zu sensibilisieren, stolpert unsere Lektüre zudem über die Weisen der Darstellung eines inklusiven Schulsystems im zweiten Teil des Buches. Hier werden in je eigenen Kapiteln ‚Förderschulen und Sonderpädagogische Förderzentren', ‚Sonderpädagogische Diagnose- und Förderklassen', ‚Sonderpädagogische Diagnose- und Werkstattklassen', ‚Sonderpädagogische Stütz- und Förderklassen' und ‚Berufsschulen zur sonderpädagogischen Förderung' ebenso als ‚inklusive Settings' eines ‚inklusiven Schulsystems' aufgerufen wie ‚Schulen mit dem Profil Inklusion', ‚Sonderpädagogische Beratungsstellen', ‚Mobile Sonderpädagogische Dienste', ‚Schulvorbereitende Einrichtungen und Mobile Sonderpädagogische Hilfen' sowie ‚Kooperationsklassen, Partnerklassen und Tandemklassen' (vgl. Heimlich und Kiel 2020, S. 135 ff.).

Die konsequente sonderpädagogische Ausrichtung dieses ‚Studienbuches Inklusion' legitimiert sich als Entscheidung der Herausgeber angesichts eines schulpraktischen Erfordernisses. So ist zu lesen: „Gerade die Einbeziehung von Kindern und Jugendlichen mit Behinderung bzw. sonderpädagogischem Förderbedarf in allgemeine Schulen erweist sich [...] gegenwärtig in der Bundesrepublik Deutschland als größte Herausforderung für Lehrkräfte. Insofern haben wir als Herausgeber entschieden, dass wir uns mit dieser Inklusionsaufgabe im Schulsystem [...] besonders intensiv beschäftigen möchten" (ebd., S. 5). Diese Fokussierung scheint blind für Fragen nach kontingenten, vieldeutigen und instabilen Konstruktionen von Teilhabe und Ausgrenzungen, Verschiedenheiten und Behinderungen sowie damit verbundenen Machtverhältnissen.

Inklusionsorientiertere Lesarten mit Bezügen zur Problematik von *Differenzkonstruktionen im Unterricht* bietet (2) das Studienbuch „Inklusive Pädagogik und Didaktik" (Luder et al. 2014). Es fokussiert auf Differenzen formalen und informellen individuellen Lernens in Schule, mit Ausarbeitungen zum Unterricht angesichts ‚unterschiedlicher intellektueller Leistungsfähigkeit', ‚Aufmerksamkeits- und Konzentrationsschwierigkeiten', ‚Förderbedarf im Lesen- und Schreiben lernen', ‚Förderbedarf in Mathematik', ‚im Bereich Spracherwerb und Begriffsbildung', ‚im Bereich der Kommunikation', ‚im Bereich der Mobilität', ‚im Bereich Aufgaben und Anforderungen', ‚im Bereich interpersonelle Interaktionen und Beziehungen', ‚im Bereich Selbstversorgung' sowie ‚im Bereich Gemeinschaft, Soziales und staatsbürgerliches Leben' (vgl. ebd., S. 120 ff.). Den Ausgangspunkt der hier versammelten Darstellungen von besonderen Unterrichtssituationen und Empfehlungen von praktischen Handlungsmöglichkeiten bildet ein nicht-essentialistisches Verständnis von „besonderen pädagogischen Bedürfnissen [...] in einer konkreten schulischen Situation" (Luder et al. 2014, S. 12). Zur Erläuterung heißt es:

> „Die Bedürfnisse, von denen hier die Rede ist, entstehen im Zusammenspiel von Eigenschaften des Individuums mit Anforderungen und Rahmenbedingungen seiner Umwelt und lassen sich deshalb nicht einseitig dem Individuum zuordnen. Ein Schüler oder eine Schülerin *hat* nicht besondere pädagogische Bedürfnisse, sondern diese besonderen pädagogischen Bedürfnisse entstehen erst in einer konkreten schulischen Situation, in der die individuellen Eigenschaften des Kindes im Kontext der Anforderungen und Rahmenbedingungen dieser Situation zu einem Problem führen. Dieses Problem betrifft in der Regel alle Beteiligten: Das Kind und seine unmittelbare Umwelt (Lehrperson, Peers, Eltern, usw.)" (Luder et al. 2014, S. 12, Herv. i. Orig.).

Mit einem Verweis auf die Situationsabhängigkeit von unterrichtlichen Handlungsmöglichkeiten und Fördermaßnahmen werden *Analysen situativer Aktivitäts- und*

5.3 Spezifische inklusionsorientierte Didaktiken

Partizipationseinschränkungen von Schüler*innen und „spezifische, professionelle *sonderpädagogische Förder- und Unterstützungsangebote* (ebd., S. 13) als Grundlage für eine inklusive Didaktik vorgestellt. In Auseinandersetzung mit einer inklusionspädagogisch motivierten Ablehnung einer Kategorisierung ‚besonderer pädagogischer Bedürfnisse' wird argumentiert, „dass es pädagogische Bedürfnisse einzelner Kinder gibt, die das in der Praxis bestehende Schulsystem überfordern" (ebd.). Diese Argumentation mündet in zwei Fragekomplexe zur Differenzkonstruktion von Schüler*innen mit und ohne ‚besondere pädagogische Bedürfnisse' und zur chancengerechten Förderung angesichts der eingeführten Differenzen. Das Studienbuch verspricht Antworten auf die folgenden Fragen mit Vorstellungen von „Maßnahmen in konkreten Unterrichtssituationen" (ebd., S. 19), von professioneller Zusammenarbeit im Team, von Schulentwicklung und von personalen Aspekten wie „Einstellungen und Grundhaltungen" (ebd.).

„Wie können ‚besondere' pädagogische Bedürfnisse definiert werden, und wie unterscheiden sich Schülerinnen und Schüler von solchen ohne besondere pädagogische Bedürfnisse? [...] Wie können Schülerinnen und Schüler mit besonderen pädagogischen Bedürfnissen gefördert werden, ohne sie Nachteilen wie Stigmatisierung, Unterforderung oder Diskriminierung auszusetzen? In welchen Situationen brauchen einzelne Lernende bzw. einzelne Gruppen von Lernenden spezifische Anpassung des Unterrichts? Wie können solche Situationen aussehen? Welche Handlungsmöglichkeiten haben Lehrpersonen, um in solchen Situationen ohne die oben genannten Nachteile intervenieren zu können?" (Luder et al. 2014, S. 13).

Es finden sich jedoch auch grundlegendere Positionierungen gegen Differenzkonstruktionen von Schüler*innen mit und ohne ‚besondere pädagogische Bedarfe' und deren Legitimationen. Als solche können beispielsweise (3) „Leitlinien einer Inklusion unterstützenden Didaktik" (Textor et al. 2014, S. 71 f.) gelesen werden. Hier heißt es, dass Inklusion bedeutet, „Schüler mit sonderpädagogischem Förderbedarf (oder Migrationshintergrund, oder …)" (ebd., S. 76) eben nicht als *‚die Anderen'* wahrzunehmen, vielmehr „alle Schülerinnen und Schüler in ihrer Individualität" (ebd.) zu akzeptieren. Jedoch schließen sich auch an dieses Verständnis Forderungen an, „individualisierte, förderdiagnostisch begründete Curricula mit individuellen Zielen und Vorgehensweisen für einzelne Schülerinnen und Schüler" (ebd., S. 78) zu erstellen. Diese sollen *in ‚adaptiven'* *und ‚binnendifferenzierten' Unterrichtsformen* realisiert werden (ebd., S. 80 ff.), in denen „eine kontinuierliche Balance zwischen Individualisierung einerseits und der Gemeinsamkeit in der Gruppe andererseits für inklusive Prozesse von zentraler Bedeutung" (ebd., S. 83) seien. In diesem Sinne wird eine „[d]idaktische Unterstützung sozialer Integration" (ebd., S. 71, Anpassung K.P.) als eine Leitlinie für inklusionsorientierten Unterricht vorgestellt, in der es heißt:

> „Um die soziale Integration nicht nur in speziell dafür vorgesehenen Unterrichtsphasen (z. B. dem Klassenrat), sondern auch bei der Arbeit an Bildungsinhalten zu unterstützen, [...] muss eine Didaktik für inklusive Lerngruppen den Fokus darauf legen, wie es didaktisch gefördert werden kann, dass die Schülerinnen und Schüler einer Lerngruppe diese Grundfertigkeiten [der Bildung nach Klafki: Selbstbestimmungs-, Mitbestimmungs- und Solidaritätsfähigkeit] erwerben können. Dazu muss sie als Gruppe zusammenarbeiten – auch wenn die Bildungsziele individualisiert sind" (Textor et al. 2014, S. 71 f., Ergänzung K.P.).

Die Studie „Heterogenität–Intersektionalität–Diversity in der Erziehungswissenschaft" (Walgenbach 2014) fasst diesbezügliche Diskurspositionen zusammen. Sie verortet die Chancen von Heterogenität gleichermaßen in der Individualisierung von Lernprozessen wie in kooperativen Lernformen und betonen zudem Mehrsprachigkeit und Multiperspektivität, „durch die unterschiedliche Problemlösewege, Informationen, Werte und Interessen produktiv genutzt werden können" (ebd., S. 28). In dieser Thematisierung von *Heterogenität als Ressource* wird die *Nützlichkeit von Multiperspektivität,* die mit der Aufmerksamkeit auf Verschiedenheiten möglich wird, „für politisches, soziales, interkulturelles und moralisches Lernen" (ebd.) aller Schüler*innen hervorgehoben. Exemplarisch wird auf den Sammelband „Lernarrangements für heterogene Gruppen. Lernprozesse professionell gestalten" (Kiper et al. 2008) verwiesen. Es heißt, dass in diesem Band die Auffassung zur Geltung komme, dass „Heterogenität zu einer facettenreicheren Perspektive auf soziale Sachverhalte, gesellschaftliche Probleme, Vorurteile, Alternativen oder Konflikte" (Walgenbach 2014, S. 28) beiträgt.

Mit dieser Fokussierung auf individuelle Bildung und soziale Teilhabe lassen sich Vorstellungen verbinden, die davon ausgehen, dass „[e]ine inklusive Didaktik mehr als eine Theorie des Unterrichts" (Kiel et al. 2014, S. 11) ist. Sie finden sich unter anderem in *inklusionsorientierten Modellen, die didaktische Konzepte* explizit *mit Ansätzen der Schulentwicklung* verknüpfen. Als Beispiel für ein auf diese Weise verknüpftes Modell kann (4) eine Fassung einer schüler*innenzentrierten und handlungsorientierten „Inklusiven Didaktik" (Reich 2014) gelesen werden, die sich im Kontext demokratischer gesellschaftlicher Strukturen (vgl. Reich 2014, S. 21 ff.) und ,Standards der Inklusion' verortet. Diese Zugänge werden mit ,Konsequenzen für eine inklusive Schule' verbunden (vgl. ebd., S. 31 ff.) sowie mit einem „Stufenplan, um das inklusive Ziel tatsächlich und nachhaltig zu erreichen" (ebd., S. 39).

5.3 Spezifische inklusionsorientierte Didaktiken

Das Modell wurde in sogenannten ‚Bausteinen' entworfen, die Ansprüche an eine alle Schüler*innen qualifizierende Schule skizzieren (vgl. ebd., S. 133 ff.). Diese Ansprüche entfaltet das Modell u. a. mit Vorstellungen von demokratischer und chancengerechter Schule (vgl. ebd., S. 103 ff.), von ‚chancengerechter Qualifikation' (vgl. Reich 2017a, S. 20), von ‚Heterogenität, Demokratie und Partizipation' (vgl. ebd., S. 19), von ‚Schule in der Lebenswelt' (vgl. Reich 2014, S. 297 ff.), von ‚Beziehungen und Teams' (vgl. ebd. S. 63 ff.), von ‚geeigneter Schularchitektur' (vgl. ebd., S. 288 ff.), von ‚Ganztag mit Rhythmisierung' (vgl. ebd., S. 184 ff.), von ‚förderlichen Lernumgebungen' (vgl. ebd., S. 194), von ‚differenzierten Beurteilungen' (vgl. Reich 2014, S. 267 ff.) und einem ‚neuen Beurteilungssystem' (vgl. Reich 2017a, S. 26), von Beratung, Supervision und Evaluation (vgl. Reich 2014, S. 303). Es wird in seiner Anwendung „im Rahmenkonzept der Inklusiven Universitätsschule Köln" (Reich 2017b, S. 49) als ‚Erfindung einer neuen Schule' vorgestellt, die ‚erfolgreich praktizierte' reformpädagogische Ideen und Konzepte aufnimmt und diese aufgrund besonderer räumlicher Bedingungen ‚konsequenter' als andere Schulen umsetzen kann (vgl. ebd.).

Diese Selbstbeschreibung stellt den Anspruch der kritischen Positionierung gegen Differenzkonstruktionen insofern infrage, als das Konzept die Besonderung von „Lernende[n] mit Förderbedarf" (Reich 2014, S. 255 ff., Anpassung K.P.) explizit als einen Baustein konzipiert, wenn auch mit dem Anspruch eines „Förderbedarf[s] ohne Stigmatisierung" (Reich 2017a, S. 25, Anpassung K.P.). Der Band „Inklusive Didaktik in der Praxis. Beispiele erfolgreicher Schulen" (Reich 2017b) erzählt u. a. von der ‚Inklusiven Universitätsschule', deren Leitbild und „den Ideen und Konzepten, die in den zehn Bausteinen der ‚Inklusiven Didaktik' entwickelt wurden" (Reich 2017b, S. 31 ff.)[7]. Beim Lesen kann der Anschein entstehen, dass sich das vorgestellte didaktische Modell selbst als inklusives bestätigt. Dieser Eindruck mag sich mit einigen Passagen aus der Erzählung von der ‚Inklusiven Universitätsschule Köln' legitimieren.

---

[7] Darüber hinaus ist von weiteren acht inklusionsorientierten Schulen zu lesen, die eingeladen wurden, „sich im Spiegel der zehn Bausteine [des Modells der Inklusiven Didaktik] vorzustellen und zu zeigen, welche unterschiedlichen Wege in der Praxis gefunden werden, um eine inklusive Schule neu zu erfinden und zu gestalten" (Reich 2017c, S. 7, Ergänzung K.P.). Die Vorstellungen enthalten neben einem ‚Kurzüberblick' schulspezifische Ausführungen zu den bereits benannten ‚Bausteinen inklusiver Didaktik' sowie Reflexionen zu den schuleigenen ‚inklusiven Praxen: Gelingensbedingungen, Erfahrungen und Anregungen' (vgl. Reich 2017b, S. 31 ff.).

> **Beispiel**
>
> **Inklusive Universitätsschule Köln. Auszug aus einer fiktiven Erzählung vom Erleben eines Schultages in der Helios-Schule (vgl. Reich** 2017b**)**
> Die zitierte Erzählung beschreibt, „wie ein möglicher Lerntag […] für eine fiktive Schülerin aussehen könnte" (Reich 2017b, S. 28), die als Schülerin der „Jahrgangsstufe 5" (ebd., S. 39) und „Rollstuhlfahrerin" (ebd., S. 41) inszeniert wird.
>
> „Ich komme morgens in der Gleitzeit an. […] Ich gehe […] zu meinen Arbeitsmaterialien, suche mir eigenständig allein oder bei Freunden einen Platz, bearbeite Lernausgaben aus den Selbstlernmaterialien oder beschäftige mich mit anderen anstehenden Aufgaben, z. B. aus Projekten. Nach der Gleitzeit […] gibt es bestimmte Zeitfenster für drei große Lernformte: Selbstlernzeiten in der Lernlandschaft mit Lernaufgaben, Lernmaterialien, Kompetenzrastern und kontinuierlichem Feedback zu meinen Lernerfolgen. […] In diesen Selbstlernzeiten sind alle wichtigen Hauptfächer enthalten. Hier kann ich nach eigenem Tempo und Voraussetzungen so lernen, dass ich für mich ein Maximum an Erfolg erreiche. Ich weiß, dass andere langsamer oder schneller sind, aber das spielt keine Rolle. Wir alle erreichen eine Basiskompetenz, die dann auf verschiedenen Niveaustufen erweitert werden kann. Dabei bestimme ich selbst mit über das, was ich erreiche. […] Die Lehrkräfte begleiten mich dabei ununterbrochen. Ich muss auch zum Abschluss jeder Niveaustufe mit Arbeiten beweisen, was ich gelernt habe. Mir ist wichtig, das in meinen Unterlagen bestätigt zu bekommen. Gut an den Aufgaben aus dem Lernmaterial ist, dass alles, was theoretisch in kurzen Inputs erklärt wurde, dann auch konkret geübt werden kann. Habe ich den Input nicht verstanden, dann wird mir das Ganze noch einmal individuell oder in Gruppen, die gleichweit sind wie ich, erklärt. So habe ich bisher noch nie den Anschluss verloren. […].
>
> Alle nehmen meine Lernfortschritte sehr ernst. Da erhalte ich immer Feedback, ich muss meine Pläne vorlegen, wann ich was gemacht habe, die Ergebnisse der Lernaufgaben werden kontrolliert, die Projekte präsentiert. Aber das macht mir sehr viel Spaß, weil ich immer wieder Erfolge habe. Hier fällt nie eine Stunde aus, hier gibt es keinen Konkurrenzstress, denn wir diskutieren in unserer Stammgruppe immer wieder, wie wichtig es ist, wenn wir, so unterschiedlich wie wir sind, auch unterschiedlich schnell oder langsam lernen können. Wichtig ist, dass wir die Ziele erreichen, die wir uns gesetzt haben. Und dabei unterstützen sich alle gegenseitig" (Reich 2017b, S. 38 ff.). ◄

5.3 Spezifische inklusionsorientierte Didaktiken

Mit Verweis auf die aufgerufene Schulkulturtheorie (vgl. Abschn. 5.1) wäre in dieser fiktiven Erzählung auf eine theoretisch begründete Differenz zwischen „imaginären Entwürfen und Ansprüchen" (Helsper 2015, S. 477) einerseits und „pädagogischen Praktiken im Umgang mit Differenz und Heterogenität" (ebd.) andererseits zu insistieren. Dazu ist zu lesen:

> „Wenn eine Schule sich in ihrem Schulprogramm, auf der Homepage, in Selbstdarstellungen, in Reden und Feiern als ‚inklusiv' entwirft und dies in mythischen Erzählungen, Geschichten, Metaphern, rituellen Inszenierungen und feierlichen Aufführungen zum Ausdruck bringt, dann haben wir es in diesen symbolisierten Selbstverhältnissen der Institution mit der Ebene des Imaginären und mit Schulmythen zu tun. Wenden wir uns den konkreten Handlungsvollzügen zwischen Lehrern und Schülern im Unterricht und den Unterrichtspraktiken zu, dann bewegen wir uns auf der Ebene des Symbolischen. In der Rekonstruktion der gegenseitigen Handlungsverkettungen und Praktiken kommt damit das konkret situierte Geschehen in den Blick, die konkreten Formen der Anerkennung und Missachtung, die Einschlüsse und Ausschlüsse sowie die diversen diskursiven und nicht-diskursiven pädagogischen Praktiken im Umgang mit Differenz und Heterogenität. Dies kann in unterschiedlicher Deutlichkeit mit den imaginären Entwürfen und Ansprüchen konfligieren. Dabei können die Friktionen zwischen Imaginärem und Symbolischem in unterschiedlicher Deutlichkeit und in unterschiedlichen Formen zum Ausdruck kommen" (Helsper 2015, S. 477).

Die zitierte Erzählung eines Schulalltags suggeriert ein uneingeschränktes Gelingen konzeptionell begründeter schulpädagogischer Praxen. Dafür erscheinen die „Lernformate Instruktion (so viel wie nötig, so wenig wie möglich), Lernlandschaften mit Selbstlernen [...], Projekte [...] und Werkstätten [...] als Schlüssel zum Erfolg einer inklusiven Schule" (Reich 2017b, S. 43), allerdings nur, insofern sie im Kontext „einer inklusiven Haltung der Beteiligten mit kontinuierlicher Vorbereitung, Planung, Evaluation als auch struktureller Ressourcen und räumlicher Bedingungen, die Lernen erleichtern und nicht erschweren" (ebd.), positioniert werden können.

Als eine grundlegende Schwierigkeit werden individuell differenzierte Leistungsbewertungen aufgerufen. Heterogenitätssensible Alternativen zu standardisierten Leistungsbewertungen erscheinen hier als „vor Ort [gefundene] praktikable Lösungen [...], um einerseits den schulrechtlichen Vorgaben zu entsprechen, ohne andererseits die für die Inklusion nicht akzeptable Notenpraxis einfach weiter zu führen" (ebd., Ergänzung K.P.). Ausführungen zu der gesetzten Positionierung, dass „das Thema Leistung für die Erreichung von Kompetenzstufen und Schulabschlüssen erhalten" (Reich 2014, S. 314) bleibt, finden sich nicht.

Andere Vorstellungen davon, dass „[e]ine inklusive Didaktik mehr als eine Theorie des Unterrichts" (Kiel et al. 2014, S. 11) und „auf Schule und Gesellschaft ausgerichtet" (ebd.) ist, erheben den Anspruch, konstruktiv „kulturelle, soziale, ökonomische, architektonische, lokale und politische Bedingungen [schulischen Lehrens und Lernens] zu reflektieren" (ebd., Ergänzung K.P.). Ein früher Entwurf einer Didaktik für einen nicht-exkludierenden Unterricht, der die Funktion von Didaktik (5) als „Transformation der Dialektik von ‚Bildungs- und Gesellschaftsfragen' in die konkrete Erziehungs- und Unterrichtspraxis *und* […] Transformation der dort entstehenden empirischen Erfahrungen in die erziehungswissenschaftliche Reflexion und Theoriebildung" (Feuser 1998, S. 27) verortet, stellt sich als „Versuch der ‚inneren (Schul-)Reform'" (ebd., S. 23) vor. Er begründet sich mit Ideen *„einer ‚Allgemeinen Pädagogik und entwicklungslogischen Didaktik',* die es leistet, allen Schülern im grundsätzlich gemeinsamen Unterricht ein *zieldifferenziertes Unterrichts- und Lernangebot* zu machen, das mittels *Innerer Differenzierung* durch eine den unterschiedlichen Entwicklungsniveaus der Schüler Rechnung tragende *Individualisierung eines gemeinsamen Curriculums* […] *differenziertes und kooperatives Lernen aller miteinander* ermöglicht" (ebd., Herv. i. Orig.).

Mit einer Kritik an einer „Normwertorientierung in einem rigiden, die Subjektivität weitgehend negierenden Leistungs- und Normalitätsprinzip" (ebd., S. 24) der allgemeinen Schulpädagogik und im Verweis auf Bestrebungen der Demokratisierung wird ein schulisches „Erziehungs-, Bildungs- und Unterrichtswesen" (ebd., S. 25) gefordert, das „gleiche Bildungsmöglichkeiten für alle und ein am Subjekt orientiertes Lernen" (ebd.) ermöglicht. Bezüglich möglicher Realisierungen dieser Forderung heißt es:

> „Das verlangt, niemandem aufgrund zu registrierender individueller Merkmale, des Standes oder der Klassenzugehörigkeit, Bildung vorzuenthalten und jeden Menschen auf seine Weise, d. h. seinen Möglichkeiten nach und auf das hin, was er seinen Möglichkeiten nach werden kann, lernen zu lassen, wie die dafür organisatorisch und pädagogisch-therapeutisch erforderlichen Hilfen zur Verfügung zu stellen" (Feuser 1998, S. 25).

Im Sinne einer Didaktik, die auf Unterricht, Schul- und Gesellschaftsentwicklung ausgerichtet ist, stellt sich (6) auch das Konzept *„Mehrdimensionale reflexive Didaktik"* (Ziemen 2018, Herv. K.P.) vor. Es präsentiert sich in einem „didaktischen Gesamtrahmen" (ebd., S. 92 ff.) mit fünf Dimensionen, „die im Kontext der Umsetzung der inklusiven Idee in Schule an Bedeutung gewinnen" (ebd., S. 9). Diese werden als Dimensionen reflexiver Auseinandersetzungen für die Planung von Unterricht wie folgt eingeführt:

5.3 Spezifische inklusionsorientierte Didaktiken

„Dimension I umfasst [...] die Kultur(en), das Recht, die Gesellschaft, das Schulsystem bzw. die Institution Schule. Auf der Basis menschenrechtlicher Verbindlichkeit (z. B. der Umsetzung der UN-BRK) besteht ein Anspruch auf Umsetzung der inklusiven Idee im schulischen Kontext.
Mit Dimension II werden die Rollen, Aufgaben und Verantwortlichkeiten aller an Schule Beteiligter [...] in das Zentrum gerückt. Um die inklusive Idee umzusetzen, sind Kooperationen der beteiligten Akteure und die klare Rollen- bzw. Aufgabenverteilung und damit die Festlegung von Verantwortungsbereichen unabdingbar.
Dimension III umfasst die Reflexion des didaktischen Gesamtprozesses und des Selbst durch Lehrpersonen und Teammitarbeiter*innen.
Mit Dimension IV wird das Verhältnis zwischen Schüler*innen und dem Lerngegenstand [...] gekennzeichnet.
Und schließlich fokussiert Dimension V die konkrete didaktische Gestaltung des Unterrichts, so die Auswahl didaktischer Konzepte, die notwendige innere Differenzierung des Unterrichts und die zu berücksichtigenden zeitlichen und räumlichen Gestaltungsmöglichkeiten" (Ziemen 2018, S. 9 f.).

Der Anspruch, „kulturelle, soziale, ökonomische, architektonische, lokale und politische Bedingungen zu reflektieren" (Kiel et al. 2014, S. 11), lässt sich in den Ausführungen zu allen Dimensionen finden. Er zeigt sich unter anderem in umfangreichen Frage- und Aufgabenlisten (vgl. ebd. 177 ff.), die untergliedert nach den zu reflektierenden Dimensionen als „*Planungshilfen für den Unterricht* erstellt [wurden], die Orientierung für die konkrete schulpraktische Umsetzung bieten sollen" (ebd., S. 10, Herv. und Ergänzung K.P.). Als diesbezügliche Orientierungsaufforderungen für Lehrer*innen können u. a. folgende Fragen und Aufgaben gelesen werden:

Beispiel

„Mehrdimensionale reflexive Didaktik" (Ziemen 2018, S. 91 ff.). Planungshilfen für den Unterricht

Thema: Frei wählbar je nach Klasse, Curriculum, Jahrgang ...
Ausgangssituation: Heterogenität der Klasse bzw. Gruppe/Anzahl/Differenzen/ eigene Vorerfahrungen mit den Schüler*innen

Dimension I: Makrostrukturelle Aspekte [...]

- Welche *kulturellen und gesellschaftlichen Normen und Regeln* werden an der Schule vermittelt? Wodurch ist die Schulkultur gekennzeichnet? [...]
- Welche *Bedingungen* sind durch Schulsystem und Einzelschule für den Unterricht gegeben?
- Wo ist im makrostrukturellen Bereich Veränderung notwendig?

Dimension II: Rollen der Akteure und Kooperationen

- Welche *Rollen* nehmen die Lehrpersonen ein? [...]
- Wie sind die *Aufgaben* im didaktischen Feld verteilt? [...]
- Wie ist die *Planung, Durchführung und Evaluation* des Unterrichts organisiert? [...]
- Wie erfolgt die *Kooperation* der Akteure im didaktischen Feld?
- Wie erfolgt die Kooperation mit den *Eltern/Bezugspersonen*? [...]

Dimension III: Lehrpersonen und Teammitarbeiter*innen – Reflexion des Gesamtprozesses und Selbstreflexion

- Wie sind die *Einstellungen* zu Inklusion?
- Wie ist die *Einstellung* zu den Schüler*innen? [...]
- Wobei benötigen einzelne Akteure oder alle *Unterstützung*? Durch wen oder wodurch soll die Unterstützung realisiert werden? [...]

Dimension IV: Verhältnis Schüler*innen und Lerngegenstand

- Welches *Thema* soll bearbeitet werden?
- Welches ist der *gemeinsame Gegenstand*?
- Welches sind *fachwissenschaftliche Grundlagen*? [...]
- Welche fachlichen *Ziele* werden verfolgt?
- Welche überfachlichen Kenntnisse, Fähigkeiten, Fertigkeiten, *Kompetenzen* werden angezielt? [...]
- Welche *curricularen Bezüge* sind relevant? [...]
- Erstellen Sie ein *Kompetenzraster* oder Kompetenzprofil zu einem der Kompetenzbereiche. [...]
- Auf welche *Vorerfahrungen, Vorkenntnisse* und *Erlebnisse* kann bezüglich des Themas zurückgegriffen werden?
- Ist das Thema für alle Schüler*innen *zugänglich*?
- *Sinnhaftigkeit* der Thematik für die Schüler*innen? Welche *Bedeutung* hat die Thematik für die Schüler*innen heute und in Zukunft? [...]
- Welche *diagnostischen Verfahren* vor, während bzw. nach dem Unterricht sind geeignet, um den Kompetenzstand zu erheben und die Entwicklung der Kompetenzen zu begleiten? Entwickeln Sie dazu ggf. selbst diagnostische Vorgehensweisen.

5.3 Spezifische inklusionsorientierte Didaktiken

Dimension V: Didaktische Gestaltung

- Wählen Sie ein *didaktisches Konzept* aus (z. B. Stationenlernen, Projektunterricht, Unterrichtsreihe, Wochenplan, frontale Unterrichtsphase, Freiarbeit, ...).
- Welche *Methoden* sollen eingesetzt werden? [...]
- Wie soll die *Differenzierung* des Unterrichts erfolgen? Wählen Sie aus verschiedenen Differenzierungsmöglichkeiten aus. Berücksichtigen Sie verschiedene *Tätigkeiten* und *Aneignungsebenen*. [...]
- Wie erfolgt die *Orientierung* der Schüler*innen am Lernort? Erstellen Sie ggf. Materialien zur Unterstützung. [...]
- Welche physischen und psychischen Barrieren (Hindernisse) gibt es am Lernort, bezüglich des Lerngegenstandes? Wie sind diese zu beseitigen (zu überwinden)? [...]
- Wie viel *Zeit* soll das Thema in Anspruch nehmen [...]? Erstellen Sie einen Zeitplan mit den jeweiligen Aktivitäten und Handlungen. [...]
- Formulieren Sie *Fach- und Entwicklungsanliegen* und zu erwerbende Kompetenzen.
- Erstellen Sie eine *Verlaufsplanung*.
- Wie soll der Unterricht *evaluiert* werden?" (ebd., S. 177 ff., Herv. i. Orig). ◄

Die Art dieser Frage- und Aufgabenstellungen und der weiteren ‚Planungshilfen' sowie die vorangestellten Ausführungen zu didaktischen Grundfragen (ebd., S. 176 f.) vermitteln den Eindruck der Möglichkeit gelingenden inklusionsorientierten Unterrichts auf der Basis komplexer Reflexionen entsprechend dem vorgestellten didaktischen Modell.

Diese Vorstellung kann mit der Lektüre der Skizze zu „Dimension I: Makrostrukturelle Aspekte [reflexiver Didaktik] – Kultur(en), Gesellschaft, Recht, Wirtschaft, Verwaltung, Politik und das Schulsystem" (ebd., S. 94, Ergänzung K.P.) fraglich werden. Hier werden Inklusionsansprüche an „das Schulsystem und die Institution Schule" (ebd., S. 95) aufgerufen und Inklusion wird als Thema von „gesamtgesellschaftliche[r] Relevanz" (ebd., S. 94, Anpassung K.P.) positioniert. Vermerkt wird, dass Umsetzungen der Inklusionsansprüche zum einen „maßgeblich von politischen Entscheidungen abhängig" (ebd.) sind und zum anderen in ‚allen gesellschaftlichen Feldern' die Frage aufwerfen, „wie ein Zusammenleben aller an der Gesellschaft Beteiligten möglich werden kann und inwiefern die Bereitschaft besteht, Ausgrenzungsrisiken und -praktiken wahrzunehmen und diesen zu begegnen" (ebd.).

Mit einer Offenheit für die Möglichkeiten differenter politischer Entscheidungen und widerstreitender Antworten auf die Frage nach dem Wie des Zusammenlebens lässt sich das Konzept nicht als eines des *Gelingens* diskutieren, aber als eines, *für das zu streiten wäre.* In diesem Sinne lesen wir Fragen nach Inklusion *und* Exklusion, mit denen explizit „Debatten […] über die Integration von Flüchtlingen und über ‚Abschiebungen' […] [sowie] Bilder, Vorstellungen und Einstellungen […] [aufgerufen werden], die ein negativ konnotiertes Bild von ‚Behinderung' zeichnen" (ebd., Ergänzungen K.P.). Mit dem Hinweis auf „fehlende generelle Systemveränderungen" (ebd., 95) wird auf inklusionsorientierte Schul- und Unterrichtsentwicklungen in einzelnen „Schule[n] als Lernende[n] Organisation[en]" (ebd., Anpassung K.P.) verwiesen, auch mit der Einschränkung, dass die angestrebten Prozesse von Verunsicherungen und Abwehr begleitet werden, die sie erschweren oder auch verhindern können.

Das Konzept stellt sich im Verweis auf ein Inklusionsverständnis vor, das „eine Schule für alle Kinder und Jugendlichen unabhängig von deren sprachlichen, kulturellen, physischen, intellektuellen, ethnischen, religiösen, weltanschaulichen Gegebenheiten" (ebd., S. 8) fordert. Anders als in den zuvor skizzierten Konzepten werden neben ‚Behinderung' andere Differenzen und deren Intersektionalität in ihrer Relevanz für Didaktik markiert. Sie werden als „sehr häufig im Schulkontext benannte Differenzlinien kurz skizziert" (ebd. S. 11) und aus diesen Vorstellungen werden „Konsequenzen für die Dialektik abgeleitet" (ebd.). Diese Skizze lesen wir als ein Beispiel für Ausgangsüberlegungen einer inklusionsorientierten Didaktik „mit dem Ziel, Marginalisierung, Diskriminierung und Stigmatisierung zu erkennen und diesen zu begegnen" (ebd., S. 7).

> **Beispiel**
>
> **Differenzkonstruktionen im Schulkontext mit Ableitungen von Konsequenzen für eine inklusionsorientierte Didaktik (vgl. Ziemen** 2018)
> Der Text „Didaktik und Inklusion" (Ziemen 2018) hält fest, dass im schulischen Kontext „Differenz (ggf. auch Heterogenität oder Diversität) zumeist auf Schüler*innen bezogen wird" (ebd., S. 11) und dass so „Benachteiligung, soziale Ungleichheit, Marginalisierung bzw. Diskriminierung" (ebd.) in den Blick kommen können. In diesem Sinne werden exemplarisch ‚Differenzlinien' skizziert. Die daraus abgeleiteten Aufgaben für eine inklusionsorientierte Didaktik begründen sich so aus jeder der auf-

5.3 Spezifische inklusionsorientierte Didaktiken

geführten Differenzen im Sinne eines Verständnisses von Intersektionalität: „Ungleichheitslagen und Benachteiligungen, die verschiedene Differenzlinien betreffen, z. B. Behinderung und Migration, Geschlecht, sozio-ökonomische Lage, sind zu erfassen, Auswirkungen zu erkennen und pädagogische Konsequenzen abzuleiten" (ebd. S. 12, Wiederholung S. 13, 15 und 17).

‚Differenzlinie sozio-ökonomische Lage'/‚sozio-ökonomische Heterogenität'
„Zu konstatieren ist, dass Benachteiligungen durch die sozio-ökonomische Lage einer Person bzw. einer Familie zumeist Auswirkungen auf die Wahl von Bildungsinstitutionen und damit auf Bildungsangebote, zu erwerbende Kompetenzen und auf die Entwicklung eines Heranwachsenden hat bzw. haben kann.
Folgende Konsequenzen ergeben sich für die Pädagogik bzw. die Didaktik:
die psycho-soziale Gesamtsituation der Schüler*innen erfassen, vor allem die sozialen Ungleichheitslagen;
benachteiligende Bedingungen für Entwicklung und Lernen erkennen und diesen begegnen;
benachteiligende Bedingungen, die die Kommunikation und Kooperation in der Peergroup betreffen, erfassen und diesen begegnen.
Darüber hinaus sind folgende Aufgabenfelder relevant:
Beratung und Unterstützung der Eltern/Familien/Bezugspersonen;
Selbstreflexion der Lehrperson und Teammitarbeiter*innen bezüglich Vorannahmen und Einstellungen gegenüber sozio-ökonomischer Differenz, bspw. Armut" (ebd., S. 11 f.).

‚Differenzlinie Geschlecht'
„Soziale Ungleichheit, Benachteiligung und Diskriminierung, die auf der Basis der Kategorie Geschlecht entstehen bzw. auf diese zurückzuführen sind, bedürfen besonderer Aufmerksamkeit [...].
Folgende Konsequenzen ergeben sich für die Pädagogik und Didaktik:
‚(starre) soziale Zweigeschlechtlichkeit überdenken ... geschlechtliche Varianten im Sinne von Intersexualität/Transidentität ... integrieren' [...];
Benachteiligungen, die durch die Kategorie Geschlecht bzw. in Variation mit anderen Ungleichheitslagen entstehen, erfassen und diesen begegnen;
den Geschlechtern die gleichen Chancen, Zugänge, Rechte und Möglichkeiten im schulischen Kontext und darüber hinaus eröffnen [...];
‚Bearbeitung von Geschlechterungleichheit' [...] und Ungerechtigkeit, bspw. im Kontext von Verhaltenserwartungen, Leistungsbewertung und Leistungserwartung;

Selbstreflexion der Lehrperson/Teammitarbeiter*innen bezüglich eigener geschlechtsbezogener Erfahrungen, Vorannahmen und Praktiken mit Konsequenzen für den eigenen Unterricht" (ebd., S. 13 f.)

‚Differenzlinie Migration'
„Die Differenz wird über Nationalität, ethnische Zugehörigkeit, weltanschauliche und religiöse Überzeugungen, Kultur bzw. Sprache konstruiert. […].
Folgende Konsequenzen ergeben sich für die Pädagogik und Didaktik:
Erfassen der psycho-sozialen Gesamtsituation der Schüler*innen im Rahmen pädagogischer Diagnostik;
Erkennen von Ungerechtigkeiten auf der Basis ethnischer Zugehörigkeit, Sprache, weltanschaulicher bzw. religiöser Überzeugungen;
Anerkennen unterschiedlicher Kulturen, kultureller Identitäten und Praktiken;
Anerkennen verschiedener Sprachen;
‚im Bildungssystem eine sprachliche Bildung zu implementieren, die den Bildungserfolg aller Kinder zum Ziel hat, indem sie zu einem Sprechen führt, das auf der einen Seite wirkungsvoll ist und auf der anderen Seite individuell sein darf' – ‚sprachliche Diversität' […];
Erweiterung sprachlicher Kompetenzen, bspw. der Bildungs- bzw. Fachsprache;
Anerkennen der ‚Mehrfachzugehörigkeit (z. B. hybride Selbstbeschreibungen, polykontextuelle und multilinguale Fertigkeiten und Mehrfachloyalitäten)' […];
Beratung, Begleitung und Unterstützung der Eltern/Familien/Bezugspersonen;
Differenz als sichtbare Schulrealität […] leben;
Selbstreflexionen der Lehrpersonen und Teammitarbeiter*innen bezüglich Vorannahmen und Einstellungen zu Migration, Interkulturalität, Mehrsprachigkeit" (ebd., S. 14 f.)

‚Differenzlinie Behinderung'
„Diskriminierung und Marginalisierungen aufgrund der Diagnose bzw. Kategorisierung ‚Kinder und Jugendliche; Schülerinnen und Schüler mit sonderpädagogischem Förderbedarf bzw. Unterstützungsbedarf'.
Folgende Konsequenzen ergeben sich für die Pädagogik und Didaktik:
Erfassen der psycho-sozialen Gesamtsituation der Schüler*innen im Rahmen pädagogischer Diagnostik;
Kategorisierung und deren kritische Betrachtung […];

5.3 Spezifische inklusionsorientierte Didaktiken

Erfassen von Lernausgangslagen, von Entwicklungsbereichen, (Lern-)Bedürfnissen, von Denk-, Wahrnehmungs- und Handlungskompetenzen;
innere Differenzierung von Unterricht;
Selbstreflexion der Lehrpersonen und Teammitarbeiter*innen bezüglich Vorannahmen, Bildern und Vorstellungen von Behinderung; Grundannahmen zu Inklusion, kritische Reflexion von Werten und Normen, Beratung, Begleitung und Kooperation mit Eltern/Familien und Bezugspersonen" (ebd., S. 17 f.) ◄

Angesichts der vielen Gemeinsamkeiten, die sich in den zu lesenden pädagogisch-didaktischen Konsequenzen aus den aufgerufenen ‚Differenzlinien' (vgl. Ziemen 2018, S. 11 ff.) finden, könnte es von Interesse sein, sich die Differenzen der Fokussierungen genauer anzuschauen und ihnen nachzugehen.

In allen zur Diskussion gestellten didaktischen Entwürfen (1 bis 6), zeigen sich nach unserer Lesart Spannungsfelder, die in den Konzepten in verschiedenen Weisen berücksichtigt werden. Abb. 5.3 stellt idealtypische Positionierungen in diesen Spannungsfeldern gegenüber.

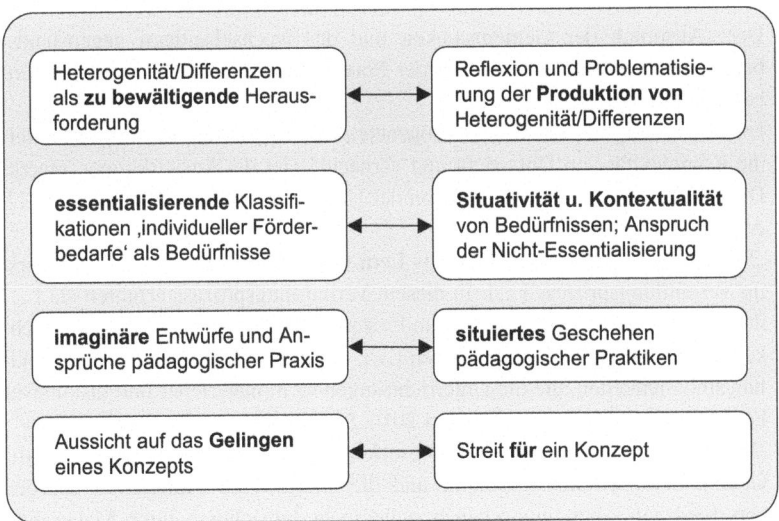

Abb. 5.3 Positionierungen in Spannungsfeldern inklusionsorientierter Didaktiken. (© Mirko Moll)

Wir wollen (dieses Kapitel abschließend und zu den nächsten überleitend) Fragen nach den ‚Theorie- und Empiriedefiziten' in den skizzierten Konzepten inklusionsorientierter Didaktiken aufgreifen. Dafür führen wir zunächst einige Kritikpunkte auf. Diese Kritiken richten sich gegen Vernachlässigungen der Konstitution von Unterrichtsgegenständen, der Medialität von Aneignungsprozessen und der sozialen Praktiken des Unterrichts sowie gegen Vorstellungen technologisch-operationalisierbarer Antworten auf scheinbar vorgefundene vielfältige Differenzen. Wir lesen diese Kritiken als Diskussionsanlässe für kritischproduktive reflexive Auseinandersetzungen mit Unterrichtskonzepten und schulischen Praxen. Von ihnen ausgehend lässt sich auch diskutieren, in welchen Weisen die skizzierten normativ-präskriptiven didaktischen Konzepte den eigenen inklusionsorientierten Ansprüchen und der Komplexität von Unterricht (nicht) gerecht werden können. Die Produktivität liegt im Einsatz für das jeweils gewählte Konzept mit einer Offenheit für die (mit diesem Konzept verbundenen) strukturellen und situativen inkludierenden *und* exkludierenden Unterrichtspraktiken. Ergebnisse neuerer Unterrichtsforschungen und erziehungswissenschaftliche Lektüren können u. a. zeigen, kritisieren entsprechend und geben Folgendes zu bedenken:

- Der „Anspruch der Gemeinsamkeit und des wechselseitigen gegenstandsbezogenen Austauschs ist [...] in der Praxis oftmals nicht gegeben" (Musenberg 2016, S. 26).
- Die Vorstellung „entwicklungsbezogene[r], innere[r] Differenzierung reduziert die Komplexität von Unterricht und vernachlässigt die Auswirkungen innerer Differenzierung auf die Konstitution der Unterrichtsgegenstände" (ebd., S. 27, Anpassung K.P.).
- „Versteht man Lerngegenstände als Lern-Gegenstände, ‚entstehen' diese erst im Vermittlungsprozess [...]. In diesem Vermittlungsprozess erfahren sie [...] ihre Differenzierung, weil in diesem Prozess sowohl die ‚Aneignungsmöglichkeiten' der Kinder und Jugendlichen [...], als auch die Erfahrungs- und Handlungsmöglichkeiten, die die Unterrichtsangebote in materieller und diskursiver Form eröffnen, einfließen" (Riegert 2016, S. 228).
- „[D]ie Fokussierung entwicklungsorientierter Aneignungsebenen [läuft] Gefahr, den medialen Zuschnitt und die eingesetzten Materialien auf den verschiedenen Aneignungsebenen nicht mehr hinsichtlich ihrer Materialität und Dinghaftigkeit wahrzunehmen. Dadurch erscheinen Medien letztlich als neutrale Transportmittel, die postalisch Inhalte zustellen" (Musenberg 2016, S. 27, Anpassung und Ergänzung K.P.).

5.3 Spezifische inklusionsorientierte Didaktiken

- Soziale Praktiken werden „als Intentionen von Akteuren" (ebd., S. 28) und nicht (wie in der ethnografisch orientierten, qualitativen Unterrichtsforschung) „als an der sichtbaren Oberfläche sich abspielende Praktiken beschrieben und analysiert" (ebd.).
- Lernzusammenhänge, die von vielfältigen Differenzverhältnissen geprägt sind, werden „verdinglicht und objektiviert" (Mecheril und Vorrink 2014, S. 101).

Wir richten unsere Aufmerksamkeit auf die Kritik der Verdinglichung und Objektivierung von Lernzusammenhängen (vgl. dazu Abschn. 5.1). Sie richtet sich gegen das Verständnis von Heterogenität (der Schüler*innen) als von Lehrer*innen zu bewältigende pädagogische Aufgabe. Damit werden Vorstellungen adressiert, welche das Involviert-Sein der Lehrer*innen in Differenzkonstruktionen ebenso wenig zum Thema werden lassen wie die kontingente Performativität unterrichtlicher Praxen. Dazu ist zu lesen:

„Mit dem Wort Heterogenität werden von vielfältigen Differenzverhältnissen geprägte Lernzusammenhänge verdinglicht und objektiviert, eine Operation, die es ermöglicht, Heterogenität wie einen Gegenstand zu behandeln und darüber nachzudenken wie man möglichst ‚effektiv und zeitsparend damit umgehen' kann. Diese Verdinglichung der als vage Einheit adressierten Differenzverhältnisse unter dem Label Heterogenität ermöglicht, dass Lehrerinnen als der Heterogenität gegenüber gestellt erscheinen. Sie sind nicht Teil der Verhältnisse, sondern ihnen äußerlich und greifen als außer-soziale Technikerinnen in den Zusammenhang ein – wenn möglich effizient und effektiv" (Mecheril und Vorrink 2014, S. 101).

Dieser Einsatz kann darauf aufmerksam machen, dass in all den skizzierten Schul- und Unterrichtskonzepten die *Heterogenität* von Schüler*innen oder auch deren *Differenzen als zu bewältigende Herausforderungen* für Lehrer*innen erscheinen. Lehrer*innen sollen: Unterricht „im Wesentlichen aus der Perspektive des lernenden Subjekts" (Fahland et al. 2012, S. 1) denken. Sie sollen heterogene Lernvoraussetzungen „beobachten und verstehen, […] sie zum Ausgangspunkt […] der Gestaltung individueller und kooperativer Lehr-Lern-Situationen" (Schiefele et al. 2019, S. 11) machen und dabei professionell das ‚Paradoxon' handhaben, „zur Herstellung von Gleichheit Kinder und Jugendliche angemessen ungleich zu behandeln und gleichzeitig Gemeinschaft zu initiieren" (Müller et al. 2019, S. 20). „Ungleichheitslagen und Benachteiligungen […] sind zu erfassen, Auswirkungen zu erkennen und pädagogische Konsequenzen abzuleiten" (Ziemen 2018, S. 17).

Kritiken an diesen Ansprüchen provozieren die Frage nach Heterogenität als pädagogischem Konzept, das keine „technische Handhabbarkeit [...] der als gegeben verstandenen Unterschiedlichkeit der Schülerinnen suggeriert" (Mecheril und Vorrink 2014, S. 109). Ein solches Verständnis würde dazu auffordern, „bei der Planung von Unterricht den Blick für die (eben auch) gegenstandsbezogene Komplexität zu schärfen" (Musenberg 2016, S, 28), Konstruktionsprozesse von Lerngegenständen zusammen mit ‚Aneignungsmöglichkeiten' der Schüler*innen sowie den materiellen und diskursiven Formen von ‚Erfahrungs- und Handlungsmöglichkeiten' zu beobachten (vgl. Riegert 2016, S. 228) und zudem schulische Beiträge „zur *Herstellung von ‚Heterogenität'* zu reflektieren" (Mecheril und Vorrink 2014, S. 109, Herv. K.P.). Nicht zuletzt kann es die „Reflexion und Ausarbeitung der strukturellen Grenzen des (schul-)pädagogischen Einflusses sowie die politische Problematisierung gesellschaftlicher Normalitätsmuster in der Zurückweisung der Pädagogisierung gesellschaftlicher Verhältnisse" (ebd.) ermöglichen.

Mit diesem Verständnis verbinden sich inklusionspädagogisch motivierte Beobachtungen schulischer Inklusion/Exklusion mit Fragen sozialer (Un-)Gleichheit. Deswegen wenden wir uns im folgenden Kapitel Zusammenhängen von Vorstellungen sozialer (Un-)Gleichheit und Inklusion/Exklusion zu.

Anregungen für das Selbststudium

1. Schauen Sie die filmische Inszenierung einer der Preisträgerschulen des Jakob-Muth-Preises Ihrer Wahl an. Die Videos der jeweiligen Schulen sind hier einsehbar: https://www.bertelsmann-stiftung.de/de/unsere-projekte/abgeschlossene-projekte/jakob-muth-preis/preistraeger (Zugegriffen: 28. Juni 2022). Skizzieren Sie, welche Aspekte der inklusionsorientierten Weiterentwicklung und Neukonzeptionierung von Schule, Schulentwicklung und -kultur sowie Unterricht, Didaktik und Lernen sich (auf welche Weise) zeigen.
2. Sichten Sie weiterentwickelte allgemeine und spezifische inklusionsorientierte Didaktiken hinsichtlich der Frage, wie jeweils ‚ein Gemeinsames' konstituiert wird. Formulieren Sie vor dem Hintergrund didaktischer Sinndimensionen und Spannungsfelder inklusionsorientierter Didaktiken Ansprüche an den eigenen Unterricht.
3. Skizzieren Sie ein inklusionsorientiertes Schulkonzept, das die Frage nach dem gemeinsamen (Unterricht) aufgreift und sich dabei auf Vorstellungen von Heterogenität und Differenz bezieht. Reflektieren Sie Ihre Skizze vor

dem Hintergrund kritischer Perspektiven des Kapitels (etwa, indem Sie ihre Konstruktionen von Heterogenität und Differenz zum Gegenstand der Diskussion machen). ◀

Literatur

Fachwissenschaftliche Literaturempfehlungen

Musenberg, O. & Riegert, J. (Hrsg.) (2016). *Didaktik und Differenz*. Bad Heilbrunn: Klinkhardt. *Die Beiträge dieses Herausgeber*innen-Bandes befragen „zentrale Elemente didaktischen Denkens und didaktischer Modelle" (ebd., S. 7) auf ihre aktuellen Potenziale für Theoriebildung und empirische Forschung hin. "Dabei wird einerseits Bildung als zentralem Orientierungsbegriff der Didaktik besondere Aufmerksamkeit geschenkt, andererseits die Leitvorstellung Inklusion nicht nur als Programmatik formuliert, sondern als Herausforderung für bildungskritische Reflexion, didaktische Theoriebildung und empirische Forschung aufgegriffen" (ebd.).*
Ziemen, K. (2018). *Didaktik und Inklusion*. Göttingen: Vandenhoeck & Ruprecht. *Dieses Buch thematisiert ein Konzept inklusionsorientierter Didaktik differenziert und systematisch. Es richtet sich insbesondere an interessierte Lehrer*innen und Student*innen. Begründet und skizziert werden „verschiedene Dimensionen [...], die im Kontext der Umsetzung der inklusiven Idee in der Schule an Bedeutung gewinnen" (ebd., S. 9). Daraus werden ‚Planungshilfen' abgeleitet, „die Orientierung für die konkrete schulpraktische Umsetzung bieten sollen" (ebd., S. 10).*

Darüber hinaus verwendete Literatur

Arndt, A.-K. & Werning, R. (2018). Qualitätskriterien, Bedingungen und Entwicklungsprozesse inklusiver Schule aus Sicht von Lehrkräften, Schulleitungen und Eltern an Jakob-Muth-Preisträgerschulen. Ergebnisse der qualitativen Studie „Gute inklusive Schule". In: S. Laux & E. Adelt (Hrsg.), *Inklusive Schulkultur. Miteinander. Leben. Gestalten. Grundlagen und Beispiele gelungener Praxis* (S. 15–34). Münster: Waxmann.
Baumert, J., Stanat, P. & Demmrich, A. (2001). PISA 2000: Untersuchungsgegenstand, theoretische Grundlagen und Durchführung der Studie. In: Deutsches PISA-Konsortium (Hrsg.), *PISA 2000. Basiskompetenzen von Schülerinnen und Schülern im internationalen Vergleich* (S. 15–68). Opladen: Leske + Budrich.
Bertelsmann Stiftung (2013). *Dokumentation: Jakob-Muth-Preis 2013 – Kettelerschule Bonn*. Deutschland. https://www.youtube.com/watch?v=gLlfMRxu3Ck. Zugegriffen: 28. Juni 2022.
Bertelsmann Stiftung (2016) (Hrsg.). *Sieben Merkmale guter inklusiver Schulen*. Gütersloh: Verlag Bertelsmann Stiftung.

Boban, I. & Hinz, A. (2003). Index für Inklusion. Lernen und Teilhabe in Schulen der Vielfalt entwickeln. Übersetzte und adaptierte Fassung von T. Booth & M. Ainscow (2002): Index for Inclusion. Developing Learning and Participation in Schools. Halle (Saale): Martin-Luther-Universität. https://www.eenet.org.uk/resources/docs/Index%20German.pdf. Zugegriffen: 28. Juni 2022.

Böhme, J., Hummrich, M. & Kramer R.-T. (2015). Keine Festschrift! Zur Einleitung einer Diskursschrift über Schulkultur. In: J. Böhme, M. Hummrich & R.-T. Kramer (Hrsg.), *Schulkultur. Theoriebildung im Diskurs* (S. 11–20). Wiesbaden. Springer VS.

Booth, T. & Ainscow (2017). *Index für Inklusion. Ein Leitfaden für Schulentwicklung.* Weinheim: Beltz.

Budde, J., Scholand, B. & Faulstich-Wieland (2008). *Geschlechtergerechtigkeit in der Schule. Eine Studie zu Chancen, Blockaden und Perspektiven einer gender-sensiblen Schulkultur.* Weinheim und München: Juventa.

Dexel, T. & Witten U. (2022). Inklusive Fachdidaktik. Ein Überblick. In: T. Dexel (Hrsg.), *Inklusive (Fach-)Didaktik in der Primarstufe. Ein Lehrbuch* (S. 88–101). Münster und New York: Waxmann.

Fahland, B., Fröhlich, M., Krause, M., Liedtke-Schöbel, M., Muster-Webs, H., Nilges, G. & Schwarz, H. (2012). Arbeitspapier Lernbegleitung. Landesinstitut für Lehrerbildung und Schulentwicklung Hamburg. https://li.hamburg.de/contentblob/3546232/c47a0921e829360ec0d6885260bb0219/data/download-pdf-grundlagenpapier-lernbegleitung.pdf. Zugegriffen: 28. Juni 2022.

Feuser, G. (1997). Aspekte einer integrativen Didaktik unter Berücksichtigung tätigkeitstheoretischer und entwicklungspsychologischer Erkenntnisse. In: H. Eberwein (Hrsg.), *Handbuch Integrationspädagogik. Kinder mit und ohne Behinderungen lernen gemeinsam* (S. 215–226). Weinheim: Beltz.

Feuser, G. (1998). Gemeinsames Lernen am gemeinsamen Gegenstand. Didaktisches Fundamentum einer Allgemeinen (integrativen) Pädagogik. In: A. Hildeschmidt & I. Schnell (Hrsg.), *Integrationspädagogik. Auf dem Weg zu einer Schule für alle* (S. 19–35). Weinheim und München: Juventa.

Feyerer, E. (2003). Pädagogik und Didaktik integrativer bzw. inklusiver Bildungsprozesse. Herausforderung an Lehre, Forschung und Bildungsinstitutionen. http://bidok.uibk.ac.at/library/beh1-03-feyerer-bildungsprozesse.html. Zugegriffen: 28. Juni 2022.

Giese, M. (2019). Inklusive Didaktik. Eine symbol- und bildungstheoretische Skizze. Wiesbaden: Springer VS.

Gonschorek, G. & Scheider, S. (2015). *Einführung in die Schulpädagogik und die Unterrichtsplanung* (8. Aufl.). Donauwörth: Auer.

Heimlich, U. & Bjarsch, S. (2020). Inklusiver Unterricht. In: U. Heimlich & E. Kiel (Hrsg.), *Studienbuch Inklusion. Ein Wegweiser für die Lehrerbildung* (S. 248–294). Bad Heilbrunn: Klinkhardt.

Heimlich, U. & Kiel, E. (2020). Vorwort der Herausgeber. In: U. Heimlich & E. Kiel (Hrsg.), *Studienbuch Inklusion. Ein Wegweiser für die Lehrerbildung* (S. 5–7). Bad Heilbrunn: Klinkhardt.

Helsper, W. (2008). Schulkulturen – die Schule als symbolische Sinnordnung. *Zeitschrift für Pädagogik, 54/2008*, 63–80.

Literatur

Helper, W. (2015). Schulkultur revisited: Ein Versuch, Antworten zu geben und Rückfragen zu stellen. In: J. Böhme, M. Hummrich & R.-T. Kramer (Hrsg.), *Schulkultur. Theoriebildung im Diskurs* (S. 447–499). Wiesbaden. Springer VS.

Hinz, R. (2002). Was ist Didaktik. In: H. Kiper, H. Meyer & W. Topsch (Hrsg.), *Einführung in die Schulpädagogik* (S. 52–63). Berlin: Cornelsen.

Kiel E., Esslinger-Hinz I. & Reusser K. (2014). Einführung in den Thementeil ‚Allgemeine Didaktik für eine inklusive Schule'. In: K. Zierer (Hrsg.), *Jahrbuch für allgemeine Didaktik* (S. 9–15). Baltmannsweiler: Schneider.

Kiel, E. & Weiß, S. (2020). Schulentwicklung in der Inklusion. In: U. Heimlich & E. Kiel (Hrsg.), *Studienbuch Inklusion. Ein Wegweiser für die Lehrerbildung* (S. 295–322). Bad Heilbrunn: Klinkhardt.

Kiper, H., Palentin, C. & Rohlfs, C. (Hrsg.) (2008). *Lernarrangements für heterogene Gruppen. Lernprozesse professionell gestalten*. Bad Heilbrunn: Klinkhardt.

Klafki, W. (1990). Abschied von der Aufklärung? Grundzüge eines bildungstheoretischen Gegenentwurfs. In: Krüger, H.-H. (Hrsg.), *Abschied von der Aufklärung* (S. 91–104). Opladen: Leske + Budrich.

Lang-Winter, Ch. (2018). „Jeder hier ist einzigartig und das ist ein Glück!" Das inklusive Gesamtkonzept der Kettelerschule. In: S. Laux & E. Adelt (Hrsg.), *Inklusive Schulkultur. Miteinander. Leben. Gestalten. Grundlagen und Beispiele gelungener Praxis* (S. 99–121). Münster: Waxmann.

Laux, S. & Adelt, E. (2018). Einleitung. In: S. Laux & E. Adelt (Hrsg.), *Inklusive Schulkultur. Miteinander. Leben. Gestalten. Grundlagen und Beispiele gelungener Praxis* (S. 9–12). Münster: Waxmann.

Liebers, K. & Seifert, Ch. (2012). Assessmentkonzepte für die inklusive Schule – eine Bestandsaufnahme. In: *Zeitschrift Für Inklusion, 03/2012*. https://www.inklusion-online.net/index.php/inklusion-online/article/view/44. Zugegriffen: 28. Juni 2022.

Luder, R., Kunz, A. & Müller Bösch, C. (2014). Das Besondere der Pädagogik einer inklusiven Schule. In: R. Luder, A. Kunz & C. Müller Bösch (Hrsg.), *Inklusive Pädagogik und Didaktik* (S. 9–21). Zürich: Publikationsstelle der PH.

Luhmann, N. (1993). *Soziale Systeme. Grundriß einer allgemeinen Theorie* (4. Aufl.). Frankfurt/M.: Suhrkamp.

Luhmann, N. (1997). *Die Gesellschaft der Gesellschaft*. Frankfurt/M.: Suhrkamp.

Mecheril, P. & Vorrink, A. (2014). Heterogenität. Sondierung einer (schul)pädagogischen Gemengelage. In: H.-Ch. Koller, R. Casale & N. Ricken (Hrsg.), *Heterogenität. Zur Konjunktur eines pädagogischen Konzepts* (S. 87–113). Paderborn: Schöningh.

Meyer, H. (1987). *UnterrichtsMethoden II: Praxisband*. Frankfurt/M.: Cornelsen.

Meyer, H. (2014). Traditionslinien und Standards allgemeindidaktischer Modellbildung. In: Z. Zierer (Hrsg.), *Jahrbuch für allgemeine Didaktik* (S. 95–114). Baltmannsweiler: Schneider.

Müller, K., Müller, U. B. & Kleinbub, I. (2019). Individuelles und gemeinsames schulisches Lernen als Herausforderung für eine inklusive (Fach-)Didaktik. In: K. Müller, U. B. Müller & I. Kleinbub (Hrsg.), *Individuelles und gemeinsames schulisches Lernen. Forschungsbeiträge zur Unterrichtsgestaltung und Lehrerbildung bei heterogenen Lernvoraussetzungen* (S. 12–24). Weinheim und Basel: Beltz.

Musenberg, O. (2016). Zum Verhältnis von Didaktik und Differenz. In: O. Musenberg & J. Riegert (Hrsg.), *Didaktik und Differenz* (S. 11–32). Bad Heilbrunn: Klinkhardt.

Puhr, K. & Winter, St. (2019). Lern(prozess)begleitungen als unterrichtliche Interaktionen. In: St. Bartusch, C. Klektau, T. Simon, St. Teumer & A. Weidermann (Hrsg.), *Lernprozesse begleiten. Anforderungen an pädagogische Institutionen und ihre Akteur*innen* (S. 33–46). Wiesbaden: Springer VS.

Rabenstein, K. (2016). Methodologische Fragen einer qualitativen Erforschung inklusiven Unterrichts. Herausforderungen einer empirisch fundierten didaktischen Theoriebildung. In: O. Musenberg & J. Riegert (Hrsg.), *Didaktik und Differenz* (S. 233–244). Bad Heilbrunn: Klinkhardt.

Reich, K. (2014). *Inklusive Didaktik. Bausteine für eine inklusive Schule*. Weinheim und Basel: Beltz.

Reich, K. (2017a). 10 Bausteine einer inklusiven Schulentwicklung und Didaktik. In: K. Reich (Hrsg.), *Inklusive Didaktik in der Praxis. Beispiele erfolgreicher Schulen* (S. 15–30). Weinheim und Basel: Beltz.

Reich, K. (2017b). Die Helios-Schule – Inklusive Universitätsschule der Stadt Köln. In: K. Reich (Hrsg.), *Inklusive Didaktik in der Praxis. Beispiele erfolgreicher Schulen* (S. 31–54). Weinheim und Basel: Beltz.

Reich, K. (2017c). Vorwort. In: K. Reich (Hrsg.), *Inklusive Didaktik in der Praxis. Beispiele erfolgreicher Schulen* (S. 15–30). Weinheim und Basel: Beltz.

Rieger-Ladich, M. (2017). Ordnungen stiften, Differenzen markieren. Machttheoretische Überlegungen zur Rede von Heterogenität. In: Th. Bohl, J. Budde & M. Rieger-Ladich (Hrsg.), *Umgang mit Heterogenität in Schule und Unterricht* (S. 27–42). Bad Heilbrunn: Klinkhardt.

Riegert, J. (2016). Lerngegenstände und ihre (Re-)Konstruktion im zieldifferenten Unterricht – Forschungsperspektiven. In: O. Musenberg & J. Riegert (Hrsg.), *Didaktik und Differenz* (S. 215–232). Bad Heilbrunn: Klinkhardt.

Schiefele, Ch., Streit, Ch. & Sturm, T. (2019). *Pädagogische Diagnostik und Differenzierung in der Grundschule. Mathe und Deutsch inklusiv unterrichten.* München: Reinhardt.

Seitz, S. (2006). Inklusive Didaktik. Die Frage nach dem ‚Kern der Sache'. In: *Zeitschrift für Inklusion, 01/2006.* https://www.inklusion-online.net/index.php/inklusion-online/article/view/184. Zugegriffen: 28. Juni 2022.

Stichweh, R. (2016). *Inklusion und Exklusion. Studien zur Gesellschaftstheorie* (2. Aufl.). Bielefeld: transcript.

Sturm, T. (2015). Inklusion: Kritik und Herausforderung des schulischen Leistungsprinzips. Inklusion aus erziehungswissenschaftlicher Perspektive. *Erziehungswissenschaft. Mitteilungen der Deutschen Gesellschaft für Erziehungswissenschaft, 51*, 25–32.

Textor, A., Kullmann H. & Lütje-Klose B. (2014). Eine Inklusion unterstützende Didaktik. In: K. Zierer (Hrsg.), *Jahrbuch für allgemeine Didaktik* (S. 69–91). Baltmannsweiler: Schneider.

von Saldern, M. (2011). *Schulleistung 2.0. Von der Note zum Kompetenzraster.* Norderstadt: Books on Demand.

Walgenbach, K. (2014). *Heterogenität – Intersektionalität – Diversity in der Erziehungswissenschaft.* Opladen und Toronto: Barbara Budrich.

Wocken, H. (2008). Gemeinsame Lernsituationen. Eine Skizze zur Theorie des gemeinsamen Unterrichts. http://www.hans-wocken.de/Werk/werk23.pdf. Zugegriffen: 28. Juni 2022.

6 Soziale Ungleichheit und schulische Inklusion/Exklusion

Zusammenfassung

In diesem Kapitel gehen wir Zusammenhängen von Vorstellungen sozialer Ungleichheit und Inklusion/Exklusion nach. Dafür stellen wir verschiedene sozialkategoriale Bestimmungen sozialer Ungleichheit und Inklusion/Exklusion sowie kritische Einwände gegen diese zur Diskussion (Abschn. 6.3). Als Zugang wählen wir eine kultursoziologische Perspektive, die soziale Ungleichheit mit dem Konzept des ‚Habitus' beschreibt (Abschn. 6.1). Davon ausgehend skizzieren wir die Tragweite der Klassifikation von Körpern für soziale Ungleichheit sowie (nicht) behinderte Körperbilder und Praktiken (Abschn. 6.2).

Schlüsselwörter

Chancenungleichheit · Habitus · Körperbild · Reproduktion sozialer Ungleichheit · Sozialkategorien · Sozialstruktur · Symbolische Ordnung

6.1 Soziale Ungleichheit aus einer kultursoziologischen Perspektive

Im Folgenden stellen wir inklusionspädagogisch motivierte Beobachtungen von Inklusion/Exklusion in Zusammenhänge mit sozialen Ungleichheiten. In kritischer Auseinandersetzung mit Vorstellungen von Heterogenität als ‚Produkt sozialer Ungleichheit' (vgl. Abschn. 7.2, Kap. 7) wollen wir dabei Differenzen und ‚Differenzordnungen' in den Blick nehmen, „entlang derer sich *asymmetrisierende Normalitätserwartungen im Bildungssystem* artikulieren"

(Emmerich und Hormel 2013, S. 155, Herv. K.P.). Das heißt, wir gehen davon aus, „dass Normalisierungsprozesse auch in der Erziehungswissenschaft durch die Verbreitung bestimmter Normalitätsannahmen Differenz bzw. Differenzvorstellungen erzeugen bzw. verstärken" (Wenning 2001, S. 275). Diese zeigen sich als soziale Ungleichheit. So macht z. B. der Text „Differenz durch Normalisierung" (ebd.) darauf aufmerksam, dass Prozesse der Herstellung von Normalität Annahmen/Erwartungen, „wie etwas sein sollte" (ebd., S. 279), thematisieren. Zugleich wird damit „das, was der Norm nicht entspricht" (ebd.), sowie das, was als „abnormal" (ebd.) gilt, vorstellbar. Ideen des ‚Normalen' und ‚Abnormalen' (im Sinne des Ungewöhnlichen/Seltenen) sowie Normen und ‚Abnormes' (von Normen Abweichendes) bringen keine Differenzen mit symmetrischen Seiten hervor. Vielmehr erzeugen Normalitätserwartungen asymmetrische Differenzen, deren eine Seite mit Diskreditierungen verbunden ist. Beispielsweise finden sich in vielen Alltagstheorien und medialen Inszenierungen sozialer Ungleichheit scheinbar selbstverständliche Vorstellungen von ‚Bildungsbenachteiligung' und ‚Bildungsarmut' bei Schüler*innen aus ‚Unterschichten' oder ‚sozial schwachen Schichten'.

Empfehlung

Fessel, K.-S. (2002). *Und wenn schon.* **Hamburg: Oetinger.**
Das Jugendbuch „Und wenn schon" (Fessel 2002) stellt seine ‚Held*innen', den Ich-Erzähler Manfred, seine Eltern und Brüder mit ihren sozialen ‚Benachteiligungen' vor. Manfred wird von seinen Mitschüler*innen als ‚Asi' bezeichnet.
In der Geschichte ist von Eigenarten des familiären Lebens und Zusammenhalts, von verschiedenen Schulleistungen, von Teilnahmen sowie Ausgrenzungen durch Mitschüler*innen und Lehrer*innen im Schulalltag, von Bildungsbenachteiligungen ebenso wie von Manfreds Leidenschaft für das Fahrradfahren zu lesen. Dabei erscheinen in der Erzählung immer wieder sprachliche Bilder von materieller Armut in Verbindung mit Erwerbslosigkeit, von chronischen Krankheiten, nachlässiger Lebensführung, fehlenden persönlichen Interessen, hohem Fernseh- und Alkoholkonsum und Kleinkriminalität. Sie alle lassen Manfred und seine Familie als ‚Außenseiter' erscheinen. Parallel zu Manfreds Geschichte und verwoben mit ihr ist von Manfreds Freund Amal und seiner Mutter Bea zu lesen. Auch sie werden als ‚Außenseiter' vorgestellt, jedoch als ganz andere, die sich dafür entschieden haben, ‚am Rande' der Gesellschaft zu leben. ◄

6.1 Soziale Ungleichheit aus einer kultursoziologischen Perspektive

Das Anliegen solcher Darstellungen kann sein, unterschiedliche Lebenswelten und Erfahrungen zugänglich zu machen, insbesondere von sozialen Lagen (Leben ohne Erwerbsarbeit, relative sozioökonomische Armut) und Milieus (‚traditionelles' und ‚hedonistisches', vgl. SINUS 2018, S. 16) (vgl. Abschn. 6.3) mit einem hohen Anteil an Schüler*innen mit schulischen Lernschwierigkeiten bzw. einem zugeschriebenen sonderpädagogischen Förderbedarf im Förderbereich Lernen (vgl. Sasse 1999). Dabei werden in der vorgestellten Geschichte verschiedene diskriminierende Zuschreibungen körperlicher Ausdrucksweisen sowie familiärer Interaktions- und Kommunikationsstrukturen ebenso lesbar wie deren produktive Verarbeitungsweisen.

So kann vielleicht eine Sensibilität dafür geweckt werden, dass Kinder und Jugendliche in ihren differenten Lebenswelten die sozialen, sprachlichen, kognitiven und emotionalen Kompetenzen erwerben können, die für das Leben in ihrer sozialen Lage und ihrem Milieu angemessen erscheinen. Normalitätserwartungen, die Kinder und Jugendliche bei Nichterfüllung als Außenseiter*innen erscheinen lassen, können wir als ‚Grenzziehungen' verstehen, die als „Mechanismen der Inklusion und Exklusion" (Wenning 2001, S. 283) beobachtbar sind.

> „[R]äumliche und soziale Grenzen schließen zugleich ein *und* aus. Die Grenzen des Nationalstaates und das Instrument der Staatsbürgerschaft produzieren beispielsweise erst Inländer und Ausländer. Die sozial wirksamen Grenzziehungen, d. h. die Mechanismen der Inklusion und Exklusion, sind von der spezifischen sozialen Ordnung abhängig, in der sie vollzogen werden – für das deutsche Bildungswesen ist z. B. die Abhängigkeit von formalen Qualifikationen, das sogenannte Berechtigungswesen, wichtig" (Wenning 2001, S. 283, Anpassung K.P.).

Wenn die Frage nach Grenzziehungen als ‚Mechanismen' der Inklusion/ Exklusion als eine soziologische Grundfrage nach „dem Verhältnis von Individuum und Gesellschaft" (Hillebrandt 2001, S. 48) gestellt wird, kann dieses Verhältnis als ein heterogenes mit ungleichen Chancen der Inklusion/ Exklusion beobachtet und bestimmt werden. Als prominente Beispiele für derartige Beobachtungen können die Gesellschaftsdiagnosen „Das Elend der Welt. Zeugnisse und Diagnosen alltäglichen Leidens an der Gesellschaft" (Bourdieu et al. 1997) und „Gesellschaft mit begrenzter Haftung. Zumutungen und Leiden im deutschen Alltag" (Schultheis und Schult 2005) gelesen werden.

Die aufgerufenen Texte kultursoziologischer Ungleichheitsforschung präsentieren Einzelfallstudien mit dem Anliegen, „Fragen von gesamtgesellschaftlicher Tragweite mit Methoden der qualitativen Sozialforschung anzugehen und über die alltagsweltlichen Erfahrungen und subjektiven Perspektiven und Deutungsmuster von Gesprächspartnern Zeugnisse alltäglichen Leidens an gesellschaftlichen Verhältnissen einzuholen" (ebd., S. 10). Damit werden keine Darstellungen von Alltagswissen angestrebt, sondern ein „generelles und genetisches Verständnis der Existenz des anderen, das auf der praktischen und theoretischen Einsicht in die sozialen Bedingungen basiert, deren Produkt er ist" (Bourdieu et al. 1997, S. 786). Theoretische Erklärungsansätze für praktische Beobachtungen und Bestimmungen sozial ungleicher Chancen der Inklusion/Exklusion agieren mit unterschiedlichen Konstruktionen (vgl. dazu auch Kap. 3, 10 und 11). Die Studien, auf die wir hier verweisen, basieren auf einem kultursoziologischen Entwurf der *Reproduktion sozialer Ungleichheit*. Als dessen Zentrum kann *„das inkorporierte Kapital (Habitus)"* (vgl. Bourdieu 2018, S. 195, Herv. K.P.) verstanden werden. Zur Bedeutung des Begriffs ‚Habitus' für die Theorie ist Folgendes zu lesen:

> „[D]er Habitus ist *Erzeugungsprinzip* objektiv klassifizierbarer Formen von Praxis und *Klassifikationssystem* […] dieser Formen. In der Beziehung dieser beiden den Habitus definierenden Leistungen: der Hervorbringung klassifizierbarer Praxisformen und Werke zum einen, der Unterscheidung und Bewertung der Formen und Produkte (Geschmack) zum anderen, konstituiert sich die *repräsentierte soziale Welt, mit anderen Worten der Raum der Lebensstile"* (Bourdieu 2018, S. 278, Herv. i. Orig.).

Als Habitus eines Menschen wird demnach „ein in *klassenspezifischer Sozialisation* erworbenes System von Dispositionen und Schemata [vorgestellt], das als Beurteilungs-, Wahrnehmungs- und Handlungsmatrix fungiert, die wiederum das Denken und Handeln von Menschen steuert" (Becker 2017, S. 483, Ergänzung K.P.). Das heißt auch, es wird davon ausgegangen, dass „Menschen in vergleichbaren Klassenlagen" (ebd.) über einen „typischen Individualhabitus und über einen gemeinsamen Klassenhabitus" (ebd.) ‚verfügen', wobei das Verb ‚verfügen' hier nicht Handlungen als „Ergebnis bewusster Entscheidungen" (ebd.), sondern ‚soziale Praxen' thematisiert. Dazu lesen wir folgende Erläuterung:

> „Der aus angeeigneten Dispositionen bestehende Habitus ist […] ein unbewusstes wie systematisches Handlungsprinzip für den Alltag, der ‚sozialen Praxis'. Im Habitus manifestieren sich Orientierungen (etwa Geschmack, Stil, Neigungen, Vorlieben, Grundüberzeugungen), die handlungsleitend sein können. Mit dem Habitus wird vornehmlich die Art und Weise ihrer Ausführungen – sprich ihrer ‚Praxis' – bestimmt. Mit seinem klassenspezifischen Habitus interagiert der einzelne soziale Akteur mit jenen Menschen, die sich in ähnlichen sozialen Lagen befinden und damit der gleichen Kultur angehören. […] Er verleiht den Akteuren

6.1 Soziale Ungleichheit aus einer kultursoziologischen Perspektive

einen ‚praktischen Sinn' für die Bewältigung ihrer typischen sozialen Situationen und Probleme und bringt ein inkorporiertes Set von Handlungen, die in bestimmten Situationen nicht mehr kognitiv reflektiert werden müssen. […] Eine Vielzahl sozialen Handelns ist demnach nicht Ergebnis bewusster Entscheidungen, sondern spontane, automatisch prozessierende Handlungen in typischen positionsspezifischen Situationen" (Becker 2017, S. 483).

Beobachtbar, so die Idee, wird ein Habitus in *Lebensstilen*, „die typisch für den Habitus einer Gruppe oder Klasse sind [und] […] abgrenzend, als *Distinktionen*, gegenüber anderen Gruppen und Klassen" (Gebauer 2017, S. 30, Anpassung K.P.) wirken (zu sozialkategorialen Vorstellungen von Klassen vgl. Abschn. 6.3). Lebensstile lassen sich mit soziologisch relevanten Symbolen beschreiben (vgl. Arslan 2016, S. 11). Dazu wird z. B. der Gebrauch eines bestimmten Sprach- und Kleidungsstils und anderer körperlicher Ausdrucksformen gezählt.

Vielmehr verbinden sich jedoch mit der Konstruktion von Habitus die Vorstellungen, dass soziale Akteure über einen solchen verfügen, in dem sich „vergangene *Erfahrungen ihren Körpern einprägten*" (Bourdieu 2001, S. 177, Herv. K.P.) und dass mit ihm das beobachtbar wird, was Menschen zu gesellschaftlichen Wesen macht. Das Konzept des Habitus soll die kultursoziologische Annahme erklären, dass das Agieren eines Menschen in jeglichen Situationen (auch in Lernsituationen) zugleich – auf ‚klassenspezifische' Weise habituell bedingt – ähnlich bzw. verschieden und nicht frei wählbar, aber auch nicht steuerbar ist (vgl. unten). Es ist zu lesen, dass eine der Hauptfunktionen des Habitusbegriffs darin besteht, „zwei einander ergänzende Irrtümer aus dem Weg zu räumen, […] einerseits die mechanistische Auffassung, die das Handeln für die mechanische Folge äußerer Umstände hält, andererseits die finalistische, die […] dafürhält, daß der Agierende frei, bewußt und […] *with full understanding* handelt" (ebd., Herv. i. Orig.).

„Der Habitus ist […] der Ort dauerhafter solidarischer Bande, unüberwindlicher, da auf inkorporierten Gesetzen und Bindungen […] beruhender Treue, jener tiefinneren Verwachsenheit des sozialisierten Körpers mit dem sozialen Körper, der ihn geschaffen hat und mit dem er eins ist. Daher ist die Basis eines *impliziten Einverständnisses* zwischen allen Akteuren, die das Produkt ähnlicher Bedingungen und Konditionierungen sind, auch die Basis einer praktischen Erfahrung der Transzendenz einer Gruppe, ihrer Seins- und Handlungsweisen" (Bourdieu 2001, S. 185 f., Herv. i. Orig.).

Verschiedene Ausprägungen des Habitus werden mit ungleichen Verteilungen und Erwerbsmöglichkeiten von sozialem, kulturellem und ökonomischem Kapital erklärt, die dazu tendieren, „als symbolisches Kapital zu funktionieren (so daß man vielleicht genauer von *symbolischen Effekten des Kapitals* sprechen sollte), wenn es explizite oder praktische Anerkennung erlangt: die Anerkennung als Habitus" (ebd., S. 311).

- Mit dem Begriff ‚soziales Kapital' wird die Gesamtheit der aktuellen und potenziellen Beziehungen bezeichnet, die mit der Teilhabe an sozialen Netzwerken (wie z. B. Familien) und damit auch mit unterschiedlichen Weisen des gegenseitigen Kennens und Anerkennens verbunden sind. „[E]s handelt sich dabei um Ressourcen, die auf der *Zugehörigkeit zu einer Gruppe* beruhen. [...] Sie können auch gesellschaftlich institutionalisiert und garantiert werden" (Bourdieu 1983, S. 191). Dabei wird davon ausgegangen, dass soziales Kapital den Zugang zu den Ressourcen des sozialen und gesellschaftlichen Lebens wie Unterstützung, Hilfeleistung, Anerkennung, Wissen und Verbindungen bis hin zum Finden von Arbeits- und Ausbildungsplätzen ermöglicht. „Der Umfang des Sozialkapitals, das der einzelne besitzt, hängt demnach sowohl von der Ausdehnung des Netzes von Beziehungen ab, die er tatsächlich mobilisieren kann, als auch vom Umfang des (ökonomischen, kulturellen oder symbolischen) Kapitals, das diejenigen besitzen, mit denen er in Beziehung steht" (ebd., S. 192).
- Die Konzeption von ‚kulturellem Kapital' unterscheidet drei Formen: inkorporiertes, d. h. verkörpertes, objektiviertes (materiell übertragbares) und institutionalisiertes Kulturkapital (z. B. schulische oder akademische Titel, vgl. ebd., S. 190 f.). Das inkorporierte kulturelle Kapital wird als die ‚undurchsichtigste' aller Kapitalsorten vorgestellt, mit dem Hinweis, dass die darauf beruhenden Aspekte sozialer Ungleichheit verschleiert werden, da sie natürlich – in der Form von dauerhaften verkörperten Dispositionen – erscheinen (vgl. ebd., S. 187 ff.). Bildung gilt als dessen wesentlichster Teil. Dabei ist zwischen Bildung und Bildungstiteln zu unterscheiden. „Der schulische Titel ist ein Zeugnis für kulturelle Kompetenz, das seinem Inhaber einen dauerhaften und rechtlich garantierten konventionellen Wert überträgt. Die Alchimie des gesellschaftlichen Lebens hat daraus eine Form von kulturellem Kapital geschaffen, dessen Geltung nicht nur relativ unabhängig von der Person seines Trägers ist, sondern auch von dem kulturellen Kapital, das dieser tatsächlich zu einem gegebenen Zeitpunkt besitzt" (ebd., S. 190). Die der Bildung zugeschriebene Bedeutung ist als „Reproduktion sozialer Ungleichheit über Bildung und den klassenspezifischen Habitus" (Becker 2017, S. 482) zu lesen. Bildung wird als Kapital verstanden, das (neben sekundären Sozialisationsinstanzen wie Schule) wesentlich von der Familie

6.1 Soziale Ungleichheit aus einer kultursoziologischen Perspektive

weitergegeben wird. Diese Kapitalform kennzeichnet soziale Ungleichheit zum einen insofern, als dass Familien in die Bildung der Kinder nicht gleichviel an Kapital ‚investieren' können, und zum anderen, weil die ‚Gewinner*innen' dieses Prozesses die Macht haben, darüber zu entscheiden, welche Kultur eine legitime ist und welche nicht.

- Das ‚ökonomische Kapital' (gemeint sind vor allem Geld und Waren) ist dieser Theorie zufolge im Kapitalismus besonders wichtig. Jeder Mensch muss darüber verfügen können. Als Indikatoren werden z. B. das Durchschnittseinkommen, Vermögen und Wohnungseigentum betrachtet. Unterschiede der Verfügbarkeit begründen sich mit der Zugehörigkeit zu einer ‚sozialen Klasse' (vgl. Becker 2017, S. 486). Zudem wird darauf verwiesen, dass die „anderen Kapitalsorten mit Hilfe von ökonomischem Kapital erworben werden [können], aber nur um den Preis eines mehr oder weniger großen Aufwandes an Transformationsarbeit, die notwendig ist, um die in einem jeweiligen Bereich wirksame Macht zu produzieren" (Bourdieu 1983, S. 195).

Als *symbolisches Kapital* gelten Zeichen gesellschaftlicher Anerkennung und sozialer Macht bzw. sozialer Gewalt, wie soziale Positionen, Prestige, Reputationen, Privilegien. Sie werden als Symbolsysteme vorgestellt, die sich zu machtvollen *symbolischen Ordnungen* verdichten. Dabei wird davon ausgegangen, dass „die Symbolsysteme die realen Verhältnisse nie direkt widerspiegeln. Die symbolische Macht entsteht demnach gerade aus dieser *Differenz zwischen realen und angenommenen [sozialen, kulturellen und ökonomischen] Ressourcen bestimmter Gruppen in der Gesellschaft*" (Arslan 2016, S. 14, Herv. und Ergänzung K.P.). Dabei wird ‚Unsichtbarkeit' als eine Besonderheit des symbolischen Kapitals benannt, die ihm mit der „*Erscheinung als etwas Naturgegebenes [...] Stärke verleiht*" (ebd., S. 27, Herv. K.P.). Dieses Verständnis lässt sich am Beispiel einer analytischen Rekonstruktion von Schulempfehlungen nachvollziehen.

Beispiel

Symbolische Macht in Schulempfehlungen
Im Text „Symbolische Ordnung, Sozialstruktur und Alltagspraktiken" (Arslan 2016) werden unter anderem Schulempfehlungen analytisch reflektiert, die in der Studie „Institutionelle Diskriminierung: Die Herstellung ethnischer Differenz in der Schule" (Gomolla und Radtke 2009) zur Diskussion standen.
Die folgende Darstellung (im Original als Tabelle formatiert) wird als Versuch vorgestellt, „die vermittelnde Rolle der symbolischen Ordnung zwischen

den konkreten Daten und den Bewertungen der Lehrer_innen ihren Schüler_innen gegenüber […] zu verdeutlichen" (Arslan 2016, S. 24):

‚Symbolische Ordnung im Begegnungskontext der Schule'
„Aufgabe und Ziel des Lehrers[:] Leistung beibringen und Schüler ihrer Leistung nach auslesen.[1]

Zielrelevante konkrete Daten[:] Vorwissen, Interessen, Potenziale und Fähigkeiten der Schüler, Möglichkeiten der Schule, usw.

Übersetzungsoperation[:] Sprachen: bildungsnah: Deutsch, Englisch, Französisch usw. [;] bildungsfern: Türkisch, Arabisch, Polnisch usw. [;] Lebensstile: bildungsnah: Lebensstile der Mittel- und Oberschichten [;] bildungsfern: Lebensstile der Unterschichten [;] verschiedene symbolische Herrschaftsformen (Religion, Nation, Hautfarbe, Geschlecht usw.).

Bewertungen und Handlung einzelner Lehrer je nach sozio-analytischer Reflexion[:] Das Arbeiterkind mit Migrationshintergrund hat große Defizite und kann i.d.R. nicht auf ein Gymnasium gehen. [O]der[:] Das Arbeiterkind mit Migrationshintergrund hat große Defizite und daher unterstütze ich es als Lehrer mehr als andere Kinder. [O]der[:] Das Wissen eines Arbeiterkindes mit Migrationshintergrund wird in der Schule als illegitim gesehen, aber ich kann als Lehrer bestimmte Bereiche dieses Wissens als sinnvoll und erweiternd für den Schulalltag bewerten. [O]der … " (ebd., S. 24).

Erläuternd zu dieser Darstellung der Vermittlungsfunktion symbolischer Ordnung bei Schulempfehlungen ist zu lesen: „Die Lehrer_innen konzentrieren sich nicht nur auf die unmittelbaren Zeichen für eine Leistungsbewertung der Schüler_innen, sondern antizipieren häufig eine potenzielle Leistung, bzw. ein Scheitern der Schüler_innen je nach sozialer und ethnischer Herkunft. Die darauf folgende diskriminierende Schulempfehlung ist kein Resultat bewusster rassistischer Gedanken der Lehrer_innen, sondern eines der Zwischenoperation, die die Aufmerksamkeit auf leistungsfremde Symbole wie die ethnische Herkunft lenkt. […] Die […] dargestellte symbolische Übersetzungsoperation der konkret sichtbaren relevanten Daten beeinflusst die Wahrnehmung […]. Die hierarchisierende symbolische Ordnung […] wird außerhalb des individuellen Entscheidungsraums reproduziert […].

---

[1] Dazu wird in einer Fußnote erklärt: „Die Auslese der Schüler ist kein universelles Ziel einer Lehrer-Schüler-Begegnung. In dieser Darstellung geht es nicht um eine Soll-Situation, sondern Ist-Situation. Daher wird hier das herrschende meritokratische Prinzip in der Schule unserer Gesellschaft wiedergegeben" (ebd.).

6.1 Soziale Ungleichheit aus einer kultursoziologischen Perspektive

Vielmehr ist es gerade das durch symbolische Ordnung reproduzierte allgemeine Wissens- und Bilderreservoir, das alle Menschen in der Gesellschaft unbewusst für rassistische Bilder oder Wahrnehmungen anfällig macht. Diese Behauptung bedeutet jedoch nicht, dass die Individuen passive Träger der Strukturen sind [...]. [N]ur durch einen reflexiven Umgang mit den eigenen und durch die eigene Sozialisation und durch die gesellschaftlichen Strukturen hervorgebrachten Zwänge und Möglichkeiten erkennen die Individuen Spielräume, um die Verhältnisse in den jeweiligen Sozialräumen effektiver neu zu gestalten" (ebd., 2016, S. 24 f., Anpassungen K.P.). ◄

Gesellschaftliche Anerkennung kann demnach im Rahmen hegemonialer symbolischer Ordnungen als kontingenter ‚Effekt' aus den drei Kapitalsorten ‚gewonnen' werden. Mit anderen Worten:

„Das Kapital existiert und agiert als symbolisches Kapital und verschafft Profite [...] in der Beziehung zu einem Habitus, der darauf eingestellt ist, es als Zeichen, und zwar als Zeichen von Wichtigkeit, wahrzunehmen [...]. Bekannt und anerkannt zu sein, heißt auch die Macht innehaben, anzuerkennen, zu würdigen, zu dekretieren, was gekannt und anerkannt zu werden verdient" (Bourdieu 2001, S. 311).

Wenn mit der Frage nach dem Verhältnis von Individuum und Gesellschaft davon ausgegangen wird, dass *gesellschaftliche Anerkennung* mittels symbolischen Kapitals (als Effekt des ökonomischen, kulturellen und sozialen Kapitals) *in Verbindung mit Habitus* erklärbar wird, richtet sich der Fokus unserer Lektüren einerseits auf *Vorstellungen von Körpern/Körperlichkeit* und andererseits auf Darstellungen der *„Reproduktion ungleicher Verteilung dieser Kapitalressourcen"* (Becker 2017, S. 482).

Aus einer körpersoziologischen Perspektive wird darauf verwiesen, dass der Habitus ein Konzept darstellt, das körperlich verankerte Erfahrungen der Welt als ineinandergreifende inkorporierte subjektive und soziale Strukturen vorstellt, die nicht ineinander aufgehen, die aber *durch den menschlichen Körper vermittelt* werden (vgl. Gebauer 2017, S. 28). Der menschliche Körper wird dabei als „ein einheitlicher Körper" (ebd.) thematisiert, der zweiseitig gerichtet ist, „nach außen auf die Welt und nach innen auf das Subjekt [...][,] der von außen behandelt, als Objekt wahrgenommen und dabei vom Subjekt gleichzeitig erfahren und gefühlt wird" (ebd.).

Mit diesem Zugang wird Körperlichkeit als ein individuelles und als ein gesellschaftliches ‚Projekt' verständlich, das in Prozesse der Herstellung von Normalität involviert ist. Kulturspezifisch konstruierte Normalitätserwartungen

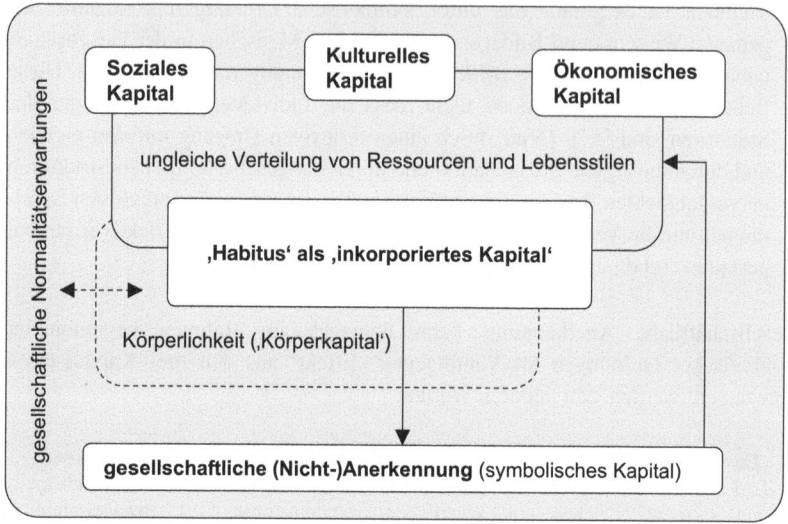

Abb. 6.1 Soziale Ungleichheit im Konzept des Habitus nach Bourdieu (2001). (© Mirko Moll)

werden als sozial erworbene Erfahrungen im *inkorporierten Habitus* zu Dispositionen für Vorstellungen und Wahrnehmungen von Selbst, Anderen und Welt. Abb. 6.1 markiert die vorgestellten Zusammenhänge, die sich mit dem Habituskonzept verbinden.

Die Tragweite der Klassifikation von Körpern für soziale Ungleichheit lässt sich mit der kultursoziologischen Theorie des Habitus wie folgt erläutern:

> „Körper bzw. Körperlichkeit ist […] ein Prozess von Normierungen. Gesellschaftliche Normen verankern sich im Individuum bzw. werden habitualisiert. […] Durch Normen wird ein Zwang in fast allen gesellschaftlichen Bereichen hergestellt, den eigenen Körper durch eine spezielle Ausformung und Sichtbarmachung permanent zu inszenieren und zu modellieren. […]
> Die körperliche Identität ist somit eine Unterscheidungskategorie. Ob ein Körper als weiblich oder männlich, gesund oder krank, jung oder alt, dick oder dünn codiert wird, hängt damit zusammen, was gesellschaftlich als gültig anerkannt wird. […]
> Die Orientierung an Körpernormen, Identitätsangeboten oder Modellierungstechniken […] führt wiederum zu *Ein- und Ausschließungsmechanismen*. Zum Beispiel werden chronisch Kranke und weniger Leistungsstarke schneller aus der Produktionssphäre ausgesondert als leistungsfähigere Arbeitnehmer_innen. Diese

Mechanismen verfestigen nicht nur soziale Klassen, konstruieren rassistische Diskriminierungen oder produzieren Geschlechterverhältnisse, sondern auch Körperklassen, die vor allem nach marktorientierten Vorstellungen hergestellt werden" (Bronner und Paulus 2017, S. 62 f., Herv. i. Orig.).

6.2 Inklusion/Exklusion in (nicht-)behinderten Körperbildern und praktiken

Mögliche Begegnungen mit machtvollen Vorstellungen von Körpern sind allgegenwärtig.[2] Mit einer Aufmerksamkeit für körperliche Vor- und Darstellungen ist zu beobachten, wie der menschliche Körper zu einem „reflexiven Identitätsprojekt" (Gugutzer 2015, S. 45) geworden ist, in das „gezielt Arbeit investiert werden kann, womit in der Regel die Hoffnung verbunden ist, persönliche (z. B. Selbstwert) und soziale (etwa Anerkennung) Gewinne zu erzielen" (ebd.). Dabei richtet sich der „Körperboom der vergangenen Jahre [insbesondere] auf den jungen, schlanken, fitten, gesunden Körper, den es zu hegen und zu pflegen, zu trainieren, zu formen, zu ästhetisieren und zu dekorieren gilt" (ebd., S. 40, Ergänzung K.P.). Inszenierungen von Körperlichkeit zeigen sich dabei in engen Verbindungen mit diskursiv vermittelten Schönheits- und Gesundheitsnormierungen (vgl. Villa 2013, S. 57 ff.), die sich als „Inklusions- und Anerkennungsdimensionen" (ebd., S. 67) betrachten lassen (vgl. Abschn. 4.1 im Kap. 4).

So werden Körperbilder und -praktiken z. B. als *„Körperkapital"* (Friebertshäuser und Richter 2010, S. 23, Herv. K.P.) thematisierbar, das „auf einen möglichen Tauschwert dieser Ressource auf einem gesellschaftlichen, kulturellen und historischen Feld" (ebd., S. 37) verweist. Die ethnografische Studie „(An)Passungen. Körperlichkeit und Beziehungen in der Schule" (Langer et al. 2010) schreibt dem „Besitz von Körperkapital […] vor allem für diejenigen eine Chance [zu], die weder über ausreichend kulturelles, noch ökonomisches oder soziales Kapital verfügen, um im sozialen Raum der Dispositionen aufzusteigen" (ebd., S. 49, Ergänzung K.P.). Hinzugefügt wird, „dass dies lediglich denjenigen […] vorbehalten ist, die dem gängigen Schönheitsideal entsprechen oder über eine hohe körperliche Leistungsfähigkeit (z. B. im Sport oder Musikbereich) verfügen" (ebd.).

---

[2] Der nachfolgende Abschnitt beruht auf einem Auszug aus dem Artikel „Inklusion/Exklusion-Forschungen zu (Nicht)Behinderungen im Widerstreit" (Puhr und Lake 2020).

Mit derartig normierenden Körperbildern verbunden finden sich in vielfältigen medialen Darstellungen Thematisierungsweisen individueller Entscheidungsfreiheit und Selbstbestimmung (vgl. Villa 2013, S. 58), nicht zuletzt auch im „Bezug zur Realität von ‚Trans*menschen', d. h. zu Personen, die ihr Geschlecht selber gestalten" (ebd.). Die skizzierten Deutungsmuster von Körperkapital lassen sich als Elemente operationalisierbarer „Machtstrategien […] [und damit] als Ausgangspunkte für Prozesse gesellschaftlicher Normierung" (Windisch 2014, S. 23, Anpassung K.P.) beschreiben.

„Andere Bilder" (Ochsner und Grebe 2013) widmen sich Körperbildern, die Körper als andere, versehrte und unvollkommene markieren, etwa mit dem Anliegen, „diejenigen medialen Praktiken aufzuzeigen, die ‚Behinderung' bzw. die soziale und kulturelle Differenz zwischen (Bildern von) Behinderung und Nicht-Behinderung herstellen" (ebd., S. 7). Beobachtungen medialer Inszenierungen (nicht)behinderter Körper lassen einerseits verstehen, in welchen Weisen (nicht)behinderte Körper verletzbar sind *und* zu einem gestaltbaren Projekt der Selbstinszenierung werden können (vgl. Bergermann 2013, S. 282 f.). Andererseits zeigen sich in Inszenierungen (nicht)behinderter Körper gesellschaftliche Normalitätsannahmen, die in unterschiedlichen Formen Differenzen zwischen Vorstellungen behinderter und nicht-behinderter Körper sowie damit verbundenen Praktiken konstruieren.

Derart sensibilisiert kann behauptet werden, dass sich auch an den Weisen, wie *körperbezogene Behinderungen und Krankheiten* dargestellt und sichtbar werden (z. B. um gesellschafts- und bildungspolitische Forderungen der Inklusion im Sinne gleichberechtigter Teilhabe zu artikulieren), symbolische Ordnungen normierender (nicht)behinderte Körperbilder und -praktiken zeigen.

Als ein schul-pädagogisch konzeptionelles Beispiel für den Anspruch gesellschaftlicher Teilhabe im Zusammenhang mit machtvollen symbolischen Ordnungen (nicht)behinderter Körperbilder lesen wir Ausführungen zum „Förderschwerpunkt körperliche und motorische Entwicklung" (MKBW 2015) des Bundeslandes Baden-Württemberg. Die Bildungspläne des Förderschwerpunktes thematisieren als zentrale pädagogische Anliegen die Ermöglichung von Erfahrungen der eigenen Körperlichkeit (vgl. ebd., S. 9), die Unterstützung bei offenen Auseinandersetzungen mit dem eigenen Selbst- und Fremdbild und Reflexionen irritierender Reaktionen der sozialen Umwelt auf individuelle Körperlichkeiten (vgl. ebd., S. 31). In diesen Formulierungen werden körperbezogene Behinderungen und Krankheiten nicht zuletzt als Differenzen konstruiert, die von Normalitätserwartungen des Konzeptes Körperkapital mit ‚gängigen Schönheitsidealen' und normierter ‚körperlicher Leistungsfähigkeit' (vgl. Friebertshäuser und Richter 2010, S. 49) hervorgebracht werden.

Der Bildungsbereich „Identität und Selbstbild" (ebd., S. 30) fokussiert Geschlecht und Sexualität als wesentliche Merkmale und wichtige Faktoren der Identitätsentwicklung und der Auseinandersetzung mit sozialen Rollen in Verschränkung mit Körperlichkeit. Die Schwerpunktsetzung auf Sexualität lässt sich als Entsprechung einer Intention des Gesetzentwurfes für den Bildungsplan 2015 in Baden-Württemberg lesen. Hier war vorgesehen, das Thema ‚Sexuelle Vielfalt' und damit auch Fragen der Beschäftigung mit der eigenen Körperlichkeit, Geschlechtlichkeit und Sexualität aller Schüler*innen zu stärken.

Wenn wir dennoch von der Beobachtung ausgehen, dass sich Menschen (deren Körper Erwartungen von Nicht-Behinderungen nicht entsprechen) in Bezug auf die Kategorie Körper in vielfältigen Weisen als Außenseiter*innen erleben, können uns Verletzungen (nicht)behinderter Körperbilder verständlich werden (vgl. Sierck 2017, S. 89 f.):

> „Wenn behinderte Jugendliche oder Erwachsene dabei sind, dieses Verständnis von Sexualität für sich zu erkunden, stoßen sie auf manche Verletzung: Die meisten von ihnen bekamen von Kindheit beigebracht, dass ihr Körper unzulänglich sei. Eine Beziehung zum eigenen Körper oder wenigstens ein Akzeptieren des eigenen Aussehens, der eigenen Bewegungen konnte schwerlich entstehen. Das bedeutet, man mag sich selbst nicht und zweifelt, dass andere Attraktives entdecken könnten" (Sierck 2017, S. 90).

Angesichts solcher Verletzungen lässt sich der These nachgehen, dass der „versehrte Körper aus einer Ästhetik des Schönen ausgeschlossen ist und zugleich als konstituierendes Moment dieser Ästhetik fungiert […][,] als Einschluss des Ausgeschlossenen" (Zirfas 2008, S. 83). Darin kommt eine „*ästhetische Ungerechtigkeit*" (ebd., S. 92) zur Sprache, die darin besteht, „sich nicht in ästhetischer Wahrnehmung auf Menschen mit Behinderungen einzulassen" (ebd.).

> „Normative ästhetische Maßstäbe fungieren *exkludierend*. […] Die unschöne Behinderung und die schöne Normalität bilden zwei reziprok-funktionale Seiten einer Dichotomisierungsmatrix, die durch eine Asymmetrie gekennzeichnet ist und die zu einer Homogenisierung, Marginalisierung und Ausgrenzung von Menschen mit Behinderungen führt. […] Die *ästhetische produktionsorientierte Ungerechtigkeit* lässt sich dementsprechend darauf beziehen, die individuellen, auf Erfahrungen und Selbstbestimmungsmöglichkeiten beruhenden Schönheitstechniken und -vorstellungen von Menschen mit Behinderungen nicht anzuerkennen" (Zirfas 2008, S. 92 f., Herv. i. Orig.)

Aus einer Perspektive der „Ästhetik der Behinderung" (Zirfas 2008, S. 81) hat die Pädagogik „die Aufgabe, die Grundlagen, Implikationen und Effekte einer normalisierenden Ästhetik zu dekonstruieren, um Menschen mit Behinderungen Möglichkeiten vielfältiger ästhetischer Anerkennungsmöglichkeiten zu vermitteln. Ziel dieser Pädagogik wäre, den Sachverhalt, Behinderte seien schön, nicht als Provokation zu empfinden" (ebd., S. 95) und Möglichkeiten ästhetischer Selbstakzeptanz zu stärken.

Fragen von Inklusion/Exklusion bezogen auf (nicht)behinderte Körper werden aktuell häufig als Fragen assistiver Technologien aufgerufen. Aus einer medizinisch-therapeutischen Perspektive gelten assistive Technologien als „Unterstützungstechnologien [...], um visuelle, auf das Hören bezogene, physische, kognitive und kommunikative Einschränkungen so gut wie möglich zu kompensieren" (Wallhoff 2020, o. A.). Assistive Technologien werden auch in der ‚Körperbehindertenpädagogik' als individuelle Hilfsmittel und Unterstützungen für den Ausgleich eingeschränkter Körperfunktionen und -strukturen dargestellt. Die Funktion der Kompensation wird z. B. wie folgt skizziert: „Assistive Technologien sind [...] [nach einer Definition der Europäischen Kommission] den Individuen zugeordnet und kompensieren die schädigungsbedingten Funktionsbeeinträchtigungen, welche die alltäglichen Aktivitäten sowie die gesellschaftliche Teilhabe erschweren" (Thiele 2016, S. 309, Ergänzung K.P.)

Aus einer Perspektive der inklusionsorientierten Körperpädagogik werden assistive Technologien als Mittel zur Gestaltung persönlicher und gesellschaftlicher Umweltbedingungen für die Verbesserung von Teilhabechancen begründet (vgl. Moll 2019, o. A.). Dieses Verständnis ließe sich beispielsweise anhand der inszenierten Körperbilder/Körperkapitale im Jugendbuch „Freak" (Philbrick 2001) diskutieren.

Empfehlung

Philbrick, R. (2001). *Freak*. Ravensburg: Ravensburger.
Chelsom, P. (1998). *The Migthy – Gemeinsam sind sie stark*. USA.
Das Jugendbuch „Freak" (Philbrick 2001) und seine Verfilmung „The Migthy" (Chelsom 1998) mit dem deutschen Untertitel „Gemeinsam sind sie stark" (ebd.) erzählen auf verschiedene Weisen die Geschichte einer Freundschaft zwischen zwei Jungen mit sehr unterschiedlichem Körperkapital. In dieser Geschichte lassen sich verschiedene Visionen finden, in denen Behinderungen durch assistive Technologien (technische und menschliche) kompensiert werden könn(t)en. Sie kann jedoch auch als Plädoyer gegen gesellschaftliche Normierung und für gleichberechtigte Teilhabe angesichts körperbezogener Behinderungen und Krankheiten verständlich werden.

Maxwell (der als körperlich großer und starker Junge mit Lernbeeinträchtigungen und einem familiären Trauma vorgestellt wird) und Kevin (der als hochbegabter, wohlbehüteter Junge mit einer schweren, fortschreitenden körperlichen Erkrankung) in Maxwells Leben tritt, werden zu ‚Freak, der Starke'. Gemeinsam kämpfen sie gegen Beleidigungen, Bedrohungen und Ausgrenzungen. Der Trailer zum Film ist hier abrufbar: https://www.youtube.com/watch?v=2CojmNMC6ZE (Zugegriffen: 01. August 2022). ◄

Die Vision, Behinderungen durch assistive Technologien kompensieren zu wollen, beansprucht diese als Mittel selbstbestimmter individueller Lebensführung und gesellschaftlicher Teilhabe. So zeigt sich, dass und wie assistive Technologien für Menschen – deren Körperfunktionen und -strukturen als beeinträchtigt vorgestellt werden – andere körperliche Aktivitäten, neue Handlungsspielräume sowie Verschiebungen von Fremd- und Selbstbestimmungen mit sich bringen. Zugleich sind diese technologischen Intentionen und ihre Praxen von normativen Überzeugungen geprägt, die mit Ideen von Gesundheit, Selbstformung und ökonomisch rentabler Perfektionierung von Menschen einhergehen (vgl. Bublitz 2018, S. 48). Dabei zeigen sich insbesondere Bezüge zu Konstruktionen von Leistungs- und Arbeitsfähigkeit. Ihnen widmen sich medizinisch-therapeutische, sozial- und bildungspolitische Konzepte zur Förderung von Inklusion in besonderer Weise, gilt doch die Teilhabe an gesellschaftlicher Arbeitsteilung als wesentliche Komponente der Ermöglichung materieller Teilhabe an der Gesellschaft und der Partizipation an kulturell etablierten Lebensmustern dieser Gesellschaft. In dieser Zwiespältigkeit sind assistive Technologien als Akteure hinterfragbarer Normalitäten von Körperkapital, von Inklusion und Exklusion diskutierbar.

In solchen Diskussionen kann sich die Frage nach inklusionspädagogischen Verständnissen von (nicht)behinderten Körperbildern und -praktiken mit der Frage nach der Rolle der Pädagogik in symbolischen Ordnungen verbinden, mit denen sich Normalitäten von (nicht)behindertem Körperkapital sowie Widerständen gegen diese konstituieren. So lässt sich nicht zuletzt beschreiben, analysieren und diskutieren, in welchen Weisen inklusionsorientierte körperpädagogische Praxen an Grenzen kommen. An diesen Grenzen können Potenziale sicht- und sagbar, Energien für Destabilisierungen vorherrschender Körperbilder und -praktiken freigesetzt sowie Kräfte für Verunsicherungen inklusionspädagogischer Theorien, Konzepte und Positionierungen.

Mit den skizzierten Vorstellungen vom inkorporierten Habitus verbinden sich zuweilen Ideen sozialer Ungleichheit, die als „natürliche Unterschiede" (Solga

2009, S. 66) inszeniert werden, indem sie als ‚kausales Resultat biologischer Unterschiede' (vgl. ebd.) oder von ‚sozialer Vererbung von Privilegien' (vgl. Becker 2017, S. 482) vorgestellt werden. Solche naturalisierenden Vorstellungen finden sich auch in Thematisierungsweisen von Bildungsbenachteiligungen. Dem widersprechen u. a. *bildungssoziologische Erklärungen*, die auf das Habituskonzept referieren. Sie gehen davon aus, dass die „statistische Analyse klassenspezifisch variierende[r] Bildungschancen nichts über die Prozesse aus[sagt], die sozial bedingte Bildungsungleichheiten hervorbringen" (ebd., Anpassungen K.P.) und dass diese eben „nicht auf schicht- und klassenspezifischen Begabungsreserven beruhe[n], sondern auf spezifischen Mechanismen des Bildungssystems" (ebd., Anpassung K.P.).

Um die wissenschaftlichen Bezüge der benannten Positionierungen zu verdeutlichen, stellen wir im nächsten Abschnitt verschiedene sozialkategoriale Bestimmungen sozialer Ungleichheit und Inklusion/Exklusion sowie kritische Einwände gegen diese zur Diskussion.

6.3 Sozialkategoriale Bestimmungen von Inklusion/Exklusion

Der Frage nach Inklusion/Exklusion im Kontext sozialer Ungleichheit lässt sich mit Ungleichheits- und Sozialstrukturanalysen nachgehen, die von einer *Ungleichwertigkeit sozialer Lagen* ausgehen (vgl. Schwinn 2007, S. 11). Ungleichwertige soziale Lagen werden mittels Konstruktionen differenter Gruppen mit typischen sehr guten bis sehr schlechten Zugangsweisen zu sozialen Gütern beschreibbar (vgl. Hradil 1987, 154 ff.).

Während Theorien sozialer Ungleichheit (wie z. B. der im ersten Abschnitt skizzierte kultursoziologische Entwurf der Reproduktion sozialer Ungleichheit) der Intention geschuldet sind, „Auskunft darüber oder Begründungen dafür [zu] geben, *warum* die Produktion und Reproduktion von Ungleichheiten systematisch und [relativ] dauerhaft erfolgen" (Solga et al. 2009, S. 14, Herv. und Ergänzung K.P.), bieten Modelle und empirische Befunde „Erklärungen dafür, *wie* Ressourcen in einer Gesellschaft verteilt sind und warum daraus Vor- und Nachteile für soziale Gruppen entstehen" (ebd., Herv. K.P.).

Bezogen auf Chancenungleichheit ist zu lesen, dass mit sozialer Ungleichheit jene sozialen Unterschiede zwischen Menschen thematisiert werden, die sie nicht nur als verschieden, sondern als besser-oder schlechtergestellt, als bevorrechtet oder benachteiligt erscheinen lassen. Diese Bevorrechtungen und Benachteiligungen (re-)produzieren sich relativ unabhängig von einzel-

6.3 Sozialkategoriale Bestimmungen von Inklusion/Exklusion

nen Personen und „ihren individuellen (Persönlichkeits-)Eigenschaften" (Solga et al. 2009, S. 14). Deswegen werden Ungleichheiten als *soziale* Ungleichheiten thematisiert, „wenn Menschen (immer verstanden als Zugehörige sozialer Kategorien) einen ungleichen Zugang zu sozialen Positionen haben und diese Positionen systematisch mit vorteilhaften oder nachteiligen Handlungs- und Lebensbedingungen verbunden sind" (ebd., S. 15). In diesem Sinne gilt soziale Ungleichheit als „ein zentrales Phänomen der Sozialstruktur" (ebd., S. 13). Der folgende Exkurs zu sozialer Ungleichheit als Phänomen der Sozialstruktur soll diese Aussage inhaltlich unterlegen.

Exkurs

Soziale Ungleichheit als Phänomen der Sozialstruktur
Dieser Exkurs gibt eine Zusammenfassung der Darstellung sozialer Ungleichheit als Phänomen der Sozialstruktur, wie sie im Text „Soziale Ungleichheit – Kein Schnee von gestern! Eine Einführung" (Solga et al. 2009, S. 11 ff.) zu lesen ist.

Fragen sozialer Ungleichheit werden insbesondere in soziologischen Analysen der Sozialstruktur untersucht. Diese gelten als eine Form von Gesellschaftsanalysen (ebd., S. 13). Der Begriff ‚Sozialstruktur' verleiht der Idee Ausdruck, dass in Gesellschaften regelhafte und bedingt dauerhafte soziale Beziehungen zu beobachten sind, die „zum Beispiel über soziale Normen und Werte im gesellschaftlichen Konsens hergestellt, über Herrschafts- und Autoritätsbeziehungen durchgesetzt oder durch Routinen, Rituale und Gesetze, deren Befolgung belohnt und deren Verletzung sanktioniert wird, erzeugt werden" (ebd.).

In Sozialstrukturanalysen werden Personen „als Angehörige sozialer Gruppen" (ebd., S. 14) entworfen. Der Begriff ‚soziale Gruppe' steht für Zuschreibungen gemeinsamer sozial relevanter Merkmale an Personen, nicht für Personengruppen mit persönlichen Kontakten und/oder gemeinsamen Geschichten. Er markiert soziologische Konstruktionen, die es ermöglichen, Ungleichheiten systematisch darzustellen und keine lebensweltlichen Phänomene. Sozial relevante Merkmale wie z. B. differente Geschlechter als soziale Konstruktionen zu markieren, verweist darauf, dass deren scheinbar selbstverständliche Bedeutungen kontingent sind und in sozialen Prozessen hergestellt sowie verändert werden (vgl. ebd., S. 17 f.). So ist auch die Aussage zu lesen, dass Menschen als ‚Angehörige' sozialer Gruppen ‚soziale Positionen' in unterschiedlichen gesellschaftlichen Institutionen einnehmen, denen relativ unabhängig von individuellen Personen „Aufgaben und

Erwartungen (Rollenmuster) und bestimmte Ressourcen (zum Beispiel Einkommen, Autorität) zugeordnet sind" (ebd.).

Als eine bedeutsame Grundlage für die relativ stabilen sozialen Beziehungen in einer Gesellschaft gilt „die Verteilung gesellschaftlich wichtiger Ressourcen, wie zum Beispiel Kapital, Macht, Bildung, Einkommen" (ebd., S. 14). Die Möglichkeiten der Teilhabe an diesen Ressourcen lassen sich als „typische Handlungsbedingungen von Individuen (immer verstanden als Angehörige sozialer Gruppen) innerhalb von Gelegenheitsstrukturen" (ebd.) verstehen. Sie markieren Unterschiede und soziale Ungleichheit zwischen sozialen Gruppen.

Der gelesene Text unterscheidet zwischen *„vier Strukturebenen sozialer Ungleichheit"* (ebd., S. 16, Herv. i. Orig.).

Als *„Dimensionen* sozialer Ungleichheit" (ebd., S. 18, Herv. i. Orig.) werden die bedeutsamsten Arten von Vor- und Nachteilen in einer Gesellschaft dargestellt. Der Text benennt „Einkommen, materielle[n] Wohlstand, Macht, Prestige und heute auch Bildung" (ebd., Anpassung K.P.) als ‚Grunddimensionen' sozialer Ungleichheit und zudem weitere Dimensionen wie „Wohnbedingungen, Arbeits- und Beschäftigungsverhältnisse, Gesundheitsbedingungen und andere zentrale Lebensbedingungen" (ebd.).

Mit *„Determinanten* sozialer Ungleichheit" (ebd., Herv. i. Orig.) werden Zugehörigkeiten zu sozialen Gruppen konstruiert, „die wiederum als Grundlage für Vor- und Nachteile in bestimmten Handlungs- und Lebensbedingungen" (ebd., S. 16) verstanden werden können. Als Determinanten gelten zugeschriebene und erworbene Merkmale/Sozialkategorien, die Zuweisungen von sozialen Positionen in einer Gesellschaft bewirken (vgl. ebd., S. 18). Zugeschriebene Kategorien sozialer Ungleichheit „wie etwa Geschlecht, soziale oder regionale Herkunft, Alter, Behinderung" (ebd., S. 17) werden als individuell kaum veränderbar vorgestellt. Dagegen erscheinen erworbene Merkmale von Personen, „zum Beispiel Bildung, Beruf, Familienstand", als solche, die „durch ihr eigenes Zutun entstanden und daher prinzipiell veränderbar" (ebd.) seien. Da jedoch beide Merkmalstypen als Produkte sozialer Herstellungsprozesse aufgefasst werden, können alle Sozialkategorien, die ihnen zugeschriebenen Bedeutungen und Wirkungen „durch veränderte Verhaltensweisen, andersartige soziale Beziehungen oder durch sozial wirksame Um- bzw. Neudefinitionen außer Kraft gesetzt werden" (ebd., S. 18). So können beispielsweise Personen zugeschriebene ‚Behinderungen' oder „soziale Herkunft [als Determinanten vorgestellt werden, die] zu Bildungsungleichheiten (Dimension)

6.3 Sozialkategoriale Bestimmungen von Inklusion/Exklusion

führen und diese können dann zur Determinante von Einkommensungleichheiten auf dem Arbeitsmarkt werden" (ebd., Ergänzung K.P.). Zwangsläufig ist dieser Zusammenhang nicht. Eine zugeschriebene Behinderung oder eine bestimmte soziale Herkunft ist weder als Dimension sozialer Ungleichheit zu verstehen, weil sie an sich nicht mit einem Vor- oder Nachteil verbunden ist. Sie kann auch nicht als ‚Ursache' für soziale Ungleichheit gelten.

Wenn „*Ursachen* sozialer Ungleichheit" (ebd., S. 19, Herv. i. Orig.) thematisiert werden, geht es z. B. um „Ausbeutungsverhältnisse, soziale Vorurteile oder Diskriminierung" (ebd.). Damit kommen soziale Prozesse zur Sprache, „durch die die Zugehörigkeit zu bestimmten Sozialkategorien in einer Art und Weise relevant wird, dass dies zu Vor- und Nachteilen in anderen Lebensbereichen (Dimensionen) führt" (ebd.). Durch solche Prozesse wird soziale Ungleichheit (re-)produziert. Erst mit sozialen Prozessen werden Merkmale von Personen, wie eine zugeschriebene Behinderung oder soziale Herkunft, systematisch mit Vor- und Nachteilen verbunden und so zu Determinanten sozialer Ungleichheit.

„*Auswirkungen* sozialer Ungleichheit stellen schließlich die Konsequenzen der sozial strukturierten Vor- und Nachteile. Es handelt sich dabei um mögliche weitere Ungleichheiten in den Lebensbedingungen […], aber auch um soziale Differenzierungen in Mentalitäten, um alltägliche Verhaltensweisen oder ‚Lebensstile', die sich [analytisch beobachtend] aus der jeweils betrachteten Dimension sozialer Ungleichheit ergeben" (Solga et al. 2009, S. 20, Ergänzung K.P.). Der Text verweist darauf, dass es von der jeweiligen Analyseperspektive abhängig ist, ob etwas (wie z. B. Bildung) als Dimension, Determinante oder als Auswirkung/Konsequenz sozialer Ungleichheit untersucht wird. ◄

Die Basis für Vor- und Darstellungen der Zusammenhänge von sozialer Ungleichheit und Inklusion/Exklusion mittels soziologischer Analysen der Sozialstruktur bilden demnach Konstruktionen sozialer Gruppen. Die (u. a. auf kultursoziologische Weise theoretisch begründbare) soziale Ungleichheit lässt sich mittels Analysen typischer ungleicher Lebensbedingungen von Gruppen innerhalb einer Gesellschaft empirisch beschreiben und erklären. Deswegen gehören zu den Grundlagen für systematische *Analysen ungleicher Formen von Inklusion/ Exklusion* nach unserem Verständnis Auseinandersetzungen mit Vorstellungen von Chancenungleichheit und theoretisch begründeten Konstruktionen sozialer Gruppen (vgl. Bahrdt 2014, S. 86 ff.).

Wenn *Chancen(un)gleichheit* thematisiert wird, lassen sich idealtypisch *drei Aspekte* unterscheiden, die für Gruppenkonstruktionen relevant werden (vgl. Hradil 1987, S. 15 ff.):

- (Un)gleich zeigen sich die *Chancen, an gesellschaftlich produzierten ökonomischen und kulturellen Gütern teilzuhaben und Lebensziele zu verwirklichen*. Diese Chancen(un)gleichheit lässt sich mithilfe von Sozialkategorien beschreiben. Unter Sozialkategorien werden zugeschriebene soziale Merkmale (z. B. soziale Herkunft, Geschlecht und Ethnizität) verstanden, die bestimmte gesellschaftliche Stellungen (Status) bedingen (z. B. Bildung, Einkommen/Vermögen und politische Macht). Das heißt auch, dass „[k]ategoriales Bezeichnen [...] weder auf Erfahrung noch auf Wahrnehmung" (Emmerich und Hormel 2013, S. 11, Anpassung K.P.) beruht, sondern auf den praktizierten kategorialen Unterscheidungen.
- Menschen, vorgestellt als *Gruppen mit gemeinsamen Merkmalen* (z. B. Menschen mit und ohne körperbezogene Behinderungen), haben durch gesellschaftliche Mechanismen (z. B. Einkommensverhältnisse, Beruf, Ausbildung) *(un-)gleiche Chancen, bestimmte Positionen zu erreichen* (z. B. einen sozio-ökonomischen Status, der gesellschaftlich anerkannten Normen entspricht).
- Die durch Prozesse der gesellschaftlichen Herstellung von Normalität hervorgebrachte (Un-)Gleichheit von Lebens- und Handlungschancen erweist sich als wirkmächtig und relativ dauerhaft. Diese soziale (Un-)Gleichheit hat Einfluss auf das Ausmaß an *Handlungsfreiheit* (die sozial begründete Macht), den *materiellen Wohlstand* (das Einkommen und das Vermögen), das *Wissen und die Bildung* (bzw. die Bildungsabschlüsse) und das *soziale Prestige* (das Ansehen aufgrund sozialer Merkmale und deren Bewertungen) und damit auf die konkreten Weisen der Inklusion/Exklusion.

Es finden sich verschiedenste Konstruktionen von Gruppen, mit denen soziale (Un-)Gleichheit theoretisch begründet beschrieben werden kann (vgl. z. B. Bahrdt 2014, S. 129 ff.). Nachfolgend skizzieren wir klassentheoretische, schichtungstheoretische und milieutheoretische Analysemodelle (mit ihren Konstruktionen sozialer Klassen, Schichten und Milieus) als Beispiele für unterschiedliche Möglichkeiten, Menschen als Gruppen mit typischen ungleichen Lebensbedingungen vorzustellen (Bronner und Paulus 2017, S. 17 f.). Einen orientierenden Überblick bietet Abb. 6.2.

Mit unseren Skizzen zu Konstruktionen von *Klassen* und *Schichten* wollen wir einen Eindruck von der Verschiedenheit solcher Konstruktionsformen und mit diesen verbundenen Vorstellungen sozialer Ungleichheit vermitteln. Wir

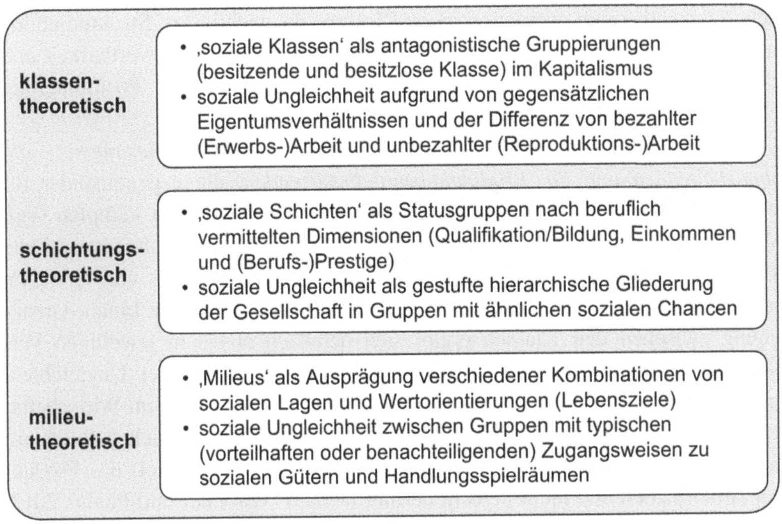

6.3 Sozialkategoriale Bestimmungen von Inklusion/Exklusion

klassen-theoretisch	• ‚soziale Klassen' als antagonistische Gruppierungen (besitzende und besitzlose Klasse) im Kapitalismus • soziale Ungleichheit aufgrund von gegensätzlichen Eigentumsverhältnissen und der Differenz von bezahlter (Erwerbs-)Arbeit und unbezahlter (Reproduktions-)Arbeit
schichtungs-theoretisch	• ‚soziale Schichten' als Statusgruppen nach beruflich vermittelten Dimensionen (Qualifikation/Bildung, Einkommen und (Berufs-)Prestige) • soziale Ungleichheit als gestufte hierarchische Gliederung der Gesellschaft in Gruppen mit ähnlichen sozialen Chancen
milieu-theoretisch	• ‚Milieus' als Ausprägung verschiedener Kombinationen von sozialen Lagen und Wertorientierungen (Lebensziele) • soziale Ungleichheit zwischen Gruppen mit typischen (vorteilhaften oder benachteiligenden) Zugangsweisen zu sozialen Gütern und Handlungsspielräumen

Abb. 6.2 Klassentheoretische, schichtungstheoretische und milieutheoretische Modelle der Analyse sozialer Ungleichheit. (© Mirko Moll)

richten unsere Aufmerksamkeit jedoch insbesondere auf Gruppenkonstruktionen, die mit Vorstellungen von *Milieus* als Analysekategorien arbeiten. Diese Milieukonstruktionen stellen wir im Wesentlichen mit Bezug auf den Text „Sozialstruktur in einer fortgeschrittenen Gesellschaft. Von Klassen und Lagen zu Schichten und Milieus" (Hradil 1987) vor. Dabei verweisen wir auch auf Besonderheiten einiger Merkmale/Kategorien, die für „den Zusammenhang von Kategorie, Klassifikation und Askription" (Emmerich und Hormel 2013, S. 92) sensibilisieren können. Einleitend sei noch einmal explizit auf den Konstruktionscharakter jeglicher Vorstellungen sozialer Gruppen verwiesen. Sie sind nicht als „sprachlich-symbolische Repräsentation[en] realer gesellschaftlicher Strukturen" (ebd.), sondern als Zuschreibungen zu lesen.

> „Die Selbstverständlichkeit, mit der Gruppenzugehörigkeit in der Askription [Zuschreibung] als Regelfall behandelt wird, lässt sich […] als naturalisierender Effekt der Institutionalisierung, Legitimierung und Internalisierung von Wirklichkeitswissen verstehen. […] Askription wäre dann als diejenige gesellschaftliche Operation zu begreifen, auf deren Grundlage Individuen *kategorial* klassifizierte Zugehörigkeit zugeschrieben wird, die als solche einen *ontologisierenden* Charakter besitzt" (Emmerich und Hormel 2013, S. 44 ff., Ergänzung K.P.).

Nach Klassentheorien werden *soziale Klassen* als wichtigstes Strukturgebilde einer kapitalistischen Gesellschaft vorgestellt, in der „Arbeit, Verwertbarkeit und individuelle Arbeitskraft [...] das Überleben sowie die soziale Positionierung sichern" (ebd., S. 49).

Als Klassen gelten tendenziell *zwei antagonistische Gruppierungen – die Lohnarbeitenden und die Produktionsmittelbesitzenden*, die gegeneinander für die Veränderung oder den Erhalt der gesellschaftlichen Ordnung kämpfen (vgl. Bahrdt 2014, S. 136 f.). „Wie hoch der Tauschwert von Arbeit (Lohn) ist und wie groß der Verschleiß von Arbeitskraft, wird jeweils als Ergebnis von Kämpfen vorläufig festgelegt" (Khakpour und Mecheril 2018, S. 137). Die binäre Grenzziehung zwischen den Klassen ergibt sich demnach aus dem jeweiligen Verhältnis zu Produktionsmitteln und der spezifischen Form sozialer Ungleichheit durch strukturelle Positionen sowie einem zentralen Widerspruch im Wirtschaftsprozess, der darin besteht, „dass diejenigen, die den gesellschaftlichen Reichtum erarbeiten, nicht die Verfügungsgewalt über die Produktionsmittel, das Produkt ihrer Arbeit haben und nicht gerecht bezahlt werden" (Bronner und Paulus 2017, S. 48). Der kultursoziologische Klassenbegriff erweitert das hier zur Sprache kommende ökonomische Verständnis von Kapital zu einer komplexen Vorstellung verschiedener Kapitalsorten (vgl. Abschn. 6.1). Zur Frage sozialer Ungleichheit in dem Analysemodell sozialer Klassen ist zunächst Folgendes zu lesen:

> „Klassentheoretische Forschungsansätze beziehen sich auf die Analysen von Karl Marx und Friedrich Engels und beschreiben, dass die soziale Ungleichheit in modernen Gesellschaften bzw. im Kapitalismus aufgrund von ungleichen Eigentumsverhältnissen zwei Klassen von Menschen entstehen lassen: die besitzende Klasse (Produktionsmittelbesitzer_innen) und die besitzlose Klasse (Menschen, die nur ihre Arbeitskraft besitzen und diese gegen Lohn verkaufen müssen). Die Verfügungsgewalt über fixes Kapital (Produktionsmittel) und variables Kapital (Lohnarbeiter_innen) sowie über die Produkte der Arbeit bedingt die soziale Ungleichheit. Dieses Verhältnis weist den Menschen ihren Platz innerhalb der Gesellschaft zu und ermöglicht bzw. beschränkt systematisch ihre Entwicklungs- und Entfaltungschancen. In kapitalistisch organisierten Gesellschaften, die auf dem Recht auf Privateigentum an Produktionsmitteln basieren [...], lässt sich soziale Ungleichheit nicht vermeiden, weil diese elementar für die Lebens- und Wirtschaftsweise ist" (Bronner und Paulus 2017, S. 17 f.).

Als ein weiterer Widerspruch der kapitalistischen Logik erscheint die Differenz von bezahlter (Erwerbs-)Arbeit und unbezahlter (Reproduktions-)Arbeit. „Reproduktionsarbeiten wie private Kindererziehung oder private Pflege von Angehörigen etc. [können] nicht zur Profiterwirtschaftung beitragen [...]. Wer keiner Erwerbsarbeit nachgeht, produziert keinen Wert und erhält daher

6.3 Sozialkategoriale Bestimmungen von Inklusion/Exklusion

auch keinen Lohn. Folglich wird das menschliche Zusammenleben in einem kapitalistischen System einer *Verwertungslogik* unterworfen, welche […] zu Konkurrenz untereinander führt. Dadurch entsteht *strukturelle Ungleichheit*, wodurch zwangsläufig Hierarchien aufgebaut werden" (ebd., S. 49, Herv. und Anpassung K.P.).

Menschen, die als Angehörige von Klassen beschrieben werden, stehen zumeist differente Bildungsmöglichkeiten zur Verfügung, welche den Erhalt der Klassenstruktur unterstützen. Bildung gilt in diesem Verständnis von Klassen als Notwendigkeit für die Entwicklung eines Klassenbewusstseins; beim Aufbau sozialer Hierarchien *innerhalb* einer Klasse wird ihr eine geringere Bedeutung zugeschrieben. Relevant wird sie als *Normalitätsvorstellung in Prozessen der Abwertung und Stigmatisierung*. So lassen sich spezifische Diskriminierungen „von ungelernten Arbeiter_innen, Sozialbezugsempfänger_innen, Mittellosen, Obdachlosen oder die Benachteiligung von Kindern einkommensschwächerer Schichten im Bildungssystem" (ebd., S. 51) mit Normalitätserwartungen von Bildung erklären.

Insbesondere wenn es darum geht, „gesellschaftliche Strukturen als Strukturen kapitalistischer Gesellschaftsformation[en] zu begreifen […], in der der Schule als Ort der Reproduktion des (kulturellen) Kapitals eine signifikante Rolle zukommt" (Khakpour und Mecheril 2018, S. 141), findet die Analysekategorie Klasse Verwendung.

> „Denn mit dieser [der Kategorie Klasse] wird es besonders gut möglich, Phänomene sozio-ökonomischer Deprivilegierung, Inferiorisierung und Marginalisierung und Versuche ihrer Legitimation in und mittels schulinstitutioneller Strukturen (etwa gegliederten Schulsystemen) und subjektivierender Praktiken […] in den Blick zu nehmen. […] Ein Kennzeichen von Bildungssystemen unter gesellschaftlichen Bedingungen, in denen Ressourcen und Statuspositionen wie Erwerbsarbeit, Einkommen und Ansehen nicht nur differentiell verteilt werden, sondern angesichts der Logik gegenwärtiger ökonomisch-gesellschaftlicher Verhältnisse auch unterschiedlich verteilt werden müssen, ist, dass sie die Bildung von Menschen so zu organisieren habe, dass Unterschiede zwischen ihnen entstehen und bekräftigt werden. Unterschiede werden dabei so kodiert, dass unterschiedliche Anrechte auf Privilegien gerechtfertigt erscheinen" (Khakpour und Mecheril 2018, S. 145 und 152).

Gruppenkonstruktionen nach *Schichtungstheorien* beschreiben soziale Ungleichheit als *gestufte hierarchische Gliederung* einer Gesellschaft in Bevölkerungsteile mit ähnlichen sozialen Chancen „für ein bestimmtes soziales Ansehen [und] ein[en] bestimmten Lebensstandard" (Bronner und Paulus 2017, S. 18, Anpassung K.P.). Wenn von *sozialen Schichten* gesprochen und geschrieben wird, steht dahinter ein Analysemodell, das *Statusgruppen nach beruflich vermittelten Dimensionen,* d. h. nach Qualifikation/Bildung, Einkommen und Prestige, insbesondere Berufsprestige, konstruiert. Mit einem solchen Modell lassen sich dann z. B. sogenannte ‚schichtspezifische' Teilkulturen, spezifische Normen, Bräuche, Interpretations- und Deutungsmuster beobachten und beschreiben, die als gemeinsame Eigenarten und Grenzen zu anderen Schichten erscheinen (vgl. Bahrdt 2014, S. 134 f.). Schichtenmodelle haben nach wie vor einen großen Einfluss auf unsere Vorstellungen von Bildungsungleichheit. Das lässt sich beispielsweise wie folgt erklären:

> „Sie [Schichtenmodelle] sind maßgeblich während der Zeit der Bildungsexpansion in Westdeutschland entstanden […]. Unterscheidungsmerkmale sind neben den wirtschaftlichen und berufsabhängigen auch *bildungsabhängige Entwicklungs- und Entfaltungschancen.* Die soziale Mobilität von Personen [d. h. hier der soziale Aufstieg oder Abstieg in eine andere Schicht] wird hierdurch als offen und grundsätzlich möglich angesehen, da der soziale Aufstieg wesentlich durch Bildungsabschlüsse bestimmt wird" (Bronner und Paulus 2017, S. 18, Herv. i. Orig., Ergänzungen K.P.).

Andere Beispiele für die Bedeutung von Schichtentheorien in der Schul-Pädagogik bieten die empirischen Untersuchungen zu Behinderungen durch soziale Benachteiligungen und zur Bedeutung von Schule als ‚institutionell verankerte Barriere' ab den 1970er Jahren. Solche Studien zeigten, wie ungleich die Bildungsbeteiligung und die Bildungschancen der Kinder verschiedener sozialer Schichten waren (vgl. Abschn. 2.3 in Kap. 2). So lässt sich z. T. erklären, dass sich *Vorstellungen der ‚Bildungsarmut' von ‚Unterschichtkindern',* als Kinder von Eltern (bzw. von erwerbstätigen Vätern) mit niedriger Qualifikation sowie geringem Einkommen und Berufsprestige, als fester Bestandteil in Alltagstheorien über soziale Ungleichheit finden.

Solche Studien gerieten jedoch zunehmend in die Kritik, zunächst wegen der normativen Verknüpfungen von Sozialstatus und zugeschriebenen Bildungsmöglichkeiten. Dieser Einspruch lässt sich z. B. mit einer Untersuchung zu „Lernbehinderte[n] Kinder[n] und Jugendliche[n]. Lebenslauf und Erziehung" (Klein 1985, Anpassung K.P.) begründen. Hier zeigt sich, dass die benachteiligenden Faktoren, die der ‚Unterschicht' zugeschrieben wurden, für eine weitaus größere Schüler*innengruppe beobachtet werden können, als für diejenigen, die in der Schule ‚versagen'. Die Hypothese der ‚Bildungsarmut' von ‚Unterschichtkindern' bestätigte sich nicht. Ein wesentlicher Prozentsatz der so Adressierten erwarb anerkannte Schulabschlüsse, auch wenn der Anteil geringer war, als bei den der Ober- und Mittelschicht zugerechneten Schulabsolvent*innen (vgl. ebd.).

6.3 Sozialkategoriale Bestimmungen von Inklusion/Exklusion

Ein weiterer Einwand gegen schichtungstheoretische Analysemodelle moniert, dass diese keine Berücksichtigung regionaler, kultureller und sozialer Vielfalt, der zunehmenden Pluralisierung von Lebensformen, ‚fragmentarischer, unabgeschlossener' Biografien und Identitätsprojekte ermöglichen (vgl. Keupp 1996). Dennoch findet sich die Kategorie Schicht nach wie vor in vielen Vorstellungen sozialer Ungleichheit und Inklusion/Exklusion.

Im Unterschied zu Klassen- und Schichtungsmodellen vertreten *milieutheoretische* Analysemodelle die Auffassung, dass die meisten Menschen soziostrukturellen Vorteilen und Nachteilen ausgesetzt sind, die sich mit Merkmalen beschreiben lassen, die als solche keine eindimensional-hierarchischen Wertigkeiten begründen (vgl. z. B. Hradil 1987, S. 162 ff.). Vielmehr wird davon ausgegangen, dass sich *Milieus in verschiedensten Kombinationen von sozialen Lagen und Werteorientierungen* ausprägen. Sie berücksichtigen verschiedenste Erscheinungsformen sozialer Ungleichheit. Erst durch diese Komplexität werden vielfältige Kombinationen und Konstellationen vorteilhafter und benachteiligender Bedingungen vorstellbar. So ist zu lesen, dass der Milieubegriff ein kontextorientiertes Verständnis für ungleiche Lebenssituationen ermöglicht, weil Milieu als ‚Filter zwischen Individuum und Umwelt' gilt (vgl. ebd.).

Zur Beschreibung von Milieus werden *verschiedene Gruppen mit typischen Zugangsweisen zu sozialen Gütern* gebildet. Als *Merkmale/Klassifikationsschemen,* die beschreiben, welche Personengruppen eher in vorteilhafte oder benachteiligte Situationen geraten, können die *formale Bildung* und die *berufliche Stellung* betrachtet werden, da sich Zusammenhänge zwischen unterschiedlichen Bildungszertifikaten und beruflichen Stellungen mit typischem Einkommen, Vermögen, Macht und Prestige darstellen lassen, aber auch mit ungleichen Arbeits- und Freizeitbedingungen, Wohnverhältnissen und sozialen Sicherheiten.

Dabei können *Geschlecht* und *Alter* als grundlegende Merkmale/Klassifikationsschemen sozialer Ungleichheit vorgestellt werden (vgl. Abschn. 2.3 im Kap. 2). Das gilt z. B., wenn zu beobachten ist, dass unterschiedliche Bildungs- und Einkommenschancen so differieren, dass sich geschlechtsspezifische Unterschiede zeigen (vgl. Abschn. 8.2 im Kap. 8). So ist zu lesen: „[D]ie ‚Kategorie Geschlecht' [kann] mit allen sozialen Klassifikationssystemen ‚gemacht' werden […]. Die Klassifikation von Individuen entlang der Unterscheidung von Geschlechtern kann an organisatorische Binnensemantiken (Fähigkeiten, Kompetenzen, Führungsstärke etc.) angeschlossen und zur ungleichen Bezeichnung (Diskriminierung) verwendet werden" (Emmerich und Hormel 2013, S. 92, Anpassung K.P.). Mit der Differenzkategorie Alter verbinden sich machtvolle Vorstellungen unterschiedlicher sozialer Rechte, Pflichten, Handlungsspielräume und Sicherheiten. „Generationenverhältnisse und Generationenbeziehungen sind durchdrungen von Ungleichheitsstrukturen, pädagogischen Herrschaftsverhältnissen und sozialen Machtformen" (Ecarius und Walgenbach 2008, S. 101). Dabei erscheint die Differenzordnung Erwachsene/Kinder als eine pädagogische Leitdifferenz (vgl. Kinne und Winter 2017, S. 219 ff.). Geschlecht und Alter gelten deswegen als „genuine Klassifikationen […], die sämtliche gesellschaftsstrukturellen Differenzierungsformen queren" (ebd.). So ist zu beobachten, dass machtvolle, institutionalisierte Geschlechterannahmen und Altersklassifikationen „hochgradig selbstverständlich und in sozialen Interaktionsprozessen höchst implizit" (Bronner und Paulus 2017, S. 60) wirken.

Als andere Merkmale/Klassifikationsschemen für Gruppenbildungen ungleicher Chancen können z. B. die *Lebensgemeinschaft* (mit je Anzahl und nach Pro-Kopf-Haushaltseinkommen unterschiedlichen Konsum- und Freizeitchancen, Belastungen und beruflichen Entwicklungschancen), die *Infrastruktur* (mit regional unterschiedlichen Arbeitsmärkten, Einkommensverhältnissen, Konsum-, Betreuungs-, kulturellen und medizinischen Einrichtungen), der *Geburtszeitraum* (mit ungleichen Ausbildungs-, Arbeitsmarkt-, Einkommens- und Aufstiegsbedingungen) und die *Nationalität/Ethnizität* (mit unterschiedlichen Bildungs- und Erwerbschancen sowie Arbeits- und Lebensbedingungen für Staatsbürger*innen, Spätaussiedler*innen, Ausländer*innen mit befristeten und unbefristeten Aufenthaltsgenehmigungen und Asylbewerber*innen) gelten (vgl. Hradil 1987, 146 ff.).

Im politischen System werden den spezifischen Konstruktionen von Nationalität und Ethnizität besondere Bedeutung „für den ungleichen Zugang zu gesellschaftlichen Teilhabechancen" zugeschrieben:

> „*Staatsangehörigkeit* (,Nationalität') […] stellt eine historische ,Erfindung' des nationalen Wohlfahrtsstaates dar und reguliert auf der Basis eines rechtlich-politischen Klassifikationssystems formal legitimiert den ungleichen Zugang zu gesellschaftlichen Teilhabechancen […]. Staatsangehörigkeit als solche erzeugt jedoch noch keine am Individuum ,ablesbare' Eigenschaft, sie entzieht sich der Wahrnehmung, weshalb der Staat Kontrolldokumente verteilt, mit denen Zugehörigkeit ,ausgewiesen', soziale Sichtbarkeit hergestellt und der Zugang zum Territorium reguliert werden kann. […]
> Das Klassifikationsschema Ethnizität ist quasi *negativ* an staatliche Territorialität gekoppelt, insofern es die ,Abweichung' von national-kultureller Homogenität markiert. Das Spezifikum von Ethnizität scheint allerdings gerade darin zu liegen, dass die Markierung ,ethnischer Differenz' immer schon mit Askriptionsoptionen operiert, die der Unterscheidungslogik ,anderer' Klassifikationssysteme folgen […].
> Die Beobachtungen der Bildungsbenachteiligung von Kindern und Jugendlichen mit ,Migrationshintergrund' oder einer ,ethnischen' Unterschichtung des Arbeits-

6.3 Sozialkategoriale Bestimmungen von Inklusion/Exklusion

marktes erzeugt ebenfalls soziale Sichtbarkeiten und verleiht Annahmen über die Unterscheidbarkeit ethnischer Gruppen vermeintliche Evidenz" (Emmerich und Hormel 2013, S. 92 f.).

Mit solchen Merkmalen werden *Gruppen sozialer Lagen und Milieus* konstruiert, „die sich in ihren Dimensionen bezüglich der sozialen Ungleichheit ähneln" (Bronner und Paulus 2017, S. 18). Als Dimensionen sozialer Ungleichheit werden auch in diesen Modellen die sogenannten ‚klassischen' Dimensionen (Qualifikation/Bildung, Einkommen und Prestige) vorgestellt. Sie gelten als bedeutsame Ressourcen der Handlungsfähigkeit für das Erreichen individueller Ziele, aber nicht als alleinige Aspekte sozialer Ungleichheit. Vielmehr wird davon ausgegangen, dass neue Dimensionen und neue Zugangsweisen zu sozialen Gütern die ‚klassischen', beruflich vermittelten Ungleichheiten durchkreuzen. Sie führen (ergänzend zu den vertikalen/hierarchischen) zu horizontalen Formen sozialer Ungleichheit.

Mit Blick auf Dimensionen sozialer Ungleichheit wird in den Milieutheorien davon ausgegangen, dass in verschiedenen Gruppen/Milieus je andere Dimensionen sozialer Ungleichheit besonders bedeutsam werden. Diese verbinden sich in spezifischen Weisen mit weiteren Dimensionen, die eher in den Hintergrund treten. Diese Annahme ermöglicht die Beschreibung *sozialer Lagen*. Als sogenannte äußere Bedingungen ungleicher Existenz markieren soziale Lagen typische Kontexte von Handlungsbedingungen mit vergleichsweise guten oder schlechten Chancen der Bedürfnisbefriedigung und mit individuellen Spielräumen (vgl. Hradil 1987, S. 154 ff.). Auf diese Weise lässt sich eine „Typologie sozialer Lagen" (ebd.) erstellen, die Gruppen mit typischen Zugangsweisen zu sozialen Gütern und daraus folgenden sehr guten bis sehr schlechten Lebensbedingungen konstruiert: Machtelite, Reiche, Bildungselite, Manager*innen, Expert*innen, Studierende, ‚Normalverdiener*innen' mit geringen Risiken, mit mittleren Risiken, mit hohen Risiken, Rentner*innen, langfristig Arbeitslose, Arme und Randgruppen. So ist z. B. von ‚langfristig Arbeitslosen' als einer Gruppe zu lesen, bei der ‚Geld und Risiken' als primäre Dimension sozialer Ungleichheit anzunehmen sind und formale Bildung, Prestige, soziale Absicherung, Wohnbedingungen, demokratische Institutionen, soziale Beziehungen und soziale Rollen sekundäre Dimensionen ungleicher Lebensbedingungen darstellen. Für ‚Randgruppen' mit ähnlichen finanziellen Bedingungen werden Risiken, formale Bildung und soziale Rollen als nicht so bedeutsam bewertet, dafür scheinen Diskriminierungen wichtiger und die Ausprägungen der anderen Dimensionen problematischer (vgl. ebd., S. 156).

Individuelle Spielräume werden als ‚Substitutions- und Kompensationsmöglichkeiten' vorgestellt (vgl. ebd., S. 165). Substitutionen werden hier die

Möglichkeiten genannt, ungleiche Handlungsbedingungen direkt durch andere zu ersetzen (z. B. fehlende politische Macht durch informelle Beziehungen) und dadurch erstrebte Lebensziele zu erreichen. Als Kompensationsmöglichkeit gilt der Einsatz anderer Handlungsbedingungen (z. B. die Anmeldung an einer Privatschule mit reformpädagogischem Konzept) zur Erreichung von Lebenszielen, wenn die gewünschten Bedingungen (etwa inklusionsorientierte staatliche Schulen) nicht verfügbar sind.

Die gelesenen Unterschiede lassen sich damit erklären, dass die Typologie sozialer Lagen noch keine ungleichen Lebensqualitäten beschreibt. Diese werden erst in Verbindung mit dem ‚Kriterium Lebensziele' kategorisierbar. Unter Lebenszielen werden subjektive Entscheidungen über Bedürfnisse und Zielvorstellungen bezüglich der eigenen Lebensqualität im Kontext öffentlicher Willensbildung verstanden (vgl. Hradil 1987, S. 146 ff.) Unter Berücksichtigung der skizzierten Differenzkonstruktionen von Lebenslagen ließen sich z. B. für die für BRD 1987 drei Gruppen von Lebenszielen unterscheiden:

- Bei vorwiegend ‚ökonomischen' Lebenszielen rückten die Dimensionen Wohlstand, Erfolg und Macht in den Vordergrund. Chancenungleichheiten, diese Lebensziele zu verwirklichen, zeigten sich in differenten Möglichkeiten, Geld, formale Bildung, Berufsprestige und formale Macht zu erwerben.
- Bei vorwiegend ‚wohlfahrtsstaatlichen' Lebenszielen rückten die Dimensionen Sicherheit, Entlastung, Gesundheit und Partizipation in den Vordergrund. Chancenungleichheiten, diese Lebensziele zu verwirklichen, zeigten sich in Differenzen hinsichtlich Arbeitslosigkeits- und Armutsrisiken, sozialer Absicherung, Arbeitsbedingungen, Freizeitbedingungen, Wohn(umwelt)bedingungen und dem Zugang zu demokratischen Institutionen.
- Bei vorwiegend ‚sozialen' Lebenszielen rückten die Dimensionen Selbstverwirklichung und Emanzipation in den Vordergrund. Zur Darstellung von Chancenungleichheiten, diese Lebensziele zu verwirklichen, sind differente soziale Beziehungen, Zugänge zu sozialen Rollen, Privilegien und Diskriminierungen besonders bedeutsam (vgl. ebd., S. 147).

Aus den erhobenen Daten mit vergleichbaren sozialen Lagen und Lebenszielen werden letztlich Milieus konstruiert, die Aussagen in unterschiedlichsten Untersuchungsfeldern ermöglichen.

Darauf aufbauende Ungleichheitsanalysen sind nicht unbedingt mit Fragen nach der Legitimität sozialer Ungleichheit oder mit Diskussionen von (Un-)Gerechtigkeit verbunden. Es finden sich sowohl Einsätze, die „soziale Ungleich-

6.3 Sozialkategoriale Bestimmungen von Inklusion/Exklusion

heit als notwendige Bedingung von Arbeitsteilung und gesellschaftlichem Wohlstand" (Solga et al. 2009, S. 15) diskutieren, als auch grundsätzliche Kritiken, die sich „für ihre vollständige oder weitestgehende Beseitigung einsetzen" (ebd.), und zudem Forschungen, die sich zu solchen Fragen begründet nicht äußern (vgl. ebd.). Zu letzteren zählen wir die Studien des SINUS-Institutes für Markt- und Sozialforschung (vgl. Sinus 2018).

Das Institut stellt die ‚zielgruppenoptimierten SINUS-Milieus' als „Instrument für das strategische Marketing, für Media und Kommunikation" (ebd., S. 3) vor und geht dabei davon aus, dass es so möglich sei, „ein wirklichkeitsgetreues Bild davon, was die Menschen bewegt und wie sie bewegt werden können" (ebd.), zu erhalten. Damit, so wird angenommen, seien ihre „Befindlichkeiten und Orientierungen, ihre Werte, Lebensziele, Lebensstile und Einstellungen genau [zu] kennen und [zu] verstehen" (ebd., Anpassung K.P.). Mit Verweis auf unsere Anmerkungen zum Konstruktionscharakter jeglicher Vorstellungen sozialer Gruppen zitieren wir Auszüge aus einer Selbstdarstellung des SINUS-Institutes als Beispiel für eine funktional und medial inszenierte Milieukonstruktionen, die ihren Konstruktionscharakter verkennt.

Beispiel

SINUS-Milieus als Milieukonstruktionen
Informationen zur Forschung des SINUS-Instituts (vgl. SINUS 2018)
„Seit vier Jahrzehnten erforscht das SINUS-Institut den Wertewandel und die Lebenswelten der Menschen. Daraus entstanden sind die Sinus-Milieus, eines der bekanntesten und einflussreichsten Instrumente für die Zielgruppen-Segmentation. Die Sinus-Milieus bilden die durch den beschleunigten Wandel im neuen Jahrtausend geprägte Alltagswirklichkeit in unserer Gesellschaft ab. Entwicklungen wie die Flexibilisierung von Arbeit und Privatleben, die Erosion klassischer Familienstrukturen, die Digitalisierung des Alltags und die wachsende Wohlstandspolarisierung resultieren in einer nachhaltig veränderten Milieulandschaft. […]

Als wissenschaftlich fundiertes Modell spiegeln die Sinus-Milieus die Veränderungen in der Gesellschaft wider. Es erlaubt den Anwendern in Unternehmen und Institutionen, das moderne Wertegemenge besser zu verstehen und ihre Zielgruppen noch präziser ins Visier zu nehmen. […]

Die Sinus-Milieus sind das Ergebnis von 40 Jahren sozialwissenschaftlicher Forschung. Die Zielgruppenbestimmung von SINUS orientiert sich an der Lebensweltanalyse unserer Gesellschaft. Die Sinus-Milieus gruppieren

Menschen, die sich in ihrer Lebensauffassung und Lebensweise ähneln. Grundlegende Wertorientierungen gehen dabei ebenso in die Analyse ein wie Alltagseinstellungen zur Arbeit, zur Familie, zur Freizeit, zu Geld und Konsum. Sie rücken also den Menschen und das gesamte Bezugssystem seiner Lebenswelt ganzheitlich ins Blickfeld. Und sie bieten deshalb dem Marketing mehr Informationen und bessere Entscheidungshilfen als herkömmliche Zielgruppenansätze. […]

Die Entwicklung und Formulierung des Milieuansatzes basierte Ende der 70er Jahre zunächst ausschließlich auf qualitativen Befunden, die allerdings durch eine außergewöhnlich große Stichprobe fundiert waren. Damals wurden 1400 Lebensweltexplorationen in allen Teilen der (westdeutschen) Bevölkerung durchgeführt und in einer Datenbank (Sinus Qualitativer Datenpool) gespeichert und verarbeitet. 1982 erfolgte die erste quantitative Überprüfung und Validierung mit einem standardisierten und ökonomisch einsetzbaren Instrument zur Bestimmung der Sinus-Milieus. Dieses Instrument, der Sinus-Milieuindikator, wird seither – in immer wieder aktualisierter Form – in repräsentativen Erhebungen eingesetzt, um beispielsweise festzustellen, welche Autotypen, Geldanlagen, Einkaufsstätten, Medien, Parteien usw. in den verschiedenen Milieus präferiert werden. […] Seit 1983 werden auch systematisch Alltagsästhetik und Stilpräferenzen in den Sinus-Milieus untersucht, beschrieben und fotografisch oder per Video dokumentiert. Dieses Bildmaterial wird genutzt, um das Zielgruppen-Knowhow zu überprüfen, um stilistischen Wandel zu analysieren und nicht zuletzt als anschauliche Hilfe bei Mitarbeiterschulungen (Kundenberater, Verkäufer etc.) und Werbe-Briefings für Agenturen. […]

Durch die Einschaltung des Sinus-Milieuindikators in große Repräsentativerhebungen (über 100.000 Fälle pro Jahr) lassen sich die Angehörigen der verschiedenen Lebenswelten quantitativ exakt auf die Erwachsenen-Bevölkerung abbilden. Dabei zeigt sich, dass die einzelnen Milieus sehr unterschiedliche Anteile der Bevölkerung repräsentieren. (SINUS 2018, S. 3 ff.)

Kurzvorstellung der neuen Sinus-Milieus® (vgl. SINUS 2021)
„Konservativ-Gehobenes Milieu [11 %]
Die alte strukturkonservative Elite: klassische Verantwortungs- und Erfolgsethik sowie Exklusivitäts- und Statusansprüche; Wunsch nach Ordnung und Balance; Selbstbild als Fels in der Brandung postmoderner Beliebigkeit; Erosion der gesellschaftlichen Führungsrolle

6.3 Sozialkategoriale Bestimmungen von Inklusion/Exklusion

Expeditives Milieu [10 %]
Die ambitionierte kreative Bohème: Urban, hip, digital, kosmopolitisch und vernetzt; auf der Suche nach neuen Grenzen und unkonventionellen Erfahrungen, Lösungen und Erfolgen; ausgeprägte Selbstdarstellungskompetenz, Selbstbild als postmoderne Elite

Konsum-Hedonistisches Milieu [8 %]
Die auf Konsum und Entertainment fokussierte (untere) Mitte: Spaßhaben im Hier und Jetzt; Selbstbild als cooler Lifestyle-Mainstream; starkes Geltungsbedürfnis; berufliche Anpassung vs. Freizeit-Eskapismus; zunehmend genervt vom Diktat der Nachhaltigkeit und Political Correctness

Postmaterielles Milieu [12 %]
Engagiert-souveräne Bildungselite mit postmateriellen Wurzeln: Selbstbestimmung und -entfaltung sowie auch Gemeinwohlorientierung; Verfechter von Post-Wachstum, Nachhaltigkeit, diskriminierungsfreien Verhältnissen und Diversität; Selbstbild als gesellschaftliches Korrektiv

Neo-Ökologisches Milieu [8 %]
Die Treiber der globalen Transformation: Optimismus und Aufbruchsmentalität bei gleichzeitig ausgeprägtem Problembewusstsein für die planetaren Herausforderungen; offen für neue Wertesynthesen: Disruption und Pragmatismus, Erfolg und Nachhaltigkeit, Party und Protest; Selbstbild als progressive Realisten; Umwelt- und klimasensibler Lebensstil

Prekäres Milieu [9 %]
Die um Orientierung und Teilhabe bemühte Unterschicht: Dazugehören und Anschlusshalten an den Lebensstandard der breiten Mitte – aber Häufung sozialer Benachteiligungen und Ausgrenzungen; Gefühl des Abgehängtseins, Verbitterung und Ressentiments; Selbstbild als robuste Durchbeißer

Milieu der Performer [10 %]
Die effizienzorientierte und fortschrittsoptimistische Leistungselite: global-ökonomisches und liberales Denken; gesamtgesellschaftliche Perspektive auf der Basis von Eigenverantwortung; Selbstbild als Stil- und Konsum-Pioniere; hohe Technik- und Digital-Affinität

Adaptiv-Pragmatische Mitte [12 %]
Der moderne Mainstream: Anpassungs- und Leistungsbereitschaft, Nützlichkeitsdenken, aber auch Wunsch nach Spaß und Unterhaltung; starkes Bedürfnis nach Verankerung und Zugehörigkeit; wachsende Unzufriedenheit und Verunsicherung aufgrund der gesellschaftlichen Entwicklung; Selbstbild als flexible Pragmatiker

Nostalgisch-Bürgerliches Milieu [11 %]
Die harmonieorientierte (untere) Mitte: Wunsch nach gesicherten Verhältnissen und einem angemessenen Status; Selbstbild als Mitte der Gesellschaft, aber wachsende Überforderung und Abstiegsängste; gefühlter Verlust gelernter Regeln und Gewissheiten; Sehnsucht nach alten Zeiten

Traditionelles Milieu [10 %]
Die Sicherheit und Ordnung liebende ältere Generation: verhaftet in der kleinbürgerlichen Welt bzw. traditionellen Arbeiterkultur; anspruchslose Anpassung an die Notwendigkeiten; steigende Akzeptanz der neuen Nachhaltigkeitsnorm; Selbstbild als rechtschaffene kleine Leute" (SINUS 2021, S. 6, Ergänzung v. S. 4, K.P.). ◄

Im schulpädagogischen Heterogenitätsdiskurs finden sich differenzierte Bezugnahmen auf klassentheoretische, schichtungstheoretische und milieutheoretische Analysemodelle selten. Stattdessen scheint „die differenzpädagogische Konstruktion der ‚Unterschiedlichkeit' der AdressatInnen pädagogischer Praxis […] auf höchst selektiven, *beobachterabhängigen Unterscheidungen*" (Emmerich und Hormel 2013, S. 10, Herv. i. Orig.) zu basieren. Dieser Beobachtung und möglichen Erklärungen wollen wir im folgenden Kapitel nachgehen.

Anregungen für das Selbststudium

1. Arbeiten Sie heraus, auf welche (unterschiedlichen) Weisen mit dem Konzept des Habitus und des Körperkapitals sowie anhand klassen-, schichtungs- und milieutheoretischer Zugänge schulische Inklusion/Exklusion beschrieben (und erklärt) werden kann.
2. Schreiben Sie aus der Perspektive eines ausgewählten theoretischen Zugangs eine Geschichte zu eigenen Erfahrungen schulischer Chancen(un)-gleichheit.
3. Skizzieren Sie theoretisch begründet an einem Beispiel, wie sich eine Verschiebung von schulischen und pädagogischen Normalitätserwartungen konzipieren ließe, und reflektieren Sie, welche Bedeutung pädagogischen und schulischen Akteur*innen hierbei zukommen könnte. ◄

Literatur

Fachwissenschaftliche Literaturempfehlung

Emmerich, M. & Hormel, U. (2013). *Heterogenität – Diversity – Intersektionalität. Zur Logik sozialer Unterscheidungen in pädagogischen Semantiken der Differenz*. Wiesbaden: Springer VS. *Die Schrift stellt Heterogenität, Diversity und Intersektionalität als Diskurse zur Diskussion, „die ein spezifisches Unterscheidungswissen formulieren, mit dem die Sozialität der AdressatInnen pädagogischen Handelns in den Blick genommen werden soll. Was mit diesem Wissen aufgerufen wird, sind Vorstellungen über die Bedeutung sozialer Unterschiede in der gesellschaftlichen Wirklichkeit, von denen angenommen wird, dass sie auch die pädagogische Wirklichkeit mitkonstituieren"* (ebd., S. 10), *einschließlich einer (schul)pädagogischen Wirklichkeit, die auf Leistungsgerechtigkeit referiert.*

Darüber hinaus verwendete Literatur

Arslan, E. (2016). Symbolische Ordnung, Sozialstruktur und Alltagspraktiken. In: E. Arslan & K. Bozay (Hrsg.), *Symbolische Ordnung und Bildungsungleichheit in der Migrationsgesellschaft* (S. 9–34). Wiesbaden: Springer VS.

Bahrdt, H. P. (2014). *Schlüsselbegriffe der Soziologie* (10. Aufl.). München: Beck.

Becker, R. (2017). Ausgewählte Klassiker der Bildungssoziologie. In: R. Becker (Hrsg.), *Lehrbuch der Bildungssoziologie* (3. Aufl.) (S. 481–487). Wiesbaden: VS Verlag für Sozialwissenschaften.

Bergermann, U. (2013). Verletzbare Augenhöhe. Disability, Bilder und Anerkennbarkeit. In: B. Ochsner & A. Grebe (Hrsg.), *Andere Bilder. Zur Produktion von Behinderung in der visuellen Kultur* (S. 281–306). Bielefeld: transcript.

Bourdieu, P. (1983). Ökonomisches Kapital, kulturelles Kapital, soziales Kapital. In: R. Kreckel (Hrsg.), *Soziale Ungleichheiten. Soziale Welt Sonderband 2* (S. 183–198). Göttingen: Schwartz.

Bourdieu, P. (2001). *Meditationen. Zur Kritik der scholastischen Vernunft*. Frankfurt/M.: Suhrkamp.

Bourdieu, P. (2018). *Die feinen Unterschiede. Kritik der gesellschaftlichen Urteilskraft* (26. Aufl.). Frankfurt/M.: Suhrkamp.

Bourdieu, P. et al. (1997). *Das Elend der Welt. Zeugnisse und Diagnosen alltäglichen Leidens an der Gesellschaft*. Konstanz: Halem.

Bronner, K. & Paulus, St. (2017). *Intersektionalität: Geschichte, Theorie und Praxis*. Opladen und Toronto: Barbara Budrich.

Bublitz, H. (2018). *Das Archiv des Körpers. Konstruktionsapparate, Materialitäten und Phantasmen*. Bielefeld: transcript.

Chelsom, P. (1998). *The Migthy – Gemeinsam sind sie stark*. USA.

Ecarius, J. & Walgenbach, K. (2008). Generation, Bildung und Gerechtigkeit. In: E. Liebau & J. Zirfas (Hrsg.), *Ungerechtigkeit der Bildung – Bildung der Ungerechtigkeit* (S. 101–117). Opladen und Farmington Hills: Barbara Budrich.

Fessel, K.S. (2002). *Und wenn schon*. Hamburg: Oetinger.
Friebertshäuser, B. & Richter, S (2010). Körperkapital als Ressource – konzeptionelle und empirische Zugänge zu jugendlichen Selbstinszenierungen an einer Hauptschule. In: A. Langer, S. Richter & B. Friebertshäuser (Hrsg.), *(An)Passungen. Körperlichkeit und Beziehungen in der Schule – ethnographische Studien* (S. 23–53). Baltmannsweiler: Schneider.
Gebauer, G. (2017). Habitus. In: R. Gugutzer, G. Klein & M. Meuser (Hrsg.), *Handbuch Körpersoziologie. Band 1: Grundbegriffe und theoretische Perspektiven* (S. 27–32). Wiesbaden: Springer VS.
Gomolla, M. & Radtke, F.-O. (2009). Institutionelle Diskriminierung. Die Herstellung ethnischer Differenz in der Schule (3. Aufl.). Wiesbaden: VS Verlag für Sozialwissenschaften.
Gugutzer, R. (2015). *Soziologie des Körpers*. Bielefeld: transcript.
Hillebrandt, F. (2001). Differenz und Differenzierung in soziologischer Perspektive. In: H. Lutz & N. Wenning (Hrsg.), *Unterschiedlich verschieden. Differenz in der Erziehungswissenschaft* (S. 47–70). Opladen: Leske + Budrich.
Hradil, St. (1987). *Sozialstruktur in einer fortgeschrittenen Gesellschaft. Von Klassen und Lagen zu Schichten und Milieus*. Opladen: Leske + Budrich.
Keupp. H. (1996). Aufwachsen in der Postmoderne. Riskanter werdende Chancen für Kinder und Jugendliche. In: G. Opp & F. Peterander (Hrsg.), *Focus Heilpädagogik* (S. 130–139). München, Basel: Reinhard.
Khakpour, N. & Mecheril, P. (2018). Klasse oder die Moralisierung des Scheiterns. In: İ. Dirim & P. Mecheril, *Heterogenität, Sprache(n), Bildung* (S. 133–158). Bad Heilbrunn: Klinkhardt.
Kinne, T. & Winter, St. (2017). Kindheit als Perspektive – Pädagogik als Kunst des Umgangs mit dem Nicht-Verstehbaren. In: R. Kruschel (Hrsg.), *Menschenrechtsbasierte Bildung. Inklusive und demokratische Lern- und Erfahrungswelten im Fokus* (S. 219–230). Bad Heilbrunn: Klinkhardt.
Klein, G. (1985). *Lernbehinderte Kinder und Jugendliche. Lebenslauf und Erziehung*. Stuttgart: Kohlhammer.
Langer, A., Richter, S. & Friebertshäuser, B. (Hrsg.) (2010). *(An)Passungen. Körperlichkeit und Beziehungen in der Schule – ethnographische Studien*. Baltmannsweiler: Schneider.
Ministerium für Kultus, Jugend und Sport Baden-Württemberg (MKBW) (2015). Bildungsplan für das Sonderpädagogische Bildungs- und Beratungszentrum mit dem Förderschwerpunkt körperliche und motorische Entwicklung. http://www.bildungsplaene-bw.de/site/bildungsplan/get/documents/lsbw/Bildungsplaene/Bildungsplaene-SBBZ/SBBZ-KME/BP_SBBZ_kmE_2015.pdf. Zugegriffen: 05. Juli 2022.
Moll, M. (2019). Kontingente Identitäten des Cochlea-Implantats als Provokation von Normalitäten der Inklusion und Exklusion. *Zeitschrift für Inklusion, 01/2019*. https://www.inklusion-online.net/index.php/inklusion-online/article/view/478/375. Zugegriffen: 05. Juli 2022.
Ochsner, B. & Grebe, A. (2013). Vorwort. In: B. Ochsner & A. Grebe (Hrsg.), *Andere Bilder. Zur Produktion von Behinderung in der visuellen Kultur* (S. 7–11). Bielefeld: transcript.
Philbrick, R. (2001). *Freak*. Ravensburg: Ravensburger.

Puhr, K. & Lake, A. (2020). Inklusion/Exklusion-Forschungen zu (Nicht)Behinderungen im Widerstreit. In: AG Inklusionsforschung der DGfE (Hrsg.), *Inklusionsforschung als Spannungsfeld von Erziehungswissenschaft und Bildungspolitik* (S. 165–186). Opladen: Barbara Budrich.

Sasse, A. (1999). Lernbehinderungen aus der Perspektive „neuer" Formen sozialer Ungleichheit. *Die neue Sonderschule, 6*, 421–433.

Schultheis, F. & Schult, K. (Hrsg.) (2005). *Gesellschaft mit begrenzter Haftung. Zumutungen und Leiden im deutschen Alltag*. Konstanz: Halem.

Schwinn, Th. (2007). *Soziale Ungleichheit*. Bielefeld: transcript.

Sierck, U. (2017). *Widerspenstig, eigensinnig, unbequem. Die unbekannte Geschichte behinderter Menschen*. Weinheim und Basel: Beltz Juventa.

SINUS Markt- und Sozialforschung GmbH (2018). Informationen zu den Sinus-Milieus® 2018. https://www.sinus-institut.de/fileadmin/user_data/sinus-institut/Bilder/Sinus-Milieus_092018/2018-09-18_Informationen_zu_den_Sinus-Milieus.pdf. Zugegriffen: 26. März 2020.

SINUS Markt- und Sozialforschung GmbH (2021). Deutschland im Umbruch. SINUS-Institut stellt aktuelles Gesellschaftsmodell vor: Die Sinus-Milieus® 2021. https://www.sinus-institut.de/media/pages/media-center/presse/sinus-milieus-2021/895148b6d0-1633013339/hintergrundinformation_sinus-milieus-2021.pdf. Zugegriffen: 08. Juli 2022.

Solga, H. (2009). Meritokratie – die moderne Legitimation ungleicher Bildungschancen. In: H. Solga, J. Powell, & P.A. Berger, (Hrsg.), *Soziale Ungleichheit. Klassische Texte zur Sozialstrukturanalyse* (S. 63–72). Frankfurt/M.: Campus.

Solga, H., Powell, J. & Berger, P.A. (2009). Soziale Ungleichheit – Kein Schnee von gestern! Eine Einführung. In: H. Solga, J. Powell, & P. A. Berger, (Hrsg.), *Soziale Ungleichheit. Klassische Texte zur Sozialstrukturanalyse* (S. 11–45). Frankfurt/M.: Campus.

Thiele, A. (2016). Assistive Technologien für Menschen mit einer körperlich-motorischen Beeinträchtigung. Interdisziplinäre Handlungsfelder und Eckpfeiler einer Qualifikation von Pädagog/innen mit einem sonderpädagogischen Profil. *Vierteljahresschrift für Heilpädagogik und ihre Nachbargebiete, 85*, 307–322.

Villa, P.-I. (2013). Prekäre Körper in prekären Zeiten – Ambivalenzen gegenwärtiger somatischer Technologien des Selbst. In: R. Mayer, Ch. Thompson & M. Wimmer (Hrsg.), *Inszenierung und Optimierung des Selbst. Zur Analyse gegenwärtiger Selbsttechnologien* (S. 57–74). Wiesbaden: Springer.

Wallhoff, F. (2020). Assistive Technologien (AT). In: D. Matusiewicz & C. Kusch (Hrsg.), Digital Health Lexikon, Health & Care Management. https://www.hcm-magazin.de/assistive-technologien-at-267854/. Zugegriffen: 05. Juli 2022.

Windisch. M. (2014). *Behinderung – Geschlecht – Soziale Ungleichheit. Intersektionelle Perspektiven*. Bielefeld: transcript.

Wenning, N. (2001). Differenz durch Normalisierung. In: H. Lutz & N. Wenning (Hrsg.), *Unterschiedlich verschieden. Differenz in der Erziehungswissenschaft* (S. 275–295). Opladen: Leske + Budrich.

Zirfas, J. (2008). Ästhetik der Behinderung. Pädagogische Anschlüsse an eine Theorie der ästhetischen Ungerechtigkeit. In: E. Liebau & J. Zirfas (Hrsg.), *Ungerechtigkeit der Bildung – Bildung der Ungerechtigkeit* (S. 81–98). Opladen & Farmington Hills: Barbara Budrich.

7 Heterogenität als inklusionspädagogisches Konzept

Zusammenfassung

Das Thema Inklusion/Exklusion verbindet sich in schulpädagogischen Vorstellungen mit dem Thema Heterogenität und darin wesentlich mit Fragen der Gestaltung von Lehr-Lern-Prozessen sowie der Aufmerksamkeit für Verschiedenheiten und Gemeinsamkeiten von Schüler*innen. Wir stellen zunächst einige Perspektiven auf Differenzordnungen in der Schul-Pädagogik vor (Abschn. 7.1). Im Folgenden widmen wir uns Entwürfen des Heterogenitätskonzeptes mit zwei Fokussierungen. Zunächst skizzieren wir das Konzept Heterogenität mit seinen Verortungen in der Erziehungswissenschaft (Abschn. 7.2). Im Anschluss richten wir unsere Aufmerksamkeit auf Heterogenität als normative Orientierung und stellen kontroverse Positionierungen zur Diskussion (Abschn. 7.3).

Schlüsselwörter

Alterität · Anerkennung · Differenzorientierte Pädagogik · Egalitäre Differenz · Heterogenität

7.1 Differenzordnungen in der Schul-Pädagogik

Schulpädagogische Vorstellungen von Inklusion/Exklusion, in denen Differenzordnungen aufgerufen werden, referieren häufig auf Heterogenität. Bezugnahmen auf klassentheoretische, schichtungstheoretische und milieutheoretische Analysemodelle (vgl. Abschn. 6.3 im Kap. 6) finden sich eher selten. Mit Blick auf soziale Ungleichheit lassen sich vorherrschende differenzpädagogische

Konstruktionen der ‚Unterschiedlichkeit' von Schüler*innen z. B. für die beiden Kategorien ‚Migrationshintergrund' (I) und ‚Lernbehinderung' (II) zeigen. Im folgenden Zitat werden sie als „Unterscheidungen [gelesen], die einem genuin erziehungswissenschaftlichen resp. pädagogischen Beobachtungsinteresse entspringen" (Emmerich und Hormel 2013, S. 94, Ergänzung K.P.).

(I) „Der Begriff *Migrationshintergrund* [...] trägt zunächst der Problematik Rechnung, dass die Unterscheidung nach Staatsangehörigkeit noch keine Informationen über ‚typische' migrationsgesellschaftliche Bedingungen des Aufwachsens enthält. Die Begriffsbildung ist damit von dem Anspruch getragen, pädagogisch relevante Sachverhalte wie etwa besondere Lebenssituationen und lebensweltliche Sprachkompetenzen von Kindern und Jugendlichen differenzierter in den Blick nehmen zu können. [...] Mittlerweile lässt sich eine fachdisziplinär übergreifende wissenschaftliche, bildungs-, sozial- und wirtschaftspolitische und auch eine massenmediale Verbreitung des Begriffs ausmachen, der allerdings für jeden Kontext – Bildung, Politik, Wirtschaft – je spezifische Askriptionsmöglichkeiten bereithält" (Emmerich und Hormel 2013, S. 94, Herv. i. Orig.).

(II) „*Lernbehinderung* ist nicht jenseits pädagogischer Klassifizierungssysteme denkbar, insofern nur innerhalb des Bildungswesens Kinder nach Kriterien der Lern- und Leistungsfähigkeit unterschieden und bezeichnet werden. Dies setzt eine entsprechende Beobachtungsleistung des pädagogischen Blicks voraus, der jene Kategorie der Lernbehinderung im Modus der Askription am Individuum sichtbar machen muss. Dass von Sonderschulzuweisungen [bzw. Diagnosen des sonderpädagogischen Förderbedarfs Lernen], die die Indikation ‚lernbehindert' voraussetzen, überproportional häufig Jungen aus sozial benachteiligten Familien mit Migrationsgeschichte betroffen sind [...], weist darauf hin, dass die Kategorie Lernbehinderung in der Beobachtungspraxis mit sozialen Kategorien – Geschlecht (Jungen), soziale Lage (benachteiligt) und Migration – ‚gematcht' wird" (ebd., S. 95, Herv. und Ergänzung K.P.).

Infolge dieser Lesart wird darauf hingewiesen, „dass das Erziehungssystem interne Kategorien, wie die Lernfähigkeit eines Individuums, mit externen sozialen Kategorien verbindet, und damit seine Bezeichnungs- und Adressierungsoptionen erweitert" (ebd.). Dennoch kann in Diskussionen sozialer Ungleichheit auffallen, dass die Kategorie ‚Migrationshintergrund' häufig, dagegen die Kategorie ‚Behinderung' eher selten als Dimension oder auch als Determinante sozialer Ungleichheit in Erscheinung treten. Das wird z. T. mit Besonderheiten der Konstruktionsweisen des ‚Wissens von Behinderungen' erklärlich.

Beobachtungen, Beschreibungen, Feststellungen und Erklärungen von Behinderungen erfolg(t)en meist mit Konstruktionen ‚behinderter Merkmale', die Personen zugeschrieben wurden (vgl. Kap. 4, Abschn. 4.1). Das heißt, Fragen

7.1 Differenzordnungen in der Schul-Pädagogik

sozialer Ungleichheiten wurden/werden auf Behinderungen von Körpersubjekten bezogen, welche in Analysen von Strukturen, Phänomenen und Praktiken sozialer Ungleichheiten, also in sozialwissenschaftlichen Ungleichheitsforschungen, kaum berücksichtigt werden.

Dennoch lassen sich mögliche *Zusammenhänge von Behinderungen und sozialer Ungleichheit* beschreiben. Wir verweisen hier auf den Text „Behinderung als Ungleichheitsphänomen – Herausforderung an Forschung und politische Praxis" (Maschke 2007). Behinderungen, die in der Pädagogik als ‚körperbezogene Beeinträchtigungen' (oder als deren mögliche *Auswirkungen*) thematisiert und Personen zugeschrieben werden, können mit dem Lebenslagenkonzept als Aspekte sozioökonomischer Armut und ‚Deprivation' [Entbehrung] erscheinen (vgl. ebd., S. 303, Ergänzung K.P.). Dabei rücken „relative Versorgungsmängel in verschiedenen Dimensionen wie Arbeit, Gesundheit, Wohnen, Freizeit" (ebd., S. 302) ins Blickfeld. Zwar wird, mit dem Anspruch der Armutsbekämpfung, dem Mangel an strukturellen und ökonomischen Ressourcen durch Sozialleistungen entgegengewirkt, dennoch zeigen sich eingeschränkte Chancen und erhöhte Aufwendungen in Lebenslagen mit ‚Behinderungen' (vgl. Kap. 10, Abschn. 10.3). Ein Verständnis von Behinderungen als Diskriminierungen, das heißt als spezifische Formen „von Benachteiligung, Nichtbeachtung, Ausschluss oder Ungleichbehandlung aufgrund horizontaler Ungleichheiten" (ebd., S. 310), ermöglicht dann die Frage, „wie Behinderung als eine Form sozialer Ungleichheit die Lebenschancen behinderter Menschen einschränkt und in welchem Maße diese Einschränkungen als illegitim zu sehen und zu bekämpfen sind" (ebd., S. 300).

Für derartige Fragen gibt es in der Erziehungswissenschaft eine längere Tradition, soziale Kategorien zusammenzudenken (vgl. Walgenbach 2014b, S. 80). Das zeigt sich z. B. in Konstruktionen von ‚körperorientierten, (sozial-)räumlich orientierten und ökonomisch orientierten Differenzlinien' (vgl. Lutz und Wenning 2001, S. 21), die – „durch Spannungsverhältnisse gekennzeichnet" (ebd.) – als „Grundlagen der Organisation moderner Gesellschaften" (ebd.) auch asymmetrische Normalitätserwartungen in der Schul-Pädagogik artikulieren. Diesen Differenzlinien werden (sich zum Teil überschneidend) Kategorien mit sogenannten ‚Grunddualismen' zugeordnet, „die komplementär *scheinen*, aber hierarchisch [als Norm und als Abweichung] funktionieren" (ebd., S. 20, Herv. i. Orig., Ergänzung K.P.). Wir zitieren die beiden zu lesenden Darstellungen von Differenzlinien (vgl. ebd., S. 20 f.) indirekt in Form einer Zusammenschau, jedoch mit den Formulierungen des gelesenen Textes. Die hier zu lesenden Differenzlinien scheinen (trotz vielfacher Problematisierungen) als hegemoniale Normalitätserwartungen immer noch zu wirken.

- Körperorientierte Differenzlinien: Geschlecht (männlich – weiblich), Sexualität (hetero – homo), ‚race'/Hautfarbe (weiß – schwarz), Ethnizität (dominante Gruppe – ethnische Minderheit(en) = nicht ethnisch – ethnisch), Gesundheit (nicht-behindert – behindert), Alter (Erwachsene – Kinder, alt – jung).
- (Sozial-)räumlich orientierte Differenzlinien: Klasse (oben – unten, etabliert – nicht etabliert), Nation/Staat (Angehörige – Nicht-Angehörige), Ethnizität (dominante Gruppe – ethnische Minderheit(en) = nicht ethnisch – ethnisch), Sesshaftigkeit/Herkunft (sesshaft – nomadisch/angestammt – zugewandert), Kultur (‚zivilisiert' – ‚unzivilisiert'), Nord-Süd/Ost-West (the West – the Rest);
- Ökonomisch orientierte Differenzlinien: Klasse (oben – unten, etabliert – nicht etabliert), Besitz (reich/wohlhabend – arm), Nord-Süd/Ost-West (the West – the Rest), gesellschaftlicher Entwicklungsstand (modern – traditionell, fortschrittlich – rückständig, entwickelt – nicht entwickelt) (vgl. Lutz und Wenning 2001, S. 20 f.).

Als mögliches Diskussionsszenario solcher Differenzlinien in Verbindung mit Analysen von Macht- und Ungleichheitsstrukturen bietet sich eine ‚intersektionale Mehrebenanalyse' an (vgl. Winker und Degele 2010). Dafür findet sich folgende Begründung: „Im Unterschied zum Heterogenitätsdiskurs wird im Kontext von Intersektionalität [...] die Genese komplexer sozialer Ungleichheit nicht dethematisiert, sondern explizit zum Gegenstand der Analyse gemacht" (Emmerich und Hormel 2013, S. 237).

Mit dem „Anspruch auf gesellschaftliche Erneuerung, sprich all diejenigen Verhältnisse zu verändern, die Menschen unterdrücken und sie an der Entfaltung ihrer Bedürfnisse und Realisierungen ihrer Lebensziele hindern" (Winker und Degele 2010, S. 8), verspricht die intersektionale Mehrebenenanalyse, u. a. in ihre Konstruktionen „theoretisch und methodologisch vielfältigste Differenzkategorien ein[zubeziehen]" (ebd., Anpassung K.P.).

Sie referiert zum einen auf gesellschaftstheoretisch hergeleitete Strukturkategorien, wie Klasse, Herkunft/Ethnizität, Geschlecht und Körper (vgl. ebd., S. 37 ff.), die „auf der Strukturebene kapitalistischer Gegenwartsgesellschaften vier Herrschaftsverhältnisse, [...] nämlich Klassismen, Heteronormativismen, Rassismen und Bodyismen" (ebd., S. 38), unterscheiden. Zum anderen verweist sie auf prinzipiell offene, induktiv zu eruierende Differenzkategorien (vgl. ebd., S. 54 ff.). Als solche lassen sich z. B. „unterschiedliche Lerntypen, lernbezogene Interessen, Motivation, Kontroll- und Selbstwirksamkeitsüberzeugungen, Fähigkeitsselbstkonzepte, Konzentrationsfähigkeit, kognitive Fähigkeiten, Lernstrategien oder Lerntempo" (Walgenbach 2014b, S. 37) vorstellen.

7.1 Differenzordnungen in der Schul-Pädagogik

Nach diesem Modell von Intersektionalität werden Kategorien auf der Ebene gesellschaftlicher Strukturen, symbolischer Repräsentationen, sozialer Praxen und Identitätskonstruktionen sowohl in den Wechselwirkungen zwischen den Differenzkategorien als auch zwischen den Analyseebenen untersucht. Um diese Komplexität erfassen zu können, schlägt das Modell mit einer praxeologischen Begründungsfigur die Ebene der sozialen Praxen als Ausgangspunkt vor (vgl. ebd., S. 63 ff.).

Für Beschreibungen und Erklärungen schulischer Inklusion/Exklusion im Zusammenhang mit sozialer Ungleichheit lässt sich annehmen, dass „[m]it der pädagogischen Bezugnahme auf soziale Differenz […] eine differenziertere Bestimmung der *gesellschaftlichen Bedingungen von Erziehung und Bildung* ermöglicht werden" (Emmerich und Hormel 2013, S. 11, Herv. i. Orig., Anpassung K.P.) könnte. Dafür wären unterschiedliche Lebensbedingungen (z. B. in Formen von Gruppenkonstruktionen) als differente Bildungsvoraussetzungen bzw. -kontexte anzunehmen, die als Zuschreibungen zugleich soziale Ungleichheiten erzeugen (vgl. ebd., S. 14). Auf dieser Basis lassen sich einerseits verschiedenste Lebensformen und differente Lernstile von Schüler*innen als heterogene beschreiben, von denen einige schulaffiner als andere scheinen. Andererseits wird beobachtbar, in welchen sozial ungleichen Weisen heterogene Selbst- und Weltbilder, Lebens- und Bildungsbiografien gestaltet und inszeniert werden können und müssen (vgl. Miethe 2020, S. 19 ff.).

Auch dabei ist zu berücksichtigen, dass alle Beschreibungen mit (kontingenten, kontextbedingten) sozial gesetzten Normen und damit mit hegemonialen, gesellschaftlich anerkannten Normalitätserwartungen verbunden sind und in (pädagogischen) Beobachtungs- sowie Beschreibungsprozessen (re-)konstruiert werden. So wird z. B. im Sprechen von differenten Schulleistungen die Frage virulent, „in welchem Maße […] pädagogische bzw. politisch-demokratische und ökonomische Gerechtigkeitsvorstellungen [für die Organisation schulischer Vermittlungsprozesse] eine Rolle spielen und inwiefern von hier her die Dominanz des Leistungsprinzips plausibel werden kann" (Schäfer 2018, S. 14, Ergänzung K.P.).

Das Zugleich von Beschreibungen und Zuschreibungen sozialer Ungleichheit lässt sich einerseits als Dilemma intersektionaler (und inklusionspädagogischer) Programmatiken, die auf Differenzen referieren, diskutieren. Denn auch „[e]in wissenschaftlich begründeter intersektionaler ‚Kategorialismus' beinhaltet […] immer das Problem, soziale Gruppen und Individuen entlang klassifikatorischer Unterscheidungen *bezeichnen* zu müssen, während politisch die Aneignung und Subversion der Unterscheidung als Ziel exponiert wird" (Emmerich und Hormel 2013, S. 256, Herv. i. Orig., Anpassung K.P.). Andererseits markiert das Zugleich von Be- *und* Zuschreibungen schul-pädagogische Macht zur Erzeugung von Ungleichheit:

„Das zentrale Dilemma, das sich im Kontext differenzpädagogischer Programmatiken abzuzeichnen scheint, besteht nicht zuletzt darin, dass die angebotenen sozialen Unterscheidungen immer schon die Möglichkeit der Abwertung derjenigen erhalten, die im Resultat unterschieden werden: Wenn LehrerInnen Jungen und Mädchen, MigrantInnen und Nicht-MigrantInnen, arme und reiche Kinder voneinander unterscheiden, dann geschieht dies vor dem Hintergrund der Annahme, dass diese Unterscheidungen pädagogische Relevanz besitzen. Faktisch handelt es sich jedoch zunächst um eine soziale Kategorisierung von SchülerInnen, der *situationsbedingt* und *kontextabhängig* ein *asymmetrisches* Moment innewohnt. Die programmatische Aufforderung, soziale Unterscheidungen im pädagogischen Handlungsgefüge zu nutzen, setzt auf der Ebene der pädagogischen Beobachtungspraxis kontingente *Zuschreibungsoptionen* frei. Und es bleibt letztlich der institutionalisierten pädagogischen ‚Praxis‘ überlassen, was sie aus dem sozialen Unterscheidungswissen macht. [...]
In Hinblick auf die Erzeugung sozialer Ungleichheit werden Klassifikationssysteme dann bedeutsam, wenn ihre kategorialen sozialen Unterscheidungen (Mann/Frau, schwarz/weiß, arm/reich, heterosexuell/homosexuell, Inländer/Ausländer usw.) an konkreten Individuen zur Sichtbarkeit gebracht und mit Vor- bzw. Nachteilen für die Klassifizierten gekoppelt werden. Die Fähigkeit und Macht zur Zuschreibung – *Askription* – von Kategorien auf Individuen erachten wir daher als einen zentralen Faktor der Erzeugung von Ungleichheit – und über diese Fähigkeit verfügen in der modernen Gesellschaft insbesondere *Organisationen* (Emmerich und Hormel 2013, S. 12 und 14, Herv. i. Orig.).“

Dagegen werden im Selbstverständnis inklusionsorientierter Schul-Pädagogik schulische Organisationen und Kulturen vorgestellt, die gleichberechtigte Bildung ermöglichen könnten, indem sie sowohl allen Schüler*innen in gleichen Weisen Zugang zu Bildungsangeboten eröffnen als auch individuell exklusive Lern- und Lehrbedarfe erkennen und realisieren. Ansprüche an die Anerkennung und Wirksamkeit der individuellen Exklusivität aller Schüler*innen in inklusionsorientierten schulischen Praxen artikulieren sich wesentlich in dem pädagogischen Konzept Heterogenität.

7.2 Das Konzept Heterogenität in der Erziehungswissenschaft

Mit dem Konzept Heterogenität werden zunächst programmatische Forderungen gegen formale Differenzkonstruktionen aufgerufen. Sie richten sich z. B. gegen homogenisierende Einteilungen von Schüler*innen in Altersgruppen durch

7.2 Das Konzept Heterogenität in der Erziehungswissenschaft

die Organisation von Unterricht in Jahrgangsklassen (vgl. Rabenstein et al. 2014, S. 135 f.) und das damit verbundene Leistungsverständnis (vgl. Wagner-Willi 2018, S. 317) sowie gegen ‚personenbezogene Zuschreibungen sonderpädagogischer Förderbedarfe' (vgl. ebd., S. 318). Diese Forderungen lassen sich im Kontext inklusionsorientierter Schul-Pädagogik wie folgt erklären:

„Die Bildung vermeintlich alters- und entwicklungshomogener Gruppen dient dazu, die Schulleistungen der Kinder und Jugendlichen vergleichen zu können. Diese Homogenisierungsbestrebungen sind letztlich in der Durchsetzung des ‚schulischen Prinzips Selektion nach Leistung und Distribution' […] begründet. Ein leistungsbezogenes Selektionsbestreben steht jedoch im Widerspruch zum Inklusionsanspruch. […] [So] wird bereits auf formaler, kommunikativer Ebene ein Spannungsverhältnis von Inklusion und Homogenisierungsbestrebungen durch Bildung von Jahrgangsklassen deutlich. […] Eine weitere kommunikativ explizite Form der Herstellung von Differenz zwischen den SchülerInnen ist mit der formalen Zuweisung von Förderressourcen verbunden, welche noch immer i.d.R. eine personenbezogene Zuschreibung von ‚Sonderpädagogischem Förderbedarf' voraussetzt. […] Mit dieser formalen Differenzierung – der Etikettierung spezifischer SchülerInnen und der personenbezogenen Zuweisung sonderpädagogischer Ressourcen – wird wiederum eine inklusive Pädagogik erschwert, weshalb die Loslösung von solchen Differenzkategorien gefordert wird" (Wagner-Willi 2018, S. 317 f.).

Heterogenität kann „als routinierte pädagogische Ordnung von Unterricht" (Budde 2015, S. 22) oder auch „als zentrales aktuelles Paradigma der deutschen Schule" (ebd., S. 23) verstanden werden. Es wird darauf hingewiesen, dass der Begriff Heterogenität „trotz seiner aktuellen Relevanz in bildungspolitischen, erziehungswissenschaftlichen und pädagogisch-praktischen Kontexten auf kein einheitliches und konsistentes Programm" (Emmerich und Hormel 2013, S. 149) verweist. Er fungiert, so heißt es weiter, „als Kontingenzformel, die für differenzorientierte Pädagogiken in erziehungswissenschaftlichen Subdisziplinen konzeptionelle Anschlüsse ermöglicht" (ebd.).

Das Thema Inklusion/Exklusion verbindet sich in schulpädagogischen Vorstellungen mit dem Thema Heterogenität insbesondere mit Fragen nach „pädagogisch-professionellen Bedingungen der Gestaltung von Lehr-Lern-Prozessen" (ebd., S. 152) und mit der Aufmerksamkeit für Verschiedenheiten und Gemeinsamkeiten von Schüler*innen, denen Ansprüche auf „spezifische Diagnostiken, Förderpläne und pädagogische Prozeduren" (Budde 2015, S. 23) zugeschrieben und/oder abgesprochen werden.

Dagegen werden z. B. soziale Beziehungen der Schüler*innen „im Kontext heterogener Peermilieus […], mit denen sowohl Prozesse der Einbeziehung/

Inklusion als auch der Abgrenzung/Exklusion einhergehen" (Wagner-Willi 2018, S. 320), die Heterogenität der Pädagog*innen und der ‚Lerninhalte' (vgl. Mecheril und Vorrink 2014, S. 100), und auch Fragen von „Heterogenität und Alterität" (Wimmer 2014, S. 228 ff.) vergleichsweise selten thematisiert.

Es lassen sich zwei ‚schulpädagogisch zentrale Diskurslinien' unterscheiden: eine schulkritische (mit reformpädagogischen Bezugnahmen auf Heterogenität) und eine (im Kontext der Lehr-Lern-Forschung) ‚technologisch' auf das ‚Verhältnis' von Lernausgangslagen und -ergebnissen ausgerichtete (vgl. Trautmann und Wischer 2011, S. 30 f.). In beiden Zusammenhängen erscheinen sprachliche Bilder der *Unterschiedlichkeit der Schüler*innen einer Lerngruppe* hinsichtlich *verschiedener, als lernrelevant eingeschätzter Merkmale* (vgl. Koller 2014, S. 10). Heterogenität wird dabei im Sinne *deskriptiver Unterschiede* aufgerufen. Dazu ist in einer Analyse des ‚Begriffsfeldes' Heterogenität (vgl. Walgenbach 2014a, S. 23 ff.) zu lesen, dass einige Darstellungen vorwiegend „individuelle Persönlichkeitsmerkmale" (ebd., S. 29) als Unterschiede beschreiben. Genannt werden z. B. „unterschiedliche Lerntypen, lernbezogene Interessen, Motivation, Kontroll- und Selbstwirksamkeitsüberzeugungen, Fähigkeitsselbstkonzepte, Konzentrationsfähigkeit, kognitive Fähigkeiten, Lernstrategien oder Lerntempo" (Walgenbach 2014b, S. 37).

Zudem richten gesellschaftskritische Einsätze ihre Aufmerksamkeit auf „gesellschaftliche Entwicklungen" (Walgenbach 2014a, S. 29), um Unterschiede zu beobachten, zu beschreiben und zu bearbeiten. Dabei wird z. B. auf die „Pluralisierung von Lebensstilen und Lebensformen […,] Globalisierung und Migration […,] Mehrsprachigkeit […,] unterschiedliche kulturelle Hintergründe […,] religiöse Heterogenität […und] Pluralität von Weltdeutungs- und Sinnkonzepten" (Walgenbach 2014b, S. 36 f., Ergänzung K.P.) verwiesen. Zusammenfassend heißt es:

> „Heterogenität im Sinne von ‚Unterschiede' wird beobachtet bzw. pädagogisch bearbeitet. Unterschiede werden sowohl im Individuum verortet (individuelle Persönlichkeitsmerkmale) als auch als Effekte gesellschaftlicher Entwicklungen gesehen (Individualisierung, Pluralisierung, kulturelle Unterschiede, Mehrsprachigkeit, religiöse Pluralität)" (Walgenbach 2014b, S. 51).

Unsere Lektüren lassen uns darauf aufmerksam werden, dass in dieser Darstellung *„Ungleichheit/Gleichheit als Effekte des Schulsystems und der pädagogischen Praxis"* (Emmerich und Hormel 2013, S. 182, Herv. K.P.) nicht thematisiert werden. Zu beobachten ist die Tendenz, „soziale Differenz bzw. soziale Ungleichheit als pädagogisch relevanten individuellen

7.2 Das Konzept Heterogenität in der Erziehungswissenschaft

Erfahrungshintergrund zu konzipieren, mit dem sich das Bildungssystem mehr oder weniger passiv konfrontiert sieht" (ebd., S. 258). Eben diese Konstruktionsweisen scheinen es gleichermaßen zu ermöglichen, Heterogenität als inklusionspädagogisches Konzept zu etablieren *und* zu kritisieren:

> „Im Fall von Heterogenität [...] dokumentiert sich dies in einer Semantik, die in Formulierungen wie ‚Herausforderung', ‚Chance', ‚Umgang mit' oder ‚Anerkennung' eine grundlegend reaktive Haltung ausdrückt. Gesellschaft tritt dabei in Form einer ‚Kontextbedingung' für Erziehung und Bildung zurück, so dass soziale Differenz nunmehr unter dem Gesichtspunkt pädagogischer Handlungsmöglichkeiten konstruiert wird" (Emmerich und Hormel 2013, S. 258 f.).

Derart sensibilisiert lesen wir die Studie „Heterogenität – Intersektionalität – Diversity in der Erziehungswissenschaft" (Walgenbach 2014b). Mit dem Fokus Unterschiedlichkeit von Schüler*innen einer Lerngruppe (re)konstruiert diese Studie didaktische, deskriptive, evaluative und ungleichheitskritische Bedeutungsdimensionen (vgl. ebd., S. 51), in denen Vorstellungen von Heterogenität in erziehungswissenschaftlichen Texten zur Sprache kommen. Jede dieser vier Dimensionen fokussiert auf andere Aspekte des Heterogenitätskonzepts im Diskursfeld der Schulpädagogik (vgl. Abb. 7.1). Dabei wird darauf verwiesen, dass Heterogenität nicht allgemein, sondern immer nur relational diskutiert werden kann (vgl. ebd., S. 13).

> „Heterogenität wird bewertet als Chance, Herausforderung oder Belastung. [...] Heterogenität als Produkt sozialer Ungleichheiten [...] wird von außen in die Schule hineingetragen und durch soziale Praktiken innerhalb der Schule selbst hergestellt. [...] Heterogenität im Sinne von ‚Unterschiede' wird beobachtet bzw. pädagogisch bearbeitet. [...] Heterogenität wird unter dem Aspekt der Organisation bzw. Gestaltung von Lernprozessen fokussiert" (Walgenbach 2014b, S. 13).

In dem hier aufgerufenen Verständnis erscheinen Unterschiede zwischen Schüler*innen als vorhandene, die als gegebene beobachtbar und beschreibbar wären. „Heterogenität zeigt in diesem Sinne kategoriale ‚Andersartigkeit' an, die als eine ‚vorgefundene' soziale Wirklichkeit behandelt und mit pädagogischer Relevanz ausgestattet wird" (Emmerich und Hormel 2013, S. 154).

Es lässt sich kritisieren, dass mit „Differenzierung[en] der AdressatInnen pädagogischer Kommunikation [...] [nach] pädagogisch typisierten individuellen Merkmalen (‚kognitive Lernvoraussetzungen, sprachliche und soziale Kompetenzen, Interessen, Neigungen, Erwartungen, Leistungsmotivation') [und] entlang kategorialer Merkmale wie Geschlecht, Religion, Nationalität, Kultur"

Abb. 7.1 Bedeutungsdimensionen von Heterogenität im Anschluss an Walgenbach (2014b). (© Mirko Moll)

(ebd., S. 153, Ergänzungen K.P.) Gruppenzugehörigkeiten konstruiert werden, „die als ‚Ordnungskategorien' [...] die *Invarianz* von Zugehörigkeit artikulieren"[1] (ebd., S. 154, Herv. i. Orig.).

Im Heterogenitätsdiskurs stehen solchen Vorstellungen machtkritische und kulturwissenschaftliche Perspektiven entgegen, „denen es darum geht, Unterschiede (bzw. Differenzordnungen) als gesellschaftliche Konstruktionen zu begreifen und Möglichkeiten eines zuschreibungsreflexiven Umgangs mit diesen Konstruktionen anzubieten" (Dirim und Mecheril 2018, S. 19). Vertreter*innen dieser Zugänge sind der Auffassung, dass Beobachtung und Beschreibung von ‚gegebener' Heterogenität in (inklusionsorientierten) schulpädagogischen Zusammenhängen zu „essentialistischen Verkürzungen" (Mecheril und Vorrink

---

[1] Als Erklärung für diese Annahme ist zu lesen: „Die Askription familialer, nationaler, religiöser, kultureller, alters- und geschlechtsbezogener Zugehörigkeit bleibt dem Individuum unverfügbar und ist durch historisch und situativ je spezifische Ausformungen gesellschaftlicher Ungleichheit gekennzeichnet" (Emmerich und Hormel 2013, S. 154).

7.2 Das Konzept Heterogenität in der Erziehungswissenschaft

2014, S. 108) und „zu einer ontologisierenden Vereinheitlichung" (ebd.) von Schüler*innen neigen. Wir zitieren:

> „Auch wenn Heterogenität im Heterogenitätsdiskurs als Erkenntnisleistung von Beobachterinnen, also abhängig von den Kriterien der Unterscheidung verstanden wird […], so werden die Merkmale von Schülerinnen, nach denen je unterschiedlich differenziert werden kann, als gegeben verstanden. Schülerinnen werden so zu Schülerinnen mit Migrationshintergrund oder mit Behinderung oder zu Schülerinnen mit spezifischen Lerndispositionen. Der Heterogenitätsdiskurs tendiert zu einer ontologisierenden Vereinheitlichung der einzelnen Schülerin: diese ist damit eine Schülerin mit einem bestimmten Merkmal" (Mecheril und Vorrink 2014, S. 108).

Der Einspruch kann als Forderung gelesen werden, dass der erziehungswissenschaftliche Heterogenitätsdiskurs ebenso wie die Schul-Pädagogik selbst als Orte bestimmter Weisen der Produktion von Heterogenität zu thematisieren wären. So scheint es bemerkenswert, dass die (re)konstruierten Zuschreibungen typisierter Merkmale ‚Gruppenzugehörigkeiten' als Lernvoraussetzungen und -bedingungen von Schüler*innen adressieren und nicht als „*Ungleichheit* der mit ihnen [den Merkmalen] symbolisch markierten sozialen Positionierungen" (Emmerich und Hormel 2013, S. 154, Ergänzung K.P.). Daran lässt sich „der weitgehende Verzicht auf erkenntniskritische sozialwissenschaftliche Reflexion gerade derjenigen Realitätsannahmen über soziokulturelle, sozioökonomische, geschlechtsbezogene Differenz, die den Diskurs konstituieren" (ebd.), kritisieren, der „durch die Ausformulierung einer pädagogischen Ethik kompensiert [wird], die den negativen Klassifikationsoptionen […] mit der normativ begründeten Forderung nach *Anerkennung* jener askribierten Unterschiede begegnet" (ebd., S. 155, Herv. i. Orig., Ergänzung K.P.).

Bezogen auf das Inklusionsgebot/Exklusionsverbot kann Heterogenität so als ein positiv aufgeladener Begriff erscheinen. Dessen beobachtbarer Bedeutungszuwachs wird u. a. mit erziehungswissenschaftlichen Kritiken am Differenzbegriff und „dem Bedürfnis, sich von Defizitperspektiven auf pädagogische Zielgruppen abzugrenzen" (Walgenbach 2014a, S. 20), verständlich.

Mit der Markierung als *didaktische Herausforderung* wird Heterogenität als professionelle Anforderung an lernprozess- wie pädagogisch-diagnostische und methodische Kompetenzen von Lehrer*innen (vgl. Walgenbach 2014b, S. 44), als Handlungsaufforderung für die Gestaltung von Unterricht und als Gegenstand systematischer Reflexionen pädagogischer Praxen thematisiert (vgl. ebd., S. 27). Wie bereits ausgeführt, erscheint Heterogenität in inklusionsorientierten didaktischen Einsätzen meist als zu bewältigende Herausforderung für Lehrer*innen, die diese erkennen und handhaben sollen (vgl. Kap. 5, Abschn. 5.3). Als ein Instrument dafür wird das ‚diagnosebasierte Unterrichten' u. a. wie folgt vorgestellt (vgl. Schiefele et al. 2019, S. 54 ff.):

> „Es ist [...] eine pädagogisch-didaktische Herausforderung, die vielfältigen Erfahrungen und das gegenstandsbezogene Wissen und Können der SchülerInnen entlang ihrer Gemeinsamkeiten und ihrer Differenzen mittels Diagnostik in den Blick zu bekommen. Beide Aspekte zu betrachten, Homogenität und Heterogenität, und auf dieser Grundlage unterrichtliche Arrangements zu entwickeln, stellt den Kern didaktischen Handelns in gruppenförmig organisierten Lehr-Lernsituationen dar. Je nachdem, welche konkreten SchülerInnen mit welcher didaktischen Intention im Unterricht gruppiert und adressiert werden, sind sie neu zu betrachten. Daran anschließend sind die Fragen zu klären, ob und wie die SchülerInnen voneinander, von der Lehrperson und ihrem Fachwissen und/oder in Form von Medien zur Verfügung gestellten Materialien lernen können" (ebd., S. 57).

Gegen solche Handlungsaufforderungen lässt sich vieles einwenden, z. B. die „Auffassung, Schülerinnen brächten ihre Identitäten und Lerndispositionen in den [inklusionsorientierten] Schulkontext ein, in dem es nunmehr um einen ‚Umgang' mit diesen heterogenen Dispositionen gehe. [...] Im Zuge des Umgangs mit Heterogenität wird damit ein pädagogisches Handeln qualifiziert, das eine technische Handhabbarkeit mit der als gegeben verstandenen Unterschiedlichkeit der Schülerinnen suggeriert" (Mecheril und Vorrink 2014, S. 108 f., Ergänzung K.P.) bzw. das eine zu bewältigende Herausforderung für Lehrer*innen dargestellt. Mit diesem Einwand kann verständlich werden, dass Lehrer*innen keine neutralen Beobachter*innen von Lernprozessen und Gestalter*innen von Unterricht in heterogenen Gruppen sein können. Das jeweils konkrete Heterogenitätsverständnis setzt eigene Welt(erfahrung)en voraus und wird damit immer schon gegenüber anderen bevorzugt (vgl. Wimmer 2014, S. 232 f.). Aus einer solchen Perspektive kann Heterogenität nicht als gegeben vorausgesetzt werden. Sie wird in inklusionspädagogischen Praxen auf kontingente Weisen hergestellt.

Diese Einwände können zugleich als mögliche Erklärungen dafür gelesen werden, dass Heterogenität im schulpädagogischen Diskursfeld *normativ umstritten* erscheint. Heterogenität wird sowohl im Sinne von Belastung und Herausforderung als auch in der normativen Bedeutung von Chance aufgerufen. Mit der Bewertung von Heterogenität als Belastung rücken vor allem Lehrer*innen ins Blickfeld, die Heterogenität als belastende Überforderung erleben oder als Problem/Herausforderung/Aufgabe, welche(s) bewältigt werden muss (vgl. Walgenbach 2014b, S. 26 f.), aber nicht abschließend bewerkstelligt werden kann. Viele mediale Darstellungen zu Überforderungen, Stresserleben und Burnout von Lehrer*innen geben Zeugnis davon (vgl. Abschn. 1.1 im Kap. 1). In dem Zusammenhang werden Differenzen aufgerufen, die schulische Routinen immer wieder irritieren: vielfältige soziokulturelle Lebenslagen, diverse Migrationskontexte, geringer sozialer und sozioökonomischer Status, körperbezogene Behinderungen und andere (re-)konstruierte ‚Abweichungen' von Normalitätserwartungen. Dagegen positioniert sich der Anspruch, Heterogenität „als Chance und als Bereicherung zu bewerten und für schulisches Lernen produktiv zu nutzen" (Trautmann und Wischer 2011, S. 8).

7.3 Heterogenität als normative Orientierung

Mit der Frage nach den Möglichkeiten, Heterogenität als Chance für schulpädagogische Prozesse zu deuten, rücken normative Ansprüche eines inklusionsorientierten Schulsystems in den Vordergrund. Sie können mit präskriptiven Darstellungen eines wünschenswerten Umgangs mit Unterschieden in Praxen individualisierter und kooperativer Lernarrangements sowie anerkennender Beziehungen zwischen Pädagog*innen und Schüler*innen beantwortet werden.

Innerhalb dieses Zugangs kommt für inklusionsorientierte Pädagogiken und ein entsprechendes Bildungssystem der ‚Pädagogik der Vielfalt' eine besondere Bedeutung zu, die (erstmals 1993) in der Schrift „Pädagogik der Vielfalt. Verschiedenheit und Gleichberechtigung in interkultureller, feministischer und integrativer Pädagogik" (Prengel 2019a) entfaltet wurde. Auf sie referieren die meisten Veröffentlichungen zu normativen Fragen inklusionsorientierter Pädagogik. Der Begriff der Heterogenität erscheint in diesem Kontext „als hierarchie- und identitätskritische[s], bildungs- und demokratierelevante[s] Theorem" (Prengel 2014, S. 49). Dieses Postulat soll es ermöglichen, „gesellschaftliche Verhältnisse und persönliche Beziehungen zu analysieren und zu entwerfen" (ebd.).

Um diesen Ansatz zu skizzieren, verweisen wir zunächst auf den Entwurf von „Verschiedenheit und Gleichberechtigung als institutionelle Aufgabe" (Prengel 2019a, S. 194). Er ist Teil der „Elemente einer Pädagogik der Vielfalt" (ebd., S. 193 ff.), die in der Form von 17 Thesen zur Diskussion gestellt und wie folgt eingeführt werden:

> „Die folgenden 17 Thesen sind dem Ziel verpflichtet, für alle Schülerinnen- und Schülergruppen auf den unterschiedlichen Ebenen der Schulpädagogik den gleichberechtigten Zugang zu den materiellen und personellen Ressourcen der Schule

zu schaffen, um auf der Basis solcher Gleichberechtigung die je besonderen, vielfältigen Lern- und Lebensmöglichkeiten zu entfalten. [...]

Überblick:
1. Selbstachtung und Anerkennung der Anderen
2. Übergänge: Kennenlernen der Anderen
3. Entwicklungen zwischen Verschiedenen
4. Kollektivität: Gemeinsamkeiten zwischen Menschen mit ähnlichen Erfahrungen
5. Innerpsychische Heterogenität
6. Begrenztheit und Trauerarbeit – Entfaltung und Lebensfreude
7. Prozeßhaftigkeit
8. Keine Definitionen
9. Keine Leitbilder
10. Aufmerksamkeit für individuelle und kollektive Geschichte
11. Aufmerksamkeit für gesellschaftliche und ökonomische Bedingungen
12. Achtung vor der Mitwelt
13. Didaktik des offenen Unterrichts, Lernentwicklungsberichte
14. Grenzen, Rituale, Regeln
15. Kinderelend oder ‚Störungen als Chance'?
16. Selbstachtung und Anerkennung der Anderen in der Rolle der Lehrerinnen und Lehrer
17. Verschiedenheit und Gleichberechtigung als institutionelle Aufgabe" (Prengel 2019a, S. 194)

Das (den aufgeführten Elementen einer Pädagogik der Vielfalt) zugrunde liegende Verständnis von Heterogenität als Verhältnis zwischen „verschiedene[n] Personen [...], die einander nicht untergeordnet sein sollen" (Prengel 2014, S. 50, Anpassung K.P.), begründet sich mit menschenrechtsphilosophischen und demokratietheoretischen Zugängen (vgl. ebd., S. 45). Heterogenität wird als ‚egalitäre' Differenz[2] dargestellt. Sie gilt als Differenz auf der Basis von Gleichheit mit der „begründeten Annahme der Möglichkeit universell gültiger, das heißt auch alle Lernenden betreffenden Aussagen – und zwar zu den Hinsichten grundlegender humaner Möglichkeiten, Bedürfnisse und Rechte" (ebd., S. 50). In diesem Einsatz scheint „Verschiedenheit [...] als vorgefundener Sachverhalt begriffen und als Primat aller anschließenden Problematisierungen gesetzt [...], während

---

[2] In der Schrift „Pädagogik der Vielfalt" (Prengel 2019a) erscheinen die folgend aufgeführten Bedeutungsaspekte von Heterogenität in der Form von zwölf Thesen zur „Annäherung an einen demokratischen Differenzbegriff" (ebd., S. 189), dem an dieser Stelle ein „vorläufig fragmentarische[r] und experimentelle[r] Charakter" (ebd., S. 193) zugeschrieben wird.

7.3 Heterogenität als normative Orientierung

Gleichheit [...] ein normatives Prinzip der Anerkennung von Gruppen- bzw. Kollektividentitäten" (Emmerich und Hormel 2013, S. 158) darstellt. Mit dieser Ausgangssetzung werden vier pädagogisch ‚unverzichtbare' Bedeutungsaspekte von Heterogenität (vgl. Prengel 2014, S. 51 f.) benannt: „Verschiedenheit, Vielschichtigkeit, Veränderlichkeit und Unbestimmtheit" (ebd., S. 51). Aus diesen Bedeutungen werden je spezifische Anforderungen an heterogenitätssensibles pädagogisches Handeln abgeleitet:

- Heterogenität im Sinne *nicht-hierarchischer (kollektiver und individueller) Verschiedenheit* wird „als Reichtum interpretiert und fungiert als erkenntnisleitendes wissenschaftliches und handlungsleitendes pädagogisches Interesse" (ebd., S. 51).
- Heterogenität in der Bedeutung *intrapersoneller und intrakollektiver Vielschichtigkeit* wird als Ansporn vorgestellt, „plurale, sich überschneidende sozialstrukturelle Kategorien und ihre interkategorialen Wechselwirkungen zu untersuchen und pädagogisch handelnd zu berücksichtigen" (ebd., S. 52).
- Mit dem vorgestellten Konzept von Heterogenität wird auf die *prozesshafte, sich dynamisch entwickelnde Veränderlichkeit* „individueller und kollektiver Identitäten" verwiesen (ebd.), die „in Forschung und Praxis de[n] Verzicht auf identifizierende Festschreibungen aller Art [nahelegen würde]: ob sie sich nun auf kulturelle Differenzen, auf Ability Differenzen, auf Geschlechterdifferenzen oder auf Aussagen zur individuellen Diagnostik beziehen" (ebd., Anpassung und Ergänzung K.P.). In dem Zusammenhang wird vermerkt, dass Interpretationen von heterogenen, sich „prozesshaft, in Bewegung, dynamisch sich entwickelnd[en] [...] Aussagen über Menschen grundsätzlich iterativ[3], nur als vorläufig gültige Arbeitshypothesen getroffen werden können" (ebd.).
- Aus der Idee von Heterogenität als *unbegreifliche* und *unsagbare Unbestimmtheit* „folgt die Einsicht, dass es unmöglich ist, einen Menschen oder soziale Gruppierungen gültig in Kategorien zu fassen. Unerlässlich ist die Offenheit für Unbestimmtes, Unbekanntes und damit auch für Spontanität, Eigenlogik und Kreativität der einzelnen Kinder und der Kinderkultur" (ebd. S. 52 f.).

---

[3] Das Adjektiv ‚iterativ' wird in den Sprachwissenschaften im Sinne von ‚wiederholend' verwendet. Im Zusammenhang mit Veränderlichkeit, in dem es hier verwendet wird, kann es auf eine Iteration im Sinne einer Wiederholung verweisen, die immer zugleich eine Veränderung darstellt. Mit dieser Lesart wäre weniger der Verzicht als die Unmöglichkeit „identifizierende[r] Festschreibungen aller Art" (Prengel 2014, S. 52) zu thematisieren.

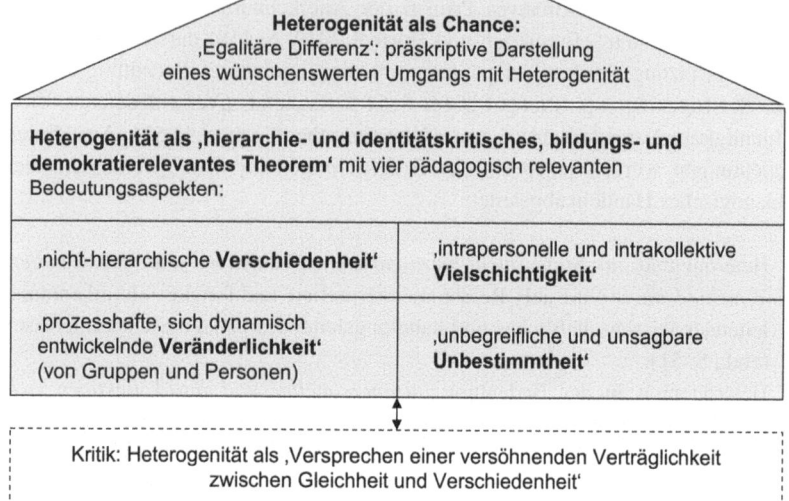

Abb. 7.2 Zur normativen Bedeutungsdimension von Heterogenität nach Prengel (2014 und 2019a). (© Mirko Moll)

Die als ‚pädagogisch relevant' gelesenen Bedeutungen von Heterogenität werden als Untersetzungen der normativen Bedeutungsdimension von Heterogenität dargestellt (vgl. Abb. 7.2).

Das so eingeführte Heterogenitätsverständnis (Differenz auf der Basis von Gleichheit) verbindet sich mit drei ‚ethischen Theoremen' der Anerkennung in pädagogischen Beziehungen: „der Solidarität mit Fremden, der Achtung vor altersgerechter gleicher Freiheit der Kinder und der Wertschätzung ihrer individuellen Leistung" (Prengel 2019b, S. 93).

Die Forderung der „*Achtung vor altersgerechter gleicher Freiheit der Kinder*" (ebd., Herv. K.P.) wird als „[g]leiche Freiheit in pädagogischen Beziehungen" (ebd., S. 84, Anpassung K.P.) vorgestellt. Ausgehend von ‚Gleichheits- und Freiheitsrechten' (vgl. ebd., S. 85) sowie von „hierarchisch strukturierten Differenzverhältnissen, die auch das Generationenverhältnis betreffen" (ebd., S. 84 f.), werden pädagogische Beziehungen als „Bildungssituationen in der Perspektive der rechtlichen Anerkennung [...] betrachtet" (ebd., S. 84). Die Darstellung erläutert den Anspruch ‚gleicher Freiheit' mit anerkennungstheoretischen und menschenrechtlichen Argumenten und beschreibt mögliche Weisen der Achtung dieser in Schulen wie folgt:

7.3 Heterogenität als normative Orientierung

> „In partizipativen demokratiepädagogischen Modellen [...] geht es darum, die konkreten Hinsichten von Gleichheit und Freiheit, also die Gleichheits- und Freiheitsrechte, die für Kinder und Jugendliche gelten sollen, zu klären und in einem für alle geltenden Regelwerk verbindlich zu machen. Damit wird auch transparent, in welchen Hinsichten Erwachsene das Sagen haben und in welchen nicht. [...] Diese Einsichten zur Relevanz von Gleichheit in pädagogischen Arbeitsfeldern sind für Auseinandersetzungen über Fragen des Curriculums folgenreich. Sollen selbstbestimmte Themenwahlen der Lernenden möglich sein oder sollen in der Bildungsplanung vorbestimmte Curricula mit festgelegten Kompetenzen gelten? Auch an dieser Stelle wird deutlich, dass [...] beides gewährleistet werden sollte: Dass die junge Generation lernt, was die ältere Generation im Interesse ihrer Chancengleichheit für wesentlich erachtet und dass die Älteren verbindliche Freiräume gewährleisten, in denen die Jüngeren nicht daran gehindert werden, zu spielen und zu lernen, was sie interessiert. [...] Es ist eine Kunst, in der generationenvermittelnden professionellen Beziehung zu klären und transparent zu machen, welche Machtbefugnisse, welche Gleichheiten und welche Freiheiten jeweils anerkannt werden sollen. [...] Fragen von Segregation und Inklusion sind zentrale Fragen der rechtlichen Anerkennung im Bildungssystem. [...] [I]ndem alle Lernenden in einer Institution ihre Bildungsansprüche einlösen, werden sie auf der institutionellen Ebene als Gleiche anerkannt" (Prengel 2019b, S. 86 ff., Anpassung K.P.).

Im Text ist zu lesen, dass auf diese Weise „*horizontal-egalitäre und vertikal-hierarchische Hinsichten der Gleichheit und der Ungleichheit* zuverlässig geklärt werden" (ebd., S. 87, Herv. K.P.) könnten. In ‚vertikal-hierarchischer Hinsicht' wäre (generationale) Ungleichheit in pädagogisch-professionellen Beziehungen zu klären, in ‚horizontal-egalitärer Hinsicht' dagegen Gleichheit mit dem Anspruch gleicher Freiheit für alle Kinder und Jugendlichen.

Die Annahme gleicher Freiheit erscheint uns angesichts sozial ungleicher Entscheidungs- und Handlungsfreiheiten fragwürdig. Wir rufen deshalb eine Kritik auf, die auf die Aporien des vorgestellten normativen Verständnisses von Heterogenität insistiert und den Ausschluss „soziale[r] Ungleichheit als erklärungsbedürftigen Sachverhalt aus der normativen Grundlegung der Vielfaltspädagogik" (Emmerich und Hormel 2013, S. 159) moniert:

> „Das Problem einer derartigen Gleichheitsvorstellung besteht vor allem in der tendenziellen Kulturalisierung sozialer Ungleichheit, da [...] [diese Konstruktion] in ihren grundlegenden Motiven nicht den ungleichen Zugang zu gesellschaftlichen Ressourcen wie Einkommen, Macht und Bildung zum Ausgangspunkt ihrer Vielfaltsorientierung nimmt, sondern die daraus resultierenden strukturellen Ungleichheiten als Sozialontologie des soziokulturell Verschiedenen klassifiziert. Die Aporien einer solchen Begründung der Vielfaltspädagogik entfalten sich, wenn die Übertragung der bildungstheoretischen Konstruktionen auf das Feld der pädagogischen Praxis bzw. der pädagogischen Beobachtung berücksichtigt wird

[…]. Gruppenkategorien tragen in die pädagogische Beobachtung unweigerlich sozial asymmetrische Wertungsoptionen ein und die pädagogische Bezugnahme auf Askriptionen kann entsprechend nicht ‚unschuldig' erfolgen" (Emmerich und Hormel 2013, S. 160 f., Ergänzung K.P.).

Vor dem Hintergrund dieses Verweises auf Aporien stellen wir nachfolgend die beiden anderen ‚Theoreme' im Hinblick auf die darin zu lesenden Normativitäten von Heterogenität als inklusionspädagogischem Konzept zur Diskussion.

Der Grundsatz der *Solidarität mit Fremden* wird in Analogie und Abgrenzung zu theoretischen Vorstellungen von Anerkennung als Liebe in Familien- und Freundschaftsbeziehungen diskutiert (vgl. Prengel 2019b, S. 63). Er bezeichnet „aus pädagogisch-professioneller Sicht die Verpflichtung zur Solidarität mit den Kindern, die hier ‚fremd' genannt werden, weil es nicht die ‚eigenen' Kinder sind, denen in den ursprünglichen anerkennungstheoretischen Entwürfen per se die Anerkennungsform der ‚Liebe' zukommt" (ebd., S. 65).

Die mit der Konzeptionierung von Heterogenität als egalitäre Differenz und als Chance für inklusionsorientierte Pädagogiken benannten Ansprüche an pädagogisches Handeln thematisieren verschiedene Formen des Wissens und Verstehens ‚Fremder'. Heterogenitätssensible, pädagogisch motivierte Praxen zeichnen sich aus dieser Perspektive durch Interpretationen von Verschiedenheit aus. Sie sind gekennzeichnet durch pädagogisches Interesse, das Erkenntnis leitet (vgl. Prengel 2014, S. 51), und von *„‚Solidarität mit Fremden' als eine professionelle pädagogische Anerkennungsform"* (ebd., S. 63, Herv. i. Orig.).

Der Singularität jedes Menschen und der Situativität pädagogischer Praxen scheint in diesem Konzept mit der Forderung nach Aufmerksamkeit für die ‚situativ jeweils nicht aktualisierten Persönlichkeitsanteile' Rechnung getragen. Für die Vermeidung ‚polarisierender Pauschalisierungen' wird intersektionales Wissen (vgl. dazu Abschn. 7.1) vorausgesetzt, das sich aus Untersuchungen ‚pluraler, sich überschneidender soziostruktureller Kategorien und ihrer interkategorialen Wechselwirkungen' speist und das pädagogisch handelnd zu berücksichtigen wäre (vgl. ebd., S. 63 ff.).

Darüber hinaus werden Empathie und Feinfühligkeit in einer sozialen und einer sachlichen Dimension als Möglichkeiten vorgestellt, angemessene Lerngelegenheiten und Beziehungen vorzubereiten. Im Kontrast zu „hochprofessionellen pädagogischen Beziehungen, die auf einer Anerkennung in Form von engagierter Solidarität der Erwachsenen mit den Adressaten von Bildung beruhen" (ebd., S. 79), werden „verletzende pädagogische Beziehungsqualitäten als Mangel an Solidarität" (ebd.), als „Formen pädagogischen Fehlverhaltens in der Schule" (ebd.) und als „Lehrergewalt" (ebd., S. 80) problematisiert.

7.3 Heterogenität als normative Orientierung

Nachfolgend zitieren wir einige Beispiele aus der Projektstudie „Soziale Interaktionen in pädagogischen Arbeitsfeldern" (Prengel 2019b, S. 95 ff.).

> **Beispiel**
>
> **Beobachtungen von ‚Qualitäten pädagogischer Beziehungen'**
> Aus einer (anerkennungstheoretisch begründeten) Perspektive widmet sich die breit angelegte Projektstudie „Soziale Interaktionen in pädagogischen Arbeitsfeldern" (Prengel 2019b, S. 95) mittels „Feldvignetten" (ebd., S. 101) Fragen der Qualität pädagogischer Beziehungen und ihrer Verbesserung. In einer Auswertung der Studie ist von ‚wiederkehrenden Mustern der Anerkennung, der Verletzung und des ambivalenten pädagogischen Handelns' (vgl. ebd. S. 120) zu lesen.
>
> Als ‚wiederkehrende Muster der Anerkennung' werden aufgerufen: „zu Leistung ermutigen, engagiert erklären, Leistung loben, bei Kummer trösten, kleinere Kinder freundlich streicheln oder in den Arm nehmen, ältere Kinder freundlich ansprechen, Konflikte wahrnehmen und lösen helfen, Humor und Lachen ermöglichen, den Schülerinnen und Schülern zuhören, bei Fehlverhalten Grenzen setzen" (ebd., S. 120). Solchen Mustern der Anerkennung werden folgende Beispiele zugeordnet:
>
> „Achim rechnet nun eine Aufgabe. Es wird wieder unruhig im Kreis, die Kinder reden durcheinander. Die Lehrerin Frau S. interveniert kurz. ‚So wartet mal. Wer spricht jetzt?' Die Kinder antworten ‚Achim'. Sie fragt weiter: ‚Und wer hört zu?' Im Chor antworten die Schüler, dass alle anderen zuhören. Augenblicklich wird es ruhiger. […].
>
> Die Schüler arbeiten an ihrer Aufgabe, nur Markus sitzt noch immer untätig an seinem Tisch. Die Lehrerin Frau S. geht auf ihn ein: ‚Markus was ist los? Möchtest du dir nichts aussuchen? Möchtest du gedrückt werden? Möchtest du Seilspringen? …Gar nichts?' Er schüttelt den Kopf. Sie fragt weiter: ‚In die Leseecke?' …Was ist heute los mit dir, musst du erst mal ankommen? Dann geh in die Leseecke und ich wünsche dir sehr, dass du heut wieder bessere Laune bekommst. Wir haben heute nämlich noch etwas zu feiern. […].
>
> Die Kinder setzen sich auf die Podeststufen (im Musiksaal der Schule) und lachen und reden miteinander. Es haben sich kleine Grüppchen gebildet. Der Lehrer Herr B. holt sein Akkordeon und sagt, dass alle, die das Lied kennen, mitsingen sollen. Viele Kinder stimmen schon nach den ersten Tönen in Jingle Bells mit ein und nach wenigen Sekunden singt die ganze Klasse Jingle Bells. Herr B. nickt immer wieder aufmunternd und begeistert seiner Klasse

zu, um sie zum lauten Singen zu animieren. Als die Klasse mehrere Strophen gesungen hat, hört Herr B. auf und klatscht begeistert und lobt die Klasse für den lauten und tollen Gesang. Viele Kinder strahlen und sehen glücklich aus" (ebd., S. 111 ff.).

Von ‚wiederkehrenden Mustern ambivalenten pädagogischen Handelns' ist zu lesen: „Das Lob für ein Kind geht mit der Entwertung eines anderen Kindes einher. Ein Lob enthält die Festigung der Definitionsmacht der Lehrerin. Eine angenehme Heiterkeit erzeugende Bemerkung enthält subtil einen Aspekt von Humor auf Kosten eines Schülers. Ein für die Kinder berechenbares, transparentes, Halt gebendes Punktesystem enthält übermäßige Lehrerdominanz" (ebd., S. 120). Hier einige Beispiele, die als ambivalentes pädagogisches Handeln vorgestellt werden:

„Denis und Erwin ziehen sich die Kapuzen ihrer Sweat-Shirts über. Die Lehrerin Frau S. kommentiert nur kurz in lustigem Ton: ‚Hey ihr Rapperkinder, setzt die Kapuzen ab! ...sonst tausche ich euch gegen einen Goldhamster ein!' Die Jungen, die Arme vor der Brust verschränkt, reagieren erst einmal nicht, worauf ihnen Frau S. die Kapuzen abstreift. Widerstandlos und in unveränderter Sitzhaltung lassen sie es sich gefallen. [...].

Die Lehrerin Frau G. fragt, warum das Einkleben der Zettel so lange dauert: ‚Gerade bei den Herren der Schöpfung ist es ja bewiesen', dass sie nicht zwei Dinge gleichzeitig können." (ebd., S. 110 ff.).

Zu den aufgeführten ‚wiederkehrenden Mustern der Verletzung' gehören: „Fehler und Fehlverhalten diskriminierend kritisieren, Kinder anbrüllen, sarkastisch ansprechen, lächerlich machen, beschämen, ignorieren, unterbrechen, in Gegenwart von Klassenkameraden und von externen Besuchern negativ über eine anwesende Schülerin oder einen Schüler sprechen, Schülerinnen und Schüler nicht anhören, am Arm schütteln, vor die Tür schicken, Hilfe durch Peers verbieten, Kummer und körperliche Schmerzen ignorieren, bei Fehlverhalten keine Grenzen setzen, bei Verletzungen durch Peers nicht intervenieren und so Hilfe unterlassen" (ebd., S. 120). Zur Erklärung werden u. a. folgende Beispiele zitiert:

„Die Lehrerin Frau Z. wendet sich zu Stefan, schaut in sein Heft und sagt: ‚Weißt du was mich richtig ärgert? Dass du so unglaublich faul bist.' Frau Z. zeigt auf uns (die Hospitantinnen). ‚Diese beiden Frauen da denken echt, dass du bescheuert bist. Dabei bist du einfach nur so richtig schön dumm. So richtig schön dumm-faul.' Stefan schaut auf sein Heft und stützt den Kopf in die Hände. [...].

Der Erzieher Herr V. erklärt Luise eine Aufgabe und fragt: ‚4 + 1 ist größer als 4?' Anna nickt unsicher. Emil nickt ebenfalls. Im gleichen Augenblick

7.3 Heterogenität als normative Orientierung

schwatzen Marie und Luise miteinander, wobei Marie Luise bei ihren Aufgaben hilft. Herr V. schreit über die Tische ermahnend: ‚Marie!' Marie guckt verwundert und schreibt schnell weiter. [...].
Frau H. möchte nun mit dem Unterricht beginnen. Sie schaut sich um, ob genug Bücher auf den Tischen vorhanden sind. Sie sagt: ‚Für diejenigen unter euch, die unter Arthritis leiden, habe ich ein paar Kopien gemacht'" (ebd., S. 109 f.). ◄

Ausgehend von der Annahme, dass „die Protagonisten davon überzeugt sind, professionell richtig zu handeln" (ebd., S. 122), werden die „[a]versive[n] pädagogischen Handlungsmuster [als] zugehörig zu einem Repertoire an überkommenen kulturellen Praktiken" (ebd., Anpassung K.P.) beschrieben, das im Sinne symbolischer Macht (vgl. Kap. 6, Abschn. 6.1) „von einem bedeutenden Teil der Akteure für legitim gehalten und als fester Bestandteil des pädagogischen Handelns angesehen wird" (ebd.). Mit dem Anspruch der Anerkennung der*des Anderen als Anderer*m streitet die „Pädagogik der Vielfalt" für menschenrechtlich fundierte Normen als Grundlage einer Ethik pädagogischen Handelns, die gegen derart „problematische Überzeugungen [...] der kulturellen Normativität von verletzenden Handlungsmustern" (ebd., S. 123) und gegen „die vorherrschende Tabuisierung pädagogischer Kunstfehler" (ebd., S. 132) ins Feld geführt werden kann.

Das (hypothetische) Wissen um die Angemessenheit der Ansprache eines Kindes und einer*eines Jugendlichen und um die jeweils geeignete Lernumgebung begründet sich mit der Möglichkeit des einfühlenden Verstehens individuellen Lernens. So heißt es:

> „Es kann [...] eine außerordentlich empathische Wahrnehmung durch Lehrer und Erzieher erforderlich sein, wenn es darum geht, herauszufinden, in welcher Form, mit welchen Medien und auf welcher Kompetenzstufe ein Kind oder Jugendlicher sachlich ansprechbar ist und seine Zugänge zur Welt des Wissens und des Könnens ausbauen kann. Darin liegt der Zusammenhang von diagnostischer und didaktischer Perspektive. Und darin, dass Lehrerinnen und Lehrer feinfühlig erspüren, an welchen Themen und mit welchen Methoden eine Gruppe oder ein einzelnes Kind oder ein einzelner Jugendlicher gut lernen kann, zeigt sich die didaktisch relevante Solidarität der Lehrenden mit den Lernenden, für die sie eine geeignete pädagogische Umgebung mit passenden räumlichen, materiellen, medialen und methodischen Lerngelegenheiten vorbereiten." (Prengel 2019b, S. 79).

Mit dieser Vorstellung von Heterogenität als egalitärer Differenz und als Chance für inklusionsorientierte Pädagogiken verbindet sich eine Form der Anerkennung des Anderen, die ein ‚aneignendes' Verstehen der*des Einzelnen mit Methoden

„der Ein-fühlung und des Sich-hinein-versetzens in fremdes Erleben" (Meyer-Drawe und Waldenfels 1988, S. 273) voraussetzt. Dieses Verstehen und das damit verbundene Wissen werden als Grundlage rationaler Begründungen fremden wie eigenen Handelns positioniert und im Insistieren auf ‚kindliche Fremdheit' kritisiert (vgl. ebd., S. 273 ff.).

Kritische Lektüren problematisieren die Vorstellung von Heterogenität als egalitäre Differenz des Verstehens und ihre Legitimationsfiguren. So liest der Text „Vergessen wir nicht – den Anderen" (Wimmer 2014) die Analogie des Grundsatzes der Solidarität mit Fremden zu Vorstellungen von Anerkennung als Liebe in Familien- und Freundschaftsbeziehungen (vgl. Prengel 2019b, S. 61) als ein moralisches Prinzip, das erfordert, „den anderen nicht nur in seiner Freiheit zu achten – also als formal gleiches Subjekt –, sondern in seiner qualitativen Verschiedenheit zu lieben und wertzuschätzen" (Wimmer 2014, S. 228).

In dieser Lesart wird das Heterogenitätsverständnis der „Pädagogik der Vielfalt" (Prengel 2019a) als „Versprechen einer versöhnenden Verträglichkeit zwischen Gleichheit und Verschiedenheit" (Wimmer 2014, S. 228) im Sinne eines ‚Phantasmas' (vgl. ebd.) vorgestellt, das „nur diejenige Form von Heterogenität thematisiert, die man als *relative Verschiedenheit* im Sinne individueller Besonderheiten vor dem Hintergrund eines von allen geteilten Allgemeinen kennt oder als Modifikation desselben" (ebd., Herv. K.P.) – um den Preis des Ausschlusses unvergleichlicher Singularität und konflikthafter Fremdheit.

> „Ausgespart wird dadurch diejenige Verschiedenheit, die nicht im Medium eines Allgemeinen identifiziert und miteinander verglichen werden kann, d. h. diejenige Fremdheit, die unvergleichlich, irreduzibel konflikthaft und nicht homogenisierbar ist" (Wimmer 2014, S. 228).

Die Erläuterungen „[m]etaphorische[r] und begriffliche[r] Perspektiven" (Prengel 2014, S. 46 ff., Anpassungen K.P.) des Verständnisses von Heterogenität als egalitäre Differenz scheinen dieser Kritik zu widersprechen, insbesondere mit dem Aspekt der Unbestimmtheit. Hier wird auf Begrenztheit, Unvollständigkeit, Vorläufigkeit und Fehlbarkeit wissenschaftlicher Aussagen explizit verwiesen (ebd., S. 52). Diese Weisen von Unbegreiflichkeit und Unsagbarkeit beziehen sich auf Begrenzungen möglichen Wissens, zum Beispiel über Kinder und Kindheit (vgl. ebd.).

Mit einem solchen Verständnis begrenzten pädagogischen Wissens wäre davon auszugehen, dass Heterogenität auch angesichts ‚konflikthafter Fremdheit' als Chance gewertet und in anerkennenden Praktiken zur Geltung kommen würde. Allerdings wird Unbestimmtheit auch von engagierten Pädagog*innen in

7.3 Heterogenität als normative Orientierung

pädagogisch relevanten Krisensituationen häufig als belastende Überforderung erlebt, beobachtet und bewertet. Diverse Erzählungen von pädagogischen Praxen geben Zeugnis davon, z. B. eine Vorstellung von „Heterogenität, Unterrichtsqualität und Inklusion" (Gomolla 2009, S. 21 ff.), die sich in der Studie „Migration und schulischer Wandel: Unterricht" (Fürstenau und Gomolla 2009) zeigt. Allerdings wird die Verunsicherung von Lehrer*innen hier nicht vordergründig auf die Heterogenität der Schüler*innen, sondern auf „[m]angelnde Anpassung von Unterricht und Schule an Heterogenität" (Gomolla 2009, S. 31, Anpassung K.P.) zurückgeführt.

> „Wenn Unterrichtsstrukturen und -praktiken nicht konsequent auf die Förderung von Kindern mit einem breiten Spektrum von sprachlichen Voraussetzungen und Lebenshintergründen ausgerichtet sind, wird die migrationsbedingte sprachlich-kulturelle Heterogenität nicht nur von Berufsanfängerinnen und -anfängern […], sondern auch von erfahrenen Lehrkräften als Verunsicherung erlebt" (Gomolla 2009, S. 31).

Diese Wenn-dann-Aussage könnte so gelesen werden, dass auch erfahrene Lehrer*innen bei mangelnder Anpassung von Unterrichtsstrukturen und -praktiken an die Heterogenität der Schüler*innen keine routinierten pädagogischen und didaktischen Praxen entwickeln können und/oder die erprobten Routinen zu Krisen führen.

Wenn in einer schulischen Interaktionssituation das aktuell verfügbare professionelle Wissen, die festgelegten Strukturen und die routinierten Praktiken schulpädagogischen Handelns nicht die erwarteten Aktivitäten einiger Schüler*innen anregen, kann das vielleicht auch als eine *Begegnung mit ‚konflikthafter Fremdheit' und ‚unvergleichlicher Singularität'* verstanden werden. Dafür stellen wir nachfolgend zwei Beispiele mit Auszügen aus analytischen Erzählungen der Studie „Lernangebote für schulverweigernde Kinder und Jugendliche" (Puhr 2003) zur Diskussion.

Beispiel

Ignorieren von Ungewissheit in der Begegnung mit Fremdheit
Die Studie „Lernangebote für schulverweigernde Kinder und Jugendliche" (Puhr 2003) fragt nach pädagogischer Verantwortung angesichts kontingenter und nicht gesicherter Möglichkeiten der Realisierung von Schulpflicht und Bildungsrecht. Die institutionellen Rahmungen der vorgestellten pädagogischen Praxen sind keine inklusionsorientierten allgemeinen schulpädagogischen, sondern exklusive sonder- und sozialpädagogische Angebote,

die sich an Kinder und Jugendliche richten, die der Schulpflicht nicht nachgekommen sind und sich damit das Recht auf institutionelle Bildung verwehren. Mit ihrer Verweigerung fordern sie Fragen nach Ansprüchen an ein nicht-exkludierendes Bildungssystem in besonderer Weise heraus.

Die Geschichte, aus der der folgende Auszug stammt, erzählt von der Arbeit einer Pädagogin in einem schulersetzenden Lernangebot für Kinder und Jugendliche, die als ‚Schulverweiger*innen' gelten. Es dominiert ein scheinbar unerschütterliches Vertrauen in die eigene pädagogische Kompetenz, die damit verbundene Autorität sowie das Wissen um die heterogenen Lebenswelten und -probleme der Schüler*innen. In dieser Erzählung wird eine Reihe pädagogischer Strategien in krisenhaften Situationen vorgestellt. Unbestimmtheit findet sich kaum (vgl. Puhr 2003, S. 174 ff.). Wenn von Unsicherheit zu lesen ist, scheint das routinierte Wissen an seine pädagogischen Grenzen zu kommen. So heißt es z. B.:

„Wenn du [Schüler*in] dich dafür entschieden hast, hier mitzumachen, musst du auch mitmachen. Ansonsten ist die Maßnahme für dich beendet. […] Also da bin ich ziemlich hart. […] Es ist halt immer so ein Ausspielen. Ja, man weiß nie/also manchmal bin ich mir auch nicht sicher, wie reagieren sie. Da kann man bloß hinterher sagen: Hui, hat geklappt. […] Mensch verdammt, es muss doch irgendwie gehen, dass denen dann geholfen wird. […] Und ich habe diese Missstände erkannt und da kommt für mich auch gar nichts anderes in Frage. Und dann diese Hilflosigkeit" (ebd., S. 180 ff.). ◄

Die hier thematisierte Hilflosigkeit erscheint in einem Zusammenhang von pädagogischem Wissen und Praxen, der als homogenisierender Raum vorgestellt werden kann (vgl. Wimmer 2016, S. 424), „in dem das Wissen nicht auf eine Situation angewendet wird, sondern selbst bereits die Anwendung ist, insofern es die Situation schon ‚vor' jeder Handlung formiert und diese dadurch erst ermöglicht" (ebd.). Die Pädagogin weiß, dass und wie zu helfen ist. So werden entsprechende routinierte Hilfepraxen als notwendige vorgestellt, ebenso wie Hilflosigkeit thematisiert wird, wenn eine Situation den angewendeten Deutungen, Intentionen und Erwartungen nicht entspricht, mit anderen Worten:

> „Das Nicht-Denken des Nicht-Wissens führt dazu […], daß die Grenze der Anwendbarkeit des Wissens in ein und derselben Geste anerkannt und verleugnet wird. […] Welche Bedeutung das Wissen für professionelles Handeln haben kann, wenn es das Handeln nicht Schritt für Schritt steuert, wenn es also nicht als Vorschrift oder als technisches Mittel funktioniert, bleibt ungefragt und ungedacht." (Wimmer 2016, S. 427 f.)

7.3 Heterogenität als normative Orientierung

Der Einsatz gegen das Vergessen des Anderen lenkt die Aufmerksamkeit dagegen auf den Ausschluss der singulären „Unvergleichbarkeit und Unzugänglichkeit des Anderen, des Fremden" (Wimmer 2014, S. 231), die sich nicht in Form von Heterogenitätsmerkmalen beobachten lassen, weil „man nicht nur etwas, sondern immer auch sich unterscheidet" (ebd., S. 231) und in der Unterscheidung vergleicht. Diese Vorstellung verbindet sich mit einer Sensibilität für pädagogische Praxen als singuläre lebensweltliche Interaktionssituationen, die sich weder beherrschen noch durch Wissen vollständig erfassen lassen. Sie bildet die Grundlage für die Option, mit der Akzeptanz von Ungewissheit, Heterogenität als unsicheren Grund pädagogischer Verantwortung zu (re)konstruieren. Von derartigen Möglichkeiten soll das folgende Beispiel der Darstellung eines pädagogischen Selbstverständnisses zeugen.

> **Beispiel**
>
> **Akzeptanz von Ungewissheit in der Begegnung mit Fremdheit**
> Die nachfolgende Passage thematisiert das pädagogische Selbstverständnis der Ich-Erzählerin, die sich als eine engagierte Lehrerin vorstellt, die Möglichkeiten und Grenzen ihres professionellen Engagements reflektiert. In dieser Geschichte ist von verschiedenen individualisierten Lernangeboten zu lesen, die davon ausgehen, dass Schüler*innen diese für sich annehmen können. Diese ungewisse Möglichkeit legitimiert das besondere pädagogische Engagement. In diesem Zusammenhang kommen vielfältige Schwierigkeiten/Krisen pädagogischer Praxen zur Sprache. Diese Unsicherheiten werden jedoch nicht als zu überwindende, sondern als Komponenten jeglicher pädagogischen Interaktionen verstanden (vgl. Puhr 2003, S. 211 ff.).
>
> „Ich denke, dass es vielfältige Möglichkeiten für die Jugendlichen gibt, im Leben klar zu kommen. Und ich glaube durchaus, dass der eine oder die andere auch ohne erfolgreichen Schulabschluss sein Leben leben wird. [...] Ich denke, wenn man wirklich mehr den einzelnen Schüler sieht mit seinen Sorgen, Problemen und mit seiner ganzen Individualität, dann kann man im Interesse der Schüler viel mehr erreichen. Es wird viel zu viel versucht, allen das Gleiche abzuverlangen. [...] Also es ist schon wichtig, dass ich auch für mich ein Ziel formuliere: Was kann ich jetzt mit diesem Schüler wahrscheinlich erreichen? Wie muss ich mit diesem Schüler arbeiten, damit er vielleicht dieses Ziel mitgeht? [...] Also ich muss mir schon geschickt was einfallen lassen und bin da nie sicher, dass er das so akzeptiert. [...] Letztlich kann man keinen zwingen. Das ist so eine Gratwanderung, die für jeden Einzelnen in die eine und auch in die andere Richtung kippen kann. [...] Es gibt kein richtig,

das für alle richtig ist. Und ich habe auch akzeptiert, dass ich nicht jeden erreichen werde, dass ich nur immer wieder anbieten kann. […] Gucken, was ist machbar" (ebd., S. 211 ff.). ◄

Solche Positionierungen verlangen, Heterogenitätsmerkmale in ihrer Bedeutsamkeit und die Nicht-Identität des Anderen zusammen zu denken. So ist ein Anspruch formuliert, der nicht bewältigt werden kann, der aber verschiedene (auch inklusionspädagogisch motivierte) Umgangsweisen ermöglicht. Damit stellt sich die Frage nach den Möglichkeiten und Schwierigkeiten anerkennender pädagogischer Beziehungen neu. Ein derartiges Fragen und Denken kann ein Verständnis von „Nicht-Wissen und Nicht-Wissen-Können" (Wimmer 2016, S. 425) als „Zentrum des Pädagogischen" (ebd., S. 425) und nicht als Mangel im Sinne eines „Noch-nicht-Wissens" (ebd., S. 426) provozieren.

Als nicht zu bewältigenden Anspruch inklusionsorientierter Schul-Pädagogik lesen wir auch die Ausführungen zu dem bereits zitierten dritten ‚ethischen Theorem' der Anerkennung von Heterogenität in pädagogischen Beziehungen, der ‚*Wertschätzung individueller Leistungen*' (vgl. Prengel 2019b, S. 88 ff., Herv. K.P.). Sie wird im gelesenen Text als Form der Anerkennung eingeführt, die „vor allem als soziale Wertschätzung von Lernleistungen betrachtet werden soll" (ebd., S. 88), eine Form, die „im Bildungssystem von Ambivalenzen geprägt und für die Gestaltung pädagogischer Beziehungen folgenreich" (ebd.) ist. Grundlegend wird der Anspruch der Wertschätzung individueller Leistungen mit drei Zugängen untersetzt:

- Das Modell einer ‚Caring Democracy'[4] wird als eines mit einer „neue[n] zukunftsweisende[n] Wertschätzung sowohl pluraler Lebensweisen als auch der Kategorie ‚Caring'" (ebd., S. 89, Anpassungen K.P.) benannt.
- Die Konzeption der ‚Caring Community' wird mit der Forderung aufgerufen, „jedem zu gewähren seinen ureigensten Beitrag zur Gemeinschaft zu leisten"

---

[4] Wir verweisen für einen Zugang zum Konzept ‚Caring Democracy' auf den Text „Gemeinschaft der Ungewählten. Umrisse eines politischen Ethos der Kohabitation" (Hark 2021) und auf die „Neuerfindung der Sorge" (ebd., S. 221), einer „Aufgabe, derer sich viele längst angenommen haben. Überall dort, wo Menschen aufstehen und gehen und sich um ein gutes Leben für alle bemühen, wo sie sich miteinander, um die Welt und den Planeten sorgen und für Verhältnisse streiten, in denen Menschen gedeihen, sie erscheinen und reziprok handeln können" (ebd., S. 222). Es gelte auf diese Weise den „Grund für das Miteinander-Sein der Vielen und Verschiedenen zu befestigen", denn ohne eine solche Sorge „ist Demokratie nichts" (ebd., S. 222 f.).

7.3 Heterogenität als normative Orientierung

(ebd.). Dazu wird erläutert: „Es geht hier darum, dass jenseits üblicher Hierarchien eine *jede* Person zu dem Beitrag, der gerade ihr möglich ist, befähigt wird und so Anerkennung erfährt" (ebd., Herv. i. Orig.).

- Auf die ‚Behindertenrechtskonvention der Vereinten Nationen' wird verwiesen mit der Möglichkeit, dass „Wertschätzung [...] jeder und jedem zukommen und unabhängiger von Positionierungen in der Leistungshierarchie" (ebd.) werden sollte.

Im Verweis auf „inklusive Schulen, die alle Schülerinnen und Schüler ihres Einzugsgebietes aufnehmen und ihre Didaktik bewusst auf die Heterogenität der Lernenden ausrichten" (ebd., S. 90) (als Beispiele für praktizierte Formen der Anerkennung individueller Leistungen von Schüler*innen) und auf eine Studie zu differenten Schulkulturen wird konstatiert, dass Lehrer*innen „erhebliche Spielräume für unterschiedliche Interpretationen von Schulleistungen gegeben sind" (ebd., S. 91).

In diesem Sinne werden Empfehlungen zu „angemessenen Vorkehrungen" (ebd.) vorgestellt, die „empirisch fundiert und erfahrungserprobt" (ebd.) dazu dienen sollen, „allen Lernenden eine Wertschätzung ihrer Potenziale und ihrer Leistungen zukommen zu lassen und so auch Leistung zu steigern" (ebd.). Wir zitieren:

„Grundlage jeder Leistungsbewertung ist die völlig *leistungsunabhängige Achtung jedes Kindes* als Mitglied der Gruppe sowie der Schul- und Klassengemeinschaft.

- Die Trennung von *Situationen des Lernens* und Situationen der Leistungsüberprüfung entlastet den Lernprozess, sodass eine *Konzentration auf Potentialentfaltung, Entwicklung und Lernen* möglich ist.
- Die *didaktische Individualisierung* erkennt an, dass hinsichtlich der Kompetenzen des Kerncurriculums jedes Kind auf seiner Stufe kompetent ist und bietet jedem passendes Material, um *vom individuellen Leistungsstand aus, weiter* zu *lernen*. [...]
- Die *Anwendung der kriterialen und der individuellen Bezugsnorm* ermöglicht die *Würdigung des erreichten Kompetenzstandes* und *des individuellen Lernfortschritts* und bewirkt weitere Motivation. [...]
- Diese Vorkehrungen [...] sind *leistungsförderlich*, weil die Kinder selbst in jeder Unterrichtsphase ihre *Teilziele kennen* und die *Lernschritte kontrollieren*.
- An die Stelle von negativen Kommentaren tritt die *Anerkennung des Erreichten*, das diskursive *Nachdenken über die nächsten Schritte und passende Lösungswege*.
- Einer relationalen Denkweise entspricht diagnostisch das ökosystemisch begründete Modell der Kind-Umfeld-Analyse, in dem stets die relationalen Bedingungen des Lernens einbezogen werden. [...]

> Ein mehrperspektivischer Leistungsbegriff lässt auf der Basis der Perspektive universeller, leistungsunabhängiger, menschenrechtlich fundierter Anerkennung und unverbrüchlicher Zugehörigkeit zur Gruppe und der *Perspektive individueller Anerkennung persönlicher Leistungen* auch die *Perspektive des hierarchisierenden Leistungsvergleichs mit anderen* zur Geltung kommen. Es geht also nicht darum, den interpersonellen Vergleich auszublenden, aber es geht darum, ihm seine entwicklungs- und lernbehindernde Dominanz zu nehmen und ihn an passender Stelle im Bildungsprozess zu verorten und zu begrenzen" (Prengel 2019b, S. 91 f., Herv. K.P.).

Auch in diesen Empfehlungen lässt sich ein Heterogenitätsverständnis (hier bezogen auf Leistung) lesen, das „nur diejenige Form von Heterogenität thematisiert, die man als relative Verschiedenheit im Sinne individueller Besonderheiten vor dem Hintergrund eines von allen geteilten Allgemeinen kennt" (Wimmer 2014, S. 228).

Die vorgestellten Weisen des Umgangs mit heterogenen Schulleistungen implizieren geteilte Vorstellungen von Leistung. Dagegen lässt sich einwenden, dass „[d]as, was als Leistung gemeinsam in unterrichtlichen Praktiken hergestellt und interpretiert wird […], ein nicht nur komplexes, sondern in sich auch spannungsreiches Geflecht von unterschiedlichen Differenzen [darstellt], das über Zu- bzw. Vorschreibungen, Erwartungen und Erwartungserfüllungen – also als eine Ordnung der Anerkennbarkeit – funktioniert" (Rabenstein et al. 2014, S. 138, Anpassung und Ergänzung K.P.).

Des Weiteren thematisieren ‚die Perspektive individueller Anerkennung persönlicher Leistungen' und ‚die Perspektive des hierarchisierenden Leistungsvergleichs mit anderen' (vgl. Prengel 2019b, S. 92) die Annahme, *vorhandene* Unterschiede schulischer Leistungen und deren kontextuelle Bedingungen (bezogen auf eine Gruppe von Schüler*innen) systematisch beobachten und beschreiben zu können. Nicht zuletzt rufen sie die Gleichwertigkeit differenter individueller Leistungen auf und konstruieren deren Harmonisierung mit hierarchischen Leistungsvergleichen. Die damit verbundenen nicht auflösbaren Widersprüche inklusionspädagogischen Selbstverständnisses kommen nicht zur Sprache (vgl. Kap. 8).

Gegen ein solches Verständnis streitet u. a. die Forschungsperspektive des ‚Ableism'. Sie geht „*nicht* von der Gleichwertigkeit differenter Fähigkeiten und Leistungen aus, sondern *problematisiert* vor allem deren einseitige Überhöhung und Verabsolutierung" (Hoffmann 2018, S. 76 f., Herv. K.P.)

7.3 Heterogenität als normative Orientierung

> **Empfehlung**
>
> **Koppel, L. (2011)** *Die Kunst sich die Schuhe zu binden.* **Schweden.**
> Der schwedische Spielfilm „Die Kunst sich die Schuhe zu binden" verweist darauf, dass er von der Geschichte des 1996 gegründeten Theaters ‚Glada Hudik' inspiriert wurde. Erzählt wird von Menschen, die sich gegen die Zumutungen wehren, die darin bestehen, dass sie Fähigkeiten erwerben und Leistungen erbringen sollen, die ihnen für ihr Leben sinnlos erscheinen. Der Trailer und der Film sind zum Beispiel hier verfügbar: https://www.youtube.com/watch?v=nwP_J2dXXNA (Zugegriffen: 26. Juli 2022). ◄

Mit dem Konzept ‚Ableism' und seinen Analysen hegemonialer „gesellschaftliche[r] Fähigkeitserwartungen und Fähigkeitszuschreibungen" (Hoffmann 2018, S. 70) wird es möglich, diskriminierende Ausschlüsse aufgrund zugeschriebener „Leistungs(un)fähigkeit" (ebd., S. 73) sowie „das Versprechen einer Leistungsgerechtigkeit" (ebd.) und „das Leistungsprinzip selbst" (ebd., S. 78) radikal infrage zu stellen (vgl. Kap. 3, Abschn. 3.4). Von hier aus werden kritische Auseinandersetzungen der Inklusionspädagogik mit dem meritokratischen Leistungsprinzip angemahnt. Diesen wenden wir uns im nächsten Kapitel zu.

> **Anregungen für das Selbststudium**
>
> 1. Skizzieren Sie erziehungswissenschaftliche (insbesondere schulpädagogische) Bedeutungen der Konzepte ‚Differenz' und ‚Heterogenität'. Beziehen Sie zwei der Bedeutungsdimensionen in ihren Unterschieden aufeinander.
> 2. Skizzieren Sie ein Bild einer heterogenen Lerngruppe und formulieren Sie, was es bedeuten könnte, ihre Heterogenität als Chance zu begreifen, und welche Implikationen schulpädagogischen Handelns damit einhergehen. Reflektieren Sie diesen Handlungszusammenhang (Lerngruppe+Pädagog*innen) vor dem Hintergrund der Unbestimmtheit von Heterogenität und Ungewissheit pädagogischen Handelns.
> 3. Was bedeutet es, Schule als Ort der Produktion von Heterogenität zu thematisieren, und aus welchen Gründen scheint dies – insbesondere mit Bezug auf die normative und ungleichheitskritische Bedeutungsdimension – gefordert? ◄

Literatur

Fachwissenschaftliche Literaturempfehlungen

Prengel, A. (2019a). *Pädagogik der Vielfalt. Verschiedenheit und Gleichberechtigung in Interkultureller, Feministischer und Integrativer Pädagogik* (4. Aufl.). Wiesbaden: VS Verlag für Sozialwissenschaften. *Der Schrift, die erstmals 1993 veröffentlicht wurde, kommt eine besondere Bedeutung für Heterogenität als Konzept inklusionsorientierter Pädagogiken und ein entsprechendes Bildungssystem zu. Auf sie referieren die meisten Veröffentlichungen zu normativen Fragen inklusionsorientierter Pädagogik. Der Begriff der Heterogenität erscheint in diesem Kontext „als hierarchie- und identitätskritische[s], bildungs- und demokratierelevante[s] Theorem"* (Prengel 2014, S. 49), *das es ermöglichen soll, „gesellschaftliche Verhältnisse und persönliche Beziehungen zu analysieren und zu entwerfen"* (ebd.).

Koller, H.-Ch., Casale, R. & Ricken, N. (2014) (Hrsg.). *Heterogenität – Zur Konjunktur eines pädagogischen Konzepts*. Paderborn: Schöningh. *Ein Anliegen dieses Bandes ist es, „zu prüfen, was mit dem Konzept Heterogenität jeweils gemeint ist, was es heißt, Verschiedenheit zu denken, welche Gleichheiten dabei unterstellt bzw. beansprucht werden, in welchem Verhältnis das Konzept zu anderen, verwandten Begriffen steht sowie auf welche Begriffe, Denkfiguren oder Theorien die einschlägige Debatte rekurriert und welche potenziell weiterführenden Ansätze dabei ausgeblendet werden"* (ebd., S. 12).

Darüber hinaus verwendete Literatur

Budde, J. (2015). Heterogenitätsorientierung. Zum problematischen Verhältnis von Heterogenität, Differenz und sozialer Ungleichheit im Unterricht. In: J. Budde, N. Blasse, A. Bossen & G. Rißler (Hrsg.), *Heterogenitätsforschung. Empirische und theoretische Perspektiven* (S. 21–38). Weinheim und Basel: Beltz Juventa.

Dirim, İ. & Mecheril, P. (2018). Heterogenitätsdiskurse – Eine Einführung in eine machtkritische und kulturwissenschaftliche Perspektive. In: İ. Dirim & P. Mecheril, *Heterogenität, Sprache(n), Bildung* (S. 19–26). Bad Heilbrunn: Klinkhardt.

Emmerich, M. & Hormel, U. (2013). *Heterogenität, Diversity – Intersektionalität. Zur Logik sozialer Unterscheidungen in pädagogischen Semantiken der Differenz*. Wiesbaden: Springer VS.

Fürstenau, S. & Gomolla, M. (2009) (Hrsg.). *Migration und schulischer Wandel: Unterricht*. Wiesbaden: VS Verlag für Sozialwissenschaften.

Gomolla, M. (2009). Heterogenität, Unterrichtsqualität und Inklusion. In: S. Fürstenau & M. Gomolla (Hrsg.), *Migration und schulischer Wandel: Unterricht* (S. 21–43). Wiesbaden: VS Verlag für Sozialwissenschaften.

Hark, S. (2021). *Gemeinschaft der Ungewählten. Umrisse eines politischen Ethos der Kohabitation*. Berlin: Suhrkamp.

Literatur

Hoffmann, Th. (2018). Leistungsfähigkeit und Leistungsgerechtigkeit aus behinderten- und inklusionspädagogischer Perspektive. In: T. Sansour, O. Musenberg & J. Riegert (Hrsg.), *Bildung und Leistung. Differenz zwischen Anerkennung und Selektion* (S. 70–80). Bad Heilbrunn: Klinkhardt.

Koller, Ch. (2014). Einleitung. Heterogenität – Zur Konjunktur eines pädagogischen Konzepts. In: H.-Ch. Koller, R. Casale & N. Ricken (Hrsg.), *Heterogenität – Zur Konjunktur eines pädagogischen Konzepts* (S. 9–18). Paderborn: Schöningh.

Koppel, L. (2011). *Die Kunst sich die Schuhe zu binden*. Schweden.

Lutz, H. & Wenning, N. (2001). Differenzen über Differenz – Einführung in die Debatten. In: H. Lutz & N. Wenning (Hrsg.), *Unterschiedlich verschieden. Differenz in der Erziehungswissenschaft* (S. 11–24). Opladen: Leske + Budrich.

Maschke, M. (2007). Behinderung als Ungleichheitsphänomen – Herausforderung an Forschung und politische Praxis. In: A. Waldschmidt & W. Schneider (Hrsg.), *Disability Studies, Kultursoziologie und Soziologie der Behinderung* (S. 299–320). Bielefeld: transcript.

Mecheril, P. & Vorrink, A.J. (2014). Heterogenität, Sondierung einer (schul)pädagogischen Gemengelage. In: H. Ch. Koller, R. Casale & N. Ricken (Hrsg.), *Heterogenität – Zur Konjunktur eines pädagogischen Konzepts* (S. 87–113). Paderborn: Schöningh.

Meyer-Drawe, K. & Waldenfels, B. (1988). Das Kind als Fremder. *Vierteljahreszeitschrift für wissenschaftliche Pädagogik 03/1988*, 271–287.

Miethe, I. (2020). Bildung, Ungleichheit und Biographie. Ein konzeptioneller Aufriss. In: D. Wagner-Diehl, B. Kleber & K. Kanitz (Hrsg.), *Bildung, Biographie, Ungleichheit. Beiträge der Biografieforschung zum Verhältnis von Bildung und sozialer Ungleichheit* (S. 17–39). Opladen, Berlin & Toronto: Barbara Budrich.

Prengel, A. (2014). Heterogenität oder Lesarten von Freiheit und Gleichheit in der Bildung. In: H. Ch. Koller, R. Casale & N. Ricken (Hrsg.), *Heterogenität – Zur Konjunktur eines pädagogischen Konzepts* (S. 45–67). Paderborn: Schöningh.

Prengel, A. (2019b). *Pädagogische Beziehungen zwischen Anerkennung, Verletzung und Ambivalenz* (2. Aufl.). Opladen: Budrich.

Puhr, K. (2003). *Lernangebote für schulverweigernde Kinder und Jugendliche. Pädagogische Probleme unter dem Anspruch von Schulpflicht und Bildungsrecht*. Hamburg: Kovac.

Rabenstein, K., Reh, S., Steinwand, J. & Breuer, A. (2014). Jahrgang und Entwicklung. Zur Konstruktion von Leistung in jahrgangsgemischten Lerngruppen. In: B. Kleiner & N. Rose (Hrsg.), *(Re-)Produktionen von Ungleichheiten im Schulalltag. Judith Butlers Konzept der Subjektivation in der erziehungswissenschaftlichen Forschung* S. 135–154. Opladen: Barbara Budrich.

Schäfer, A. (2018). Das problematische Versprechen einer Leistungsgerechtigkeit. In: T. Sansour, O. Musenberg & J. Riegert (Hrsg.), *Bildung und Leistung. Differenz zwischen Selektion und Anerkennung* (S. 11–55). Bad Heilbrunn: Klinkhardt.

Schiefele, Ch., Streit, Ch. & Sturm, T. (2019). *Pädagogische Diagnostik und Differenzierung in der Grundschule. Mathe und Deutsch inklusiv unterrichten*. München: Reinhardt.

Trautmann, M. & Wischer, B. (2011). *Heterogenität in der Schule. Eine kritische Einführung*. Wiesbaden: VS Verlag für Sozialwissenschaften.

Wagner-Willi, M. (2018). Schülerinnen und Schüler: Inklusion und Differenz in mehrdimensionaler Perspektive. In: T. Sturm & M. Wagner-Willi (2018), *Handbuch schulische Inklusion* (S. 315–329) Opladen und Toronto: Barbara Budrich.

Walgenbach, K. (2014a). Heterogenität. Bedeutungsdimensionen eines Begriffs. In: H. Ch. Koller, R. Casale & N. Ricken (Hrsg.), *Heterogenität – Zur Konjunktur eines pädagogischen Konzepts* (S. 19–44). Paderborn: Schöningh.

Walgenbach, K. (2014b). *Heterogenität – Intersektionalität – Diversity in der Erziehungswissenschaft.* Opladen und Toronto: Barbara Budrich.

Wimmer, M. (2014). Vergessen wir nicht – den Anderen! In: H. Ch. Koller, R. Casale & N. Ricken (Hrsg.), *Heterogenität – Zur Konjunktur eines pädagogischen Konzepts* (S. 219–240). Paderborn: Schöningh.

Wimmer, M. (2016). Zerfall des Allgemeinen – Wiederkehr des Singulären. Pädagogische Professionalität und der Wert des Wissens. In: A. Combe & W. Helsper (Hrsg.), *Pädagogische Professionalität. Untersuchungen zum Typus pädagogischen Handelns* (8. Aufl.) (S. 404–447). Frankfurt/M.: Suhrkamp.

Winker, G. & Degele, N. (2010). *Intersektionalität. Zur Analyse sozialer Ungleichheiten* (2. Aufl.). Bielefeld: transcript.

Heterogene Schulleistungen als (De)Legitimation von Inklusion/Exklusion

8

Zusammenfassung

Angeregt durch Kritiken des Konzepts ‚Ableism' gehen wir in diesem Kapitel dem meritokratischen Versprechen einer Leistungsgerechtigkeit als Legitimation von Bildungsungleichheit nach. In dem Zusammenhang skizzieren wir eine Positionierung zur Idee ‚pädagogischer Gerechtigkeit' (Abschn. 8.3). Dafür stellen wir zunächst aus verschiedenen erziehungswissenschaftlichen Perspektiven vor, in welchen Weisen die Heterogenität von Schulleistungen in der inklusionsorientierten Schulpädagogik als Problem beschrieben, analysiert und kritisiert wird (Abschn. 8.1). In diesen erziehungswissenschaftlichen Auseinandersetzungen werden den Lerndifferenzen zwischen Schüler*innen zentrale Bedeutungen für Vorstellungen von Inklusion/Exklusion zugeschrieben. Solche Zuschreibungen diskutieren wir mit einem Verständnis (formaler) Bildung als ‚Grunddimension' sozialer Ungleichheit (Abschn. 8.2).

Schlüsselwörter

Bildungsarmut · Bildungsferne · Bildungsungleichheit · Chancenungleichheit · Fähigkeitserwartung · Leistung · Leistungsgerechtigkeit · Meritokratie · Pädagogische Gerechtigkeit

8.1 Heterogenität schulischer Leistungen

Vergleiche schulischer Leistungen oder auch Lerndifferenzen zwischen Schüler*innen stehen im Zentrum funktionaler Beschreibungen von Heterogenität im Feld der Schulpädagogik. Sie ließen sich lange als ‚blinder Fleck' schulbezogener Integrations- und Inklusionspädagogiken markieren. Integrations- und inklusionspädagogische Einsätze (hier vorgestellt als ‚heterogenitätssensible Pädagogiken' (vgl. Emmerich und Hormel 2013, S, 162) stritten bezogen auf die Differenzkategorie Behinderung zunächst für ‚formale' Chancengerechtigkeit und gegen exkludierende Strukturen und Praxen wie die schulorganisatorische Zuweisung von Schüler*innen zu verschiedenen Schulformen (vgl. Kap. 4, Abschn. 4.2 und 4.3). So lässt sich beobachten, dass der „Problematisierung der homogenisierenden Formen äußerer Differenzierung von Lernenden […] [und der] ‚Fiktion' der Homogenität […] [als] Negativfolie, von der ausgehend Strategien der inneren Differenzierung und Individualisierung profiliert werden" (ebd., Ergänzung K.P.), eine ‚grundlegende' Bedeutung „in der Selbstbegründung heterogenitätssensibler Pädagogiken" (ebd.) zukommt.

Die sogenannte ‚äußere Differenzierung' von Schüler*innen erfolgt in der Sekundarstufe des deutschen Schulsystems zu einem großen Teil immer noch nach den fünf möglichen Schulabschlüssen mit ihren jeweiligen Zwischenformen (Abitur, Realschulabschluss, Hauptschulabschluss, Abschluss der Förderschule und Abschluss der Schule zur Förderung der geistigen/ganzheitlichen Entwicklung) und gemäß einer Logik der Homogenisierung von Lerngruppen nach dem Kriterium prognostizierbarer Leistungsfähigkeit. Diese Logik reproduziert sich weitgehend in Formen ‚innerer Differenzierung' im Konzept der Gesamtschulen (vgl. Kap. 2, Abschn. 2.4). Die mit diesen Unterscheidungen verbundene hierarchische (Ab-)Wertung schulischer Leistungen und Abschlüsse stellt nach unserer Beobachtung eine kaum thematisierte Infragestellung für das Selbstverständnis der schulbezogenen Inklusionspädagogik (ebenso wie für das Selbstverständnis der schulischen Sonderpädagogik) dar.

Mit der *Ungleichwertigkeit schulischer Abschlüsse* (nach äußerer und/oder innerer Differenzierung von Lernangeboten) verbinden sich nicht nur ungleiche Chancen der Teilhabe am Ausbildungs- und Arbeitsmarkt. Angesichts der Kontingenz individueller Lebenswege legitimieren alle schulischen Abschlüsse, die individualisiert den differenten Leistungen der Schulabsolvent*innen zugeschrieben werden, gesellschaftliche Karrieren/Selektionen (vgl. Kap. 3, Abschn. 3.4). Zudem gelten Schulabschlüsse mit den zugeschriebenen Förderbedarfen Lernen sowie geistige/ganzheitliche Entwicklung nicht als

8.1 Heterogenität schulischer Leistungen

anerkannte Schulabschlüsse, und alle Jugendlichen, die keinen Hauptschulabschluss erwerben, werden statistisch als ‚Schulabbrecher*innen' gezählt (vgl. Liessern 2019, o. A.).[1]

Aus inklusionspädagogischen Perspektiven werden Ungleichheiten von Inklusionschancen und Exklusionsrisiken innerhalb inklusionsorientierter Strukturen zwar in ihrer Ambivalenz markiert, jedoch zumeist in einem Zusammenhang mit individueller Bildung und Heterogenitätstoleranz aufgerufen, vom Konstrukt des ‚Bildungskapitals' abgegrenzt und mit ihren Praxen gewährter und verwehrter Anerkennung kritisiert (vgl. Weisser 2005, S. 77).

Kritische Beobachtungen inklusionspädagogisch motivierter ‚Heterogenitätstoleranz' bieten rekonstruktive Inklusionsforschungen, wie zum Beispiel die Studie „un/genügend fähig. Zur Herstellung von Differenz im Unterricht inklusiver Schulklassen" (Merl 2019).

> **Beispiel**
>
> **Beobachtungen inklusionspädagogisch motivierter Heterogenitätstoleranz**
> In der Zusammenfassung der Studie „un/genügend fähig. Zur Herstellung von Differenz im Unterricht inklusiver Schulklassen" (Merl 2019) ist zu lesen: „Die ethnographische Dissertationsstudie widmet sich dem (vermeintlich) inklusiven Unterricht der Sekundarstufe I in NRW" (ebd., S. 5). Rekonstruiert „wird eine zentrale unterrichtliche Differenzierung seitens der Lehrkräfte bei der Regulierung der Schüler*innen [...]: Wer den Anforderungen genügen kann, wird dahingehend reguliert, sich auch entsprechend dieser zu verhalten. Wer aber den gestellten Anforderungen nicht genügen kann, wird von diesen freigestellt und darf somit legitim abweichen" (ebd.). Die nachfolgenden Erzählungen von „Praktiken der Interaktionsregulation" (ebd., S. 81) sind der Frage geschuldet, „wie Lehrer*innen in solchen Praktiken zwischen Schüler*innen differenzieren" (ebd.). Zur Erklärung des Anliegens heißt es:

---

[1] Wir verweisen hier auf Erläuterungen zur Caritas-Studie „Bildungschancen vor Ort", in der jährlich unter anderen die Quoten der Schulabgänger*innen ohne Schulabschluss veröffentlicht werden. Hier heißt es: „‚Abgänger der allgemeinbildenden Schulen sind Schüler_innen des Berichtsschuljahres, die die Schulart ohne Hauptschulabschluss verlassen haben und nicht auf eine andere allgemeinbildende Schulart gewechselt sind' (Definitionenkatalog der Kultusministerkonferenz). Unter diese Definition fallen auch Schüler mit einem Förderschulabschluss, Schüler, die ohne Abschluss eine Förderschule verlassen und grundsätzlich auch neu zugewanderte Jugendliche, die die Schule ohne Abschluss verlassen" (Liessern 2019, o. A.).

„Weil zu differenzieren bedeutet, dass ein Unterschied gemacht wird, der in der Praxis ein bedeutungsvoller Unterschied ist, lassen sich so Differenzkonstruktionen der Praxis herausarbeiten" (ebd., Herv. i. Orig.).

Als eine Praxis der Handhabung von Heterogenität schulischer Leistungen wird „Anforderungsreduktion im Unterricht" (ebd., S. 104) beschrieben. Dazu findet sich z. B. folgende Darstellung, die von Praxen als beobachteten und kommentierten erzählt: „Der nachstehende Auszug wurde im Unterricht der jahrgangsübergreifenden Klasse 5–7 der Gesamtschule protokolliert. Die Schüler*innen arbeiten in dieser Phase des Unterrichts an Wochenplänen. Frau Juhn sitzt neben einem Schüler und bearbeitet mit ihm Aufgaben im Fach Deutsch. Frau Juhn schaut zu Leon und Silvan, die beide Mandalas malen. Andere Schüler*innen stehen daneben, schauen zu und reden miteinander. Dann sagt Frau Juhn: ‚Ich möchte nicht, dass jetzt jeder zuguckt, wie Mandalas gemalt werden. Ihr habt was zu tun'. Dann wendet sie sich wieder zu Lucca und liest mit ihm weiter an dem Buchauszug. […] Leon und Silvan erhielten etwa zwanzig Minuten vor dem zitierten Auszug das Angebot, sich Motive für Mandalas auszusuchen, anstatt an Aufgaben des Wochenplans zu arbeiten. […] Die Anforderungen und die damit in Verbindung stehenden legitimen bzw. illegitimen Aktivitäten im Unterricht werden also zwischen den Schüler*innen differenziert. Dabei stellt jedoch die Wochenplanarbeit eine unterrichtliche Tätigkeit dar, die eine fachliche Auseinandersetzung impliziert, während jenes Malen eben keinerlei Bearbeitung einer fachlichen Thematik darstellt" (ebd., S. 105).

Eine weitere Erzählpassage will die beobachtete ‚Anforderungsreduktion' begründen: „Es handelt sich um eine Beobachtung, die ca. drei Wochen nach dem vorherigen Auszug und vor Beginn des Unterrichts im Lehrer*innenzimmer protokolliert wurde: Ich bekomme mit, dass Frau Juhn Herrn Terra zwei Bücher zeigt. Dabei sagt sie, dass wenn Leon heute nicht mehr könne, er entweder Mandala malen oder das Fußballbuch (beides hält sie in den Händen) bekommen solle. Herr Terra nickt daraufhin. […] Das von Frau Juhn präsentierte Fußballbuch scheint eine Art Comic zu sein, das zweite Buch, das sie dem Kollegen zeigt, enthält Kopiervorlagen für das Ausmalen von Mandalas. […] Die präventive Bereitstellung alternativer Tätigkeiten macht deutlich, dass die Notwendigkeit der Anforderungsreduktion bei Leon regelhaft antizipiert wird. […] [D]urch diese Praktik [werden] fachliche Anforderungen nur vorübergehend ausgesetzt. Denn auch Leon hat grundsätzlich Arbeitsaufgaben, zumeist in Form eines Wochenplans, zu erledigen. Damit gelten die mit dem Wochenplanunterricht einhergehenden Anforderungen als ‚eigentliche' unterrichtliche Anforderungen, von denen nur auf Grundlage der defizitären Zuschreibung von Nicht-Können abgewichen wird" (ebd., S. 105 f., Ergänzung K.P.).

8.1 Heterogenität schulischer Leistungen

> Als Kontrast zu derartigen Praxen, Leistungsheterogenität zu handhaben, wird von einem Lehrer erzählt, der es ablehnt, Schüler*innen ‚Sonderrollen' zuzuweisen: „Nach dem Unterricht erzählt mir Herr Schmitz, dass er alle Schüler*innen gleichbehandle. […] Er ergänzt noch, dass dies auch so sein müsse, da kein*e Schüler*in in der Klasse von Förderbedarfen anderer Schüler*innen wisse und es deshalb nötig sei, alle gleich zu behandeln, damit nicht aufgrund einer Ungleichbehandlung ein Förderbedarf offensichtlich werden würde" (ebd., S. 112). Die angesprochene Gleichbehandlung begründet sich in diesem Fall zudem mit der Erwartung, dass „die Schüler*innen im Unterricht selbstverständlich den Anforderungen genügen können müssen" (ebd., S. 113). Diese auf zu erbringende Leistung bezogene Erwartung wird mit einer Szene aus einer Mathematikstunde im fünften Schuljahr illustriert. „Es folgen weitere Matheaufgaben (…) [Multiplikation und Division]. Als dann eine andere Schülerin gebeten wird, die Dreierreihe aufzusagen, Teile davon aber nicht genau nennen kann, reagiert Herr Schmitz mit: ‚Wer jetzt die Dreierreihe noch übt, der holt Sachen nach, die er in der dritten Klasse können müsste. Es gibt keinen Grund, warum man das nicht können kann'" (ebd., Ergänzung K.P.). ◄

Der inklusionspädagogische Anspruch der Heterogenitätstoleranz zeigt sich in diesem Beispiel in verschiedenen Weisen als ambivalent. ‚Anforderungsreduktionen' können als Anerkennung differenter Lernmöglichkeiten und zugleich als Verwehrung von Lernmöglichkeiten gelesen werden. ‚Gleichbehandlungen' lassen sich einerseits mit dem Anspruch legitimieren, abwertende Adressierungen zu vermeiden und andererseits als undifferenzierte Leistungserwartungen verstehen.

In der Diskussion der Ergebnisse der Studie wird zwischen Teilhabe und Teilnahme am inklusionsorientierten Unterricht unterschieden (vgl. dazu auch Kap. 3, Abschn. 3.3). Während die „Berechtigung zur *Teilhabe* […] nicht erst (beispielsweise durch erbrachte Leistung) erworben werden muss, sondern [Teilhabe] als individuelles Recht schlicht in Anspruch genommen werden kann" (Merl 2019, S. 188, Herv. und Ergänzung K.P.), zeigt sich, dass „die *Teilnahme* an unterrichtlichen Praktiken an individuelle Fähigkeitserwartungen geknüpft wird" (ebd., Herv. K.P.). Schüler*innen nehmen „vor dem Hintergrund (weiterhin) bestehender Fähigkeitsnormen entweder als *ungenügend abweichende* oder als *der Norm genügende* Schüler*innen" (ebd., S. 189, Herv. K.P.) am Unterricht teil.

Positioniert sich Inklusionspädagogik als Einspruch gegen Vorstellungen einheitlicher Leistungs- und Fähigkeitserwartungen, richtet sie sich gegen das

Konzept ‚kompetenzorientierter' Chancengerechtigkeit im allgemeinen Schulsystem und damit gegen die Idee gerechter Verteilung von ungleichen Zertifikaten aufgrund erbrachter Schulleistungen. Bezogen auf Zensuren und Schulabschlüsse wäre ‚kompetenzorientierte' Chancengerechtigkeit mit dem *Prinzip ‚gleiche Schulabschlüsse und gleiche Noten für gleiche Leistungen, ungleiche Noten für ungleiche Leistungen'* eingelöst, oder wie es in der Studie „Behinderung, Ungleichheit und Bildung" (Weisser 2005) heißt:

> „Die Selbstbeschreibung des Erziehungssystems geht [...] dahin, dass jeder Abschluss von jeder Person kraft ihrer Leistung erworben werden kann. Es gibt keine Abschlüsse, die bestimmten Personen vorbehalten sind aus Gründen, die nicht an die Schulleistung gekoppelt sind [...]. Die Ungleichverteilung ist also gewollt und gewissermaßen akzeptiert" (Weisser 2005, S. 73).

Dass „(Un-)Gleichheit [...] ein politisch induziertes Thema der Erziehungswissenschaft geworden ist" (ebd. S. 69), lässt sich insofern aktuell zunächst mit der Nicht-Einlösung ‚kompetenzorientierter' Chancengerechtigkeit erklären, – eben damit, dass die *Ungleichverteilung formaler Bildungschancen und -abschlüsse* anderen Regeln folgt als denen der Leistung. Brisanz erhält diese Ungleichverteilung sowohl in der Beobachtung von Inklusionschancen und Exklusionsrisiken, die sich mit differenten Bildungschancen und -abschlüssen verbinden, als auch durch die immer wieder festgestellten Zusammenhänge zwischen formalen Bildungschancen und lebensweltlicher Verortung. Vor dem Hintergrund des Anspruchs ‚kompetenzorientierter' Chancengerechtigkeit werden derartige Einflüsse auf schulische Leistungen zum gesellschaftlichen Problem, weil sie entgegen dem Anspruch chancengleicher individueller Erfolgsmöglichkeiten im Bildungssystem (vgl. Solga 2009, S. 63) herkunftsabhängige Hierarchien bilden. Das Thema der Leistungsheterogenität lässt sich deshalb als „pädagogischer Sprengstoff" (vgl. Walgenbach 2014, S. 38) charakterisieren, auch mit diversen Argumenten für und gegen gemeinsames schulisches Lernen bzw. für und gegen schulstrukturelle (äußere) Differenzierung von Lerngruppen nach der Bezugsgröße Schulleistung.

Argumente für leistungsheterogene vs. leistungshomogenere Lerngruppen begründen sich in solchen Positionierungen wesentlich mit beobachteten oder behaupteten Effekten für sogenannte leistungsstarke und leistungsschwache Schüler*innen (vgl. ebd.). Dabei werden die deskriptiv erscheinenden Lerndifferenzen zwischen Schüler*innen insbesondere als „differenzielle Lern- und Bildungsvoraussetzungen sowie Lernbedürfnisse von Schülerinnen und Schülern und deren Konsequenzen für die Unterrichtsgestaltung" (Walgenbach 2014, S. 12) diskutiert.

8.1 Heterogenität schulischer Leistungen

Diese Fokussierung kann die Bedeutsamkeit der Rede von Heterogenität mit (Re)Konstruktionen von „PISA als Gründungsnarrativ" (ebd., S. 22) erklären. Die PISA-Studien konstatieren die Abhängigkeit schulischer Leistungen von sozialen Unterschieden wie „ungleichen Lebenslagen, sozialen Positionierungen, Ressourcenzugängen, Bildungschancen, Herkunftskontexten, Sozialisationsbedingungen, sozialen Erfahrungen und Bildungsvoraussetzungen" (ebd., S. 29) öffentlichkeitswirksam. Der zitierte Text verweist darauf, dass die internationalen Vergleiche der „alltags- und berufsrelevanten Kompetenzen von 15-Jährigen" der PISA-Studien zeigen,

- „dass es in Deutschland einen besonders engen Zusammenhang zwischen sozialer Herkunft und erreichten Lernständen der Schülerinnen und Schüler gibt" (ebd., S. 22),
- „dass Schulklassen in Deutschland trotz dreigliedrigem Schulsystem immer noch sehr leistungsheterogen sind […] [und] eine Differenzierung nach Schulformen vergeblich versucht, eine Leistungshomogenität herzustellen" (ebd., S. 22 f., Ergänzung K.P.),
- dass „die Leistungen von 15-Jährigen in einer Schulform" derartig streuen, dass „sie sogar in den Kernbereich anderer Schulformen hineinreichen" (ebd., S. 22),[2]
- „dass 10 % der untersuchten 15-Jährigen in den Lesetests nicht einmal die 1. Kompetenzstufe erreichen" (ebd., S. 23).

Sowohl Schüler*innen von Förder- und Hauptschulen als auch von Gesamt-, Real- und Berufsschulen waren demnach „nicht fähig, ausdrücklich gegebene Informationen aus einem Text herauszusuchen bzw. diese mit Alltagswissen zu verbinden" (Walgenbach 2014, S. 23). Laut PISA 2018 erreichten 20,7 % der Schüler*innen in Deutschland nicht die Kompetenzstufe 2 und gelten damit als leistungsschwach (OECD 2019a, S. 102). Ihnen wird z. B. attestiert, dass sie

---

[2] Dazu ist zu lesen: „Auf diese Weise erreichen in der PISA Studie 2006 ca. 25 % der Hauptschüler im Lesen ein Niveau, das dem unteren Ende der Verteilung im Gymnasium entspricht" (Walgenbach 2014, S. 22). In der PISA Studie 2018 wird lediglich zwischen gymnasialen und nicht gymnasialen Schularten unterschieden. Auch hier wird bezogen auf die Lesekompetenz eine große Überschneidung der Verteilung thematisiert (vgl. Weis et al. 2019, S. 68). Die erfassten ‚oberen' 50 % der Lesekompetenz in den nicht gymnasialen Schularten überschneiden sich mit den ‚unteren' 50 % an gymnasialen Schularten (vgl. ebd., S. 69).

nicht in der Lage sind, „durch einfache Schlussfolgerungen Zusammenhänge [zu] verstehen oder die Bedeutung eines Textabschnitts [zu] erfassen, wenn die gesuchten Informationen nicht unmittelbar ersichtlich sind und/oder wenn Texte ablenkende Informationen beinhalten" (OECD 2019a, S. 98, Anpassungen K.P.).[3]

So ist zu lesen, dass die PISA-Studien einerseits zum Anlass genommen werden, nach „didaktische[n] Konsequenzen" (Walgenbach 2014, S. 23, Anpassung K.P.) und in diesem Sinne nach einem „neuen ‚Umgang mit Heterogenität'" (ebd.) zu fragen, und andererseits dafür, „das Thema Heterogenität in einen Zusammenhang mit der *Reproduktion von sozialer Ungleichheit in der Schule* zu bringen" (ebd., Herv. K.P.). Insofern könnten die PISA-Studien vielleicht als prominenteste Adresse der Thematisierung von Heterogenität als Produkt sozialer Ungleichheiten im Schulsystem aufgerufen werden.

PISA und zahlreiche andere Studien der empirischen Bildungsforschung kritisieren (nach unserer Lektüre auf diskreditierende Weise) mangelnde Gerechtigkeit bezüglich der beschreibbaren Leistungen von Schüler*innen einerseits als gesellschaftliches und andererseits als schulsystemintern zu behebendes Problem.

Zur Erläuterung unserer Lesart verweisen wir auf die PISA-Sonderauswertung zum Schulerfolg ‚sozial benachteiligter' Schüler*innen der Organisation für wirtschaftliche Zusammenarbeit und Entwicklung (OECD) in Zusammenarbeit mit der Vodafone Stiftung Deutschland (2018). Hier wird unter dem Titel „Erfolgsfaktor Resilienz" eine Untersuchung vorgestellt, die zeigen soll,

---

[3] Bei der Lektüre dieser Einschätzungen ist zu berücksichtigen, dass die Kompetenzstufen im ‚unteren' Bereich weiter aufgeteilt wurden. Der Kompetenzstufe 1a werden die Schüler*innen-Leistungen zugeordnet, die der Anforderung genügen, „nach einfachen Anweisungen von mehreren Seiten die richtige aus[zu]wählen und in kurzen Texten eine oder mehrere voneinander unabhängige Informationen [zu] finden" (OECD 2019a, S. 102 f., Anpassung K.P.). Auf dieser Kompetenzstufe liegen 13,6 % der Schülerleistungen (ebd., S. 234). Auf der Kompetenzstufe 1b, so heißt es, „können Leser selektiv lesen und eine offensichtliche und explizite Information in einem Satz, einem kurzen Text oder einer einfachen Liste finden. Sie sind in der Lage, nach einfachen Anweisungen von mehreren Seiten die richtige aufzurufen, wenn explizite Hinweise vorhanden sind" (ebd., S. 103). Auf dieser Stufe liegen 5,7 % der Schülerleistungen (ebd., S. 234). Auf der Kompetenzstufe 1c „können Leser die wörtliche Bedeutung kurzer, syntaktisch einfacher Sätze erfassen und bestätigen und in einem begrenzten Zeitraum mit einer klaren und einfachen Zielvorgabe lesen" (ebd., S. 104). Auf dieser Stufe liegen 1,3 % der Leistungen (ebd., S. 234). Diese Stufe wird in 0,1 % der Schülerleistungen in Deutschland (und auch im OECD-Durchschnitt) nicht erreicht (ebd., S. 234).

8.1 Heterogenität schulischer Leistungen

„[w]arum manche Jugendliche *trotz schwieriger Startbedingungen* in der Schule erfolgreich sind – und wie Schulerfolg auch bei allen anderen Schülerinnen und Schülern gefördert werden kann" (OECD und Vodafone Stiftung Deutschland 2018, S. 1, Herv. K.P.). In diesem Zusammenhang werden schulische ‚Erfolgsfaktoren' aufgerufen. Als solche werden „[e]in positives Schulklima [...] [als] ein Schlüsselfaktor für Resilienz, [...] stabile Lehrerkollegien [...] [sowie] ein motivierender Führungsstil der Schulleitung" (ebd., S. 8 ff., Anpassungen K.P.) beschrieben. Dazu ist von ‚benachteiligten Schüler*innen' zu lesen, die „vom gemeinsamen Unterricht mit bessergestellten Schülern" profitieren (ebd., S. 7), von Ganztagsangeboten, die ‚Resilienz' fördern können (vgl. ebd.), und von einer besseren Ausstattung der Schulen, die aber nur helfen würde, „wenn sie den Lernprozess effektiv verbessert und das Gemeinschaftsgefühl stärkt" (ebd., S. 7). Es wird nicht verschwiegen, dass dennoch „der statistische Zusammenhang zwischen Leistung und sozialer Herkunft [...] noch immer sehr ausgeprägt" (ebd., S. 5) ist. Wir zitieren:

> „Die Analyse von PISA-Daten zeigt, dass es heute in Deutschland deutlich mehr Schülerinnen und Schüler gibt, die trotz eines eher bildungsfernen Elternhauses solide Kompetenzen in Lesen, Mathematik und Naturwissenschaften erwerben. Der Anteil dieser Schülerinnen und Schüler ist hierzulande im vergangenen Jahrzehnt so stark gewachsen wie in kaum einem anderen OECD-Land. Waren es im Jahr 2006 nur 25 Prozent, galten im Jahr 2015 schon 32,3 Prozent der sozioökonomisch benachteiligten Schülerinnen und Schüler als ‚resilient', was heißt, dass sie trotz ihres ungünstigen sozioökonomischen Hintergrunds im PISA-Test solide Leistungen zeigen. [...] Auch wenn Deutschland sich beim Anteil resilienter Schülerinnen und Schüler deutlich verbessert hat und international mittlerweile gut abschneidet, liegt das Land in puncto Chancengleichheit trotz einer positiven Entwicklung in den vergangenen Jahren noch immer unter dem OECD-Durchschnitt. So sind die Leistungsunterschiede zwischen sozial besser gestellten und sozial benachteiligten Schülerinnen und Schülern nach wie vor groß" (OECD und Vodafone Stiftung Deutschland 2018, S. 2 ff.).

Die Aussage, dass „im Jahr 2015 schon 32,3 % der sozioökonomisch benachteiligten Schülerinnen und Schüler als ‚resilient'" (ebd.) bezeichnet wurden, bedeutet zugleich, dass 67,7 % der Schüler*innen, denen ein ‚ungünstiger sozioökonomischen Hintergrund' zugeschrieben wurde, ‚im PISA-Test' keine ‚soliden' Leistungen zeigten. Derartige Ergebnisse finden sich auch in den aktuellen Studien. Eine entsprechende Auswertung der Ergebnisse der PISA-Studie 2018 enthält eine Übersicht zu „Reading performance by socioeconomic students and proportion of academically resilient students" (OECD 2019b, S. 256), nach der in Deutschland lediglich 10,4 % der ‚benachteiligten'

Schüler*innen bezogen auf die Lesekompetenz als akademisch resilient gelten (vgl. ebd.).

Als Diskreditierungen lesen wir die Adressierung der Schüler*innen als ‚resilient' sowie die Verweise auf ‚bildungsferne Elternhäuser' und einen erhöhten Anteil von Schüler*innen, die „*trotz* ihres ungünstigen sozioökonomischen Hintergrunds im PISA-Test solide Leistungen zeigen" (ebd., S. 2, Herv. K.P.). Ungleiche Lebensbedingungen in „bildungsfernen Milieus" (Mecheril und Vorrink 2014, S. 103) werden erst vor dem Hintergrund einer normativen „Mittelschichtorientierung der Schule [...] als der fraglose Standard von Bildungsprozessen" (ebd.) zu Bildungsbenachteiligungen.

Derart sensibilisiert verweisen wir auf den Aufsatz „Bildung und soziale Ungleichheit: Zwischen bildungsfernen Bildungsstrukturen und Bildungsbenachteiligung" (Klundt 2016, Herv. K.P.). Der Text gibt zu bedenken, dass die Weisen der Adressierungen von Schüler*innen und deren Familien, z. B. als ‚bildungsnah' und ‚bildungsfern', vom jeweiligen Bildungsverständnis beeinflusst sind. Mit einem Verständnis von „*bildungsfernen Bildungsstrukturen*" (ebd., S. 331, Herv. K.P.) können Lernleistungsvergleiche auch Anlass bieten, das ihnen inhärente Bildungsverständnis zu problematisieren und sich die Frage zu stellen, „inwiefern bereits die gesellschaftliche Ordnung und das Bildungssystem aus strukturellen Gründen reale Bildungsprozesse behindern" (ebd., S. 340) können. Dazu ist zu lesen:

> „Von den Maßstäben umfassender und humanistischer Bildung aus betrachtet – geschweige denn von dem der vernunftgeleiteten Autonomie und individuellen allseitigen Persönlichkeitsentfaltung – sind die verschiedenen Lernleistungsvergleichstests meilenweit entfernt von Bildung, da sie doch in der Regel nur das angehäufte und ausgespuckte Wissen testen. Dazu passt im Übrigen auch, dass Kreativität und produktive Phantasie grundsätzlich nicht abgefragt werden (können), obwohl gerade sie für jegliche Wirtschaftsinnovationen und Produktionsentwicklungen Voraussetzungen sind. Bei den verschiedenen wettbewerbsorientierten Leistungsvergleichstests handelt es sich offenkundig auch um ein Verständnis von Bildung, das dem Artikel 26 der Allgemeinen Erklärung der Menschenrechte der Vereinten Nationen von 1948, den Artikeln 28 und 29 der UN-Kinderrechtskonvention sowie dem Artikel 13 des UN-Paktes über wirtschaftliche, soziale und kulturelle Rechte wenig Rechnung trägt" (Klundt 2016, S. 340).

Solche Problematisierungen provozieren Aufmerksamkeit für „Normalitätsmuster schulischen Operierens und schulischen Selbstverständnisses" (Mecheril und Vorrink 2014, S. 104), die mit dem Anspruch ‚kompetenzorientierter' Chancengerechtigkeit wie mit der Untersuchung von ‚Resilienz' aufgerufen werden.

8.1 Heterogenität schulischer Leistungen

Der Begriff ‚Resilienz' findet sich in populären medialen Inszenierungen, die für ein „Leben mit mehr Glück, Erfolg und Stärke" (Schweizer 2015) werben. Dabei wird das Resilienz-Konzept als Begründungsmuster für Selbstoptimierungsansprüche und -strategien aufgerufen (ebd., S. 16). In der Pädagogik markiert ‚Resilienz' zum einen eine Widerständigkeit gegen „Risikofaktoren, die kindliche Entwicklung bedrohen" (Werner 2008, S. 20) und zum anderen „eine bestimmte Erwartungshaltung – nämlich die, dass problematische Entwicklungsumstände in der Regel zu entsprechend problematischen Entwicklungsverläufen führen" (Göppel 2008, S. 251). „Resilienzforschung untersucht, welche Schutzfaktoren in Krisensituationen aktiviert werden und welche Immunisierungen diese gegen destruktive Krisenverarbeitung zu entfalten vermögen" (Sauter 2007, S. 61). Wir wissen nicht, welche ‚problematischen Entwicklungsumstände' oder ‚Krisensituationen' in der zitierten ‚PISA-Sonderauswertung zum Schulerfolg ‚sozial benachteiligter' Schüler*innen' in ‚bildungsfernen Familien' angenommen werden. Heterogenitätstoleranz gegenüber differenten Lebenswelten oder gar ‚Wertschätzung' können wir in dem Gebrauch des Begriffes ‚Resilienz' ebenso wenig finden wie Forderungen nach gleichwertiger Anerkennung unterschiedlicher Schulabschlüsse.

Das führt uns zu der Frage nach der Legitimität der (sich mit dem Namen PISA verbindenden) „Tendenzen, einheitliche Maßstäbe an Schule und Unterricht anzulegen" (Budde 2015, S. 23). Mit dieser Frage lässt sich zum einen feststellen, dass diese Maßstäbe „erst in Anerkennung der [als gegeben angenommenen] Unterschiedlichkeit sowohl von Schüler/innen als auch von Schulen" (Budde 2015, S. 23, Ergänzung K.P.) ihre Rechtmäßigkeit behaupten können. Zum anderen lassen sich (mit ‚PISA als Gründungsnarrativ') „[s]chulpädagogische Differenzierungsstrategien, die dem Anspruch folgen, heterogenitäts- bzw. differenzsensibel zu verfahren" (Emmerich und Hormel 2013, S. 261), in einen Zusammenhang mit einer „umfassende[n] bildungspolitische[n] ‚Meritokratisierungs-Strategie' für das deutsche Schulsystem" (ebd., S. 260, Anpassungen K.P.) stellen (vgl. Abschn. 8.2 und 8.3). Als „deren zentrales Ziel [stellt sich] die Erhöhung der Leistungsfähigkeit des Systems selbst dar" (ebd., Ergänzung K.P.) Diese könnte „entsprechend der neuen Steuerungslogik nur durch eine Steigerung individueller Lernleistungen und damit verbunden durch eine systematische, aber differentiell angelegte Ausschöpfung von ‚Begabungsreserven' auf Grundlage kompensatorischer Bildungsangebote erzielt werden" (ebd., S. 261).

Nicht zuletzt etablierte sich „auf der Grundlage der Ergebnisse der OECD-Schulleistungsvergleichsstudien […] eine empirische Bildungsforschung, die den sozialen Ursachen für ungleiche Bildungsperformanz zentrale Aufmerksamkeit schenkte (Emmerich und Hormel 2013, S. 262). In diesen Forschungen wird „Bildungsungleichheit nach wie vor nicht als ein Ergebnis komplexer institutionell-organisatorischer Prozesse beobachtet […]. Stattdessen werden die Ursachen mangelnden Bildungserfolgs auf der Seite der AdressatInnen institutionalisierter Pädagogik selbst verortet" (ebd.). Von möglichen Folgen solcher Zuschreibungen erzählt z. B. die Geschichte des Romans „Streulicht" (Ohde 2020).

> **Empfehlung**
>
> **Ohde, D. (2020).** *Streulicht.* **Berlin: Suhrkamp.**
> Der Roman „Streulicht" von Deniz Ohde erzählt von „der Kluft zwischen Bildungsversprechen und erfahrener Ungleichheit" (Ohde 2020, Klappentext). Die Ich-Erzählerin erinnert sich darin an den Ort, an dem sie aufgewachsen ist, und an „den frühen Schulabbruch und die Anstrengung, im zweiten Anlauf Versäumtes nachzuholen, an die Scham und die Angst – zuerst davor, nicht zu bestehen, dann davor, als Aufsteigerin auf ihren Platz zurückverwiesen zu werden" (ebd.). Auf diese Weise erzählt der Roman von ‚Zeichensystemen' der eigenen Familie wie der Schule, mit welchen die Erzählerin konfrontiert scheint. ◄

So produzieren das Schulsystem, die inklusionsorientierte Schul-Pädagogik und die empirische Bildungsforschung problematische Ungleichheiten und Benachteiligungen z. B. von Schüler*innen mit ‚ungünstigem sozioökonomischen Hintergrund' und mit ‚Migrationshintergrund', indem von der fiktiven Möglichkeit ähnlicher Bildungsvoraussetzungen bzw. deren Herstellbarkeit durch pädagogische Maßnahmen ausgegangen wird.

Mit den vorgestellten Einsprüchen (gegen Leistungs- und Fähigkeitsnormen, gegen die ‚Mittelschichtorientierung' und gegen ‚Meritokratisierungs'-Strategien im Schulsystem) lassen sich empirische Bildungsforschungen, Einsätze der Inklusionspädagogik und rekonstruktive Inklusionsforschungen mit je eigenen Positionierungen zur Heterogenität schulischer Leistungen vorstellen (vgl. Abb. 8.1). Darüber hinaus gehen Forderungen nach radikaler Anerkennung kultureller Pluralität, wie sie nachfolgend skizziert werden.

Im Anschluss an Vorstellungen möglicher „Produktivitäten von Heterogenität" (Mayer 2014) lässt sich das Konzept individualisierter Leistungs- und Ressourcenorientierung im Bildungssystem als „Selbststeuerungslogik" (ebd.,

8.1 Heterogenität schulischer Leistungen

```
┌─────────────────────────────────────────────────────────────────────┐
│  ‚Radikale Heterogenität des Sozialen und des Subjekts' und Heterogenität im Kontext │
│           gesellschaftlicher Ungleichheits- und Machtbeziehungen                     │
└─────────────────────────────────────────────────────────────────────┘
                                      ↕
┌─────────────────────────────────────────────────────────────────────┐
│ **Inklusionspädagogik** (als heterogenitätssensible Pädagogik) … versucht die performative │
│ (Re-)Produktionen sozialer und Bildungsungleichheit zu überwinden, indem sie sich gegen │
│ Vorstellungen einheitlicher Leistungs- und Fähigkeitserwartungen und das Konzept │
│ kompetenzorientierter Chancengerechtigkeit positioniert. │
├─────────────────────────────────┬───────────────────────────────────┤
│ **Empirische Bildungsforschungen** … │ **Rekonstruktive Inklusionsforschungen** … │
│ kritisieren mangelnde Bildungs- │ machen darauf aufmerksam, dass die │
│ gerechtigkeit durch den Aufbau  │ Vorstellungen schulischer (Leistungs-) │
│ herkunftsabhängiger Hierarchien bei │ Fähigkeiten als Differenzkonstruktionen in │
│ gleichzeitigem Festhalten am Anspruch │ inklusionsorientierten Unterrichtssettings als │
│ kompetenzorientierter Chancen-  │ Ordnungen der Anerkennbarkeit │
│ gerechtigkeit.                  │ hervorgebracht werden. │
└─────────────────────────────────┴───────────────────────────────────┘
              \  Heterogenität als Produkt sozialer Ungleichheit:  /
               \  Nicht-Einlösung des Anspruchs kompetenz-        /
                \      orientierter Chancengerechtigkeit         /
                 _____/
```

Abb. 8.1 Erziehungswissenschaftliche Auseinandersetzungen mit der Heterogenität schulischer Leistungen. (© Mirko Moll)

S. 214 f.) hinterfragen. Als entsprechende Kriterien finden sich „Figurierungen der individuellen Leistung, der Kompetenz, der Selbstverwirklichung, des Bildungserfolgs" (ebd., S. 212), mit denen „der Einzelne selbst zur Bearbeitung von Ungleichheiten, von Benachteiligung und Bevorzugungen angehalten" (ebd.) wird. Sie erscheinen als ‚akzeptable' Antworten auf die „Problematisierung strukturell und disziplinarisch vereinheitlichender wie selektiver schulischer Ordnungen" (ebd.). Zugleich stellen sie eine „unmögliche Figur [dar], insofern das, was als individuelle Leistung gelten kann, sich über ein Drittes, über sozial respektive pädagogisch autorisier- und anerkennbare Ordnungszusammenhänge formiert, die nicht vom Subjekt ausgehend zu konzipieren sind" (ebd., S. 215, Ergänzung K.P.).

Kritische Beobachtungen schreiben derart individualisierenden Heterogenitätskonstruktionen u. a. die Funktion „einer rhetorischen Praxis des Aufrufens einer unbestimmten Vielfalt von Lerndispositionen" (Mecheril und Vorrink 2014, S. 100) zu, mit der Begründung, dass „eine Vielfalt individueller Lernstile, Praktiken, Dispositionen [thematisiert wird], die zwar mitunter rhetorisch zurückgebunden werden an soziale und gesellschaftsanalytische Kategorien der Unterscheidung – wie Geschlecht, soziale Herkunft oder Ethnizität –, ohne aber dem Zusammenhang von sozialer Zugehörigkeit und Lerndispositionen in Lehr-Lern- und Bildungsarrangements weiter nachzugehen" (ebd., Ergänzung K.P.).

Damit kann sich die Aufmerksamkeit auf die „These einer *radikalen* Heterogenität des Sozialen und des Subjekts" (Mayer 2014, S. 201, Herv. i. Orig.) richten, mit der sich Heterogenität nicht „als programmatisch lösbares Problem formulieren lässt" (ebd.). Gerade in dieser Radikalität kann eine prozessuale Produktivität sichtbar werden, die „einer essentialistischen Auffassung, Schülerinnen brächten ihre Identitäten und Lerndispositionen in den Schulkontext ein, in dem es nunmehr um einen ‚Umgang' mit diesen heterogenen Dispositionen gehe" (Mecheril und Vorrink 2014, S. 108), widerspricht. So könnte auch verständlich werden, dass inklusionsorientierte Vorstellungen von Heterogenität in inklusionspädagogischen Konzepten stets Homogenisierungen und Exklusionen mit sich bringen, welche die praktizierten Heterogenitätszuschreibungen immer wieder infrage stellen.

„Das meint u. a., dass die Berücksichtigung von Vielfalt und Verschiedenheit in pädagogischen Konzepten eine Prozessualität instituiert, die Konsequenzen (wie vereinheitlichende Zuschreibungen, Exklusionen usw.) einschließt, die auf einer konstitutiven Ebene den programmatischen Intentionen entgegenlaufen, aber gerade dadurch eine unabschließbare Dynamik oder Produktivität ‚begründen' " (Mayer 2014, S. 210).

Mit dem Heterogenitätskonzept verbinden sich *systematische Widersprüche,* die dafür sensibilisieren können, dass die Forderung ihrer Überwindung einhergeht mit einer Blindheit für *performative (Re)Produktionen sozialer Ungleichheit und behindernder Strukturen.* Kritisch-produktive Auseinandersetzungen mit den skizzierten Widersprüchen ermöglichen eher Einsätze, „die Konstitutionsbedingungen von Heterogenität im Kontext gesellschaftlicher Ungleichheits- und Machtbeziehungen zum Gegenstand machen und stattdessen ‚Differenzlinien' in den Blick nehmen, entlang derer sich asymmetrische Normalitätserwartungen im Bildungssystem artikulieren" (Emmerich und Hormel 2013, S. 155). Sie bieten die Gelegenheit, inklusionspädagogisch motivierte Beobachtungen von Inklusion/ Exklusion in der Schul-Pädagogik in Zusammenhänge mit sozialen (Un)Gleichheiten zu stellen (vgl. Kap. 7, Abschn. 7.1), in denen Bildung als eine ‚Grunddimension' sozialer Ungleichheit vorgestellt wird.

8.2 Bildung als eine ‚Grunddimension' sozialer Ungleichheit

Die Forderung, inklusionspädagogisch motivierte Beobachtungen von Inklusion/Exklusion in der Schul-Pädagogik in Zusammenhänge mit sozialer (Un)Gleichheit zu stellen, verlangt, Fragen der Gerechtigkeit bezüglich beschreibbarer Leistungen von Schüler*innen nicht nur als schulisches, sondern als gesellschaftliches Problem zu diskutieren (vgl. dazu Kap. 6, Abschn. 6.1). Damit rücken *gesellschaftliche Kontexte* schulbezogener Leistungserwartungen, individualisierter Leistungs- und Ressourcenorientierungen sowie personenbezogener Adressierungen ‚sonderpädagogischer Förderbedarfe' in unser Blickfeld.

Als Kernelemente der Kritiken am Schulsystem vonseiten der empirischen Bildungsforschung erscheinen die *Zusammenhänge schulischer Leistungen mit sozialer Ungleichheit,* weil sie dem *Anspruch chancengleicher individueller Erfolgsmöglichkeiten* im Bildungssystem entgegenstehen. Insbesondere im Zusammenhang mit steigenden Bedarfen an ‚hochqualifizierten Arbeitskräften' wird eine „zunehmende Bedeutung von Bildung für nahezu alle Positionen in modernen Gesellschaften [...] als funktionale Notwendigkeit diskutiert" (Solga 2009, S. 64). Diese bedürfe „veränderte[r] *Formen sozialer Ungleichheit,* insbesondere solcher, *die Bildung, Verdienst und Leistung honorieren,* um so individuelle Aufstiegshoffnungen und -bemühungen als Anreize für immerwährende Lernprozesse [...] zu stimulieren und die vorhandenen Bildungstalente und -ressourcen umfassend zu aktivieren" (ebd., Herv. und Anpassung K.P.).

Mit dieser Begründung gilt nur „[d]er individuelle Erfolg im Bildungssystem – symbolisiert und institutionalisiert in Schul- und Ausbildungslaufbahnen sowie erworbenen Bildungszertifikaten – [...] als legitime Grundlage der Ver- und Zuteilung von Lebenschancen" (ebd., S. 63). Bei derartigen Thematisierungen kann zwischen zwei Formen sozialer Ungleichheit unterschieden werden, zum einen der Ergebnis- bzw. Verteilungsungleichheit und zum anderen der Chancenungleichheit (vgl. Solga et al., 2009, S. 21 f.).

Studien zu *Ergebnis- und Verteilungsungleichheit* stellen *Formen* „ungleiche[r] *Verteilung* von Lebens- und Handlungsressourcen" (ebd., S. 22, Herv. i. Orig.) als Vor- und Nachteile dar, „die sich durch den Besitz [und Nicht-Besitz] wertvoller Güter oder durch den Zugang [und Nicht-Zugang] zu erstrebenswerten Positionen ergeben" (ebd., Anpassung K.P.) (vgl. Kap. 6, Abschn. 6.3). Analysen von *Chancenungleichheit* zeigen *differente Möglichkeiten* „von sozialen Gruppen beim *Zugang* zu sozialen Positionen oder Handlungsressourcen (zum Beispiel zu Bildungs-, Arbeitsmarkt- oder Einkommenspositionen) aufgrund zugeschriebener Merkmale (wie etwa soziale Herkunft, Geschlecht oder Ethnie)" (ebd., S. 21, Herv. i. Orig.). Das folgende Beispiel soll Verteilungsungleichheit als eine Form sozialer Ungleichheit verdeutlichen.

> **Beispiel**
>
> **Verteilungsungleichheit als Form sozialer Ungleichheit**
> Als eines der vielen möglichen Beispiele für ungleiche Verteilungen im Zusammenhang mit dem ‚Besitz' von ‚wertvollen Bildungszertifikaten' können Aussagen des Berichtes „Bildung in Deutschland kompakt 2018" (Autorengruppe Bildungsberichterstattung 2018) aufgerufen werden, die Zusammenhänge zwischen dem Erreichen ‚höher qualifizierender' Schulabschlüsse und häufigerer Beteiligung an Erwerbsarbeit sowie einem höheren „Bruttostundenlohn der Beschäftigten" (ebd., S. 16) beschreiben:[4]
>
> „Insgesamt sah die Erwerbsquote 2016 in Deutschland über alle Bildungsniveaus hinweg positiv für die 25- bis unter 65-Jährigen aus. Frauen waren insgesamt zu 76 % und Männer zu 85 % beschäftigt. Menschen mit höher qualifizierenden Abschlüssen sind dabei häufiger erwerbstätig und seltener arbeitslos.
>
> Die mit dem Bildungsstand zunehmende Integration auf dem Arbeitsmarkt schlägt sich in dem Bruttostundenlohn der Beschäftigten nieder. Frauen mit einem höheren akademischen Abschluss verdienen fast 8 € mehr pro Stunde als die Mehrheit der weiblichen Bevölkerung, die einen Abschluss im Sekundarbereich II hat. Unter den Männern verdienen die Akademiker fast 9 € mehr. Noch deutlicher werden die Unterschiede beim Einkommen bei den Monatsgehältern. Unabhängig von dieser positiven Wirkung von Bildung bleibt der ‚Gender pay gap' bestehen: Frauen verdienen weniger als Männer, Akademikerinnen sind hiervon häufiger betroffen" (ebd.).
>
> In diesem Beispiel für Verteilungsungleichheit ist – und zwar unter der Überschrift „Wirkungen und Erträge von Bildung" (ebd.) – zugleich von Chancenungleichheit zwischen Frauen und Männern zu lesen, die sich nicht

---

[4] Der aktuelle Bericht „Bildung in Deutschland 2020" (Arbeitsgruppe Bildungsberichterstattung 2020) thematisiert die hier aufgerufenen Zusammenhänge nicht. Vorgestellt werden arbeitsmarktbezogene, monetäre und nichtmonetäre ‚Wirkungen und Erträge' von Bildung (vgl. ebd. S. 303 ff.) sowie Aspekte der ‚Chancengleichheit' am Beispiel der sogenannten ‚intergenerationalen Bildungs- und Statusmobilität' (vgl. ebd. S. 317 ff.).

8.2 Bildung als eine ‚Grunddimension' sozialer Ungleichheit

mit differenten Bildungszertifikaten erklären lässt und auch nicht damit erklärt wird. Es wird lediglich auf den sogenannten ‚Gender-Pay-Gap' verwiesen. Das Statistische Bundesamt (2019) erläutert in einer Pressemitteilung, dass als ‚Gender-Pay-Gap' eine Verteilungsungleichheit des ‚Bruttostundenverdienstes' zwischen Männern und Frauen bezeichnet wird, die mit Chancenungleichheiten begründet wird.

„Der Gender Pay Gap ist die Differenz des durchschnittlichen Bruttostundenverdienstes der Männer und Frauen im Verhältnis zum Bruttostundenverdienst der Männer. Es stehen dabei zwei Indikatoren mit unterschiedlicher Intention zur Verfügung: Der unbereinigte Gender Pay Gap vergleicht allgemein den Durchschnittsverdienst aller Arbeitnehmer beziehungsweise Arbeitnehmerinnen miteinander" (ebd., o. A.). Danach erhielten Frauen im Jahre 2018 „mit einem durchschnittlichen Bruttostundenverdienst von 17,09 € 21 % weniger als Männer (21,60 €)" (ebd.).

Zur Erklärung dieser Verteilungsungleichheit werden ungleiche Chancen der Teilhabe am Arbeitsmarkt benannt. So heißt es, dass „[m]ithilfe des unbereinigten Gender Pay Gap [...] auch der Teil des Verdienstunterschieds erfasst [wird], der durch schlechtere Zugangschancen von Frauen hinsichtlich bestimmter Berufe oder Karrierestufen verursacht wird, die möglicherweise ebenfalls das Ergebnis benachteiligender Strukturen sind" (ebd., Anpassung K.P.).

Während in den Beschreibungen (auf der Basis der Konstruktion zweier sozialer Gruppen, Männer und Frauen) Verteilungsungleichheit dargestellt wird, beanspruchen die Aussagen zu ‚strukturbedingten schlechteren Zugangschancen' die damit zusammenhängende Chancenungleichheit (eben dieser Gruppen) zu erklären. „Demnach sind die wichtigsten messbaren Gründe für den unbereinigten Gender Pay Gap, dass Frauen häufiger in Branchen und Berufen arbeiten, in denen schlechter bezahlt wird, und sie seltener Führungspositionen erreichen. Auch arbeiten sie häufiger als Männer in Teilzeit und in Minijobs und verdienen deshalb im Durchschnitt pro Stunde weniger" (ebd.).

Die scheinbare Selbstverständlichkeit dieser ‚messbaren Gründe' kann infrage gestellt werden, etwa mit Bezug auf die Darstellung differenter Begründungen für Teilzeitarbeit: „Der überwiegende Teil der teilzeitarbeitenden Frauen gab als Hauptgrund die Betreuung von Kindern oder Pflegebedürftigen (31 %) beziehungsweise andere familiäre oder persönliche Verpflichtungen (18 %) an. Ein großer Teil der Männer nannte hingegen als Hauptgrund für die Teilzeitbeschäftigung eine parallel laufende Ausbildung oder berufliche Fortbildung (25 %)" (ebd.).

Dass derartige Analysen mittels ‚messbarer Gründe' keine hinreichenden Erklärungen für Chancenungleichheit bieten können, zeigt der „bereinigte

Gender Pay Gap" (ebd.). Er gibt Auskunft zum „Verdienstabstand von Männern und Frauen mit vergleichbaren Qualifikationen, Tätigkeiten und Erwerbsbiografien. […] Demnach verdienten Arbeitnehmerinnen im Durchschnitt auch unter der Voraussetzung vergleichbarer Tätigkeit und äquivalenter Qualifikation im Jahr 2014 pro Stunde 6 % weniger als Männer" (ebd.). ◄

Mit einem Verständnis von *Bildung,* die als Vor- und/oder Nachteil den Zugang zu erstrebenswerten Positionen und den möglichen Besitz wertvoller Güter eröffnet oder verschließt, kann sie *als eine ‚Grunddimension' sozialer Ungleichheit* erscheinen, also als eine der bedeutsamsten Arten von Vor- und Nachteilen in unserer Gesellschaft. Sozialstrukturanalysen (vgl. Kap. 7, Abschn. 7.3) ermöglichen kritische Lesarten zugeschriebener Bedeutungen von ‚*Bildungsungleichheiten*', zum einen als gesellschaftlich legitimierte Ergebnis- sowie Verteilungsungleichheit und zum anderen als Chancenungleichheit im Schulsystem (vgl. Dombrowski und Solga 2012, S. 52 ff.).

Als Beispiel für eine solche kritische Lesart kommen wir noch einmal auf das kultursoziologische Verständnis sozialer Ungleichheit (Bourdieu 2001) zurück (vgl. Kap. 6, Abschn. 6.1). Hier wurde der Habitus als „Ort dauerhafter solidarischer Bande, unüberwindlicher […] Treue, […] tiefinneren Verwachsenheit des sozialisierten Körpers mit dem sozialen Körper, der ihn geschaffen hat und mit dem er eins ist" (Bourdieu 2001, S. 185) vorgestellt. Als „Effekt familialer Sozialisation" (Becker 2017, S. 483) werden mit dem Habitus differente Seins- und Handlungsweisen erklärt, die so je nach zugeschriebenen Klassen- oder Schichtzugehörigkeiten unterschieden werden können. Mit diesem Einsatz lassen sich kulturell spezifische Formen der Inklusion/Exklusion beobachten und beschreiben, wie beispielsweise in der Studie „Hauptschüler" als Praxen der „gesellschaftlichen Produktion von Verachtung" (Wellgraf 2012).

Die zitierte Studie argumentiert, dass das Konstrukt „Soziale Klasse und die darauf basierenden Ausschlussmechanismen […] zwar eine äußerst wirkungsmächtige Existenz" (ebd., S. 97) haben, dass diese Exklusionen jedoch eher indirekt artikuliert werden, „weil es im Alltag keine adäquate Sprache für diese Mechanismen" (ebd.) gibt. So positioniert sich die Studie gegen symbolische Diskriminierungen, auch gegen solche, die mit einem klassen- oder schichtspezifischen Habitus argumentieren. Unsere Lesart begründet sich zunächst mit einem Hinweis zum Selbstverständnis der Studie. Das wird in der Einleitung wie folgt thematisiert:

> „Durch den Fokus auf die Situation von Hauptschülern in Berlin möchte ich auf anschauliche Weise nachvollziehen, wie Machtverhältnisse mittels Formen von Verachtung im Alltag reproduziert werden. Unter der Produktion von Verachtung

8.2 Bildung als eine ‚Grunddimension' sozialer Ungleichheit

verstehe ich gesellschaftliche Exklusionsprozesse, bei denen Formen materieller Benachteiligung mit Mechanismen symbolischer Abwertung verbunden werden. Beides lässt sich nicht voneinander trennen, denn Verachtung dient der Legitimation von ökonomischen Ungleichheitsverhältnissen. […] Aus einer solchen Perspektive erscheint Verachtung als etwas ‚Gemachtes', als ein historisch bedingter und kulturell spezifischer Prozess gesellschaftlicher Ausschließung" (Wellgraf 2012, S. 9 f.).

Das folgende Beispiel zitiert Auszüge aus der Studie. Aufgerufen werden exkludierende Zuschreibungen an und widerständige Selbstdarstellungen von Schüler*innen, die einen Hauptschulabschluss erwerben sollten. Die dargestellten Widerstände werden in einer anderen Darstellung der Studie als „alternative Formen der Selbstermächtigung" (Wellgraf 2021, S. 33) gegen den ‚Ausgrenzungsapparat' Schule und als „situationsbedingte subversive Akte" (ebd.) positioniert, die „mehr über die Wirkungsweisen als den Zusammenbruch von Machtstrukturen" (ebd., S. 33 f.) sagen können.

> **Beispiel**
>
> **Formen schulischer Inklusion/Exklusion als Praxen symbolischer Diskriminierungen**
> Die Studie „Hauptschüler" (Wellgraf 2012) verweist explizit auf ihren historischen Charakter. Das Schulmodell der Hauptschule ist vielerorts weitgehend Geschichte. Die Umwandlung der Schulform in Gesamt- oder Gemeinschaftsschulen (vgl. Kap. 2, Abschn. 2.2) verhindert jedoch nicht die Diskreditierungen von Schüler*innen mit der Zuschreibung ‚Hauptschulniveau', die hier zu lesen sind.
>
> Der Text wird mit Antworten von Hauptschüler*innen auf die Frage eingeleitet, „was ihrer Meinung nach andere über sie denken" (ebd., S. 9). Zu lesen ist: Sie wählen „abwertende Bezeichnungen wie ‚dumm', ‚faul' oder ‚Psycho im Kopf'" (ebd.).
>
> Und weiter heißt es: „Manche Hauptschullehrer beschreiben ihre eigene Schule als ‚Irrenhaus', ‚Idiotenschule' oder ‚Behindertenschule'. Und in vielen Medienberichten erscheinen Hauptschüler als bildungsresistent, gewalttätig und moralisch verwahrlost. Hauptschüler werden gesellschaftlich verachtet, gedemütigt und ausgegrenzt" (ebd.). Als Beleg für diese Aussagen lassen sich die beiden folgenden Szenen lesen:
>
> „‚Ich brauche keinen Abschluss. Ich ficke euch. Ich brauche auch keine Ausbildung', rief ein Schüler aufgebracht in den Klassenraum, rannte hinaus auf den Flur und knallte die Tür laut zu. […] Die wütende Reaktion des Schülers richtet sich gegen die Lehrer und gegen die Institution Schule.

Wahrscheinlich hängt sie eng mit dem herablassenden Verhalten von einigen Pädagogen gegenüber Hauptschülern zusammen. So berichtete mir der Schüler zu einem anderen Zeitpunkt, eine Lehrerin habe ihn, als er sich über eine seiner Ansicht nach unverhältnismäßig schlechte Benotung beschweren wollte, mit der Bemerkung abgewiesen: ‚Deine nächste Sechs, dann schon mal winke, winke Abschluss.' Dann habe ihm die Lehrerin ein unter diesen Umständen demütigend wirkendes ‚Kusshändchen" gegeben" (ebd., S. 243).

Während in dieser Szene eine Lehrerin erscheint, „die ihre staatlich legitimierte Machtposition zu einem willkürlichen und herabwürdigenden Verhalten" (ebd.) missbraucht, agiert die Lehrerin in der folgenden Szene „ungewollt als eine Art ideologisches Sprachrohr, indem sie den schulischen Misserfolg in erster Linie der mangelnden Motivation der Schüler zuschreibt" (ebd., S. 276). Damit rechtfertigt sie zugleich ‚Bildungsungleichheiten' als gesellschaftlich legitimierte Ergebnis- sowie Verteilungsungleichheit und ignoriert die Chancenungleichheit im Schulsystem.

„Im Geografie-Unterricht der Klasse 10b sollen die Schüler ein Arbeitsblatt mit dem Titel ‚Ein Überblick über unsere Heimat' ausfüllen. Viele von ihnen kennen jedoch weder die Namen der darauf eingezeichneten Bundesländer noch deren Hauptstädte, woraufhin sich folgender Dialog entwickelt:
Marian: ‚Wir sind so dumm.'
Frau Schnur: ‚Ihr seid nicht dumm, ihr seid nur faul. Meine Tochter ist am Gymnasium und arbeitet manchmal bis nachts um eins.'
Hussein: ‚Das ist Ihre Welt, aber Sie kennen nicht unsere.'
Imad: ‚Kann ich mich mit Ihrer Tochter vergleichen?'
Frau Schnur: ‚Natürlich. Aber wenn man immer nur bei MSN am Chatten ist, dann lernt man auch kein Deutsch, das ist abgebrochene Gossensprache.'
Imad: ‚Sie kriegt ihren Abschluss, ich nicht. Ist doch ok.'
Frau Schnur: ‚Ihr seid selbst schuld, ihr habt einfach nicht gelernt. Ihr habt keine Verantwortung für eure Schulaufgaben übernommen.' […].

Die als mangelhaft empfundenen Deutschkenntnisse der Hauptschüler werden in dieser Szene von der staatlich autorisierten Lehrerin mit Devianz und Unreinheit, mit übermäßigem Medienkonsum sowie mit der räumlichen Sphäre der Straße assoziiert und auf diese Weise diskreditiert. Die Gosse, eine altmodische Bezeichnung für eine Abflussrinne, steht in diesem Zusammenhang als Hinweis für sprachliche Verwahrlosung und weist den Schülern symbolisch einen Platz im sozialen Unten zu. […] Der zitierte Wortwechsel kann dabei als typisch für den im deutschen Schulsystem vorherrschenden Diskussionsstil gelten: Für das autoritäre Unterrichtsgespräch, bei dem die Schüler zwar die Möglichkeit

8.2 Bildung als eine ‚Grunddimension' sozialer Ungleichheit

erhalten, ihre individuellen Standpunkte einzubringen, die Ergebnisse der Diskussion jedoch von vornherein feststehen und das Allgemeingültige vom Lehrpersonal in autoritärer Weise bestimmt wird" (Wellgraf 2012, S. 275 ff.). ◄

Ausgehend von diesen Vorstellungen erklären sich soziale Ungleichheiten von Bildungschancen damit, dass im Bildungssystem grundlegende habituelle Differenzen nicht berücksichtigt werden. Stattdessen lässt sich eine hegemoniale „Kultur des Bildungssystems [...] als Institution der oberen Mittelschichten" (Wellgraf 2012, S. 10) zeigen, die systematisch *Chancenungleichheiten* erzeugt. Sie stellt auch die Legitimationen von *Verteilungsungleichheiten* „unter der Maxime formaler Gleichheiten" (ebd.) systematisch infrage.

So lässt sich begründen, dass die in statistischen Analysen als ‚klassen- oder schichtspezifisch different' beschriebenen Bildungschancen nicht auf ‚klassen- oder schichtspezifischen' Differenzen beruhen, sondern auf den hegemonialen ‚mittelschichtorientierten' Normalitätserwartungen und Normierungen des Bildungssystems. Diese wiederum werden über machtvolle hierarchisierende symbolische Ordnungen vermittelt (vgl. Arslan 2016, S. 24 f.). Das folgende Zitat erläutert diesen Zusammenhang.

„Schulanfänger [unterscheiden] sich in ihrem jeweiligen Habitus, den klassenspezifischen Befähigungen und sie treten vor die schulischen Instanzen als Träger eines klassenspezifisch differierenden kulturellen Habitus. Dadurch, dass Schulen faktisch unter der Maxime formaler Gleichheiten operieren, blieben Ungleichheiten der kulturellen Startvoraussetzungen bestehen, und damit trägt das Bildungssystem zur Reproduktion von Ungleichheiten bei. Da die Kultur des Bildungssystems, insbesondere die Schule, als Institution der oberen Mittelschichten auch deren kulturellen Habitus erfordert, den die Vertreter dieser Sozialklassen beherrschen, geraten die Nachkommen aus den unteren Sozialschichten im Lern- und Bildungsprozess ins Hintertreffen. Da die schulischen Werte den Werten der privilegierten und ‚kultivierten' Sozialschichten entsprechen, sind diejenigen im Vorteil, die bereits über diesen Wertekanon verfügen. Indem das Bildungssystem faktische soziale und kulturelle Ungleichheit übersieht oder ausklammert, sanktioniert sie die initialen kulturellen Differenzen und übersetzt diese in natürliche Begabungen und schulische Leistungen. Diejenigen, die nicht die Verhaltens- und Denkstrukturen aufweisen, die in der Schule als Mittelschichtinstitution bzw. Institution der Bildungseliten nachgefragt werden, haben strukturell und kulturell bedingte Schwierigkeiten, den schulischen Anforderungen im Unterricht gerecht zu werden" (Becker 2017, S. 483, Ergänzung K.P.).

Mit diesem Zugang lässt sich (entsprechend der Vorstellung sozialer Ungleichheit als Phänomen der Sozialstruktur) das ‚Bildungssystem' als *Ursache* der Reproduktion der Sozialstruktur und damit sozialer Ungleichheit vorstellen:

- Das „Bildungssystem bestätigt die Legitimität kultureller Vererbung von Privilegien" (Becker 2017, S. 484).
- In „der Schule geht es [...] weniger um Erziehung und Bildung, sondern um Selektion nach kulturellem Kapital und sozialem Habitus" (ebd.).
- Das „Verhalten und der Stil der oberen Mittelschichten korrespondieren mit den Lehrererwartungen" (ebd.).
- „Kinder benachteiligter Klassen [werden] gezwungen, sich von ihrer Herkunft zu distanzieren" (ebd., Anpassung K.P.), inkludieren sich entsprechend oder agieren widerständig gegen derartige Zumutungen.

Als *Auswirkungen* werden ‚leistungsbedingte Schwierigkeiten beim Bildungserwerb und beim Bildungserfolg' sowie ‚das frühere Austreten aus dem Bildungssystem' (vgl. ebd.) beobachtbar.

Neben ‚dem Wettbewerb im Bildungssystem', dem die ‚Nachkommen unterer Sozialschichten nicht standhalten können' (vgl. ebd.), erscheinen ‚die Defizite an kulturellem Kapital' (vgl. ebd.) als *Determinanten* sozialer Ungleichheit. Die Thematisierung von ‚*Defiziten*' als Determinante von Bildungsungleichheit beruht letztlich auf einer Konstruktion ‚unterer Sozialschichten'. Damit wird eine grundlegende Kritik am Bildungssystem verbunden, die auch als Kampf gegen Chancenungleichheit zu lesen ist (vgl. Abb. 8.2).

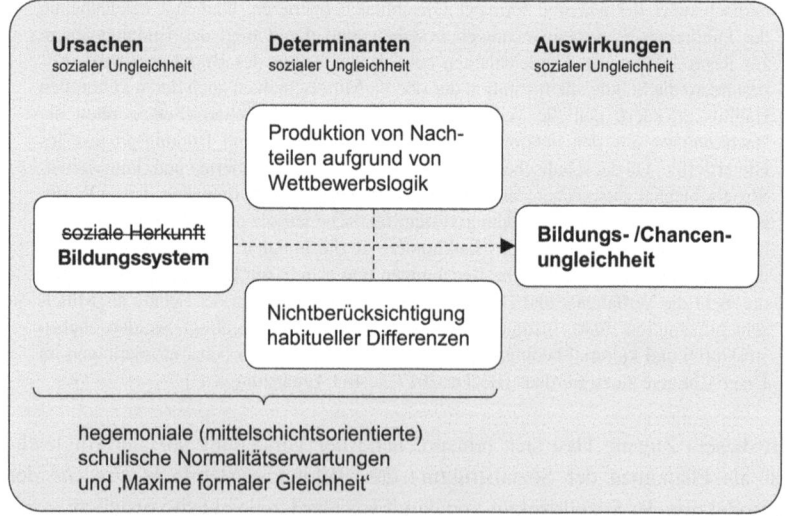

Abb. 8.2 Bildung als Grunddimension sozialer Ungleichheit. (© Mirko Moll)

8.2 Bildung als eine ‚Grunddimension' sozialer Ungleichheit

Die vorgestellte Konzeptionierung von Bildungsungleichheiten ermöglicht es, „soziostrukturell greifende Praktiken der Produktion und Reproduktion von Differenzen bzw. sozialer Ungleichheit" (Mayer 2017, S. 65) zu untersuchen. Zugleich (re-)produzieren die theoretischen Begründungen und Darstellungen von Chancenungleichheiten in Verbindung mit einem klassen- oder schichtspezifischen Habitus „eine sich stets aufs Neue vollziehende Erklärung und Festschreibung von Beteiligungs(un)möglichkeiten" (vgl. ebd., S. 69). Gegen derartige ‚Festschreibungen' sozialer Ungleichheit erhebt der Text „Teilhabe und Teilung" (Mayer 2017) einen fundamentalen Einspruch, der wie folgt zu lesen ist:

> „In einer solchen Perspektive erscheint […] nicht nur von vornherein entschieden, dass verschiedene privilegierte und untergeordnete Positionen die jeweiligen sozialen Zusammenhänge strukturieren. Ebenso gilt als gesichert – auch wenn sich vieles ändern kann –, dass sich die Aufteilung des sozialen Raums über Logiken vollzieht, die die ungleichen Verortungen in sozialen Kontexten reproduzieren: Stets scheint genau feststellbar zu sein, wer sich innerhalb oder außerhalb eines bestimmten (demokratischen, ökonomischen, diskursiven) Ordnungsgefüges befindet, wer auf welche Weise teilhat, wer den anerkannten Emanzipationsvorstellungen entspricht und wer nicht – und wie die dabei auftauchenden Probleme zu bearbeiten seien" (Mayer 2017, S. 69).

Der zitierte Protest „wendet sich gegen eine pädagogisierte politische Sichtweise und Programmatik, in der sich letzten Endes gleichsam von selbst versteht, wo die Schwierigkeiten liegen – etwa: wer genau welches Problem in Bezug auf seine Teilhabemöglichkeiten hat; und wer autorisiert ist, spezifische Bedingungen für Teilhabe als *angemessen, als Wissen* zu formulieren und so die Situation anderer zu beurteilen" (ebd., Herv. i. Orig.).

Im Anschluss an diese Positionierung gegen scheinbar selbstverständliche Problemdefinitionen wenden wir uns nun hegemonialen *Vorstellungen von Bildungsarmut* zu. Nach unserer Lektüre (re-)produzieren Problematisierungen von ‚Bildungsarmut' (mit einem Verständnis von Defiziten an kulturellem Kapital als Determinanten sozialer Ungleichheit) ‚asymmetrische' Normalitätserwartungen im Bildungssystem. Diese Lesart wollen wir im Folgenden skizzieren.

Werden Bildungsungleichheiten aus der Perspektive der „Verteilung von Bildungsergebnissen und hier insbesondere Bildungsarmut" (Dombrowski und Solga 2012, S. 53) aufgerufen, dann werden „Bildungsniveau[s] in Form von Bildungsabschlüssen oder Kompetenzen" (ebd., Anpassung K.P.) als exkludierende problematisiert, von denen angenommen wird, dass sie „unterhalb des gesellschaftlichen Standards für eine gleichberechtigte soziale Teilhabe am Arbeitsmarkt und am gesellschaftlichen Leben" (ebd.) liegen. „Bildungs-

zertifikate, also Prüfungsnachweise und Bildungs*kompetenzen*", wie sie z. B. die PISA-Studien erfassen, lassen sich als zwei differente „Definitionsgrundlagen von Bildungsarmut" (Allmendinger und Leibfried 2003, S. 12, Herv. i. Orig.) darstellen. Dazu ist zu lesen:

- Auf der Basis der Definition von Kompetenzstufen – „PISA berichtet über das Verteilungsspektrum von Schülerleistungen in Leseverständnis, Mathematik, Naturwissenschaften und fächerübergreifenden Kompetenzen" (ebd., S. 14) – könnte „*[a]bsolute* Bildungsarmut […] als Nichterreichen der untersten von insgesamt fünf Kompetenzstufen […] definiert werden, gleichzusetzen mit *funktionalem* Analphabetismus. […] [A]uch *relative* Bildungsarmut ließe sich über Kompetenzstufen bestimmen, über das (jeweilige) *innerstaatliche* bzw. *internationale* Verteilungsspektrum" (ebd., Herv. i. Orig., Anpassung K.P.).
- Auf der Basis von Prüfungsnachweisen ließe sich „*[a]bsolute* Bildungsarmut […] nationalstaatlich anhand fehlender Abschlusszertifikate messen. Wie beim Existenzminimum der Sozialhilfe ergäbe sich so ein zwingender Mindeststandard für alle. Er wird durch die umfassende Haupt- und Berufsschulpflicht vorgegeben. […] Da in der Bundesrepublik nicht die Dauer des Schulbesuches, sondern der erfolgreiche Abschluss (Zertifikat) belohnt wird, ist das Fehlen des Haupt- bzw. des beruflichen Bildungsabschlusses ein hartes klares Merkmal für die Unterversorgung mit schulischer Bildung" (ebd., S. 13, Anpassung K.P.). Die Annahme eines solchen Ungenügens kann sich auch darin ausdrücken, dass Schulabschlüsse mit zugeschriebenen Förderbedarfen Lernen sowie geistige/ganzheitliche Entwicklung statistisch nicht als anerkannte Schulabschlüsse gezählt werden (vgl. Abschn. 8.1).

Das Insistieren auf Bildungsstandards verbindet sich seit Jahren mit einer Vielzahl an Handlungsempfehlungen, Maßnahmen und ‚Modellversuchen' zur ‚Reform des deutschen Bildungswesens' (Dombrowski und Solga 2012, S. 77). Dazu gehören Konzepte und Praxen frühkindlicher Betreuung und Bildung, der Ganztagsschule, inklusionsorientierter Lehrer*innen- und Erzieher*innen-Bildung und heterogenitätssensibler Fachdidaktiken ebenso wie Bestrebungen zur Reduzierung von Förder- und Hauptschulabschlüssen.

Die damit einhergehende Forderung der Abschaffung von Förder- *und* Hauptschulen wird mit zwei differenten Argumentationslinien begründet: (I) Haupt- und Förderschulen werden als „Schulen für Kinder aus sozial schwachen Familien" (ebd.) vorgestellt. (II) Haupt- und Förderschulen werden (unabhängig von den sozialen Adressierungen der Schüler*innen) Defizite gesellschaftlich geforderter ‚Wissensvermittlung' zugeschrieben (vgl. ebd., S. 53). Entsprechend ist zu lesen:

8.2 Bildung als eine ‚Grunddimension' sozialer Ungleichheit

(I) „Die Abschaffung der Hauptschule als Schule für Kinder aus sozial schwachen Familien ist […] notwendig, um eine stärkere Durchmischung und damit eine Erweiterung der Sozialisations- und Lernmöglichkeiten für benachteiligte Kinder zu schaffen. Dazu gehört es auch, Förderschulen durch integrative und inklusive Schulangebote für Kinder mit sonderpädagogischem Förderbedarf zu ersetzen" (Dombrowski und Solga 2012, S. 77).

(II) „[W]enn Förder- und Hauptschule eine Wissensvermittlung auf dem gesellschaftlich erforderlichen Niveau nicht (mehr) gewährleisten, dann wären diese Schultypen im Sinne der Forderung nach Abbau von Bildungsarmut abzuschaffen – und zwar unabhängig davon, von Kindern welcher sozialen Schicht sie besucht werden. […] Haupt- und Förderschulen stellen heute immer seltener ein lernfreundliches Schulmilieu dar. […] Hauptschulen – insbesondere in Großstädten – [gelten zu einem beträchtlichen Teil] aufgrund ihres ‚kritischen Schulmilieus' als nicht mehr ‚beschulbar'. Ferner zeigen die Nationalen Bildungsberichte […] deutlich, dass der Hauptschulabschluss [folglich auch die Schulabschlüsse mit zugeschriebenen Förderbedarfen Lernen sowie geistige/ganzheitliche Entwicklung] keine gleichberechtigte Teilhabe am Zugang zu Ausbildung und damit an einem qualifizierten Erwerbsleben mehr gewährleistet" (ebd., S. 53, Anpassung und Ergänzungen K.P.).

Mit den hier zitierten Argumentationen werden sowohl die „frühe Mehrgliedrigkeit des deutschen Schulsystems" (ebd., S. 78) als auch die Wertigkeit von Hauptschul- und Förderschulabschlüssen als Exklusionsrisiken problematisiert. Als inklusionsorientierte Alternativen werden „gemeinsames Lernen bis Klasse 10 und das Anvisieren des Realschulabschlusses als Regelabschluss" (ebd.) positioniert.

Unsere Lektüre stolpert über die diskreditierende Zuschreibung ‚*sozial schwache Familien*' (vgl. ebd., S. 77). In den gelesenen Empfehlungen zur Lehrer*innen-Bildung und zur multiprofessionellen Kooperation in Schulen (vgl. ebd., S. 78 ff.) finden wir weitere Herabsetzungen, z. B. im Hinweis zur Qualifizierung „zu einem kompetenteren Umgang mit *Familien aus bildungsfernen Schichten*" (ebd., S. 78, Herv. K.P.) und in Beschreibungen der „*Benachteiligung von Kindern mit Migrationshintergrund*" (ebd., Herv. K.P.).

Diese Weisen der Diskriminierung lassen sich mit einem „Verständnis von Schule als kompensatorisches Korrektiv einer ungleichen Ausstattung an familiären Ressourcen für den Bildungserwerb" (ebd., S. 80) erklären, jedoch nicht legitimieren. Es sei denn, die soziale Herkunft wird als ‚Ursache' von ‚Bildungsungleichheiten' angenommen. Aber eben das verbietet sich mit dem *Gebot der Chancengleichheit*. So ist die Forderung zu lesen: „Motto der deutschen Schule muss werden: ‚Der Bildungserfolg von Kindern darf nicht von den Eltern abhängig sein!' Die Schule muss sich verantwortlich fühlen, fehlende Lernanregungen im Elternhaus zu kompensieren" (ebd., S. 78).

Angesichts der skizzierten Vorstellungen von Chancen(un)gleichheit bezüglich Bildung als ‚Grunddimension' sozialer Ungleichheit wenden wir uns im letzten

Abschnitt dieses Kapitels dem Konstrukt der Leistungsgerechtigkeit zu, mit dem Bildungsungleichheiten gesellschaftlich legitimiert erscheinen.

8.3 Bildungsungleichheit als Leistungsgerechtigkeit?

Bildungsungleichheiten (ab einem legitimierten Standard, der sich z. B. in Zensurenskalen oder Kompetenzniveaus ausdrücken lässt) gelten in unserer Gesellschaft nur dann als angemessen, wenn sie den unterschiedlichen individuellen Potenzialen der Schüler*innen entsprechen sowie chancengleich und ohne Diskriminierungen in einem ‚fairen Wettbewerb' erworben werden können. Diese Idee der ‚*Herstellung von Chancengleichheit*' (vgl. Dombrowski und Solga 2012, S. 52) folgt ‚liberalen Denktraditionen' (vgl. ebd.) und kann wie folgt vorgestellt werden:

> „[D]ie Herstellung von Chancengleichheit [...] ist von zentraler Bedeutung für die Verwirklichung des im Grundgesetz verankerten Verbots der Diskriminierung, unter anderem nach sozialer Herkunft, Geschlecht, ethnischer Zugehörigkeit oder Behinderung. Chancengleichheit zielt auf einen ‚fairen' Wettbewerb um das gesellschaftlich attraktive und knappe (oder knapp gehaltene) Gut der höheren Bildung, der nicht durch soziale Herkunft oder andere zugeschriebene Gruppenzugehörigkeiten (wie Migrationshintergrund und Geschlecht) beeinflusst werden darf" (Dombrowski und Solga 2012, S. 52, Anpassung K.P.).

Diese Idee von Chancengleichheit verbindet sich mit dem Ziel, die Bildungsungleichheiten zu reduzieren, die daraus resultieren, dass Schüler*innen „in ihrem Bildungserfolg unter ihrem eigentlichen *Leistungspotential* bleiben" (ebd., Herv. K.P.).

Der Text „Das problematische Versprechen der Leistungsgerechtigkeit" (Schäfer 2018) gibt zu bedenken, dass „[d]as vielleicht vor allem Erklärungsbedürftige am Leistungsprinzip [...] seine allseits unbefragt erscheinende Geltung" (ebd., S. 11, Anpassung K.P.) sei. Diese wird mit einigen ‚Impressionen' und dem Verweis auf die gesellschaftliche Bedeutung skizziert, die *Leistung* zugeschrieben wird:

> „Weniges mutet so selbstverständlich an wie die überall zu findende und alles andere als eindeutige Rede von ‚Leistung'. Herausragende Tätigkeiten, unerwartete Erfolge, Kompetenzen, die man (etwa im Sport) abrufen kann, aber auch zugeschriebene Formen der Selbstbeherrschung (und damit des Nicht-Handelns) oder auch das Zustandekommen einer gewünschten Verabredung werden ebenso wie (anonyme) Wirtschaftsdaten oder politische Verhandlungsergebnisse als ‚Leistung' bezeichnet. Die Verwendung des Signifikanten der ‚Leistung' in den unterschied-

8.3 Bildungsungleichheit als Leistungsgerechtigkeit? 349

lichsten Lebensbereichen scheint die Betonung einer Besonderheit anzuzeigen, für die Vergleiche nur angedeutet werden müssen, um den Anschein eines ‚Mehr', und genau darüber: eines ‚Besonderen', zu erzeugen. [...]
Über die ubiquitäre Rede von ‚der' Leistung hinaus, gewinnen solche Impressionen allerdings eine weitere Bedeutung, wenn man berücksichtigt, dass mit dieser Rede nicht nur *Gründe für eine intersubjektive Anerkennung* benannt werden, sondern auch Kriterien für die *Begründung der Einnahme einer sozialen Position*" (Schäfer 2018, S. 11, Herv. K.P.).

Vor diesem Hintergrund wird problematisiert, dass die Chancen für individuelle Schulerfolge ungleich sind, weil „Ungleichheiten in der ökonomischen, sozialen und kulturellen Ressourcenausstattung" (Solga 2009, S. 63) der Kinder und Jugendlichen in der Schule sozial bedeutsam werden. Zwischen dem Anspruch von Chancengleichheit bzw. der ‚kompetenzorientierten Chancengerechtigkeit' und Ursachenzuschreibungen für Chancenungleichheit erscheint ein Widerspruch, wenn angenommen wird, dass „die Zertifizierung von Bildungsleistungen sowie institutionell unterschiedliche Bildungslaufbahnen, deren Zugang über die (gezeigte und bewertete) vorangegangene Leistung gesteuert wird, notwendigerweise (!) mit Herkunftsunterschieden in der Schule verbunden sind" (ebd., S. 64) (vgl. Abschn. 8.2). Solche Herkunftsunterschiede werden als ‚primäre und sekundäre Herkunftseffekte' und diese als „zwei Ursachenkomplexe" (Dombrowski und Solga 2012, S. 64) für Bildungsungleichheiten dargestellt:

„Als eine [...] analytische Differenzierung hat sich in der Bildungsforschung die [...] Unterscheidung zwischen primären und sekundären Herkunftseffekten etabliert. Von ersteren ist die Rede, wenn *ungleiche Schulleistungen* von Kindern unterschiedlicher sozialer Herkunft die *Ursache* für Bildungsungleichheiten im späteren Lebenslauf sind. Letztere erklären, warum es trotz gleicher Schulleistungen Unterschiede in den Bildungsentscheidungen für Kinder unterschiedlicher sozialer Herkunft gibt" (Dombrowski und Solga 2012, S. 64, Herv. K.P.).[5]

---

[5] Bezüglich der Diagnose sekundärer Herkunftsaspekte wäre zu ergänzen: „In der Beurteilung der Schülerinnen- und Schülercharaktere werden subjektive Vorbehalte, aber auch typisierende Vereinfachungen deutlich, die bei einer Ziffernnote ausgeblendet scheinen. [...] Bereits in den 1930er Jahren wurde gezeigt, dass Lehrpersonen die gleichen Leistungen unterschiedlich bewerten [...]. Dass die gleichen Schülerinnen- und Schülerarbeiten von den gleichen Lehrpersonen mit zeitlichem Abstand unterschiedlich bewertet werden, dass verschiedene Lehrerinnen und Lehrer die gleiche Arbeit unterschiedlich einschätzen und dass der prognostische Wert dieser Einschätzung mit Blick auf Schülerinnen- und Schülerkarrieren wenig aussagekräftig ist, wird seit den 1950er Jahren immer wieder bekräftigt. [...] Lehrpersonen bleiben [...] selbst Teil des unterrichtlichen, des sozialorganisatorischen und sozialen Geschehens, zu dessen scheinbar objektiven Ergebnissen sie sich noch einmal objektiv in ein Verhältnis setzen sollen" (Schäfer 2018, S. 41).

Mit einem Verständnis von sozialer Ungleichheit als Phänomen der Sozialstruktur erscheint in dieser Darstellung Bildung als ‚Dimension', soziale Herkunft als ‚Determinante' und Bildungsungleichheit als ‚Ursache' sozialer Ungleichheit (vgl. Solga et al. 2009, S. 16 ff.) (und nicht als durch das Bildungssystem verursachte Auswirkung). Nach unserer Lesart kommen mit dieser Thematisierung von Bildungsungleichheit (als Ursache sozialer Ungleichheit) Diskriminierungen zur Sprache und damit Prozesse der (Re)Produktion sozialer Ungleichheit. Dadurch wird die Zuschreibung sozialer Herkunft mit Bildungsvorteilen und -nachteilen verbunden. Soziale Herkunft erscheint (z. B. mit dem Habituskonzept, vgl. Kap. 7, Abschn. 7.1) so als Determinante sozialer Ungleichheit.

Derartige Weisen der (Re-)Produktion sozialer Ungleichheit (nicht nur im Schulsystem) können theoretisch mithilfe der *„meritokratischen Leitfigur"* (Solga 2009, S. 66, Herv. K.P.) der Leistungsgerechtigkeit begründet werden, die vielfach kritisiert wird, wie z. B. im folgenden Zitat:

> „Die Idee der Meritokratie, demnach Bildungserfolg aus besonderen Leistungen und persönlichen Verdiensten resultiere, beruht auf der realitätsfernen Vorannahme eines freien und fairen Bildungswettbewerbs. Im ideologischen Rahmen der Meritokratie gilt Schulerfolg als ein Ausdruck von Fleiß und Begabung. Misserfolg verweist dementsprechend auf persönliche und intellektuelle Defizite. Die damit verbundenen Verantwortungszuschreibungen verleihen den aus schulischen Hierarchisierungen entstehenden sozialen Bruchlinien einen vermeintlich gerechten Anstrich. Die aus unterschiedlich verlaufenden Schullaufbahnen resultierenden Statusunterschiede werden dadurch naturalisiert und individualisiert, letztlich also soziale Ungleichheit legitimiert" (Wellgraf 2021, S. 98).

Die Lektüre einer systematischen Auseinandersetzung mit der „unbefragt scheinende[n] Geltung" (Schäfer 2018, S. 11) des *Leistungsprinzips* (mit seinen Fokussierungen auf individuelle Anstrengung, ihre Ergebnisse und deren gesellschaftliche Bedeutung) kann dieses jedoch auch als *Gerechtigkeitsprinzip* verständlich werden lassen, das einen bedeutenden „emanzipatorischen Anspruch der bürgerlichen Gesellschaft" (ebd.) markiert. Zugleich erscheint Leistung als *Ungerechtigkeitsprinzip,* das „nicht als Reziprozitätsprinzip von Anstrengung und Erfolg funktionieren kann, wenn es seine Funktion der legitimen Produktion sozialer Ungleichheit erfüllen soll" (ebd., S. 14). Dieser Zusammenhang kann wie folgt beschrieben werden:

> „Als Prinzip steht die Leistung für den Anspruch einer gerechten gesellschaftlichen Organisation. In dieser sollen ungleiche Positionen nicht mehr nach ständischer Herkunft, nach Geschlecht, Rasse oder sonstigen Soziallagen vergeben werden, sondern auf der Grundlage von ‚Leistung' – auf der Grundlage eines gerechten Leistungs-

8.3 Bildungsungleichheit als Leistungsgerechtigkeit?

vergleichs mit anderen. Das Leistungsprinzip als Gerechtigkeitsprinzip steht für einen zentralen Anspruch der bürgerlichen Gesellschaft. Es steht damit auch für die Abhängigkeit der jeweiligen gesellschaftlichen Positionierung von der individuellen Anstrengung und deren Erfolg. Dabei wird eine solche Positionierung zwar einerseits als abhängig von den Leistungen im jeweiligen System gedacht: Wer sich anstrengt und damit entsprechende Ergebnisse vorweisen kann, dem soll der soziale Aufstieg offenstehen. Andererseits soll das Leistungsprinzip auch schon den Zugang zu entsprechenden Institutionen und sozialen Positionen regulieren" (Schäfer 2018, S. 11 f.)

Das meritokratische Verständnis von Leistungsgerechtigkeit beruht auf streitbaren Grundannahmen, mit denen es sich (de)legitimieren lässt. Solche Prämissen werden im Text „Meritokratie – die moderne Legitimation ungleicher Bildungschancen" (Solga 2009) als ‚Charakterzüge der meritokratischen Leitfigur' (vgl. ebd., S. 66 ff.) diskutiert und im Text „Das problematische Versprechen der Leistungsgerechtigkeit" (Schäfer 2018) analysiert. Wir skizzieren die ambivalenten Argumente dieser Einsätze nachfolgend. Die Abb. 8.3 bietet einen zusammenfassenden Überblick.

Leistung begründet in Vorstellungen von Meritokratie Differenzen gesellschaftlicher Teilhabe. *„Differenz* wird *als notwendige Bedingung zur Herstellung sozialer*

Prinzip der Leistungsgerechtigkeit:
- Verteilung von Lebenschancen in Form ‚kompetenzorientierter Chancengerechtigkeit' auf Basis der Annahme von Chancengleichheit
- Legitimation ungleicher gesellschaftlicher Positionen in Abhängigkeit von ‚Leistung': Normalitätserwartungen und Vergleiche ihrer (Nicht-) Erfüllungen (‚meritokratische Leitfigur')

↕

Pädagogisches Gerechtigkeitsprinzip:
- pädagogischer Anspruch ‚substantieller Chancengerechtigkeit', d.h. selbstbestimmter und gleichberechtigter Teilhabe an Bildungsangeboten als Voraussetzung für ‚individuelle Bildung' in Akzeptanz unterschiedlichster Lebenserfahrungen, -kontexte und -entwürfe
- Betonung der Singularität von Bildung und eines Lernens ohne Vorbedingung (Infragestellung der Möglichkeit des Vergleichens)

Abb. 8.3 Die Prinzipien der Leistungsgerechtigkeit und der pädagogischen Gerechtigkeit. (© Mirko Moll)

Ordnung definiert, während Gleichheit in den Ergebnissen als dysfunktional gilt" (Solga 2009, S. 68, Herv. K.P.). Das heißt, „Ergebnisungleichheiten und Belohnungsdifferenzen werden [...] als ein allgemeines Funktionserfordernis gesellschaftlicher Arbeitsteilung und persönlicher Identität definiert" (ebd.). Damit werden z. B. hierarchisch „*ungleiche* soziale und ökonomische *Anerkennungen*" (ebd., Herv. K.P.) sozialer Positionen *legitimiert*. Somit setzt die Idee des Leistungsprinzips „die *Verfügbarkeit jeder sozialen Position* in einem hierarchisch geordneten Gefüge für Individuen voraus, von denen jedes aus eigener Kraft die Möglichkeit haben soll, die ihm gemäße Position zu erreichen" (Schäfer 2018, S. 20). Unberücksichtigt bleiben in dieser Setzung sowohl Logiken der Vererbung „von Betrieben und (nicht selbst erworbenem) Eigentum" (ebd., S. 12) als auch die „marktliberale Entkopplung des Erfolgs von der Anstrengung" (ebd., S. 14) durch variierende, von Einzelnen nicht zu kontrollierende Nachfrage.

Im Zusammenhang mit durch Leistung begründeten Differenzen gesellschaftlicher Inklusion/Exklusion erhält *Schulbildung* ihre *Legitimität* erst mit ihrer Institutionalisierung und der damit verbundenen „Beobachtbarkeit, Messbarkeit und Vergleichbarkeit von individuellen Bildungsleistungen [...] in Form von Zeugnissen, Testaten/Testergebnissen, Lizenzen und Ähnlichem als dem *Ergebnis spezieller bürokratischer, anerkannter Prozeduren*" (Solga 2009, S. 69, Herv. K.P.).

Die Bedeutungszuschreibung schulischer Bildung lässt sich nicht ausschließlich auf gesellschaftlich erwartete Lerninhalte oder zu erwerbende Kompetenzen zurückführen. Diese können in unterschiedlichsten Weisen erworben werden. Daraus lässt sich schließen:

> „Es ist das ‚Berechtigungswesen', das für eine gesellschaftliche Bedeutungszuschreibung an ein selektives Ausbildungssystem sorgt. Die schulische Selektion auf der Grundlage erbrachter Leistungen soll sicherstellen, dass individuelle Anstrengungsbereitschaft und Schulerfolg eine zugleich gerechtfertigte und ungleiche Lebens- und Berufsperspektive eröffnen. [...] Dies gilt nicht nur für die Einführung eines an Noten gebundenen Berechtigungswesens im 19. Jahrhundert, sondern auch für die um einen verselbständigten Wettbewerbsgedanken kreisende neoliberale Optimierungslogik, die als Legitimationsgrundlage für aktuelle Umgestaltungen im Schulsystem dient. [...] Neben [...] ‚demokratischen' bzw. alteritätspädagogischen Begrenzungen scheinen auch die neoliberalen Steuerungsversuche mit ihren Vorgaben der Kunden- und Outputorientierung die Autorität der schulischen Benotung, die nur das Ergebnis, nicht aber die Organisation des Prozesses der ‚Leistungserbringung' in den Blick nimmt, fraglich werden lassen" (Schäfer 2018, S. 12 ff., Anpassung K.P.).

Zugleich wird „[d]ie Definition von *Merit* [Verdienst] und *Leistung* [...] entpersonifiziert" (Solga 2009, S. 71, Herv. und Ergänzung K.P.). Das heißt, die

8.3 Bildungsungleichheit als Leistungsgerechtigkeit?

institutionelle Definitionsmacht und die der ermächtigten Personen werden ausgeblendet. Das erscheint besonders relevant, weil „die Bildungsinstitutionen nicht nur für die Definition der Leistungskriterien, sondern auch für deren Erfüllung verantwortlich sind. [...] *Bildungseinrichtungen* haben damit [...] eine *Monopolstellung in der Verteilung von Lebenschancen* (auf der individuellen Ebene) *und in der Reproduktion oder in Veränderungen sozialer Ungleichheiten* (auf der gesellschaftlichen Ebene). Der Bildungserfolg von Kindern bzw. Jugendlichen hängt somit [...] wesentlich auch von den Möglichkeiten ab, die ihnen die Organisation Schule" (ebd., Herv. K.P.), als ‚normendes, normierendes und normalisierendes Disziplinarsystem' (vgl. Hoffmann 2018, S. 72) gibt.

Dafür, dass „gerade hier das Leistungsprinzip, eine gerechte Hervorbringung sozialer Ungleichheit durch leistungsbegründete Selektion nicht zu funktionieren" (Schäfer 2018, S. 12) scheint, gibt es viele mögliche Erklärungen:

> „Die mangelnde Objektivität und Validität von Benotungen ist seit Jahrzehnten bekannt. Leistungskriterien bleiben heterogen, ihre Anwendung zeigt sich als inkonsistent und ungerecht – ohne dass hier ein Ausweg in Sicht wäre. Unterschiedliche Bezugsnormen des Leistungsvergleichs verweisen auf das Fehlen einer einheitlichen Begründbarkeit von Bewertungen. [...] Auch die Verbesserung von Testverfahren scheint hier kaum einen Ausweg zu bieten. In diesen wird das zu Messende – die Leistung – erst konstruiert und es stellt sich die (schon in der Geschichte der Intelligenztests verhandelte) Frage, ob die Abhängigkeit des Gegenstandes vom Messverfahren wirklich etwas dazu beiträgt, die sozialen Auseinandersetzungen um die Bestimmung des Gegenstandes anders als hegemonial einfrieden zu können" (Schäfer 2018, S. 12).

Die in schulischen Organisationen produzierten ‚Bildungsungleichheiten' rechtfertigen sich jedoch „durch eine *individuell definierte Ungleichheit nach Leistung*" (Solga 2009, S. 69, Herv. K.P.) auf der Basis einer angenommenen Gleichheit der Schüler*innen (vgl. Schäfer 2018, S. 20).

Die unterstellte Gleichheit fokussiert nicht auf empirisch gleichen Begabungen oder Fähigkeiten, sondern auf ein Potenzial, „im schulischen Lern- und Selektionsprozess genauso erfolgreich sein zu können, wie alle anderen" (ebd., S. 21 f.). Die Annahme dieser Potenzialität ermöglicht „die Bindung und Zurechnung von Leistungen im schulischen Prozess an die individuelle Anstrengung" (ebd., S. 22). *Strukturelle und soziale Chancen wie Risiken* können so ‚umdefiniert' und individuellen Verantwortungen sowie Entscheidungen zugeschrieben werden (vgl. Solga 2009, S. 70). Entscheidungen für (oder gegen) individuelle Anstrengungen scheinen kontingent und von der*dem Entscheidenden zu verantworten.

Der Einsatz für die bestmögliche Leistung, das *Ausschöpfen von Leistungspotenzialen*, ist dennoch als „Disziplinierungs- und Habitualisierungsstrategie" (Schäfer 2018, S. 38) und damit *als ‚Normalisierungsmaßstab'* vorzustellen (vgl. ebd., S. 22). Vor dieser Normalitätserwartung hätten sich Anstrengungen im Vergleich mit anderen und an vorgegebenen Aufgabenstellungen zu bewähren. Diese Vorstellung legitimiert nicht zuletzt differente Lernangebote, verschiedene Zielsetzungen und Schulabschlüsse mit unterschiedlichen Leistungspotenzialen der Schüler*innen bzw. Schulabsolvent*innen.

„Würde hingegen in der meritokratischen Allokationsfigur ‚richtigerweise' statt von individueller Leistung von Bildung und insbesondere von *Bildungstiteln* [und deren hierarchischer Wertigkeit] gesprochen werden, so bliebe der *Bezug zu* kategorialen Ungleichheiten und damit *institutionellen Ursachen von Bildungsungleichheiten* erhalten" (ebd., Herv. und Ergänzung K.P). Stattdessen werden soziale Ungleichheiten als „natürliche Unterschiede" (Solga 2009, S. 66) inszeniert, indem sie „*als kausales Resultat von biologischen Intelligenz- und Begabungsunterschieden"* (ebd., Herv. K.P.), einschließlich körperbezogenen Beeinträchtigungen, vorgestellt werden.

Diese Vorstellung widerspricht sowohl der Idee der Herkunftsunabhängigkeit von Bildungsungleichheiten als auch dem Prinzip, nach dem soziale Positionierungen als gerecht gelten, wenn sie durch individuelle Anstrengungen und deren Erfolg erworben wurden (vgl. Schäfer 2018, S. 11). Zudem gehört die „Argumentation für eine Natürlichkeit von Leistungsunterschieden […] selbst zum Herstellungsmodus sozialer Ungleichheit" (Solga 2009, S. 67), weil dabei ausgeblendet wird, „dass der Rückgriff auf *Begabung/Intelligenz* ein *sozial vereinbartes Kriterium der Leistungsdefinition* darstellt" (ebd., Herv. i. Orig.) und „Bildungskategorien soziale Konstrukte sind, die eines gesellschaftlichen Definitionsprozesses und eines sozialen Kategorisierungsprozesses in der Schule sowie in den anderen Bildungseinrichtungen bedürfen" (ebd.).

> „Systematisch betrachtet bleibt […] entscheidend, dass die individuelle Zurechnung in jedem Fall eine voraussetzungsreiche Operation darstellt. Es muss abstrahiert werden von den (immer auch sozialen) Entstehungsbedingungen und -voraussetzungen der als Leistung eingestuften Handlungen, von situativen und sozialen Bezügen, in denen sie stattfinden, von persönlichen Lagen sowie von der subjektiven Bedeutsamkeit oder einem sozial einsehbaren Sinn der betreffenden Handlung" (Schäfer 2018, S. 35).

Angesichts derartiger Beobachtungen mit ihren Widersprüchen und Einsprüchen könnte es einsichtig erscheinen, dass in Darstellungen von Bildungs- wie Inklusionsansprüchen Selektion nach erworbenen Bildungszertifikaten (auf

8.3 Bildungsungleichheit als Leistungsgerechtigkeit?

der Basis individuell erbrachter Schulleistungen) als dem Erziehungssystem zugeschriebene gesellschaftliche Leistung gegenüber dem Wirtschaftssystem thematisiert wird, individuelle Bildung bzw. die Entwicklung der Lernfähigkeit aller Schüler*innen dagegen als gesellschaftliche Funktion des Erziehungssystems (vgl. dazu Kap. 3, Abschn. 3.3).

Die Funktion, individuelle Bildung bzw. die Entwicklung der Lernfähigkeit aller Schüler*innen zu ermöglichen, folgt einem *pädagogischen Gerechtigkeitsprinzip*. Es verpflichtet Pädagog*innen zur „individuellen Förderung und […] Beschäftigung mit der (anzuerkennenden) Schülerartikulation" (Schäfer 2018, S. 13). Vorstellungen pädagogischer Gerechtigkeit sollen nicht an Vorbedingungen geknüpft sein. Sie liegen damit quer zum Prinzip der Leistungsgerechtigkeit mit seinen Normalitätserwartungen.

„Die Betonung der Bedeutung einer pädagogischen Gerechtigkeit, die dem einzelnen Kind in seiner Eigenheit, in der individuellen Weise des Umgangs mit vermittelten Inhalten oder entsprechenden Schwierigkeiten mit schulischen Anforderungen gerecht werden will, und die eine solche Möglichkeit im unpersönlichen und hierarchisierenden Vergleich gerade nicht gegeben sieht, bildet nun die zweite Referenz eines leistungskritisch eingestellten pädagogischen Diskurses" (Schäfer 2018, S. 42).

Die Idee der Chancengleichheit bzw. der ‚kompetenzorientierten Chancengerechtigkeit' (mit der Bildungsungleichheiten als angemessen gelten, wenn sie den unterschiedlichen individuellen Potenzialen der Schüler*innen entsprechen) fokussiert auf ein Leistungsverständnis, das auf hegemoniale „gesellschaftliche Fähigkeitserwartungen und Fähigkeitszuschreibungen" (Hoffmann 2018, S. 70) referiert. Diese werden (nicht nur) aus inklusionspädagogischen Perspektiven (die für ein Konzept pädagogischer Gerechtigkeit streiten) als ‚diskriminierender Ausschluss' (vgl. ebd., S. 73) und ‚Behindertenfeindlichkeit' (vgl. Maskos 2015, o. A.) in Formen des ‚Ableism' kritisiert.

Als ‚Ableism' werden Formen „der Beurteilung Einzelner hinsichtlich ihrer körperlichen, geistigen und psychischen Fähigkeiten und Funktionen" (ebd.) benannt, mit denen Menschen „auf ihren Körper reduziert und zu Stellvertreter*innen einer vermeintlichen Gruppenidentität" (ebd.) gemacht und als Menschen mit Behinderungen adressiert werden.

Aus einer ableismuskritischen Perspektive wird Inklusion/Exklusion der sogenannten ‚Leistungsschwachen', ‚Leistungsverweigerer', ‚Schulversager', ‚Bildungsunfähigen' oder ‚Schwerstbehinderten' *in der Gesellschaft als Ausschluss aus dem Leistungsprinzip bei gleichzeitigem Einschluss* lesbar (vgl. Hoffmann 2018, S. 73). Diese Lesart begründet sich mit zugeschriebener

Leistungs(un)fähigkeit. Konstruktionen von Leistungs(un)fähigkeit beruhen auf hegemonialen Vorstellungen von Leistung. Sie zeigen sich z. B. in den spezifischen Weisen der „Teilhabe an der Gesellschaft [von] Menschen mit Behinderung zwischen Inklusion und Exklusion" (Wansing 2006, Anpassung K.P.) bzw. damit, dass den (potenziellen) Leistungen der Ausgeschlossenen Minderwertigkeit zugeschrieben wird. Derartige Zuschreibungen determinieren *Exklusion innerhalb „des Sozialen* im hoch entwickelten Kapitalismus" (Kronauer 2010, Herv. K.P.).

> „Fähigkeitszuschreibungen und -erwartungen spielen nicht nur für die Bewertung von Behinderung eine zentrale Rolle, sondern prägen auf grundlegende Weise unser Verständnis des Selbst, seiner Wahrnehmung, seiner gesellschaftlichen Beziehungen und seiner Umgebung […]. Behinderung wird damit nicht mehr nur in ihrer Abweichung von der Norm oder Normalität verständlich, sondern lässt sich als ein soziales Verhältnis begreifen, das in der Bestimmung und Wertschätzung bestimmter Fähigkeiten und Leistungen ihren Ausdruck findet" (Hoffmann 2018, S. 74).

An derartigen Zuschreibungen von Leistungs(un)fähigkeit ändert auch die formale Inklusion qua allgemeiner Schulpflicht in das Bildungssystem nichts. Selbst „[d]ie Stärkung und Durchsetzung des Bildungsrechts von Kindern und Jugendlichen mit (Schwerst-)Behinderung [setzt] offenbar voraus, dass auch diese Personengruppe dem allgemeinen Leistungsvergleich in der Schule unterworfen wird" (Hoffmann 2018, S. 76, Anpassung K.P.).

Auf ein pädagogisches Gerechtigkeitsprinzip, und explizit nicht auf die (Un)Möglichkeit der Leistungsgerechtigkeit, fokussieren inklusionspädagogische Einsätze mit der *Leitidee substantieller chancengerechter Bildung*. In Abgrenzung zu hegemonialen Leistungs- und Kompetenzerwartungen gilt die ‚selbstbestimmte' und gleichberechtigte Teilhabe aller Kinder und Jugendlichen an Bildungsangeboten als Voraussetzung für *individuelle Bildung* in Akzeptanz unterschiedlichster Lebenserfahrungen, Lebenskontexte und Lebensentwürfe (vgl. Puhr 2013, S. 69 ff.). Aufgerufen wird dabei die systemspezifische Anerkennung individueller Bedeutsamkeiten quer zu Kompetenzen, die als Bildungskapital ausgewiesen werden können. In dieser inklusionspädagogischen Positionierung werden strukturelle Ungleichheiten von Inklusion/Exklusion innerhalb des Bildungssystems mit deren impliziten Logiken gewährter und verwehrter sozialer Anerkennungspraxen thematisiert und ein schulisches Organisationssystem kritisiert, das die Idee der Gerechtigkeit auf Leistungen verkürzt (vgl. Hetzel 2007, S. 131 ff.).

Inklusionspädagogiken entwerfen ein Bild „zunehmender Heterogenität" (Weisser 2005, S. 75) als Potenzial für gemeinsames Leben wie Lernen und

8.3 Bildungsungleichheit als Leistungsgerechtigkeit?

rufen Pluralisierungen von Zugehörigkeitsordnungen auf, zu denen sie auch Behinderungen zählen (vgl. Kap. 7, Abschn. 7.1). Sie können dabei weder auf personenzentrierte Behinderungsbegriffe (auch nicht im Sinne besonderer Bedürfnisse in besonderen Lebenslagen) noch auf behinderungsspezifische pädagogische Kompetenzen verweisen, um sich zu legitimieren. Kritiken an Behinderungsbegriffen lassen sich als inklusionspädagogische Selbstverständigungen beschreiben. Alternativen stellen Konzepte von Behinderungen dar, die sich als soziologische, intersektionale oder kulturwissenschaftliche verorten (vgl. Kap. 4). Festgehalten wird dagegen häufig an Vorstellungen behinderungsspezifischer pädagogischer Kompetenzen (vgl. z. B. Lindmeier 2009, S. 416 ff.). Mit dem Anspruch inklusiver Bildung wären demnach Pädagog*innen gefordert, allen Kindern und Jugendlichen in ihrer individuellen Besonderheit schulisches Lernen zu ermöglichen. Aufgerufen wird die systemspezifische Anerkennung individueller Bedeutsamkeiten quer zu Kompetenzen, die als Bildungskapital ausgewiesen werden können. So lassen sich ‚nonkategoriale' inklusionspädagogische Praxiskonzepte entwerfen, die sich nicht über personenzentrierte Behinderungsbegriffe oder behinderungsspezifische pädagogische Kompetenzen legitimieren.

> „Der Fokus gilt nicht ‚besonderen Bedürfnissen', sondern Problemzonen riskanter (Un-)Gleichheit. Die nonkategoriale Praxis des sonderpädagogischen Angebots definiert sich in ihrer institutionellen Gestalt, unabhängig von den Grundformen ihrer bildungspolitischen Institutionalisierung, methodisch über die Analyse von Barrieren und rollenspezifisch über Diversity Management" (Weisser 2005, 86 f.).

Mit Blick auf Interaktionen wären die Weisen der Inklusion/Exklusion von Schüler*innen, die als behindert adressiert werden, jedoch nicht auf der Organisationsebene zu problematisieren. Zu thematisieren wären z. B. Differenzen von formaler Teilhabe an einer inklusiven Schule und praktizierter sozialer (Nicht-)Einbeziehung in Netzwerke zwischen Schüler*innen (vgl. z. B. Wagner-Willi 2018) und differente Lehrer*innen-Praktiken der Konstruktionen von Inklusion/Exklusion im Unterricht sowie im Schulleben (vgl. z. B. Sturm 2018).

In diesem Zusammenhang wäre nach vielfältigen Praktiken zu fragen, z. B. nach der Art und den Qualitäten der Anerkennung, nach den Kooperationen in wechselseitigen Abhängigkeitsverhältnissen und nach den „informellen Verpflichtungen in sozialen Nahbeziehungen" (Kronauer 2010, S. 44), die in unterschiedlichsten Weisen Teilhabe öffnen und verschließen. Mit dieser Lesart lässt sich Exklusion als Ausschließung im Rahmen von Teilhabe problematisieren. Sie wird als „ausschließende einseitige Abhängigkeit" (ebd., S. 149), als „Nutz-

und Machtlosigkeit des einseitigen Objektstatus etwa in der Fürsorge" (ebd.) sowie als fehlende Wechselseitigkeit von Beziehungen und „Nutzlosigkeit als soziale Zuschreibung und Lebensgefühl" (ebd., S. 51) beobachtbar. Ausgrenzung bedeutet demnach nicht außerhalb inklusionsorientierter schulischer Strukturen oder Beziehungen zu sein, sondern *in diesen ausgegrenzt zu werden*.

So muss sich das pädagogische Gerechtigkeitsprinzip mit dem Vorwurf konfrontieren, Fragen sozialer Gerechtigkeit und (Un)Gleichheit auszuklammern. Während Referenzen auf das Leistungsprinzip einzelnen Schüler*innen nicht gerecht werden können, ist der „Einspruch kaum abzuweisen […], dass eine Orientierung an der individuellen Bezugsnorm den Leistungsunterschieden in der Klasse [ebenso] nicht gerecht werde" (Schäfer 2018, S. 41, Ergänzung K.P.). In diesen Praxen der Inklusion/Exklusion bleiben auch Problematiken der ‚Ungleichwertigkeit' schulischer Abschlüsse und der Bewertung von Förder- und Hauptschulabschlüssen als ‚Bildungsarmut' (vgl. Dombrowski und Solga 2012, S. 53) ungelöst und eine offene Frage für Vorstellungen ‚Inklusiver Schule'.

Derart sensibilisiert kann verständlich werden, dass sowohl das Konzept der Leistungsgerechtigkeit als auch das der pädagogischen Gerechtigkeit „mit dem systematischen Problem der Erzeugung von Ungerechtigkeit, des Nicht-Gerechtwerden-Könnens zu tun zu haben" (Schäfer 2018, S. 13). Mit Blick auf das pädagogische Gerechtigkeitsprinzip kann sich (unter Berücksichtigung des diskutierten meritokratischen Verständnisses von Leistungsgerechtigkeit) das Interesse an schulischer Inklusion/Exklusion auf die *Frage* richten, *in welchen Weisen* nicht nur *separierende Schulformen* als „Institutionen der inkludierenden Exklusion" (Stichweh 2016, S. 40), sondern auch *inklusionsorientierte Schulen* als ‚Institutionen der formalen Gleichheit der Inklusion' (vgl. ebd., S. 41) *Bildungsungleichheiten* (als Ursache sozialer Ungleichheit) *produzieren*. Eine so verstandene inklusionsorientierte Schul-Pädagogik würde sich in vielfältigen widerstreitenden Konfrontationen positionieren, mit der Akzeptanz unauflösbarer Konflikte zwischen differenten legitimen Ansprüchen; zwischen unvereinbaren Positionen, die nicht mit Wahrheitsanspruch zu schlichten sind angesichts fehlender gemeinsamer Urteilsregeln für widerstreitende Argumente. Mit anderen Worten:

> „Ohne eine intensive kritische Diskussion ihrer theoretischen Grundlagen und Leitideen läuft die Integrations- und Inklusionspädagogik […] Gefahr, ideologisch vereinnahmt zu werden und einer nach neoliberalen Prinzipien organisierten Gesellschaft dadurch zusätzliche Legitimität zu verschaffen, dass sie denen pädagogische Reformfähigkeit suggeriert und innerhalb eines auf Ungleichheit und Selektion angelegten Bildungssystems Gerechtigkeit verspricht, ohne diese einlösen zu können […] Der Begriff der Inklusion selbst droht damit […], die spezifischen Probleme

sozialer Ungleichheit und die teils dramatische Situation der gesellschaftlich Ausgeschlossenen [zu] verdeck[en] und einer Dethematisierung sozialer Ungerechtigkeit Vorschub [zu] leist[en]." (Hoffmann 2018, S. 78, Anpassungen K.P.).

Mit einem solchen Selbstverständnis verortet sich inklusionsorientierte Schul-Pädagogik gesellschaftskritisch. In dem aufgerufenen Zitat ist von neoliberalen Prinzipien zu lesen, nach denen sich unsere Gesellschaft organisiert. Nach solchen Zusammenhängen fragen wir im letzten Teil dieses Studienbuches mit dem Fokus auf differente Vorstellungen von Teilhabe und Gerechtigkeit.

> **Anregungen für das Selbststudium**
>
> 1. Arbeiten Sie heraus, auf welche Weise argumentiert werden kann, nicht die ‚soziale Herkunft', sondern das Bildungssystem sei die Ursache für Bildungsungleichheit.
> 2. Überlegen Sie, auf welche Weise die Heterogenität der schulischen Leistungen einer Lerngruppe einen systematischen Stellenwert für Vorstellungen von heterogenitätssensiblen pädagogischen Handelns haben könnte. Welche (nicht aufzulösenden) Widersprüche könnten hierfür Ausgangspunkt sein?
> 3. Welche (inklusions)pädagogisch relevanten Bedeutungen nehmen Fähigkeit(serwartung)en dabei an? Setzen Sie sich für diese Frage mit folgender These auseinander: „Bildung lässt sich nicht ohne Fähigkeitserwartung denken" (Boger 2022, S. 52). ◄

Literatur

Fachwissenschaftliche Literaturempfehlung

Sansour, T., Musenberg, O. & Riegert, J. (2018) (Hrsg.). *Bildung und Leistung. Differenz zwischen Anerkennung und Selektion. Bad Heilbrunn: Klinkhardt. Dieser Band bietet einen Zugang zu kontroversen Auseinandersetzungen mit Vorstellungen schulischer Leistungsgerechtigkeit. Sein Anliegen wird wie folgt vorgestellt: „Im Zusammenhang mit schulischer Inklusion und zieldifferentem Unterricht verschärft sich die Debatte um Leistungsgerechtigkeit und Praktiken der Leistungsbewertung. Der Band bleibt bei einer pauschalen Kritik von schulischen Bewertungs- und Selektionsprozessen aber nicht stehen. Vielmehr geht es darum zu analysieren, welches Verständnis von Leistung Schule zugrunde liegt und welche Herausforderungen und Konflikte sich daraus ergeben" (Sansour et al., 2018, S. 8).*

Darüber hinaus verwendete Literatur

Allmendinger, J. & Leibfried, St. (2003). Bildungsarmut. In: *Aus Politik und Zeitgeschichte, 21-22/2003*, 12–18.

Arslan, E. (2016). Symbolische Ordnung, Sozialstruktur und Alltagspraktiken. In: E. Arslan & K. Bozay (Hrsg.), Symbolische Ordnung und Bildungsungleichheit in der Migrationsgesellschaft (S. 9–34). Wiesbaden: Springer VS.

Autorengruppe Bildungsberichterstattung (2018). Bildung in Deutschland kompakt 2018. https://www.bildungsbericht.de/de/bildungsberichte-seit-2006/bildungsbericht-2018/pdf-bildungsbericht-2018/bbe18-kompakt.pdf. Zugegriffen: 12. Juli 2022.

Autorengruppe Bildungsberichterstattung (2020). Bildung in Deutschland 2020. Ein indikatorengestützter Bericht mit einer Analyse zu Bildung in einer digitalisierten Welt. https://www.bildungsbericht.de/de/bildungsberichte-seit-2006/bildungsbericht-2020/pdf-dateien-2020/bildungsbericht-2020-barrierefrei.pdf. Zugegriffen: 12. Juli 2022.

Becker, R. (2017). Ausgewählte Klassiker der Bildungssoziologie. In: R. Becker (Hrsg.), *Lehrbuch der Bildungssoziologie* (3. Aufl.) (S. 481–487). Wiesbaden: VS Verlag für Sozialwissenschaften.

Boger, M.-A. (2022). Risse in der Landschaft der Inklusionsforschung – Aktuelle Entwicklungen und offene Fragen. In: B. Schimek, G. Kremsner, M. Proyer, R. Grubich, F. Paudel & R. Grubich-Müller (Hrsg.), *Grenzen.Gänge.Zwischen.Welten. Kontroversen – Entwicklungen – Perspektiven der Inklusionsforschung* (S. 43–58). Bad Heilbrunn: Klinkhardt.

Bourdieu, P. (2001). *Meditationen. Zur Kritik der scholastischen Vernunft.* Frankfurt/M.: Suhrkamp.

Budde, J. (2015). Heterogenitätsorientierung. Zum problematischen Verhältnis von Heterogenität, Differenz und sozialer Ungleichheit im Unterricht. In: J. Budde, N. Blasse, A. Bossen & G. Rißler (Hrsg.), *Heterogenitätsforschung. Empirische und theoretische Perspektiven* (S. 21–38). Weinheim und Basel: Beltz Juventa.

Dombrowski, R. & Solga, H. (2012). Soziale Ungleichheiten im Schulerfolg. Forschungsstand, Handlungs- und Forschungsbedarfe. In: M. Kuhnhenne, I. Miethe, H. Sünker & O. Venzke (Hrsg.), *(K)eine Bildung für alle – Deutschlands blinder Fleck. Stand der Forschungen und politische Konsequenzen* (S. 51–86). Opladen und Toronto: Barbara Budrich.

Emmerich, M. & Hormel, U. (2013). *Heterogenität – Diversity – Intersektionalität. Zur Logik sozialer Unterscheidungen in pädagogischen Semantiken der Differenz.* Wiesbaden: Springer VS.

Göppel, R. (2008). Bildung als Chance. In: G. Opp, M. Fingerle & A. Freytag (Hrsg.), *Was Kinder stärkt. Erziehung zwischen Risiko und Resilienz* (3. Aufl.) (S. 245–264). München: Reinhardt.

Hetzel, M. (2007). *Provokation des Ethischen. Diskurse über Behinderung und ihre Kritik.* Heidelberg: Winter.

Hoffmann, Th. (2018). Leistungsfähigkeit und Leistungsgerechtigkeit aus behinderten- und inklusionspädagogischer Perspektive. In: T. Sansour, O. Musenberg & J. Riegert (Hrsg.), *Bildung und Leistung. Differenz zwischen Anerkennung und Selektion* (S. 70–80). Bad Heilbrunn: Klinkhardt.

Klundt, M. (2016). Bildung und soziale Ungleichheit: Zwischen bildungsfernen Bildungsstrukturen und Bildungsbenachteiligung. In: E. Arslan & K. Bozay (Hrsg.), *Symbolische Ordnung und Bildungsungleichheit in der Migrationsgesellschaft* (S. 331–342). Wiesbaden: Springer VS.

Kronauer, M. (2010). *Exklusion. Die Gefährdung des Sozialen im hoch entwickelten Kapitalismus* (2. Aufl.). Frankfurt/M.: Campus.

Liessern, V. (2019). Wie ermittelt die Caritas-Studie die Zahl der Jugendlichen ohne Hauptschulabschluss? In Deutscher Caritasverband (Hrsg.), Studie Bildungschancen vor Ort. https://www.caritas.de/fuerprofis/fachthemen/kinderundjugendliche/bildungschancen/hintergrund-wie-ermittelt-die-caritas-st. Zugegriffen: 12. Juli 2022.

Lindmeier, Ch. (2009). Sonderpädagogische Lehrerbildung für ein inklusives Schulsystem? *Zeitschrift für Heilpädagogik, 10/2009*, 416–427.

Maskos, R. (2015). Ableism und das Ideal des autonomen Fähig-Seins in der kapitalistischen Gesellschaft, *Zeitschrift für Inklusion, 02/2015*. https://www.inklusion-online.net/index.php/inklusion-online/article/view/277. Zugegriffen: 12. Juli 2022.

Mayer, R. (2014). Produktivität von Heterogenität. In: H. Ch. Koller, R. Casale & N. Ricken (Hrsg.), *Heterogenität – Zur Konjunktur eines pädagogischen Konzepts* (S. 201–218). Paderborn: Schöningh.

Mayer, R. (2017). Teilhabe und Teilung. In: I. Miethe, Ingrid, A. Tervooren & N. Ricken (Hrsg.), *Bildung und Teilhabe. Zwischen Inklusionsforderung und Exklusionsdrohung* (S. 65–85). Wiesbaden: Springer VS.

Mecheril, P. & Vorrink, A.J. (2014). Heterogenität, Sondierung einer (schul)pädagogischen Gemengelage. In: H. Ch. Koller, R. Casale & N. Ricken (Hrsg.), *Heterogenität – Zur Konjunktur eines pädagogischen Konzepts* (S. 87–113). Paderborn: Schöningh.

Merl, Th. (2019). *un/genügend fähig. Zur Herstellung von Differenz im Unterricht inklusiver Schulklassen*. Kempten: Klinkhardt.

OECD (2019a). PISA 2018 Ergebnisse (Band I). Was Schülerinnen und Schüler wissen und können. https://www.oecd-ilibrary.org/docserver/1da50379-de.pdf?expires=1584356983&id=id&accname=guest&checksum=6F0242FFB04A5F6B547DFD2650D17BC8. Zugegriffen: 12. Juli 2022.

OECD (2019b). PISA 2018 Results (Volume II). Where All Students Can Succeed, PISA, OECD Publishing, Paris. https://doi.org/https://doi.org/10.1787/b5fd1b8f-en. Zugegriffen:12. Juli 2022.

OECD und Vodafone Stiftung Deutschland (2018). Studie. Erfolgsfaktor Resilienz. Warum manche Jugendliche trotz schwieriger Startbedingungen in der Schule erfolgreich sind – und wie Schulerfolg auch bei allen anderen Schülerinnen und Schülern gefördert werden kann. Eine PISA-Sonderauswertung der Organisation für wirtschaftliche Zusammenarbeit und Entwicklung (OECD) in Kooperation mit der Vodafone Stiftung Deutschland. https://www.vodafone-stiftung.de/wp-content/uploads/2019/05/Vodafone_Stiftung_Erfolgsfaktor_Resilienz_01_02.pdf. Zugegriffen: 12. Juli 2022.

Ohde, D. (2020): *Streulicht*. Berlin: Suhrkamp.

Puhr, K. (2013). Theoriegeleitete Auseinandersetzung mit dem Inklusionsbegriff und Verhältnis von Allgemeiner Pädagogik und Sonderpädagogik. In: K.-E. Ackermann, O. Musenberg & J. Riegert (Hrsg.), *Geistigbehindertenpädagogik!? Disziplin – Profession – Inklusion* (S. 69–88). Oberhausen: Athena.

Sauter, S. (2007). *Schule. Macht. Ungleichheit. Bildungsbarrieren und Wissensproduktion im Aushandlungsprozess.* Frankfurt/M.: Brandes & Apsel.

Schäfer, A. (2018). Das problematische Versprechen einer Leistungsgerechtigkeit. In: T. Sansour, O. Musenberg & J. Riegert (Hrsg.), *Bildung und Leistung. Differenz zwischen Selektion und Anerkennung* (S. 11–55). Bad Heilbrunn: Klinkhardt.

Schweizer, J. (2015). *Der perfekte Augenblick. Leben mit mehr Glück, Erfolg und Stärke.* Wiesbaden: Gräfe und Unzer.

Solga, H. (2009). Meritokratie – die moderne Legitimation ungleicher Bildungschancen. In: H. Solga, J. Powell, & P.A. Berger (Hrsg.), *Soziale Ungleichheit. Klassische Texte zur Sozialstrukturanalyse* (S. 63–72). Frankfurt/M.: Campus.

Solga, H., Powell, J. & Berger, P. A. (2009). Soziale Ungleichheit – Kein Schnee von gestern! Eine Einführung. In: H. Solga, J. Powell, & P. A. Berger (Hrsg.), *Soziale Ungleichheit. Klassische Texte zur Sozialstrukturanalyse* (S. 11–45). Frankfurt/M.: Campus.

Statistisches Bundesamt (2019). Verdienstunterschied zwischen Frauen und Männern 2018 unverändert bei 21%.https://www.destatis.de/DE/Presse/Pressemitteilungen/2019/03/PD19_098_621.html. Zugegriffen: 12. Juli 2022.

Stichweh, R. (2016). *Inklusion und Exklusion. Studien zur Gesellschaftstheorie* (2. Aufl.). Bielefeld: transcript.

Sturm, T. (2018). Lehrpersonen. Differenzkonstruktionen im Unterricht. In: T. Sturm & M. Wagner-Willi (Hrsg.), *Handbuch schulische Inklusion* (S. 251–260). Opladen und Toronto: Barbara Budrich.

Wagner-Willi, M. (2018). Schülerinnen und Schüler: Inklusion und Differenz in mehrdimensionaler Perspektive. In: T. Sturm & M. Wagner-Willi (Hrsg.), *Handbuch schulische Inklusion* (S. 315–329). Opladen und Toronto: Barbara Budrich.

Walgenbach, K. (2014). *Heterogenität – Intersektionalität – Diversity in der Erziehungswissenschaft.* Opladen und Toronto: Barbara Budrich.

Wansing, G. (2006). *Teilhabe an der Gesellschaft. Menschen mit Behinderung zwischen Inklusion und Exklusion* (Nachdruck). Wiesbaden: Verlag für Sozialwissenschaften.

Weis, M., Doroganova, Hahnel, C., Becker-Motzek, M., Lindauer, Th., Artelt, C. & Reiss, K. (2019). Lesekompetenz in PISA 2018 – Ergebnisse in einer digitalen Welt. In: K. Reiss, M. Weis, E. Klieme & O. Köller (Hrsg.), *PISA 2018. Grundbildung im internationalen Vergleich* (S. 47–80). Münster: Waxmann.

Weisser, J. (2005). *Behinderung, Ungleichheit und Bildung. Eine Theorie der Behinderung.* Bielefeld: transcript.

Wellgraf, St. (2012). *Hauptschüler. Zur gesellschaftlichen Produktion von Verachtung.* Bielefeld: transcript.

Wellgraf, St. (2021). *Ausgrenzungsapparat Schule. Wie unser Bildungssystem soziale Spaltung verschärft.* Bielefeld: transcript.

Werner, E. (2008). Entwicklung zwischen Risiko und Resilienz. In: G. Opp, M. Fingerle & A. Freytag (Hrsg.), *Was Kinder stärkt. Erziehung zwischen Risiko und Resilienz* (3. Aufl.) (S. 20–31). München: Reinhardt.

Teil IV
Ungleiche Bildungs-Chancen – Differente Vorstellungen von Teilhabe und Gerechtigkeit

Die Ambivalenz der Sozialpädagogik gegenüber dem Anspruch der Inklusion 9

Zusammenfassung

Theorien und Praxen der Sozialpädagogik beschäftigen sich sowohl mit der Frage, wie mit unterschiedlichen sozialpädagogischen Angeboten und sozialpolitischen Maßnahmen sozialer Ungleichheit begegnet werden kann, als auch mit den Weisen, mit denen Sozialpädagogik selbst zur Instanz sozialer Diskriminierungen und Ausschließungen wird. Dieses Selbstverständnis begründet sozialpädagogische Einsätze ebenso wie die Ambivalenz der Sozialpädagogik gegenüber dem Anspruch der Inklusion (Abschn. 9.1). Zudem finden sich in Darstellungen von Praxen der Kinder- und Jugendhilfe verschiedenste Antworten auf die Frage der Teilhabe am Leben in der Gesellschaft mit differenten Vorstellungen von Integration/Ausgrenzung, Inklusion/Exklusion und Gerechtigkeit (Abschn. 9.2). Als ein aktuelles Beispiel stellen wir sozialpädagogische Konzepte und Erzählungen von Praxen der Schulbegleitung zur Diskussion (Abschn. 9.3). Dies führt uns letztlich zum Verständnis von Inklusion/Exklusion als konstitutives Spannungsverhältnis für die Kinder- und Jugendhilfe (Abschn. 9.4).

Schlüsselwörter

Inklusionskritik · Kinder- und Jugendhilfe · Sozialintegration · Soziale Arbeit · Sozialpädagogik · Schulbegleitung

9.1 Inklusionskritische Sozialpädagogik

Inklusionsorientierte schulpädagogische Konzepte und Praxen verlangen in den letzten Jahren verstärkt nach Sozialpädagogik bzw. Sozialer Arbeit „in der Schule und für die Schule" (Geiling et al. 2011, S. 8). „Kooperationsmodelle[n] zwischen Sozialer Arbeit und Schule" (ebd.) werden verschiedenste Potenziale zugeschrieben, so etwa „Ressourcen entdecken" (ebd.) und „Bildungschancen gestalten" (ebd.), z. B. in Praxen von Ganztagsschulen, der Schulsozialarbeit oder auch in sozialpädagogisch qualifizierten Schulbegleitungen. Dabei lässt sich zum einen ein „Konsens über die Notwendigkeit einer verbesserten Kooperation in Bildungs- und Erziehungsfragen" (ebd., S. 7) aufrufen. Zum anderen kann beklagt werden, dass die unterschiedliche „historisch gewachsene Struktur und mitunter abgeschottete Arbeitsteilung von Jugendhilfe und Schule [...] eine Zusammenarbeit im Sinne der Gestaltung der Zukunftschancen von Kindern und Jugendlichen" (ebd., S. 7) erschwert.

In dieser Klage nicht angesprochen sind zum einen Differenzen der Ansprüche von Teilhabe und Gerechtigkeit zwischen der inklusionsorientierten Schulpädagogik und der Sozialpädagogik und zum anderen inklusionskritische Positionierungen in der Sozialpädagogik gegen strukturelle Ungleichheiten, Benachteiligungen und Diskriminierungen. Ein Beispiel dafür bietet der Band „Inklusion kontrovers" (Felder und Schneiders 2016). Hier wird Inklusion als eine zentrale Aufgabe der Sozialen Arbeit diskutiert und als Thema, das „den Akteuren Sozialer Arbeit allgegenwärtig" (ebd., S. 8) sei. Dennoch oder vielleicht gerade deswegen werden (anders als in der inklusionsorientierten Schulpädagogik) Behinderungen und andere Konstrukte nicht als Dimensionen wertgeschätzter Heterogenität, sondern als Determinanten sozialer Ungleichheit vorgestellt (vgl. ebd., S. 55). Wir gehen nachfolgend auf derartige Differenzen und Kritiken ein.

Praxen der Sozialen Arbeit (und damit auch der Sozialpädagogik) lassen sich als Hilfen in gesellschaftlich relevanten Problemlagen charakterisieren. Sie fokussieren (ebenso wie ihre theoretischen Begründungen) auf verschiedene Themen sozialer Ungleichheit, bzw. sozialer Probleme und sozialer Kontrolle (vgl. Cremer-Schäfer 2018, S. 44 ff.). Das sind Themen wie z. B. soziale Herkunft und sozioökonomischer Status, Sozialräume, differente ‚individuelle körperliche, mentale und seelische Zustände', ‚Suchtgefährdungen und Devianzprobleme', Geschlecht und sexuelle Orientierungen, Nationalitäten, ethnische, religiöse und kulturelle Unterschiede. Dass es dabei um Probleme sozialer Benachteiligungen und Ausgrenzungen geht, wird beispielsweise im Text „Integration und Ausgrenzung – Inklusion und Exklusion" (Scherr 2017, S. 34 ff.) lesbar:

9.1 Inklusionskritische Sozialpädagogik

„Soziale Arbeit ist zum einen insbesondere für solche Problemlagen zuständig, die als direkte und indirekte Folgen von Benachteiligungen innerhalb der gesellschaftlichen Struktur sozialer Ungleichheiten beschrieben werden können; zum anderen für Problemlagen, die mit gesellschaftlich nicht akzeptierten Formen der individuellen und kollektiven Abweichung von den vorherrschenden Festlegungen einer als normal geltenden Lebensführung zusammenhängen. Soziale Arbeit, so kann vereinfacht formuliert werden, ist gesellschaftlich mandatiert, Auswirkungen sozialer Benachteiligungen zu verringern, soziale Ausgrenzungen zu verhindern sowie Individuen, Familien und soziale Gruppen zu einer solchen gesellschaftlichen Teilhabe zu befähigen und zu motivieren, die rechtskonform ist und mit den Basisnormen einer gesellschaftlich akzeptierten Lebensführung übereinstimmen" (Scherr 2017, S. 34).

Die im Zitat benannte Orientierung an ‚Basisnormen gesellschaftlich akzeptierter Lebensführung' (vgl. ebd.) verbindet sich in der Sozialpädagogik mit der Forderung, „sich mit dem Unlinearen, dem Komplexen und dem Eigensinnigen des individuellen Gegenübers zu versöhnen und der Tatsache Rechnung zu tragen, dass Handlungsfähigkeit nicht mit falschverstandenen normativen Rationalitätsvorstellungen gleichzusetzen ist, sondern Handlungsfähigkeit ebenso als individuell sinnhaft gefülltes Konstrukt zu verstehen, das allenfalls bis auf weiteres Gültigkeit hat" (Schröer und Truschkat 2013, S. 266).

Von daher gehen z. B. die gesellschaftskritischen Konzeptionen alltags- und lebensweltorientierter Arbeit von einem fundamentalen Verständnis der *Selbsthilfe* aus (vgl. Thiersch 2014). Auch die Konzeption biographischer Lebensbewältigung im Kontext gesellschaftsstruktureller Entwicklungen beruht auf Vorstellungen des Empowerment bzw. der Selbstbestimmung und -ermächtigung (vgl. Böhnisch 2016; Bastian 2017, S. 242 ff.). Diesen Ansätzen gemeinsam ist der Anspruch einer *reflexiven Sozialpädagogik* mit wissenschaftlich begründeten Einzelfall-Entscheidungen unter Ungewissheitsbedingungen (vgl. Dewe und Otto 2012, S. 197). Das verdeutlicht der Text „Reflexive Sozialpädagogik. Grundstrukturen eines neuen Typs dienstleistungsorientierten Professionshandelns" (Dewe und Otto 2012). Hier heißt es: „Im Zentrum professionellen Handelns steht [...] nicht ‚Expertise' oder ‚Autorität', sondern die Fähigkeit der Relationierung und Deutung von lebensweltlichen Schwierigkeiten in Einzelfällen mit dem Ziel der Perspektiveneröffnung bzw. einer Entscheidungsbegründung unter Ungewissheitsbedingungen" (ebd., S. 197 f.). Das heißt für sozialpädagogische Praxen, dass nicht die *Probleme, die Kinder und Jugendliche machen,* sondern die, die sie *haben,* im Zentrum professionellen Handelns stehen sollten.

Sozialpädagogische Perspektiven gehen von der Anerkennung „unterschiedlichster, auch gegensätzlicher und strittiger Formen der Lebensführung, Vorstellungen und Willensbekundungen" (ebd., S. 189) aus. Der damit verbundene

Anspruch ist es, solche „Handlungs- und Autonomiepotentiale, die es den Einzelnen erlauben, ein Leben zu führen, das diese selbstbegründet wertschätzen und [es ihnen] ermöglicht Autonomie zu reklamieren" (Thole et al. 2021, S. 29, Ergänzung K.P.), anzuregen, zu erweitern und zu kultivieren. Die hier angesprochene Anerkennung gilt auch, „wenn riskante, die Lebenslagen und Lebensführungen beeinträchtigende oder andere in ihrer kulturellen und sozialen Integrität beeinträchtigende Lebensformen, also beispielsweise Muster gruppenbezogener Menschenfeindlichkeit, als lebbare Lebensführungen über entsprechende Selbst- und Weltdeutungen legitimiert werden" (ebd.). Das heißt ausdrücklich nicht, dass derartige Lebensformen und -führungen unterstützt werden; ihre Anerkennung als Ausdrucksformen gelebten Lebens ist jedoch der Ausgangspunkt für sozialpädagogisches Handeln.

Ein solches Selbstverständnis provoziert Fragen nach professionellen Möglichkeiten von „nicht-identitären, nicht-zuschreibenden und nicht-festlegenden Formen des Umgangs mit Differenz" (Heite 2010, S. 191), ohne inhaltliche „Vorgaben für bestimmte – als besser oder richtig vorgestellte – Formen der Lebensführung zu machen" (ebd., S. 192). Dabei geht es um Fragen nach strukturellen Ungleichheiten und ungerecht verteilten Partizipationsmöglichkeiten ebenso wie um Fragen nach der Erweiterung von Möglichkeiten der Lebensgestaltung durch den Abbau von Ausschluss- und Benachteiligungssituationen (vgl. ebd.), in dem Selbstverständnis, dass „der Selbstanspruch, eine völlige Inklusion der Ausgegrenzten zu ermöglichen, nicht gelingen [kann], […] aber stets gefordert werden [muss]" (Yıldız 2018, S. 195, Anpassung K.P.).

Für die Tragweite, die derartige *sozialintegrative Ansprüche* haben können, verweisen wir hier auf „[d]ie Praxis der Akzeptierenden Jugendarbeit. Konzepte, Erfahrungen, Analysen aus der Arbeit mit rechten Jugendcliquen" (Krafeld 1996, Anpassung K.P.). Die ‚Akzeptierende Jugendarbeit' galt und gilt als ein umstrittener sozialpädagogischer Ansatz, der sich dem Thema Teilhabe/Ausgrenzung im Sinne einer ‚Perspektiveneröffnung' für Jugendliche mit rechtsextremistischen Orientierungen verschrieben hat.

Beispiel

Sozialpädagogisches Handeln als ‚Perspektiveneröffnung' im Konzept der ‚Akzeptierenden Jugendarbeit'

Das Konzept der ‚Akzeptierenden Jugendarbeit' ist eines, das in Praxen der Jugendarbeit mit „rechten Jugendcliquen" (Krafeld 1996, S. 7) ab 1988 in Bremen und in reflexiven Auseinandersetzungen mit diesen entwickelt wurde. Der zitierte Text stellt praktische Erfahrungen, Handlungsgrundlagen und Konzeptpapiere u. a. in einen Zusammenhang mit Diskussionen „um die steigende Attraktivität rechtsextremistischer Orientierungen bei Jugendlichen" (ebd.).

Im Vorwort der zitierten Veröffentlichung ist zu lesen, dass diese Form der Jugendarbeit mit „immenser Skepsis, mit ungeheuren Vorbehalten oder gar mit massiven Vorwürfen konfrontiert" (ebd.) wurde. Die Protagonist*innen ‚wagten' einen Ansatz, „der damals [und heute] weithin als tabuisiert galt: auf Jugendliche zuzugehen, die durch rechtsextremistische Äußerungen und entsprechende Gewaltbereitschaften massiv auffällig geworden waren" (ebd., Ergänzung K.P.). Als eine der zentralen Handlungsebenen des Konzeptes wird die „Akzeptanz bestehender Cliquen" (ebd., S. 19) vorgestellt.

„Für immer mehr Jugendliche sind Cliquen [...] der einzig verbliebene Ort intensiver sozialer Einbindung geworden. Der Grund dafür sind die wachsende Individualisierung, der Bedeutungsverlust sozialer Milieus, das Brüchigwerden gesellschaftlich propagierter Integrationskonzepte und die Entstrukturierung der Lebensphase Jugend [...]. Wenn also Cliquen so zentral für Jugendliche geworden sind, dann kann und darf man sie ihnen nicht nehmen wollen, wie es traditionelle Pädagogik bei auffälligen Cliquen immer wieder versucht hat. Dann wird es vielmehr um so drängender, an Cliquen – wie allgemein an Jugendszenen und Jugendkulturen – nicht nur anstößige oder anrüchige Auffälligkeiten wahrzunehmen, die es dann zu bekämpfen gelte, sondern in den Cliquen auch das zu sehen, was sie den Jugendlichen bedeuten. [...] Selbst die auffälligsten und anstoßerregendsten Cliquen sind [...] zumeist auch ein Versuch Jugendlicher, sich in einer Welt, in der sie sich ungeheuer vereinzelt fühlen, selbst soziale Zusammenhänge zu schaffen, sich in einer Welt, in der sie sich immer wieder unbeachtet und ohnmächtig fühlen, selbstbestimmt mit anderen zu organisieren, um sich besser bemerkbar zu machen, sich aktiver einmischen und leichter auch etwas bewirken zu können. Daß das oft auf so problematische, ja erschreckende Weise erfolgt, [...] demonstriert nicht zuletzt ganz oft den ungeheuren Mangel an Möglichkeiten und Chancen für Kinder und Jugendliche in dieser Gesellschaft, sozial verträglichere und gleichzeitig wirksamere Wege und Möglichkeiten der Einmischung und Interessenvertretung zu entwickeln" (ebd., S. 19 f.). ◄

Anders als in der gelesenen Selbstdarstellung kann das Modell der ‚Akzeptierenden Jugendarbeit' auch als ein Beispiel für ein *‚sozialpathologisches Soziale-Probleme-Denken'* (vgl. Cremer-Schäfer 2018, S. 45) verständlich werden, das sich in vielen inklusionsorientierten (sozial-)pädagogischen Konzepten und Praxen findet und wie folgt beschreiben lässt:

> „Im sozialpathologischen Soziale-Probleme-Denken werden Verantwortung und Schuld (zunächst) nicht der Person angelastet. Auf der organisatorischen und der Alltagsebene hat dieser Perspektivenwechsel individuelle Katastrophen der sozialen Ausschließung hinausgeschoben und abgemildert. Gegen die Wissensform spricht, dass es als Ordnungs-Wissen am Ende doch wieder Ausschluss-Kategorien bestimmt: die Kategorie jener Leute, denen auch durch eine verbesserte Disziplinierung, Sozialhilfe und sanfte, informelle Kontrolle nicht zu helfen ist" (Cremer-Schäfer 2018, S. 45 f.).

In ihrem Selbstverständnis der *Orientierung an individuell erfahrbaren Selbst- und Weltkonstruktionen* grenzt sich die Sozialpädagogik eher von sozial- und bildungspolitischen Konzepten ab, in denen sich Vorstellungen von Teilhabe/ Inklusion mit Bedingungen und Sanktionen verknüpfen. Diese Positionierung lässt sich z. B. mit Kritiken am ‚meritokratischen' Verständnis von Leistungsgerechtigkeit (vgl. Kap. 8, und 3) und am Konzept des ‚aktivierenden Wohlfahrtstaates' (vgl. Kap. 10, Kap. 2 und 4) zeigen – Ansätze, die zu ihrer Durchsetzung Selbstverantwortung aufrufen, und zwar unabhängig von strukturellen Bedingungen (vgl. Walther 2015, S. 35).

Die Rhetorik einer „Chancengleichheitspolitik" (ebd.), so ist zu lesen, ignoriert strukturell bedingte Ungleichheiten, Ungerechtigkeiten und Exklusionsrisiken ebenso wie die Argumente für eine „Umverteilungspolitik" (ebd.). Damit begründet sich der Anspruch der „Unterstützung der an den Rand geratenen, der von Exklusion und Ausgrenzungen bedrohten Menschen" (Thiersch 2019, S. 38). Das Engagement der Sozialpädagogik wendet sich, beispielsweise im sozialpädagogischen Ansatz der Lebensweltorientierung, „gegen das neoliberale Leistungskonzept [auch im Bildungssystem], indem Menschen erfahren, dass sie für sich zuständig sind, ohne sich doch in den Verhältnissen behaupten zu können" (ebd., S. 39, Ergänzung K.P.). Im zitierten Aufsatz werden diese Verhältnisse als „gegenwärtige Situation der Moderne" (ebd., S. 38) wie folgt skizziert:

> „Sie ist bestimmt durch die Macht von Kapital und Großkonzernen und der wachsenden technologischen und sozialtechnologischen Überformung des Lebens, durch neue Zonen der Exklusion und durch die so massiven Erwartungen an die Menschen, sich aus eigener Kraft und Anstrengung in den Konkurrenzen der Leistungsgesellschaft zu behaupten. Hinzu kommen die allgemeinen Erfahrungen der Verunsicherungen in den sich entgrenzenden Lebensverhält-

9.1 Inklusionskritische Sozialpädagogik

nissen, die zunehmende Bedeutung der virtuellen Wirklichkeit und – vor allem – die Erfahrungen von Katastrophen, Ortlosigkeit und Perspektivlosigkeit der Menschen in Vertreibung und Flucht" (Thiersch 2019, S. 38).

Als sozialpädagogischer Kern der Kinder- und Jugendhilfe können die *Anerkennung von Kindern, Jugendlichen und Erwachsenen als eigenverantwortlich handelnde Subjekte* und die Berücksichtigung ihrer Vorstellungen bei Unterstützungsangeboten gelten (vgl. Hamburger 2012, S. 86). Damit verbinden sich z. B. Forderungen, individuelle Lösungsstrategien von Kindern, Jugendlichen und Erwachsenen als deren Umgangsweisen mit Problemen zu akzeptieren und für sie Partei zu ergreifen. Entsprechend finden sich bei der Betrachtung fachlicher Standards der Kinder- und Jugendhilfe vor allem drei Konzepte.

Alle Angebote und Leistungen sollten sich im Sinne der *Lebensweltorientierung* an den Lebensverhältnissen, den Sichtweisen und den Deutungsmustern der Adressat*innen ausrichten (vgl. Thiersch 2014). Als *Dienstleistungsorientierung* wird der Einsatz lesbar, dass Interaktionen und ‚Co-Operationen' mit Adressat*innen stets deren aktive Beteiligung sowie eine Aufgeschlossenheit für mögliche Hilfen erfordern. Das Konzept der *Professionalität* beschreibt einerseits die Forderung, dass Angebote der Sozialpädagogik reflexiv auf wissenschaftlich begründeten Wissensbeständen und Handlungskonzepten beruhen sollen (vgl. Dewe und Otto 2012, Dollinger 2008). Andererseits beinhaltet es den Anspruch der Sensibilität für die *Kontingenz pädagogischen Wissens* angesichts unhintergehbarer Individualität und Situativität. Damit ist auch die Ambivalenz lebenswelt- und dienstleistungsorientierten Wissens angesprochen, das immer eine „professionelle Konstitution eines ‚Falles'" (Dollinger 2008, S. 201) auf der Basis professionsspezifischer Deutungsmuster darstellt. Deswegen sind Sozialpädagogik und Soziale Arbeit „nicht allein als Reaktion auf Differenz und als Bearbeitung von Differenzverhältnissen, sondern auch als an der Erzeugung von Differenzen und damit auch als an der *(Re-) Produktion von Normen und Ausschlüssen* aktiv beteiligt" (Plößer 2010, S. 218, Herv. K.P.) zu verstehen. Mit diesem Selbstverständnis begründen sich auch die kritischen Positionierungen, mit denen sich viele Theorien der Sozialpädagogik (und auch diverse sozialpädagogische Praxen) von sozial-, bildungspolitischen und schulpädagogischen Ansprüchen der Inklusion distanzieren.

Die *Inklusionskritik* der Sozialpädagogik (vgl. Abb. 9.1) zeigt sich mit zwei Begründungen, die zum einen auf Inklusionsansprüche und zum anderen auf Exklusionspraxen verweisen. Exemplarisch finden sich diese in den folgenden Argumentationsfiguren ausformuliert:

- Der Text „Wider den Einschluss: Inklusion aus sozialpädagogischer Perspektive" (Walther 2015) argumentiert gegen asymmetrisierende Normalitätserwartungen, mit einem Verständnis differenter Weisen sozialer Teilhabe (und Teilnahmen) als „Vermittlung und Aushandlung zwischen Individuum und Gesellschaft und nicht als Integration ‚in die Gesellschaft hinein'" (ebd., S. 33 f.).
- Der Text „Soziale Arbeit als (Inklusions-)Container" (Yıldız 2018) insistiert auf „die vielschichtigen ökonomischen, politischen und sozialen Exklusionsformen" (ebd., S. 194) bei gleichzeitiger „Verdrängung einer Debatte über strukturelle Bedingungen von Ungleichheit als Symptom einer neo-liberalen Politik-Logik" (ebd.) und die Aufgabe, „sich der Antwort auf die Frage, was Exklusion war und ist, gerade in der Debatte über Inklusion und Heterogenität immer wieder zu vergewissern" (ebd.).

Die kritischen Positionierungen verweisen auf die *Ambivalenz der Sozialpädagogik gegenüber dem Anspruch der (schulischen) Inklusion.* Diese zeigt sich beispielsweise in Konzepten und Praxen der Schulsozialarbeit.

In relativ kurzer Zeit hat sich *Schulsozialarbeit,* „als sozialpädagogisches Angebot am Ort der Schule" (Zipperle et al. 2022, S. 3) etabliert. Sie kann heute

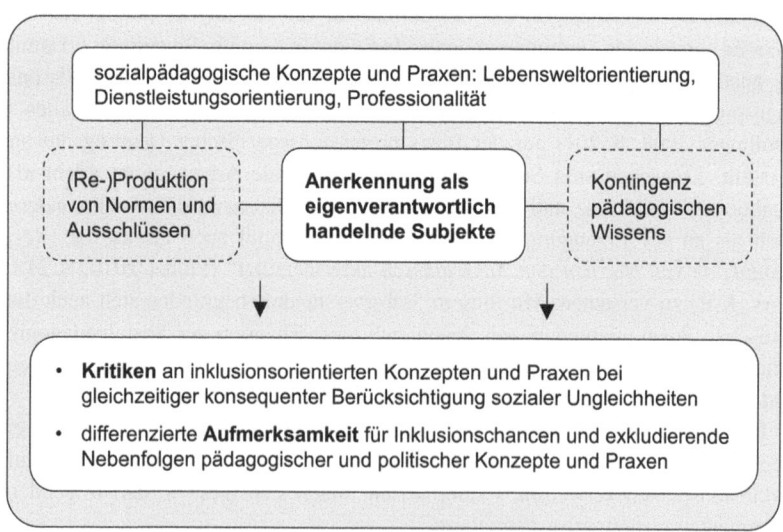

Abb. 9.1 Inklusionskritische Positionierungen in der Sozialpädagogik. (© Mirko Moll)

9.1 Inklusionskritische Sozialpädagogik

mit einem „Imagewandel [...] vom Angebot an wenigen Brennpunktschulen zum flächendeckend gefragten ‚Qualitätsmerkmal' einer Schule" (ebd.) vorgestellt werden. Seit 2021 ist Schulsozialarbeit „als eine eigenständige fachliche Leistung der Kinder- und Jugendhilfe mit ihrem eigenständigen Erziehungs- und Bildungsauftrag am Ort Schule" (Eckert und Bassarak 2021, S. 11) im Kinder- und Jugendhilfegesetz verankert (SGB VIII, § 13a). Ihr werden in Auseinandersetzung mit sozialer Inklusion/Exklusion diverse Aufgaben in verschiedenen Leistungsbereichen der Kinder- und Jugendhilfe zugeschrieben. Dazu ist zu lesen:

> „Als unverzichtbare Jugendhilfeleistung hat Schulsozialarbeit in ihren Wirkungsfeldern einen, soziale Disparitäten möglichst weitgehend reduzierenden und soziale Ungleichheiten vermehrt vermeidenden Stellenwert sowie ihren identitätsstiftenden Wert für gelingende Integration in Beruf und Gesellschaft [...] bewiesen. [...] [Sie wird] als breit angelegtes Spektrum sozialpädagogischer Ziele und Angebote [vorgestellt]. [...] Dies umfasst vorbeugende und flankierende Maßnahmen einer offenen und selbstorganisierten Kinder- und Jugendarbeit (siehe §§ 11 und 12 SGB VIII) ebenso wie zielgruppenbezogene Unterstützung und Förderung individuell beeinträchtigter und sozial benachteiligter junger Menschen nach § 13 SGB VIII als auch die Entwicklung von selbstkritischem Handeln und zielgerichteter Entscheidungsfindung sowie Eigenverantwortlichkeit und Teamfähigkeit junger Menschen vor dem Hintergrund aktueller Gefährdungstatbestände im Rahmen des erzieherischen Kinder- und Jugendschutzes (siehe § 14 SGB VIII). Dieser rechtliche Rahmen des SGB VIII [...] fördert das Verständnis einer breiten Bündelung (nahezu) aller Leistungen der Kinder- und Jugendhilfe am Ort Schule" (Eckert und Bassarak 2021, S. 11 f., Anpassungen K.P.).

Das Leistungsspektrum, das differente Selbstverständnis von Schul- und Sozialpädagogik sowie von Schulsystem und Kinder- und Jugendhilfe und nicht zuletzt die „oft schwierigen, materiell unzureichenden und zeitlich befristeten Finanzierungsmodalitäten" (Eckert und Bassarak 2021, S. 13) erfordern differenzierte Aufmerksamkeit für Inklusionschancen und exkludierende ‚Nebenfolgen' inklusionsorientierter pädagogischer und sozialpolitischer Konzepte und Praxen der Schulsozialarbeit. Dabei bietet es sich an, von der Frage nach den Zielgruppen auszugehen, die idealtypisch zwei Optionen eröffnet. „Richtet sich Schulsozialarbeit zu allererst an individuell beeinträchtigte oder sozialbenachteiligte junge Menschen [...] oder versteht sich Schulsozialarbeit als präventiv wirkendes freiwilliges Angebot für alle Schüler*innen [...]?" (ebd., S. 4).

Mit präventiven Angeboten für alle Schüler*innen wird Schulsozialarbeit als „Inklusionshelferin" (vgl. Walther 2015, S. 36) mit zunehmenden Aufgaben, z. B. der Gestaltung von Ganztagsschulen, Hausaufgabenhilfen und Berufsorientierungen problematisiert (vgl. ebd.). Dagegen positionieren sich sozialraumorientierte Ansätze der Schulsozialarbeit, wie sie z. B. in der Studie „Sozialraumorientierte Schulsozialarbeit an Sekundarschulen in Baden-Württemberg" (Zipperle et al. 2022) analysiert werden. Unter der Überschrift „Verständnis von Fachlichkeit und Sozialraum(orientierung)" (ebd., S. 9) wird betont, dass „die Schulsozialarbeitenden in ihrem Selbstverständnis explizit nicht als Dienstleiterinnen und Dienstleister von Schule agieren" (ebd.). Dieses Selbstverständnis wird wie folgt erläutert:

> „[D]ie Schulsozialarbeitenden […] bringen in ihr Arbeitsfeld ein dezidiertes jugend- und hilfeorientiertes Selbstverständnis ein, das zu ihrer Selbstpositionierung (auch im Tätigkeitskontext der Schule) mit klarem Jugendhilfebezug führt. […] Dabei wird ein reflexives Begreifen von ‚Sozialem' in seinen räumlichen Dimensionen und ‚Raum' in seinen sozialen Dimensionen als sozialräumliche Orientierung sichtbar. Dies bildet wiederum die Basis für die Arbeits- und Herangehensweisen im Alltag, die als Grenzarbeit zwischen der Lebenswelt der Jugendlichen und dem Lebensort Schule begriffen werden können. […] Sie versuchen in ihren sozialräumlichen Praxen Einblicke in die Lebensverhältnisse der Familien, Bedingungen des Aufwachsens und Herausforderungen des Jugendalters mit einem Überblick über Angebots- und Anbieterlandschaft, Orte und Themen der Jugendlichen, schulische Anforderungen zu kombinieren. Damit werden sie zur Schnittstelle zwischen Jugendhilfe und Schule im sozialräumlichen Gefüge" (Zipperle et al. 2022, S. 9).

Die Studie zeigt zum einen, dass Schulsozialarbeit „dazu beitragen [kann], eine jugendgerechte(re) [kommunale] Infrastruktur zu entwickeln" (Zipperle et al. 2022, S. 25, Anpassung K.P.) und zum anderen, dass sie durch Sozialraumorientierung „Teil jugendlicher Lebenswelten [werden kann] und […] dabei als Unterstützung zur Lebensbewältigung fungiert. […] Sie unterstützt […] die kommunalen Strukturen, indem sie Bedingungen des Aufwachsens jugendgerecht mitgestaltet und kann zur Entwicklung einer jugendgerechteren Schule beitragen" (ebd., S. 27). Allerdings werden der Anspruch der Schulsozialarbeit, „offensiv-emanzipatorisch ihren spezifisch sozialpädagogischen [Auftrag] gegenüber der Indienstnahme für schulische Zwecke durchzusetzen" (ebd., S. 25, Anpassung K.P.), und die „Aufgabe, sich in bestehende Strukturen am Ort der Schule zu integrieren" (ebd.), als ‚immanentes Spannungsfeld' mit einer ‚Vorder- und Hinterbühne' charakterisiert. Die Sozialraumorientierung mit ihren außerschulischen Bezügen (Gestaltung von Infrastrukturen und Lebensbedingungen von Kindern und Jugendlichen) scheint nicht möglich ohne „die Legitimierung des Schulsozialarbeitsangebots auf der Vorderbühne" (ebd., S. 11), auf der es darum geht, „die Anschlussfähigkeit von Schulsozialarbeit an schulische Anforderungen und Bedarfe zu zeigen und zu halten […][,] für alle

9.1 Inklusionskritische Sozialpädagogik

Akteure sichtbar mit eher risikoorientierten Angeboten (z. B. Prävention in Klassen, Einzelfallhilfe" (ebd., S. 10).

In diesem Sinne verdeutlicht sich der Zwiespalt der Sozialpädagogik insbesondere in neuen schulnahen Arbeitsfeldern der Unterstützung und Förderung von Kindern und Jugendlichen, die als individuell beeinträchtigt oder sozialbenachteiligt adressiert werden. Er lässt sich mit Beobachtungen von „*Strategien der Individualisierung sowie Entpolitisierung von schulischen Problemen [...], in welche die Kinder- und Jugendhilfe eingebunden wird*" (Fellner 2008, S. 39, Herv. K.P.), begründen. Das heißt, schulnahe ‚risikoorientierte' Angebote der Kinder- und Jugendhilfe, die chancengleiche Teilhabe unterstützen sollen, werden mit der Zuschreibung von schulischen Problemen an Schüler*innen und deren Bearbeitungen selbst zu Bestandteilen der von der Sozialpädagogik kritisierten Theorie- und Praxiskonzepte der Inklusionspädagogik.

Mit dem Vorwurf der Individualisierung und Entpolitisierung schulischer Probleme und deren Bearbeitungsweisen wird kritisiert, dass inklusionsorientierte individuelle Hilfen der Reproduktion von Anpassungen und individualisierenden Defizitzuschreibungen (vgl. ebd., S. 34) und der „Positivierung" (Heite 2010, S. 189) von Differenzkategorien dienen, die als „sozial hergestellte", „gesellschaftliche Ordnungsformate" (ebd., S. 187) verstanden werden sollten. Das soll beispielhaft am Thema ADHS verständlich werden.

Beispiel

Begründung schulnaher ‚risikoorientierter' sozialpädagogischer Arbeitsfelder bei gleichzeitiger Abgrenzung von bildungsbezogener Inklusionspädagogik

Der Beitrag „ADHS und Legasthenie – Klassifizierung schulischer Probleme als Strategie gegen Chancenungleichheit" (Fellner 2008) geht u. a. der Frage nach, wie eine kritische Soziale Arbeit der politisch-gesellschaftlichen Dimension schulischer Probleme Geltung verschaffen kann, die als Aufmerksamkeitsstörung, Hyperaktivitätsstörung oder auch ADHS, Aufmerksamkeitsdefizit-Hyperaktivitätssyndrom, gefasst werden (vgl. ebd., S. 39).

Die Schulprobleme, die sich mit dem Namen ADHS verbinden, werden zunächst als inklusionsorientierter Anspruch der Chancengerechtigkeit mit einem „gesellschaftlichen Druck [...] für die Institution Schule [...], ihre Konzepte von Leistungsfeststellung und Selektion zu differenzieren" (ebd., S. 41), vorgestellt, der im Zusammenhang mit medizinischen Diagnosen und sozialpädagogischen sowie therapeutischen Praxen steht: „Die Diagnose ADHS bedeutet, dass bestimmte Konzentrationsprobleme sich negativ auf die

Erfüllung von Leistungs- und Verhaltensanforderungen auswirken, die dem schulischen System immanent sind, während die allgemeine Begabung, d. h. die grundsätzliche Leistungsfähigkeit von der ADHS unberührt ist. Daraus folgt hinsichtlich der schulischen Selektion der begründete Anspruch nach Herstellung von Chancengleichheit. Von daher ist auch zu verstehen, dass zunehmend mehr Eltern von Kindern, die Probleme in der Schule haben, über die Inanspruchnahme des Gesundheitssystems (klinische Diagnose, Attestierung als juristisches Instrument) und der Jugendhilfe (Hilfemaßnahmen, Therapien) auf die schulischen Lebensbedingungen ihrer Kinder einzuwirken versuchen. [...] Dazu muss das Gesundheitssystem bemüht werden, denn die Jugendämter verlangen eine klinische Diagnose" (ebd., S. 41 ff.).

Aus einer inklusionskritischen Perspektive wird ADHS zugleich als ein systeminhärentes Problem schulischer Normalitätserwartungen beschrieben: „2–15% aller Schulkinder gelten als mehr oder weniger stark aufmerksamkeitsgestört, wobei die [...] beschriebenen ADHS-Merkmale durchgängig normativen Anforderungen des schulischen Alltags entsprechen (z. B. still sitzen, aufmerksam zuhören, ausdauernd und sorgfältig arbeiten, warten bis man an der Reihe ist, nicht stören). Besonders interessant an der ADHS ist hierbei, dass die Betroffenen die Konzentrationsschwierigkeiten nur im Zusammenhang mit Tätigkeiten haben, die sie als uninteressant erleben" (ebd., S. 43).

So erscheint die Popularität als auch die Umstrittenheit des Themas begründet: „Die Diagnose ADHS ist Gegenstand einer kontroversen öffentlichen Diskussion. Der Spannungsbogen der Debatten reicht von der klinischen Festschreibung des ADHS als Krankheit bis zur Kritik des klinischen Modells der ADHS als Verschleierung struktureller Probleme eines schulischen und gesamtgesellschaftlichen Anpassungsdrucks, dem Kinder und Jugendliche zunehmend ausgesetzt werden. Im Zentrum der Debatte wird die Funktion medikamentöser Behandlung (z. B. mit Ritalin©) erörtert. [...] Einerseits wird kritisiert, dass Kinder und Jugendliche mit Drogen an das gesellschaftliche Leistungssystem angepasst und Störenfriede ruhig gestellt werden [...]. Andererseits wird von klinischer Seite mit dem Argument unterlassener Hilfeleistung die Dringlichkeit und Legitimität einer medikamentösen Behandlung betont" (ebd., S. 39).

Vor diesem Hintergrund wird die Beteiligung der Sozialpädagogik an der „Klinifizierung von Schulproblemen" (ebd., S. 52) zugleich legitimiert und in ihrer Problematik kritisiert: „Die Klinifizierung von Schulproblemen ist aus institutionellen Gründen notwendig, um im Rahmen der gegenwärtigen gesellschaftlichen Verhältnisse die Rechte der betroffenen Kinder auf Chancengleichheit gewährleisten zu können. Diese Verhältnisse sind durch eine zunehmende Ungleichverteilung von Ressourcen und Individualisierung gesellschaftlicher Problemlagen geprägt. Die Klinifizierung von Schulproblemen wirkt im Rahmen dieser neoliberalen Verhältnisse in zwei Richtungen. Einerseits werden mit Hilfe der Klinifizierung die schulischen Selektionsmechanismen blockiert. […] Andererseits wirkt die Klinifizierung im Rahmen der ‚Normalisierungsfalle' […]: Die Kinder fallen in der Schule auf, LehrerInnen sind unzufrieden, der schulische Abstieg droht und Eltern müssen – sofern sie sich gegenüber drohenden institutionellen Sanktionen wehren möchten – hinnehmen, dass ihre Kinder mit der Bezeichnung einer Krankheit etikettiert werden" (ebd., S. 53).

Die Darstellung dieser Ambivalenz mündet in die Formulierung eines Auftrages der Sozialpädagogik, ADHS „als Konstruktion zu verstehen, die Kinder mit Schulschwierigkeiten vor dem Zugriff der gesellschaftlichen Herrschaftsverhältnisse [zu] schützen und gleichermaßen in diese über einen Normalisierungsdiskurs ein[zu]bauen" (Fellner 2008, S. 53, Anpassung K.P.). ◄

Trotz der grundlegenden Kritiken ist zu beobachten, dass Fragen nach strukturellen Bedingungen sozialer Ungleichheit und nach differenten Weisen sozialer Teilhabe und Teilnahmen gerade bei schulnahen ‚risikoorientierten' sozialpädagogischen Angeboten ebenso in den Hintergrund treten, wie die Prinzipien der Freiwilligkeit und Partizipation, welche sozialraumorientierte Schulsozialarbeit wie die gesamte Kinder- und Jugendhilfe kennzeichnen.

Die Entwicklungen schulnaher ‚risikoorientierter' Angebote lassen sich insofern als Verschiebungen sozialpädagogischer Aktivitäten beobachten. Sie können in eine Begründungskette von Zurücknahmen sozialpolitischer Leistungen, zunehmender sozio-ökonomischer Armut, damit verbundenen kulturellen, sozialen, familiären und individuellen Problemlagen gestellt werden, die sich in Schulen in Formen sozialer Konflikte zeigen. So wird es z. B. auch möglich, „differenzierte und subtilere Formen der Selektion innerhalb einer gemeinsamen Schule" (Walther 2015, S. 38) zu beobachten oder kompensatorische Erziehungsvorstellungen als Unterdrückung „eigensinniger Bildungsprozesse" (ebd.) zu beschreiben.

Die skizzierte Ambivalenz des Beitrages der Sozialpädagogik zur schulischen Inklusion wird im „Handbuch Schulsozialarbeit" (Just 2016) mit widerstreitenden Erwartungen selbstbestimmter gleichberechtigter Teilhabe und Disziplinierung in der Institution Schule lesbar, wenn es heißt:

> „Soziale Arbeit in schulischen Kontexten ist Ausdruck sich wandelnder gesellschaftlicher Heterogenität. […] Gesamtgesellschaftliche Problemlagen, insbesondere die Aushöhlung des Sozialstaates […] und damit einhergehende Problemlagen individueller und familiärer kultureller, monetärer und sozialer Armut bestimmen zunehmend die familiäre Privatsphäre von Schülern […]. Der Ruf nach schulischer Sozialarbeit wird also genau dann umso lauter, wenn Unterricht unmöglich wird. Damit ist aber auch eine wesentliche Schwierigkeit von Schulsozialarbeit benannt: Sie steht in all ihren Facetten beständig und zugleich in mehreren dialektischen Spannungsverhältnissen: Das Wohl der Schüler (und deren Familien) im Auge zu haben und zugleich Domestizierungsarbeit im Sinne der Ermöglichung von Unterricht zu leisten" (Just 2016, S. 9).

Damit ist jedoch für das Handlungsfeld Schule eine Thematik angesprochen, welche der *Sozialpädagogik* grundsätzlich inhärent ist. Sie übersetzt gesellschaftliche Konflikte in pädagogische Aspekte des Aufgabenfeldes der *Sozialen Arbeit, die als ein gesellschaftliches Funktionssystem „re-inkludierender Ordnungs- und Sozialpolitik* institutionalisiert wurde" (Cremer-Schäfer 2018, S. 44, Herv. K.P.). Mit der „Gleichzeitigkeit von Hilfe und Kontrolle, der selektiven Zuweisung von Hilfen und ihre Knüpfung an die Bedingung der Orientierung am wohlfahrtsstaatlich institutionalisierten Normallebenslauf […] ist die Jugendhilfe ein Mechanismus der Reproduktion sozialer Ungleichheit, nicht trotz, sondern wegen der standardisierten, verrechtlichten Bearbeitung individueller Lebensbewältigung als Fälle" (Franzheld und Walther 2021, S. 20). Für mögliche Diskussionen der angesprochenen Übersetzung gesellschaftlicher Konflikte in pädagogische Aufgabenbeschreibungen bieten sich z. B. der Roman „Autobiographie einer Pflaume" (Paris 2004) und der diesen adaptierende Stop-Motion-Film „Mein Leben als Zucchini" (Barras 2016) an.

Empfehlung

Paris, G. (2004). *Autobiografie einer Pflaume* **(2. Aufl.). München: Knaus.**
Barras, C. (2016). *Mein Leben als Zucchini.* **Frankreich/Schweiz.**
In dem für Kinder erzählten Film „Mein Leben als Zucchini" (Barras 2016) und im Buch „Autobiografie einer Pflaume" (Paris 2004), das sich in seinem Selbstverständnis eher an Jugendliche und Erwachsene richtet, wird vom Leben in einem Kinderheim und seinem gesellschaftlichen Umfeld erzählt. Dabei werden nach unserem Verständnis auf je unterschiedliche Weisen Praktiken eines normierenden Blicks auf ‚verwahrloste' Kinder kritisiert und zugleich inszeniert. Als Formen der ‚Verwahrlosung' lassen sich hier Darstellungen von Vernachlässigung, Gewalt, Misshandlung und Missbrauch

9.1 Inklusionskritische Sozialpädagogik

durch Eltern deuten. Aufgerufen werden aber auch Armut, Haftstrafen und Abschiebung als gesellschaftliche Kontexte für ‚Verwahrlosungen' von Kindern. Die als ‚Ticks' der Kinder bezeichneten Verhaltensweisen werden andernorts ‚psychische Störungen' oder auch ‚Traumatisierungen' genannt. Sie wurden in der Fürsorgeerziehung als „Subjektive Verwahrlosung" (Backes 2012, S. 18) aufgefasst, die in sozialpädagogische Aufgaben transformiert werden. Der ‚psychiatrische Blickwinkel' soll in der erzählten Geschichte vermieden werden. Die Ansprüche und Möglichkeiten der Jugendhilfe und Sozialpädagogik scheinen dagegen idealisiert und überhöht.

Der Trailer zum Film ist u. a. hier abrufbar: https://www.youtube.com/watch?v=gMxU29Kho2Q (Zugegriffen: 01. August 2022). ◄

In ihrem Selbstverständnis kann der (mit der Fokussierung auf soziale Ungleichheit verbundene) gesellschaftliche Auftrag der Sozialpädagogik mit einem Konzept von *Sozialintegration* (vgl. Abb. 9.2) umschrieben werden, das differente gleichberechtigte Teilhabe und Anerkennung mit Benachteiligungen und Diskriminierungen aufruft. Dieser Anspruch wird mit einer doppelten Perspektive der *Anerkennung von Differenzen* erläutert. Zum einen wird Aufmerksamkeit für aus-

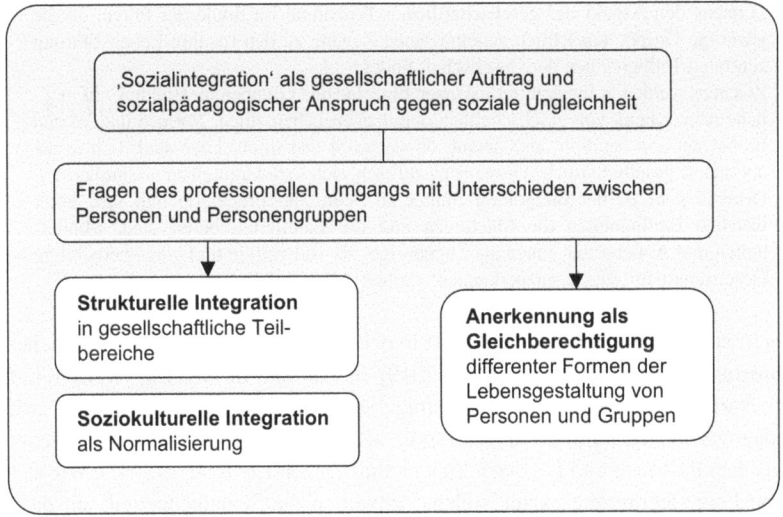

Abb. 9.2 Sozialintegration im Selbstverständnis der Sozialpädagogik. (© Mirko Moll)

grenzende Strukturen und Praxen eingefordert, zum anderen wird Respekt gegenüber differenten Formen der Lebensgestaltung proklamiert, wenn es heißt:

> „Der Blick ist also zu richten auf die Wirkung von Differenz als Mechanismus struktureller Benachteiligung und diskriminierender Statuspositionierung. Umgekehrt lässt sich die Zielperspektive ‚Autonomie der Adressat_innen' anerkennungsanalytisch als ‚partizipatorische Parität' definieren, also als Möglichkeit zu gleichberechtigter Teilhabe und Teilnahme an Sozialer Arbeit und Gesellschaft und [...] [als] Möglichkeit von Personen und Gruppen [...] [,] die Form eines Lebens zu leben, die ihnen jeweils lebenswert erscheint, ohne dass diese Form der Lebensgestaltung zu Diskriminierung oder Missachtung führt" (Heite 2010, S. 197, Anpassung K.P.).

So ist bei Fragen nach Teilhabe, Ausgrenzungen, Benachteiligungen und Diskriminierungen zu berücksichtigen, dass sich Sozialintegration aus den Perspektiven der Sozialpädagogik immer „im Spannungsfeld zwischen Hilfe und Kontrolle bzw. Normalisierung und dem subjektiven Gebrauchswert sozialer Dienstleistungen für die Adressaten/-innen" (Walther 2015, S. 34) vollzieht. Das zeigt sich nicht zuletzt in drei unterschiedlichen Aspekten (strukturelle und soziokulturelle Integration sowie soziale Anerkennungsverhältnisse), die mit dem Integrationsbegriff verbunden werden (vgl. Scherr 2017, S. 35 f.):

> „Erstens den Aspekt der gesellschaftlichen Teilnahme im Sinne der Frage, ob die jeweilige Gruppe tatsächlich angemessenen Zugang zu den für ihre Lebensführung zentralen Teilbereichen der Gesellschaft findet [...].
> Zweitens werden in Integrationsdiskursen Einzelne und Gruppen im Hinblick auf mögliche Abweichung von gesellschaftlich dominanten Lebensstilen, Normen und Werten beobachtet und beurteilt, also darauf, ob sie bereit und in der Lage sind, sich in die dominante gesellschaftliche Ordnung einzufügen, sich soziokulturell zu ‚assimilieren'.
> Drittens geht es bei Integration immer auch um die Frage, ob und ggf. unter welchen Bedingungen die Mächtigen und die Etablierten bereit sind, Minderheiten und Außenseiter_innen als Zugehörige, als vollwertige und gleichberechtigte Gesellschaftsmitglieder anzuerkennen" (Scherr 2017, S. 35 f.).

Der Text „Anerkennung von Differenz in der Sozialen Arbeit. Zur professionellen Konstruktion des Anderen" (Heite 2010) beschreibt, in welchen Weisen sich die Sozialpädagogik mit ihrer Leitfrage auseinandersetzt – der Frage, „wie pädagogisch und politisch angemessen, also professionell, mit Unterschieden zwischen Personen und Personengruppen umzugehen ist" (ebd., S. 187). Wie sich diese Frage legitimieren kann, welche Antworten die Sozialpädagogik auf diese Frage hatte und hat, dem soll nachfolgend anhand einer Skizze zur Entwicklung der Kinder- und Jugendhilfe nachgegangen werden.

9.2 Zur Entwicklung der Kinder- und Jugendhilfe

Es ließen sich viele historische ‚Wurzeln' der Sozialpädagogik und Sozialen Arbeit angeben. In einer „Einführung in die Sozialpädagogik" (Hamburger 2012) z. B. ist zu lesen, wie sich die Jugendfürsorge entwickelte, die in unterschiedlichen Weisen dem Thema Teilhabe am Leben in der Gesellschaft, Inklusion/ Exklusion verpflichtet ist. Jugendfürsorge hatte zunächst das Ziel, dass in materieller und sozialer Not lebende Minderjährige lernen sollten, ihr Leben in Armut zu führen, ohne zur Gefahr für ihre Mitmenschen und/oder das Gemeinwesen zu werden (vgl. ebd., S. 17 ff.). Differente Verständnisse von Begriffen wie *Devianz, Dissozialität, Kriminalität und Verwahrlosung* können für die Problematik solcher Zielsetzungen sensibilisieren.

So finden sich z. B. auf die Frage nach möglichen Bedeutungen der Kategorie Verwahrlosung zunächst Darstellungen, die den Schutz von Unmündigen und die Fürsorge für sie thematisierten. Das sind Vorstellungen, die „an das Hauswesen, an die materielle und sittliche Ordnung der unmittelbar erfahrbaren Umwelt gebunden waren" (Mollenhauer 1980, S. 7). Diese Idee scheint sich mit Erziehungsansprüchen im Zusammenhang mit Zuschreibungen von „schlechten Eigenschaft[en]" (ebd., Anpassung K.P.) als Ursache für „störend auffälliges jugendliches Fehlverhalten" (Kieper 1980, S. 18) in ihr Gegenteil zu verkehren. Diese Verkehrung des Verständnisses von Verwahrlosung wird im Vorwort der Studie „Lebenswelten ‚verwahrloster Mädchen'. Autobiographische Berichte und ihre Interpretationen" (Kieper 1980) explizit im Zusammenhang mit Erziehungskonzepten verbunden, die Erziehungspraktiken als planbare Handlungen zur Änderung kindlichen Verhaltens vorstellen. So heißt es:

> „Als ‚verwahrlost' galt, wem der Schutz und die Sorge solcher [materieller und sittlicher] Ordnung [eines Hauswesens] nicht zuteilwurde, vor allem also arme, vagabundierende, bettelnde Kinder. In dem Maße aber, in dem Erziehung als ein planvolles Handeln verstanden wurde, […] das sich auf das einzelne Kind, dessen Verhalten es zu regulieren galt, richtete, wurde ‚Verwahrlosung' zur schlechten Eigenschaft, die zum Verschwinden gebracht, mindestens aber ‚gebessert' werden mußte" (Mollenhauer 1980, S. 7, Ergänzungen K.P.).

Im kritischen Fragen nach Teilhabe, Ausgrenzungen, Benachteiligungen und Diskriminierungen kann die Kategorie Verwahrlosung als ein Beispiel für die Ambivalenz stehen, die sich mit der Aufgabe der Sozialintegration verbindet. Sozialpädagogische Hilfen werden zugleich zu sozialen Kontrollen. Die Gewährung von Schutz/Sorge für Kinder und Jugendliche, die in widrigen Verhältnissen leben, verbindet sich mit dem Ansinnen der Durchsetzung hegemonialer Normalitätserwartungen und diskreditiert so die, denen die Hilfe gilt.

Die Verkehrung der Sichtweisen auf ‚Verwahrlosung' kann jedoch auch als ein Beispiel für das Verständnis von Sozialpädagogik als eine funktionale Einheit „in wohlfahrtsstaatlichen Arrangements" (Yıldız 2018, S. 194) gelesen werden, „die einerseits alle benachteiligten Gruppen der Gesellschaft einschließen soll, andererseits […] selbst Teil und Effekt von Ausschließungsprozessen" (ebd.) ist. Dafür gibt das folgende Beispiel einen historischen Einblick, der auch als Abgrenzungsfolie für die geschlechtsbewusste Pädagogik und queere Einsätze der Sozialpädagogik interessant sein kann.

Beispiel

Vorstellungen von ‚Verwahrlosung'

In der Studie „Lebenswelten ‚verwahrloster Mädchen'. Autobiographische Berichte und ihre Interpretationen" (Kieper 1980) sind u. a. zwei lebensgeschichtliche Interviews und deren Analysen zu lesen. Sie ermöglichen ein Verständnis für die Feststellung, dass „bei abweichendem Verhalten von Frauen sehr häufig der Zusammenhang zu ihrer angeblich nicht gelungenen Anpassung an Weiblichkeitsnormen hergestellt" (ebd., S. 15) wurde.

Die folgenden Erzählpassagen sind Teil eines Interviews, in denen die 17-jährige Lina – die „als Verwahrloste etikettiert, in ein staatliches Erziehungsheim eingewiesen" (ebd., S. 17) wurde – ihre Lebensgeschichte erzählt (vgl. ebd., S. 208 ff.).

„Ich hab immer sowieso mehr bei meiner Oma gewohnt. […] Ja, wegen meinem Vater, ne. Der mochte mich ja nicht. Der hat mich auch immer geschlagen. Wir haben von beiden eigentlich oft Senge gekriegt, ne. […]

Na ja, da [in der Schule] hab ichs eigentlich auch schwer gehabt, da haben sie mich immer gehänselt […]. Ich hab mich auch schlagen lassen, ich hab mich nie gewehrt den anderen gegenüber. […]

Und dann bin ich immer zu spät gekommen und so und ich hab dann auch viel getrunken gehabt. […] Bin hauptsächlich immer bei anderen gewesen und so. […] Und dann hab ich mir überhaupt nichts mehr sagen lassen, dann. War immer weg und so. Und dann mußte ich ein paarmal zum Jugendamt und die haben mich dann immer gewarnt. […]

Und dann habe ich mir überlegt, vielleicht ist es besser. […] Hab ich gesagt, ‚ich, geh ins Heim' […]. Zuerst war es noch gar nicht so schlimm. Aber als das Jugendamt dann weggefahren ist, da hab ich natürlich geheult wie ein Schloßhund, weil ich gemerkt habe, jetzt ist Ernst. […]

Und dann war es ein halbes Jahr später, dann bin ich ja ganz abgehauen, mit noch nem Mädchen […]. Na ja und dann […] kamen die Bullen auf einmal, ne. […]

9.2 Zur Entwicklung der Kinder- und Jugendhilfe

> Und dann haben wir ein paar Tage nichts gegessen aus Protest. Na ja und dann haben wir gedacht, ist doch auch Scheiße, ne. Na ja und dann haben wir uns so langsam wieder mit den Erziehern befreundet und dann ging das dann wieder. […] Ich hab meine Arbeit gemacht, bloß was sie nicht mochten, ich bin immer den Schwierigkeiten aus dem Weg gegangen. […] Wenn Schwierigkeiten auftreten, dann hau ich ab" (ebd., S. 208 ff., Ergänzung K.P.). ◄

Konstrukte wie Devianz, Dissozialität, Kriminalität und Verwahrlosung stehen für „die Kontinuität der Produktion sozial diskreditierender, für legitime Ausschließungen geeigneter Kategorisierungen im Wissen über soziale Probleme und soziale Kontrolle" (Cremer-Schäfer 2018, S. 35). Sie finden sich schon ab dem 12./13. Jahrhundert im Zusammenhang mit verschiedenen Regelungen zur Vormundschaft und zur öffentlichen Jugendfürsorge. Diese können der caritativen Fürsorge für ökonomische und soziale Not leidende Kinder zugeschrieben werden. Sie dienten wohl insbesondere der Sicherheit und Ordnung gesellschaftlicher Strukturen (vgl. ebd.).

Etwa ab dem 14. Jahrhundert verbanden sich mit diesen Zielen Vorstellungen von *Bildung als Chance für selbstständige Lebensführung in Armut*. Zahlreiche private Armenschulen sollten für eine elementare Schulbildung sorgen, um Kindern aus der öffentlichen Fürsorge heraus zu helfen. In der Zeit der europäischen Aufklärung im 17./18. Jahrhundert wuchs die Bedeutung von Bildungs- und Erziehungsbestrebungen und mit ihnen die Zahl der ‚Zucht- und Waisenhäuser', die mit dem Ziel der Beseitigung sozialer Nöte sozialpädagogische Aufbauarbeit leisteten. So ist z. B. von Johann Heinrich Pestalozzi (1746–1827) zu lesen, der angesichts der sozialen Nöte seiner Lebenszeit und -welt Kindern Überleben und Grundbildung ermöglichte, um für ein Leben in Armut zu erziehen. Von ihm lässt sich als einem sozialreformorientierten Anwalt der Armen erzählen, der sich für den Schutz, die emanzipatorische Bildung und die Befreiung aus wirtschaftlicher Abhängigkeit einsetzte (vgl. Möckel 2007, S. 66 ff.). Auch von Johann Heinrich Wichern (1808–1881) ist zu lesen, dass er sich den „katastrophalen Schattenseiten der Industrialisierung" (ebd., S. 71) widmete. Er gründete u. a. sogenannte Rettungshäuser, Heime zur (Um-Erziehung), und gilt damit als Praktiker der ‚riskanten Methode der zweiten Chance', einer Alternative zum Gefängnis für Kinder, die aus Not straffällig wurden (vgl. ebd., S. 71 ff.).

Als sozialpolitische Durchsetzung des Rettungshaus-Modells ‚Erziehung statt Gefängnisstrafe' (vgl. ebd.) kann das Reichsjugendwohlfahrtsgesetz von 1924 (vgl. Deutscher Bundestag 2007, S. 3) gelten, das bis 1989 in Änderungsfassungen geltende Vorläufer-Gesetz des Kinder- und Jugendhilfegesetzes. Darin wurde erstmalig programmatisch ein *Recht auf Erziehung* festgeschrieben.

Jugendhilfe ließ sich in diesem Zusammenhang insbesondere als Eingriffsinstitution bei Vernachlässigung elterlicher Erziehungspflichten verstehen. Parallel dazu lässt sich zeigen, wie sich aus der mittelalterlichen Armenpflege im ausgehenden 19. Jahrhundert eine *soziale Fürsorge* entwickelte, die „sich fachlicher [als die Armenfürsorge] orientierte und mit den Bestrebungen zur Erziehung der Armen (Hygiene, Säuglingsversorgung, sparsame Haushaltsführung) pädagogisiert wurde" (Hamburger 2012, S. 19, Ergänzung K.P.). Als eine Protagonistin der Umgestaltung der Armenfürsorge in eine soziale Fürsorge wird Alice Salomon (1872–1948) vorgestellt. Sie setzte sich, in Verbindung mit der bürgerlichen Frauenbewegung, für die Professionalisierung Sozialer Arbeit ein (vgl. ebd.).

Die *Entwicklung der Jugendhilfe* in der BRD nach 1945 diente (mit der Unterbringung in Kinderheimen, Jugenddörfern und Jugendaufbauwerken) zunächst dem Schutz, der Abwendung von sozialer Not und zugleich auch dem Kampf gegen Jugendarbeitslosigkeit und Nationalismus. Das spiegelte sich im ersten Bundesjugendplan von 1950 (vgl. Bundesarchiv o. A.) wider. Als die großen sozialpädagogischen Themen dieser Zeit zeigen sich berufliche Eingliederung, politische Bildung und internationale Jugendbegegnung.

Im Jahre 1953 wurde das Reichsjugendwohlfahrtsgesetz (RJWG) mit seinem eingriffs- und ordnungsrechtlichen Charakter sowie seinen sozialpädagogischen Aspekten wieder in Kraft gesetzt (vgl. Deutscher Bundestag. Wissenschaftlicher Dienst 2007, S. 3). Mit dessen Novellierung und Umbenennung in ‚Jugendwohlfahrtsgesetz' 1960 (vgl. ebd., S. 7 ff.) erfolgte eine Teilung der Jugendhilfe in jugendpflegerische und jugendfürsorgliche Aufgaben.[1]

Mit diesen wenigen Impressionen soll angedeutet werden, dass die Sozialpädagogik sich in ihrem Selbstverständnis zunächst über die „sozialen Probleme" (Hamburger 2012, S. 22) ihrer Adressat*innen definierte. Diese auf Probleme

---

[1] In der DDR galt die Jugendhilfe als Aufgabe der gesamten Gesellschaft. Sie diente vorrangig der Volksbildung und dem Ziel Abweichungen von Normalbiographien entgegen zu wirken. Die sogenannte Volksbildung bestand aus einem komplexen sozialen Netz gesellschaftlicher Institutionen: der Schulverwaltung mit Kindergärten und Internaten; dem Arbeits- und Sozialwesen mit den Bereichen der Berufsausbildung und der beruflichen Entwicklung; der Gesundheitsverwaltung mit Eheberatung, Säuglingsfürsorge und Kleinkinderheimen; der Jugendarbeit, für welche die Organisation der *Freien Deutschen Jugend* den gesellschaftlichen Auftrag hatte; und der eigentlichen Jugendhilfe mit den Fürsorgestellen (vgl. Censebrunn-Benz 2017, o. A.).

9.2 Zur Entwicklung der Kinder- und Jugendhilfe

fokussierte Perspektive wurde und wird ergänzt und infrage gestellt von einem sozialpädagogischen Selbstverständnis, das sich mit dem Ziel verbindet, Angebote der Kinder- und Jugendhilfe „allen Kindern und Jugendlichen zugutekommen" (ebd.) zu lassen.

Seit 1991 orientieren sich Praxen der Sozialpädagogik am Kinder- und Jugendhilfegesetz, dem VIII. Buch des Sozialgesetzbuches (vgl. BMFSFJ, o. A. b). Das Gesetz wurde 2021 im Sinne eines ‚Kinder- und Jugendstärkungsgesetzes' (BMFSFJ 2021) reformiert. Mit seiner zweiten und dritten Stufe wird es als ‚inklusive Lösung' diskutiert (vgl. Beckmann und Lohse 2021, o. A.). Als Ziele der Kinder- und Jugendhilfe werden die Unterstützung von Kindern und Jugendlichen beim Hineinwachsen in die Gesellschaft, die gleichberechtigte Teilhabe und die Hilfe für Eltern/Sorgeberechtigte bei der Erfüllung ihrer Erziehungsaufgaben angegeben. Dabei sollen die Gemeinschaftsfähigkeit, die Selbstbestimmung und die Eigenverantwortung der Adressat*innen ebenso berücksichtigt werden wie die gewandelten Lebensverhältnisse und -bedingungen (vgl. ebd.).

Der Text „Soziale Ausschließung als Voraussetzung und Folge Sozialer Arbeit" (Cremer-Schäfer 2018) macht auf „Abwertungsordnungen der (Verweigerung von) Anerkennung" (ebd., S. 45) sowie auf das ‚Normalitäts- und Ausschließungs-Kriterium' „einer eigenverantwortlichen und gemeinschaftsfähigen Persönlichkeit" (ebd., S. 46) aufmerksam, mit dem das Kinder- und Jugendhilfegesetz das Recht auf Förderung und Erziehung verbindet. Hier ist zu lesen:

> „Als ein zu produzierendes Merkmal der Person und Normalitäts-Kriterium impliziert auch das im KJHG festgeschriebene ‚Recht auf Förderung (der) Entwicklung und auf Erziehung zu einer eigenverantwortlichen und gemeinschaftsfähigen Persönlichkeit' (§1,1) ein Ausschlusskriterium: das Etikett eines bei aller Anstrengung von sozialen Institutionen ‚nicht-gemeinschaftsfähig zu machenden Subjekts'. […] Allgemein gesprochen wird Ausschließung dann besonders leicht, wenn man sie durch entsprechende Wissensproduktion bzw. Reifikation sozialer Relationen wie ‚Selbstausschließung' aussehen lassen kann" (Cremer-Schäfer 2018, S. 45 f.).

Von hier aus lässt sich fragen, mit welchen Normalitätsannahmen auch in konkreten sozialpolitischen und sozialpädagogischen Praxen Differenzvorstellungen erzeugt bzw. verstärkt werden. Als ein Beispiel für die aktive Beteiligung der Sozialpädagogik an der (Re-)Produktion von Normen und Ausschlüssen in inklusionsorientierten Praxen mag der folgende Ausschnitt aus dem Aufsatz „Differenz performativ gedacht" (Plößer 2010) stehen.

> **Beispiel**
>
> **(Re-)Produktion von Normen und Ausschlüssen**
> Die nachfolgende Begebenheit wird in dem Artikel „Differenz performativ gedacht. Dekonstruktive Perspektiven auf und für den Umgang mit Differenzen" (Plößer 2010) erzählt. Der Beitrag stellt sich die Aufgabe, zu verdeutlichen, dass Angebote der Sozialen Arbeit/Sozialpädagogik als Formen der Bearbeitung von Differenzverhältnissen verstanden werden können, aber zugleich auch als aktive Beteiligte an „(Re-)Produktion[en] von Normen und Ausschlüssen" (ebd., S. 218).
>
> „In einem Jugendzentrum, einer offenen Einrichtung für Jugendliche im Alter zwischen 12 und 20 Jahren, tragen die dort tätigen Sozialarbeiter und Sozialarbeiterinnen seit Ende der 1980er Jahre täglich die Namen aller Besucher und Besucherinnen in eine Liste ein. Diese Praxis soll dazu dienen, einen Überblick über die Besucherzahlen zu bekommen und Anhaltspunkte darüber zu gewinnen, von wem die Angebote wahrgenommen werden.
>
> Werden die Namen der Jugendlichen anfangs noch ohne weitere Differenzierung notiert, setzt sich ab Mitte der 1990er Jahre eine Unterteilung der Jugendlichen in die Kategorien Mädchen und Jungen durch. Angeregt durch feministische Konzepte soll mit dieser Differenzierung Aufschluss darüber gewonnen werden, ob die Angebote auch den Bedürfnissen und Interessen von Mädchen gerecht werden. Ende der 1990er Jahre wird die Liste um eine weitere Differenzierung ergänzt. Motiviert durch interkulturelle Debatten unterscheiden die Mitarbeiter und Mitarbeiterinnen nun auch zwischen ‚einheimischen' und ‚ausländischen' Jungen und Mädchen.
>
> Die Szene, anhand derer im Folgenden die Produktion von Differenzen, wie auch deren Effekte skizziert werden sollen, ereignet sich im Eingangsflur des Jugendzentrums: Moustafa, der 16 Jahre alte Sohn marokkanischer Einwanderer betritt das Jugendzentrum und begrüßt [...] den an seinem Schreibtisch sitzenden Sozialarbeiter. Dieser heißt Moustafa ebenfalls willkommen und trägt ihn mit den Worten ‚Moustafa... männlich, ausländisch' in die betreffende Spalte der aktuellen Besucher- und Besucherinnenliste ein. Moustafa zückt daraufhin seinen deutschen Ausweis, hält diesen hoch und entgegnet grinsend: ‚Falsch eingetragen. Ich bin stolz, ein Deutscher zu sein'" (Plößer 2010, S. 218 f.). ◄

Mit einer Perspektivenverschiebung kann in dem Beispiel auch eine Form der Anwesenheitskontrolle gelesen werden, mit der in der offenen Kinder- und Jugendarbeit „räumliche Schließungen" (Franzheld und Walther 2021, S. 17) einhergehen können. Wie bereits angedeutet, finden sich verschiedenste Darstellungen sozialpädagogischer Praxen, die sich mit dem Thema Inklusion legitimieren, und die damit verbundenen Exklusionen diskutierbar werden lassen. Am Beispiel von Schulbegleitungen wollen wir nun etwas differenzierter Möglichkeiten und Schwierigkeiten sozialpädagogischer Angebote im Handlungsfeld Schule skizzieren.

9.3 Schulbegleitungen als sozialpädagogische Praxen schulischer Inklusion/Exklusion[2]

Bezogen auf Schüler*innen mit zugeschriebenen sonderpädagogischen Förderbedarfen verweisen diverse Studien auf die große Bedeutung *individueller Schulbegleitungen* für die Teilhabe am Leben und Lernen in allgemeinen Schulen (vgl. Lübeck und Demmer 2017, S. 13 ff.). Eine vieldiskutierte mediale Inszenierung von Schulbegleitung bietet der Spielfilm „Systemsprenger" (Fingscheidt 2019), auch wenn er nur in wenigen Szenen Schulbegleitung als sozialpädagogische Praxis thematisiert.

Empfehlung

Fingscheidt, N. (2019). *Systemsprenger.* **Deutschland.**
Der Spielfilm „Systemsprenger" (Fingscheidt 2019) trägt einen Titel, der der sogenannten Intensivpädagogik zuzuordnen und in der Kinder- und Jugendhilfe umstritten ist. Als ‚Systemsprenger' werden Menschen adressiert, die in Hilfesystemen in ‚eine Dauerspirale von Konflikten' geraten – Konflikten, die sich häufen, verhärten, ausweiten, zuspitzen, eskalieren; Konflikte, in denen Pädagog*innen aufgeben, sich als überfordert bezeichnen und ihr Hilfeangebot als nicht passend erfahren (vgl. Baumann 2016).

‚Systemsprenger' ist ein Spielfilm, in dem erlebte Realitäten in abstrahierten Szenen aufscheinen, Realitäten, die verdichtet wurden, zum Teil überhöht, zum Teil verkürzt. Die Autorin und Regisseurin Nora Fingscheidt erzählte in einem Interview, dass sie für diesen Film mehrere Jahre recherchierte. Sie lebte in einer Wohngruppe, arbeitete in einer Schule zur Erziehungshilfe mit, in einer

---

[2] Dieser Abschnitt beruht auf einem Teil einer Studie, an der die Autorin beteiligt war (Deger et al. 2015), sowie auf einem Artikel, den die Autorin gemeinsam mit Schulbegleiter*innen veröffentlichte (vgl. Puhr et al. 2019).

Inobhutnahmestelle und in einer Kinderpsychiatrie. Sie führte Interviews mit Psycholog*innen, Mitarbeiter*innen in Institutionen und Ämtern. Dennoch ist ‚Systemsprenger' für sie kein Film über Pädagogik, streitbare Praxen der Jugendhilfe, Schule und Psychiatrie, sondern ein Film, der von einem Kind erzählt, das Not und Gewalt erlebt, das andere und sich selbst verletzt.

Der Trailer zum Film ist u. a. hier abrufbar: https://www.youtube.com/watch?v=yaj1zttGqIc (Zugegriffen: 01. August 2022). ◀

Formal handelt es sich bei Schulbegleitungen entweder um Hilfen zur Erziehung nach SGB VIII, § 35a (vgl. BMFSFJ o. J. b) für Schüler*innen, die als seelisch behindert adressiert werden, oder um Eingliederungshilfen nach SGB XII, § 54 (vgl. BMFSFJ o. J. a) für Schüler*innen, denen eine geistige und/oder körperliche Behinderung zugeschrieben wird. Beide Formen gelten als Möglichkeiten der individuellen Unterstützung von Kindern und Jugendlichen mit diagnostizierten Behinderungen in allgemeinen Schulen (vgl. Deger et al. 2015, S. 27 f.).

Mit diesem Fokus wird Schulbegleitungen „eine Schlüsselfunktion in der Entwicklung eines inklusiven Schulsystems" (Laubner et al. 2017, S. 1) zugeschrieben. Diesbezüglich ist zu lesen, dass es eine Aufgabe von Schulbegleitungen sei, „die Kluft zu überbrücken zwischen den Unterstützungsbedürfnissen einzelner Kinder und dem, was die Schule derzeit an Unterstützung leisten kann – insbesondere an solchen Schulen, die noch ganz am Anfang ihres Weges zu einer inklusiven Schule stehen" (ebd.).

„Ausgewählte Forschungsergebnisse zu Schulbegleitung" (Lübeck und Demmer 2017, S. 11 ff.) vermerken anhand verschiedener Erhebungen einen „starken Anstieg an Schulbegleitungen an den Regelschulen" (ebd., S. 16). Dieser wird mit Praxen allgemeiner Schulen begründet, die sich angesichts der Aufhebung der gesetzlichen Sonderschulpflicht noch nicht „ausreichend auf ihre neuen Schüler/innen eingestellt" (ebd.) hätten. In der Konsequenz heißt es dann, dass Schüler*innen mit diagnostizierten Förderbedarfen, für die formal keine Sonderschulpflicht mehr besteht, ohne Schulbegleitungen ihr Recht auf Lernen und Leben an einer allgemeinen Schule nicht wahrnehmen könnten.

Um derartige Praxen kritisch diskutieren zu können, bedarf es einer Auseinandersetzung mit den Aufgaben, die im Rahmen von Schulbegleitungen zu realisieren sind. Modellartig unterscheiden lassen sich (sozial)pädagogisch-begleitende Unterstützungen des Lernens und Lebens von Schüler*innen mit diagnostizierten seelischen Behinderungen bzw. sozial-emotionalen Auffälligkeiten von vorwiegend assistierenden Schulbegleitungen (vgl. ebd., S. 184 ff.). Assistierende Schulbegleitungen gelten nicht als pädagogische Tätigkeiten. Der

9.3 Schulbegleitungen als sozialpädagogische Praxen ...

nachfolgende Exkurs skizziert die unterschiedlichen Aufgaben in Verbindung mit zwei Beispielen.

Exkurs

Aufgaben assistierender und (sozial)pädagogischer Schulbegleitungen
Die folgenden Unterscheidungen von Aufgaben der Schulbegleitungen beruhen auf Aktenanalysen und Einzelfallstudien im Rahmen des Forschungsprojektes „Inklusion von Kindern und Jugendlichen mit einer Behinderung in allgemeinen Einrichtungen der Kindertagesbetreuung und Schulen" (Deger et al. 2015). Die Einzelfallstudien geben Zeugnis über fallspezifisch und situativ konkrete Möglichkeiten und Schwierigkeiten der Inklusion von Schüler*innen mit diagnostizierten Behinderungen in allgemeinen Schulen. Darüber hinaus zeigen sie grundsätzliche Chancen und Grenzen des Instrumentes der Eingliederungshilfe (als individuell zu beantragender Leistung) zur Unterstützung selbstbestimmter und gleichberechtigter schulischer Teilhabe von Kindern und Jugendlichen.

Die schulische Teilhabe von Schüler*innen, die mit körperbezogenen Behinderungen adressiert werden, kann durch *assistierende Schulbegleitungen* unterstützt werden, die Hilfen bei lebenspraktischen Verrichtungen leisten. Dazu gehören beispielsweise physische Hilfen bei der Überwindung räumlicher Barrieren, die Übernahme von manuellen Tätigkeiten wie der des Schreibens und die Unterstützung bei der Benutzung von Arbeitsmaterialien, oder auch Hilfestellungen bei medizinisch relevanten Eigentätigkeiten. Zur Unterstützung von Schüler*innen mit attestierten massiven Beeinträchtigungen der körperlichen Funktionsfähigkeiten können pflegerische Tätigkeiten wie das Reichen von Nahrung und Medikamenten und Hilfen bei der Körperhygiene hinzukommen. Begleitende Hilfen für Schüler*innen mit Förderbedarf bezogen auf Sinnesbeeinträchtigungen beinhalten neben praktischen Unterstützungen im Unterricht und Schulalltag insbesondere technische und personale Kommunikationshilfen oder die Organisation (und gegebenenfalls auch Herstellung) spezifischer bedarfsgerechter Arbeits- und Unterrichtsmaterialien. Dazu ist in der Fallstudie ‚Hanne' zu lesen:

„Für die Eingliederung in eine allgemeine Schule wird Hanne [...] eine Integrationshilfe (Schulbegleitung) im Umfang von 38,5 Stunden gewährt. In dieser Zeit übernimmt die Assistenz neben der Begleitung im Unterricht und im Schulalltag auch die blindengerechte Aufbereitung des Materials. [...] Die für den Schulbesuch notwendige Assistenz wird seit der ersten Klasse durch Teilnehmerinnen des Freiwilligen Sozialen Jahres gewährleistet, die über

einen Träger angestellt sind. Für die notwendige fachliche Qualifizierung zeigt sich die Sonderschule für Blinde und Sehbehinderte verantwortlich und bildet die Helferinnen entsprechend weiter. Um die Qualität der Schulbegleitung durch die jährlich wechselnden Assistentinnen zu gewährleisten, werden diese engmaschig von einer Lehrerin des Sonderpädagogischen Dienstes der Sonderschule betreut. [...]
Praktische Hilfe durch die Assistenz bekommt Hanne über den gesamten Schultag im Vor- und Nachmittagsunterricht. Während des Unterrichts überträgt die Assistentin Tafelaufschriebe in den Computer und stellt sicher, dass der Unterricht blindengerecht verbalisiert wird. Wenn die Assistenz ausfällt, kann das offensichtlich nicht immer kompensiert werden. Die Weitergabe eines Berichts von Hanne über einen Schultag ohne Assistenz macht deutlich, wie sehr Hanne auf die praktische Unterstützung der Assistentin im Unterricht angewiesen ist. ‚Hanne hat gesagt, Mama, das war das Chaos hoch zehn. [...] Die Lehrer schreiben hin, die sprechen nicht alles mit, ich kriege nur die Hälfte mit, was die schreiben' (Mutter). – Hier zeigt sich, dass mit einer noch stärkeren sonderpädagogischen Sensibilisierung der unterrichtenden Lehrkräfte (zum Beispiel im Rahmen der Beratung durch den Sonderpädagogischen Dienst mit dem Förderschwerpunkt ‚Sehen') der Assistenzbedarf durchaus verringert werden könnte. [...] – Die Sonderpädagogin berichtet von schwerwiegenden Engpässen bezüglich angemessener Unterrichtsmaterialien und zudem von Abstimmungsproblemen mit den Lehrkräften der allgemeinen Schule. Ihrer Meinung nach stellen vor allem Klassenarbeiten ein Problem dar, bei denen die Lehrkräfte nicht überprüfen, ob es angemessenes Material gibt, damit Hanne die Anforderungen bewältigen kann" (ebd., S. 190 ff.).

Ein großer Teil der beschriebenen Aufgaben assistierender Schulbegleitungen erfordert keine explizite berufliche Qualifikation, jedoch die persönliche Eignung sowie Kenntnisse und Fertigkeiten, die in Anlernphasen, beispielsweise im Rahmen von Freiwilligendiensten, erworben werden können. Voraussetzung für deren Qualität ist die Sicherstellung qualifizierter Schulungen, Beratungen und Prozessbegleitungen, die je nach den Bedarfen der zu begleitenden Schüler*innen von Sonderpädagog*innen und/ oder medizinisch oder pflegerisch ausgebildeten Fachkräften geleistet werden können. Allerdings zeigen die Einzelfallstudien, dass in dieser Aufgaben- und Organisationsstruktur auch wesentliche Konfliktpotenziale liegen können, wie ein häufiger Wechsel der Schulbegleiter*innen und deren fehlende Einbindungen in schulinterne Strukturen (vgl. ebd., S. 186 ff.).

9.3 Schulbegleitungen als sozialpädagogische Praxen ...

Die Aufgaben (sozial)pädagogisch-begleitender Hilfen schulischer Teilhabe von Kindern und Jugendlichen, die als seelisch behindert beziehungsweise sozial-emotional beeinträchtigt vorgestellt werden – wir beschreiben sie als *(sozial)pädagogische Schulbegleitungen* –, unterscheiden sich grundlegend von assistierenden Schulbegleitungen. Unterstützungen bei der Orientierung im Schul- und Unterrichtsalltag stellen sich hier insbesondere als bedarfsgerechte Übersetzungen und Modifikationen vorhandener schulischer Orientierungshilfen und Regelungen, z. B. Raum- und Vertretungspläne, Unterrichtsmaterialien und soziale Regeln, dar. Dazu kommen je nach Situation der Schulbegleitung Aufgaben im Rahmen psycho-sozialer Förderungen der Schüler*innen, wie strukturgebende Hilfestellungen zur Vermittlung von Stabilität und Sicherheit, zur Lösung von Spannungen und dem Abbau von Stress, zur Überwindung sozialer Ängste, aber auch zur Vermeidung von Fremd- und Selbstverletzungen. Kommunikationshilfen dienen der Förderung der individuellen Kommunikations- und Beziehungsfähigkeit ebenso wie der Entwicklung bedarfsangepasster Kommunikationsstrukturen. Davon ist u. a. in der Fallstudie ‚Clemens' zu lesen:

„Clemens bekam seit der Diagnose Asperger-Autismus in der Kindergartenzeit jedes Jahr phasenweise Eingliederungshilfe gewährt. Die Unterstützung durch Schulbegleitungen bis zur neunten Klasse der Realschule war vor allem immer dann notwendig, wenn zu Beginn eines neuen Schuljahres deutliche Veränderungen der Klassen- oder der Schulsituation bevorstanden. Zeit und Umfang der Hilfen waren dabei situationsabhängig und konnten flexibel über den bewilligten Zeitraum eingesetzt werden. Die bewilligten Stunden wurden im Hilfeprozess so eingeteilt, dass Clemens und seine Lehrkräfte zu Beginn einer veränderten Situation eine intensive Unterstützung erhielten und diese sukzessive verringert wurde. […] Für die achte Klasse wurde das letzte Mal Hilfe beantragt, da Clemens sich in der neunten Klasse die Eingewöhnung alleine zutraute. Heute kann Clemens selbst einschätzen, wann er Hilfe benötigt und er kann auch selbst um diese bitten. […] Die Aufgabenbereiche der Schulbegleitung waren vielfältig und bezogen sich im Kern auf die Herstellung einer stabilen Beziehungs- und Kommunikationsbasis aller Beteiligten im Kontext Schule. […] So berichtet zum Beispiel die Mutter darüber, wie die Schulbegleiterin mit Clemens Orientierungen im Schulhaus trainierte, ‚immer wieder zu zeigen und zu begleiten, wo ist der Fachraum, wo er jetzt hin muss? […]' (Mutter). Die Heilpädagogin erzählt, wie sie mit Clemens und seinen Mitschüler*innen eine Strategie für die kleinen Pausen entwickelt hat. ‚Und auch einfach für Clemens einen Mechanismus zu erarbeiten, wie erträgst du diese

Fünf-Minuten-Pausen? [...] Ob es einfacher ist rauszugehen? Oder ist es besser, den anderen zu erklären, lasst ihm einfach so einen Radius, dass man da nicht hinkommt?' (Heilpädagogin). [...] Neben der Lösung von Spannungen und dem Abbau von Stress bei Clemens, achtete sie darauf, dass die Lehrkräfte den Unterricht so gestalteten, dass er nicht benachteiligt wurde. Darüber hinaus half sie ihnen, die Perspektive des Jungen zu verstehen. [...] Die Schulbegleiterin bezeichnet das Verhalten der Lehrkräfte sowie der Mitschüler*innen als zentrales Integrationsmoment. ‚Wie es vorgelebt wird [...] und das ist sehr, sehr gut angenommen worden'" (ebd., S. 204 ff.).

Die Einzelfallstudien verdeutlichen, in welchen Weisen derartige (sozial) pädagogisch-begleitende Unterstützungen von qualifizierten Pädagoginnen geleistet werden. Um derartige Hilfen leisten zu können, benötigen sie fundiertes (sozial)pädagogisches und ggfs. therapeutisches Wissen, entsprechende Erfahrungen sowie geeignete Kooperations-, Beratungs- und Supervisionsstrukturen. Es zeigt sich, wie auch diese Arbeit durch ungünstige strukturelle Rahmenbedingungen (s. o.) erschwert wird (vgl. ebd., S. 188 ff.).

Dass es sich bei den als *notwendig* erachteten Unterstützungen allgemeiner Schulen um sozialrechtlich legitimierte Hilfen zur Erziehung bzw. Eingliederungshilfen in Form individueller Schulbegleitungen handelt, scheint schulkonzeptionell fraglich. Angesichts diagnostizierter Förderbedarfe wären vor allem Unterstützungen durch Sonderpädagog*innen und durch pädagogische Mitarbeiter*innen in den Formen zu erwarten, wie sie in Förderschulen üblich sind (vgl. Dworschak 2017, S. 47 f.).

Schulbegleitungen können als *Ergänzungen allgemein- und sonderpädagogischer Lernangebote* verstanden werden, deren besonders Aufgaben darin bestehen, „Hilfen zu einer angemessenen Schulbildung" (SGB XII, § 54) zu leisten, die dazu beitragen sollen, „behinderten Menschen die Teilnahme am Leben in der [schulischen] Gemeinschaft zu ermöglichen oder zu erleichtern" (ebd., § 53.3).

Die den Schulbegleitungen zugeschriebene Aufgabe der ‚Überbrückung einer Kluft zwischen den Unterstützungsbedürfnissen einzelner Kinder und dem, was die Schule derzeit an Unterstützung leisten kann' (vgl. Laubner et al. 2017, S. 1), ließe sich jedoch vielmehr mit der Idee legitimieren, dass „Inklusion von der Schule eigentlich ein grundlegendes Umdenken" (Dworschak 2017, S. 48) fordert, weg von einheitlichen Lernarrangements und hin zu individualisierten Lernangeboten einschließlich angepasster Hilfen und Unterstützungsleistungen

9.3 Schulbegleitungen als sozialpädagogische Praxen ...

(nicht nur) für Schüler*innen mit diagnostizierten Förderbedarfen (vgl. ebd.). Dennoch werden in Praxisreflexionen immer wieder Begleitungen vorgestellt, die eben diesem Förderbedarf bzw. seiner Nicht-Berücksichtigung im gemeinsamen Unterricht geschuldet scheinen (vgl. Puhr et al. 2019, S. 193 ff.). So können u. a. die im Artikel „Schulisches Lernen und Leben aus Perspektiven von Schulbegleitungen" (ebd., S. 191 ff.) vorgestellten Beispiele von (sozial)pädagogischen Schulbegleitungen als ambivalente Angebote für schulische Lernprozesse angesichts des Inklusionsgebotes verständlich werden.

Beispiel

(Sozial)pädagogische Schulbegleitungen als ambivalente Angebote für schulische Lernprozesse
Die folgenden beiden Auszüge aus Erzählungen von Schulbegleiter*innen wurden dem Artikel „Schulisches Lernen und Leben aus Perspektiven von Schulbegleitungen" (Puhr et al. 2019) entnommen.

Die erste Erzählung ist mit dem Titel „Bei uns war es für alle, außer für die Schüler mit Förderbedarf" (ebd., S. 196) überschrieben. Sie thematisiert Aufgaben und Kritiken einer pädagogischen Schulbegleitung, die als Eingliederungshilfe für einen Jungen vorgestellt wird, der nach § 35a Kinder- und Jugendhilfegesetz als seelisch behindert (vgl. BMFSFJ o. J. b) gilt: „Ich habe einen kleinen Jungen in der Regelgrundschule, acht Jahre alt, zweite Klasse, mit dem Förderschwerpunkt Lernen und einer Impulskontrollstörung. Wegen dieser Impulskontrollstörung, verbunden mit ADHS, bin ich da. […] Ich begleite ihn einfach immer, ich begleite ihn im Unterricht, in den Pausen, beim Mittagessen. […] Ich kenne nur die Erzählungen, wie es am Anfang der ersten Klasse war, da war das, glaub ich, sehr schwierig, weil er auch gewalttätig gegenüber Mitschüler*innen war. – Das hat sich gelegt und ich glaube, die Mitschüler*innen haben jetzt einfach Vertrauen gefasst, dass er nicht mehr so unberechenbar ist und sie spielen mit ihm. – Also in der Pause hat er immer jemanden zum Spielen. Und sie wissen, er ist manchmal so ein Quatschkopf und springt im Unterricht auf und macht irgendwelche wilden Geräusche und Fratzen und dann wird gelacht. – Dann hat man ihn gerade wieder ruhig und dann wird gelacht. – Aber ich glaube, er hat echt seinen Platz in der Klasse gefunden. […] Und jetzt sind wir so langsam auf dem Weg uns ein bisschen zurück zu ziehen, so dass er auch mal alleine irgendwo hin kann und ich nicht immer daneben steh. […] Die Schüler mit ‚Lernen' und ‚geistiger Behinderung' werden sehr viel separat unterrichtet, von der Sonderpädagogin. […] Dann ist das auch oft so, dass ich einfach draußen bin […] und wenn ich gebraucht werde reingehe. Und dann geht es tatsächlich auch dort meistens darum [...] zu gucken, dass er weiterarbeitet, dass er nicht andere Sachen macht. [...] Es ist eine sogenannte Inklusionsklasse. [...] Das Schulamt hat halt beschlossen: Ihr seid jetzt eine inklusive Schule und wir machen jetzt diese Klasse bei euch und das ist eure Klasse. – Und dem entsprechend stehen sie halt dahinter und dem entsprechend viel Mühe wird sich auch gegeben, das irgendwie offen zu gestalten. [...] Dann schlägt die Mathelehrerin ihr Mathebuch auf und dann wird das abgearbeitet und dann möchte sie von uns wissen, wie sie ‚unsere' Kinder da unterbringen soll. [...] Also sie machen in Mathe auch wahnsinnig anschauliche Sachen. Da hat die Lehrerin ihren halben Haushalt geplündert und lauter Körper mitgebracht und hat die unter einer Decke versteckt und dann konnten die Kinder fühlen und tasten. – Und nur durch Zufall kriegen wir es mit und fragen: Können wir da nicht dabei sein? Das können unsere doch auch machen! – Die haben mit ihren sämtlichen Körperlängen das Klassenzimmer, die Tische, die Tafel vermessen. Da waren wir nicht dabei. [...] Und das könnte man vermeiden, würde man sich einfach darüber unterhalten. [...] Bei uns war es für alle, außer für die Schüler mit Förderbedarf. [...] Man muss halt einen anderen Unterricht machen, um das zusammen zu kriegen. [...] Gruppenarbeit gibt es eigentlich gar nicht. Das ist entweder Frontal- oder eben Stillarbeit. Und da fallen wir auf. [...] Wenn Unterricht im großen Klassenverband ist, dann ist es aktuell so, dass ich neben ihm sitze, dass ich ihm helfe bei der Sache zu bleiben, zuzuhören, sitzen zu bleiben und ruhig zu sein. Ja und ich helfe ihm, Arbeitsblätter, die ausgeteilt werden, irgendwie zu bearbeiten. [...] Er kann nicht lesen. Er kann nur ganz wenige Wörter schreiben. Also da braucht er immer Unterstützung, das heißt, dass man ihm den Text, die Aufgaben vorliest, dass man ihm vielleicht mal Wörter vorschreibt, die er dann abschreiben kann. [...] [D]as ist im großen Klassenverband genau das Problem, dass wir nur damit beschäftigt sind hinterher zu kommen. [...] Wir müssen immer Druck machen und sagen: auf geht's, die machen schon weiter" (Puhr et al. 2019, S. 196 f.).

Der zweite Auszug stammt aus der Erzählung „Warum dürfen die das und ich nicht?" (ebd., S. 204). Auch die Eingliederungshilfe, von der hier erzählt wird, legt eine schulpädagogische Aufgabe nahe, die nicht zu denen einer Schulbegleitung gehört, die Disziplinierung des Schülers. „Ich begleite in einer normalen Grundschule, Zweitklässler, auch acht Jahre alt. – Der war davor auf einer anderen Grundschule, ist dort gegangen worden oder der Vertrag wurde aufgelöst, weil er halt auch sehr aggressiv ist und Lehrer und die Mitschüler geschlagen und gebissen hat. [...] Jetzt hat er bei uns einen Neuanfang mit Schulbegleiter. – Er hatte davor niemand. – Er wurde jetzt getestet auf Asperger [...]. ‚Mein' Kind war schon im Kindergarten mit vielen zusammen. – Er kam auf die andere Grundschule, aber hat sich in diese Klasse gewünscht. – Und da sind zwei, drei, mit denen ist er auch befreundet. Die spielen zusammen Fußball, sind im Verein. [...] Und die können ihn auch ganz gut nehmen. Die wissen auch, wenn er dann mal wieder aufspringt und einen drückt, dass er das nicht immer böse meint, sondern dass er manchmal einfach aufgeregt ist. [...] Da gibt's auch so ein paar, die gucken immer so ein bisschen ängstlich, wenn er aufspringt und halten sich lieber fern von ihm. Aber ist nicht so, dass sie was Böses zu ihm sagen. [...] Also er ist schon integriert und darf auch bei den Spielen überall mitmachen. [...] Er war ja in der anderen Schule auch schon nicht beschulbar und das ist jetzt definitiv so, so wie er gerade drauf ist. [...] Ich bin nur vier Stunden jeden Tag drin und wenn er noch fünfte, sechste Stunde hätte, dann muss er gehen. Er kann im Moment nicht alleine da bleiben [...], weil er immer wieder aufspringt und dann will er jemanden drücken, dann drückt er immer am Hals. [...] Also ich muss ganz in der Nähe sein. [...] Ich bin jetzt also den ganzen Morgen bei ihm, auch in den Pausen, halt immer. – Dann gucke ich, dass er sitzen bleibt, nicht rein ruft, niemanden schlägt, niemanden haut. – Manche Tage bin ich auch nur draußen mit ihm, weil es gar nicht geht im Unterricht. Und dann arbeite ich halt draußen im Einzelzimmer mit ihm die Sachen. Dann gibt es wieder gute Tage, da sind wir im Unterricht. [...] Es ist manchmal halt schwierig. Wenn ich grad versuche ihn zu zügeln, damit er nicht dauernd aufspringt und die anderen springen rum. Dann sagt er zu mir: Warum dürfen die das und ich nicht? Ja, weil du eine Schulbegleiterin hast und weil ich jetzt hier bin. [...] Ich meine, es gibt ja immer auch ein paar, die ähnlich oder anders auffällig sind [...]. Und da ist man immer so bisschen im Zwiespalt: weil wenn ich ihn aufspringen lasse, dann sagt die Lehrerin wieder: dein Kind! [...] Und ich will ihn ja fokussieren, dass er seine Arbeit schafft und dann sagt er: Ja guck mal, die schaffen auch nicht" (ebd., S. 204 f.) ◄

In diesen Beispielen zeigen sich Schulbegleitungen als inklusionsorientierte Praxen der Kinder- und Jugendhilfe *und* als Möglichkeiten für Schulen, formal eine Struktur gemeinsamen Lernens und Lebens einzulösen, jedoch bei der Organisation und Durchführung von Unterricht pädagogische und didaktische Anforderungen inklusionsorientierter schulischer Lernprozesse zu ignorieren. So erscheinen die Schulbegleitungen weniger als zusätzliche Unterstützungsleistung, sondern vielmehr als Ergänzung sonderpädagogischer Lernangebote, welche solche zum Teil ersetzt. In dieser Weise instrumentalisiert, wird „[d]ie von Kostenträgern vielfach vorgebrachte Argumentation [einsichtig], Personaldefizite im Schulbereich ausgleichen zu müssen und somit als Ausfallbürgen für den Kultusbereich zu dienen" (Dworschak 2017, S. 47, Anpassung K.P.).

Darüber hinaus werden Schulbegleitungen wegen der mit ihnen verbundenen ungleichen Rechte kritisiert. Befürworter*innen einer ‚inklusiven' Kinder- und Jugendhilfe missbilligen die Hemmnisse und Ungleichbehandlungen, die als behindert diagnostizierte Kinder und Jugendliche dadurch erfahren, vielfach „nicht in erster Linie als Kinder- und Jugendliche adressiert zu sein – sondern stark auf das Merkmal Behinderung reduziert zu werden" (Schönecker und Müller-Fehling 2019, S. 97). Allerdings finden sich Strategien der Individualisierung und Pathologisierung von „Entwicklungs- und Teilhaberisiken von Kindern und Jugendlichen, die unter erschwerten Bedingungen aufwachsen" (ebd., S. 100) auch in den Hilfen zur Erziehung (vgl. Abschn. 9.1). Kritiken daran zeigen sich in Auseinandersetzungen der wissenschaftlichen Sozialpädagogik mit *sozialpolitischen Bestrebungen zur Weiterentwicklung des Kinder- und Jugendhilferechts*, die sich sowohl mit dem Anspruch der Inklusion als auch mit dem der Stärkung von Kindern und Jugendlichen legitimieren.

9.4 Inklusion/Exklusion als konstitutives Spannungsverhältnis in der Kinder- und Jugendhilfe

Das Kinder- und Jugendhilfegesetz mit seiner 2021 beschlossenen Reform als ‚Kinder- und Jugendstärkungsgesetz' wird als präventiv orientiertes Leistungsgesetz beschrieben. Es umreißt mit seinem Leistungskatalog das komplexe Aufgabenfeld der Sozialpädagogik und Sozialen Arbeit gegenüber Kindern und Jugendlichen. Das reicht von Aufgaben der Jugendarbeit, der Jugendsozialarbeit, der Schulsozialarbeit und des erzieherischen Kinder- und Jugendschutzes, über die Förderung der Erziehung in der Familie, in Tageseinrichtungen und der Kindertagespflege, über Hilfen zur Erziehung, Eingliederungshilfe und Hilfe für junge Volljährige bis zur Inobhutnahme, Beistandschaft, Pflegschaft und Vormundschaft (vgl. BMFSFJ 2021).

Unter der Überschrift „Hilfen aus einer Hand" (Beckmann und Lohse 2021, o. A.) ist zu lesen: „Besonders entscheidende und weitreichende Veränderungen beinhaltet das KJSG für den Bereich der Hilfen für Kinder und Jugendliche" (ebd.). Diese Einschätzung verweist auf die „ab 2028 vorgesehene einheitliche sachliche Zuständigkeit der Kinder- und Jugendhilfe für alle Kinder, unabhängig vom Vorliegen einer Behinderung und unabhängig von der Behinderungsform" (ebd.). Aus der Perspektive der Inklusionsorientierung wurde seit Jahren gegen die „Zuständigkeitswegweisung junger Menschen mit körperlichen und/oder geistigen Behinderungen aus dem SGB VIII ins SGB XII" (Schönecker und Müller-Fehling 2019, S. 97) und damit auch grundlegend für eine „inklusive Gestaltung der Kinder- und Jugendhilfe" (ebd.) gestritten. Dazu gehören die „gemeinsame Förderung von Kindern und Jugendlichen mit und ohne Behinderung sowie die Berücksichtigung spezifischer Bedürfnisse […] [sowohl] bei der Jugendhilfeplanung […] und der Qualitätsentwicklung […] als auch für Qualitätsvereinbarungen mit Leistungserbringerinnen: für ambulante Leistungen […] und für (teil-)stationäre Leistungen […] für die Kindertagesbetreuung und die Jugendarbeit" (Beckmann und Lohse 2021, o. A., Anpassung K.P.).

Die Gesetzesänderung wurde in zahlreichen Positionspapieren eingefordert und gilt mit Verweis auf verschiedenste Akteure als „unausweichlich" (Schönecker und Müller-Fehling 2019, S. 97). Einige Befürwortungen eines inklusionsorientierten Kinder- und Jugendhilfegesetzes betonen Gemeinsamkeiten bei Zielen, Programmen und Hilfeplanverfahren der Kinder- und Jugendhilfe und der Eingliederungshilfe (vgl. ebd., S. 99 ff.). So wird z. B. argumentiert, dass die Ausgangspunkte für Hilfen zur Erziehung und zu Eingliederungshilfen „stets Entwicklungs- und Teilhaberisiken von Kindern und Jugendlichen [sind], die unter erschwerten Bedingungen aufwachsen – ob mit einer Behinderung und/oder einer anderweitig belasteten Familiensituation" (ebd., S. 100). In diesem Zusammenhang ist von einem „Diskussionspapier für ein ‚inklusives Hilfeplanverfahren'" (ebd., S. 103) zu lesen, das ein „an der ICF orientiertes methodisches Vorgehen" (ebd., S. 102) vorschlägt. Während dieser Vorschlag die Orientierung an der ‚Internationalen Klassifikation der Funktionsfähigkeit, Behinderung und Gesundheit bei Kindern und Jugendlichen (ICF-CY)' für die Bedarfsermittlung von Hilfen auszuweiten scheint, ist in dem Positionspapier „Inklusion gestalten! Wie inklusive Hilfen zur Erziehung möglich werden können" (AGJ 2022) von differenten Selbstverständnissen, Aufgaben und Verfahren der Kinder- und Jugendhilfe und der Eingliederungshilfe sowie von einem fortzuschreibenden „interdisziplinären Diskurs zur Entwicklung einer inklusiven Hilfeplanung" (ebd., S. 7) zu lesen. Dieser wird hier explizit auf Hilfen für Kinder und Jugendliche, die als behindert adressiert werden, bezogen und wie folgt begründet:

> „Die Aufgabe und besondere Herausforderung in der Gestaltung inklusiver Hilfen für Adressat*innen mit Behinderungen besteht darin, Wege zu finden, wie – unter Anerkennung der jeweiligen Logiken der bisher getrennten Systeme Eingliederungshilfe (SGB IX 2. Teil) und Kinder- und Jugendhilfe (SGB VIII) – die Komplexität der Lebens- und Bedarfslagen sowohl ausreichend in die Bedarfserfassung Eingang finden als auch in der konkreten Hilfegestaltung aufgegriffen

werden können. […] Ein großes Spannungsfeld innerhalb der multiprofessionellen Auseinandersetzung besteht hinsichtlich Form und Verfahren der Bedarfsermittlung. Hier treffen zwei Systeme aufeinander, in denen sich aufgrund unterschiedlicher Aufträge auch unterschiedliche Verfahrensweisen etabliert haben. Diese müssen miteinander verzahnt und in Einklang gebracht werden. Während in der Jugendhilfe der Fokus auf erzieherische Bedarfslagen gelegt ist und Hilfeplanung als mehrperspektivischer, dialogischer Prozess verstanden wird, richtet sich der Blick der Gesamtplanung auf die die Teilhabe und Entwicklung des einzelnen Kindes oder Jugendlichen einschränkenden Faktoren, die mit Hilfe von Leistungen der Eingliederungshilfe ausgeglichen oder gemildert werden sollen" (AGJ 2022, S. 7).

In diesem Positionspapier wird darauf verwiesen, dass die in der Eingliederungshilfe entwickelten, an der ICF-CY orientierten Instrumente zu evaluieren und weiterzuentwickeln sind. Aus Sicht der Kinder- und Jugendhilfe scheinen diese Verfahren der Bedarfsermittlung insbesondere zwei Fragen aufzuwerfen: „inwieweit sie einerseits Beteiligung der jungen Menschen und ihrer Eltern ermöglichen und andererseits zu bedarfsgerechten Leistungen führen" (AGJ 2022, S. 7).

In diesem Sinne verweisen eher kritische Einsätze auf Differenzen inklusionsorientierter ‚Bedarfsbestimmungen' zwischen den Klassifikationen von Behinderungen, in welchen die ICF-CY „zum Sinnbild einer junge Menschen objektivierenden medizinischen Diagnostik [wird], während eine sozialpädagogische ‚Diagnose' als kommunikativer Prozess mit den Leistungsadressat*innen als Subjekten gedacht wird" (Graßhoff 2021, S. 183, Anpassung K.P.). So kritisiert der Text „Das neue SGB VIII– Fragen aus der Perspektive der Lebensweltorientierung" (Thiersch 2016) den ‚eng gefassten Inklusionsbegriff' (vgl. ebd., S. 283) des Gesetzes(entwurfes) mit einer doppelten Geste. Einerseits markiert er die Aufnahme des Anspruchs „auf Hilfen für alle Heranwachsenden und Kinder im Kontext der neueren Inklusionsdebatte […][,] also nach einer Integration der jungen Menschen mit Behinderungen" (ebd.), als „lange angemahnte Forderung" (ebd.). Andererseits kritisiert er, „dass Inklusion hier nur […] auf Menschen mit Behinderungen bezogen wird" (ebd.) und nicht im Sinne „einer Inklusion aller […] [konzeptioniert wird], die in beeinträchtigten, benachteiligten Verhältnissen leben, also in den Unterdrückungsstrukturen von Armut, fehlenden Ressourcen und dadurch bedingter Exklusion oder von Geschlecht und ethnischer Zugehörigkeit" (ebd., Anpassung K.P.).

Damit ist „*Inklusion – Exklusion* als Frage des Zugangs in die Kinder- und Jugendhilfe" (Franzheld und Walther 2021, S. 14, Herv. i. Orig.) angesprochen. Mit dieser Frage werden „Inklusion und Exklusion […] als grundsätzliches Strukturproblem der Kinder- und Jugendhilfe" (ebd., S. 15) sowie als „Ausdruck

9.4 Inklusion/Exklusion als konstitutives Spannungsverhältnis in ...

einer Spannung individualisierender oder generalisierender Gerechtigkeitsvorstellungen" (ebd., S. 14 f.) diskutiert. Zu diesem Spannungsverhältnis ist zu lesen:

> „In dem Maß, wie universelle Maßstäbe an Zugänge und Maßnahmen der Kinder- und Jugendhilfe angelegt werden und sich beispielsweise in der Berechtigung zur Inanspruchnahme ihrer Leistungen und Dienste niederschlagen, dominieren in ihren Unterstützungssystemen gesellschaftsweite Einschlussprinzipien, die sich insbesondere durch rechtliche und vertragliche Vorkehrungen stabilisieren. […] Wird […] Gerechtigkeit über allgemeine (Rechts-)Ansprüche begründet und sichergestellt, verschwindet darin der Einzelfall in seiner Eigenart. […] Das Herstellen von Gerechtigkeit in der Spannung von universellen und partikularen Interessen gehört zum Anforderungsprofil einer auf Interessenausgleich angelegten Kinder- und Jugendhilfe" (Franzheld und Walther 2021, S. 15).

Mit solchen Argumenten im Streit um soziale Gerechtigkeit insistiert die Sozialpädagogik in ihrem pädagogischen, bildungs- und eben auch sozialpolitischen Selbstverständnis als Differenzpädagogik explizit auf den Begriff *soziale Ungleichheit* gegen ein rein positiv affirmatives Verständnis von Differenz, Vielfalt und Verschiedenheit. So heißt es im Text „Anerkennung von Differenz in der Sozialen Arbeit. Zur professionellen Konstruktion des Anderen" (Heite 2010):

> „Die Verständigung über strukturelle Ungleichheiten, Benachteiligungen und Diskriminierungen ist systematisch verbunden mit Überlegungen, wie dem am besten entgegengewirkt werden kann, wie mit unterschiedlichsten *sozialpolitischen Maßnahmen* ein Mehr an Gerechtigkeit herzustellen ist" (Heite 2010, S. 188, Herv. K.P.).

Der sozialpolitische Anspruch verbindet sich mit dem Wissen darum, dass Sozialpädagogik bzw. Soziale Arbeit dazu beiträgt, „den Umgang mit Ungleichheiten von einer politischen zu einer pädagogischen, sozialerzieherischen Frage zu machen" (Bitzan 2018, S. 58) und damit zur „Entpolitisierung sozialer Konflikte" (Lütke-Harmann 2013, S. 54) beizutragen, aber auch mit dem Selbstverständnis der „Abwehr eines Gehorsams gegenüber (institutionellen, rechtlichen, diskursiven) Praxen, die ihren Adressat_innen in globalen und lokalen Kontexten ein menschenwürdiges Leben verunmöglichen" (Yıldız 2018, S. 209). Diese Positionen lassen sich als konträre ‚Metaerzählungen' vorstellen, von denen es heißt: „Es geht also ums Ganze: Notwendigkeit oder Freiheit, Disziplinierung zu Industriesoldaten oder Bildung zu Demokraten, Unterwerfung unter die gegebenen Funktionsanforderungen oder selbstbestimmte Ermächtigung zur Zukunftsgestaltung" (Lütke-Harmann 2013, S. 47).

Weniger polemisch lässt sich die vielschichtige Verwobenheit von Sozialer Arbeit und Sozialpolitik als ambivalentes Verhältnis beschreiben, das sich mit dem „Integrationsversprechen des modernen Wohlfahrtsstaates" (Leiber und Leitner 2017, S, 107) ebenso begründet wie mit den „sozialen Desintegrationsprobleme[n], die aufgrund der Ausbildung der modernen Industriegesellschaft und der damit einhergehenden Differenzierungs- und Individualisierungstendenzen entstehen" (ebd., S. 108). Diesen Themen widmen wir uns im folgenden Kapitel.

Anregungen für das Selbststudium

1. Skizzieren Sie das Konzept der ‚Sozialintegration' als gesellschaftlichen Auftrag und sozialpädagogischen Anspruch gegen soziale Ungleichheit.
2. Schauen Sie einen Spiel- oder Dokumentarfilm, in dem ein sozialpädagogisches Konzept inszeniert wird, z. B. den Film „Systemsprenger" (Fingscheidt 2019). Erarbeiten Sie sich eine Interpretation zu den folgenden Fragen: a) Wie zeigt sich das sozialpädagogische Konzept, das im Film vorgestellt wird, als eines des professionellen Umgangs mit Unterschieden? b) In welchen Weisen lassen sich die dargestellten sozialpädagogischen Praxen als Inklusion/Exklusion diskutieren?
3. Mit welchen sozialpädagogischen Selbstverständnissen lässt sich in diesem Kontext eine den schulpädagogischen Ansprüchen der Inklusion gegenüberstehende Ambivalenz begründen? ◄

Literatur

Fachwissenschaftliche Literaturempfehlungen

Felder, M. & Schneiders, K. (2016). *Inklusion kontrovers. Herausforderungen für die Soziale Arbeit. Schwalbach/Ts: Wochenschau Verlag. Dieses Buch thematisiert aus Perspektiven der Sozialpädagogik bzw. der Sozialen Arbeit systematisch bildungs- und sozialpolitische sowie sozialrechtliche Aspekte des Themas Inklusion/Exklusion. Es ermöglicht so differenzierte Auseinandersetzungen mit den Ansprüchen und Widersprüchen differenter Vorstellungen des Inklusionsgebotes.*
Kessl, F. & Plößer, M. (Hrsg.) (2010). *Differenzierung, Normalisierung, Andersheit. Soziale Arbeit als Arbeit mit Anderen. Wiesbaden: VS Verlag für Sozialwissenschaften. Die Texte dieses Bandes setzen sich mit Fragen der Differenz, Andersheit und Normalisierung in der Sozialpädagogik bzw. mit der Sozialen Arbeit und deren „Merkmale[n], Dilemmata und Verstrickungen" (ebd., S. 14) auseinander. Der Band lädt explizit zu kritischen Reflexionen der zu lesenden Positionierungen ein und bietet dafür eine ‚(de)konstruierende Lesehilfe' der Arbeitsgruppe InterKultur (vgl. ebd., S. 17 ff.)*

Darüber hinaus verwendete Literatur

Arbeitsgemeinschaft für Kinder- und Jugendhilfe (AGJ) (2022). Inklusion gestalten! Wie inklusive Hilfen zur Erziehung möglich werden können. Positionspapier der Arbeitsgemeinschaft Für Kinder- und Jugendhilfe GJ. https://www.agj.de/fileadmin/files/positionen/2022/Positionspapier_Inklusion.pdf. Zugegriffen: 23. Mai 2022.

Backes, S. (2012). *„Funktionieren musst du wie eine Maschine" Leben und Überleben in deutschen und österreichischen Kinderheimen der 1950er und 1960er Jahre*. Weinheim und Basel: Juventa.

Barras, C. (2016). *Mein Leben als Zucchini*. Frankreich/Schweiz.

Bastian, P. (2017). Empowerment und Aktivierung. In: F. Kessl, E. Kruse, S. Stövesand & W. Thole (Hrsg.), *Soziale Arbeit – Kernthemen und Problemfelder* (S. 242–252). Opladen und Toronto: Barbara Budrich.

Baumann. M. (2016). *Kinder, die Systeme sprengen – Wenn Jugendliche und Erziehungshilfe aneinander scheitern*. Baltmannsweiler: Schneider.

Beckmann, J. & Lohse, K. (2021). SGB VIII-Reform: Überblick über das Kinder- und Jugendstärkungsgesetz. https://dijuf.de/fileadmin/Redaktion/Hinweise/Beckmann_Lohse_UEberblick_SGB_VIII-Reform_KJSG_Aktualisierung_von_JAmt_2021_178.pdf. Zugegriffen: 01. August 2022.

Bitzan, M. (2018). Das Soziale von den Lebenswelten her denken. Zur Produktivität der Konfliktorientierung für die Soziale Arbeit. In: R. Anhorn, E. Schimpf, J. Stehr, K. Rathgeb, S. Spindler &. R. Keim (Hrsg.), *Politik der Verhältnisse – Politik des Verhaltens. Widersprüche der Gestaltung Sozialer Arbeit* (S. 51–68). Wiesbaden: Springer VS.

Böhnisch, L. (2016). *Lebensbewältigung. Ein Konzept für die Soziale Arbeit*. Weinheim und Basel: Beltz Juventa.

Bundesarchiv (o. J.). Aktion zur Förderung der deutschen Jugend (Bundesjugendplan). Die Kabinettsprotokolle der Bundesregierung online, Kabinettsprotokolle 1950, 115. Kabinettssitzung. https://www.bundesarchiv.de/cocoon/barch/0000/k/k1950k/kap1_2/kap2_87/para3_7.html. Zugegriffen: 01. August 2022.

Bundesministerium für Familie, Senioren, Frauen und Jugend (BMFSFJ) (o. J. a). Sozialgesetzbuch (SGB XII) Zwölftes Buch. Sozialhilfe. https://www.sozialgesetzbuch-sgb.de/sgbxii/1.html. Zugegriffen: 01. August 2022.

Bundesministerium für Familie, Senioren, Frauen und Jugend (BMFSFJ) (o. J. b). Sozialgesetzbuch (SGB VIII) Achtes Buch. Kinder- und Jugendhilfe. https://www.sozialgesetzbuch-sgb.de/sgbviii/1.html. Zugegriffen: 01. August 2022.

Bundesministerium für Familie, Senioren, Frauen und Jugend (BMFSFJ) (2021). Gesetzentwurf der Bundesregierung Entwurf eines Gesetzes zur Stärkung von Kindern und Jugendlichen (Kinder- und Jugendstärkungsgesetz – KJSG). https://www.bmfsfj.de/resource/blob/162870/b40d39d11578bee6b9b6d8b5f2d5dc55/kinder-und-jugendstaerkungsgesetz-data.pdf. Zugegriffen: 01. August 2022.

Censebrunn-Benz, A. (2017). Geraubte Kindheit – Jugendhilfe in der DDR. Bundeszentrale für politische Bildung (Hrsg.) Deutschlandarchiv. https://www.bpb.de/geschichte/zeitgeschichte/deutschlandarchiv/251286/geraubte-kindheit-jugendhilfe-in-der-ddr. Zugegriffen: 01 August 2022.

Cremer-Schäfer, H. (2018). Soziale Ausschließung als Voraussetzung und Folge Sozialer Arbeit. In: R. Anhorn, E. Schimpf, J. Stehr, K. Rathgeb, S. Spindler &. R. Keim

(Hrsg.), *Politik der Verhältnisse – Politik des Verhaltens. Widersprüche der Gestaltung Sozialer Arbeit* (S. 35–50). Wiesbaden: Springer VS.

Deger, P., Jerg, J. & Puhr, K. (2015). Inklusion von Kindern und Jugendlichen mit einer Behinderung in allgemeinen Einrichtungen der Kindertagesbetreuung und Schulen. Stuttgart: Kommunalverband für Jugend und Soziales. https://www.kvjs.de/fileadmin/dateien/Forschung/Praxis-Transfer-Phase/Inklusion_in_Kita_und_Schule/Abschlussbericht_Inklusion_Kita-Schule.pdf. Zugegriffen: 01. August 2022.

Deutscher Bundestag. Wissenschaftliche Dienste (2007). Zur Situation ehemaliger Heimkinder in den alten Bundesländern von 1945 bis in die 70er Jahre – Rechtliche Rahmenbedingungen hinsichtlich elterlicher Sorge, Fürsorgeerziehung und Heimeinweisung. https://www.bundestag.de/resource/blob/405580/9951e18054fad125d479924f2d775805/wd-7-058-07-pdf-data.pdf. Zugegriffen: 01. August 2022.

Dewe, B. & Otto, H.-U. (2012). Reflexive Sozialpädagogik. Grundstrukturen eines neuen Typs dienstleistungsorientierten Professionshandelns. In: W. Thole (Hrsg.), *Grundriss Soziale Arbeit* (4. Aufl.) (S. 197–217). Wiesbaden: VS Verlag für Sozialwissenschaften.

Dollinger, B. (2008). *Reflexive Sozialpädagogik. Struktur und Wandel sozialpädagogischen Wissens*. Wiesbaden: Springer VS.

Dworschak, W. (2017). Zur Gewährung von Schulbegleitung – Wer erhält in welchem Umfang eine Schulbegleitung? In: M. Laubner, B. Lindmeier & A. Lübeck (Hrsg.), *Schulbegleitung in der inklusiven Schule. Grundlagen und Praxishilfen* (S. 37–49). Weinheim und Basel: Beltz.

Eckert, D. & Bassarak, H. (2021). Der neue § 13a SGB VIII Schulsozialarbeit – Fortschritt für die Kinder- und Jugendhilfe. https://www.awo.org/sites/default/files/2021-11/Eckert_Bassarak_der neue § 13a SGB VIII Schulsozialarbeit_1.pdf. Zugegriffen: 01. August 2022.

Fellner, M. (2008). ADHS und Legasthenie – Klinifizierung schulischer Probleme als Strategie gegen Chancenungleichheit. In: T. Musfeld, R. Quindel & A. Schmidt (Hrsg.), *Einsprüche. Kritische Praxis Sozialer Arbeit in der Kinder- und Jugendhilfe* (S. 39–56). Baltmannsweiler: Schneider Hohengehren.

Fingscheidt, N. (2019). *Systemsprenger*. Deutschland.

Franzheld, T. & Walther, A. (2021). Vermessungen der Kinder- und Jugendhilfe: Einleitung und Ausgangslage. In: T. Franzheld & A. Walther (Hrsg.), *‚Vermessungen' der Kinder- und Jugendhilfe. Versuch einer Standortbestimmung* (S. 9–30). Weinheim und Basel: Beltz.

Geiling, W., Sauer, D. & Rahm, S. (2011). Zur Einführung. In: W. Geiling, D. Sauer & S. Rahm (Hrsg.), *Kooperationsmodelle zwischen Sozialer Arbeit und Schule. Ressourcen entdecken. Bildungschancen gestalten* (S. 7–9). Bad Heilbrunn: Klinkhardt.

Graßhoff, G. (2021). ‚Maßanzüge' und ‚gesprengte Systeme'. Die Vermessung der Kinder- und Jugendhilfe aus Sicht der Adressat*innen. In: T. Franzheld & A. Walther (Hrsg.), *‚Vermessungen' der Kinder- und Jugendhilfe. Versuch einer Standortbestimmung* (S. 174–189). Weinheim und Basel: Beltz.

Hamburger, F. (2012). *Einführung in die Sozialpädagogik* (3. Aufl.). Stuttgart: Kohlhammer.

Heite, K. (2010). Anerkennung von Differenz in der Sozialen Arbeit. Zur professionellen Konstruktion des Anderen. In: F. Kessl & M. Plößer (Hrsg.), *Differenzierung,*

Normalisierung, Andersheit. Soziale Arbeit als Arbeit mit Anderen (S. 187–200). Wiesbaden: VS Verlag für Sozialwissenschaften.
Just, A. (2016). *Handbuch Schulsozialarbeit* (2. Aufl.). Münster: Waxmann.
Kieper, M. (1980). *Lebenswelten „verwahrloster Mädchen". Autobiographische Berichte und ihre Interpretationen.* München: Juventa Verlag.
Krafeld, F. J. (1996). *Die Praxis akzeptierender Jugendarbeit. Konzepte, Erfahrungen, Analysen aus der Arbeit mit rechten Jugendcliquen.* Opladen: Leske + Budrich.
Laubner, M., Lindmeier, B. & Lübeck, A. (2017). Schulbegleitung in der inklusiven Schule. Einführung in das Herausgeberwerk. In: M. Laubner, B. Lindmeier & A. Lübeck (Hrsg.), *Schulbegleitung in der inklusiven Schule. Grundlagen und Praxishilfen* (S. 7–10). Weinheim und Basel: Beltz.
Leibner, S. & Leitner, S. (2017). Sozialpolitik. In: F. Kessl, E. Kruse, S. Stövesand & W. Thole (Hrsg.), *Soziale Arbeit – Kernthemen und Problemfelder* (S. 106–115). Opladen und Toronto: Barbara Budrich.
Lübeck, A. & Demmer, C. (2017). Unüberblickbares überblicken – Ausgewählte Forschungsergebnisse zu Schulbegleitung. In: M. Laubner, B. Lindmeier & A. Lübeck (Hrsg.), *Schulbegleitung in der inklusiven Schule. Grundlagen und Praxishilfen* (S. 11–27). Weinheim und Basel: Beltz.
Lütke-Harmann, M. (2013). Patchwork – Oder über die Frage, wie die Soziale Arbeit das Politische mit dem Sozialen verbindet. In: T. Geisen, F. Kessl, T. Olk & St. Schnur (Hrsg.), *Soziale Arbeit und Demokratie* (S. 47–75). Wiesbaden: Springer VS.
Möckel, A. (2007). *Geschichte der Heilpädagogik* (2. Aufl.). Stuttgart: Klett Cotta.
Mollenhauer, K. (1980). Vorwort. In: M. Kieper, *Lebenswelten „verwahrloster Mädchen". Autobiographische Berichte und ihre Interpretationen* (S. 7–9). München: Juventa.
Paris, G. (2004). *Autobiografie einer Pflaume* (2. Aufl.). München: Knaus.
Plößer, M. (2010). Differenz performativ gedacht. Dekonstruktive Perspektiven auf und für den Umgang mit Differenzen. In: F. Kessl & M. Plößer (Hrsg.), *Differenzierung, Normalisierung, Andersheit. Soziale Arbeit als Arbeit mit Anderen* (S. 218–232). Wiesbaden: Springer VS.
Puhr, K., Bauer, J., Hammer, L., Mosch-Wedel, M. & Schmitt F. (2019). Schulisches Lernen und Leben aus Perspektiven von Schulbegleitungen. In: St. Bartusch, C. Klektau, T. Simon, St. Teumer & A. Weidermann (Hrsg.), *Lernprozesse begleiten. Anforderungen an pädagogische Institutionen und ihre Akteur*innen* (S. 191–208). Wiesbaden: Springer VS.
Scherr, A. (2017). Integration und Ausgrenzung – Inklusion und Exklusion. In: F. Kessl, E. Kruse, S. Stövesand & W. Thole (Hrsg.), *Soziale Arbeit – Kernthemen und Problemfelder* (S. 34–42). Opladen und Toronto: Barbara Budrich.
Schönecker, L. & Müller-Fehling, N. (2019). Gleiches Recht für Alle! Vielfalt und Besonderheiten einer inklusiven Kinder- und Jugendhilfe. In: M. von zur Gathen, T. Meysen & J. Koch (Hrsg.), *Vorwärts, aber nicht vergessen! Entwicklungslinien und Perspektiven in der Kinder- und Jugendhilfe* (S. 97–105). Weinheim und Basel: Beltz Juventa.
Schröer, W. & Truschkat, I. (2013). Alltägliche Grenzarbeit – Organisationspädagogik im Spiegel einer entgrenzten Sozialpädagogik. In: R. Hörster, St. Köngeter & B. Müller (Hrsg.), *Grenzobjekte. Soziale Welten und ihre Übergänge* (S. 257–268). Wiesbaden: Springer VS.

Thiersch, H. (2014). *Lebensweltorientierte Soziale Arbeit. Aufgaben der Praxis im sozialen Wandel.* Weinheim und Basel: Beltz Juventa.
Thiersch, H. (2016). Das neue SGB VIII – Fragen aus der Perspektive der Lebensweltorientierung. In: Internationale Gesellschaft für erzieherische Hilfen (Hrsg.), *Forum Erziehungshilfen, 05/2016.* Weinheim: Beltz, S. 283–287.
Thiersch, H. (2019). Lebensweltorientierung und die Herausforderungen der zweiten Moderne. In: M. von zur Gathen, T. Meysen & J. Koch (Hrsg.), *Vorwärts, aber nicht vergessen! Entwicklungslinien und Perspektiven in der Kinder- und Jugendhilfe* (S. 31–42). Weinheim und Basel: Beltz Juventa.
Thole, W. Sehmer, J., Prigge, J. & Schildknecht, L. (2021). Das Ich, das Wir und „die" Anderen. Sozialer Zusammenhalt zwischen Ungleichheitskritik und exklusiven Gemeinschaften. In: J. Fischer & E. Tuider (Hrsg.), *Sozialer Zusammenhalt. 4. Sonderband Sozialmagazin* (S. 18–32). Weinheim und Basel: Beltz Juventa.
Walther, A. (2015). Wider den Einschluss: Inklusion aus sozialpädagogischer Perspektive. In: I. Schnell (Hrsg.), *Herausforderung Inklusion. Theoriebildung und Praxis* (S. 34–39). Bad Heilbrunn: Klinkhardt.
Yıldız, S. (2018). Soziale Arbeit als (Inklusions-)Container. Die (Un)Ordnung von Heterogenität und subjektnormierenden Praxen im Kontext Flucht und Soziale Arbeit. In: R. Anhorn, E. Schimpf, J. Stehr, K. Rathgeb, S. Spindler & R. Keim (Hrsg.), *Politik der Verhältnisse – Politik des Verhaltens. Widersprüche der Gestaltung Sozialer Arbeit* (S. 193–212). Wiesbaden: Springer VS.
Zipperle, M., Maier, K., Gschwind, A. K., Rahn, S. & Stange, L. (2022). KVJS Analyse. Sozialraumorientierte Schulsozialarbeit an Sekundarschulen in Baden-Württemberg (SOSSA_SEK). Kurzfassung des Abschlussberichtes. https://www.kvjs.de/index.php?eID=dumpFile&t=f&f=29747&token=563f4e14f9354ef4261d76ccc7ebb83d92380dd5&download=. Zugegriffen: 14. Mai 2022.

Ungleiche Teilhabe und soziale Ausgrenzungen im Sozialstaat Deutschland

10

Zusammenfassung

In diesem Kapitel diskutieren wir inklusionspädagogisch motivierte Gesellschaftskritik an ungleichen Teilhabechancen und sozialen Ausgrenzungen als soziale Probleme vor dem Hintergrund der politischen Ansprüche von Inklusion und gleichberechtigter Teilhabe. Ein sozialwissenschaftlicher und ein demokratietheoretischer Zugang bieten differente Analyseperspektiven. Der sozialwissenschaftliche Einsatz ermöglicht differenzierte Vorstellungen von den Weisen, in denen die Unterscheidung von Inklusion und Exklusion das politische Verständnis von Gleichheit und sozialer Ungleichheit beeinflusst (Abschn. 10.1). Die skizzierten demokratietheoretischen Erklärungen fokussieren auf Politiken von Inklusion/Exklusion im Sozialstaat Deutschland (Abschn. 10.2). Die aufgerufenen Theorieperspektiven sowie sozialpolitischen Konzepte werden anschließend exemplarisch auf Behinderungen (Abschn. 10.3) und auf Kinderarmut (Abschn. 10.4) als Determinanten sozialer Ungleichheit bezogen.

Schlüsselwörter

Bedürftigkeit · Behinderungen · Grundrechte · Kinderarmut · Sozialpolitik · Sozialstaat · Soziale Sicherung · Soziale Ungleichheit · Teilhaberechte · Wohlfahrtsstaat

---

Zu den Themen dieses Kapitels gibt es bereits mehrere Beiträge der Autorin, auf die hier zurückgegriffen wird (vgl. Puhr 2009, 2010, 2017, 2022; sowie Puhr und Bayha 2010).

10.1 Inklusion/Exklusion in sozialwissenschaftlichen Analysen sozialer Ungleichheit

Als eine theoretische Perspektive auf Fragen ungleicher Teilhabechancen und sozialer Ausgrenzungen stellen wir (exemplarisch) einen sozialwissenschaftlichen Ansatz vor, der es ermöglicht, gesellschaftliche Inklusion/Exklusion systematisch zu analysieren. Wir wenden uns damit einer Soziologietradition zu, in der theoretische Konzepte sozialer Ungleichheit ausgearbeitet werden, die „von einer *Ungleichwertigkeit* von sozialen Lagen" (Schwinn 2007, S. 11, Herv. i. Orig.) (vgl. Abschn. 3.1 im Kap. 3) ausgehen.

In einem Text, der „Leitgesichtspunkte einer Soziologie der Inklusion und Exklusion" (Stichweh 2009, S. 29 ff.) vorstellt, ist zu lesen: „Die Unterscheidung von Inklusion und Exklusion verändert unser Verständnis von Gleichheit und Ungleichheit" (ebd., S. 40). Entsprechend beschreibt eine sozialwissenschaftliche Diagnose von *Exklusion als „Gefährdung des Sozialen im hoch entwickelten Kapitalismus"* (Kronauer 2010) das Zurücktreten traditioneller sozialer Konflikte, die von einem „Exklusionsproblem" (ebd., S. 41) überlagert werden.[1] Dabei wird von drei zentralen Annahmen ausgegangen:

- Gesellschaftliche Spaltung vollzieht sich nicht mehr im Geist einer „wechselseitigen aber ungleichen Abhängigkeit" (ebd.), sondern nach einer „Logik von Teilhabe (an Wohlstand, Beschäftigung, Bürgerstatus) und Ausschluss" (ebd.).
- Dieses „spezifische Ungleichheitsverhältnis" (ebd.) manifestiert sich in „Problemen von Armut, Arbeitslosigkeit und Migration" (ebd.).
- Probleme von Armut, Arbeitslosigkeit und Migration bestimmen das gegenwärtige Bild von Exklusion (vgl. ebd.).

Ausgrenzung eines Menschen bedeutet in dieser Art Beschreibung nicht, außerhalb einer gesellschaftlichen Ordnung zu sein, sondern innerhalb dieser Ordnung keine oder sehr eingeschränkte Entscheidungs- und Einflussmöglichkeiten bezüglich der Lebensqualität, des politischen Engagements und der sozialen Akzeptanz zu haben. Ausgrenzung wird so als Zuschreibung eines

---

[1] Im Text wird auf eine Studie des französischen Meinungsforschungsinstitutes SOFRES verwiesen, in der 1994 danach gefragt wurde, ‚welche Unterschiede die wichtigsten Spaltungen in der Gesellschaft ausmachen'. Als solche Spaltungen werden Armut/Reichtum, Arbeitslosigkeit/Erwerbsarbeit und Migration/Staatsangehörigkeit benannt (vgl. Kronauer 2010, S. 40).

10.1 Inklusion/Exklusion in sozialwissenschaftlichen Analysen ...

einseitigen Objektstatus verständlich: Sie bedeutet, „[k]einen gesellschaftlich anerkannten Ort einnehmen zu können" (ebd., S. 159, Anpassung K.P.). Mit dieser Vorstellung ist die Wahrscheinlichkeit hoch, dass sich ausgegrenzte Personen als *abhängig inkludiert* und ohne Bedeutung für bestimmte Funktionssysteme der Gesellschaft erleben.

So werden unter der Überschrift „Ausgrenzung bedeutet soziale Isolation" (ebd., S. 161) Quantitäten und Qualitäten der „soziale[n] Zusammensetzung der Beziehungen" (ebd., Anpassung K.P.) als Mangel an Beziehungen und oder „Konzentration der sozialen Beziehungen auf Menschen gleicher sozialer Lagen" (ebd.) benannt. Diese erscheinen nach der hier vorgestellten Lesart nur dann problematisch, „wenn sie durch Ressourcenmangel und/oder Stigmatisierung erzwungen wurden" (ebd.). Diese Fokussierung wird am Beispiel sozialräumlicher Segregationen von Migrant*innen wie folgt erläutert:

„Dies ist auch das entscheidende Kriterium dafür, ob etwa räumlich segregierte Kolonien von Migranten eine für die Einbindung in die Aufnahmegesellschaft hilfreiche oder blockierende Funktion ausüben. Erfolgt der Zusammenschluss nicht erzwungen, sondern dient er dazu, Ressourcen zu bündeln und zugleich die eigene kulturelle Identität zu wahren, um auf dieser Grundlage in der Aufnahmegesellschaft Fuß fassen und aufsteigen zu können, wirkt er integrativ. Voraussetzung ist allerdings, dass die Aufnahmegesellschaft ihrerseits Ein- und Aufstiegswege über den Arbeitsmarkt offen hält. Ist dies nicht der Fall, besteht die Gefahr der sozialen Isolation und Abschottung durch erzwungenen Rückzug auf die Herkunftsgruppe" (Kronauer 2010, S. 161).

In Auseinandersetzung mit einer Reihe sozialwissenschaftlicher Analysen (vgl. ebd., S. 162 ff.) wird die Behauptung einer „engen Verbindung zwischen Ausgrenzung am Arbeitsmarkt und Einschränkung der über soziale Netze verfügbaren Reichweite der Kontakte und damit Ressourcen" (ebd., S. 165) legitimiert. Quer zu diesen Bedeutungen wird *Ausgrenzung* eines Menschen als Ausschluss von Teilhabemöglichkeiten unter folgenden Aspekten beschrieben und diskutiert:

- *Ausgrenzungen von Möglichkeiten der materiellen Teilhabe* (vgl. ebd., S. 167 ff.) vollziehen sich [in Erwerbsarbeitsgesellschaften] in Formen des Ausschlusses aus dem Arbeitsmarkt und durch Einkommensarmut ohne ausreichenden „wohlfahrtsstaatliche[n] Schutz" (ebd., S. 171, Ergänzung und Anpassung K.P.). Sie werden in verschiedenen Weisen als Armuts- und Ausgrenzungserfahrungen (vgl. ebd., S. 173 f.) relevant.
- *Politisch-institutionelle Ausgrenzungen* erfolgen mittels Verweigerungen politischer und sozialer Rechte (vgl. ebd., S. 175 f.). Sie verschärfen sich durch die zu beobachtende „Erosion der Reichweite und Qualität bereits bestehender

sozialer Schutzrechte" (ebd., S. 176) und aufgrund der institutionellen „Unfähigkeit, bestimmten Bevölkerungsgruppen gesellschaftliche Teilhabe zu vermitteln" (ebd., S. 177). Dazu kommen Politiken, die einen „Substanzverlust politischer Rechte" (ebd.) mit sich bringen, ebenso wie Individualisierungen von Sozialleistungen, von schulischen und beruflichen Chancen (ebd., S. 179 ff.).

- *Ausgrenzungen von kultureller Teilhabe* (vgl. ebd., S. 184) begründen sich mit hegemonialen kulturellen Selbst- und Weltvorstellungen, in denen ein scheinbar „geteilte[r] Hintergrund kultureller Ziele und Wertungen die Folie für die Erfahrungen der Kränkung, des Ausschlusses und des Scheiterns" (ebd., S. 193, Anpassung K.P.) bildet. Ihnen lässt sich mit ‚konformistischen Kämpfen' „um die Verwirklichung der Wünsche […], die von den gesellschaftlichen Institutionen genährt werden" (ebd., S. 194), begegnen, aber auch mit der Abkehr von hegemonialen kulturellen Vorstellungen, z. B. vom Streben nach Erwerbsarbeit und -einkommen. Eine solche Abkehr lässt sich „als eine Antwort auf die wachsende Diskrepanz zwischen dieser verinnerlichten Orientierung und den schwindenden Möglichkeiten, sie zu realisieren" (ebd., S. 190), interpretieren. Sie kann mit der Akzeptanz „sozialstaatlicher Unterstützungsangebote" (ebd., S. 194) einhergehen und/oder „Laufbahnen der Untergrundökonomie mit allen Risiken" (ebd.) erklären.

Auch diese Perspektive konzeptualisiert Inklusion und Exklusion nicht als Gegenbegriffe (vgl. Kap. 3, Abschn. 3.2). Der Begriff der *Exklusion* wird hier als ‚*Name für die soziale Frage*' (vgl. ebd.) verstanden und ist mit einer Aufmerksamkeit für neue gesellschaftliche Spaltungen durch „anhaltende Arbeitslosigkeit, Unterbeschäftigung und Armut" verbunden, die mit dem „Ausschluss von wesentlichen Teilhabemöglichkeiten an der Gesellschaft" (ebd., S. 11) zusammenhängen. In diesem Zusammenhang wird der Exklusionsbegriff für Beschreibungen von Ausgrenzungen verwandt, die es ermöglichen, diese als Probleme der Teilhabe an „gesellschaftlich realisierten Möglichkeiten des Lebensstandards, der politischen Einflussnahme und der sozialen Anerkennung" (ebd., S. 13) in politischen Strukturen zuzuspitzen. Beschrieben werden drei kategoriale Bestimmungen des Exklusionsbegriffs:

1. Exklusion als Bruch von Interdependenzbeziehungen,
2. Exklusion als Ausschluss von Konsum, Interessenvertretung, gesellschaftlich anerkanntem Status, materieller Sicherheit und Gestaltungsmöglichkeiten des eigenen Lebens und
3. der Prozesscharakter von Exklusion. (vgl. ebd., S. 43 ff.)

Inklusion kann aus dieser Perspektive als *gesellschaftliche Zugehörigkeit* sowohl über persönliche Nahbeziehungen und informelle Verpflichtungen als auch über Einbindungen in Sozialbeziehungen und die Kooperation in wechselseitigen Abhängigkeitsverhältnissen beschrieben werden. Die jeweils konkreten Beziehungen gelten als vorgeformt durch soziale Arbeitsteilungen und Normen des Zusammenlebens, mit denen sich zugleich Regeln der Anerkennung und Solidarität verbinden. Diese werden zu Problemen für Betroffene *und* die Gesellschaft, wenn eine Einbindung in die Wechselseitigkeit sozialer Nahbeziehungen und/oder die gesellschaftliche Arbeitsteilung nicht mehr gegeben ist (vgl. ebd., S. 44). In diesem Rahmen wird Exklusion als Ausschluss von Teilhabemöglichkeiten am gesellschaftlichen Leben begriffen.

Das setzt hegemonial geteilte Vorstellungen angemessener Lebenschancen voraus, welche als ‚Maß' für die ‚*Qualität von Teilhabe* in unterschiedlichen Bereichen des gesellschaftlichen Lebens' (vgl. ebd., S. 45) fungieren (vgl. Abschn. 10.2). Mit der Betonung des Prozesscharakters von Inklusion/Exklusion lassen sich dann die Entwicklung der Qualität materieller, politisch-institutioneller und kultureller Teilhabe sowie die *Verschiebung von Exklusionsrisiken* beschreiben.

Dabei ist eine „Doppelbestimmung gesellschaftlicher Zugehörigkeit" (ebd., S. 47) über Partizipation und Interdependenz zu beobachten. *Soziale Partizipation* (die gesellschaftliche Zugehörigkeit über Teilhaberechte) verwirklicht sich demnach über den Zugang zu Leistungen (z. B. zu Bildung, medizinischer Versorgung, sozialer Sicherung), die Wahrung persönlicher Integrität und die Wahrnehmung politischer Interessen. *Interdependenz* (die soziale Einbindung) realisiert sich in unterschiedlichen Formen gesellschaftlicher Arbeitsteilung (die gemeinsam mit Teilhaberechten wesentlich den Lebensstandard eines Menschen beeinflussen) und zudem über die Wechselseitigkeit sozialer Nahbeziehungen.

Dieser mehrdimensionale Zugang ermöglicht es, Exklusionstendenzen im Kontext sozialer Ungleichheit zu erklären und qualitative Unterschiede der Teilhabe im Vergleich zu anderen Ungleichheiten zu untersuchen (vgl. Abb. 10.1). Dabei werden Teilhabe und Ausgrenzungen zusammen gedacht und als Beobachtungen differenter Arten von Wechselbeziehungen beschrieben.

Im Anschluss an derartige sozialwissenschaftliche Analysen sozialer Ungleichheit lässt sich sagen: Die praktizierten *Formen der Ausgrenzungen* zeigen sich nicht als prinzipieller Mangel an Inklusion, vielmehr in konkreten *Weisen der Inklusion und Exklusion* (vgl. Wansing 2007, S. 288). In diesem Sinne wurden und werden gesellschaftliche Praxen analysiert, in denen sich Armut, Migration, Geschlecht, sexuelle Orientierungen, Behinderungen und Alter als Gegenstände von Teilhabe und Ausgrenzungen konstituieren. So zum Beispiel

```
┌─────────────────────────────────────────────────────────────────────┐
│  Inklusion/Exklusion                                                │
│  Bestimmung gesellschaftlicher Zugehörigkeit über:                  │
│  • Soziale Partizipation (Teilhaberechte)                           │
│  • Interdependenz (gesellschaftliche Arbeitsteilung und wechselseitige soziale │
│    Nahbeziehungen)                                                  │
└─────────────────────────────────────────────────────────────────────┘
              prozessbezogene Beschreibung von Qualitäten der Weisen von Inklusion/Exklusion

┌───────────────────────────────────────┬─────────────────────────────┐
│ Teilhabe/Ausgrenzung eines Menschen   │ Exklusion                   │
│ Entscheidungs- und Einflussmöglichkeiten │ • als gesellschaftliches │
│ bezüglich der Lebensqualität, des     │   Problem: Exklusion als    │
│ politischen Engagements und der sozialen │ ‚Name für die soziale  │
│ Akzeptanz innerhalb einer gesellschaft- │   Frage'                  │
│ lichen Ordnung:                       │ • als Problem für Betroffene:│
│ • materielle Teilhabe                 │   Ausschluss von            │
│ • politisch-institutionelle Teilhabe  │   Teilhabemöglichkeiten am  │
│ • kulturelle Teilhabe                 │   gesellschaftlichen Leben  │
└───────────────────────────────────────┴─────────────────────────────┘
```

Abb. 10.1 Bestimmungen von Inklusion/Exklusion im Anschluss an Kronauer (2002). (© Mirko Moll)

stellt der Band „Teilhabe für alle?! Lebensrealitäten zwischen Diskriminierung und Partizipation" (Diehl 2017) entsprechende Analysen sozialer Ungleichheit zur Diskussion. In diesen sozialwissenschaftlichen Studien werden differente ‚Lebensrealitäten' aus der Perspektive des oben vorgestellten Exklusionsbegriffs beschrieben. So zeigen sich verschiedene Ausgrenzungspraxen, die Menschen nicht außerhalb der inklusionsorientierten gesellschaftlichen Ordnung situieren, sondern diese innerhalb der Ordnung diskriminieren.

Beispiel

Ausgrenzungen innerhalb gesellschaftlicher Ordnungen
Die mit den folgenden Beispielen zitierten Untersuchungen präsentieren sich als Beiträge der „Sichtbarmachung von komplexen Teilhabehindernissen zu deren Überwindung" (Diehl 2017, S. 11). Sie werden eingeführt mit einem Selbstverständnis der „Teilhabe im Sinne eines umfassenden Rechts auf Partizipation […][,] der Freiheit von Diskriminierung, dem Grundprinzip der Inklusion und dem Gleichheitsgebot […] im Sinne der Gewährleistung gleicher Verwirklichungschancen, Einbeziehung in die Gesellschaft und

10.1 Inklusion/Exklusion in sozialwissenschaftlichen Analysen ...

Schutz vor willkürlicher Ungleichbehandlung" (ebd., S. 9). Wir skizzieren einige Aspekte aus den vorgestellten ‚Lebensrealitäten' als sozialwissenschaftliche Analysen sozialer Ungleichheit und die darin aufgerufenen Formen der Ausgrenzung als spezifische Weisen der Inklusion und Exklusion, die (mit sozial ungleichen Lebensqualitäten, Möglichkeiten des politischen Engagements und ungleicher sozialer Akzeptanz) diskriminieren.

In einer Analyse von „Armut als Teilhaberisiko" (Spannagel 2017, S. 86) wird vorgestellt, dass Menschen, die in mindestens einer Lebenslagendimension (Einkommen, Bildung, Erwerbstätigkeit, Gesundheit und Wohnen) dauerhaft eingeschränkt sind, „keine volle gesellschaftliche Teilhabe" (ebd., S. 87) erfahren. Das heißt, dass der Staat damit nicht seinen diesbezüglichen Auftrag erfüllt (vgl. S. 93). Neben diesen Dimensionen werden spezifische Aspekte sozialer Ungleichheit an politischer Teilhabe markiert. So ist zu lesen: „Es gibt einige soziale Gruppen, die überdurchschnittlich stark von Armut betroffen sind. Dazu gehören [unter anderen] Personen mit Migrationshintergrund ebenso wie solche mit einem niedrigen Bildungsniveau. [...] Deutschland ist eine Demokratie. Arme dürfen hierzulande selbstverständlich wählen gehen und sich wählen lassen, in eine Partei eintreten, demonstrieren oder etwa ein Bürgerbegehren anstoßen. [...] Bei jeglichen Formen politischer Beteiligung – von Wahlen über Demonstrationen bis hin zu Parteimitgliedschaften – sind Arme deutlich unterrepräsentiert. [...] Auch ist die politische Lobby der Armen, die vor allem durch Wohlfahrtsverbände (etwa Caritas, Diakonie oder Paritätischer Wohlfahrtsverband) repräsentiert wird, in ihrem tatsächlichen Einfluss schwächer als die Lobbygruppen, die Interessen der Mittel- und vor allem der Oberschicht vertreten – wie zum Beispiel Wirtschafts- oder Berufsvereinigungen. Das Gefühl, das viele Arme haben, dass ihre Stimme letzten Endes doch weniger Bedeutung hat, als die anderer Bevölkerungsschichten, hat einen wahren Kern: [...] So ist für bundespolitische Entscheidungen in Deutschland im Zeitraum von 1988 bis 2013 belegt, dass die Interessen von Personen mit niedrigem Einkommen eine sehr geringe Wahrscheinlichkeit hatten, tatsächlich umgesetzt zu werden" (ebd., S. 94 und 92 f., mit Verweis auf Elsässer et al. 2016, Ergänzung K.P.). Alle aufgeführten Dimensionen werden explizit als Formen der Ausgrenzung bei gleichzeitiger Inklusion und Exklusion beschrieben.

Die hier benannte Determinante sozialer Ungleichheit ‚Migrationshintergrund' steht im Fokus der Abhandlung „Teilhabe und Beteiligung von Menschen mit Migrationshintergrund als notwendige Bedingung für eine moderne pluralistische Gesellschaft" (Taam 2017, S. 206). Diese Studie hält (mit Verweis auf Arbeitsmarkt- und Bildungsberichterstattungen) fest, "dass strukturelle integrationspolitische Problemfelder brach liegen. Auf dem Arbeitsmarkt haben Menschen mit Migrationshintergrund deutlich mehr Schwierigkeiten als Menschen ohne Migrationshintergrund. Auch im Bildungsstand zeigen sich erhebliche Unterschiede. Menschen mit Migrationshintergrund hatten häufiger keinen Schulabschluss oder nur einen Hauptschulabschluss. Zudem hatten sie dreimal häufiger keinen Berufsabschluss. So lassen sich insbesondere – aber nicht ausschließlich – im bildungspolitischen Bereich kolossale Lücken beobachten. Die Desintegration vieler Migrantinnen und Migranten zeigt sich am deutlichsten im schulischen Abstieg der Jugend. [...] Die Gründe dafür sind vielfältig, aber die langfristigen Folgen schon heute voraussehbar. [...] Den Betroffenen ist ihre prekäre Lage bewusst; sie wissen, dass sie die Verlierer der Gesellschaft sind. Entsprechend verhalten sie sich und entwickeln gegenkulturelle Kategorien und Konfliktlösungsmechanismen. Hinzu kommt, dass sie ihre Lebenssituation auch aufgrund der empfundenen Diskriminierung und Ablehnung seitens der deutschen Mehrheitsgesellschaft als perspektiv- und chancenlos bewerten. [...] Die Unterstützung der gleichberechtigten Teilhabe von Migrantinnen und Migranten und ihre damit verbundene Stärkung der Partizipation am gesellschaftlichen und politischen Leben sind ein wichtiger Beitrag zum zivilen Frieden" (ebd., S. 209). In dem Zusammenhang fällt auf, dass hier nicht Inklusion, sondern Integration als Aufgabe der liberalen Demokratie aufgerufen und dabei eine binäre Differenz von „Migrantinnen und Migranten und der Mehrheitsgesellschaft" (ebd., S. 214) konstruiert wird.

Ganz anders liest sich eine Studie, welche die Gewährleistung gleicher Verwirklichungschancen von Frauen und Männern untersucht, obwohl auch hier eine binäre Differenz gebildet wird, mit der sich darstellen lässt, wie Chancenungleichheit in Deutschland wirkt (vgl. ebd., S. 132 ff.). Unter der Überschrift „Geschlechtergerechtigkeit: Zur Teilhabe von Frauen und Männern in Deutschland" (Allmendinger 2017, S. 130) und mit Verweis auf den zweiten Gleichstellungsbericht der Bundesregierung von 2017 wird problematisiert, „welch hoher Anteil bei Hausarbeit nach wie vor Frauen zukommt, wie deutlich die Lohnunterschiede zwischen Frauen und Männern bei vergleichbarer Arbeit, wie riesig die Differenzen im Nettoeinkommen und bei der Altersrente sind, wie selten Frauen Führungspositionen einnehmen" (ebd.). Im Sinne des politischen Modells der deliberativen Demokratie (vgl. oben) heißt es abschließend: „Nun müssen Politik, Tarifpartner_innen und die Zivilgesellschaft in einen aktiven Dialog eintreten und gemeinsam dafür streiten, dass die geforderte und erwünschte Gleichstellung von Frauen und Männern umgesetzt wird und gelebt werden kann" (ebd., S. 153). Neben der

10.1 Inklusion/Exklusion in sozialwissenschaftlichen Analysen ...

unzureichenden politischen Umsetzung gleicher Verwirklichungschancen ruft die entsprechende Studie die „Macht der Stereotype" (ebd., S. 145 ff.) in einer Befragung auf, eine Macht, die ähnliche Vorstellungen klischeehaft ‚auseinanderbringt' und so Frauen und Männer diskriminiert. Mit diesen Weisen der Diskriminierung stellt sich zugleich die Hegemonie der normativen binären Geschlechtsordnung infrage, die alle ‚Lebensrealitäten' exkludiert, die sich nicht in diese Ordnung einfügen. Das verdeutlicht unter anderem ein Bericht „Zur Situation lesbischer, schwuler, bisexueller und queerer Menschen" (Klocke und Küppers 2017, S. 180), in dem Formen der Ausgrenzung wie folgt zusammengefasst werden: „Lesbische, schwule, bisexuelle sowie queere Menschen leiden – ebenso wie trans* und inter* Personen – unter rigiden Geschlechter- und Sexualitätsnormen, die nur zwei Geschlechter anerkennen und die zudem bestimmte Rollenerwartungen und die Anforderungen gegengeschlechtlichen Begehrens beinhalten. Menschen, die diesen Normen nicht entsprechen, werden häufig abgelehnt und im alltäglichen Miteinander diskriminiert. Sowohl das Erleben offener Ablehnung als auch das Verheimlichen der eigenen Sexualität und Identität belasten die Betroffenen. […] Eine konsequente Inklusion von Menschen verschiedenster sexueller Orientierungen ist nur dann möglich, wenn die gesamte Vielfalt an gelebten Beziehungen anerkannt und sichtbar wird" (ebd., S. 197 f.). Quer zu den Diskriminierungen im Rahmen der binären Geschlechterordnung werden Diskrepanzen zwischen konkreten Praxen der Ausgrenzung und dem Inklusionsanspruch, dem Gebot der rechtlichen Gleichstellung und der Forderung nach gesellschaftlicher Partizipation verdeutlicht: „Wir sind – trotz Antidiskriminierungsgesetzgebung – nicht an dem Punkt der gänzlichen Gleichstellung von LSBQ und heterosexueller Mehrheitsgesellschaft angelangt. Dies zeigt sich beispielsweise in einer Benachteiligung lesbischer gegenüber heterosexuellen Bewerberinnen auf dem Arbeitsmarkt, in der Verbreitung homophober Beschimpfungen unter Jugendlichen, in der Vernachlässigung von LSBQ in Schulmaterialien und im Unterricht und der im Vergleich zu Heterosexuellen sehr viel höheren Suizidalität von LSBQ" (ebd., S. 197). Auch in dieser Studie wird Exklusion nicht als Ausschluss, sondern im Sinne eingeschränkter Inklusion bzw. Gleichstellung thematisiert.

Vergleichbare Forderungen finden sich im Zusammenhang mit Beschreibungen der ‚Lebensrealitäten' von intergeschlechtlichen Personen in Deutschland (vgl. Ghattes und Sabisch 2017, S. 158 ff.). Die hier vorgestellten Formen der Ausgrenzung begründen zudem die Verschränkung von Entpathologisierung und gleichberechtigter Teilhabe (vgl. ebd., S. 172). Wir lesen: „Obwohl der politische, rechtliche, medizinische und wissenschaftliche Diskurs über Intergeschlechtlichkeit an Reichweite und Perspektiven gewinnt, bedarf es einer Vielzahl an Maßnahmen, um die Lebenssituation von betroffenen Menschen zu verbessern. [...] [G]rundlegende Menschenrechtsverletzungen [erschweren] die gesellschaftliche Teilhabe intergeschlechtlicher Personen. Die Verletzung der körperlichen Selbstbestimmung durch medizinische Maßnahmen geht mit psychischen und physischen Folgeschäden einher, die die familiäre, schulische und berufliche Situation der Betroffenen nachhaltig beeinflussen können. Hinzu kommt das Verschweigen von Intergeschlechtlichkeit durch Institutionen wie Recht oder Bildung. Denn durch die Weigerung, die binäre Geschlechtsordnung durch gesetzliche Neuregelungen oder die Überarbeitung von Lehrmaterialien zu hinterfragen, bleiben intergeschlechtliche Menschen unsichtbar. Aus diesen Gründen ist es notwendig, Intergeschlechtlichkeit [...] auf allen Ebenen – Medizin, Recht, Politik, Bildung – und unter Mitwirkung der zentralen Akteur_innen – Vereine, Verbände, Selbsthilfegruppen – zu thematisieren und zu entpathologisieren" (ebd., Ergänzung K.P.).

Auch die vorgestellte Untersuchung zur „Partizipation behinderter Menschen" (Hirschberg und Papadopoulos 2017, S. 103) referiert (mit Verweis auf die Behindertenrechtskonvention der Vereinten Nationen) auf strukturelle gesellschaftliche Exklusionsprozesse, die Menschen, welche als behindert adressiert werden, „mit erheblichen Teilhabehindernissen konfrontiert, die eine gleichberechtigte Partizipation an der Gesellschaft deutlich einschränken bzw. diese verhindern" (ebd.). Im Einzelnen heißt es: „Auch wenn zunehmend mehr behinderte Menschen außerhalb von Wohneinrichtungen leben, ist es nicht für alle [...] möglich, ihren Wünschen entsprechend zu wohnen. In ihrer alltäglichen Lebensführung sind sie mit teilweise erheblichen Barrieren konfrontiert. [...] Trotz leichter Fortschritte bei der Beschulung behinderter Schülerinnen und Schüler an Regelschulen gibt es noch erhebliche Hindernisse beim Zugang zum allgemeinen Bildungssystem. [...] Dass der Zugang [zum allgemeinen Arbeitsmarkt] erschwert ist, zeigt die Entwicklung der Arbeitslosigkeit schwerbehinderter im Vergleich zu nichtbehinderten Menschen [...]. Bei der Erarbeitung von Gesetzen bezieht die Regierung zunehmend auch Organisationen behinderter Menschen mit ein [...]. Das Ergebnis ist häufig, dass die am Prozess beteiligten Organisationen letztlich ihre Vorschläge in den Gesetzesentwürfen nur eingeschränkt widergespiegelt sehen" (ebd., S. 113 ff., Ergänzung K.P.). Im Fazit des Textes wird von den „politisch Verantwortlichen auf allen Ebenen [...] gefordert, die gleichberechtigte Partizipation behinderter Menschen nicht nur zu proklamieren, sondern verstärkt umzusetzen" (ebd., S. 122).

10.1 Inklusion/Exklusion in sozialwissenschaftlichen Analysen ...

Von gegenüber den bisher aufgerufenen grundverschiedenen Formen der Ausgrenzung ist in einer Studie zur „Teilhabe älterer Menschen" (Vogel et al. 2017, S. 44) zu lesen. Bezogen auf Partizipation und Diskriminierung im höheren Lebensalter werden die sozial konstruierte Kategorie Alter und der Inklusionsanspruch selbst als Bedingungen für Ausgrenzungen diskutiert. Dabei werden Wirkungen eines ‚Aktivitätsparadigmas' problematisiert, das seinerseits zugleich Inklusions- und Exklusionstendenzen mit sich bringt. Hier heißt es: „Nicht nur die Lebenssituation Älterer, sondern auch ihre Teilhabechancen sind höchst unterschiedlich. Die Darstellung aktueller empirischer Befunde zur Lebenssituation und Teilhabe älterer Menschen in Deutschland macht deutlich, dass ein Vergleich von ‚alt' mit ‚jung' – oder von ‚jungen Alten' mit ‚alten Alten' – oft weniger aussagekräftig ist als vielmehr der Vergleich von Gruppen mit unterschiedlichen Ressourcen und Möglichkeiten innerhalb der Altersgruppen. […] Dass dem lange vorherrschenden negativen Bild des Alters seit einigen Jahren ein aktives, erfolgreiches und produktives Bild des Alters entgegengesetzt wird, geht einher mit dem nichtintendierten Nebeneffekt, ‚Gewinner' und ‚Verlierer' im Alternsprozess zu diagnostizieren: ‚Wer von einem erfolgreichen und produktiven Alter spricht, muss dieses wohl oder übel von einem gescheiterten und unproduktiven Alter abgrenzen.' Mehr noch, eine Kehrseite der im Aktivierungsparadigma geforderten Aktivität im Alter und der Eigenverantwortlichkeit ist die als selbst verschuldet zugeschriebene Ausgrenzung. Die gut gemeinte normative Forderung nach sozialer Teilhabe für alle birgt somit die Gefahr der verstärkten Diskriminierung derjenigen, die eben das nicht können" (ebd., S. 69 f., mit Verweis auf Schroeter 2013).

Die den Band abschließende Studie „Diskriminierungserfahrungen in Deutschland" (Beigang et al. 2017) wurde von der Antidiskriminierungsstelle des Bundes in Auftrag gegeben. Im Rahmen der Studie wurde u. a. eine fragebogenbasierte Betroffenenbefragung umgesetzt, an der sich über 18.000 Menschen mit Diskriminierungserfahrungen beteiligten (vgl. Schlenzka 2017, S. 259 f.). Im Zentrum dieser Studie stehen sozial ungleiche Diskriminierungserfahrungen, die quantitativ wie folgt zusammengefasst werden: „Insgesamt geben 31,4 % der Befragten an, dass sie in den letzten beiden Jahren aufgrund eines oder mehrerer der im AGG geschützten Merkmale diskriminiert worden sind. Werden auch Diskriminierungserfahrungen aufgrund der sozioökonomischen Lage oder weiterer, gesetzlich nicht geschützter Merkmale berücksichtigt, steigt der Anteil der Personen mit Diskriminierungserfahrungen an der Gesamtbevölkerung auf 35,6 %. Dabei wird Diskriminierung aufgrund des Lebensalters vergleichsweise am häufigsten genannt. Etwa jede siebte Person (14,8 %) sah sich davon im besagten Zeitraum betroffen. Dies umfasst sowohl Diskriminierungen aufgrund der Einstufung als zu jung als auch der Einstufung als zu alt. Altersdiskriminierung ist auch deshalb besonders häufig, da grundsätzlich alle Menschen diese erfahren können. […] Aufgrund des Geschlechts oder der geschlechtlichen Identität wurden nach eigener Aussage laut Befragung 9,2 % der Menschen in Deutschland diskriminiert. Hier berichten vor allem Frauen sowie transgeschlechtliche und intergeschlechtliche Menschen von Diskriminierung. Ähnlich weit verbreitet ist Benachteiligung aufgrund der Religion oder Weltanschauung (8,8 %), aus rassistischen Gründen oder wegen der (ethnischen) Herkunft (8,4 %) oder einer Behinderung (7,9 %). Von Diskriminierung aufgrund der sexuellen Orientierung berichten 2,4 % der Bevölkerung […], dabei muss aber bedacht werden, dass auch nur ein geringer Anteil der Befragten eine nichtheterosexuelle Orientierung hat. Auffällig ist der hohe Anteil an Diskriminierungserfahrungen aufgrund der sozioökonomischen Lage, also Diskriminierungen, die auf einen niedrigen Bildungsstand oder aber auch auf ein geringes Einkommen zurückzuführen sind. Insgesamt gaben 10,1 % aller Befragten an, eine solche Diskriminierung erlebt zu haben" (ebd., S. 260 f.). Noch einmal: Nach dieser Studie haben 35,6 % der Gesamtbevölkerung in Deutschland Diskriminierungserfahrungen. Das heißt, 35,6 % der Gesamtbevölkerung in Deutschland sind mit verschiedensten Formen von Ausgrenzungen innerhalb der inklusionsorientierten gesellschaftlichen Ordnung konfrontiert, haben keine oder eingeschränkte Entscheidungs- und Einflussmöglichkeiten bezüglich ihrer Lebensqualität, ihres politischen Engagements und der sozialen Akzeptanz ihrer ‚Lebensrealitäten'.

Anmerkung: Die in den Beispielen wiederkehrend zu lesende Formulierung ‚Diskriminierungen aufgrund' im Zusammenhang mit konstruierten sozialen Gruppenzugehörigkeiten lässt uns stolpern. Wenn das Adverb ‚aufgrund' im Sinne von ‚veranlasst durch' gelesen wird, würde das nach unserem Verständnis die Struktur der Kategorien Armut, Migration, Geschlecht, Sexualität und Alter als ‚Determinanten' sozialer Ungleichheit verkennen. Die Lesart ‚Diskriminierungen angesichts' markiert Ausgrenzungsformen, in denen soziale Ungleichheit (re-)produziert wird, indem zugeschriebene Merkmale systematisch mit Vor- und Nachteilen verbunden und so zu Determinanten sozialer Ungleichheit werden (vgl. Kap. 6, Abschn. 6.3). ◄

Die in den Beispielen aufgerufenen Ausgrenzungspraxen diskriminieren Menschen innerhalb der inklusionsorientierten gesellschaftlichen Ordnung bezüglich der Lebensqualität, des politischen Engagements und der sozialen

Akzeptanz. Als gesellschaftliches Ordnungsprinzip derartiger Inklusions- und Exklusionsprozesse gilt der Sozial- bzw. Wohlfahrtsstaat. Auf ihn richtet sich die Aufmerksamkeit in den weiteren Abschnitten dieses Kapitels. Im folgenden Abschnitt widmen wir uns dem sozialpolitischen Versprechen der Inklusion. Dafür skizzieren wir unsere Lesart eines demokratietheoretischen Erklärungsansatzes und einige sozialpolitische Praxen des Sozialstaates.

10.2 Zum sozialpolitischen Versprechen der Inklusion

Für die Diskussion des sozialpolitischen Versprechens der Inklusion sowie inkludierender/exkludierender sozialstaatlicher Praxen beziehen wir uns auf eine politische Betrachtungsweise von Inklusion in demokratischen Staaten als „Recht *aller* Menschen auf gleichberechtigte und umfassende gesellschaftliche Beteiligung" (Diehl 2017, S. 9, Herv. K.P.). Dieses Versprechen steht der (in Abschn. 10.1 eingeführten) sozialwissenschaftlichen Diagnose der gesellschaftlichen Spaltung nach einer Logik der Teilhabe an und des Ausschlusses von Wohlstand, Beschäftigung und Bürgerstatus gegenüber, in der Armut, Arbeitslosigkeit und Migration als Barrieren für gleichberechtigte gesellschaftliche Teilhabe markiert werden (vgl. Kronauer 2010, S. 41).

Die Ideen zur Umsetzung des Rechts auf Teilhabe, für die der ‚Sozialstaat' verantwortlich zeichnet, beruhen „auf Diskussionen um Menschenrechte und menschenrechtliche Prinzipien" (Diehl 2017, S. 9). Aus dieser Perspektive begründen sich *Vorstellungen des Sozialstaates und des Wohlfahrtsstaates* (als eine sozialstaatliche Organisationsform) einerseits mit einem politisch definierten ‚Wertekanon', der sich über die Ziele „Gerechtigkeit, Gleichheit, Freiheit und Sicherheit" (Krüger 2019, S. 34) ausdrücken lässt, und andererseits mit einem normativen Verständnis sozialer Probleme. Das heißt, „[s]obald bestimmte moralische Ansprüche – namentlich *die Würde des Menschen und die Inklusion* – verletzt oder nicht erfüllt werden, liegt ein *soziales Problem* vor, auf das Sozialstaaten zu reagieren haben" (ebd., S. 22, Herv. und Anpassung K.P.).

In diesem Verständnis werden Demokratien als politische Strukturen vorgestellt, die in unterschiedlichen Weisen politische Gleichheit, Partizipation und ‚*exklusive Teilhabe*' gewährleisten (vgl. Tietje et al. 2021, S. 11). Dabei begründen sich Partizipation (die gesellschaftliche Zugehörigkeit über Teilhaberechte) und Exklusivität der Teilhabe (z. B. als Staatsbürger*innen und Sozialversicherte) mit der Annahme, dass immer mögliche politische Konflikte (Probleme/Streit/Kämpfe in Gemeinwesen) nur durch Diskussionen und Mehrheitsentscheidungen zu bearbeiten sind, die für alle Zugehörigen bindend sein sollen (vgl. Kap. 11, Abschn. 11.2). Dazu ist zu lesen:

> „Demokratie bedarf einer (temporär) abgeschlossenen Gemeinschaft, deren Mitglieder einander Gleichfreiheit zugestehen und daher auch bereit sind, politische Konflikte auszudiskutieren und sich Mehrheitsentscheidungen zu beugen, die ihren Interessen widersprechen. Ohne Solidarität zwischen den Mitgliedern, ohne das gegenseitige Zugeständnis gleicher Rechte kann dies ebenso wenig verwirklicht werden, wie ohne die Begrenzung der ‚Gemeinschaft' […] und der ‚Berechnung und Errechnung der Mehrheiten'" (Mokre 2021, S, 197).

Den zugehörigen Mitgliedern/Bürger*innen eines Sozialstaates wird eine kollektive Verantwortung gegenüber allen Mitbürger*innen zugeschrieben. „Hierfür wird angenommen, dass aus der Mitgliedschaft und Bindung zu einer Gruppe besondere ethische Verpflichtungen folgen" (Krüger 2019, S. 112 f.), die nur für diejenigen gelten, welche als Teil dieser Gruppe (Gemeinschaft oder Gesellschaft) adressiert werden.

Als Zugang zu diesem politischen Verständnis von Inklusion/Exklusion stellen wir unsere Lesart einiger grundlegender Ideen der Teilhabe und Gerechtigkeit zur Diskussion, wie sie in einer „Theorie der *Sozialen Demokratie*" (Meyer 2011, Herv. K.P.) entworfen wurden. Die Theorie verortet sich in einer liberalen *politischen Kultur* (vgl. Kap. 11, Abschn. 11.1). Sie begründet sich mit „Grundrechtsnormen der Demokratie, der Rechtsstaatlichkeit und der sozialen Bürgerschaft" (ebd., S. 83) und erklärt/rechtfertigt verschiedene Politiken des Sozial- und Wohlfahrtsstaates.

Demokratien gelten demnach als sozial (und liberal), wenn sie „die universellen Grundrechte in all ihren völkerrechtlich normierten Dimensionen anerkennen" (ebd., S. 5). Als „*Kern einer normativen Grundlegung Sozialer Demokratie*" (ebd., S. 85, Herv. i. Orig.) und als deren ‚Verpflichtungsbasis' werden nach dem ‚Internationalen Pakt für wirtschaftliche, soziale und kulturelle Rechte' folgende Rechte aufgeführt:

- „Gleichberechtigung von Männern und Frauen,
- Recht auf Arbeit,
- Recht auf gerechte und günstige Arbeitsbedingungen,
- Recht, seinen Lebensunterhalt durch frei gewählte oder angenommene Arbeit selbst zu verdienen,
- gerechter Lohn und gleiches Entgelt für gleichwertige Arbeit,
- ausreichender Lebensunterhalt,
- sichere und gesunde Arbeitsbedingungen,

10.2 Zum sozialpolitischen Versprechen der Inklusion

- Recht, Gewerkschaften zu bilden und Handlungsfreiheit für Gewerkschaften,
- Streikrecht,
- soziale Sicherheit,
- Sicherung eines angemessenen Lebensstandards,
- Schutz vor Hunger,
- Recht auf ein Höchstmaß an körperlicher und geistiger Gesundheit und der dafür notwendigen ärztlichen Behandlung,
- Recht auf Bildung, Ausbildung und eine Erziehung mit dem Ziel der vollen Entfaltung der menschlichen Persönlichkeit und der gesteigerten Achtung vor den Menschenrechten und Grundfreiheiten,
- Grundschulpflicht, Teilnahme am höheren Schulwesen sowie der Universitätsausbildung entsprechend den Fähigkeiten des Einzelnen,
- Recht auf Teilhabe an Kultur" (Meyer 2011, S. 85).

Diese Rechte werden als konstituierende für eine Art universeller „sozialer und ökonomischer Sockelgleichheit" (ebd., S. 85) in Sozialen Demokratien vorgestellt, welche die Rolle einer *regulativen Gerechtigkeitsnorm* bei der Suche nach politischen Lösungen für soziale und ökonomische Konflikte einnehmen kann (vgl. ebd., S. 88, Herv. K.P.).

Bevor wir verschiedene Aspekte des theoretischen Einsatzes skizzieren, möchten wir zentrale Positionierungen der ‚Theorie der Sozialen Demokratie' am Beispiel des ‚Rechts auf Arbeit' als Teilhaberecht und -pflicht im Sozialstaat vorstellen (vgl. Meyer 2011, S. 353).

> **Beispiel**
>
> **Das ‚Recht auf Arbeit als Teilhaberecht und -pflicht im Sozialstaat'**
> Der Band „Theorie der Sozialen Demokratie" (Meyer 2011) thematisiert das ‚Recht auf Arbeit' im Sozialstaat mit vielen verschiedenen Fokussierungen. Bezogen auf Teilhaberechte und -pflichten im Sozialstaat ist zu lesen:
> „Menschenwürde in Verbindung mit sozialer Staatsbürgerschaft begründet die Rechte des Einzelnen auf Teilhabe an den gesellschaftlichen Handlungssystemen, die für die Selbstachtung des Einzelnen und die mit ihr verbundene gesellschaftliche Anerkennung wesentlich sind" (Meyer 2011, S. 353).
> „[Es ist] primär die Pflicht des Einzelnen selbst, durch die ihm möglichen Anstrengungen sich den ihm angemessen erscheinenden Zugang zu diesen Handlungssystemen zu verschaffen: in der Zivilgesellschaft, in der Öffentlichkeit, in der Politik, im Bildungsbereich und in der Wirtschaft" (ebd.).

„Es ist die Verpflichtung des Staates, im Rahmen des ihm Möglichen angemessene Gelegenheiten und Chancen in all diesen Bereichen zur Verfügung zu stellen, die Zugangsbarrieren auf das funktional Unabdingbare zu verringern und die Gleichbehandlung aller Bürgerinnen und Bürger zu ermöglichen. Für die Gegenwartsgesellschaft begründet dieser Anspruch das Recht auf Arbeit" (ebd.).

„Unter der Bedingung der Gleichursprünglichkeit universeller Grundrechte und Grundpflichten lässt sich […] das Argument begründen, dass jede Person, die dazu unter Wahrung ihrer menschlichen Würde in der Lage ist, nicht nur zur Teilhabe am gesellschaftlichen System der Erwerbsarbeit berechtigt, sondern auch verpflichtet ist" (ebd., S. 232).

„Nur dann, wenn nachweisbare Gründe vorliegen, dass eine Person nicht in der Lage ist, sich durch selbstverantwortetes Handeln unter Marktbedingungen ein angemessenes Einkommen zu verschaffen, hat sie auf der Grundlage der sozialen Bürgerrechte den Anspruch auf ein Ersatzeinkommen, das ihre Handlungsfreiheit und sozialen Handlungsmöglichkeiten gegenüber den Chancen, die ein erzielbares Markteinkommen böte, nicht wesentlich verschlechtern" (ebd.).

„Wenn im Falle der nachweislichen Unmöglichkeit für die betreffende Person, sich aus eigener Verantwortung und mit eigenen Kräften am Markt zu behaupten, Risiken für ihre Grundrechtsgeltung eintreten, also beispielsweise durch Arbeitslosigkeit, Krankheit, Alter, Erwerbsunfähigkeit, dann müssen die sozialen Sicherungen, die die Grundrechte garantieren, so wirksam werden, als hätte die Person das ihr mögliche Einkommen am Markt erzielt" (ebd.).

„Dieser Anspruch gilt jedenfalls für einen angemessenen Zeitraum, der es den betreffenden Personen erlaubt, entweder erneut die ihnen angemessene Arbeit zu finden oder ihre Lebenspläne auf die veränderte Situation umzustellen" (ebd., S. 332).

„Unter den Bedingungen der Marktwirtschaft kann es [das Recht auf Arbeit] weder in der Garantie der Erhaltung eines einmal erlangten Arbeitsplatzes bestehen noch in einem einklagbaren Recht auf Beschäftigung für jeden Einzelnen in jeder gegebenen Situation. Aus ihm folgen vielmehr […] [d]ie politische Verpflichtung [,] auf Vollbeschäftigung hinzuwirken […] [sowie] [d]em Einzelnen, der trotz nachgewiesener größtmöglicher eigener Anstrengungen keinen Arbeitsplatz finden kann, nichtdiskriminierende soziale Sicherung zu gewährleisten und ihm diejenigen Hilfen zu geben, die er braucht, um unter den absehbaren Bedingungen der Arbeitsmarktentwicklung erneut Erwerbsbeschäftigung zu finden" (ebd., S. 353, Ergänzung und Anpassungen K.P.).

10.2 Zum sozialpolitischen Versprechen der Inklusion

Mit den ausgewählten Zitaten lenken wir die Aufmerksamkeit zusammenfassend auf folgende Aspekte:

- das Recht auf Teilhabe zur Wahrung der Menschenwürde,
- die Verpflichtung zur Teilhabe an Erwerbsarbeit unter der Bedingung der Wahrung der Menschenwürde,
- die Verpflichtung des Staates zur Ermöglichung der Gleichbehandlung aller Bürger*innen,
- die Verpflichtung des Staates, auf ‚Vollbeschäftigung hinzuwirken',
- das nichteinklagbare Recht auf Erwerbsarbeit,
- die Bedeutung der Teilhabe an gesellschaftlichen Handlungssystemen für Selbstachtung und gesellschaftliche Anerkennung,
- die Verpflichtung der Ausrichtung individueller Lebenspläne an zugänglicher Erwerbsarbeit bzw. an die Bedingungen längerfristiger sozialer Sicherung,
- die ‚primäre' Pflicht und Eigenverantwortung jeder*jedes Einzelnen in Bezug auf den Zugang zu den gesellschaftlichen Handlungssystemen unter Marktbedingungen,
- die Nachrangigkeit des Anspruchs auf ‚Ersatzeinkommen' als soziales Bürgerrecht,
- die Verpflichtung des Staates, ‚im Rahmen des ihm Möglichen' ‚angemessene' Zugangschancen zu schaffen und -barrieren abzubauen,
- die (nachrangige) Verpflichtung des Staates zur Gewährleistung ‚nichtdiskriminierender' sozialer Sicherung. ◄

Die im Beispiel angesprochene Teilhabe am System der Grundrechte fokussiert auf ‚soziale Bürgerrechte und -pflichten' und diese wiederum auf das Konstrukt der ‚sozialen Staatsbürgerschaft' (vgl. Meyer 2011, S. 165). Unter der Voraussetzung dieser Zugehörigkeitsordnung soll die Gleichheit der Grundrechte allen Staatsbürger*innen soziale und ökonomische Rechte garantieren (vgl. ebd.).

Mit dieser Fokussierung lassen sich die Diskussion des sozialstaatlichen Versprechens der Inklusion und sozialstaatliche Praxen der Inklusion/Exklusion auf Arbeitslosigkeit und Armut mit spezifischen Problemkonstruktionen beziehen. Migration, als das dritte Problem, das laut der eingeführten sozialwissenschaftlichen Perspektive das gegenwärtige Bild von Exklusion bestimmt (vgl. Kronauer 2010, S. 41), kommt so nicht explizit in den Blick. Wie eng diese Exklusionsaspekte miteinander verbunden sein können und wie konsequent das sozialstaatliche Versprechen der Inklusion dabei ausgeblendet scheint, davon ist in der Studie „Grenzen aus Glas. Arbeit, Rassismus und Kämpfe der Migration in Deutschland" (Birke 2022) zu lesen.

> **Empfehlung**
>
> **Birke, P. (2022). *Grenzen aus Glas. Arbeit, Rassismus und Kämpfe der Migration in Deutschland*. Wien und Berlin: Mandelbaum.**
> Die Studie geht von der Beobachtung aus, dass es „[i]n unserer Gesellschaft […] mittlerweile viele Tätigkeiten [gibt], die fast ausschließlich von Migrant*innen erledigt werden […][,] von […] Menschen ohne deutschen Pass, von denen viele zur ersten Generation gehören" (Birke 2022, S. 50), Anpassung K.P.]. Sie widmet sich einem ‚blinden Fleck' des öffentlichen Diskurses um Migration und Erwerbsarbeit, dem „Gedanken, dass Erwerbsarbeit unter bestimmten Umständen Ausgrenzung verstärken kann" (ebd., S. 13), und führt diesen Gedanken wie folgt aus:
> „Der blinde Fleck fällt umso mehr auf, als die Ausführung gleicher oder ähnlicher Tätigkeiten in einem auf Migration bezogenen Diskurs als Modus der Integration gefasst wird, während sie in einem arbeitspolitischen Diskurs als Ausbeutung gilt. […] So haben 2020 und 2021 zahlreiche Masseninfektionen zur Skandalisierung der Arbeitsbedingungen u. a. im Online-Versandhandel und in der Fleischindustrie beigetragen. Gerade vor diesem Hintergrund ist es erstaunlich, dass die Gleichung ‚Erwerbsarbeit = Teilhabe' oder gar ‚Arbeit = Teilhabe' selbst diese Krise weitgehend unbeschädigt zu überleben scheint" (ebd., S. 13 f.).
> Mit diesem Fokus werden (auf der Basis einer differenzierten empirischen Studie) zum einen die Arbeitsbedingungen und zum anderen Widerstände zur Diskussion gestellt. Dabei werden Fragen aufgerufen, die prekäre Arbeit insgesamt ansprechen:
> „Viele Momente der Proteste von Migrant*innen […] sind nicht alleine besondere Probleme von Menschen ‚am Rand der Gesellschaft': Denken wir nur an die Arbeitshetze, die gesundheitliche Vernutzung von Arbeitenden. Aber wie können wir erreichen, dass diese Konflikte *gesehen*, in ihrer Allgemeinheit *begriffen* werden, eine politische Form finden?" (ebd., S. 365, Herv. i. Orig.). ◄

Auf der Basis der Gleichheit der Grundrechte, einschließlich des Schutzes der Würde aller Menschen (auch derer, die zeitlich begrenzt oder dauerhaft als tätige Nicht-Bürger*innen, als Gäste oder als Geduldete in einem Staat leben), beschreibt und begründet die ‚Theorie der Sozialen Demokratie' Vorstellungen

10.2 Zum sozialpolitischen Versprechen der Inklusion

der „gerechte[n] Verteilung der sozialen Güter, die durch *gesellschaftliche Kooperation* entstanden sind" (Meyer 2011, S. 152, Herv. i. Orig.). Der Hinweis auf die Entstehung sozialer Güter durch gesellschaftliche Kooperation verweist auf gesellschaftliche Interdependenz- und Abhängigkeitsverhältnisse (vgl. Jaeggi 2021, S. 50 f.). Aufgrund dieser Verflechtungen resultiert der soziale Zusammenhalt moderner Gesellschaften strukturell „aus Prozessen zunehmender Arbeitsteilung, die ihrerseits ein gleichzeitiges Wachstum von Individualität und Abhängigkeit, von Selbstentfaltung und Sozialverstrickung mit sich bringen" (Große Kracht 2021, S. 75). Als Norm, welche die Verteilung sozialer Güter in einer Sozialen Demokratie als gerecht erscheinen lässt, wird die schon erwähnte regulative Gerechtigkeitsnorm ‚sozialer und ökonomischer Sockelgleichheit' aufgrund gleicher Rechte und Pflichten aller Staatsbürger*innen vorgestellt, wenn es heißt:

„Gerechtigkeit bestimmt das, was Menschen einander schulden und worauf sie aus diesem Grund einen zwingenden Rechtsanspruch haben, den durchzusetzen eine der zentralen Verpflichtungen staatlicher Gewalt ist. Bei den Pflichten aus Gerechtigkeit handelt es sich um ein symmetrisches Verhältnis von Rechten und Pflichten auf der Grundlage der Gleichheit aller Beteiligten" (Meyer 2011, S. 161).

Die zu verteilenden Güter lassen sich als ‚soziale Lebenschancen' umschreiben, „vor allem im Bildungsbereich, in der Arbeits- und Steuerpolitik sowie der Organisation und der Systeme sozialer Sicherung" (Meyer 2011, S. 202). Sie gerecht zu verteilen hieße, sich politisch an der Idee *gleicher Lebenschancen* (ebd., S. 163) zu orientieren.

Dabei ist zu berücksichtigen, dass die universellen Grundrechte durch gesellschaftliche Strukturen, Prozesse und symbolische Ordnungen (wie z. B. durch Strukturen des Marktkapitalismus, Prozesse der Umweltzerstörung und kulturell-hegemoniale binäre Geschlechterverhältnisse) systematisch eingeschränkt sein können (vgl. ebd., S. 99 ff.). Diese *gesellschaftlichen Risiken* für die Grundrechte lassen sich als Konstruktionen ‚sozialer Gefährdungslagen' beschreiben, „denen alle Personen in einer in dieser Hinsicht vergleichbaren sozialen Situation, unabhängig von ihren individuellen Entscheidungen, ausgesetzt sind" (ebd., S. 94). Dazu gehören sozio-strukturelle, sozio-technologische und sozio-kulturelle Risiken (wie z. B. ökonomischer Mangel, umweltbedingte Krankheiten und institutionelle Diskriminierungen), die durch politische Strategien so kompensiert werden sollen, dass alle Menschen ihre Grundrechte in Anspruch nehmen können.

Der Begriff der *gesellschaftlichen Inklusion* bezeichnet in diesem Zusammenhang das an den Grundrechten und der Lebenschancengleichheit orientierte *Ziel der staatlichen Absicherung sozio-struktureller Risiken* durch Risikovermeidung und/oder Risikokompensation (vgl. ebd., S. 193 f.) (vgl. Abb. 10.2).

Als eine der „zentralen politischen Handlungsstrategien, mit denen die dazu verpflichteten institutionellen Akteure auf die sozio-strukturellen Risiken reagieren, um die Sicherung der Grundrechte der Bürger zu gewähren" (ebd., S. 319), gilt der *Sozialstaat* „als Gesamtheit der Systeme sozialer Sicherung" (ebd., S. 196).

„In allen Fällen, in denen die Grundrechte von Personen bedroht sind, besteht eine Handlungspflicht des Staates. Sie besteht im Hinblick auf die bürgerlichen und politischen Grundrechte unbedingt und unverzüglich, im Hinblick auf die sozialen und wirtschaftlichen Grundrechte nach Maßgabe der verfügbaren materiellen Handlungsressourcen. Sie besteht in allen Fällen unbedingt, in denen die betroffenen Personen nicht selbst in der Lage sind, nach dem Prinzip der Selbstverantwortung auf angemessene und zumutbare Weise Abhilfe zu schaffen" (Meyer 2011, S. 193).

„Dieser Gewährleistungspflicht kann er [der Staat] nicht nur durch *eigene Leistungen* und durch die *Beauftragung von Leistungserbringern* in Wirtschaft und

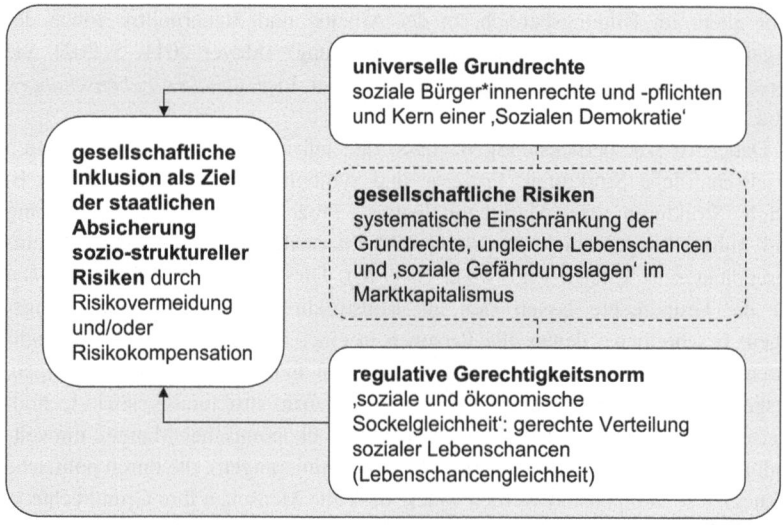

Abb. 10.2 Gesellschaftliche Inklusion im Kontext der ‚Theorie Sozialer Demokratie' nach Meyer (2011). (© Mirko Moll)

10.2 Zum sozialpolitischen Versprechen der Inklusion

Gesellschaft oder die *rechtsförmige Verpflichtung von Bürgern* zur Eigenvorsorge gerecht werden, sondern ebenso, oft wesentlich erfolgreicher und angemessener, durch staatliche Vor- und Begleitleistungen für die aktive Zivilgesellschaft [kollektive Selbsthilfe]" (ebd., S. 197, Herv. i. Orig., Ergänzungen K.P.)

Aus der Perspektive der ‚Theorie der Sozialen Demokratie' kann der Sozialstaat seiner Pflicht zur Sicherung der sozialen und ökonomischen Grundrechte demnach in unterschiedlichen Weisen nachkommen, „solange damit die grundrechtlich gebotenen Ziele erreicht werden" (Meyer 2011, S. 193). Zu den politischen Strategien, durch die gesellschaftliche Risiken kompensiert werden sollen, gehören die Sozialversicherungen und die steuerfinanzierten Sicherungssysteme. Ihr Verhältnis zueinander wird als *„zivilgesellschaftlich verstandene[s] Subsidiaritätsprinzip"* (ebd., S. 197, Herv. i. Orig.) vorgestellt, das „zunächst zivilgesellschaftliche Bürgerpflichten und erst in zweiter Linie staatliche Gewährleistungsgarantien" (ebd.) beansprucht.

Der Sozialstaat Deutschland kommt demnach seiner Verpflichtung nach, in dem er mittels gesetzlich vorgeschriebener Sozialversicherungen (Kranken-, Arbeitslosen-, Renten-, Pflegeversicherung) die ‚primäre' und vorgängige Eigenverantwortung der Bürger*innen zur Erfüllung individueller und kollektiver Pflichten einfordert und diese ggfs. mit nachrangigen steuerfinanzierten Leistungen ergänzt.

Eine kritische Auseinandersetzung mit diesem scheinbaren Selbstverständnis positioniert die Etablierung des Sozialversicherungssystems als ‚funktionale', aber ‚a-soziale' Sicherung gegen zunehmende sozio-strukturelle Risiken des Marktkapitalismus ohne Bezug zu sozialstaatlichen Gerechtigkeitsnormen wie z. B. den Ideen der Grundrechte und gleichen Lebenschancen.

„Mit der Erfindung des Berufsrisikos und der Sozialversicherung, deren Logik schon bald darauf zielte, über das Risiko der Arbeitsunfälle hinaus auch die weiteren ‚Standardrisiken des industriellen Erwerbslebens', also Krankheit und Alter, später auch Arbeitslosigkeit, in ihren Auswirkungen kollektiv abzusichern, war seit dem späten 19. Jahrhundert ein postliberaler Mechanismus der Vergesellschaftung entstanden, der über das gesamte 20. Jahrhundert großen Erfolg und festen Bestand haben sollte. […] Mit der Erfindung der Sozialversicherungen wurden die individualistischen Verantwortungswahrnehmungen des liberalen Denkens in sozialethischer Hinsicht […] durch ein kollektives, postliberales Organisationsmodell zur Regulierung der neuen Normalitätslagen der Industriegesellschaft ersetzt. Dieses scheint in seiner Rationalität ohne jede individuelle Moral, ohne jeden überlieferten Begriff von Recht und Gerechtigkeit auszukommen. […] [E]s kennt nur Formulare, Richtlinien und Vorschriften. […] Es ist in hohem Maße ‚a-sozial' und unsensibel; und trotzdem ist es funktional und effektiv" (Große Kracht 2021, S. 50).

Dennoch werden die Systeme der Sozialversicherungen häufig als *Solidarsysteme* bezeichnet. Bei der Verwendung dieser Formulierung ist zu bedenken, dass es sich bei Sozialversicherungen um „verpflichtende Form[en] der Solidarität" (Mokre 2021, S. 194 f., Anpassung K.P.) und um ‚*exklusive*' *Solidaritäten* handelt, im Unterschied zu Praktiken zivilgesellschaftlicher Solidarität (wie z. B. Nachbarschaftshilfen oder spendenfinanzierte Nothilfen und Seenotrettungen).[2]

Nur wer den Verpflichtungen der Solidarsysteme nachkommt, ist „zur Gewährleistung von Leistungen in den im Rahmen des Versicherungsvertrages festgelegten Fällen" (Meyer 2011, S. 339) berechtigt. Die Unterscheidung von Inklusion/Exklusion zwischen einzahlenden Mitgliedern und nichteinzahlenden Nichtmitgliedern der einzelnen Versicherungssysteme geht einher mit ungleichen Teilhabechancen und sozialen Ausgrenzungen. Dies drückt unter Anderem das folgende Zitat aus:

> „Dieses Versicherungsdenken impliziert ein exklusives Verständnis von Solidarität, da nicht alle von diesen Solidarbeiträgen profitieren. Gerade Personen, die den gesellschaftlichen Normen nicht entsprechen und/oder die Beiträge nicht zahlen können, fallen heraus, obwohl sie die Versicherungsleistungen eigentlich besonders nötig hätten. Für jene Herausgefallenen sind wohlfahrtsstaatliche Instrumente zuständig, die der *Bedürftigkeitslogik* folgen" (Schwenken und Schwiertz 2021, S. 168).

Mit den aufgerufenen ‚der Bedürfnislogik folgenden wohlfahrtsstaatlichen Instrumenten' wird auf das Subsidiaritätsprinzip (nachrangiger) steuerfinanzierter Sozialleistungen verwiesen. Zu wohlfahrtsstaatlichen Formen der Gewährleistung von Grundrechten sind Sozialstaaten demnach nur verpflichtet, wenn Menschen die ihnen zustehenden sozialen und ökonomischen Rechte nicht eigenständig und/oder mittels ‚exklusiver' und/oder zivilgesellschaftlicher Solidarität erreichen können.

---

[2] Auch Praktiken zivilgesellschaftlicher Solidarität lassen sich in der nachfolgend diskutierten ‚Logik' des ‚aktivierenden Sozialstaates' verorten. Mit Blick auf „Ambivalenzen von Solidarität in der aktiven Bürgergesellschaft" (Tietje 2021, S. 134) wird darauf verwiesen, dass diese „in Bezug auf die Unterstützung Geflüchteter durch die Zivilgesellschaft in besonders deutlicher Weise sichtbar [wird]. Diese Aktivierung der zivilgesellschaftlichen Bürgerschaft führt liberale Ideale, humanistische Weltbilder und subsidiäre Regulierungen zusammen und transformiert das Strukturprinzip des Wohlfahrtsstaates zu einem Eigenaufwand minimierenden Sozialstaat, der sich selbst durch zivilgesellschaftliches Engagement entlastet" (ebd., S. 136).

10.2 Zum sozialpolitischen Versprechen der Inklusion

Da wohlfahrtsstaatliche Leistungen von den (von allen zu zahlenden) Steuern finanziert werden, werden auch sie zuweilen als Solidarleistungen deklariert. Aus Sicht der ‚Theorie der Sozialen Demokratie' ist die Rhetorik der Solidarität abzulehnen, da mit ihr „sehr viel leichter und mit verringerter Beweislast die soziale und kulturelle Offenheit des rechtlich gewährten Maßes an Hilfen in Richtung auf das Minimum interpretiert werden" (Meyer 2011, S. 162) kann.

Das *Prinzip des Wohlfahrtsstaates* gilt als die gesellschaftliche ‚Institutionenordnung', die „auf das Ziel verpflichtet [ist], […] die Inklusion *aller* Bürgerinnen und Bürger in die gesellschaftlichen Teilsysteme zu ermöglichen" (Olk und Hübenthal 2013, S. 270, Herv. K.P.). Die Umsetzung dieser wohlfahrtsstaatlichen Pflicht liest sich z. B. in einem Urteil des Bundesverfassungsgerichtes (zu den Leistungen der ‚Grundsicherung') wie folgt:

„[D]as Grundrecht auf Gewährleistung eines menschenwürdigen Existenzminimums […] sichert jedem Hilfebedürftigen diejenigen materiellen Voraussetzungen zu, die für seine physische Existenz und für ein Mindestmaß an Teilhabe am gesellschaftlichen, kulturellen und politischen Leben unerlässlich sind" (BVerfG 2010, o. A., Anpassung K.P.).

In dieser Auslegung verweist das Konstrukt der *‚Hilfebedürftigkeit'* auf die vorrangige Eigenverantwortung sowie die grundsätzliche Nachweispflicht des individuellen Anspruchs auf wohlfahrtsstaatliche Leistungen. Geprüft werden die Leistungsansprüche auf der Grundlage von ‚Regelsätzen für Sozialhilfe und Grundsicherung', die in sechs abgestuften ‚Regelbedarfsstufen' (Alleinlebende und Alleinerziehende, Partner*innen in Bedarfsgemeinschaften, Volljährige in Einrichtungen und nichterwerbstätige Erwachsene unter 25 Jahren im Haushalt der Eltern, Jugendliche von 14 bis 17 Jahren, Kinder von 6 bis 13 Jahren und Kinder von 0 bis 5 Jahren) festgelegt werden (vgl. Bundesregierung 2022, o. A.). Die Bundesregierung und Kritiker*innen aktueller Politiken des Wohlfahrtsstaates stellen die Festlegungen der Regelsätze in sehr unterschiedlichen Weisen vor. Wir zitieren zwei Beispiele medialer Inszenierungen zu den Berechnungen der Regelsätze.

Beispiel

Vorstellungen der Berechnungen von Regelsätzen für die ‚Grundsicherung'

„Das Statistische Bundesamt errechnet die sogenannte Fortschreibung der Regelbedarfe jährlich anhand eines Mischindex. Dieser setzt sich zu 70 % aus der Preisentwicklung und zu 30 % aus der Nettolohnentwicklung zusammen. Grundsätzlich festgelegt werden die Regelsätze auf Basis einer Einkaufs- und Verbraucherstichprobe (EVS). Diese wird alle fünf Jahre durchgeführt […]. In den Jahren, in denen keine EVS durchgeführt wird, ist eine Fortschreibung der Regelbedarfsstufen vorgesehen. Die Preisentwicklung wird ausschließlich aus regelbedarfsrelevanten Waren und Dienstleistungen ermittelt. Dazu gehören neben Nahrungsmitteln und Kleidung etwa auch Fahrräder und Hygieneartikel. Kosten für Zeitungen und Friseurbesuche fließen ebenso in die Berechnung ein. Die Nettolohnentwicklung wird auf Grundlage der durchschnittlichen Lohn- und Gehaltsentwicklung berechnet" (Bundesregierung 2022, o. A.).

„Für die Ermittlung des Regelbedarfs bei Hartz IV[3] dienen laut Regelbedarfsermittlungsgesetz (RBEG) sowohl die Preisentwicklung für regelbedarfsrelevante Güter als auch Einkommens- und Verbrauchsstichproben als Berechnungsgrundlage. […] [D]er Paritätische Wohlfahrtsverband […] wirft der Regierung in diesem Zusammenhang ‚unverschämtes Kleinrechnen' der Regelsätze vor. Besonders das ‚intransparente' Statistikmodell des BMAS ist dem Verband dabei ein Dorn im Auge: ‚Was wir bei der Berechnung der Regelsätze erleben ist keine Statistik, sondern ihr Missbrauch. Allein wenn die Bundesregierung das von ihr selbst gewählte Statistikmodell konsequent und methodisch sauber anwenden würde, müsste der Regelsatz nicht bei 439 €, sondern bei über 600 € liegen', so Ulrich Schneider, Geschäftsführer des Paritätischen in einer Stellungnahme. […] Aus Sicht des Paritätischen sei eine Bestimmung des Regelsatzes auf diese Weise zudem nicht repräsentativ für den tatsächlichen Bedarf von Hartz IV Empfängern. Die als Berechnungsgrundlage herangezogenen Verbrauchsstichproben stellen die Ausgaben der ärmsten 15 % der Bevölkerung dar. Die niedrigen Ausgaben dieser Referenzgruppe könnten also genauso gut Ergebnis des eingeschränkten Budgets und demnach für eine bedarfsorientierte Ermittlung des Regelsatzes völlig ungeeignet sein" (Hacker 2020, o. A.). ◄

Die Qualifizierungen der Regelsätze als ‚*menschenwürdiges Existenzminimum*' bzw. ‚*Mindestmaß an Teilhabe*' verorten das Ziel der Inklusion „innerhalb des normativen Begründungsdiskurses des […] aktivierenden Wohlfahrtsstaates, [der] zum gängigen […] sozialwissenschaftlichen Narrativ […] als Gegenpart zum

---

[3] Zum Jahr 2023 wurde die Grundsicherung von ‚Hartz IV' in ein sogenanntes ‚Bürgergeld' überführt.

10.2 Zum sozialpolitischen Versprechen der Inklusion

immer stärker werdenden Phänomen der Exklusion" (Olk und Hübenthal 2013, S. 195) geworden scheint. Diese These wollen wir mit Bezug auf das SGB II, das Zweite Sozialgesetzbuch „Grundsicherung für Arbeitssuchende" (BMJ 2003, o. A.), begründen.

Die Einführung der Gesetze der ‚Agenda 2010', darunter das 2003 in Kraft getretene sogenannte ‚Hartz-IV'-Gesetz, wurde politisch als wesentlichste ‚Anpassungsleistung' der *Mindestsicherung* des Sozialstaates begründet. Mit dieser Sozialpolitik, die im ersten Kapitel des SGB II unter der Überschrift „Fördern und Fordern" (ebd.) vorgestellt wird, setzt der *‚aktivierende Sozialstaat'* u. a. „auf die Förderung der Selbst-Integration" (Beisenherz 2002, S. 195). Im SGB II werden die Ziele und Aufgaben der ‚Grundsicherung für Arbeitssuchende' (§ 1) und der ‚Grundsatz des Forderns' (§ 2) vorgestellt:

„(1) Die Grundsicherung für Arbeitsuchende soll es Leistungsberechtigten ermöglichen, ein Leben zu führen, das der Würde des Menschen entspricht.
(2) Die Grundsicherung für Arbeitsuchende soll die Eigenverantwortung von erwerbsfähigen Leistungsberechtigten und Personen, die mit ihnen in einer Bedarfsgemeinschaft leben, stärken und dazu beitragen, dass sie ihren Lebensunterhalt unabhängig von der Grundsicherung aus eigenen Mitteln und Kräften bestreiten können. Sie soll erwerbsfähige Leistungsberechtigte bei der Aufnahme oder Beibehaltung einer Erwerbstätigkeit unterstützen und den Lebensunterhalt sichern, soweit sie ihn nicht auf andere Weise bestreiten können. Die Gleichstellung von Männern und Frauen ist als durchgängiges Prinzip zu verfolgen. Die Leistungen der Grundsicherung sind insbesondere darauf auszurichten, dass 1. durch eine Erwerbstätigkeit Hilfebedürftigkeit vermieden oder beseitigt, die Dauer der Hilfebedürftigkeit verkürzt oder der Umfang der Hilfebedürftigkeit verringert wird, 2. die Erwerbsfähigkeit einer leistungsberechtigten Person erhalten, verbessert oder wieder hergestellt wird, 3. geschlechtsspezifischen Nachteilen von erwerbsfähigen Leistungsberechtigten entgegengewirkt wird, 4. die familienspezifischen Lebensverhältnisse von erwerbsfähigen Leistungsberechtigten, die Kinder erziehen oder pflegebedürftige Angehörige betreuen, berücksichtigt werden, 5. behinderungsspezifische Nachteile überwunden werden, 6. Anreize zur Aufnahme und Ausübung einer Erwerbstätigkeit geschaffen und aufrechterhalten werden.
(3) Die Grundsicherung für Arbeitsuchende umfasst Leistungen zur
1. Beratung, 2. Beendigung oder Verringerung der Hilfebedürftigkeit insbesondere durch Eingliederung in Ausbildung oder Arbeit und 3. Sicherung des Lebensunterhalts. [...]
(1) Erwerbsfähige Leistungsberechtigte und die mit ihnen in einer Bedarfsgemeinschaft lebenden Personen müssen alle Möglichkeiten zur Beendigung oder Verringerung ihrer Hilfebedürftigkeit ausschöpfen. Eine erwerbsfähige leistungsberechtigte Person muss aktiv an allen Maßnahmen zu ihrer Eingliederung in Arbeit mitwirken, insbesondere eine Eingliederungsvereinbarung abschließen. Wenn eine Erwerbstätigkeit auf dem allgemeinen Arbeitsmarkt in absehbarer Zeit nicht mög-

lich ist, hat die erwerbsfähige leistungsberechtigte Person eine ihr angebotene zumutbare Arbeitsgelegenheit zu übernehmen.
(2) Erwerbsfähige Leistungsberechtigte und die mit ihnen in einer Bedarfsgemeinschaft lebenden Personen haben in eigener Verantwortung alle Möglichkeiten zu nutzen, ihren Lebensunterhalt aus eigenen Mitteln und Kräften zu bestreiten. Erwerbsfähige Leistungsberechtigte müssen ihre Arbeitskraft zur Beschaffung des Lebensunterhalts für sich und die mit ihnen in einer Bedarfsgemeinschaft lebenden Personen einsetzen" (BMJ 2003, o. A.).

Die Leistungen der ‚Mindestsicherung' zur Förderung, Eingliederung und Teilhabe am Arbeitsmarkt, die Festlegungen zur Zumutbarkeit und zu Pflichtverletzungen, die Regelungen zum Arbeitslosengeld II, Sozialgeld, Leistungen für Bildung und Teilhabe sowie die Festlegungen zu Bedarfen zur Sicherung des Lebensunterhalts und zu den weiteren Bedarfen (vgl. BMJ 2003, §§ 10 ff., o. A.) als Teil eines ‚Umbruchs des Wohlfahrtsstaates' (vgl. Butterwegge et al. 2005, S. 11) werden immer wieder problematisiert. Die Kritiken begründen sich damit, dass unter der Maßgabe, Eigenverantwortung zu *fördern* und Eigenleistungen zu *fordern* (vgl. BMJ 2003, SGB II, § 2), einerseits Arbeitnehmer*innenrechte beschnitten wurden und der Druck auf Menschen ohne anerkannte Erwerbsarbeit erhöht wurde und andererseits Sozialleistungen erheblich gekürzt wurden.

Die im Gesetz verankerten Maßnahmen der Arbeitsförderung und Leistungen der Grundsicherung (Arbeitslosengeld II und Sozialgeld, ab 2023 als Bürgergeld konzipiert) schützen nicht vor ökonomischer Armut, auch wenn sie das Risiko erheblich reduzieren. Die Komplexität der kritisierten Sozialpolitik deutet sich im folgenden Zitat an. Nach unserem Verständnis wird hier die Verwobenheit der scheinbaren Selbstverständlichkeiten von ‚Aktivierungen' und Leistungskürzungen, von individuellen Verantwortungszuschreibungen und Ausblendungen gesellschaftlicher Bedingungen der aktuellen deutschen Sozialpolitik besonders deutlich:

„Kaum eine sozialpolitische Veränderung wurde in der jüngeren Vergangenheit wohl so intensiv kritisch diskutiert wie das aufkommende Leitbild vom aktivierenden Sozialstaat bzw. die Umsetzung aktivierender Sozialpolitiken. Auf der individuellen Ebene verschiebt der aktivierende Sozialstaat die Verantwortung für die Wohlfahrtsproduktion von der Gesellschaft auf das Individuum […]. Die klassischen Aufgaben der Sozialpolitik – Risiken des Marktes auszugleichen, Einkommensungleichheiten zu begrenzen und Schutz vor Armut und Ausgrenzung zu gewährleisten – treten in den Hintergrund. In den Vordergrund rückt vor allem das Ziel, bei allen Arbeitsfähigen eine Beteiligung am Arbeitsmarkt und die Erzielung von Erwerbseinkommen zu erreichen, unabhängig davon, unter welchen Bedingungen das geschieht" (Leiber und Leitner 2017, S. 109).

10.2 Zum sozialpolitischen Versprechen der Inklusion

Mit den Formen der Inklusion/Exklusion im Kontext des skizzierten wohlfahrtsstaatlichen Umbruchs verbinden sich Diskriminierungen und Stigmatisierungen von Jugendlichen mit und ohne Hauptschulabschluss an den ‚Schwellen zum Arbeitsmarkt' und von Menschen, die ohne anerkannte Erwerbsarbeit ihr Leben gestalten. Sie werden als ‚das neue Prekariat' und als „die Überflüssigen" (Bude und Willisch 2008) adressiert. Der Spielfilm „Ich, Daniel Blake" (Loach 2016) thematisiert solche Diskriminierungen im britischen System sozialstaatlicher Leistungen. Das ist die Art Sozialpolitik, an der sich der ‚Umbruch' des deutschen Wohlfahrtsstaates orientierte.

Empfehlung

Loach, K. (2016). *Ich, Daniel Blake*. Großbritannien, Frankreich, Belgien.
Der Spielfilm „Ich, Daniel Blake" kann als Milieustudie im britischen Newcastle rezipiert werden. Er erzählt die Geschichte eines Menschen in dem Versuch, sich gegen die Verweigerung von Sozialleistungen zu wehren und dabei seine Würde zu bewahren. Daniel, bei dem umstritten ist, ob er nach einem Herzinfarkt arbeitsunfähig ist, muss sich, ebenso wie die alleinerziehende Mutter Katie, mit der Sozialpolitik sowie den unerbittlich fordernden und hart sanktionierenden bürokratischen Praxen des Staates auseinandersetzen. Diese werden in vielen Filmszenen und dokumentarisch wirkenden Sequenzen scharf kritisiert. Der Trailer zum Film ist u. a. hier abrufbar: https://www.youtube.com/watch?v=vJ5tzlCE0Zo (Zugegriffen: 01. August 2022). ◄

Erklären lässt sich die Ausrichtung der Sozialpolitik auf Beteiligung am Erwerbsarbeitsmarkt und auf Erwerbseinkommen mit dem Recht auf und die Pflicht zur Aufnahme von Erwerbsarbeit als „zentrale soziale Grundwerte" (Meyer 2011, S. 354). So begründet sich auch die Markierung zweier ‚Schlüsselfragen für das Projekt der Sozialen Demokratie' (vgl. ebd.):

> „Wie kann […] unter den bekannten empirischen Bedingungen [des Marktkapitalismus] Erwerbsarbeit für alle erreicht werden und wie kann das unvermeidliche Maß an Flexibilität in der Arbeit mit sozialer Sicherheit und Kontinuität vereinbart werden?" (Meyer 2011, S. 354, Ergänzung K.P.).

Erwerbsarbeit wird bei der Suche nach möglichen Antworten auf diese Fragen als alternativlos dargestellt, etwa wenn es heißt: „Der Zugang aller zu angemessen entlohnter und zumutbarer Erwerbsarbeit ist als soziales Grundrecht nicht substituierbar" (ebd.). Zugleich werden jedoch ‚Relativierungen' dieser scheinbaren Selbstverständlichkeit durch die Abwertung von Erwerbsarbeit für das eigene Selbstbild sowie die Aufwertung anderer Formen gesellschaftlich anerkannter Tätigkeiten thematisiert (vgl. ebd.). Daran ändern auch die aktuellen Änderungen der Bundesregierung zum „Bürgergeld als Hartz IV Ersatz" (Maßmann 2022, o. A.) nichts. Zwar sollten die Leistungen ‚angemessen' angehoben, Sanktionen reduziert und „die Lebenssituation der Betroffenen besser berücksichtig[t] werden" (ebd., Anpassung K.P.). Erklärtes Ziel bleibt es jedoch, dass „Bedürftige schneller wieder Fuß auf dem Arbeitsmarkt fassen" (ebd.).

Auseinandersetzungen mit Problemen und Chancen der Lebensgestaltung jenseits angemessen entlohnter und anerkannter Arbeit (in einem Sozialstaat, der sich dem Ideal der Vollbeschäftigung verpflichtet) können dafür sensibilisieren, dass das skizzierte Verständnis vom Leben mit und ohne Erwerbsarbeit nicht alternativlos ist. Menschen, deren Ausbildungs- und Arbeitsmarktchancen aus unterschiedlichen Gründen eingeschränkt sind, begegnen dieser Situation zum Teil sehr kreativ und produktiv (vgl. Puhr 2009, S. 134 ff.). Menschen, deren Leben nicht durch Erwerbsarbeit strukturiert wird, benötigen Alternativen für Selbstrespekt, Motivation, soziale Teilhabe und Weltbezüge (vgl. ebd., S. 10). Für ein Leben ohne Erwerbsarbeit als ‚vorgegebenes Zentrum' bedarf es eines individuellen ‚sozialen, zeitlichen und räumlichen Netzes' (vgl. ebd., S. 56). Menschen müssen zum Beispiel ihre eigenen Zeitstrukturen entwickeln, Alltagsstrukturen schaffen, Zeit- und Lebensrhythmen erproben (vgl. Nowotny 1990, S. 36). Sie müssen ‚marktunabhängige' Alltagskompetenzen entwickeln, individuell sinnvolle Beschäftigungen praktizieren, soziale Strukturen pflegen, sich neue Sozialkontakte erschließen, lernen, mit eingeschränkten Gestaltungsmöglichkeiten zu leben und Strategien gegen Stigmatisierungen auszubilden (vgl. Puhr 2009, S. 127).

Von hier aus kann sich die Frage stellen, wie Inklusion möglich ist, wenn nicht vorrangig durch Organisation von Erwerbsarbeit (vgl. Engler 2005, S. 115 f.). Bei der Suche nach möglichen Antworten auf diese Frage in der ‚Theorie der Sozialen Demokratie' sind wir auf die Sichtweise gestoßen, „dass *Wohlfahrtsstaaten* nicht bloße Schutzreaktionen gegen den Kapitalismus und die sozialen Unvollkommenheiten der Märkte sind, sondern *selbst ein produktiver Bestandteil des Kapitalismus*" (Meyer 2011, S. 318), und dass „Wohlfahrtsstaatsregime als ein Instrument zu verstehen sind, Strukturen und Ergebnisse des ökonomischen Systems auf politischem Wege zu beeinflussen" (ebd., S. 253).

Bezogen auf die *Risiken der Einschränkungen der Grundrechte durch Strukturen des Marktkapitalismus* wird als Konsens vorgestellt, dass der Sozialstaat „die Grundrechte und Bedürfnisse der Bürger in den ‚fünf großen' Handlungsbereichen Gesundheit, Erziehung/Bildung, Wohnen, soziale Sicherheit und

10.2 Zum sozialpolitischen Versprechen der Inklusion

personenbezogene Dienstleistungen [insbesondere] dem Wirken bloßer Marktkräfte durch politisch vermittelte Leistungsgarantien entziehen muss. In jüngster Zeit sind die Handlungsbereiche Umwelt, Freizeit, Transport und Stadt- und Landschaftsplanung hinzugekommen" (ebd., S. 320, Ergänzung K.P.). In dem Zusammenhang werden paradoxe Verflechtungen zwischen den politischen Systemen der Demokratien und dem ökonomischen System des Marktkapitalismus wie folgt beschrieben:

> „Einerseits gilt es als ein gut bestätigtes Ergebnis der Forschung über die Entstehungs- und Stabilitätsvoraussetzungen von Demokratien, dass das ökonomische System des Marktkapitalismus wegen seiner freiheitlichen Verkehrsformen und seiner beispiellosen Leistungsfähigkeit zu den Voraussetzungen funktionsfähiger und stabiler Demokratisierung gehört. Andererseits gelangt die vergleichende Demokratieforschung regelmäßig zu dem Ergebnis, dass die Dominanz der Strukturen liberaler Marktwirtschaft wegen der Ungleichheiten und Unsicherheiten, die sie erzeugen, die Grundlagen demokratischer Legitimität und Stabilität untergraben" (Meyer 2011, S. 5).

Die Interdependenz- und Abhängigkeitsverhältnisse politischer und ökonomischer Systeme lassen sich damit erklären, dass *Geld als universales Inklusionsmedium* moderner funktional differenzierter Gesellschaften anzusehen ist. Die Organisationen aller gesellschaftlichen Teilsysteme funktionieren nur mit ökonomischem Kapital. „Recht, Wissenschaft und Politik, [Bildungs- und Freizeitangebote, Gesundheitsfürsorge, Wohnen, soziale Sicherung, Umweltschutz, Stadt- und Landschaftsplanung, Transport usw.] sind nicht möglich ohne Organisationen; Organisationen sind aber nicht möglich ohne Geld" (Deutschmann 2009, S. 228, Ergänzung K.P.). Dagegen ließe sich einwenden, dass die gesellschaftlichen Funktionssysteme zwar in Interdependenz- und Abhängigkeitsverhältnissen miteinander verknüpft sind, aber keines von einem anderen gesteuert werden kann. Die Art *politischer Entscheidungen in Abhängigkeit vom ökonomischen System des Marktkapitalismus* ist deshalb als kontingent und nicht als alternativlos zu verstehen.

Auch die Feststellung, dass der Marktkapitalismus eines der soziostrukturellen gesellschaftlichen Risiken für die Grundrechte darstellt, erklärt sich mit der Bedeutung von Geld/ökonomischem Kapital. Ökonomisches Kapital gilt in Erwerbsarbeitsgesellschaften als notwendige Voraussetzung für soziale, politische und kulturelle Teilhabe. Es wird als Grundlage für die Umsetzung sozialer Lebenschancen vorgestellt. So begründet sich die These: „Dauerhafte [ökonomische] Armut [ist] bereits ein Zustand umfassender sozialer Exklusion" (ebd., S. 226, Ergänzung K.P.). *Ökonomische Armut* ist mit diesem Zugang als das Fehlen ‚lebenswichtiger' Güter zu verstehen, die für die im sozialen Umfeld üblichen ‚Entfaltungsmöglichkeiten' als notwendig gelten (vgl. Abschn. 10.4).

Sind Menschen vom ökonomischen Wohlstand der Gesellschaft ausgeschlossen, sind sie aufgrund der „Kommerzialisierung fast aller Lebensbereiche" (Butterwegge et al. 2005, S. 59) auch von ‚sozialer, kultureller und sozialräumlicher Exklusion' (vgl. ebd., 58) bedroht. In dem Zusammenhang wird *Armut als sozioökonomisches Problem* diskutiert, das durch die Verpflichtung aller (als erwerbsfähig adressierten) Bürger*innen zur Teilhabe an Erwerbsarbeit unter der Bedingung der Wahrung der Menschenwürde und die Verpflichtung des Staates, auf ‚Vollbeschäftigung hinzuwirken', zu lösen wäre (vgl. oben). Auch zu dieser Sichtweise lassen sich Einwände aufrufen. Diese begründen sich z. B. damit, dass sich Inklusion/Exklusion in unterschiedlichen Formen exklusiver Teilhabe an und/oder Ausschluss aus Organisationen differenzierter Teilsysteme vollzieht (vgl. Kap. 3, Abschn. 3.4) und/oder damit, dass ökonomisches, soziales *und* kulturelles Kapital mit ungleichen Verteilungen und Erwerbsmöglichkeiten als symbolisches Kapital fungieren (vgl. Kap. 6, Abschn. 6.1).

Die aufgerufenen theoretischen Erklärungen sowie sozialpolitischen Praxen der Inklusion/Exklusion des Sozialstaates legen es nach unserem Verständnis nahe, inklusionspädagogisch motivierte Gesellschaftskritik (vgl. Kap. 2, Abschn. 2.2) ungleicher Teilhabechancen und sozialer Ausgenzungen auf das politische Versprechen der Inklusion zu beziehen (vgl. dazu Kap. 11, Abschn. 11.1). Mit diesem Zugang richten wir im Folgenden unsere Aufmerksamkeit auf Behinderungen (Abschn. 10.3) und auf Kinderarmut (Abschn. 10.4.). In dem Zusammenhang stellt sich die grundlegende Frage nach dem Zusammenhang der Vorstellungen von Sozialstaat und Behinderungen bzw. Kindheit.

10.3 Behinderungen im Sozialstaat

Im eingeführten Verständnis des Sozialstaates lässt sich der „gesellschaftliche Umgang mit Behinderungen als eine politische Herausforderung darstell[en], die mit vielen normativen Fragestellungen verknüpft ist" (Krüger 2019, S. 382, Anpassung K.P.). Von Anfang des 20. Jahrhunderts an bis in die 1970er-Jahre „bildeten die Herstellung von *Erwerbsfähigkeit* und die *Eingliederung in den Arbeitsmarkt* den Kern der sozialpolitischen Konkretisierung des Behinderungsdiskurses" (Bösl 2009, S. 337).

Der Ausgangspunkt für normative Auseinandersetzungen mit sozialpolitischen Fragestellungen von Behinderungen ist, diese als gesellschaftliche Probleme zu interpretieren, die für Personen, die als behindert adressiert

10.3 Behinderungen im Sozialstaat

werden, als Benachteiligungen wirksam werden (vgl. Krüger 2019, S. 384). Dafür wird ein personenbezogener Begriff von Behinderungen aufgerufen, der zunächst in Bezug zu Erwerbsarbeit gesetzt wurde, weil diese als „zentrales Integrationsinstrument der bürgerlich-industriellen Gesellschaft" (Bösl 2009, S. 337) angesehen wurde und ein Leben ohne Erwerbsarbeit „als gravierender Sozialisationsmangel" (ebd.) galt. Mit dem „Aktionsprogramm der Bundesregierung zur Förderung der Rehabilitation der Behinderten von 1970 [wurde] die *Teilhabe am Leben in der Gemeinschaft* als Ganzes zum Ziel der sozialliberalen Behindertenpolitik" (ebd., S. 341, Herv. und Anpassung K.P.) mit Bezug zu hegemonialen gesellschaftlichen Vorstellungen für ein gutes Leben im Wohlfahrtsstaat. Das sind Auffassungen von:

- Wohlergehen, mit Verweis auf differente ‚Listen' basaler Fähigkeiten, die als ‚grundlegende Voraussetzungen für ein gutes Leben' dargestellt werden (vgl. Krüger 2019, S. 383 ff.),
- Chancengleichheit bei der möglichen Entfaltung diverser individueller ‚Fähigkeiten und Talente' als ‚Richtschnur staatlichen Handelns' der Umverteilung (vgl. ebd., S. 389 ff.),
- Selbstbestimmung als „das generelle Ziel von Unterstützungsleistungen" (ebd., S. 397) und
- Sorge im Sinne ‚assistierter Freiheit' mit ‚Wohltätigkeitspflichten' sowie ‚Paternalismusverbot' (vgl. ebd., S. 398 ff.).

Als eine Praxis des Sozialstaates, die sich als Instrument gegen Benachteiligungen diskutieren lässt, rufen wir das „Gesetz zur Stärkung der Teilhabe und Selbstbestimmung von Menschen mit Behinderungen (Bundesteilhabegesetz – BTHG)" (BMAS 2016) auf.

Im Artikel 1 findet sich das „Sozialgesetzbuch Neuntes Buch – Rehabilitation und Teilhabe von Menschen mit Behinderungen – (Neuntes Buch Sozialgesetzbuch – SGB IX)" (ebd., o. A.). Die einführenden Paragraphen „§ 1 Selbstbestimmung und Teilhabe am Leben in der Gesellschaft" und „§ 2 Begriffsbestimmungen" (ebd.) verweisen nach unserer Lesart auf die zitierten gesellschaftlichen Vorstellungen von Chancengleichheit, Selbstbestimmung, Fähigkeiten und Voraussetzungen für ein gutes Leben im Wohlfahrtsstaat (vgl. Krüger 2019, S. 388 ff.), wenn es heißt:

> „Menschen mit Behinderungen oder von Behinderung bedrohte Menschen erhalten Leistungen nach diesem Buch und den für die Rehabilitationsträger geltenden Leistungsgesetzen, um ihre Selbstbestimmung und ihre volle, wirksame und gleich-

berechtigte Teilhabe am Leben in der Gesellschaft zu fördern, Benachteiligungen zu vermeiden oder ihnen entgegenzuwirken. Dabei wird den besonderen Bedürfnissen von Frauen und Kindern mit Behinderungen und von Behinderung bedrohter Frauen und Kinder sowie Menschen mit seelischen Behinderungen oder von einer solchen Behinderung bedrohter Menschen Rechnung getragen. […] Menschen mit Behinderungen sind Menschen, die körperliche, seelische, geistige oder Sinnesbeeinträchtigungen haben, die sie in Wechselwirkung mit einstellungs- und umweltbedingten Barrieren an der gleichberechtigten Teilhabe an der Gesellschaft mit hoher Wahrscheinlichkeit länger als sechs Monate hindern können. Eine Beeinträchtigung nach Satz 1 liegt vor, wenn der Körper- und Gesundheitszustand von dem für das Lebensalter typischen Zustand abweicht" (BMAS 2016, o. A.).

Die möglichen *Leistungen zur Sicherung der sozialen und ökonomischen Grundrechte*, die Anspruchsberechtigte erhalten können, umfassen zum einen Leistungen zur ‚sozialen Teilhabe' (§ 76 ff.), zur ‚medizinischen Rehabilitation' (SGB IX, §§ 42 ff.), zur Pflege (SGB XI) und zur Hilfe der Pflege (SGB XII, §§ 61 ff.). Zum anderen beinhalten sie alle Leistungsbereiche, die auch im Zweiten Sozialgesetzbuch ‚Grundsicherung für Arbeitssuchende' verankert sind (vgl. Abschn. 10.2). Dazu gehören ‚Leistungen zur Teilhabe am Arbeitsleben (§§ 49 ff.)' ‚unterhaltsichernde und andere ergänzende Leistungen' (§§ 64 ff.) sowie ‚Leistungen zur Teilhabe an Bildung' (§ 75) (vgl. ebd.).

Der steuerfinanzierte Sozialstaat ist dabei ein ‚Rehabilitationsträger', der diese Leistungen als ‚Eingliederungshilfen' zur Verfügung stellt; andere Träger sind z. B. Sozialversicherungen wie Kranken-, Unfall- und Pflegeversicherung. In der ‚Trägervielfält' zeigt sich „ein wesentliches Differenzierungskriterium des deutschen behindertenpolitischen Systems: Je nach der Ursache ihrer Behinderung und ihres Sozialrechts- bzw. Erwerbsstatus wurden Menschen den Sozialleistungsträgern der Bereiche Fürsorge, Sozialversicherung und Versorgung zugeordnet" (Bösl 2009, S. 338). Bis in die 1970iger Jahre waren mit diesen Zuordnungen erhebliche ‚soziale Ungleichheitslagen' in Umfang und Qualität der Sozialleistungen verbunden (vgl. ebd.).

Das in SGB IX formulierte Selbstverständnis wird explizit als Abwendung vom Fürsorgesystem der Sozialhilfe für nicht-erwerbsfähige und/oder nicht-erwerbspflichtige Personen vorgestellt. Die festgelegten Leistungen gehen über die des SGB II hinausgehend, da sie von besonderen *Bedarfen* der Sicherung der sozialen und ökonomischen Grundrechte ausgehen. In einer Einführung mit dem Titel „Teilhabebedarfe – zwischen Lebenswelt und Hilfesystem" (Schäfer und Wansing 2016, Anpassung K.P.) wird die Bedeutung des Konstruktes ‚Bedarfe' wie folgt beschrieben:

10.3 Behinderungen im Sozialstaat

„Im professionellen Hilfesystem für behinderte Menschen werden wesentliche Weichen für das gesamte Rehabilitationsgeschehen dadurch gestellt, dass Bedarfe definiert, ermittelt, erkannt und bemessen werden. Diese Entscheidungen sind maßgeblich dafür, ob überhaupt ein Anspruch auf sozialstaatliche Unterstützung bzw. auf Leistungen der Rehabilitation und Teilhabe besteht, welche Programme und Maßnahmen in welchem Umfang in Frage kommen und welche Institutionen und Akteure im weiteren Rehabilitationsgeschehen Einfluss nehmen.

Für die Einrichtungen und Dienste bestimmen die Anerkennung von Bedarfen und die daran geknüpfte ‚Kostenzusage' im Einzelfall wesentlich die Spielräume für professionelles Handeln. Für Menschen mit Beeinträchtigungen ist die Anerkennung und Bemessung ihrer Bedarfe folgenreich für Möglichkeiten der Lebensführung bzw. für Lebenschancen insgesamt, werden diese doch ganz wesentlich auch von Art und Ausmaß der (bewilligten bzw. verwehrten) Unterstützungsleistungen bestimmt" (Schäfer und Wansing 2016, S. 13).

Ähnlich wie in den Vorstellungen zur *Hilfebedürftigkeit,* die wir im Zusammenhang mit der wohlfahrtsstaatlichen Grundsicherung nach dem SGB II zur Diskussion stellten (vgl. Abschn. 10.2), und in Abgrenzung zu diesen, lassen sich *Bedarfe* nach dem SGB IX als „verobjektivierte sozialrechtliche Anspruchs- und Leistungskategorien" (Schäfer und Wansing 2016, S. 15) beschreiben, die „durch konkrete soziale Güter und Dienstleistungen bearbeitet werden können" (ebd.).

Beide Konzepte, Hilfebedürftigkeit und Bedarfe, begründen sich mit „zentralen Annahmen über grundlegende Bedürfnisse, die sich an einer politischen Vorstellung von Wohlfahrt, Sozialstaat oder Lebensqualität orientieren" (Beck 2016, S. 31). Sie markieren Konstrukte zur Prüfung von Leistungsansprüchen „im Spannungsfeld von Hilfe und Kontrolle und dies auch jenseits der ökonomischen Motive, weil unmittelbar und zum Teil sehr breit in Lebensverhältnisse Einblick genommen wird" (ebd., S. 26). Sie unterscheiden sich dadurch, dass die mit der Feststellung von Bedürftigkeit verbundenen Vorstellungen der Grundsicherung mit einheitlichen Regelsätzen festgelegt werden. Die Bedarfe nach SGB IX dagegen werden individuell bzw. gruppenbezogen erhoben und geplant (vgl. ebd.). Allerdings basieren auch diese Bedarfsermittlungen und -feststellungen auf standardisierten Instrumenten, z. B. „Erhebungsbögen, in denen Informationen über die Person und ihre Lebenssituation nach einem vorgegebenen Raster schriftlich dokumentiert werden" (Niediek 2016, S. 63). Dazu kommen Teilhabegespräche und/oder -konferenzen, die als Hilfsmittel zur ‚Selbstaktivierung' im Sinne normalisierender Zielsetzungen und ‚Steuerungsinteressen' mit Legitimationsfunktion vorgestellt werden (vgl. ebd., S. 61 ff.).

Die sogenannte ‚Individualisierung von Bedarfslagen' wird als „Ausrichtung an der Ermöglichung einer gleichberechtigten Lebensführung" (ebd., S. 28) diskutiert. Sie wird mit Auseinandersetzungen (ab den 1980er-Jahren) um die zentralisierten Strukturen des Hilfesystems mit großen separierenden ‚Wohn- und Beschäftigungsanstalten' in Verbindung gebracht, bei denen mit der „Zuweisung an einen bestimmten institutionellen Ort [...] zugleich der Bedarf an sich als erfüllt angesehen [wurde], ohne dass eine nähere Analyse der individuellen Situation notwendig erschien" (ebd., S. 27 f.).

Als eine besondere Form der Leistungserbringung zur gleichberechtigten Lebensführung wird im § 29 des SGB IX das sogenannte ‚*Persönliche Budget*' benannt. „Persönliche Budgets werden in der Regel als *Geldleistung* ausgeführt, bei laufenden Leistungen monatlich" (BMAS 2016, o. A., Herv. K.P.). Das ‚Persönliche Budget' wird von den Budgetnehmer*innen verwaltet. Die bewilligten Leistungen zur Erfüllung der festgestellten Teilhabebedarfe werden von ihnen eigenständig (oder mithilfe von Budgetberatungen) organisiert.

Im Rahmen der ‚Grundsicherung' sind Geldleistungen an die Anspruchsberechtigten der ‚Regelfall'. Der explizite Ausweis der Finanzierungspraxis von Leistungen durch ein ‚Persönliches Budget' kann darauf aufmerksam machen, dass die meisten Leistungen zur Sicherung der Grundrechte im System der sozialen Sicherung nach dem SGB IX durch stationäre und teilstationäre Einrichtungen, ergänzt durch ‚Ambulante Dienste' der Verbände der ‚freien Wohlfahrtspflege', erbracht werden. Den Anbieter*innen sogenannter ‚personenbezogener Dienstleistungen' werden die dafür bewilligten Kosten erstattet. Die Empfänger*innen erhalten in diesen Fällen ‚*Sachleistungen*', über deren Bewilligung die leistungsverpflichteten Träger entscheiden und deren Ausführungen mit den Anbieter*innen vertraglich vereinbart werden. Insbesondere die Leistungen ‚Ambulanter Dienste' können sowohl in Formen von Sachleistungen als auch in der Form des ‚Persönlichen Budgets' gewährt werden. Der folgende Exkurs soll einen kleinen Einblick in das Selbstverständnis Ambulanter Dienste der ‚Behindertenhilfe' ermöglichen.

Exkurs

Ambulante Dienste als Alternative zu stationären und teilstationären Einrichtungen der ‚Behindertenhilfe'

Mit diesem Exkurs zu ‚Ambulanten Diensten' der ‚Behindertenhilfe' stellen wir im Wesentlichen unsere Lesart des Aufsatzes „Ambulante Dienste für behinderte Menschen – Entwicklungen, Herausforderungen und Perspektiven" (Huppert 2017) vor.

Der Artikel verortet ‚Ambulante Dienste für behinderte Menschen' historisch als *exklusive/besondere* und auch als *exkludierende/besondernde*

10.3 Behinderungen im Sozialstaat

Leistungen, die Menschen mit Unterstützungsbedarfen in sozialen Bewegungen einforderten, und zugleich als *„Inklusion im Konjunktiv"* (Huppert 2017, S. 164, Herv. K.P.). Dazu ist zu lesen:

„Die Behindertenhilfe hat sich von ihren Anfängen in der Armenfürsorge bis heute als hochgradig differenzierter Bereich entwickelt und bildet ein tendenziell in sich geschlossenes System, das entlang des Lebenslaufs von behinderten Menschen und parallel zu vorhandenen Institutionen im Gemeinwesen alle relevanten Angebote in besonderer und besondernder Weise vorhält. Mit zunehmender Kritik an der Leitidee der Fürsorge und mit den beginnenden Diskursen zu Normalisierung und Integration entstand ab den 1960er Jahren eine Gegenbewegung zu den tradierten Konzepten der Institutionalisierung behinderter Menschen. Diese kritische Haltung wurde insbesondere geprägt durch das erstarkende Selbstbewusstsein körperbehinderter Menschen in der Krüppelbewegung und der späteren Selbstbestimmt-Leben-Bewegung. Auch verschiedene Elternvereinigungen (insbesondere die heutigen Verbände für Körper- und Mehrfachbehinderte und die Lebenshilfe-Vereinigungen) haben dazu beigetragen, dass Ambulante Dienste mit flexiblen und individuellen Angeboten geschaffen wurden. Seit Anfang der 1980er Jahre haben sich diese Dienste mittlerweile fast flächendeckend etabliert. […] In Bezug auf die Vision einer inklusiven Gesellschaft wird deutlich, dass Nutzerinnen und Nutzer, deren Eltern und auch die Akteure in den Diensten diese zwar als ein erstrebenswertes Ziel benennen, gleichzeitig jedoch angesichts aktueller Alltagserfahrungen zurückhaltend und skeptisch in diese Richtung blicken. Erlebte Hürden und Grenzen gewinnen eine hohe Relevanz im Leben der Betroffenen" (ebd., S. 153 und 164).

Als solche Hürden werden z. B. *die komplexen, unübersichtlichen und uneinheitlichen Finanzierungspraxen* der ‚Ambulanten Dienste' markiert: „Um in einem ambulanten Leistungsspektrum passgenaue, personen- und ressourcenorientierte Angebote für behinderte Menschen schaffen zu können, bietet das ausdifferenzierte Sozialleistungssystem bisher nur die Option, aus allen relevanten Systemen die notwendigen Rechtsansprüche zu bündeln und ein Hilfearrangement im Angesicht der Schnittstellenproblematik zusammenzustellen" (ebd., S. 162).

Der Text benennt Strukturen, welche die ‚Ambulanten Dienste' in Abgrenzung zu stationären und teilstationären Einrichtungen kennzeichnen: „Die *individuellen Leistungsarrangements* und deren Ausgestaltung werden in der Regel im Rahmen einer Hilfeplanung unter der Regie des Leistungsträgers und im Rahmen der Einsatzplanung des Dienstes mit den behinderten Menschen und ggfs. deren Angehörigen *ausgehandelt*. Gleichzeitig können sie bei der Auswahl der Mitarbeitenden sowie bei Zeit und Ort der Leistungserbringung mitbestimmen. [...] Bei der detaillierten Planung der Einsätze und bei den Einsätzen selbst sind *die Mitarbeitenden* in der Regel allein und somit – auch in Krisensituationen – in einem hohen Maß *eigenverantwortlich tätig"* (ebd., S. 160). Zudem arbeiten die *„fachlich ausgebildeten Mitarbeitenden mit angelernten Einsatzkräften"* (ebd., S. 161) zusammen. In Verbindung mit „hilfreiche[n] Strukturen für Austausch, Qualifizierung, Qualitätssicherung und Kontrolle" soll ein „[g]eringer Anteil hauptamtlicher Kräfte und [ein] höherer Anteil nicht einschlägig ausgebildeter Mitarbeitender in befristeten bzw. nicht langfristig gesicherten Beschäftigungsverhältnissen" (ebd.) die „gewünschte Vielseitigkeit der Leistungserbringung" (ebd.) in hoher fachlicher Qualität ermöglichen. Dieser Anspruch kann neben Fragen nach der Fachlichkeit auch Fragen nach Kontinuität individueller Leistungsarrangements und Kritiken an prekären Beschäftigungsverhältnissen der angelernten ‚Einsatzkräfte' provozieren.

Der Beitrag stellt grundlegend drei verschiedene Leistungsarten vor: ‚Persönliche Assistenzen', ‚Offene Hilfen' und ‚Beratung'. Diese Darstellungen geben wir auszugsweise wieder. Mit der Abkehr von „pauschalen Leistungsgestaltungen hin zu personenzentrierten Leistungen steigt der *Bedarf an Beratung und Koordinierung"* (ebd., S. 156). Dabei geht es zunächst ganz grundlegend um „das Wissen um Teilhabeleistungen und deren Durchsetzung [...]. Zur Stärkung von Selbsthilfekompetenzen der Ratsuchenden und zur Eröffnung von Wahlmöglichkeiten erscheint eine individuelle, kompetente und parteiliche, also nur den Interessen der Ratsuchenden verpflichtete Beratung sinnvoll und hilfreich" (ebd.). Solche Beratungen sind nur bedingt von den dazu verpflichteten Leistungsträgern zu erwarten. Deshalb wurden im Bundesteilhabegesetz ‚unabhängige Teilhabeberatungen' vorgeschrieben. Zudem finden sich verschiedene Angebote des ‚Peer Counseling', also der Beratung von Menschen mit Behinderungen für andere (vgl. ebd.).

Die sogenannten *‚Offenen Hilfen'* werden als „Ambulant betreutes Wohnen, Beratungsleistungen, Freizeit- und Sportangebote, Bildungsangebote, Urlaubsreisen, Unterstützung beim Schulbesuch (Schulbegleitung), Jugendhilfemaßnahmen" (ebd., S. 155) und als ambulante Unterstützung für „Familien mit behinderten Angehörigen" (ebd.) vorgestellt. „Ausgestaltet werden die Hilfen, indem Mitarbeitende der Dienste durch Aktivitäten mit den behinderten Menschen zum einen die Familie entlasten und zum anderen Freizeit für und mit den Angehörigen gestalten und in diesem Zusammenhang auch fördernd wirken. [...] Sehr viel mehr Gewicht haben darüber hinaus bis

10.3 Behinderungen im Sozialstaat

heute die Ziele der Förderung von Selbstständigkeit und der Teilhabe an den Angeboten im jeweiligen Sozialraum gewonnen" (ebd., S. 155 f.).

„Die Dienste der *Persönlichen Assistenz* erbringen Leistungen für behinderte Menschen mit dem Ziel, dass diese den Alltag in ihrer häuslichen Umgebung selbstständig und selbstbestimmt gestalten können. Assistenz wird dabei unabhängig vom Grad der Behinderung organisiert und kann bis zu 24 Stunden täglich umfassen. Neben der Unterstützung bei pflegerischen Maßnahmen (wie z. B. Aufstehen, Zubettgehen, Toilettengang, Essenreichen) oder der Behandlungspflege (z. B. Beatmung) werden auch Assistenz im Haushalt, bei der Freizeitgestaltung, im Studium oder bei der Arbeit sowie Mobilitäts- und Kommunikationshilfen angeboten. […] Assistenznehmende [übernehmen] die Regie und bestimmen, welche Unterstützung gewünscht ist, wer sie durchführt, wann, wo und wie sie erbracht werden soll. […] Am weitestgehenden ist dies im Rahmen eines sogenannten Arbeitgebermodells sichergestellt, in dem die Assistenznehmenden selbst [die bewilligten Geldleistungen in Form eines ‚Persönlichen Budgets' erhalten, damit die Assistenzleistungen ‚einkaufen' und so] die Arbeitgeberfunktion übernehmen" (ebd., S. 154 f., Ergänzung K.P.).

Die inklusionsorientierten Gestaltungsmöglichkeiten und -rechte durch und mit dem ‚Persönlichen Budget' erfordern eine Vielzahl von ‚Kompetenzen' und Ressourcen, welche (neben dem Beharrungsvermögen der Institutionen stationärer Hilfen) auch als exkludierende Barrieren gleichberechtigter Teilhabe gelesen werden können. Diese werden z. B. in einem Plädoyer für ‚kompetente Beratungen' zu ‚Persönlicher Assistenz' mit dem Arbeitgeber*innen-Modell lesbar: „Faktisch läuft das Arbeitgeber-Modell darauf hinaus, dass eine Reihe von Verwaltungs- und Organisationsaufgaben, z. B. die Anstellung von Assistenzkräften, Abführen von Steuern und Sozialversicherung, Gehaltsabrechnung und -bezahlung, Anleitung u. ä. von Menschen mit Behinderung in eigener Verantwortung übernommen und damit der Regie des Pflegedienstes abgenommen wird. Diese Machtverschiebung kann jedoch nur geschehen, wenn die entsprechenden behinderten Menschen die nötigen Voraussetzungen dafür vermittelt bekommen. Dies natürlich auch im Falle von Schwierigkeiten im Umgang mit dem selbst organisierten Personal, auch in arbeitsrechtlicher Hinsicht" (Frevert 2017, S. 95). Dabei ist zum einen zu berücksichtigen, dass die zu bewältigenden Verwaltungs- und Organisationsaufgaben viel Energie und Zeit beanspruchen, sodass sie z. B. für berufstätige und studierende Budgetnehmer*innen zu einer zusätzlichen Belastung werden. Zum anderen stellen diese Aufgaben Anforderungen dar, die keinesfalls von allen Menschen – auch nicht bei entsprechenden Vermittlungsangeboten – bewältigt werden können.

Darüber hinaus werden insbesondere die Leistungen der Pflegeversicherung als „ein Paradebeispiel für die Missachtung der Menschenwürde und Fremdbestimmung" (ebd., S. 96) kritisiert. Angesprochen werden dabei die enormen Unterschiede der Finanzierungen von Pflegeleistungen in Form von Pflegegeld und in Form von Sachleistungen. „So erhalten die Pflegedienste mit der Sachleistung mehr Geld und verschaffen sich über den höheren Anteil der Finanzierung die Kontrolle der behinderten Menschen im Privathaushalt" (ebd., S. 96). ◄

Ebenso wie mit den Leistungsarten der ‚Ambulanten Dienste' verbindet sich mit der Leistungsform ‚Persönliches Budget' die Vorstellung, „den Leistungsberechtigten *in eigener Verantwortung* ein möglichst selbstbestimmtes Leben zu ermöglichen" (BMAS 2016, o. A.). Insofern lässt sich die Einführung des ‚Persönlichen Budgets' als eine mögliche Übersetzung des Anspruchs diskutieren, soweit wie möglich keine „Exklusion behinderter Menschen in verschiedenen gesellschaftlichen Teilbereichen" (Maschke 2007, S. 308) zu praktizieren. Das betrifft alle gesellschaftlichen Bereiche, wie z. B. Arbeit und Erwerbstätigkeit und das zu erzielende Einkommen, ebenso wie formale und informelle Bildung, soziale Kontakte, Wohnformen und Gesundheit sowie politische und bürgerliche Rechte (vgl. ebd.).

Das ‚Persönliche Budget' gilt als ein *„Element verstärkter Selbstbestimmung und gleichberechtigter Teilhabe"* (Gitschmann 2004, S. 165, Herv. K.P.). Entsprechend heißt es in einer Einführungsschrift: „Erklärtes Ziel der Sozialpolitik ist es, durch Leistungserbringung in Form Persönlicher Budgets Selbstständigkeit, Selbstbestimmung und eigenverantwortliches Handeln der Leistungsberechtigten zu fördern" (Rothenburg 2009, S. 9). Darüber hinaus wird dem Persönlichen Budget „eine Umkehr der Machtverhältnisse" (Wessel 2007, S. 23) durch die Auflösung des ‚Leistungsrechtlichen Dreiecks' zugeschrieben, in dem die finanziellen Mittel der bewilligten Leistungen nicht direkt an den Leistungsberechtigten, sondern an die leistungserbringende Institution erfolgen. In der ‚veränderten Finanzierungspraxis' wird eine besondere Bedeutung im Sinne eines Beitrages „zur Sicherung ihrer Bürgerrechte, zu ihrer Teilhabe am Leben der Gesellschaft sowie zum Kampf gegen Diskriminierung" (Wacker et al. 2004, S. 126) wahrgenommen.

Als ein Exempel für diese Bedeutungszuschreibung kann die Soziobiografie „Hannes K., die Stimmen und das Persönliche Budget" (Kastl 2009) gelesen

10.3 Behinderungen im Sozialstaat

werden. Vorgestellt wird eine Praxis sozialer Teilhabe in Differenz zu Inklusion/ Exklusion durch Erwerbsarbeit (vgl. Abschn. 10.2). Hannes K. erscheint als ein Mensch, der ‚sich von Arbeit freispricht', ‚eine Lebensform als Weiser' anstrebt (vgl. ebd., S. 236) und „damit innerhalb seines sozialen Bezugssystems [...] auf der Schwelle zu einer neuen Sozialfigur" steht (ebd.). Behinderung wird dabei als „öffentlich anerkannter Sonderstatus" (ebd.) gelesen und das Persönliche Budget „als entscheidende Ressource zur Finanzierung seiner kontemplativen Lebensform" (ebd.). Das Persönliche Budget kann so als Bedingung für einen Gegenentwurf zur sozialen Exklusion beim Ausschluss von Erwerbsarbeit angegeben werden. Es verhindert im Fall Hannes K., dass Lebensführung ohne anerkannte Erwerbsarbeit mit fehlender gesellschaftlicher Anerkennung und unzureichender finanzieller Absicherung in Zusammenhang gebracht wird (vgl. Puhr 2009, S. 187).

> „Das Persönliche Budget gibt seinem biografischen Entwurf den Status einer gesellschaftlich anerkannten Lebensform. In ihm [Hannes K.] vollzieht sich sozusagen jene Freistellung von der Verpflichtung zur Normalform der Arbeit und darin ist seine besondere Belastung durch die Krankheit sozial ratifiziert" (Kastl 2009, S. 249, Ergänzung K.P.).

Über das „Label Ambulantisierung" (Jahncke-Latteck et al. 2007, S. 81) lässt sich das Persönliche Budget jedoch auch mit anderen Zielen verbinden. Quer zur Absicht ‚eigenverantwortlicher, selbstbestimmter Lebensgestaltungen' von Budgetnehmer*innen werden Senkungen von Sozialhilfe- und Pflegekosten als Aspekte der Einführung des Persönlichen Budgets angenommen. Dazu wird vermerkt: „Insbesondere die Träger der Sozialhilfe erhoffen sich vom PB und der damit verbundenen Umsteuerung [von stationärer zu ambulanter Betreuung] positive finanzielle Effekte" (Wessel 2007, S. 62, Ergänzung K.P.). Insofern kann auch das Instrument des Persönlichen Budgets selbst als eine mögliche ‚gesellschaftliche Praxis der Ein- und Ausschließung' (vgl. Freitag 2007, S. 249 ff.) betrachtet werden. Dabei lässt sich beschreiben, wie mittels Differenzsetzungen Prozesse der Teilhabe und Ausgrenzung konstituiert und reflektiert werden.

Zum Beispiel geht der Bewilligung eines Persönlichen Budgets (wie allen wohlfahrtsstaatlichen Leistungen im Sozialstaat Deutschland) eine Bedarfsfeststellung voraus. So kann die einkommens- und vermögensabhängige Bewilligung von Leistungen zur Sicherung sozialer und ökonomischer Grundrechte als Praxis der Inklusion und Exklusion beobachtet werden. Die Differenz bedürftige/nichtbedürftige Menschen (mit zugeschriebenen Behinderungen) durchkreuzt das proklamierte Recht auf selbstbestimmte und gleichberechtigte Teilhabe. Unabhängig davon, ob Leistungen als Sachleistungen oder als Persönliches Budget in Anspruch genommen werden, bedeutet deren Einkommens- und Vermögensabhängigkeit erhebliche finanzielle Benachteiligungen.

Zudem wurde festgestellt, dass bei Ablehnungen von Budgetanträgen nicht nur fehlende Leistungsansprüche als Begründung dienen. Weitere Gründe finden sich in Einschätzungen der Leistungsträger, dass Sachleistungen „aufgrund der gegenwärtigen Lebenssituation als angemessener oder passgenauer beurteilt [werden] bzw. die beantragte Leistung als nicht budgetfähig erachtet" werden (Metzler et al. 2007, S. 7, Anpassung K.P.). Ausschlusskriterien werden so unter anderem in Differenz zur Leistungsberechtigung, in Differenz zu angemessenen Lebenssituationen und in Differenz zu budgetfähigen Leistungen aktiviert.

Als Voraussetzungen für derartige sozialstaatliche Praktiken der Inklusion/Exklusion lassen sich spezifische Konstruktionen von Hilfebedarfen bzw. von sozialen und ökonomischen Risiken in der Gewährung der Grundrechte beschreiben. Sie orientieren sich an dem sozialstaatlichen Versprechen der Inklusion und beruhen auf einem Verständnis von eingeschränkten Lebenschancen. Dabei werden Anspruchsberechtigungen formuliert, die sich auf medizinische Diagnosen und auf deren Verhältnisse zu einer Lebensalterstypik beziehen und nicht auf individuelle sowie auf Kontextfaktoren. Zudem verbinden sich Problemdefinitionen und Entscheidungen von Organisationen mit wirtschaftlichen Standardisierungen von Leistungen.

Solche Bedarfsermittlungen und Entscheidungspraxen widersprechen dem sozialstaatlichen Ziel gleicher Lebenschancen aller Bürger*innen. Deswegen geht es in Diskussionen von Behinderungen als soziale/gesellschaftliche Barrieren nicht vordergründig um Leistungen zur Kompensation und/oder Prävention individueller Beeinträchtigungen, sondern vielmehr um den Abbau gesellschaftlicher Barrieren, institutioneller und interaktiver Diskriminierungen und um bedarfsdeckende Bereitstellungen technischer wie personeller Assistenzen. Diese werden in der Behindertenrechtskonvention der Vereinten Nationen (UN-BRK) als *angemessene Vorkehrungen* thematisiert. Angemessene Vorkehrungen gelten als „Instrument zur *gleichberechtigten* gesellschaftlichen Teilhabe" (Hirschberg und Valentin 2020, S. 93). Sie sollen „das Recht auf unabhängige Lebensführung und Einbeziehung in die Gemeinschaft" (ebd.) unterstützen. Die skizzierten Vorstellungen von Hilfebedürftigkeit und Teilhabebedarfen fasst Abb. 10.3 zusammen.

Auch bezüglich sozialstaatlicher Leistungen für Kinder werden im Bundesteilhabegesetz normative Vorstellungen von Teilhabe markiert, die nicht der Idee angemessener Vorkehrungen entsprechen. Allerdings wurden die Leistungen des Bundesteilhabegesetzes für Kinder, entsprechend dem Anspruch gleich-

10.3 Behinderungen im Sozialstaat

berechtigter Teilhabe – anders als in den schulpolitischen Verordnungen mancher Bundesländer (vgl. Kap. 2, Abschn. 2.4) – explizit mit einem Vorrang nicht separierender Leistungen versehen. So heißt es in § 4 Abs. 3 BTHG im Sinne der Beteiligung an Leistungsbewilligungen und -umsetzungen:

> „Leistungen für Kinder mit Behinderungen oder von Behinderung bedrohte Kinder werden so geplant und gestaltet, dass nach Möglichkeit Kinder nicht von ihrem sozialen Umfeld getrennt und gemeinsam mit Kindern ohne Behinderungen betreut werden können. Dabei werden Kinder mit Behinderungen alters- und entwicklungsentsprechend an der Planung und Ausgestaltung der einzelnen Hilfen beteiligt und ihre Sorgeberechtigten intensiv in Planung und Gestaltung der Hilfen einbezogen" (BMAS 2016, o. A.).

Für Kinder, die als seelisch, körperlich und/oder geistig beeinträchtigt adressiert werden, soll die Teilhabe am Leben in der Gesellschaft ebenfalls durch Leistungen zur medizinischen Rehabilitation und durch unterhaltssichernde und anderen ergänzende Leistungen unterstützt werden, wie durch Eingliederungshilfen mit Leistungen zur sozialen Teilhabe und zur Teilhabe an Bildung (vgl. BMAS 2016, o. A.). Vom ‚Kinder- und Jugendstärkungsgesetz' werden zudem „Verbesserungen der Inklusion in der Kinder- und Jugendhilfe" (Beckmann und Lohse 2021, o. A.)

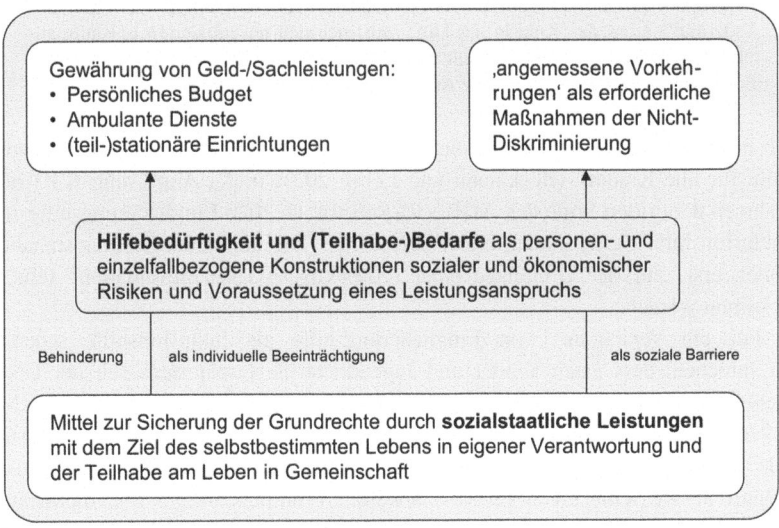

Abb. 10.3 Vorstellungen von Hilfebedürftigkeit und Teilhabebedarfen. (© Mirko Moll)

erwartet, nicht zuletzt durch die geplanten Zuordnungen der Eingliederungshilfen zur Kinder- und Jugendhilfe (vgl. ebd.).

Eine Untersuchung der Frage, ob „Eingliederungshilfe als Inklusionshilfe" (Hellrung 2017, S. 195) verstanden werden kann, kommt zu dem Ergebnis, dass Inklusion nicht in dem erwartbaren Maß geleistet wird. Zwar würden die im SGB IX formulierten Ziele und der „offen gestaltete Leistungskatalog" (ebd., S. 200) der Eingliederungshilfen grundsätzlich dafür sprechen. Diese Möglichkeiten werden jedoch von „vielen Abgrenzungsproblemen" (ebd., S. 201) praktisch konterkariert. In dem Zusammenhang wird z. B. darauf aufmerksam gemacht, dass Sozialhilfeleistungen nach § 53 Abs. 1 SGB XII im Gegensatz zu Leistungen der Kinder- und Jugendhilfe nach § 35a SGB VIII (vgl. Kap. 9 Abschn. 9.4) „eine wesentliche Teilhabebeeinträchtigung voraus[setzen] und […] die Leistungsgewährung in Abhängigkeit zu einer Erfolgsaussicht" (ebd., S. 196, Anpassungen K.P.) stellen. Derartige *Anspruchsvoraussetzungen* erschweren oder versagen Kindern, die als körperlich und/oder geistig beeinträchtigt adressiert werden, z. B. die chancengleiche Teilhabe an schulischen Bildungsangeboten (vgl. Hellrung 2017, S. 196 f.). Dazu ist zu lesen:

> „Eingliederungshilfe zum Ziel einer angemessenen Schulbildung, die in Abhängigkeit des Schulerfolgs des Kindes geleistet wird, kann nur dann auch als Inklusionshilfe für Kinder mit körperlichen und geistigen Beeinträchtigungen bezeichnet werden, sofern bereits ein inklusives leistungsdifferenziertes Schulsystem existiert. Andernfalls muss das Kind in der Lage sein, sich den unveränderten Leistungsanforderungen der allgemeinen Schule anpassen zu können. Eingliederungshilfe ist in diesem Fall nichts anderes als eine Anpassungsleistung" (Hellrung 2017, S. 196).

Ob mit der Einführung der „sachliche[n] Zuständigkeit der Kinder- und Jugendhilfe für alle Kinder" (Beckmann und Lohse 2021, o. A., Anpassung K.P.) im Rahmen der dritten Stufe der ‚SGB VIII-Reform' ab 2028 Eingliederungshilfe zu Inklusionshilfe werden kann, bleibt abzuwarten. Die konkreten Leistungsinhalte sollen erst „auf der Grundlage einer prospektiven Gesetzesevaluation" (ebd.) bestimmt werden.

Für ein Verständnis von Eingliederungshilfe als Inklusionshilfe scheint zu sprechen, dass „sich Kinder und Jugendliche […] spätestens seit der UN-Behindertenrechtskonvention und der UN-Charta der Kinderechte nicht mehr selbstverständlich von Teilhaberechten ausschließen [lassen] und […] Effekte wie Stigmatisierung, eingeschränkte Beteiligung und Handlungsmöglichkeiten negativ als Ausschluss von Teilhabe bewertet" (Walther 2021, S. 39, Anpassung K.P.) werden. Dagegen scheint zu sprechen, dass Kinderechte in Deutschland trotz jahrelanger Kämpfe für ihre Umsetzung in das nationale Recht (vgl. Dreyer

2016, S. 24 ff.) immer noch nicht in das Grundgesetz aufgenommen wurden.[4] Das lässt sich als fehlender ‚Grundkonsens' zu der Frage diskutieren, „welche Rechte Kindern zustehen sollen" (ebd., S. 25) (vgl. Kap. 11, Abschn. 11.1). Derart sensibilisiert verschieben wir im letzten Abschnitt dieses Kapitels die Perspektive in Richtung Kinderrechte und diskutieren Kinderarmut als Ausgrenzung und Diskriminierung im Sozialstaat.

10.4 Kinderarmut im Sozialstaat

„Seit Bestehen der Bundesrepublik ist die Bevölkerungsgruppe der Kinder [als die] mit dem höchsten Armutsrisiko anzusehen" (März 2017, S. 140, Anpassung K.P.). Etwa jedes fünfte Kind lebt „auf oder unter dem Sozialhilfeniveau […], das nach der Bundessozialhilfegesetzgebung […] die Führung eines Lebens in Würde ermöglichen soll" (ebd., S. 139 f.).

Bereits die Studie „Kinderarmut in Ost- und Westdeutschland" (Butterwegge et al. 2005) ging davon aus, dass ‚Strukturen und Folgen von Kinderarmut' abhängig sind von landesspezifischen familien- und sozialpolitischen Traditionen, Leitbildern und Wohlfahrtsmodellen. Sie attestierte Deutschland eine ‚explizite' (konkret an die Familie gebundene), aber ineffektive ‚symbolische Familienpolitik' mit einer ‚Zentralität der Arbeitsfrage' (vgl. ebd., 126). Diese lässt sich seit dem ‚Umbruch des Wohlfahrtsstaates' (vgl. ebd., S. 11) mit einer zunehmenden „Betroffenheit der Kinder von Arbeitslosigkeit und Sozialhilfebezug" (ebd., S. 12) beschreiben. Bezüglich der Verteilung von Kinderarmut ist eine „tiefe soziale Spaltung" (ebd., S. 120) zu beobachten. Die „*wachsende Minderheit* von Kindern und Jugendlichen, die in Armutsverhältnissen aufwachsen" (ebd., S. 57, Herv. K.P.) sieht sich einer Mehrheit relativ wohlhabender Kinder gegenüber. Diese Polarisierung von Armut und Reichtum wird mit der Begründung noch nicht entwickelter ‚spezifischer Anpassungs- und/oder Ver-

---

[4] Dazu ist in einer sogenannten ‚Hintergrund-Meldung' des Bundesministeriums für Familien, Senioren, Frauen und Jugend zu lesen: „Seit fast 30 Jahren gilt die Kinderrechtskonvention der Vereinten Nationen (VN) in Deutschland – und seitdem wird darüber diskutiert, Kinderrechte ausdrücklich im Grundgesetz zu verankern. Dieser historische Schritt war für die 19. Legislaturperiode geplant, doch konnte im parlamentarischen Verfahren über das Vorhaben Anfang Juni 2021 keine interfraktionelle Einigung erzielt werden. Das Bundesministerium für Familie, Senioren, Frauen und Jugend wird dennoch weiterhin alles daransetzen, dass die Kinderrechte auch in Zukunft weiter gestärkt werden" (BMFSFJ 2021, o. A.).

drängungsmechanismen' (vgl. ebd., S. 58) als besondere Schwierigkeit für Kinder problematisiert. Die Reduzierung der „Lasten [des Sozialstaates] für soziale Sicherungssysteme" (ebd., S. 33, Ergänzung K.P.) nimmt Armut, insbesondere Kinderarmut, als „Soziales Abfallprodukt der Marktwirtschaft" (ebd., S. 54) in Kauf, ohne dieses Problem überhaupt zu thematisieren. Diese Diagnose widerspricht der Vorstellung, dass der Wohlfahrtsstaat allen Bürger*innen Inklusion zu ermöglichen hat (vgl. Olk und Hübenthal 2013, S. 270).

Eine Auseinandersetzung mit Armut, die diese in einem Zusammenhang mit der „Normativität sozialer Probleme" (Krüger 2019, S. 82 ff.) betrachtet, geht von der Annahme aus: „Erst mithilfe einer Auffassung der Entwürdigung und der Exklusion lässt sich das soziale Problem der Armut hinreichend bestimmen" (ebd., S. 84). Die Begründungen dieser These wollen wir im Folgenden zunächst skizzieren, um Einsätze gegen soziale Ausgrenzungen und Diskriminierungen im Zusammenhang mit Kinderarmut als gesellschaftlich gebotene zu diskutieren.

Die Feststellung, dass *Armut als eine Form der sozialen Exklusion* zu betrachten ist, verweist auf die Vielschichtigkeit des ‚Problems der Armut' und auf die Möglichkeit, mit dem Begriff der Exklusion „Facetten sozialer Probleme zu thematisieren, die mit anderen Begriffen nicht fassbar sind" (Krüger 2019, S. 108) (vgl. Abschn. 10.1). Auf die Frage, ob Armut entwürdigend ist, wird die mit Armut verbundene mögliche Gefährdung der Selbstachtung aufgerufen. Diese Sichtweise begründet sich mit Abhängigkeiten im Zusammenhang mit fehlenden Wahlmöglichkeiten zwischen verschiedenen akzeptablen Lebensoptionen (vgl. ebd., S. 102). So wird Armut als soziales Problem mit dem Begriff der Würde erklärlich: „Dadurch, dass der Zustand der Armut gesellschaftliche Akteure abhängig von anderen macht, wird er zu einem sozialen Problem, dem sich der Sozialstaat annehmen sollte" (ebd.).

Ausgangspunkt der folgenden Diskussion sozialstaatlicher Interventionen gegen (Kinder-)Armut ist die Vorstellung von Armut als ein ‚relationierter Mangelbegriff' (vgl. Krüger 2019, S. 87). In diesem Verständnis setzt der Armutsbegriff zweierlei voraus: eine Bezugsgröße: „Im Verhältnis zu wem gilt jemand als arm?" (ebd.) und einen Armutsmaßstab: „In Bezug auf was gilt jemand als arm?" (ebd.).

Auf die Fragen nach Bezügen und Verhältnissen von Armut finden sich verschiedene Antworten, mit denen sich (Kinder)Armut auf unterschiedliche Weisen als Problem vorstellen lässt. In materiell-monetären sowie defizitär-relationalen Ansätzen wird Armut (in Relation zu sich verändernden, erstrebenswert erscheinenden gesellschaftlichen Standards) als Mangel an Gütern und entsprechenden Geldwerten verstanden (vgl. Gerull 2020, S. 29 ff.). Lebensweltliche *und* schulische Benachteiligungen, Ausgrenzungen und Diskriminierungen von

10.4 Kinderarmut im Sozialstaat

Kindern und Jugendlichen werden so als Folgen materieller Armut, konkret als Konsequenz *relativer familiärer Einkommensarmut* vorgestellt.

Der Familienfokus lässt sich mit den gesellschaftsstrukturellen Argumenten ‚Altershierarchie' und ‚Subsidiaritätsprinzip' begründen. Zum einen wird Erwachsenen die Verantwortung für „die Gewährleistung des Wohls der Kinder [zugeschrieben], die als vulnerabel und entwicklungsbedürftig erachtet werden" (Neuberger und Hübenthal 2020, S. 47, Ergänzung K.P.). Darin eingeschlossen ist die Erwartung, „familiäre Einkommen solidarisch zur Deckung des gemeinsamen Lebensunterhalts" (ebd., S. 48) einzusetzen. Zum anderen kommt dem *Wohlfahrtsstaat* im Sinne der Subsidiarität eine wesentliche Verantwortung bei der *Umsetzung von Kindeswohl und Kinderrechten* zu. Entsprechend werden wohlfahrtsstaatliche Aufgaben als begründete umfassende Transferleistungen verständlich:

> „Die wohlfahrtsstaatliche Regulierung von Kindheit sowie die Gestaltung der Rahmenbedingungen der Lebensverhältnisse von Kindern waren und sind originäre Aufgaben des modernen Wohlfahrts- bzw. Sozialstaats. Staatliche Interventionen bezüglich der Bevölkerungsgruppe der Kinder erfolgen mittels gesetzlicher Regelungen […], durch direkte monetäre Transfers […] sowie durch Realtransfers (soziale Dienstleistungsangebote in der Kinder- und Jugendhilfe, im Beratungswesen, in der Bildung etc.). Obwohl den Eltern grundsätzlich die primäre Verantwortlichkeit für die Pflege, Betreuung und Erziehung ihrer Kinder zugewiesen wird, übernimmt der Sozialstaat inzwischen komplementär in erheblichem Maße Verantwortung für die Realisierung des Kindeswohls und die Ausformulierung und Durchsetzung von Kinderrechten" (Mierendorff und Olk 2003, S. 419).

Wohlfahrtsstaatliches Handeln durch verschiedene Formen von Sozialleistungen soll nach derzeitig hegemonialem Verständnis lediglich Rahmenbedingungen für „eigenverantwortliches Leben schaffen" (Neuberger und Hübenthal 2020, S. 49) und dabei den Vorrang der Familien bei der ‚Daseinsgestaltung' sowie deren ‚Selbsthilfepotenziale' berücksichtigen (vgl. ebd.).

Mit einer solchen Setzung werden wohlfahrtsstaatliche ‚Regulationen' zu Diskriminierungen im Namen der Inklusion (vgl. Puhr 2022, S. 132 ff.). Kindern und Jugendlichen werden „wohlfahrtsstaatliche Teilhaberechte verwehrt" (Mierendorff und Olk 2003, S. 420), nicht zuletzt mit Praxen der Ausrichtung der „meisten Maßnahmen und Leistungen, die auf die Lebenslagen von Kindern abzielen […][,] an die Eltern als die Sorgeberechtigten" (ebd.). Zudem verstärken sich relative Begrenzungen durch Kinderarmut in den letzten Jahren. Mindestens seit der „Konzeptualisierung der deutschen Familienpolitik als *nachhaltige Familienpolitik*" (Neuberger und Hübenthal 2020, S. 49, Herv. i. Orig.) werden Vorstellungen von Familien als Orte lebenslang wirksamer *Bildungsdifferenzen* und differenter *familiärer Leistungsfähigkeiten* dominant (vgl. ebd.).

Das zentrale Wirken des Wohlfahrtsstaates bei der Konstituierung des Zusammenhangs von Familienpolitik, Bildung und Kinderarmut lässt sich wie folgt beschreiben:

> „Gerade in Zeiten seines Wandels hin zu einem Sozialinvestitionsstaat und dem Trend zur Ökonomisierung der Bildung unter gleichzeitigem Privatisierungsdrang der Bildungspolitik steht sie vornehmlich denjenigen zur Verfügung, die auch die notwendigen materiellen Mittel aufbringen können. Innerhalb dieser sozialinvestiven Konzeption kommt Bildung ein Hauptaugenmerk zu. Sie wird quasi als Patentrezept präsentiert, um Armut zu vermeiden und Arbeitslosigkeit vorzubeugen. […] Es sind gerade die Bedürfnisse der erwerbstätigen Mütter und Väter (Zwei-Verdiener-Haushalte, gut ausgebildete Familien und ihre Vereinbarkeit von Familie und Beruf sowie der Betreuung ihrer Kinder), die in den Mittelpunkt familienpolitischer Zielgruppen gerückt sind, obwohl ursprünglich Teile des sozialinvestiven Umbaus mit dem Verweis auf das Armutsrisiko insbesondere von alleinerziehenden Frauen und Kindern begründet wurde" (März 2017, S. 149 f. und 192).

Die mit der ‚nachhaltigen' und ‚aktivierenden' Familienpolitik und ihren „erwerbsaktivierenden und geburtenfördernden Zielsetzungen" (März 2017, S. 183) verbundenen Verschlechterungen der finanziellen Unterstützungen ökonomisch armutsgefährdeter Familien stellen sozialpolitische Diskriminierungen dar. Als Beispiel lässt sich das Konzept des ‚Elterngeldes' aufrufen, das von Erwerbstätigkeit abhängig ist, sich in seiner Höhe am Einkommen zum Zeitpunkt der Geburt eines Kindes richtet und (ebenso wie Kindergeld) beim Bezug von Arbeitslosengeld II verrechnet wurde (vgl. ebd., S. 190 f.). Auch auf das sogenannte Bürgergeld wird das Kindergeld vollständig angerechnet.

Das ‚Elterngeld' und der ‚Kinderzuschlag' wurden 2011 für Empfänger*innen von Leistungen zur Grundsicherung gestrichen (vgl. Bundesfinanzministerium 2010, o. A.). Das Bundesfinanzministerium legitimierte diese und andere Leistungskürzungen für Familien (ohne oder mit niedrigem eigenem Erwerbseinkommen) mit der ‚Haushaltskonsolidierung', einer ‚familienpolitischen' Vertretbarkeit und einer *Aussetzung der ‚Zumutbarkeit' von Erwerbsarbeit* für Arbeitslosengeld II empfangende Mütter und Väter von Kindern bis zu einem Jahr.

> „Im Rahmen der Bemühungen der Haushaltskonsolidierung kann der Bereich der Familienleistungen nicht ausgespart werden. Bei der Auswahl der Bereiche, in denen die erforderlichen Beiträge zur Einsparung vorgenommen werden, wurde sichergestellt, dass Einsparungen nur dort erfolgen, wo die notwendigen Beschränkungen des Leistungsumfanges familienpolitisch vertretbar sind. Vor diesem Hintergrund bleiben die geplanten Investitionen in der frühkindlichen Bildung, das Kindergeld und der Unterhaltsvorschuss für Alleinerziehende unangetastet. […]"

10.4 Kinderarmut im Sozialstaat

Die Aufhebung der Anrechnungsfreiheit des Elterngeldes beim Bezug von Leistungen nach dem Zweiten Buch Sozialgesetzgebung – SGB II (Arbeitslosengeld II), nach dem Zwölften Buch Sozialgesetzbuch – SGB XII – und nach § 6a des Bundeskindergeldgesetzes – BKGG – (Kinderzuschlag) trägt dem Umstand Rechnung, dass der Bedarf des betreuenden Elternteils und der des Kindes im System der Grundsicherung durch die Regelsätze und die Zusatzleistungen, gegebenenfalls einschließlich des Mehrbedarfszuschlags für Alleinerziehende, umfassend gesichert ist und dem betreuenden Elternteil eine Erwerbstätigkeit nicht zugemutet wird. Die vollständige Berücksichtigung des Elterngeldes im System der Grundsicherung [...] führt damit auch zu einer stärkeren Konturierung des differenzierten Anreiz- und Unterstützungssystems in der Grundsicherung" (Bundesfinanzministerium 2010, o. A.).

Wenn die beschlossenen Einsparungen nicht aus den Sichtweisen der Haushaltskonsolidierung und der Arbeitsverpflichtung, sondern aus einer Perspektive der Gleichheit der Grundrechte gelesen werden, werden mit Blick auf die ‚unangetasteten' familienpolitischen Leistungen schwerlich Schutz und Gewährleistungen gleicher Lebenschancen zu finden sein. Die Streichung des ‚Elterngeldes' für Empfänger*innen von Leistungen der Grundsicherung stellte nicht nur einen erheblichen finanziellen Einschnitt für die betroffenen Familien, sondern auch einen familienpolitischen Rückschritt dar. Diese sozialstaatliche Praxis der Inklusion/Exklusion lässt sich als „erzieherisches Prinzip des Wohlfahrtsstaates" (Walther 2021, S. 36) und als eine Form „der Stabilisierung sozialer Ungleichheit [beobachten], weil Zugänge zu Sozialleistungen und soziale Dienste entsprechend des Erwerbs- und Familienstatus reguliert sind und damit die Hierarchie der gesellschaftlichen Arbeitsteilung reproduzieren" (ebd., Ergänzung K.P.).

Darüber hinaus verschärfen sich institutionelle Diskriminierungen, sobald ökonomisch benachteiligte Familien „in besonderer Nähe zum Label *Risikofamilien* [adressiert werden], welche es in ihrer Erziehungstätigkeit sowohl durch möglichst frühe Hilfen zu unterstützen als auch möglichst engmaschig zu kontrollieren gilt" (Neuberger und Hübenthal 2020, S. 49, Herv. i. Orig., Ergänzung K.P.).

Aus dieser Perspektive lässt sich auch die Kinder- und Jugendhilfe als Ausdruck „der antagonistischen und ambivalenten Grundstruktur des Wohlfahrtsstaates" (Franzheld und Walther 2021, S. 20) und einer „erzieherische[n] Orientierung, zumindest des deutschen Wohlfahrtsstaates, [diskutieren], der sich nicht allein auf die rechtliche Regulierung der Arbeitsbeziehungen und eine gewisse Umverteilung und Risikoabsicherung beschränkt und verlässt, sondern die Individuen mittels Anreizen und pädagogischen Hilfen zu einer normalen Lebensführung bewegen will" (ebd., Anpassung K.P.).

Wenn in einer medialen Vorstellung von *Familienarmut* (wie der nachfolgend zitierten) geschrieben steht, dass Kinder und Jugendliche ‚keine Schuld trifft' an ihren Lebensverhältnissen, dann kann darin eine diskriminierende Schuldzuschreibung an Sorgeberechtigte/Eltern gelesen werden:

> „Kinder- und Jugendarmut ist auch Familienarmut und muss daher *immer* im Zusammenhang mit der Familie betrachtet werden. *Kinder und Jugendliche* können nichts dafür, wenn sie in armen Verhältnissen aufwachsen. Sie *trifft keine Schuld*! Sie haben auch keine Möglichkeiten, sich selbst aus ihrer Armut zu befreien" (Bertelsmann Stiftung 2020, S. 2, Herv. K.P.).

Wird mit einer solchen Aussage unterstellt, Erwachsene hätten prinzipiell ungenutzte Potenziale und Freiheiten, sozioökonomische Armut abzuwenden, bleiben *strukturelle Ursachen von Armutslagen unberücksichtigt* (vgl. März 2017, S. 132). Es ist hinlänglich bekannt, dass in Deutschland (neben der elterlichen Arbeitslosigkeit) die *Familienform* zu den zentralen Faktoren von Kinderarmut gehört (vgl. Neuberger und Hübenthal 2020, S. 47). ‚Alleinerziehendenfamilien', Familien mit drei und mehr Kindern, insbesondere ‚kinderreiche Familien mit Migrationshintergrund', sind weniger wohlfahrtsstaatlich abgesichert und leben mit deutlich höheren sozioökonomischen *Armutsrisiken* als andere (vgl. Cremer 2018, S. 78 f.). Stereotype Zusammenhangskonstruktionen zwischen familiären ökonomischen Armutslagen und Ausgrenzungen der Kinder diskriminieren Sorgeberechtigte/Eltern, die (auch bei erheblichen materiellen Einschränkungen) den Kindern einen großen Teil des verfügbaren Haushaltseinkommens zukommen lassen, sie versorgen, unterstützen, fördern und emotional stärken (vgl. ebd., S. 80). Der Dokumentarfilm „Hartz IV-Kinder. Wir sind nicht arm, wir haben nur kein Geld" (Günther-Greene 2012) portraitiert zwei Familien, die in dieser Weise mit erhöhten Armutsrisiken lebten.

Empfehlung

Günther-Greene, R. (2012). *Hartz IV-Kinder: Wir sind nicht arm, wir haben nur kein Geld.* **Deutschland.**
Dieser Film aus dem Jahr 2012 dokumentiert Ausschnitte aus dem Leben von Mariam und Fabian, die als ‚Hartz-IV-Kinder' bezeichnet werden. Mit ihren Familien lebten sie beide ‚an der Grenze zur Armut'. Dennoch sind ihre Familiensituationen nicht vergleichbar, ebenso wenig wie ihre Lebensvorstellungen und -probleme.

> Der 12-jährige ‚Fabian' erzählt u.a. von seinen Wünschen, in die Realschule zu kommen und umzuziehen. Er lebt mit seinen drei Geschwistern, seiner alleinerziehenden Mutter und ihrer ‚Mitbewohnerin' recht beengt. Eine andere Wohnung finden sie als ‚kinderreiche' Familie nicht. Und er wünscht sich, dass sie ‚nächstes Jahr besser sparen'. Dann könnten sie ‚vielleicht für eine Woche Urlaub machen'. Vorgestellt wird zudem eine sozialpädagogische Familienhelferin mit ihrer Sicht auf das in der Familie Notwendige und auf ‚Fabian', von dem sie meint, dass er mal ‚weiter kommen möchte als seine Mutter'.
>
> Die 14-jährige ‚Mariam' wird als Schülerin eines ‚Vorzeigegymnasiums' vorgestellt, die mit ihrer Familie acht Jahre zuvor aus dem für sie lebensbedrohlichen Georgien nach Deutschland flüchtete. Sie erzählt, dass sie merkt, wie sehr ihre Eltern sparen müssen, damit es ihr gut geht, damit sie ‚nicht so ausgegrenzt rüberkommt'. Wie das Sparen möglich ist und welche Unterstützungen möglich sind, auch davon erzählt der Film. Er ist abrufbar unter: https://www.youtube.com/watch?v=gP4vxAriAsQ (Zugegriffen: 07. Mai 2022). ◄

Sozialwissenschaftliche und -politische Kritiken an einer „immer restriktiver werdenden Armutspolitik" (März 2017, S. 211) lassen die „gesellschaftlichen, wohlfahrtsstaatlichen und institutionellen Rahmenbedingungen" (ebd., S. 212) sichtbar werden, die dem erklärten demokratiepolitischen Ziel gleicher Grundrechte und Lebenschancen entgegenwirken (vgl. Abschn. 10.2).

Gegen individualisierte Verantwortungszuschreibungen und gegen Forderungen an Familien und an zivilgesellschaftliche Initiativen, gegen Kinderarmut aktiv zu werden, richtet sich das Verlangen nach einer Debatte darüber, welche finanziellen Absicherungen Kindern und Jugendlichen (als eigenständig Anspruchsberechtigte) zur Verfügung gestellt werden sollen. So werden immer wieder Forderungen nach *familienunabhängigen* wohlfahrtsstaatlichen Grundsicherungen für Kinder und Jugendliche formuliert, in denen sich Maßnahmen gegen Kinderarmut mit Ansprüchen der Ermöglichung umfassender *sozialer Teilhabe in Bezug zu Normalitätsvorstellungen von Kindheit und Jugend* darstellen, z. B. folgende:

> „Diese [familienunabhängige wohlfahrtsstaatliche Grundsicherung] sollte eine ‚normale und durchschnittliche' Kindheit und Jugend ermöglichen, nicht lediglich ein Existenzminimum zusichern. Die Absicherung sollte im Rahmen einer Kindergrundsicherung oder eines Teilhabegeldes erfolgen. […] Anspruchsberechtigt für die Leistung sind die Kinder und Jugendlichen selbst. Mit steigendem Einkommen der Eltern wird die Leistung abgeschmolzen, so dass gezielt arme Kinder und Jugendliche unterstützt werden" (Bertelsmann Stiftung 2020, S. 8, Ergänzung K.P.).

Mit der Frage nach der Verknüpfung von familien- und sozialpolitischen Traditionen, Leitbildern und Wohlfahrtsmodellen mit den Strukturen und Folgen von Kinderarmut (vgl. oben) lassen sich idealtypisch drei Perspektiven der Bekämpfung von Armut und sozialer Ausgrenzung von Kindern unterscheiden: die Perspektive des ‚Wirtschaftsstandortes', die ‚familienzentrierte Betroffenenperspektive' und die Perspektive des ‚Kindesrechts' (vgl. Butterwegge et al. 2005, S. 292).

Die bereits skizzierten ‚erwerbsarbeitszentrierten' Entscheidungen entsprechen der Sichtweise des ‚Wirtschaftsstandortes'. Mit Blick auf ‚Wirtschaftsförderung' wird eine Sozialpolitik der ‚Förderung von Eigenverantwortung' mit der ‚Forderung von Eigenleistungen' sowie der Kürzung von ‚Sozialleistungen' verbunden. Darüber hinaus wird eine Familienpolitik der ‚Geburtenförderung' favorisiert, die Familien gegenüber Kinderlosen mittels ‚Familienlastenausgleich' stärkt, zum Beispiel durch die Anhebung von ‚Kinderfreibeträgen bei der Einkommensteuer' und ein ‚einkommensunabhängiges Kindergeld' (aber nur für Eltern, die für sich und ihre Kinder keine Leistungen zur Grundsicherung beanspruchen) (vgl. ebd. 95).

Eine sozial- und familienpolitische ‚Betroffenenperspektive' müsste den ‚strukturellen Benachteiligungen' (welche durch die ‚Lage auf dem Arbeitsmarkt' bedingt sind) begegnen, indem sie ‚unzureichender materieller Existenzsicherung' ebenso entgegenwirkt wie den ‚Schwierigkeiten von Familien, für sich und ihre Kinder eine positive Zukunftsperspektive zu entwickeln'. Die Ziele einer solchen Blickrichtung wären in einer ‚gerechten Verteilungspolitik' zu suchen, einer Verbesserung der Lebensbedingungen von Kindern *und* einer ‚Gleichstellung' aller Erwerbsfähigen bei der ‚Arbeitsmarktpartizipation' (vgl. ebd., 295). Für eine ‚gerechte Verteilung' bedürfte es anstelle von ‚arbeitsverpflichtenden und bedürftigkeitsabhängigen Sozialleistungen' (vgl. oben) eines ‚nicht-diskriminierenden und nicht-stigmatisierenden Transfersystems' (vgl. ebd., S. 297), etwa im Sinne eines ‚bedingungslosen Grundeinkommens' (vgl. Werner und Goehler 2010). Eine familienabhängige Verbesserung der Lebensbedingungen von Kindern und Jugendlichen ließe sich durch eine „Neuordnung des ‚Familienlastenausgleichs' durch Orientierung von Transferleistungen und strukturellen Freistellungen am soziokulturellen Mindestbedarf der Kinder" (vgl. Butterwegge et al. 2005, S. 297) erreichen. Ein Schritt in diese Richtung wurde vom Bundesministerium für Familien, Senioren, Frauen und Jugend für 2023 angekündigt. Dazu ist zu lesen:

> „Wir wollen mit der Kindergrundsicherung bessere Chancen für Kinder und Jugendliche schaffen und konzentrieren uns auf die, die am meisten Unterstützung

10.4 Kinderarmut im Sozialstaat

brauchen. Wir wollen mehr Kinder aus der offenen und verdeckten Armut holen. Je sicherer die finanzielle Situation von Familien ist, desto sorgenfreier können Kinder aufwachsen. Die Kindergrundsicherung soll möglichst ohne bürokratische Hürden direkt bei den Kindern ankommen und ihre Chancen grundlegend verbessern […]. Für die Kindergrundsicherung soll die finanzielle Unterstützung für Kinder neugestaltet werden. In der Kindergrundsicherung sollen folgende Leistungen gebündelt werden: das Kindergeld für alle Familien, Leistungen nach dem SGB II und SGB XII für Kinder, Teile des Bildungs- und Teilhabepakets sowie der Kinderzuschlag für Familien mit kleinen Einkommen. Die Kindergrundsicherung soll aus zwei Komponenten bestehen: einem einkommensunabhängigen Garantiebetrag, der für alle Kinder und Jugendlichen gleich hoch ist, und einem gestaffelten Zusatzbetrag, der vom Einkommen der Eltern abhängt. Geplant ist, dass die Interministerielle Arbeitsgruppe bis Ende 2023 in fünf thematischen Arbeitsgruppen ein Konzept für eine Kindergrundsicherung erarbeitet. Auf dem Weg dorthin sind Beteiligungen von Ländern, Verbänden, Vereinen und Stiftungen sowie der Austausch mit ihnen geplant" (BMFSFJ 2022, o. A.).

In dem Verlangen nach wohlfahrtsstaatlichen Grundsicherungen für Kinder und Jugendliche zeigen sich jedoch immer noch materiell-monetäre Bestimmungen von Kinderarmut mit dem Ziel ökonomischer Inklusion. Eine Perspektivenverschiebung ermöglicht einen „*exkludierend-funktionale[n] Armutsbegriff*" (Gerull 2020, S. 29, Herv. i. Orig.), der ‚*soziokulturelle*' Armut als strukturell bedingte gesellschaftliche Ausgrenzung/Exklusion versteht, in Verbindung mit einer Aufmerksamkeit für ‚sozialpolitische Konstruktionen von Kindheit' (vgl. März 2017, S. 116).

Bei dieser Art Betrachtung wird zum einen (Kinder)Armut in Bezug zu *Verwirklichungschancen* als *Mangel* aufgefasst. So werden *individuelle Ressourcen an Einkommen und Gütern im Verhältnis zu sozialstaatlichen Ansprüchen* an soziale, ökonomische und politische Chancen, sozialen Schutz, politische und ökologische Sicherheit sowie Transparenz-Garantien und Wahlfreiheiten berücksichtigt, um *Potenziale und Freiheiten der Lebensführung* beschreiben zu können (vgl. Volkert 2005, S. 85 ff.). Zum anderen wird sichtbar, „welche Mitverantwortung dem Wohlfahrtsstaat und mit ihm seine[n] Institutionen für die Konstruktion von Kindheit in Armut zukomm[t]" (März 2017, S. 116, Anpassung K.P.). Mit einem solchen Armutsverständnis kann sich zeigen, in welchen Weisen hegemoniale Vorstellungen sowohl von Armut, als auch von Kindheit von gesellschaftlich etablierten ‚Verteilungsstrukturen' beeinflusst werden (vgl. ebd., S. 127 ff.)

Dieser Einsatz beruht auf einem *Verständnis von Kindheit*, mit der Kindern „völkerrechtlich verbindlich eigenständige, vom Status der Eltern unabhängige *Anspruchsrechte auf staatliche Leistungen des Schutzes, der Versorgung und der Mitbestimmung* zugesprochen werden" (Neuberger und Hübenthal 2020, S. 47, Herv. K.P.). Das heißt, Kinder werden theoretisch als „rechtlich, ökonomisch und politisch selbstständige Bevölkerungsgruppe" (März 2017, S. 121) adressiert. Diesem Verständnis folgte auch die Initiative ‚Kinderrechte ins Grundgesetz', ebenso wie die Kritik am entsprechenden Regierungsentwurf (vgl. oben und Aktionsbündnis Kinderrechte 2021).

Aus einer kindheitsfokussierten Perspektive lässt sich der These nachgehen, dass sich „die Sozial- und Bildungspolitik der Logik des Marktes unterordnet" (März 2017, S. 230 f.). Dabei wird kritisiert, dass sich das sozialpolitische Interesse an der gesellschaftlichen Inklusion von ‚leistungsmotivierten und inklusionswilligen' Kindern und Jugendlichen (vgl. ebd., S. 230) vorrangig wirtschaftspolitisch legitimiert, nämlich mit der „zu erwartende[n] Rendite ihrer potentiellen ‚Bildungsfähigkeit' und späteren ‚Erwerbsfähigkeit'" (ebd., Anpassung K.P.). Die damit verbundene Verwehrung der Teilhaberechte von Kindern und Jugendlichen erklärt der Text „Kinderwohlfahrtspolitik in Deutschland" (Mierendorff und Olk 2003) wie folgt:

> „Kinder haben in den Auseinandersetzungen um die Verteilung wohlfahrtsstaatlicher Ressourcen und Leistungen eine schwache Position und verfügen über allenfalls eingeschränkt formulierte soziale Anspruchsrechte. Damit erweist sich die Beziehung zwischen dem Sozialstaat und der Bevölkerungsgruppe der Kinder als äußerst vermittelt und indirekt. Die meisten Maßnahmen und Leistungen, die auf die Lebenslagen von Kindern abzielen, richten sich zuvörderst an die Eltern als die Sorgeberechtigten. Eigene Anspruchs- und Antragsrechte sind dagegen – selbst im Kinder- und Jugendhilfegesetz – schwach institutionalisiert. Darüber hinaus gilt, daß vielfach bestimmte Maßnahmen und Programme mit Bezug auf die Lebenslagen und Chancen von Kindern legitimiert, aber tatsächlich zur Durchsetzung der Interessen anderer Bevölkerungsgruppen realisiert werden. Damit sind sozialpolitische Leistungen für Kinder häufig nicht durch die Intention geprägt und motiviert, die aktuelle Lebenssituation und die Wohlfahrt der Bevölkerungsgruppe der Kinder im ‚Hier und Jetzt' zu verbessern, sondern sie zielen vielmehr teils auf die Bedienung der Ansprüche konkurrierender Gruppen im Sozialstaat ab – wie z. B. der Frauen – oder aber auf allgemeine, in der Zukunft liegende gesellschaftliche Ziele, wie z. B. den Erhalt von Humankapital durch die Investition in die Bildung von Kindern" (Mierendorff und Olk 2003, S. 420).

Dieser Zugang wird mit der grundlegenden Frage „nach dem ‚wohlfahrtsstaatlichen Interesse' an der ‚Regulierung der Bedingungen von Kindheit'" (Mierendorff 2010, S. 60) als unzureichend zurückgewiesen. Die Ablehnung begründet sich mit einer These zur theoretischen Bestimmung des Verhältnisses von Wohlfahrtsstaat und Kindheit: „Wenn das grundlegende Motiv

10.4 Kinderarmut im Sozialstaat

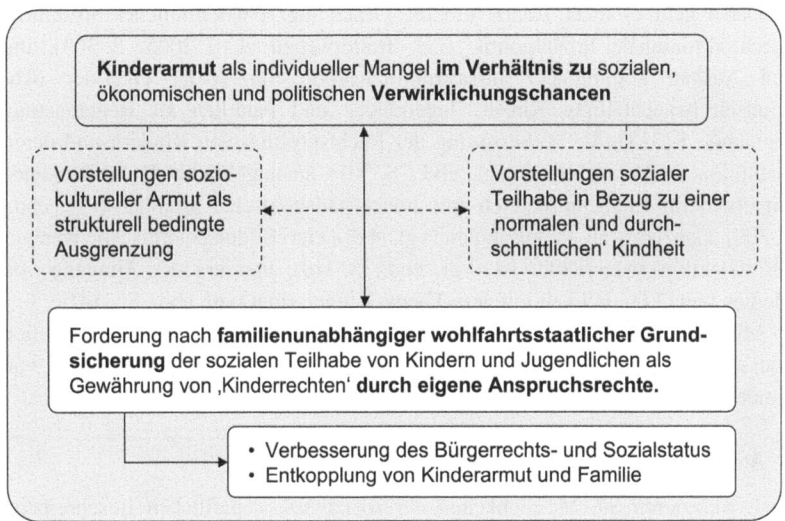

Abb. 10.4 Forderungen wohlfahrtsstaatlicher Regulierungen von Kinderarmut. (© Mirko Moll)

wohlfahrtstaatlicher Aktivität in dem Erhalt der Gesellschafts- und Wirtschaftsordnung gesehen und gleichzeitig die generationale Ordnung als eine Grundvoraussetzung für das Funktionieren westlicher Gesellschaften und Ökonomien erachtet wird, dann wird der Erhalt der generationalen Ordnung zum Motiv für die wohlfahrtsstaatliche Regulierung der Bedingungen von Kindheit. Das bedeutet, [...] dass die Reproduktion von Kindheit oder besser der gesellschaftlichen, kulturellen wie politischen Bedingungen ihrer Reproduktion, die strukturelle Herausforderung für alle die Politiken ist, die Kindheit und deren Ausgestaltung berühren" (Mierendorff 2010, S. 60 f.).

So verstandene *wohlfahrtsstaatliche Regulierungen der Bedingungen von Kindheit* (vgl. Abb. 10.4) finden sich weder in den skizzierten sozialpolitischen Reaktionen auf Kinderarmut noch in aktuellen bildungspolitischen Reformen zur Reduktion von Bildungsarmut noch in den Argumenten zur derzeit gescheiterten Aufnahme von Kinderrechten in das Grundgesetz. Sie begründen eine eigenständige kinder- und jugendorientierte politische Perspektive gesellschaftlicher Teilhabe mit den Forderungen der Verbesserung des *Bürgerrechts- und des Sozialstatus von Kindern und Jugendlichen* und einer „*Kinderwohlfahrtspolitik*" (Mierendorff und Olk 2003, S. 420).

Dabei geht es nicht zuletzt um die Gestaltung sozialräumlicher Strukturen durch kommunale Sozialpolitik (vgl. Butterwegge et al. 2005, S. 303), um den Ausbau kommunaler Infrastrukturangebote für sozial und/oder ökonomisch benachteiligte Kinder, Jugendliche und Familien als Regelleistung (vgl. ebd., S. 312), die Verbesserung der Rechtsposition von Kindern und deren institutionelle Verankerung (vgl. ebd., S. 301), unentgeltliche flächendeckende Angebote im Elementarbereich mit hoher pädagogischer Qualität (vgl. ebd., S. 309), Ganztags- als Regelschulen (vgl. ebd.), eine Bildungspolitik, die weniger auf Selektion ausgerichtet ist (vgl. ebd., S. 310), und um den Umgang von Medien und Öffentlichkeit mit dem Thema Kinderarmut (vgl. ebd., S. 314).

Mit den aufgerufenen Forderungen der Stärkung der sozialstrukturellen und sozialpolitischen Position ließen sich Armut und soziale Ausgrenzung von Kindern und Jugendlichen von der engen Bindung an die Familie entkoppeln.

Anregungen für das Selbststudium

1. Skizzieren Sie Möglichkeiten der sozialwissenschaftlichen Beschreibung von Ausgrenzung und Exklusion. Setzen Sie diese in den Kontext sozialpolitischer Vorstellungen von Inklusion (z. B. der ‚Theorie der Sozialen Demokratie').
2. Beschreiben Sie Vorstellungen von Kindheit/Jugend, sozialer Teilhabe und Ausgrenzung sowie Armut z. B. im Film „Hartz IV-Kinder. Wir sind nicht arm, wir haben nur kein Geld". Begründen Sie Ihre Beschreibungen vor dem Hintergrund der Infragestellung von Zuschreibungen individueller Verantwortung und der (sozial)politischen Forderung der Gewährung von Kinderrechten.
3. Formulieren Sie vor dem Hintergrund dieses Kapitels eigene Kritik an Verhältnissen von Kapitalismus und (demokratischem) Sozialstaat und begründen Sie diese inklusionspädagogisch. ◄

Literatur

Fachwissenschaftliche Literaturempfehlung

Diehl, E. (Hrsg.) (2017). *Teilhabe für alle?! Lebensrealitäten zwischen Diskriminierung und Partizipation.* Bonn: bpb. *Die Untersuchungen dieses Herausgeber*innen-Bandes präsentieren sich als Beiträge der „Sichtbarmachung von komplexen Teilhabehindernissen zu deren Überwindung" (Diehl 2017, S. 11). Die vorgestellten ‚Lebensrealitäten'*

und die darin aufgerufenen Formen der Ausgrenzung zeigen sich als spezifische Weisen der Inklusion und Exklusion, die – mit sozial ungleichen Lebensqualitäten, Möglichkeiten des politischen Engagements und ungleicher sozialer Akzeptanz – diskriminieren.
Kronauer, M. (2010). *Exklusion. Die Gefährdung des Sozialen im hoch entwickelten Kapitalismus* (2. Aufl.). Frankfurt/M & New York: Campus. *Diese sozialwissenschaftliche Diagnose stellt das Thema Inklusion/Exklusion in einen Zusammenhang mit Vorstellungen sozialer Ungleichheit. Sie analysiert, in welcher Weise traditionelle soziale Konflikte von Inklusionsansprüchen und Exklusionsproblemen überlagert werden.*

Darüber hinaus verwendete Literatur

Aktionsbündnis Kinderrechte (2021). Kinderechte ins Grundgesetz – aber richtig! https://kinderrechte-ins-grundgesetz.de/2021/03/25/organisationen-Fordernkinderrechte-ins-grundgesetz/. Zugegriffen: 06. Mai 2022.

Allmendinger, J. (2017). Geschlechtergerechtigkeit: Zur Teilhabe von Frauen und Männern in Deutschland. In: E. Diehl (Hrsg.), *Teilhabe für alle?! Lebensrealitäten zwischen Diskriminierung und Partizipation* (S. 130–157). Bonn: bpb.

Beck. I. (2016). Der Bedarfsbegriff ‚revisited' – Aspekte der Begründung individueller Ansätze zur Bedarfserhebung und Umsetzung. In: M. Schäfers & G. Wansing (Hrsg.), *Teilhabebedarfe von Menschen mit Behinderungen. Zwischen Lebenswelt und Hilfesystem* (S. 24–32). Stuttgart: Kohlhammer.

Beckmann, J. & Lohse, K. (2021). SGB VIII-Reform: Überblick über das Kinder- und Jugendstärkungsgesetz. https://dijuf.de/fileadmin/Redaktion/Handlungsfelder/KJSG-Materialpool/Beckmann_Lohse_UEberblick_SGB_VIII-Reform_KJSG_Aktualisierung_von_JAmt_2021_178.pdf. Zugegriffen: 06. Mai 2022.

Beigang, St., Fetz, K., Kalkum, D. & Otto, M. (2017). *Diskriminierungserfahrungen in Deutschland. Ergebnisse einer Repräsentativ- und einer Betroffenenbefragung*. Baden-Baden: Nomos.

Beisenherz, G. H. (2002). *Kinderarmut in der Wohlfahrtsgesellschaft. Das Kainsmal der Globalisierung. DJI-Reihe Kinder*. Opladen: Leske + Budrich.

Bertelsmann Stiftung (2020). Factsheet. Kinderarmut in Deutschland. www.bertelsmann-stiftung.de/de/publikationen/publikation/did/factsheet-kinderarmut-in-deutschland. Zugegriffen: 06. Mai 2022.

Birke, P. (2022). *Grenzen aus Glas. Arbeit, Rassismus und Kämpfe der Migration in Deutschland*. Wien und Berlin: Mandelbaum.

Bösl, E. (2009). *Politiken der Normalisierung. Zur Geschichte der Behindertenpolitik in der Bundesrepublik Deutschland*. Bielefeld: transcript.

Bude, H. & Willisch, A. (Hrsg.) (2008). *Exklusion. Die Debatte über die „Überflüssigen"*. Frankfurt/M.: Suhrkamp.

Bundesfinanzministerium (2010). Gesetzentwurf der Bundesregierung für ein Haushaltsgesetz 2011. https://dserver.bundestag.de/brd/2010/0450-10.pdf. Zugegriffen: 06. Mai 2022.

Bundesministerium für Arbeit und Soziales (BMAS) (2016). Gesetz zur Stärkung der Teilhabe und Selbstbestimmung von Menschen mit Behinderungen (Bundesteilhabegesetz – BTHG). www.bmas.de/SharedDocs/Downloads/DE/Gesetze/bthg.pdf?__blob=publicationFile&v=1. Zugegriffen: 06. Mai 2022.

Bundesministerium für Familien, Senioren, Frauen und Jugend (BMFSFJ) (2021). Kinderrechte ins Grundgesetz. www.bmfsfj.de/bmfsfj/themen/kinder-und-jugend/kinderrechte/kinderrechte-ins-grundgesetz. Zugegriffen: 06. Mai 2022.

Bundesministerium für Familien, Senioren, Frauen und Jugend (BMFSFJ) (2022). Familienleistungen. Interministerielle Arbeitsgruppe Kindergrundsicherung konstituiert sich. https://www.bmfsfj.de/bmfsfj/aktuelles/alle-meldungen/interministerielle-arbeitsgruppekindergrundsicherung-konstituiert-sich-194724. Zugegriffen: 14. Juli 2022.

Bundesministerium für Justiz (BMJ) (2003). Sozialgesetzbuch Zweites Buch – Grundsicherung für Arbeitssuchende. https://www.gesetze-im-internet.de/sgb_2/. Zugegriffen: 02. Mai 2022.

Bundesregierung (2022). Sozialhilfe und Grundsicherung. Regelsätze sind gestiegen. https://www.bundesregierung.de/breg-de/suche/regelsaetze-steigen-1960152. Zugegriffen: 06. Mai 2022.

Bundesverfassungsgericht (BVerfG) (2010). Urteil des Ersten Senats vom 09. Februar 2010, 1 BvL 1/09 -, Rn. 1–220. http://www.bverfg.de/e/ls20100209_1bvl000109.html. Zugegriffen: 06. Mai 2022.

Butterwegge Ch., Klundt, M. & Zeng, M. (2005). *Kinderarmut in Ost- und Westdeutschland*. Wiesbaden: Verlag für Sozialwissenschaften.

Cremer, G. (2018). *Deutschland ist gerechter als wir meinen. Eine Bestandsaufnahme*. München: C.H.Beck.

Deutschmann, Ch. (2009). Geld als universelles Inklusionsmedium moderner Gesellschaften. In: R. Stichweh & P. Windolf (Hrsg.), *Inklusion und Exklusion: Analysen zur Sozialstruktur und sozialen Ungleichheit* (S. 223–239). Wiesbaden: Verlag für Sozialwissenschaften.

Diehl, E. (2017). Vorwort. In: E. Diehl (Hrsg.), *Teilhabe für alle?! Lebensrealitäten zwischen Diskriminierung und Partizipation* (S. 9–12). Bonn: bpb.

Dreyer, M. (2016). Kinderechte in die Verfassung – Gesellschafts-, Familien- und Bildungspolitische Herausforderungen und Perspektiven (auch) in Rheinland-Pfalz. In: L. Hartwig, G. Mennen & Ch. Schrapper (Hrsg.), *Kinderechte als Fixstern moderner Pädagogik? Grundlagen, Praxis, Perspektiven* (S. 20–28). Weinheim und Basel: Beltz Juventa.

Engler, W. (2005). *Bürger, ohne Arbeit. Für eine radikale Neugestaltung der Gesellschaft*. Berlin: Aufbau-Verlag.

Franzheld, T. & Walther, A. (2021). Vermessungen der Kinder- und Jugendhilfe: Einleitung und Ausgangslage. In: T. Franzheld & A. Walther (Hrsg.), *‚Vermessungen' der Kinder- und Jugendhilfe. Versuch einer Standortbestimmung* (S. 9–30). Weinheim und Basel: Beltz.

Freitag, W. (2007). Diskurs und Biographie. Konstruktion und Normalisierung contergangeschädigter Körper und ihre Bedeutung für die Entwicklung biographisch ‚wahren' Wissens. In: A. Waldschmidt & W. Schneider (Hrsg.), *Disability Studies, Kultursoziologie und Soziologie der Behinderung. Erkundungen in einem neuen Forschungsfeld* (S. 249–271). Bielefeld: transcript.

Frevert, U. (2017). Das Recht, ein Leben mit Persönlicher Assistenz selbst gestalten zu können – eine Frage der Leistungserbringung oder der Menschenrechte? In: G. Wansing

& M. Windisch (Hrsg.), *Selbstbestimmte Lebensführung und Teilhabe. Behinderung und Unterstützung im Gemeinwesen* (S. 93–103). Stuttgart: Kohlhammer.
Gerull, S. (2020). Armutsverständnisse im Kontext von Kinderarmut. In: P. Rahn & K. A. Chassé (Hrsg.), *Handbuch Kinderarmut* (S. 29–37). Opladen & Toronto: Barbara Budrich.
Ghattas, D. Ch. & Sabisch, K. (2017). Mehr als „Mann" und „Frau" – Menschenrechte und Teilhabe intergeschlechtlicher Personen in Deutschland. In: E. Diehl (Hrsg.), *Teilhabe für alle?! Lebensrealitäten zwischen Diskriminierung und Partizipation* (S. 158–179). Bonn: bpb.
Gitschmann, P. (2004). Modellvorhaben zu „persönlichen Budgets" – Unterschiede und erste Erfahrungen. In: Th. Klie & A. Spermann, (Hrsg.), *Persönliche Budgets – Aufbruch oder Irrweg? Ein Werkbuch zu Budgets in der Pflege und für Menschen mit Behinderungen* (S. 165–183). Hannover: Vincentz Network.
Große Kracht, H.-J. (2021). *„Solidarität zuerst". Zur Neuentdeckung einer politischen Idee*. Bielefeld: transcript.
Günther-Greene, R. (2012). *Hartz IV-Kinder: Wir sind nicht arm, wir haben nur kein Geld*. Deutschland. https://www.youtube.com/watch?v=gP4vxAriAsQ. Zugegriffen: 07. Mai 2022.
Hacker, J. (2020). „Unverschämte Kleinrechnerei": Vernichtende Kritik an Hartz IV Regelsatz. https://www.hartziv.org/news/20200806-vernichtende-kritik-an-hartz-iv-regelsatz/#Fadenscheinig-Ermittlungsverfahren-des-Regelsatzes. Zugegriffen: 06. Mai 2022.
Hellrung, Ch. (2017). *Inklusion von Kindern mit Behinderungen als sozialrechtlicher Anspruch*. Wiesbaden: Springer VS.
Hirschberg, M. & Papadopoulos, Ch. (2017). Partizipation behinderter Menschen. In: E. Diehl (Hrsg.), *Teilhabe für alle?! Lebensrealitäten zwischen Diskriminierung und Partizipation* (S. 103–129). Bonn: bpb.
Hirschberg, M. & Valentin, G. (2020). Verletzbarkeit als menschliches Charakteristikum. In: D. Brehme, P. Fuchs, S. Köbsell & C. Wesselmann (Hrsg.), *Disability Studies im deutschsprachigen Raum. Zwischen Emanzipation und Vereinnahmung* (S. 89–95). Weinheim und Basel: Beltz.
Huppert, Ch. (2017). Ambulante Dienste für behinderte Menschen – Entwicklungen, Herausforderungen, Perspektiven. In: G. Wansing & M. Windisch (Hrsg.), *Selbstbestimmte Lebensführung und Teilhabe. Behinderung und Unterstützung im Gemeinwesen* (S. 153–167). Stuttgart: Kohlhammer.
Jaeggi, R. (2021). Solidarität und Gleichgültigkeit. In: L. Susemichel & J. Kastner (Hrsg.), *Unbedingte Solidarität* (S. 49–66). Münster: Unrast.
Jahncke-Latteck, Ä.-D., Rösner, M. & Weber, P. (2007). Persönliches Budget: Chance für ein selbstbestimmtes Leben? Trägerübergreifendes Budget bei hohem Assistenzbedarf. In: *Standpunkt: sozial, 03/2007*, S. 81–89.
Kastl, J. M. (2009). *Hannes K., die Stimmen und das Persönliche Budget. Soziobiografie einer Behinderung*. Bonn: Psychiatrie Verlag.
Klocke, U. & Küppers, C. (2017). Zur Situation lesbischer, schwuler, bisexueller und queerer Menschen: Von der Diskriminierung zur Inklusion durch Sichtbarkeit und flexiblere Geschlechternormen. In: E. Diehl (Hrsg.), *Teilhabe für alle?! Lebensreali-*

täten zwischen Diskriminierung und Partizipation (S. 180–205). Bonn: Bundeszentrale für politische Bildung.

Krüger, O. (2019). *Das Gute im Sozialen. Eine perfektionistische Grundlegung des Sozialstaates*. Frankfurt/M.: Campus.

Leiber, S. & Leitner, S. (2017). Sozialpolitik. In: F. Kessl, E. Kruse, S. Stövesand & W. Thole (Hrsg.), *Soziale Arbeit – Kernthemen und Problemfelder* (S. 106–115). Opladen & Toronto: Barbara Budrich.

Loach, K. (2016). *Ich, Daniel Blake*. Großbritannien, Frankreich, Belgien.

März, D. (2017). *Kinderarmut in Deutschland und die Gründe für ihre Unsichtbarkeit*. Weinheim und Basel: Beltz Juventa.

Maschke, M. (2007). Behinderung als Ungleichheitsphänomen – Herausforderung an Forschung und politische Praxis. In: A. Waldschmidt & W. Schneider (Hrsg.), *Disability Studies, Kultursoziologie und Soziologie der Behinderung* (S. 299–320). Bielefeld: transcript.

Maßmann, A. (2022). Neue Details zum Bürgergeld als Hartz IV Ersatz bekannt gegeben. https://www.hartziv.org/news/20220720-neue-details-zum-buergergeld-als-hartz-iv-ersatz-bekannt-gegeben/. Zugegriffen: 20. Juli 2022.

Meyer, Th. (2011). *Theorie der Sozialen Demokratie* (2. Aufl.). Wiesbaden: VS Verlag für Sozialwissenschaften.

Metzler, H., Meyer, Th., Rauscher, Ch., Schäfer, M. & Wansing, G. (2007). Begleitung und Auswertung der Erprobung trägerübergreifender Persönlicher Budgets: wissenschaftliche Begleitforschung zur Umsetzung des Neunten Buches Sozialgesetzbuch (SGB IX) – Rehabilitation und Teilhabe behinderter Menschen. Abschlussbericht. https://docplayer.org/73645820-Veroeffentlichungsversion-published-version-abschlussbericht-final-report.html. Zugegriffen: 06. Mai 2022.

Mierendorff, J. (2010). *Kindheit und Wohlfahrtsstaat. Entstehung, Wandel und Kontinuität des Musters moderner Kindheit*. Weinheim & München: Juventa.

Mierendorff, J. & Olk, Th. (2003). Kinderwohlfahrtspolitik in Deutschland. In: R. Kränzl-Nagl, J. Mierendorff & Th. Olk (Hrsg.), *Kindheit im Wohlfahrtsstaat. Gesellschaftliche und politische Herausforderungen* (S. 419–464). Frankfurt/M. & New York: Campus.

Mokre, M. (2021). Solidarität als Übersetzung. In: L. Susemichel & J. Kastner, Jens (Hrsg.), *Unbedingte Solidarität* (S. 193–206). Münster: Unrast.

Neuberger, F. & Hübenthal, M. (2020). Kinderarmut ist Familienarmut?! In: P. Rahn, & K. A. Chassé (Hrsg.), *Handbuch Kinderarmut* (S. 47–55). Opladen & Toronto: Barbara Budrich.

Niediek, I. (2016). Reflexionen zum Blick auf das Individuum in der Bedarfsermittlung. In: M. Schäfers & G. Wansing (Hrsg.), *Teilhabebedarfe von Menschen mit Behinderungen. Zwischen Lebenswelt und Hilfesystem* (S. 59–72). Stuttgart: Kohlhammer.

Nowotny, H. (1990). *Eigenzeit, Entstehung und Strukturierung eines Zeitgefühls* (3. Aufl.). Frankfurt/M.: Suhrkamp.

Olk, Th. & Hübenthal, M. (2013). Soziale Arbeit und Demokratie – Skizzen zu einem komplexen Wechselverhältnis. In: T. Geisen, F. Kessl, T. Olk & St. Schnur (Hrsg.), *Soziale Arbeit und Demokratie* (S. 267–296). Wiesbaden: Springer VS.

Puhr, K. (2009). *Inklusion und Exklusion im Kontext prekärer Ausbildungs- und Arbeitsmarktchancen. Biografische Portraits*. Wiesbaden: VS Verlag für Sozialwissenschaften.

Puhr, K. (2010). Probleme sozialer Teilhabe und Ausgrenzung – Partizipation und Interdependenz. In: A. Stein, St. Krach, I. Niediek (Hrsg.), *Integration und Inklusion auf dem Weg ins Gemeinwesen. Möglichkeitsräume und Perspektiven* (S. 165–175). Bad Heilbrunn: Klinkhardt.

Puhr, K. (2017). Theoretische Einsätze in Erzählungen von Teilhabe, Ausgrenzungen und Behinderungen im Kontext inklusionsorientierter Schulvorstellungen. In: K. Puhr & J. Geldner (Hrsg.), *Eine inklusionsorientierte Schule. Erzählungen von Teilhabe, Ausgrenzungen und Behinderungen* (S. 13–61). Wiesbaden: Springer VS.

Puhr, K. (2022). (Kinder) Armut. Diskriminierung im Namen der Inklusion. In: N. Leonhardt, R. Kruschel, S. Schuppener & M. Hauser (Hrsg.), *Menschenrechte im interdisziplinären Diskurs – Perspektiven auf Diskriminierungsstrukturen und pädagogische Handlungsmöglichkeiten* (S. 132–144). Weinheim und Basel: Beltz Juventa.

Puhr, K. & Bayha, A. (2010). Jedes Kind ist wichtig – Entwicklungschancen verbessern!' In: *Zeitschrift für Inklusion, 04/2010*. https://www.inklusion-online.net/index.php/inklusion-online/article/view/117. Zugegriffen: 29. April 2022.

Rothenburg, E.-M. (2009). *Das Persönliche Budget. Eine Einführung in Grundlagen, Verfahren und Leistungserbringung*. Weinheim und München: Juventa.

Schäfer, M. & Wansing, G. (2016). Zur Einführung. Teilhabebedarfe zwischen Lebenswelt und Hilfesystem. In: M. Schäfer & G. Wansing (Hrsg.), *Teilhabebedarfe von Menschen mit Behinderungen. Zwischen Lebenswelt und Hilfesystem* (S. 13–23). Stuttgart: Kohlhammer.

Schlenzka, N. (2017). Diskriminierung als Teilhabehindernis – Erkenntnisse der Studie „Diskriminierungserfahrungen in Deutschland". In: E. Diehl (Hrsg.), *Teilhabe für alle?! Lebensrealitäten zwischen Diskriminierung und Partizipation* (S. 258–272). Bonn: bpb.

Schwenken, H. & Schwiertz, H. (2021). Transversale und inklusive Solidaritäten im Kontext politischer Mobilisierungen für sichere Fluchtwege und gegen Abschiebung. In: S. Dinkelaker, N. Huke & O. Tietje (Hrsg.), *Nach der „Willkommenskultur". Geflüchtete zwischen umkämpfter Teilhabe und zivilgesellschaftlicher Solidarität* (S. 165–192). Bielefeld: transcript.

Schwinn, Th. (2007). *Soziale Ungleichheit*. Bielefeld: transcript.

Spannagel, D. (2017). Menschen mit niedrigem sozioökonomischen Status – Armut und Teilhabe. In: E. Diehl (Hrsg.), *Teilhabe für alle?! Lebensrealitäten zwischen Diskriminierung und Partizipation* (S. 77–102). Bonn: bpb.

Stichweh, R. (2009). Leitgesichtspunkte einer Soziologie der Inklusion und Exklusion. In: R. Stichweh & P. Windisch (Hrsg.), *Inklusion und Exklusion: Analysen zur Sozialstruktur und sozialen Ungleichheit* (S. 29–42). Wiesbaden: VS Verlag für Sozialwissenschaften.

Taam, M. A. (2017). Teilhabe und Beteiligung von Menschen mit Migrationshintergrund als notwendige Bedingung für eine moderne pluralistische Gesellschaft. In: E. Diehl (Hrsg.), *Teilhabe für alle?! Lebensrealitäten zwischen Diskriminierung und Partizipation* (S. 206–230). Bonn: bpb.

Tietje, O. (2021). „Das geht nicht, wir müssen was machen!" Ambivalenzen von Solidarität in der aktiven Bürgergesellschaft. In: J. Fischer & E. Tuider (Hrsg.), *Sozialer Zusammenhalt. 4. Sonderband Sozialmagazin* (S. 134–148). Weinheim und Basel: Beltz Juventa.

Tietje, O., Dinkelaker, S. & Huke N. (2021). Einleitung: Umkämpfte Teilhabe. In: S. Dinkelaker, N. Huke & O. Tietje (Hrsg.), *Nach der „Willkommenskultur". Geflüchtete zwischen umkämpfter Teilhabe und zivilgesellschaftlicher Solidarität* (S. 7–21). Bielefeld: transcript.

Vogel, C., Simonson, J. & Tesch-Römer, C. (2017). Teilhabe älterer Menschen. In: E. Diehl (Hrsg.), *Teilhabe für alle?! Lebensrealitäten zwischen Diskriminierung und Partizipation* (S. 44–76). Bonn: bpb.

Volkert, J. (2005). Armut als Mangel an Verwirklichungschancen: ein adäquater Methoden-Ansatz" (AM-Ansatz). In: J. Volkert (Hrsg.), *Armut und Reichtum an Verwirklichungschancen. Amartya Sens Capability-Konzept als Grundlage der Armuts- und Reichtumsberichterstattung* (S. 73–94). Wiesbaden: VS Verlag für Sozialwissenschaften.

Wacker, E., Wansing, G. & Hölscher, P. (2004). Maß nehmen und Maß halten – in einer Gesellschaft für alle (I). Von der Versorgung zur selbstbestimmten Lebensführung. In: Th. Klie & A. Spermann (Hrsg.), *Persönliche Budgets – Aufbruch oder Irrweg? Ein Werkbuch zu Budgets in der Pflege und für Menschen mit Behinderungen* (S. 126–143). Hannover: Vincentz Network.

Walther, A. (2021). Kinder- und Jugendhilfe im wohlfahrtsstaatlichen Lebenslaufregime. Verortung von Spannungslinien des Aufwachsens in öffentlicher Verantwortung. In: T. Franzheld & A. Walther (Hrsg.), *‚Vermessungen' der Kinder- und Jugendhilfe. Versuch einer Standortbestimmung* (S. 32–55). Weinheim und Basel: Beltz.

Wansing, G. (2007). *Teilhabe an der Gesellschaft. Menschen mit Behinderung zwischen Inklusion und Exklusion.* Wiesbaden: VS Verlag für Sozialwissenschaften.

Werner, G. & Goehler, A. (2010). *Freiheit, Gleichheit, Grundeinkommen: Von der Erwerbsarbeit zur Kulturgesellschaft.* Köln: Kiepenheuer und Witsch.

Wessel, B. (2007). *Wer zahlt, hat Recht? Beratung im Rahmen des Persönlichen Budgets für Menschen mit Behinderung.* Berlin: Eigenverlag des Deutschen Vereins für öffentliche und private Fürsorge e. V.

Politische Kulturen der Inklusion/Exklusion

11

Zusammenfassung

Im letzten Kapitel dieses Studienbuches widmen wir uns noch einmal dem Verständnis von Fürsprachen für vielfältige gesellschaftliche Teilhabe (darunter auch für inklusionsorientierte schul-pädagogische Angebote) als politische und soziokulturelle Entscheidungen. Mit Bezug auf Menschenrechte als normative Prinzipien demokratischer Kulturen fragen wir zunächst nach inklusionsorientierten politischen Selbstverständnissen, inkludierenden wie exkludierenden Politiken (Abschn. 11.1). Ausgehend von einem Beispiel in der Kontroverse um ein ‚inklusives' Bildungssystem diskutieren wir deliberativ-demokratische Vorstellungen einer politischen Kultur der ‚Inklusivität' und damit verbundene Inklusions- und Exklusionspotenziale (Abschn. 11.2). Im letzten Abschn. (11.3) stellen wir Ideen agonaler politischer Kulturen der Inklusion/Exklusion vor, die im unbedingten Vertrauen auf die Demokratie um die (Un-)Möglichkeit vielfältiger gleichberechtigter gesellschaftlicher Teilhabe streiten.

Schlüsselwörter

Agonale Demokratie · Deliberative Demokratie · Demokratische Kulturen · Exklusivität · Hegemonie · Inklusion als Menschenrecht · Inklusivität · Politik · Politisches · Solidarität

11.1 Menschenrechte als normative Prinzipien demokratischer Kulturen

Wir diskutieren in diesem Studienbuch verschiedenste Vorstellungen von Inklusion/Exklusion sowie Konzepte und Darstellungen von Praxen inklusionsorientierter Schul-Pädagogik, die sich mit dem *Inklusionsgebot demokratischer Gesellschaften* und zugleich mit *Kritiken an ungleichen Chancen der Teilhabe und sozialer Ausgrenzung* legitimieren. So werden Ansprüche chancengerechter Bildung und Erziehung für alle Schüler*innen im allgemeinen Schul- und Erziehungssystem sowie vielfältige soziokulturelle Teilhabe ebenso sicht- und sagbar wie die damit verbundenen Exklusionsprobleme. Zudem skizzieren wir Politiken von Inklusion/Exklusion und Fürsprachen für inklusionsorientierte schul-pädagogische Angebote als politische und soziokulturelle Entscheidungen. Mit diesen Einsätzen lässt sich die These verbinden, „dass *Bestrebungen um ‚Inklusion' immer ein politisches respektive demokratisches Selbstverständnis zu eigen* war beziehungsweise ist" (Geldner 2020, S. 24, Herv. K.P.). Dieser These wollen wir im Folgenden nachgehen, indem wir nach politischen Selbstverständnissen fragen, denen Bemühungen um Inklusion eigen sein können.

Wir gehen hier zunächst davon aus, dass sich das Inklusionsgebot demokratischer Gesellschaften auf der Grundlage der Vorstellung von *Inklusion als menschenrechtlicher Verpflichtung* (vgl. Kap. 4, Abschn. 4.3) diskutieren lässt. Menschenrechte können als *normative Richtlinien für politische Kulturen der Inklusion/Exklusion* verständlich werden, welche „die permanente Infragestellung der Exklusionsformen [ermöglicht], die mit der politischen Praxis [...] notwendig verbunden sind" (Mouffe 2010, S. 82, Anpassung K.P.). Diese Auffassung fokussiert auf die (rechtlich nicht bindende) „Allgemeine Erklärung der Menschenrechte" (UN Vollversammlung 1948). Dieser Bezug wird (nicht nur) in der inklusionsorientierten Schul-Pädagogik häufig mit einem Verweis auf die ‚UN-Behindertenrechtskonvention' ergänzt, z. B. im Sinne einer Bestätigung der ‚universellen Menschenrechte' (vgl. Hinz 2014, S. 18).

Politische Kultur lässt sich als „Ensemble von narrativen und symbolischen Traditionsbeständen, als weithin akzeptiertes, kollektives und kontinuierliches historisches und politisches Wissen" (Reinecke 2005, S. 72) vorstellen. Die politische Kultur, die sich in der ‚Allgemeinen Erklärung der Menschenrechte' zeigt, wird in ihrer ‚Präambel' als historisch akzeptiertes kollektives politisches Wissen wie folgt lesbar:

11.1 Menschenrechte als normative Prinzipien demokratischer Kulturen

„*Da* die Anerkennung der angeborenen Würde und der gleichen und unveräußerlichen Rechte aller Mitglieder der Gemeinschaft der Menschen die Grundlage von Freiheit, Gerechtigkeit und Frieden in der Welt bildet,
da die Nichtanerkennung und Verachtung der Menschenrechte zu Akten der Barbarei geführt haben, die das Gewissen der Menschheit mit Empörung erfüllen, und da verkündet worden ist, daß einer Welt, in der die Menschen Rede- und Glaubensfreiheit und Freiheit von Furcht und Not genießen, das höchste Streben des Menschen gilt,

da es notwendig ist, die Menschenrechte durch die Herrschaft des Rechtes zu schützen, damit der Mensch nicht gezwungen wird, als letztes Mittel zum Aufstand gegen Tyrannei und Unterdrückung zu greifen,

da es notwendig ist, die Entwicklung freundschaftlicher Beziehungen zwischen den Nationen zu fördern, die Völker der Vereinten Nationen in der Charta ihren Glauben an die grundlegenden Menschenrechte, an die Würde und den Wert der menschlichen Person und an die Gleichberechtigung von Mann und Frau erneut bekräftigt und beschlossen haben, den sozialen Fortschritt und bessere Lebensbedingungen in größerer Freiheit zu fördern,

da die Mitgliedstaaten sich verpflichtet haben, in Zusammenarbeit mit den Vereinten Nationen auf die allgemeine Achtung und Einhaltung der Menschenrechte und Grundfreiheiten hinzuwirken,

da ein gemeinsames Verständnis dieser Rechte und Freiheiten von größter Wichtigkeit für die volle Erfüllung dieser Verpflichtung ist, verkündet die Generalversammlung diese Allgemeine Erklärung der Menschenrechte als das von allen Völkern und Nationen zu erreichende gemeinsame Ideal, damit jeder einzelne und alle Organe der Gesellschaft sich diese Erklärung stets gegenwärtig halten und sich bemühen, durch Unterricht und Erziehung die Achtung von diesen Rechten und Freiheiten zu fördern und durch fortschreitende nationale und internationale Maßnahmen ihre allgemeine und tatsächliche Anerkennung und Einhaltung durch die Bevölkerung der Mitgliedstaaten selbst wie auch durch die Bevölkerung der ihrer Hoheitsgewalt unterstehenden Gebiete zu gewährleisten" (UN Vollversammlung 1948, o. A., Herv. im. Orig.).

Dieses ‚Wissen' um die Grundlagen von ‚Freiheit, Gleichheit und Frieden' kann sich in materialisierten und narrativen Symbolen, in Stereotypen und Mythen ausdrücken (Reinecke 2005, S. 73). So können die Texte der Präambel und die 30 Artikel der ‚Allgemeinen Erklärung der Menschenrechte' als narrative Symbole der als ‚unveräußerlich, unteilbar und universal gültig' vorgestellten Menschenrechte verständlich werden. Dabei kann „die Menschenwürde als ‚Quellort' verstanden werden, dem alle übrigen Normierungen der Menschenrechte entspringen" (Eichholz 2012, S. 29), auch die der Inklusion. Das Verhältnis von *Menschenwürde und Inklusion* (thematisiert *als Gleichachtung der Verschiedenheit*) lässt sich wie folgt *als ‚substanzielle Legitimationsbasis'* der Menschenrechte zur Diskussion stellen:

„Die Menschenwürde ist in diesem Sinne verfassungsrechtlich verbindlicher Grundwert und zugleich eine Qualität, die jede zwischenmenschliche Begegnung als Haltung auszeichnet, in der Menschen bestrebt sind, sich gegenseitig gerecht zu werden. Inklusion ist verbrieftes Recht und im Zwischenmenschlichen zugleich die rechtsethische Aufforderung, den Anderen jenseits aller Verschiedenheit als Gleichen anzuerkennen und ihm in diesem Geist zu begegnen. […] Jeder Mensch hat Anspruch darauf, gerade in seiner Verschiedenheit als eigenständige, unverwechselbare Persönlichkeit geachtet zu werden. Das ist die Essenz des Gleichheitsgedankens. Gleichberechtigte Teilhabe an der Gemeinschaft ohne Rücksicht auf jede Form der Andersheit gehört zum Gehalt der Menschenwürde […][,] und zwar unabhängig vom Maß der Verschiedenheit […]. Gerade in der gleichberechtigten Anerkennung der Verschiedenheit verwirklicht sich Gleichheit. Menschenrechtlich radikalisiert dies den Begriff der Inklusion. *Inklusion als Gleichachtung der Verschiedenheit ist […] ein Grundwert*" (Eichholz 2012, S. 30 f., Herv. K.P.).

Allerdings scheint in der Vorstellung von Inklusion als menschenrechtliche Verpflichtung eine Differenz auf zwischen der Problematik, „keine Rechte zu haben", und der, „diese zu haben, ohne dass sie [angemessen] Beachtung finden" (Hirschberg 2022, S. 65, Ergänzung K.P.). Politiken der Exklusion gegenüber denjenigen, denen Inklusion als menschenrechtliche Verpflichtung verweigert wird, werden im folgenden Exkurs mit diesem Blick problematisiert.

Exkurs

Verletzungen von Menschenwürde und Inklusion

Als grundlegende Verletzungen der normativen Erwartungen der Menschenrechte sind zum einen Politiken „neokolonialer Gewalt zwischen Staaten und auch die Folgen der kolonialistischen Gewalttaten" (Hirschberg 2022, S. 68) zu benennen. Diese Menschenrechtsverletzungen bedienen sich immer wieder der Rhetorik der ‚Opfer von Unrecht' mit dem „Vorwand der Schutzverantwortung, als Alibi für strategische und/oder militärische Interventionen" (Castro Varela und Dhawan 2020, S. 6).

Zudem wird an vielen Politiken, die auf Menschenrechte fokussieren, die „prinzipielle Idee der Zuteilung von Rechten […] [mit der] Distanz zwischen jenen, die Rechte zuteilen, und jenen, die lediglich als Opfer von Unrecht und als Empfänger_innen von Rechten gelten" (ebd., S. 7, Anpassung K.P.), hinterfragt.

In diesem Sinne werden die mit der ‚Allgemeinen Erklärung der Menschenrechte' assoziierten Menschenrechtspolitiken als ‚euro- und androzentristisch' problematisiert. Als ein Beispiel wird die „Politik des Helfens" (ebd., S. 6) aufgerufen, welche sich mit der Verbesserung der Lebensverhältnisse aller

11.1 Menschenrechte als normative Prinzipien demokratischer Kulturen

Menschen legitimiert, insbesondere derer, die im ‚Globalen Süden' Menschenrechtsverletzungen ausgesetzt sind:

„Die ‚Politik des Helfens' verdeckt ökonomische und geopolitische Interessen, während die hegemonialen Menschenrechtsdiskurse dem Globalen Norden als Rechtfertigung dienen, um im Globalen Süden einzugreifen. Im Rahmen einer eurozentristischen Epistemologie werden die Ursprünge des Reichtums der Länder des Globalen Nordens von den Bedingungen des Kolonialismus losgelöst und stattdessen mit Diskursen von Fortschritt und Rationalität als Erfolge der europäischen Aufklärung repräsentiert. Eine wohltätige Helfen-Politik, bei dem der Globale Norden seinen ‚Anderen' dabei behilflich sein will, von ihm zu lernen, vernachlässigt den historischen Zusammenhang zwischen normalisierten Privilegien und kontinuierlicher kolonialer Ausbeutung" (ebd.).

Grundlegend werden die normativen Maßstäbe der Menschenwürde und der Inklusion auch mit den Politiken missachtet, die z. B. dazu führen, dass Menschen „an den sogenannten EU-Außengrenzen in menschenverachtender Weise festgehalten werden [...]. Hier gilt die Unterscheidung zwischen Subjekten, denen Menschenrechte nicht nur rhetorisch, sondern als Anspruch zukommen, und solchen, denen das Recht auf universelle Menschenrechte unzugänglich bleibt" (Mecheril et al. 2022, S. 203). Das folgende Beispiel übernimmt die Aufgabe, einige dieser Menschenrechtsverletzungen beim Namen zu nennen:

„Im Juni 2018 steht über mehrere Tage die Odyssee eines Schiffes im Zentrum der Berichterstattung. Das von der zivilgesellschaftlichen Organisation SOS Méditerranée betriebene Rettungsschiff *Aquarius* irrt, auf der Suche nach einem aufnehmenden Hafen, tagelang im zentralen Mittelmeer herum. An Bord und aus akuter Not gerettet: einige Hundert Menschen. [...] Sie haben sich mit der vagen Hoffnung auf ein anderes, ein sicheres, ein besseres Leben auf den Weg nach Europa gemacht. [...] In oft überfüllten, dem Wellengang heillos ausgelieferten Schlauchbooten, in kaum hochseetauglichen, bisweilen morschen Holzbooten wagen sie die Überfahrt. [...] Der Innenminister der Bundesrepublik Deutschland [...] erklärt im Deutschen Bundestag, er sehe keine Notwendigkeit, die von der *Aquarius* vor dem Ertrinken erretteten Menschen aufzunehmen. [...] Deutschland ist nicht zuständig. [...] Von der Irrfahrt der *Aquarius* im Juni 2018 bis zum Herbst 2019 nahm die Bundesrepublik Deutschland insgesamt 225 aus Seenot gerettete Menschen auf. Durchschnittlich sechs Menschen starben im Jahr 2018 jeden Tag im zentralen Mittelmeer. Mindestens 2275 Tote sollten es in jenem Jahr insgesamt werden. Leben, für die nicht Sorge getragen wurde. Körper, die nicht zählten. […]

Im Sommer 2020 verbietet der Innenminister mit Rückendeckung der Kanzlerin deutschen Ländern und Kommunen, selbstständig Geflüchtete aufzunehmen. 1111 Tote registriert die Internationale Organisation für Migration der Vereinten Nationen 2020, mehr als 11000 Menschen werden im Laufe des Jahres von der libyschen Küstenwache abgefangen und zurück nach Libyen gebracht.

Auf der griechischen Insel Lesbos brennt in der Nacht vom 8. auf den 9. September 2020 das EU-Lager *Moria* ab, nachdem mehrere Fälle einer Corona-Infektion registriert worden waren. Fast 13000 Geflüchtete sind wochenlang ohne Obdach, Nahrung und Wasser, campieren in Straßengräben, auf Friedhöfen, in behelfsmäßig errichteten Zelten ohne Möglichkeit, die in der Corona-Pandemie so lebenswichtigen Hygiene-Regeln […] einhalten zu können. Die Grenze zwischen jenen, die es wert sind, im Leben gehalten zu werden, und jenen, die als verzichtbar gelten, wird weiter befestigt" (Hark 2021, S. 43 ff., Herv. i. Orig.).

„Es sind […] emblematische Ereignisse, die auf tiefgreifende Verwerfungen im kulturellen, gesellschaftlichen, politischen und sozialpsychologischen Gefüge Deutschlands und weit darüber hinaus verweisen. […] Die fortgesetzte Behinderung der Seenotrettung durch die Europäische Union und ihre Mitgliedsstaaten, die europäische Kollaboration mit der libyschen Küstenwache, die die Boote im Mittelmeer stoppt, um die Migrant_innen zurück nach Libyen zu bringen, wo sie unter horrenden, menschenrechtswidrigen Bedingungen interniert werden. Die ebenso menschenrechtswidrigen Zustände in den von der EU als ‚Registrierungs- und Aufnahmezentren' eingerichteten Elendslagern auf den griechischen Inseln. Zehntausende Geflüchtete harren dort unter erbärmlichen Bedingungen teilweise seit Jahren aus, finden weder Aufnahme in den Staaten Europas, noch können sie zurück in die Türkei, über die sie größtenteils den Weg nach Griechenland gefunden haben. Von der *Schande Europas* spricht Jean Ziegler […], einstiger UN-Sonderberichterstatter für das Recht auf Nahrung, nachdem er das Lager Moria […] besucht hatte. Im September 2020 ist Moria abgerannt. Die Zukunft der Überlebenden ist ungeklärt" (ebd., S. 56 ff., Herv. i. Orig.).

Die normativ als Verletzungen der Menschenwürde und Inklusion markierten Ausschlüsse/Exklusionen legitimieren sich politikrechtlich mit der sogenannten ‚Dublin III-Verordnung', nach der Geflüchtete Asyl in dem Land beantragen müssen, in dem sie in Europa ankamen. In einer nichtamtlichen deutschen Lesefassung von „Informationen über die Dublin-Verordnung gemäss Artikel 4 der Verordnung (EU) Nr. 604/2013 für Personen, die internationalen Schutz beantragen" (Nestler und Vogt o. J., S. 48) ist dazu unter anderem zu lesen:

„Sie haben uns gebeten, Ihnen Schutz zu gewähren, weil Sie nach eigener Angabe Ihr Land aufgrund von Verfolgung, Krieg oder der Gefahr, ernsthaften Schaden zu erleiden, verlassen mussten. Nach dem Gesetz ist dies ein ‚Antrag auf internationalen Schutz', und Sie selbst werden als ‚Antragsteller' bezeichnet. Menschen, die um Schutz nachsuchen, werden häufig auch ‚Asylbewerber' genannt.

Die Tatsache, dass Sie hier Asyl beantragt haben, bedeutet nicht automatisch, dass wir Ihren Antrag auch hier prüfen. Das Land, das Ihren Antrag prüfen wird, wird in einem Verfahren nach einer Rechtsvorschrift der Europäischen Union bestimmt, der sogenannten ‚Dublin-Verordnung'. Nach dieser Rechtsvorschrift ist nur ein Land für die Prüfung Ihres Antrags zuständig. Diese Rechtsvorschrift wird in einer geografischen Region angewendet, die 32 Länder umfasst. [...]

Wenn Sie etwas in diesem Merkblatt nicht verstehen, fragen Sie bitte unsere Behörden.

Bevor Ihr Antrag auf Asyl geprüft werden kann, müssen wir feststellen, ob wir für die Prüfung zuständig sind oder ob ein anderes Land zuständig ist '– das nennen wir ‚Dublin-Verfahren'. Das Dublin-Verfahren *betrifft nicht den Grund Ihres Asylantrags.* Es wird nur die Frage geklärt, welches Land dafür zuständig ist, über Ihren Asylantrag zu entscheiden. [...]

Wenn wir zu dem Ergebnis kommen, dass ein anderes Land für Ihren Antrag zuständig ist, werden wir Sie so bald wie möglich in dieses Land schicken, damit Ihr Antrag dort bearbeitet werden kann. *Die gesamte Dauer des Dublin-Verfahrens,* bis Sie in dieses Land überstellt werden, *kann unter normalen Umständen bis zu 11 Monate dauern.*

Danach wird Ihr Asylantrag im zuständigen Land geprüft. Dieser Zeitrahmen kann sich verändern, wenn Sie sich vor den Behörden verstecken, in Haft genommen werden oder wenn Sie einen Rechtsbehelf gegen die Überstellungsentscheidung einlegen. Falls Sie sich in einer dieser Situationen befinden, erhalten Sie spezifische Informationen über den Zeitrahmen, der für Sie gilt. Wenn Sie in Haft genommen werden, werden Sie über die Gründe dafür und die Rechtsmittel informiert, die Ihnen zur Verfügung stehen. [...]

Die Rechtsvorschrift enthält verschiedene Gründe dafür, *warum ein Land für die Prüfung Ihres Antrags zuständig sein kann.* Diese Gründe werden in der Reihenfolge ihrer Bedeutung in der Rechtsvorschrift berücksichtigt. Dazu zählt, ob Sie *in diesem Dublin-Land einen Familienangehörigen* haben, ob Sie derzeit oder in der Vergangenheit ein *Visum oder einen Aufenthaltstitel eines Dublin-Landes* besitzen/besaßen oder ob Sie *legal oder illegal in ein anderes Dublin-Land gereist oder über ein anderes Dublin-Land eingereist sind.* [...] Wir können beschließen, Ihren Antrag in unserem Land zu prüfen, auch wenn wir nach den Kriterien der Dublin-Verordnung nicht dafür zuständig sind. Wir werden Sie nicht in ein Land schicken, in dem Ihre Menschenrechte nachgewiesenermaßen verletzt werden" (Nestler und Vogt o. J., S. 48, Herv. K.P.).

Die politischen Kämpfe gegen die skizzierten Politiken des Ausschlusses fordern auch die Beschränkungen dieses Studienbuches heraus, das (mit seinen Fürsprachen für inklusionsorientierte schul-pädagogische Angebote als politische und soziokulturelle Entscheidungen) auf das Inklusionsgebot demokratischer Gesellschaften und auf Kritiken an ungleichen Chancen der Teilhabe und sozialer Ausgrenzung referiert. Die kritische Herausforderung, welche nicht zuletzt die Begrenzung der Fokussierung dieses Studienbuches in Frage stellt, lesen wir u. a. in dem folgenden Plädoyer für solidarische Gemeinschaften, die Asylsuchende nicht ausschließen.

„In Zeiten des wachsenden Rechtspopulismus und Autoritarismus haben zivilgesellschaftliche Initiativen, die in Solidarität mit denjenigen handeln, die als außerhalb der nationalstaatlich organisierten Solidargemeinschaft stehend betrachtet werden, eine entscheidende Funktion. Sie hinterfragen und verhandeln die dominante Ausgrenzung von Nicht-Staatsangehörigen neu, indem sie humanitäre Hilfe leisten, alternative Räume der Zugehörigkeit schaffen und Rechte sowie demokratische Prinzipien artikulieren. Dabei ist die Teilhabe von Nicht-Staatsangehörigen umkämpft [...]. Der Grad des Umkämpftseins hängt bei Themen um Migration damit zusammen, wie sehr die Anliegen der Betroffenen in den hegemonialen Diskursen der Mehrheitsgesellschaft als legitim gelten. So ist es einfacher, die schulische Teilhabe von Kindern zu fordern als das Bleiberecht für abgelehnte Asylsuchende" (Schwenken und Schwiertz 2021, S. 165). ◀

Die (aus normativer Perspektive) menschenrechtsverletzende Unterscheidung, Rechte zu haben oder diese nicht zu haben, begründet sich politisch damit, dass sich die Vertragsstaaten (als Nationalstaaten) verpflichten, ihren Staatsbürger*innen die Menschenrechte der von ihnen ratifizierten Menschenrechtsverträge zu gewährleisten. Diese Verpflichtung besteht nicht für Menschen ohne Staatsangehörigkeit und ‚Papierlose' (vgl. ebd., S. 64) und auch nicht für geflüchtete Menschen – mit Ausnahme der Verpflichtungen entsprechend der

11.1 Menschenrechte als normative Prinzipien demokratischer Kulturen

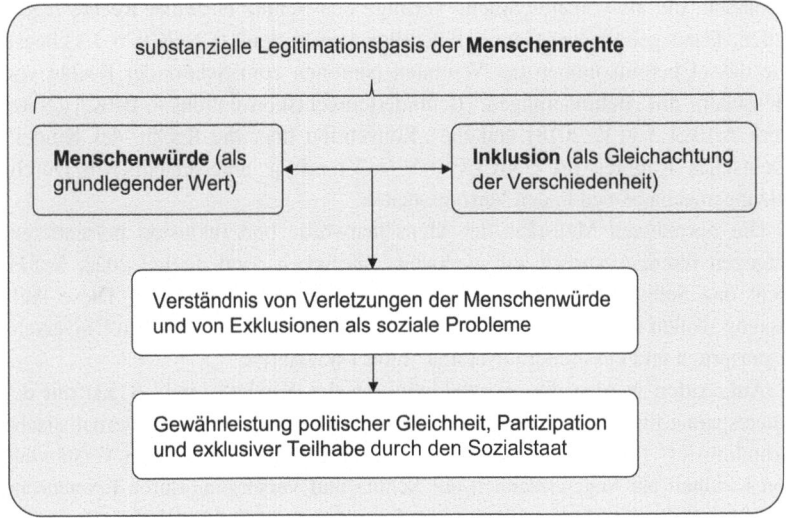

Abb. 11.1 Inklusion/Exklusion im Kontext der Menschenrechte. (© Mirko Moll)

‚Genfer Flüchtlingskonvention' als „Grundlage des internationalen Rechts zum Schutz für Flüchtlinge" (Gatrell 2016, S. 1) und der im Exkurs aufgerufenen ‚Dublin-Verordnung'.

Diese Positionierung entspricht zum einen dem Verständnis von Demokratien als politische Strukturen, die in unterschiedlichen Weisen politische Gleichheit, Partizipation und ‚*exklusive Teilhabe*' gewährleisten (vgl. Tietje et al. 2021, S. 11). Zum anderen beruhen sie auf den Vorstellungen, dass der ‚Sozialstaat' für die Umsetzung des Rechts auf Teilhabe aller Bürger*innen verantwortlich zeichnet und Verletzungen der Würde des Menschen sowie Exklusionsrisiken als soziale Probleme verstanden werden, auf die Sozialstaaten zu regieren haben (vgl. Krüger 2019, S. 22; vgl. auch Kap. 6, Abschn. 6.2). Die Abb. 11.1 soll diesen Zusammenhang verdeutlichen.

In diesem Sinne werden „politische Praktiken im Sinne der Menschenrechte als Marker für die Zugehörigkeit zur Gemeinschaft liberaler, demokratischer Staaten gelesen" (Castro Varela und Dhawan 2020, S. 2 f.). Dabei sind die normativen Maßstäbe der ‚Allgemeinen Erklärung der Menschenrechte' von den „vermachteten und verrechtlichten Institutionen und Organisationen" (Lohmann 2022, S. 25) zu unterscheiden, welche durch sie legitimiert werden sollen. Die politischen Institutionen und Praktiken werden an den Menschenrechtsabkommen gemessen, die als völkerrechtliche Verträge den Schutz einzelner Rechte regeln sollen. Dazu gehört die „Genfer Flüchtlingskonvention" (UNHCR o. J.) ebenso wie das „Übereinkommen der Vereinten Nationen zum Schutz der Rechte von Menschen mit Behinderungen. Behindertenrechtskonvention – BRK" (Netzwerk Artikel 3 e. V. 2018) und die „Konvention über die Rechte des Kindes" (Deutsches Komitee für UNICEF e. V. o. J.) mit je unterschiedlichen Durchsetzungsmechanismen in den Vertragsstaaten.

Die normativen Maßstäbe der Menschenwürde und Inklusion präsentieren, entgegen ihrem Anspruch auf ‚weltweite Gültigkeit' (vgl. Liebel 2022, S. 51), nicht das Selbst- und Weltverständnis aller politischen Kulturen. Diese Auffassung wollen wir bezogen auf das Thema „Kinderrechte – zwischen Universalitätsanspruch und kultureller Diversität" (ebd.) skizzieren.

Aufgerufen werden die „Formaldefinition des Kindes" (ebd., S. 53) mit der Altersspanne bis zur Vollendung des 18. Lebensjahres und das „paternalistische Grundmuster" (ebd., S. 52), das auf einem spezifischen kulturellen Verständnis von Kindheit als Angewiesenheit auf Schutz und Versorgung durch Erwachsene und als ‚Reifezeit' hin zu einer von Erwachsenen „verkörperte[n] Rationalität" (ebd., S. 53, Anpassung K.P.) beruht. Mit Verweis darauf, dass die ‚UN-Kinderrechtskonvention' Elemente enthält, „die Kinder *auch* als handlungs- und partizipationsfähige Rechtssubjekte ausweisen" (ebd., S. 52, Herv. K.P.), wird zu bedenken gegeben, dass „[d]ie dem Kind […] zugestandene Partizipation […] auf das Versprechen beschränkt [bleibt], dass Erwachsene und Institutionen ihrer Verpflichtung nachkommen, den Kindern Gehör zu schenken und ihre Sichtweisen aufzugreifen und bei Entscheidungen zu berücksichtigen" (ebd., S. 52, Anpassung K.P.). In diesen Setzungen bleiben vielfältige Differenzen unberücksichtigt, „die nicht dem Strukturmuster ‚moderner' westlicher Kindheit entsprechen" (ebd., S. 55). Diese Feststellung wird wie folgt begründet und exemplarisch belegt:

> „In den meisten Kulturen des Globalen Südens wird zwar zwischen Kindern und Erwachsenen unterschieden, dies geschieht jedoch meist nicht durch Markierungen des chronologischen Alters, sondern durch die Anerkennung ihrer Kompetenzen, die sich in der Übertragung von Aufgaben und die Übernahme von Verantwortung ausdrückt. Die scharfe, durch chronologische Altersangaben markierte Trennung zwischen Kindsein und Erwachsensein führt zwangsläufig zu Missverständnissen, unangemessenen Zuordnungen oder Diskriminierungen. Dies gilt auch, wenn die konkrete Lebenssituation der Kinder und der kulturelle Kontext nicht genügend berücksichtigt werden. […]
> Während in der Präambel der Konvention betont wird, dass ‚das Kind wegen seiner mangelnden körperlichen und geistigen Reife besonderen Schutzes und besonderer

11.1 Menschenrechte als normative Prinzipien demokratischer Kulturen

Fürsorge [...] bedarf', gelte in den Lebensweisen und Kosmovisionen der andinen und amazonischen Völker ‚das Kind nicht als eine Person in Evolution', vielmehr seien die Kinder ‚Personen mit Attributen und Verantwortlichkeiten in ihrer Familie ebenso wie in ihrer Gemeinschaft und der natürlichen Umgebung' (Liebel 2022, S. 54, mit Verweis auf terre des hommes 2014, S. 11).

Wenn kulturell differente Lebensweisen „an eurozentristischen Vorstellungen von Kindheit gemessen werden" (Liebel 2022, S. 55) und „das der Kinderrechtskonvention zugrundeliegende Kindheitskonzept [...] zur absoluten Norm für vermeintlich zurückgebliebene Gesellschaften und Kulturen erhoben wird" (ebd., S. 53), kann auch das als ‚kolonialistischer Paternalismus' verstanden werden: Kinderrechte werden instrumentalisiert, um vorgeblich ‚rückständige' politische Kulturen zu ‚modernisieren' (vgl. ebd.). Mit einem Blick auf die aktuellen innenpolitischen Verhältnisse in den Ländern des ‚Globalen Nordens' wird jedoch deutlich, dass es auch hier „nach wie vor erhebliche Differenzen zwischen ‚den normativen Erwartungen, die als Menschenrechte formuliert sind, ihrer politischen Beanspruchung als Wertegrundlage und der sozialen Wirklichkeit' gibt" (Leonhardt et al. 2022, S. 9). Solche Differenzen lassen sich in der Bundesrepublik Deutschland u. a. am Beispiel der Kinderrechte zeigen.

„Inklusion verwirklichen" (Maywald 2016, S. 68, Herv. K.P.) wird als eine „[k]inderrechtliche Herausforderung in der Schule und darüber hinaus" (ebd., S. 66, Anpassung K.P.) markiert. Als explizite Bezüge werden das „Gebot der Nichtdiskriminierung gemäß Art. 2 der UN-KRK und die in Art. 24 der UN-Behindertenrechtskonvention enthaltene Verpflichtung, ein inklusives Bildungssystem aufzubauen" (ebd., S. 68), benannt. In dem Zusammenhang wird der UN-Behindertenrechtskonvention zugeschrieben, dass durch sie „[d]as mit ‚Inklusion' bezeichnete Recht auf aktive Teilnahme der Menschen mit Behinderung am Leben der Gemeinschaft [...] als so grundlegendes Prinzip anerkannt [wurde], dass sich kein Lebensbereich von diesem Anspruch ausnehmen kann" (Eichholz 2012, S. 15, Ergänzung K.P.). Der Bereich inklusionsorientierter Schul-Pädagogik reagiert auf diese Herausforderung insbesondere mit diversen inklusionsorientierten Schul- und Unterrichtskonzepten (vgl. Kap. 5), ebenso wie die Erziehungswissenschaft mit kontingenten Positionierungen zum Thema Inklusion/Exklusion (vgl. Kap. 1, Abschn. 1.4) und mit differenten Entwürfen des Heterogenitätskonzeptes (vgl. Kap. 7).

So kann verständlich werden, dass in *schulpolitischen Zusammenhängen* normative Erwartungen von *‚Inklusion'* häufig als *‚Rechtsanspruch' auf sonderpädagogische Förderung an allgemeinen Schulen* (vgl. Bartz 2016, S. 262) formuliert werden und dass die Umsetzung dieses Rechtsanspruchs der Schul- und

Bildungspolitik sowie den entsprechenden strukturellen und interaktiven Praxen durch die UN-Behindertenrechtskonvention aufgegeben ist (vgl. Kap. 1 und 4). Einige der hier diskutierten Positionierungen kritisieren die Engführung, erweitern das Verständnis von Inklusion mit Blick auf andere Differenzkonstruktionen und gehen davon aus, dass „Inklusion als zentraler Wert [...] in allen UN-Menschenrechtskonventionen von zentraler Bedeutung" (ebd.) ist. Als Belege werden neben Artikeln der UN-Behindertenrechtskonvention eine Reihe von Artikeln aus der ‚Allgemeinen Erklärung der Menschenrechte', aus dem ‚Übereinkommen gegen Diskriminierung im Unterrichtswesen', aus dem ‚Übereinkommen über die Rechte des Kindes' sowie aus dem ‚Internationalen Pakt über wirtschaftliche, soziale und kulturelle Rechte' aufgeführt (vgl. ebd., S. 263), die „für eine *inklusive gesellschaftliche und politische Praxis* grundlegend" (ebd., Herv. K.P.) seien. Die Tragweite eines solchen Verständnisses lässt sich an einem Beispiel diskutieren, das eine „Vorstellung einer auf den Kinderrechten aufbauende[n] Bildung" (Krappmann 2016, S. 18, Anpassung K.P.) und entsprechende Ideen zur Umsetzung vorschlägt.

Beispiel

Auszüge aus einem ‚Manifest' zur Umsetzung von Kinderrechten und Demokratie in der Schule
Das ‚Manifest' (vgl. Krappmann 2016, S. 17 ff.) ist in 84 nummerierte Abschnitte untergliedert, die ihrerseits in drei Schwerpunkten mit Zwischenüberschriften aufgeführt sind. Wir zitieren einige Abschnitte entlang der aufgeführten Überschriften.

„**I. Bildung zur Gestaltung eines Lebens auf der Grundlage der Menschenrechte** [...]
Menschenrechte für Kinder [...]
10 *Kinderrechte in der deutschen Schule:* Die Kultusministerkonferenz (KMK) hat sich in einer Erklärung von 2006 ausdrücklich zur Kinderrechtskonvention bekannt. Sie stellt fest, dass die Vermittlung von ‚essentiellen Werten wie Menschenwürde, Toleranz, Freiheit, Selbstbestimmung und Schutz vor Gewalt [...] sowohl allgemeine Aufgabe von Schule und Unterricht als auch spezifische Aufgabe der dafür relevanten Fächer ist'. Im Beschluss zur Stärkung der Demokratieerziehung von 2009 betont die KMK, dass die Schule nicht nur ein Ort des Lernens über Demokratie ist, sondern dass sie den Kindern ebenso wie den anderen beteiligten Gruppen vielfältige Beteiligungsmöglichkeiten in Unterricht, Schulleben und Schulorganisation bieten muss,

und dies unabhängig von Altersstufen und Fächern. Dass Kinder eine ihren Grundrechten und ihrer Lebensplanung und -gestaltung angemessene Leistung von der Schule einfordern können, geht bereits daraus hervor, dass sie alle ohne Ausnahme der Schulpflicht unterworfen sind. Hinzuweisen ist auf zahlreiche Beschlüsse und Programme der Vereinten Nationen sowie des Europarats, in denen die Verpflichtung unterstrichen wird, Menschenrechtsbildung und die Umsetzung von Menschenrechten in Schulen zu verstärken. […]

Bildung als Grundlage guten Lebens […]
24 *Schule im Jetzt:* Viele soziale und gesellschaftliche Themen dringen heute massiv in die Sozialwelt und den Unterricht der Schulen ein: mangelnde Anerkennung und Respektlosigkeit, Gewalt, Missachtung oder Ausschluss, menschenrechts- und demokratiefeindliche Ideologien, dazu soziale Ungleichheit, ungleiche Entwicklungschancen, fehlende Mitspracheöglichkeiten und Missachtung des Kindeswohls. Wenn Kinder und Jugendliche in ihrer Schule sich mit diesen Themen auseinandersetzen, erwerben sie Wissen, Urteilsfähigkeit und entwickeln Verantwortung. Sie erleben, wie Regeln verabredet und gute Lösungen ausgehandelt werden können und wie jüngere und ältere Menschen verschiedener Herkunft, kultureller und religiöser Orientierung dabei miteinander reden, streiten und kooperieren. Diese Kompetenzen und Erfahrungen haben Auswirkungen auf die Gestaltung des Zusammenlebens jetzt, aber auch auf das spätere Leben. Die nachhaltige Wirkung liegt […] in der begründeten Hoffnung, dass diejenigen, die hier und jetzt Situationen beurteilen, ihre Verantwortung wahrnehmen und ihr Handeln mit anderen abstimmen, Grundlagen dafür schaffen, auch später mit Aufgaben, Problemen und Risiken sinnvoll und menschenorientiert umgehen können.

25 *Förderung der Politikfähigkeit:* Die Demokratie von morgen braucht aktive Demokratinnen und Demokraten, die nicht nur überzeugt, sondern auch fähig sind, politische Verantwortung zu übernehmen. Die Schule ist ein wesentlicher Ort, an dem junge Menschen lernen können, sich für eine Verbesserung der Lebensverhältnisse und für eine Beseitigung von Missständen zu engagieren. Dies erfolgreich zu tun, bedarf nicht nur soziomoralischer Kompetenzen, sondern auch praktisch-politischer Fähigkeiten. Diese lassen sich nur dort erwerben, wo Raum für ihre Erprobung ist. Eine verantwortungsbewusste Schule gewährt diesen Raum nicht nur, sie sorgt sich um die Entwicklung dieser Fähigkeiten und entwickelt Ehrgeiz für die Steigerung des Engagements aller Mitglieder der Schulgemeinschaft. […]

II. Schule ist Schule der Kinder […]
Das Schulcurriculum aus Sicht der Kinder […]
43 *Schule als Lebens- und Erfahrungsraum:* Was die Schule vermittelt, würde entwertet, wenn Kinder, Jugendliche und Erwachsene in ihrem Handeln nicht den gewonnenen Einsichten folgen würden, etwa in Bereichen von Ernährung, Gesundheit, Bewegung, Energie und Wasser; Lernen, Freizeit und Leistungsdruck; Diskriminierung und Inklusion; oder Gewalt, Mobbing und Beschämung. Schule muss ein Raum sein, der Kindern Handlungsmöglichkeiten bietet und dabei die gewonnenen Erfahrungen kritisch auswertet. […]

Erfahrungen lebensrelevanten Handelns in der Schule und von der Schule aus […]
47 *Divergenz, Konflikt, Aushandlung:* Divergenzen und Konflikte sind unter Menschen unvermeidlich. In vielen Konflikten steckt Potenzial zu erweiterter Problemsicht und Innovation, wenn sie so angegangen werden, dass Einsicht wachsen kann. In der sozialen Gruppe der Schulklasse erleben Kinder und Jugendliche Konflikte mit anderen, die nicht bereit sind, gemeinsam nach Lösungen zu suchen, die erträgliches Miteinander wieder herstellen. […] Auch Konflikte zwischen Lehrpersonen und Schülern verlangen danach, nicht autoritär beendet, sondern förderlich gelöst zu werden. Daher muss in der Schule an angemessenen Wegen der Konfliktlösung gearbeitet werden, die ebenfalls ein schulischer Beitrag zu konstruktiver Auseinandersetzung mit Problemen im sozialen und gesellschaftlichen Leben sind. […]

Schulklasse und andere Lerngruppen als Foren der Aushandlung […]
58 *Anerkennung:* Die unabdingbare Voraussetzung für das Gelingen von Aushandlung und Auseinandersetzung ist der Respekt, mit dem argumentierende Kinder einander zuhören und aufeinander eingehen müssen. Anerkennung, eine grundlegende Forderung der Menschenrechte, erhält in kontrovers diskutierenden Schulklassen einen realen Inhalt. Das soziale Leben in Schulklassen kann an dieser Grundvoraussetzung scheitern, aber selbst dann spüren Kinder und Jugendliche, was für eine Zusammenarbeit nötig wäre: Anerkennung, die Streit kultiviert. […]

62 *Inklusion:* […] Inzwischen ist das Verständnis dafür gewachsen, dass Inklusion generell ein Wesensmerkmal einer menschenrechtsgerechten Lebenswelt für alle sein muss und die Teilhabe von Erwachsenen und Kindern vieler sozialer Gruppen, die benachteiligt und an den Rand gedrängt werden, gesichert werden muss. Zweifellos muss Schule besonders darauf achten, dass Kinder mit Behinderungen Unterstützung beim Lernen und der Beteiligung am Schulleben erhalten. Sie muss jedoch darüber hinaus prüfen, ob auch anderen Kindern mit besonderen Lernvoraussetzungen und kulturellen Eigenheiten volle Teilhabe

am Unterricht und Sozialleben der Schule eröffnet wird. Schule stellt sich damit einer gesellschaftlichen Aufgabe, die Kinder ihr Leben lang begleiten wird, und vermittelt Kindern authentische Erfahrungen und Erkenntnisse. […]

III. Demokratische Schulkultur und Schulverfassung […]
Schulentwicklung im Verbund gemeinsamer Verantwortung […]
75 *Kooperation:* Alle […] Begleiter der Kinder im Aufwachsen, die Kinderleben berührenden Einrichtungen und die Verwaltungen in Kommune und Land sollten sich als Bildungsnetzwerk verstehen […]. Solche Netzwerke wirken vertikaler ‚Versäulung' der Dienstleistungen für Kinder und Jugendliche entgegen, indem sie die Akteure horizontal zusammenführen und ihre Tätigkeiten koordinieren. […]

Erste Schritte zur Entwicklung einer auf den Kinderrechten gegründeten Schule […]
84 *Monitoring:* Um diesen Schulentwicklungsprozess zu verstetigen und mit neuen Impulsen voranzubringen, sollten Schulen regelmäßig prüfen, wiederum unter Einbeziehung aller Beteiligten, wie weit sie mit ihren Vorhaben und Projekten gelangt und wie sie fortzusetzen sind. Dieser Selbstevaluation und Weiterplanung könnte jedes Jahr ein Schultag gewidmet werden, vielleicht der 20. September, der Weltkindertag, oder der 20. November, der Tag der Verabschiedung der Kinderrechtskonvention in der Generalversammlung der UN" (Krappmann 2016, S. 17 ff., Herv. i. Orig.). ◄

Vorstellungen von ‚inklusiven' schulischen, gesellschaftlichen und politischen Praxen werden in den zitierten Zugängen mit den normativen politischen Prinzipien *Teilhabe, Gleichberechtigung, Diskriminierungsverbot und Zugänglichkeit* skizziert:

„*Teilhabe:* Die Inklusion ist die Voraussetzung für die Möglichkeit, dass allen Menschen unabhängig von ihrer individuellen Unterschiedlichkeit, Begabung oder Beeinträchtigung und unabhängig von Geschlecht, sozialer Herkunft und kultureller und religiöser Prägung die Möglichkeit der vollen gesellschaftlichen, politischen und kulturellen Teilhabe eröffnet wird.
Gerechtigkeit und Diskriminierungsverbot: Die Inklusion hat zur Folge, jede Form der Diskriminierung und Exklusion durch gesellschaftliche Strukturen und Praktiken zu verbieten.
Zugänglichkeit: Die Inklusion ist mit der Forderung verbunden, alle institutionellen Barrieren abzubauen, die Zugangsmöglichkeiten einschränken. Das erfordert von Institutionen und Organisationen, Barrieren zu identifizieren und abzubauen, die bewusst oder unbewusst Menschen daran hindern, ihre Rechte und Teilhabemöglichkeiten wahrzunehmen. Denn was nicht zugänglich ist, von dem sind Menschen ausgeschlossen" (Bartz 2016, S. 262, Herv. i. Orig.).

Diese normativen Maßstäbe und die sich mit ihnen begründenden Rechtsansprüche werden als Verpflichtungen interpretiert, die von den UN-Vertragsstaaten umzusetzen sind. Deswegen werden die entsprechenden politischen Entscheidungen, Institutionalisierungen und Praxen in differenzierten Berichtsverfahren (ohne Sanktionsmacht) erfasst und bewertet. Ein solcher Bericht ist z. B. der „Fünfte[] und Sechste[] Staatenbericht der Bundesrepublik Deutschland zu dem Übereinkommen der Vereinten Nationen über die Rechte des Kindes" (BMFSFJ 2019). Der Bericht soll „dem hohen Stellenwert Ausdruck verleihen, den die Bundesrepublik Deutschland der fortschreitenden Umsetzung dieses menschenrechtlichen Übereinkommens beimisst" (ebd., S. 1). Nach dem Selbstverständnis der Bundesregierung gibt der Bericht „anhand von Maßnahmen, Statistiken und Erhebungen einen Überblick über die Umsetzung der in der UN-Kinderrechtskonvention verankerten Rechte von Kindern in Deutschland" (Bundesregierung 2019, S. 3). Wir stolpern über den Nachsatz: „Eine fachliche oder politische Wertung findet nicht statt" (ebd.), weil sich vielfältige politische Initiativen mit Kritiken an der eingeschränkten politischen Wirksamkeit der Menschenrechte begründen.

Bezogen auf die Kinderrechte ist zu lesen: „[B]is heute werden bei Entscheidungen in Politik, Verwaltung und Rechtsprechung die Belange und Rechte von Kindern und Jugendlichen nicht ausreichend berücksichtigt" (Aktionsbündnis Kinderrechte 2021, S. 1, Anpassung K.P.). Auf das Schulsystem fokussierend wird eine solche Einschätzung geteilt und unter anderem wie folgt untersetzt:

„In praktisch allen Schulen werden zahlreiche Rechte von Kindern regelmäßig missachtet und nur selten dienen die Kinderrechte als systematischer Ausgangs- und Orientierungspunkt für die Gestaltung des Schulalltags und der Schulkultur. Insbesondere die folgenden kinderrechtlichen Mängel sind immer wieder festzustellen: […]

- Die langen Unterrichtszeiten verbunden mit stundenlangem Sitzen, der verdichtete Unterrichtsstoff und eine erhebliche Menge an Hausaufgaben führen nicht selten dazu, dass das Recht auf Freizeit und Erholung sowie auf Teilnahme am kulturellen und künstlerischen Leben von den Kindern nur eingeschränkt wahrgenommen werden kann.
- Eine Kinder- und Menschenrechtsbildung findet in der Schule zwar punktuell, jedoch nicht systematisch und auf alle Altersstufen verteilt statt. […]
- Die Beteiligung von Schülerinnen und Schülern beschränkt sich überwiegend auf formale Beteiligung im Rahmen der Schülermitverwaltung (SMV). Eine gelebte Beteiligungskultur, die alle Kinder einschließt und sich auf sämtliche Aspekte des Schullebens bezieht, fehlt fast überall.

11.1 Menschenrechte als normative Prinzipien demokratischer Kulturen

- In den Schulverfassungen, Leitbildern und Konzepten von Schulen sind die Kinderrechte nur unzureichend verankert.
- Kinder mit Behinderung haben bisher nicht überall das Recht auf den Besuch einer Regelschule. Von einem inklusiven Bildungssystem, das alle Kinder einschließt, ist Deutschland noch weit entfernt.
- Schulmüde Kinder und Schulverweigerer werden schnell als Problemkinder abgestempelt, ohne dass ihnen ein auf ihre besondere Situation zugeschnittenes schulisches und außerschulisches Angebot gemacht wird […]" (Maywald 2016, S. 65 f.).

Als eine „der Ursachen für diese erstaunliche Schwäche […] [wird angenommen], dass sich die Stimmen nicht durchgesetzt haben, die verlangen, dass die Kinderrechte Teil des Grundgesetzes werden" (Krappmann und Petry 2016, S. 14, Ergänzung K.P.). Diese Stimmen formierten sich z. B. in einem Aktionsbündnis ‚Kinderrechte ins Grundgesetz' von mehr als 100 Organisationen, die 2021 die Bundestagsfraktionen und die Bundesländer in einem gemeinsamen Appell aufforderten, sich auf ein Gesetz zur Aufnahme der Kinderrechte ins Grundgesetz zu einigen, das den Ansprüchen der UN-Kinderrechtskonvention gerecht wird. Der Aufruf bezog sich auf eine Initiative des Bundesministeriums für Familie, Senioren, Frauen und Jugend, die eine Ergänzung des Artikels 6 Absatz 2 des Grundgesetzes erreichen wollte. Der Absatz und seine geplante Erweiterung lauten:

„Pflege und Erziehung der Kinder sind das natürliche Recht der Eltern und die zuvörderst ihnen obliegende Pflicht. Über ihre Betätigung wacht die staatliche Gemeinschaft" (BMJ o. J., o. A.).
„Die verfassungsmäßigen Rechte der Kinder einschließlich ihres Rechts auf Entwicklung zu eigenverantwortlichen Persönlichkeiten sind zu achten und zu schützen. Das Wohl des Kindes ist angemessen zu berücksichtigen. Der verfassungsrechtliche Anspruch von Kindern auf rechtliches Gehör ist zu wahren. Die Erstverantwortung der Eltern bleibt unberührt" (BMFSFJ 2022, S. 1).

Diese Formulierung stellte aus Sicht des ‚Aktionsbündnisses Kinderrechte' keine Stärkung der Kinderrechte und keine Verbesserung der Rechtsposition von Kindern in Deutschland dar (vgl. Aktionsbündnis Kinderrechte 2021, S. 1).

Da im „parlamentarischen Verfahren keine interfraktionelle Einigung über die Änderung erzielt" (BMFSFJ 2022, S. 1) wurde, setzen sich sowohl das Bundesfamilienministerium als auch das ‚Aktionsbündnis Kinderrechte' weiter für die Aufnahme der Kinderrechte ins Grundgesetz ein, allerdings jeweils mit unterschiedlichen Positionen zum Verhältnis von Kinder- und Elternrechten. Das Aktionsbündnis fordert eine „starke und eindeutige Formulierung für die Kinderrechte, die unabhängig von den Elternrechten gegen den Staat gelten"

(Aktionsbündnis Kinderrechte 2021, S. 1). Es bewertet dieses als „eine wichtige Grundlage für kindgerechte Lebensverhältnisse und bessere Entwicklungschancen für alle Kinder, für eine stärkere Rechtsposition und mehr Beteiligung von Kindern und Jugendlichen in Deutschland" (ebd., S. 1 f.). Das Ministerium scheint mit dieser Positionierung eine „Schwächung des Elternrechts" (BMFSFJ 2022, S. 1) zu verbinden. Es lehnt von Elternrechten unabhängige Kinderrechte ab und argumentiert: „Mit der Stärkung der Interessen der Kinder werden zugleich auch Eltern und Familien gestärkt. Dies stimmt mit den in der UN-Kinderrechtskonvention geregelten Elternrechten überein" (ebd.). Diese differenten Positionierungen legitimieren sich jeweils durch unterschiedliche Vorstellungen von angemessenen Umsetzungen der Prinzipien der Menschenwürde und Inklusion und damit zugleich von normativen Grundsätzen demokratischer Kulturen.

In den Auseinandersetzungen um die Verankerung der Kinderechte entsprechend der ‚UN-Kinderrechtskonvention' in der Struktur des Grundgesetzes kann sich nach unserem Verständnis eine politische Kultur als „ein dynamischer und widerspruchsvoller und im Prinzip stets auch in hohem Maße offener kollektiver Lernprozess […] [zeigen, der] sich in einer widerspruchsvollen Wechselwirkung zwischen den überlieferten Orientierungen, den realen sozialen und politischen Erfahrungen der Gesellschaft und der Deutungskultur ihrer öffentlich wirksamen Interpretation" (Meyer 2011, S. 146, Ergänzung K.P.) vollzieht. Interpretiert als politischer Konflikt, der demokratisch durch Diskussionen und Mehrheitsentscheidungen zu bearbeiten ist (vgl. Kap. 10), fragen wir im Folgenden nach Vorstellungen gleichberechtigter Teilhabe der Bürger*innen (denen der demokratische Staat politische Gleichheit, Partizipation und ‚exklusive Teilhabe' zusichert) an politischen Meinungsbildungs- und Entscheidungsprozessen.

11.2 Deliberation als politische Kultur der ‚Inklusivität'

Die Idee, politische Konflikte (wie z. B. den Streit um die Aufnahme der Kinderrechte ins Grundgesetz und um den Rechtsanspruch auf ‚sonderpädagogische Förderung' an allgemeinen Schulen) in einem liberalen demokratischen Staat in öffentlichen Diskussionen und mit Mehrheitsentscheidungen zu verhandeln, stellt solche Prozesse als ‚inklusive gesellschaftliche Praxen' vor, die sich den normativen politischen Prinzipien *Teilhabe, Gleichberechtigung, Diskriminierungsverbot und Zugänglichkeit* verpflichten (vgl. Abschn. 11.1). Wenn zudem davon

11.2 Deliberation als politische Kultur der ‚Inklusivität'

ausgegangen wird, dass demokratische Prozesse „der *kommunikativen Macht einer überzeugenden politischen Leitidee der sozialen Gerechtigkeit*" (Meyer 2011, S. 146, Herv. K.P.) bedürfen, wird – nicht nur in der ‚Theorie der sozialen Demokratie' (vgl. Kap. 10, Abschn. 10.2) – angenommen, dass sich diese in einer politischen Kultur der *deliberativen Demokratie* durchsetzen.

Wir gehen dieser Idee im Folgenden an zwei Beispielen in der Kontroverse um ein ‚inklusives' Bildungssystem (ohne separierende Schulen für Schüler*innen mit zugeschriebenen Förderbedarfen) nach, mit der wir in diesem Studienbuch in das Thema Inklusion/Exklusion einführten (vgl. Kap. 1). Dafür verweisen wir hier noch einmal auf die Beobachtung, dass sich Fürsprachen für inklusionsorientierte schul-pädagogische Angebote und Einwände dagegen (in Auseinandersetzungen um diesen Aspekt von Inklusion/Exklusion) immer wieder als einander gegenüber gestellte antagonistische Perspektiven präsentieren. Mit der Frage nach einer politischen Kultur der ‚Inklusivität' skizzieren wir zentrale Argumente des Modells deliberativer Demokratie. Die gewählten Zugänge ermöglichen es, das *Gebot der Legitimität,* die *Annahme zwischenmenschlicher Verständigung* und die *Inklusivität* als Grundlagen des Selbstverständnisses deliberativer Demokratien und zugleich als deren *Exklusivität* zu diskutieren. Dabei geht es uns zum einen um die in dem Modell verankerten Vorstellungen von Inklusion (im Sinne von Teilhabemöglichkeiten an politischen Entscheidungsprozessen) und zum anderen um deren exkludierende ‚blinde Flecken'.

Mit dem Modell deliberativer Demokratie verbinden sich das demokratische Selbstverständnis und die demokratietheoretischen Diskussionen in der Bundesrepublik Deutschland in besonderer Weise (vgl. Landwehr und Schmalz-Bruns 2014, S. 7). In diesem Demokratietyp werden politische Entscheidungen als legitim erklärt, wenn sie auf Rationalität in öffentlichen Beratungen beruhen. „Deliberative Demokratie wird als eine Ordnung verstanden, in der Freie und Gleiche darüber deliberieren, welche Entscheidungen zu fällen sind" (Ottmann 2015, S. 222). Damit ist ein Kriterium politischer Kultur benannt, das *Inklusion im Sinne umfassender und direkter Teilhabemöglichkeiten an politischen Entscheidungsprozessen* (vgl. Ottmann 2015, S. 222) thematisiert.

Der Text „Idee und Wirklichkeit: Kritische Zugänge zur deliberativen Demokratietheorie von Jürgen Habermas" (Mühleisen 2015) benennt ein ‚Grundmuster' der Theorie:

> „Die soziale Macht wird im öffentlichen Diskurs in legislative, administrative und letztlich judikative Macht übersetzt. Der öffentliche Diskurs muss [herrschaftsfrei] zwischen Vernunft und politischem Willen vermitteln. [...] Die Grundfrage der Moral besteht darin, wie interpersonale Beziehungen legitim geregelt werden können" (Mühleisen 2015, S. 127, Ergänzung K.P.).

Mit dieser (als moralisch qualifizierten) Grundfrage der Legitimität verbindet sich die Annahme der „zentrale[n] Funktion der Sprache und der auf ihr beruhenden *zwischenmenschlichen Verständigung* als einer wesentlichen, wenn nicht der *Grundlage der Gesellschaft und deren Teilbereich Politik*" (ebd., S. 119, Herv. und Anpassung K.P.). „Einverständnis wird als Ziel kommunikativer Auseinandersetzungen angenommen" (Pallazo 2002, S. 161). Mit diesem Ziel „kommt also alles auf die Kommunikationsbedingungen und Verfahren an, die der institutionalisierten Meinungs- und Willensbildung ihre legitimierende Kraft verleihen" (Habermas 1996, S. 285).

Der politische Anspruch gleichberechtigter, diskriminierungsfreier und zugänglicher Teilhabe an Meinungsbildungen (z. B. zum Anspruch und zu Umsetzungen eines ‚inklusiven' Bildungssystems) kann nach diesem Verständnis nur erfüllt werden, „wenn es eine weitgehend inklusive Beratung über Gründe, deren Qualität und die Schlüsse gibt, die daraus hinsichtlich gegebener Probleme zu ziehen sind" (Niederberger 2014, S. 98). Der Text „Inklusion durch Rationalität oder Rationalität durch Inklusion?" (Niederberger 2014) begründet die Forderung inklusiver Beratschlagungen damit, dass Entscheidungen bezüglich „der moralischen Richtigkeit, des ethischen Werts und der pragmatischen Adäquatheit hinreichend begründet" (ebd., S. 97) sein müssen, um zustimmungsfähig zu sein. Entsprechend wird *‚Inklusivität' als Grundlage des Selbstverständnisses deliberativer Demokratien* thematisiert:

> „Mit Blick auf die ethische Ebene müssen alle als Mitglieder eines Gemeinwesens berücksichtigt werden, an dessen Gesamtgestalt sie ein Interesse haben. Und schließlich müssen alle mit Blick auf Probleme und Problemlösung als Deliberationspartner inkludiert werden, die (möglicherweise) relevante Diagnosen, Informationen und/oder Lösungsvorschläge beisteuern können. […] Die Rationalität der Entscheidungen hängt somit letztlich von der *Inklusivität der Deliberation* ab" (Niederberger 2014, S. 97 f., Herv. K.P.).

Das folgende Beispiel skizziert eine Bürger*innen-Initiative *für* Inklusion (mit der Idee einer ‚Schule ohne Aussonderung'), die Teilhabe an politischen Meinungsbildungen im Sinne deliberativer Demokratie erfolgreich praktizierte(e).

Beispiel

Teilhabe an politischen Meinungsbildungen *für* ‚eine Schule ohne Aussonderung'
Als ein Beispiel für Inklusion im Sinne von Teilhabemöglichkeiten an politischen Meinungsbildungen rufen wir das Wirken der Bundesarbeits-

11.2 Deliberation als politische Kultur der ‚Inklusivität'

gemeinschaft ‚Gemeinsam leben – gemeinsam lernen' auf. Die Arbeitsgemeinschaft ist ein ‚Elternverband', dem etwa 100 örtliche Initiativen von Eltern, Kindern und Jugendlichen angehören. Sie stellt sich in einem „Lese- und Praxisbuch für Eltern" (BAG 2012) wie folgt vor:

„Seit mehr als 30 Jahren streiten, kämpfen und überzeugen Eltern überall in der Bundesrepublik, damit behinderte und nichtbehinderte Kinder zusammen leben, lernen und arbeiten dürfen. Für uns selbst ist klar: Unsere Kinder mit Behinderung sollen in ein Leben treten, in dem sie willkommen sind, in dem sie ihre Stärken zeigen können und in dem für ihre Schwächen Hilfe und Unterstützung geboten werden. Sie sollen mit den Nachbarskindern spielen, in den gleichen Kindergarten und in die gleiche Schule gehen können, sie sollen mit ihren Altersgenossen im Sportverein Sport treiben, in der Kirche Kommunion- und Konfirmandenunterricht besuchen können, in ihrer Freizeit wie andere auch in Gruppen verreisen oder Abenteuerferien machen können. Kurz: Sie sollen in allen Lebensbereichen selbstbestimmt teilhaben können und dazu die notwendige Unterstützung erhalten. Einiges ist erreicht worden, einiges hat sich verändert – auch in den Köpfen –, aber längst nicht genug und auch nicht an allen Orten gleichermaßen. [...] Auf unserem Marsch weg von der Segregation über die Integration als Zwischenstation hin zu unserem Ziel der vollständigen Inklusion haben wir unschätzbare Unterstützung bekommen: Die Vereinten Nationen haben 1989 die Konvention für die Rechte der Kinder verabschiedet. In ihr wird ausdrücklich die Nicht-Aussonderung von Kindern mit Behinderung gefordert und ihr Recht auf Teilhabe am gesamten gesellschaftlichen Leben ohne Diskriminierung betont. [...] [A]uch die UN-Konvention über die Rechte von Menschen mit Behinderungen [trat] international in Kraft, die die Nicht-Aussonderung von Menschen mit Behinderungen auf allen Gebieten wiederum bekräftigt und darüber hinaus ihr Recht auf Selbstbestimmung betont" (Dawletschin-Linder 2012, S. 9 f.).

Die Initiative ‚Gemeinsam leben – gemeinsam lernen' begann ihren politischen Einsatz in den 1980er-Jahren. Sie setzt sich seit dieser Zeit mit verschiedenen Aktionen und über einen langen Zeitraum insbesondere dafür ein, dass Kinder, die als behindert adressiert wurden und werden, in integrativen Kindertagesstätten und Schulen leben und lernen können.

In einer „Geschichte schulischer Integration" (Schnell 2003) ist zu lesen, dass für die Eltern dieser pädagogischen und sozialen Bewegung eine „Schule ohne Aussonderung [...] die pädagogische Entsprechung einer demokratischen Gesellschaft ohne Randgruppen" (ebd., S. 36 f.) war, welche ihre „humanistischen und demokratischen Überzeugungen einlösen konnte" (ebd., S. 36). Zugleich wird darauf verwiesen, dass sich das Engagement dieser

Elterninitiative „nicht im gleichen Maße auf alle von Ausgrenzung bedrohte und betroffene junge Menschen" (ebd., S. 71) bezog. Und es wird vermerkt, dass „Bemühungen um eine wirkliche Weiterentwicklung und Ausdehnung des gemeinsamen Lernens, die sich auch in konzeptioneller Arbeit niederschlägt" (ebd., S. 66), seit den 1990er-Jahren stagnierte.

Dennoch kann diese bildungspolitische Bürger*innen-Initiative insofern als erfolgreich angesehen werden, als dass sich heute viele Kindertagesstätten in der Bundesrepublik Deutschland als Einrichtungen für ‚alle' Kinder verstehen, und viele Integrationsklassen in Schulen eingerichtet wurden (vgl. ebd., S. 70). In diesem Zusammenhang wird der damalige Hamburger Senator für Bildung und Berufsbildung zitiert, um die Bedeutung der Elterninitiativen bei den (bildungs-)politischen Entscheidungen für inklusionsorientierte pädagogische Praxen hervorzuheben:

„Keine dieser Integrationsklassen wäre zustande gekommen ohne die unbeirrbare Beharrlichkeit von Eltern, deren feste Überzeugung war und ist, dass dem Wohl ihrer Kinder, behinderten und nichtbehinderten, besser als auf jede andere Weise mit einer gemeinsamen Schule gedient sei. Was die Schulpolitik am Ende hinzugetan hat, nämlich kleine Klassen und eine angemessene Versorgung mit Lehrern und Erziehern sicherzustellen, das ist, gemessen an der Vorleistung der Eltern, mit Sicherheit der geringere Teil" (Grolle 1987, zitiert nach Schnell 2003, S. 33). ◄

Die zitierte Geschichtsschreibung schulischer Integration (vgl. Schnell 2003) geht (angesichts der strukturellen Entwicklungen integrativer Kindertagesstätten und Schulen seit den 1980er-Jahren) der Frage nach, „wieso es für alle Beteiligten noch so viele Hürden auf dem Weg zur Inklusion [im Bildungssystem] gibt" (ebd., S. 5, Ergänzung K.P.). Eine mögliche Antwort auf diese Frage können Auseinandersetzungen mit differenten Verständnisweisen von chancengerechter Bildung (vgl. Kap. 2) und sozialer Gerechtigkeit (vgl. Kap. 6) sowie den damit verbundenen (bildungs-)politischen Interessen und deren Durchsetzungsmacht geben. Das nun folgende Beispiel skizziert eine Bürger*innen-Initiative, die sich – auch mit einem Verständnis von chancengerechter Bildung – *gegen* die Idee ‚einer Schule für alle' engagiert und dabei ebenfalls erfolgreich Teilhabe an politischen Meinungsbildungen im Sinne der deliberativen Demokratie praktiziert.

11.2 Deliberation als politische Kultur der ‚Inklusivität'

Beispiel

Teilhabe an politischen Meinungsbildungen *gegen* ‚eine Schule für alle'
Als ein Beispiel für Inklusion im Sinne der direkten Teilhabe an politischen Meinungsbildungen kann auch die Hamburger Bürger*innen-Initiative ‚Wir wollen lernen' diskutiert werden. Diese Initiative stoppte 2010, mit dem demokratischen Mittel des Volksentscheids, Teile der Schulreform in Hamburg (2008–2012).

Nach Einschätzung der Gemeinschaft der Elternräte der Stadtteilschulen in Hamburg richtete sich die „Hamburger Elterninitiative WWL […] gegen die Einführung des Hamburger Schulreform-Modells, bestehend aus einer sechsjährigen Primarschule und einem sich daran anschließenden Zwei-Säulen-Modell, bestehend aus Stadtteilschule und Gymnasium, die beide bis zum Abitur führen […]. Dabei liegt ihr Schwerpunkt in der Verhinderung der Primarschule und dem Erhalt des Gymnasiums ab Klasse 5, ist also im Kern gegen längeres gemeinsames Lernen" (Gemeinschaft der Elternräte der Stadtteilschulen in Hamburg o. J., o. A.).

Aus der Sicht der Elterninitiative ‚Wir wollen lernen' ging es vor allem um den Erhalt des Wahlrechtes der Eltern zur weiterführenden Schulform ihrer Kinder im vierten Schuljahr. Die Initiative schreibt sich folgende Erfolge zu:

„Wir haben damit im Ergebnis vor allem Folgendes erreicht: Erhaltung der Grundschulen bis Klasse 4[;] Erhaltung der weiterführenden Schulen ab Klasse 5[;] Erhaltung des Elternwahlrechts für die Schulform der weiterführenden Schulen[;] Erhaltung der Gymnasien mit eigenständigem Bildungsauftrag und Beobachtungsstufe[;] Sicherstellung verlässlicher und transparenter Informationen für die Eltern durch Schullaufbahnempfehlung als Einschätzung der Zeugniskonferenz in Klasse 4, die den Eltern auch auszuhändigen ist[;] [e]in individuelles Recht der Eltern auf begleitende Notenzeugnisse auch schon in Klasse 3 sowie gegenüber der ursprünglichen Planung kleinere Klassen[;] Abschaffung von Büchergeld" (Wir wollen lernen 2010, o. A.).

Die Initiative setzt sich für das Elternwahlrecht auch beim Thema schulische Inklusion ein. In einem entsprechenden Beitrag wird mit Verweis auf die UN-Behindertenrechtskonvention für den Erhalt von ‚Förder- und Sonderschulen' argumentiert. Dazu ist unter der Überschrift „Elternrecht und ‚Inklusion'. Die UN-Konvention für die Rechte von Menschen mit Behinderung und das Modewort ‚Inklusion'" zu lesen:

„Manche Vertreter der pädagogischen Ideologie einer ‚Schule für alle' versuchen, aus der UN-Konvention für die Rechte von Menschen mit

Behinderungen [...] zu Unrecht die Forderung abzuleiten, alle Kinder mit Behinderungen in ‚Eine Schule für alle' einzugliedern und bei dieser Gelegenheit die besonderen Förderangebote der Sonder- und Förderschulen zu schließen. [...] Article 24 (‚Education') spricht nicht von einer inklusiven einheitlichen Schulform, sondern lediglich von einem inklusiven bzw. generellen, d. h. für alle Kinder und junge Menschen zugänglichen, staatlichen Bildungssystem, das – selbstverständlich – auch Kinder bzw. junge Menschen mit Behinderungen nicht von staatlicher Bildung ausschließen darf. [...] Aufgrund der unterschiedlichen sonderpädagogischen Förderbedarfe der vielen Tausend einzelnen betroffenen Schülerinnen und Schüler und der geringen Zahl und unterschiedlichen Ausbildung der Sonderpädagogen, die an den allgemeinen Schulen für die Förderung zur Verfügung stehen, ist es heute im Wesentlichen dem Zufall überlassen, ob ein Schüler mit sonderpädagogischem Förderbedarf überhaupt und wenn ja, wieviel individuelle sonderpädagogische Förderung pro Woche er erhält. Mit dem individuellen Kindeswohl hat die Hamburger Praxis der Inklusion daher nichts zu tun. Diese ‚Inklusions'-Praxis stellt schlicht eine vorsätzliche Verletzung der UN-BRK dar" (Wir wollen lernen 2015, o. A.). ◄

Mit der Frage nach der Inklusivität der Verhandlung politischer Konflikte lassen sich beide Bürger*innen-Initiativen als Praxen mit verschiedenen politischen Positionen und Vorstellungen von Teilhabe und Ausgrenzungen, Bildungs(un)-gerechtigkeit sowie (mangelnder) Anerkennung diskutieren, in denen im Namen der UN-Behindertenrechtskonvention für chancengerechte Bildung gestritten wird und (bildungs-)politische Konflikte demokratisch verhandelt werden.

Nach unserem Verständnis erklärte die Bundesarbeitsgemeinschaft ‚Gemeinsam leben – gemeinsam lernen' die zuvor unhinterfragte Bildungspolitik der Separierung von Kindern und Jugendlichen in Sonderkindereinrichtungen und -schulen (vgl. Kap. 4) zum politischen Konflikt. Sie fordert(e) öffentlich inklusionsorientierte (bildungs-)politische Entscheidungen, an deren Vorbereitungen sie sich mittels entsprechender Argumentationen erfolgreich beteiligt(e). Vorstellungen von chancengerechterer gemeinsamer Bildung und gemeinsamen Lebens in integrativen Kindertagesstätten und Schulen und entsprechende Erfahrungen boten dafür eine Grundlage (vgl. Kap. 2). Das Leitbild ‚Inklusive Schule' kann in diesem Einsatz als eine gesellschaftskritische Orientierung für schulpädagogische Praxen und ‚reflexive Inklusion' diskutiert werden, die ihr pädagogisch-politisches Engagement mit dem Wissen um das Antinomische der Schul-Pädagogik verbindet.

11.2 Deliberation als politische Kultur der ‚Inklusivität'

Die Hamburger Bürger*innen-Initiative ‚Wir wollen lernen' positionierte sich gegen die Politik der Schulreform, für den Erhalt der exklusiven Schulform Gymnasium ab dem fünften Schuljahr. Sie nutzte zur Durchsetzung ihres (bildungs-)politischen Interesses das demokratische Mittel des Volksentscheids. Für dessen (ihrem Anliegen entsprechend erfolgreichen) Ausgang mussten legitime Argumente öffentlich vorgestellt werden und eine Mehrheit der stimmberechtigten Bürger*innen, die sich am Entscheid beteiligten, von ihrer Zustimmung zu diesen Begründungen überzeugt werden. Als Argumente wurden (und werden auch bei aktuellen Aktionen) heterogene Schulleistungen (vgl. Kap. 8) und Beeinträchtigungen der Bildungschancen von Schüler*innen im gemeinsamen Unterricht aufgerufen – insbesondere der Schüler*innen, die als besonders leistungsfähig, und der Schüler*innen, die als behindert und/oder bildungsarm adressiert werden.

Die Bürger*innen-Initiativen ‚Gemeinsam leben – gemeinsam lernen' und ‚Wir wollen lernen' berufen sich in ihren Argumenten für ‚eine Schule gegen Aussonderung' vs. gegen ‚eine Schule für alle' unter anderem auf die UN-Behindertenrechtskonvention. Sie interpretieren jedoch die darin zu lesende Forderung nach einem ‚inklusiven' Schulsystem (rational begründet) so verschieden, dass die Argumente beider Initiativen zwar aus einer Beobachter*innenperspektive prinzipiell als zustimmungsfähig angenommen werden können, gemeinsame Verständigungen zu einer von allen akzeptierten Schulpolitik jedoch unwahrscheinlich erscheinen (vgl. Kap. 1). In diesem Verständnis markiert der Streit um ‚eine Schule ohne Aussonderung' bzw. um ‚eine Schule für alle' einen politischen Konflikt. So ist in diesen Beispielen eine „Diskrepanz zwischen Ideal und Wirklichkeit" (Mühleisen 2015, S. 126) deliberativer Demokratie auszumachen, die als „Erklärungsschwäche und Hilflosigkeit gegenüber den realen Konflikten" (ebd., S. 131) problematisiert wird.

Politische Konflikte können u. a. damit begründet werden, dass „ein kohärentes, sozial konsistentes Gesamtverständnis von Ich, Gesellschaft und Welt […] mit einer arbeitsteiligen und in der Sinnfindung pluralen Welt nicht vereinbar und auch im langen Diskurs nicht herstellbar ist" (Mühleisen 2015, S. 126). In dieser Erklärung zu politischen Konflikten sind *Kohärenz- und Konsistenzunterstellungen* geteilter oder mit ‚Vernunft' zu teilender Selbst- und Weltvorstellungen zu lesen, denen mit einem anderen Verständnis der Grundlagen der deliberativen Demokratietheorie widersprochen werden kann. So wird im Text „Die Mitte der Demokratie. Über die Theorie deliberativer Demokratie von Jürgen Habermas" (Palazzo 2002) von einer pluralistischen Anlage des Modells ausgegangen und argumentiert, dass in Prozessen der Deliberation eine politische Kultur entstehen kann, „in der sich die Einheit der Differenz spiegelt, die mithin ein Mindestmaß an Übereinstimmung sicherstellt" (ebd., S. 160). Entsprechende Argumente der Theorie werden wie folgt wiedergegeben:

> „In posttraditionalen Gesellschaften weicht die Homogenität lebensweltlicher Hintergrundüberzeugungen einem unübersichtlichen Pluralismus gleichberechtigter und konkurrierender Lebensformen. Die Vorstellung einer rationalisierten Lebenswelt macht daher die Differenz zur Regel. […] Als Fremde begegnen sich Menschen in pluralistischen Gesellschaften […]. Ihre kulturellen Differenzen bilden dabei ein reiches Potential unterschiedlicher emanzipierter Lebensformen, sie halten zur gleichen Zeit aber auch ein Konfliktpotential bereit, welches kaum noch im Rekurs auf kulturelle Gemeinsamkeiten bewältigt werden kann" (Palazzo 2002, S. 159).

Mit dieser Vorstellung pluralistischer Kulturen, unter denen sich politische Herrschaft „nicht mehr auf die substantielle Wertebasis tradierter Überzeugungen stützen" (Palazzo 2002, S. 238) kann, begründet sich die politische Kultur der Deliberation. In diesem Selbstverständnis legitimieren sich *politische Entscheidungen durch inklusive Prozesse der Meinungs- und Willensbildung,* bzw. „durch die systematische und institutionelle Verkopplung der Entscheidungsprozesse mit den bürgerlichen Arenen der Meinungs- und Willensbildung" (ebd.). So lässt sich auch die Anregung begründen, die „Potentiale der deliberativen Demokratie nutzbar zu machen […] als eine mögliche Ergänzung und Belebung der repräsentativen Demokratie" (Ottmann 2015, S. 234). Dieser Vorschlag verweist auf die Differenz zwischen der politischen Kultur deliberativer Meinungsbildungen und politischen Entscheidungen in demokratischen Strukturen, die in unterschiedlichen Weisen politische Gleichheit, Partizipation und exklusive Teilhabe praktizieren (vgl. Kap. 10.).

Der ‚Pluralismus gleichberechtigter und konkurrierender Lebensformen' bleibt mit unversöhnlich differenten Selbst- und Weltbildern, Orientierungen und Interessen verbunden. (Das zeigt sich auch in den beiden erzählten Beispielen für und gegen eine ‚Schule für alle'.) Eben daraus leitet sich die Suche nach Möglichkeiten eines „Interessensausgleichs qua Kompromissbildung" (ebd.) ab. Als eine demokratisch legitimierte Möglichkeit der Kompromissbildung wird gleichberechtigte Teilhabe mit freier Urteilsbildung an und in *ergebnisoffenen* politischen Meinungsbildungsprozessen in institutionalisierten Ordnungen verstanden (vgl. Abb. 11.2).

Inklusion im Sinne umfassender und direkter Teilhabemöglichkeiten an politischen Entscheidungsprozessen legitimiert nach deliberativem Demokratieverständnis die politischen Entscheidungsprozesse. Sie begründet Entscheidungen jedoch nicht im Sinne einer sozialen ‚Richtigkeit' des Entschiedenen. Ob sich z. B. die Positionierung für oder gegen ‚eine Schule für alle'

11.2 Deliberation als politische Kultur der ‚Inklusivität'

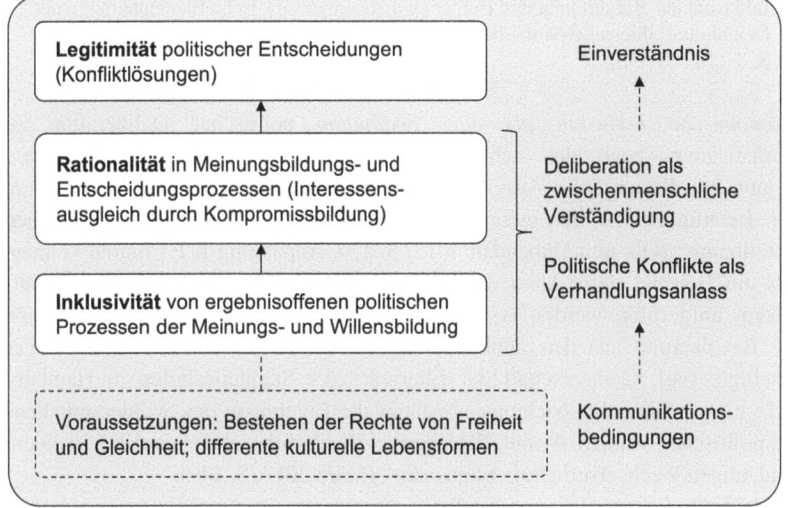

Abb. 11.2 Grundannahmen deliberativer Demokratie. (© Mirko Moll)

durchsetzen wird, muss als gleichermaßen möglich angenommen werden und als Ergebnis ‚hegemonialer' Politiken.

Das heißt, „Freiheit und Gleichheit müssen als Rechte schon bestehen, damit Deliberation stattfinden kann" (Ottmann 2015, S. 225). Formal sind Freiheits- und Gleichheitsrechte in der Bundesrepublik Deutschland allen Bürger*innen durch das Grundgesetz garantiert. In politischen Praxen werden sie jedoch sozial ungleich wirksam (vgl. Kap. 6 und 10). In der Annahme, dass „[f]ormale Gleichheit […] in ihrer Realisierung an sozialer Ungleichheit, d. h. materieller Exklusion scheitern" (Palazzo 2002, S. 82, Anpassung K.P.) kann, setzt die Theorie deliberativer Demokratie voraus, „dass die wirtschaftlichen Bedingungen zur Teilnahme an Diskursen gegeben" (ebd., S. 83) sind. Als Erläuterung zu dieser Voraussetzung ist zu lesen:

> „Die kommunikative Bewältigung *normativ-kultureller* Differenz kann schließlich nur dort zur Quelle von Solidarität unter Fremden und kooperativer Regelung des Zusammenlebens gemacht werden, wo die kommunikative Auseinandersetzung nicht durch zu starke *ökonomische* Differenz verschärft und verzerrt wird. Dies geschieht über das Bemühen, ökonomischen Einfluss aus den Meinungs- und Willensbildungsprozessen zivilrechtlicher Arenen weitgehend herauszuhalten. […] Das deliberative Arrangement demokratischer Institutionen und die ökonomische

Inklusion der Bürgerinnen und Bürger sind als universalistische Elemente moderner Demokratie ihrerseits Vorbedingungen politischer Deliberation" (Palazzo 2002, S. 83, Herv. i. Orig.).

Ökonomische Inklusion als eine Bedingung politischer Deliberation zu thematisieren, begründet sich mit der Beobachtung, dass „[i]nsbesondere Armut, gesellschaftliche Ausgrenzung und Deprivation [...] zur Entmutigung der Beteiligung an den gesellschaftlich offerierten Formen der politischen Beteiligung" (Olk und Hübenthal 2013, S. 270, Anpassung K.P.) führen können. Als ein Beispiel dafür kann der Volksentscheid gegen die Hamburger Schulreform aufgerufen werden (vgl. oben). Denn dazu wird vermerkt, dass sich die Bevölkerung aus den ‚einkommensschwächeren' Stadtteilen weit weniger beteiligte (vgl. Gemeinschaft der Elternräte der Stadtteilschulen in Hamburg o. J., o. A.). Diese Beobachtung „bestätigt die Ergebnisse des Wählerverhaltens bei politischen Wahlen. Armut, Bildung und Wohlfahrtstaat stehen dabei in einem eindeutigen Wechselverhältnis zueinander" (März 2017, S. 149).

Deshalb lassen die vorgestellten Argumentationen und *vorausgesetzten Kommunikationsbedingungen* (wie Gleichheit, Offenheit und Abwesenheit von Zwang) die Deliberation als ‚regulative Idee mit empirischen Hindernissen' erscheinen. Als ein empirisches Hindernis für die deliberative Demokratie wird explizit das „Ende der Arbeitsgesellschaft" (Habermas 2012, S. 114) vorgestellt. Das begründet sich unter anderem damit, dass Verschiebungen der Bedarfe an gesellschaftlich notwendigen Arbeiten[1] *Entscheidungen* des Bundes bzw. der Bundesländer *bezüglich der Anteile wohlfahrtsstaatlicher Leistungen am verfügbaren Gesamteinkommen* erfordern (vgl. Kap. 10). Für die Deliberation politischer Entscheidungen wäre die grundlegende politische Frage: *Solidarität oder „Interessenegoismus einer Mehrheit"* (Habermas 2012, S. 115, Herv. K.P.)? Die in dieser Frage geforderte Positionierung begründet sich mit dem Inklusionsgebot demokratischer Gesellschaften, verbunden mit Kritiken an ungleichen Chancen der Teilhabe und sozialen Ausgrenzungen (vgl. Kap. 3).

Neben der Annahme einer rational begründeten Entscheidung für ‚Solidarität' oder für ‚Interessenegoismus' sind weitere Voraussetzungen als Bedingungen für deliberative Prozesse anzunehmen: „der Wille, sich überhaupt verständigen zu

---

[1] Verschiebungen der Bedarfe an gesellschaftlich notwendigen Arbeiten erfolg(t)en hin zu Arbeiten, die „eher einen kommunikativen Umgang mit Personen erfordern [,] [...] soziale und erzieherische, auch [...] politische Aufgaben, die [...] keinen Gewinn abwerfen" (Habermas 2012, S. 115).

11.2 Deliberation als politische Kultur der ‚Inklusivität'

wollen; ferner der Verzicht auf die Verächtlichmachung des Gegners; die Bereitschaft, den anderen zu hören und ihm zuzugestehen, dass er etwas Bedenkenswertes zum jeweiligen Thema zu sagen hat; schließlich der Ernst, sich an die eigenen Worte halten zu wollen" (Ottmann 2015, S. 225). Unter diesen Voraussetzungen wird die Möglichkeit eines *rational motivierten Einverständnisses* zu politischen Entscheidungen unterstellt. Das heißt, nur unter all diesen Bedingungen lässt sich mit Bezug auf das Modell deliberativer Demokratie annehmen, dass konkurrierende pluralistische Lebensformen gleichberechtigte Teilhabe und Gerechtigkeit in demokratischen Ordnungen erfahren.

Dagegen lässt sich einwenden, dass das deliberative Verständnis politischer Kultur blind ist für alle politischen Praktiken, die sich nicht dem Diktat des ‚Interessensausgleichs qua Kompromissbildung' und den angenommenen Voraussetzungen unterwerfen lassen. Dazu gehören sowohl „Formen antagonistischer Politik" (ebd., S. 233) als auch politische Positionierungen, die sich nicht von Gegenargumenten überzeugen lassen, wie sie im folgenden Zitat skizziert werden:

> „Die deliberative Demokratie wird mit zu viel Konsensoptimismus gepaart. Sie klammert Formen antagonistischer Politik oder Formen der Unmutsäußerung, des Protestes und der Demonstration zu sehr aus. Statt sich zu beraten, können Bürger aber auch protestieren. Wer demonstriert, argumentiert nicht. […] Wer demonstriert, berät sich nicht. Er ‚zeigt' seinen politischen Willen. […] Diese Formen des Protestes sind äußerst vielfältig: die gute alte Demonstration, das *sit in*, das *happening, der flash mob*, das Straßentheater, der zivile Ungehorsam. Theorien der deliberativen Demokratie scheinen diese Seite politischer Auseinandersetzungen zu vergessen.
> Kann man durch Deliberation andere von seiner Meinung überzeugen? Die Antwort hängt einerseits ab von der prekären Behauptung des ‚besseren' Arguments. Andererseits ist sie abhängig davon, worauf sich die Gemeinsamkeit der Urteile gründet. Bürger haben unterschiedliche Meinungen über das allgemeine Wohl. […] Werden sie sich durch gemeinsame Beratungen überzeugen lassen […]? Das ist wenig wahrscheinlich" (Ottmann 2015, S. 233 f., Herv. Im Orig.).

Formen antagonistischer Politiken verweisen ebenso wie kontingente politische Positionierungen auf Inklusionen *und* Exklusionen als Teile politischer Praxen. Bezüglich inklusionsorientierter Standpunkte wird zu bedenken gegeben, dass selbst solidarisch begründete politische Entscheidungen Freiheit und Gleichheit nicht für sich reklamieren können, „denn das Entstehen von Solidarität zwischen Personen in prekären Lebenslagen und abgesicherten Personen erfordert vielfältige Übersetzungsleistungen, insbesondere wenn sie unter den Bedingungen globaler sozialer Ungleichheiten aus unterschiedlichen politischen Kulturen kommen" (Schwenken und Schwiertz 2021, S. 169). Auch Solidaritäten produzieren eine Differenz, die nämlich zwischen denen, die sich für Solidarität entscheiden und denen, welchen die Solidarität gilt. Das folgende Zitat entstammt einem Text, der sich dem Thema zivilgesellschaftlicher Solidarität mit Geflüchteten widmet (vgl. Tietje et al. 2021). Wir stellen es bezogen auf die skizzierten grundlegenden Freiheits- und Gleichheitsrechte zur Diskussion:

> „Neben der Bereitschaft zu unterstützen, ist Unrechtsempfinden eine wichtige Voraussetzung für solidarische Handlungen, in denen vor allem soziale Ungleichheit als eine prinzipiell ‚unerwünschte Ungerechtigkeit' […] aufgefasst wird. […] Die Unterstützung findet vor allem aus Positionen der Sicherheit statt – die Engagierten sind in den Dimensionen der gesellschaftlichen Teilhabe, Vergesellschaftung und Vergemeinschaftung inkludiert […]. Die solidarische Nähe, in der viele Unterstützer*innen gemeinsam mit […] [Exkludierten] versuchen, Teilhabe zu realisieren, ist eine konflikthafte Verbindung, die nicht von vornherein gleichberechtigt ist" (Tietje et al. 2021, S. 12, Ergänzung K.P.).

Mit der Frage nach möglichen theoretischen Erklärungen für die aufgerufenen Bedenken und deren kontingenten Bedeutungen für politische Kulturen stellen wir im Folgenden die Idee der (Un-)Möglichkeit gleichberechtigter Teilhabe zur Diskussion.

11.3 Von der (Un-)Möglichkeit gleichberechtigter Teilhabe

Entscheidungen (wie die für oder gegen ‚eine Schule für alle') werden von demokratischen Institutionen politischer Macht getroffen. Die „jeweils bestehenden Institutionen […] beruhen […] auf kontingenten Ereignissen, die weder als rational noch als neutral bezeichnet werden können" (Jörke 2014, S. 373). Von ihnen ist nicht zu erwarten, dass sie Entscheidungen von einem „unparteiischen Standpunkt" aus treffen könnten, „der gleichermaßen im Interesse aller ist" (Mouffe 2010, S. 84) (vgl. das folgende Beispiel). Mit dieser Annahme wird Politik als „instituierte Verteilung und Ausübung von Macht" (Bedorf 2010, S. 28) diskutiert, die „eine Form des Kampfes um die gesellschaftliche Hegemonie" (Jörke 2014, S. 372) darstellt.

Die Betrachtung von Politiken als Formen des Kampfes um die gesellschaftliche Durchsetzung spezifischer Interessen gegen andere wirft die *Frage nach der politischen Macht* in den legislativen Institutionen auf, die Politiken entscheiden. Die inklusive/exklusive Zugänglichkeit zu diesen Institutionen der Politik und deren Offenheit für agonale Positionierungen in politischen Konflikten entscheidet darüber, wie „aus Mitberatung auch Mitentscheidung werden kann"

11.3 Von der (Un)Möglichkeit gleichberechtigter Teilhabe

(Ottmann 2015, S. 234). Dazu wurde zum Beispiel im Rahmen der Armuts- und Reichtumsberichterstattung des Bundesministeriums für Arbeit und Soziales im Projekt „Systematisch verzerrte Entscheidungen? Die Responsivität der deutschen Politik von 1998 bis 2015" (Elsässer et al. 2016) geforscht.

Beispiel

Ungleiche Berücksichtigung von Interessen an politischen Entscheidungen

Das Projekt „Systematisch verzerrte Entscheidungen? Die Responsivität der deutschen Politik von 1998 bis 2015" (Elsässer et al. 2016) untersuchte im Rahmen der Armuts- und Reichtumsberichterstattung die Berücksichtigung unterschiedlicher politischer Interessen im Zusammenhang mit sozioökonomischer Ungleichheit. In einer Kurzbeschreibung ist zu den Ausgangsannahmen, den Methoden und dem zentralen Ergebnis des Projektes u. a. zu lesen:

„Demokratie ist ein Verfahren, umstrittene Fragen auf eine Weise zu entscheiden, die auch den Unterlegenen als legitim erscheint. Niemand kann dabei erwarten, dass die eigene Meinung stets umgesetzt wird. Wenn allerdings die Politik systematisch den politischen Präferenzen bestimmter sozialer Gruppen folgt, wohingegen die anderer missachtet werden, wird der Grundsatz politischer Gleichheit beschädigt.

Die neue Responsivitätsforschung untersucht, ob politische Entscheidungen mit dem Willen der Bürger_innen übereinstimmen und wenn ja, wessen Meinungen umgesetzt werden. […] In diesem Forschungsbericht […] werten wir 252 in den DeutschlandTrend-Umfragen gestellte Sachfragen für den Zeitraum von 1998 bis 2013 aus. Die Fragen beziehen sich auf zum Zeitpunkt der Erhebung diskutierte Politikänderungen. Für jede dieser Sachfragen ermitteln wir, welcher Anteil der Befragten ihnen zustimmt. Dabei unterteilen wir die Befragten nach Einkommen, Beruf, Bildung, Alter, Geschlecht und Region. In der von uns erstellten Datenbank ‚Responsiveness and Public Opinion in Germany (ResPOG)' kodieren wir außerdem, zu welchem Politikfeld eine Frage zählt und ob es innerhalb von zwei oder vier Jahren nach der Umfrage zu einer Politikänderung gekommen ist. Die Auswertung dieser Daten zeigt einen deutlichen Zusammenhang zwischen den getroffenen politischen Entscheidungen und den Einstellungen der Bessergestellten, aber keinen oder sogar einen negativen Zusammenhang für die Einkommensschwachen" (Elsässer et al. 2016, S. 3).

Die Diskussion der Ergebnisse untersetzt die Erkenntnis, „dass das Einkommen politische Meinungen beeinflusst. Einkommensarme Befragte wünschen sich in einer Vielzahl der Fälle andere Entscheidungen der Politik als ihre besser verdienenden Mitbürger_innen, dies gilt insbesondere für die Außen-, aber auch für die Wirtschafts- und Sozialpolitik. Darüber hinaus konnten wir erstmals für Deutschland nachweisen, dass politische Entscheidungen mit höherer Wahrscheinlichkeit mit den Einstellungen höherer Einkommensgruppen übereinstimmen, wohingegen für einkommensarme Gruppen entweder keine systematische Übereinstimmung festzustellen ist oder sogar ein negativer Zusammenhang. Was Bürger_innen mit geringem Einkommen in besonders großer Zahl wollen, hatte in den Jahren von 1998 bis 2013 eine besonders niedrige Wahrscheinlichkeit, umgesetzt zu werden.

In Deutschland beteiligen sich Bürger_innen mit unterschiedlichem Einkommen nicht nur in sehr unterschiedlichem Maß an der Politik, sondern es besteht auch eine klare Schieflage in den politischen Entscheidungen zulasten der Armen. Damit droht ein sich verstärkender Teufelskreis aus ungleicher Beteiligung und ungleicher Responsivität, bei dem sozial benachteiligte Gruppen merken, dass ihre Anliegen kein Gehör finden und sich deshalb von der Politik abwenden – die sich in der Folge noch stärker an den Interessen der Bessergestellten orientiert" (ebd., S. 50).

Als eine mögliche Erklärung wird zur Diskussion gestellt, „dass die Abgeordneten des Bundestages mehrheitlich selbst zu den sozialen Gruppen gehören, die sich in unserer Analyse als besonders einflussreich zeigen. Dies gilt zum einen für das Einkommen (sämtliche Abgeordneten lägen in der höchsten Einkommenskategorie des DeutschlandTrends), zeigt sich aber besonders im Hinblick auf die Berufsgruppen. Beamt_innen sind im 18. Deutschen Bundestag deutlich über-, Arbeiter_innen dagegen deutlich unterrepräsentiert" (ebd., S. 51). ◄

Mit einer solchen Aufmerksamkeit für den „selektiven Charakter" (Jörke 2014, S. 382) politischer Institutionen, für die sozial *ungleiche Beteiligung der Bürger*innen an politischen Entscheidungen* und für die sozial *ungleiche Berücksichtigung differenter Interessen und Forderungen* in umzusetzenden Politiken lässt sich zwischen der politischen Kultur der deliberativen Demokratie und den Praxen liberal-demokratischer Politiken eine ‚Kluft' beschreiben (vgl. ebd.). Die „Behauptung der Unparteilichkeit (im Sinne der Neutralität der Rechtfertigung)" (ebd., S. 373) scheint institutionalisierte politische Entscheidungen eher gegen kritische Einwände immunisieren zu wollen. „Ungerechtigkeiten, die durch diese

11.3 Von der (Un)Möglichkeit gleichberechtigter Teilhabe

[politischen] Institutionen bewirkt werden, [werden] dem Feld der gesellschaftlichen Auseinandersetzung entzogen und somit verfestigt" (ebd., S. 374, Anpassung K.P.). Als ungerecht wahrgenommene Politiken und Immunisierungsstrategien gegen Kritiken können jedoch „einen Bedeutungsverlust nationalstaatlicher Parlamente als deliberative Foren, eine sinkende Wahlbeteiligung, ein grundsätzliches Unbehagen gegenüber den politischen Repräsentanten und nicht zuletzt [...] die Konjunktur rechtspopulistischer Parteien" (Jörke 2014, S. 369) provozieren.

In diesem Sinne positioniert sich z. B. das ‚radikale' Demokratiemodell, das sich mit dem Namen Chantal Mouffe verbindet, als alternative Perspektive zum Modell der deliberativen Demokratie mit der Vorstellung: „Politik zielt auf die Stiftung von *Einheit in einem Kontext des Konflikts und der Diversität*" (Mouffe 2010, S. 84, Herv. K.P.). In politischen Konflikten zeigt sich die *Möglichkeit antagonistischer Positionierungen* (vgl. Bedorf 2010, S. 20 ff.), die um differente politische Ordnungen kämpfen und auch durch umfassende Teilhabemöglichkeiten an politischen Meinungsbildungsprozessen nicht zu versöhnen sind.

> „Das Politische ist [...] das eigentliche Feld, auf dem sich antagonistische Konflikte abspielen, ohne dass *eine bestimmte* Politik daraus abzuleiten wäre. Auf der Ebene des Politischen ist klar, dass es keine Letztbegründungen für diese oder jene politische Ordnung geben kann und jede Behauptung einer solchen zu einem Ausschluss des Partikularen führen muss" (Bedorf 2010, S. 23, Herv. im Orig.).

Nach diesem Verständnis zeichnet sich Demokratie dadurch aus, „dass sie Konflikte und antagonistische, sich gegenseitig ausschließende hegemoniale Artikulationen zulässt bzw. gerade in ihnen ihre Existenz hat" (Bedorf 2010, S. 29). Dieses Politikverständnis markiert antagonistische Positionierungen (wie Fürsprache für inklusionsorientierte schulpädagogische Angebote und Einwände gegen diese) in einem politischen Konflikt als Gegnerschaft und postuliert: „Ziel demokratischer Politik ist es, einen *Antagonismus* in einen *Agonismus* zu verwandeln" (ebd., S. 88, Herv. i. Orig.). Als politische*r Gegner*in gilt „jemand, dessen Ideen wir bekämpfen werden, aber dessen Recht, diese Ideen zu verteidigen, wir nicht in Frage stellen" (ebd., S. 87).

> „Die Position des Gegners zu akzeptieren lernen bedeutet, einen radikalen Wandel in der politischen Identität durchzumachen; dieser hat eher die Qualität einer Konversion als einer rationalen Überzeugung [...]. Natürlich sind Kompromisse möglich; sie sind Teil des politischen Prozesses. Aber sie sollten als temporäre Verschnaufpausen in einer fortwährenden Konfrontation, nicht als das Hauptziel demokratischer Auseinandersetzung gesehen werden. [...] Wenn wir anerkennen, daß jeder Konsens als temporäres Ereignis einer provisorischen Hegemonie, als eine

Machtstabilisierung existiert, und daß er stets eine Form der Exklusion enthält, dann können wir die Natur einer demokratischen Öffentlichkeit anders zu konzipieren beginnen" (Mouffe 2010, S. 88).

Mit diesem Zugang kann in agonalen Positionierungen *Dissens* verständlich werden, der für die Komplexität, die Inkonsistenzen und Ambivalenzen der Idee Inklusion, ihrer Konzepte und Praxen sensibilisieren kann, und der Parteinahme für Inklusion als mögliche politische bzw. demokratische Entscheidung ausweist – eine Entscheidung, die sich nicht mit unhinterfragbaren Wahrheitsansprüchen begründen kann, sondern im kritischen, reflexiven Umgang mit ihren Grundlegungen, Konzepten und Praxen. Dafür stehen nach unserer Lesart inklusionskritische Einsätze der Migrations- und Sozialpädagogik (vgl. Kap. 9) ebenso wie das Konzept der ‚Pädagogik vielfältiger Lebensweisen' mit seiner dekonstruktiven Herrschaftskritik und Vorstellungen kritischer inklusionspädagogischer Professionalisierung, die das Pädagogische im Rahmen universitärer Lehre mit dem Anspruch selbstbezogener kritischer Reflexion innerhalb aktueller Machtverhältnisse verbinden (vgl. Kap. 2).

Das heißt zugleich, dass sich demokratische Auseinandersetzungen nicht über ausschließlich sachorientierte Politiken, Regeln und Organisationsformen in universell begründeten Rechts- oder Vernunftprinzipien verankern lassen, sondern dass es vielmehr darauf ankäme, „Leidenschaften für das Vorantreiben demokratischer Designs zu mobilisieren" (Mouffe 2010, S. 88), z. B. durch agonale politische Parteipolitiken und/oder soziale Bewegungen entlang partikularer Forderungen oder „nicht-verhandelbarer politischer Themen" (Mouffe 2013, S. 205). Als nicht-verhandelbar gilt hier die formale „wechselseitige Verpflichtung der Gesellschaftsmitglieder zur Anerkennung der demokratischen Werte der Freiheit und Gleichheit" (Jörke 2014, S. 378). Zudem wird betont, „daß sich kein begrenzter sozialer Akteur die Repräsentation des Ganzen zuschreiben und auf diese Weise anmaßen kann, die ‚Kontrolle' über die Grundlage zu haben" (Mouffe 2010, S. 87).

> „Das bedeutet, dass man die hegemoniale Natur jeder Art von sozialer Ordnung anerkennen und Gesellschaft als Produkt einer Reihe von Praktiken verstehen muss, deren Ziel es ist, Ordnung in einem Kontext der Kontingenz hervorzubringen. Die Praktiken der Artikulation, durch die eine gegebene Ordnung erzeugt und die Bedeutung sozialer Institutionen fixiert wird, nennen wir ‚hegemoniale Praktiken'. Jede Ordnung ist die temporäre und prekäre Artikulation kontingenter Praktiken. Die Dinge könnten auch immer anders gewesen sein, und jede Ordnung basiert auf dem Ausschluss anderer Möglichkeiten. Sie ist immer Ausdruck einer bestimmten Struktur von Machtverhältnissen" (Mouffe 2013, S. 208).

11.3 Von der (Un)Möglichkeit gleichberechtigter Teilhabe

Daraus leiten sich die Forderungen ab, demokratische Gesellschaften ohne den „Traum perfekter Harmonie oder Transparenz" (Mouffe 2010, S. 87) zu denken, „Raum für andere Meinungen und die Institutionen [zu schaffen], in denen sie sich manifestieren können" (ebd., S. 89, Anpassung K.P.), und davon auszugehen, dass *grundsätzlich voneinander verschiedene Ansprüche* möglich sind und als politische Konflikte inszeniert werden können. Mit dem Insistieren auf die Möglichkeit, dass politische Strukturen und Prozesse, auch wenn sie prinzipiell zustimmungsfähig begründet sind, als politische Konflikte wahrgenommen werden können, wird die Kontingenz politischer Strukturen markiert (vgl. Abb. 11.3). So verweist die Kontingenz politischer Strukturen nach unserem Verständnis zugleich auf die Kontingenz differenter Vorstellungen von Inklusion/Exklusion und damit auf die Ungewissheit als theoretische und praktische Herausforderung für Pädagog*innen. In dem Zusammenhang erscheinen Konzepte von Heterogenität, sozialer Ungleichheit, Ausgrenzungen und Behinderungen als imaginäre Bezugspunkte, die den Raum des Inklusionspädagogischen konstituieren.

Darin, dass politische Konflikte dennoch zu entscheiden sind, liegt die (Un-)Möglichkeit des demokratischen Anspruchs einer gleichberechtigten Teilhabe (vgl. Geldner 2020, S. 74). Diese Annahme fokussiert die „Ambivalenz zwischen der *Unentscheidbarkeit* des Ganzen […] und der Notwendigkeit einer *Entscheidung*" (Bedorf 2010, S. 30, Herv. K.P.), die sich politisch nicht unwidersprochen legitimieren kann, jedoch dem Politischen (z. B. in Gesetzen, Verordnungen, Organisationsstrukturen) eine institutionalisierte Form gibt, – eine Form, die umstritten bleibt, „aber das gesellschaftliche Sein überhaupt erst ordnet und für die Wahrnehmung zugänglich macht" (ebd., S. 28). Mit anderen Worten: „Jede hegemoniale Ordnung kann jederzeit von gegen-hegemonialen Praktiken herausgefordert werden, die sie zu disartikulieren versuchen, um eine andere Form von Hegemonie zu installieren" (Mouffe 2013, S. 209). Dafür bedarf es Überlegungen zur „Konstruktion gegenhegemonialer Praktiken" (ebd., S. 210), nicht zuletzt „neuer Subjektivitäten, die in der Lage sind, die existierende Hegemonie zu unterlaufen" (ebd.).

Bezogen auf politische Kulturen der Inklusion/Exklusion heißt das, Politiken der Exklusion stellen eine bestehende Demokratie immer wieder neu infrage und fordern das Denken des Politischen heraus. Das betrifft unter anderem die in diesem Studienbuch im Zusammenhang mit inklusionsorientierter Schul-Pädagogik zur Diskussion gestellten Einsätze der Bildungs-, Sozial-, Bio-, Arbeitsmarkt-, Migrations- und Menschenrechtspolitiken.

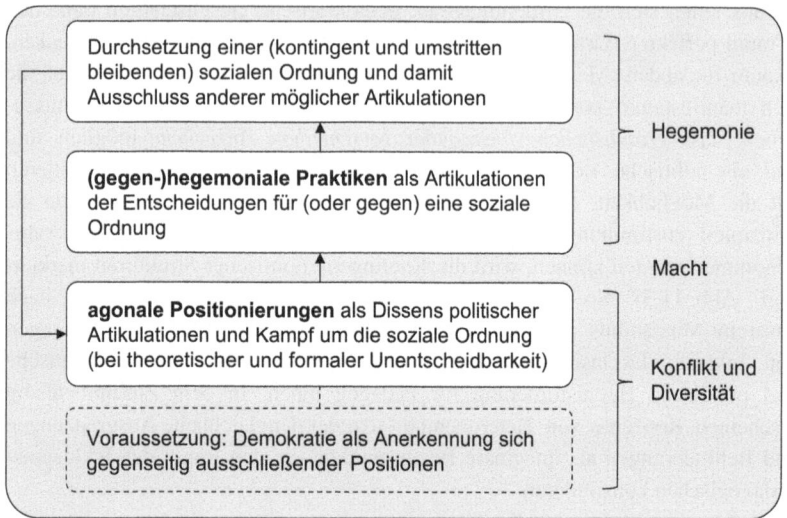

Abb. 11.3 Grundannahmen radikaler Demokratie. (© Mirko Moll)

Die grundlegenden Positionierungen zu Exklusionen als Teile politischer Praxen und deren mögliche Infragestellungen begründen sich mit der Verortung liberaler Demokratien in den Traditionen des Liberalismus und der Demokratie. Diese Traditionen werden als miteinander unvereinbar vorgestellt und die Unvereinbarkeit wird als das „*demokratische Paradox*" (vgl. Mouffe 2015, S. 182, Herv. K.P.) diskutiert. Unter der Überschrift „Die demokratische Logik von Inklusion/Exklusion" (Mouffe 2010, S. 80) wird darauf verwiesen, dass die „Praxis demokratischer Gleichheit" (ebd., S. 81) mit Inklusions- und Exklusionszuschreibungen im Widerspruch zur ‚liberalen Grammatik' der Gleichheit steht, die sich auf die formale Gleichheit aller Menschen bzw. der ‚Menschheit' bezieht. *Demokratische Gleichheit* in einem Staat setzt in diesem Verständnis das Konzept der Bürger*innenschaft voraus. Adressiert als Bürger*innen, sollen Menschen „als Gleiche behandelt werden und ihre demokratischen Rechte ausüben können" (ebd., S. 80). Dazu findet sich folgende Erläuterung:

> „Jede diskursiv erzeugte Identität [z. B. die Identität der/des Bürger*in] bestimmt sich durch eine Grenze, die das Innen von einem Außen trennt. Gegenüber dem Außen bestimmt sich die Identität durch eine *Logik der Differenz,* die das Eigene durch ein Anderes, das das Eigene nicht ist, konstituiert. Nach innen homogenisiert eine *Logik der Äquivalenz* die inneren Differenzen, indem sie diese gleich- und von

11.3 Von der (Un)Möglichkeit gleichberechtigter Teilhabe

dem Außen absetzt. Was eine (beispielsweise nationale) Identität bedeutet, lässt sich diskurstheoretisch über das Zusammenspiel dieser beiden Logiken bestimmen. Die Beziehung dieser beiden Logiken ist dabei in sich widersprüchlich, was wesentlich darauf zurückzuführen ist, dass Bedeutung [...] sich auf keinerlei substantiellen letzten Sinn berufen kann" (Bedorf 2010, S. 21 f.).

So werden in der demokratischen Logik durch differente Zuschreibungen „kollektive Identifikationsmöglichkeiten um demokratische Ziele" (Mouffe 2015, S. 32) in Kämpfen um die Durchsetzung agonaler politischer Interessen möglich. Dabei ist ausdrücklich nicht die Rede von einem gemeinsam geteilten Willen der Bürger*innen, sondern von einer Vielfalt politisch artikulierter Forderungen, welche als differente gemeinsam „die bestehende Struktur der Machtverhältnisse in Frage stellen" (ebd., S. 118). Ein solcher „Pluralismus, der auf Diversität und Dissens setzt [,] [...] [wird als] Möglichkeitsbedingung für ein kämpferisches demokratisches Leben" (Mouffe 2010, S. 89, Anpassung K.P.) vorgestellt.

Verschiedene Weisen möglicher Infragestellungen hegemonialer Inklusionspolitiken und deren Exklusionspraktiken ereignen sich als politische Konfrontationen, Austragungen und Verhandlungen von Interessenkonflikten und Machtverhältnissen (vgl. Bedorf 2010, S. 27). Ein solches Sich-Ereignen des Politischen wird insbesondere kreativen Protesten zugeschrieben, die als Reaktionen „auf die neoliberale Hegemonie einerseits und die Konjunktur des Rechtspopulismus" (Jörke 2014, S. 383) andererseits vorgestellt werden. Es bleibt jedoch unverfügbar, auch für die Programmatiken „Pluralität und Demokratie, Toleranz, Vielheit und Dialog" (Wevelsiep 2006, S. 157). Die Antwort auf die Frage, ob sich der Interessenegoismus einer Mehrheit oder Solidarität durchsetzen wird (vgl. oben), lässt sich nicht vorhersagen. Die Thematisierung des Sich-Ereignens des Politischen setzt einen normativen ‚Spielraum' frei, der Vorstellungen politischer Kulturen, die von Inklusion als menschenrechtliche Verpflichtung ausgehen, als Ideen ausweist, die theoretisch nicht ohne Widerspruch begründbar und praktisch voraussetzungsreich sind.

So wird z. B. zu bedenken gegeben, dass „die Forderung, den Anderen, mit dem wir wenig teilen und dessen Lebensweisen wir ablehnen, als prinzipiell gleichberechtigten Bürger anzusehen" (Jörke 2014, S. 381), auch als Überforderung wahrgenommen werden kann. In dem Zusammenhang wird vermerkt, dass „das Modell einer agonalen Demokratie wesentlich von den Praktiken und Werten jener Menschen [zehrt], die sich in sozialen Bewegungen engagieren, sich grundsätzlich zu Demokratie und Pluralismus bekennen, politisch weit links eingestellt sind und in der Regel über höhere Bildungsabschlüsse verfügen" (ebd., S. 383). Die sozial ungleiche Verteilung dieser Positionierungen und deren

Ursachen (vgl. Kap. 6) erscheinen als ein blinder Fleck des Engagements. Daraus leitet sich die Forderung ab, „den eigenen sozialen Standort und die daraus resultierenden, notwendig partikularen Wertvorstellungen zu reflektieren" (ebd., S. 385). „Indem das Denken des Politischen zu einer Grundfrage gemacht wird […] [,] besteht die kritische Wendung in einem reflexiv werden des Denkens, das seine eigene politische Verfasstheit betrachtet" (Bedorf 2010, S. 13 f.).

In diesem Sinne präsentiert sich das Modell der agonalen Demokratie explizit als Einsatz für ein ‚linkes Projekt' mit einem ‚emanzipatorischen Ideal' ohne „die Hoffnung auf eine ganz mit sich versöhnte und harmonische Gesellschaft" (Mouffe 2015, S. 11), aber mit dem Glauben an „radikale Projekte […], deren Ziel eine andere gesellschaftliche und politische Ordnung ist" (ebd., S. 13) und mit „ein[em] unbedingte[n] Vertrauen in die Demokratie" (Hetzel 2010, S. 246, Anpassung K.P.). Dieses Vertrauen meint „keine Ressource für oder Grundlage der soziale[n] Integration […]. Vertrauen wird nur dort sinnvoll und möglich, wo wir über keine solchen Grundlagen des Sozialen oder Politischen verfügen" (ebd., S. 248, Anpassung K.P.).

Mit der politischen Kraft des Vertrauens (vgl. ebd., S. 235) und mit einem Glauben an die Möglichkeit, etwas „bewirken zu können, dies aber nicht zu wissen" (Wevelsiep 2006, S. 115), positionieren sich inklusionspädagogische Einsätze, die radikales Nicht-wissen-Können der Identität der*des (als sozial benachteiligt adressierten) unverfügbaren Anderen als konstitutiv für mögliches (inklusions-)pädagogisches Wissen markieren. Ein Beispiel für einen radikalen bildungspolitischen Einsatz bietet das Konzept „Unbedingte Schule Alfter" (Beiler et al. o. J.), welches wir zur Diskussion empfehlen.

Empfehlung

Beiler, F., Jung, T., Kittstein, L., Konietzka, A., Sanders, O. Stoop, J. und Phillipp, T. (o. J.). *Unbedingte Schule Alfter. Konzept.*

Das Konzept der ‚Unbedingten Schule' verortet sich in der Erziehungs- und Bildungsphilosophie, orientiert sich am Verständnis der ‚unbedingten Universität' (vgl. Derrida 2018) und stellt sich als das Ergebnis eines Versuchs dar, Schule neu zu denken (vgl. Beiler et al. o. J., S. 1). In diesem Konzept ist u. a. zu lesen:

„Unsere Schule lässt mannigfaltige Situationen entstehen, weil sie selbst eine Mannigfaltigkeit ist, d. h. keine starre hierarchische Organisation. Sie bietet Räume und ist selbst ein Raum für Eigensinn, offen für Ereignisse, die uns aus der Zukunft zukommen – woher sonst? –, mit einem Wort: offen für das Werden, das unsere Schule nicht still stellen oder verhindern will.

11.3 Von der (Un)Möglichkeit gleichberechtigter Teilhabe

Um diese Offenheit zu gewährleisten, braucht die Schule eine lebendige demokratische Kultur, die das Recht auf Bildung jeder und jedes Einzelnen gewährleistet, aber auch dafür sorgt, dass die Selbstentfaltung durch die Achtung der Anderen begrenzt wird. Unsere Schule bekommt eine demokratische Verfassung, die allen, die in ihr arbeiten und leben, eine Stimme gibt, Entscheidungsprozesse über zukünftige Entwicklungen, aber auch die Verständigung über notwendige Sanktionen bei Missachtung Anderer und ähnlichem regelt. Die Verfassung stellt sicher, dass die Demokratie nicht zu einer Postdemokratie wird […], in der die Demokratie durch Lobbygruppen oder so genannte Sachzwänge erodiert oder sich gleich selbst abschafft, und dass die Bewegungen des Experiments, das unsere Schule auch ist, möglichst nicht in die Selbstabschaffung münden. Die Schule schützt sich selbst als Raum für Eigensinn und Entscheidungsfreiheit" (ebd., S. 28 f.).

Das Konzept ist abrufbar unter: https://cafequeeria.files.wordpress.com/2010/11/unbedingte_schule_konzept_fin_2.pdf. (Zugegriffen: 25. Juli 2022). ◄

Radikale Projekte, wie das der ‚Unbedingten Schule', setzen sich für die Demokratisierung von (Bildungs-)Institutionen ein. Wie wir in diesem Studienbuch zeigen konnten, finden sich solche gesellschaftskritischen Positionierungen in Erziehungstheorien, der Allgemeinen Pädagogik, der Schulpädagogik, den sogenannten Differenzpädagogiken, in soziologischen Theorien und Ungleichheitsforschungen, in politisch-philosophischen Theorien und Praxisreflexionen sowie in den Cultural Studies. Viele von diesen Einsätzen verorten sich in ‚unbedingten Universitäten' (vgl. Derrida 2018), die sich als demokratische Institutionen, als plurale Gemeinschaften im wissenschaftlichen Streit voneinander Lernender positionieren; in einem Streit z. B. um theoretische Verständnisweisen der Differenzkonstruktion Inklusion/Exklusion ebenso wie um Politiken und politische Kulturen der Inklusion/Exklusion. Begründen lassen sich diese Einsätze und ihre Verortungen mit der Auffassung: „eine zentrale Aufgabe demokratischer Politik bestehe darin, für Institutionen zu sorgen, die die Möglichkeit eröffnen, dass Konflikte eine ‚agonistische' Form annehmen, bei der die Opponenten nicht Gegner sind, sondern Kontrahenten, zwischen denen ein konflikthafter Konsens besteht" (Mouffe 2015, S. 12). Als solche Institutionen werden Universitäten im Verständnis der ‚unbedingten Universität' wie folgt lesbar.

„Was diese Universität beansprucht, ja erfordert und prinzipiell genießen sollte, ist über die sogenannte akademische Freiheit hinaus eine unbedingte Freiheit der Frage und Äußerung [...]. Dieses Prinzip unbedingten Widerstands ist ein Recht, das die Universität selbst zugleich reflektieren, erfinden und setzen müsste [...]. [D]ieser unbedingte Widerstand [könnte] die Universität zu einer ganzen Reihe von Mächten in Opposition bringen [...], zu allen Mächten, welche die kommende und im Kommen bleibende Demokratie einschränken" (Derrida 2018, S. 9 ff.).

Zudem werden „[d]ie Vielzahl von außerparlamentarischen Bemühungen und die mannigfaltigen Formen des Aktivismus jenseits traditioneller Institutionen" (Mouffe 2015, S. 186) als ‚Bereicherung' der Demokratie gewertet. Dazu können die vielen sozialen Bewegungen und politischen Initiativen gezählt werden, die sich in kritischen Auseinandersetzungen mit hegemonialen Politiken der Teilhabe und Ausgrenzungen bezogen auf soziale Ungleichheit im Zusammenhang mit vielfältigen Lebensweisen konstituieren. Ihnen wird, gemeinsam mit Institutionen der Politik (im Modell der agonalen Demokratie nicht gegen diese), die Chance auf ein konzentriertes Vorgehen mit dem „Ziel eine[r] gemeinsame[n] gegenhegemonialen Offensive gegen den Neoliberalismus" (ebd., S. 187, vgl. dazu auch Kap. 10) zugeschrieben, die „auf die Radikalisierung demokratischer Institutionen und die Errichtung einer neuen Hegemonie abzielt" (ebd., S. 187). Fürsprachen für vielfältige gesellschaftliche Teilhabe können sich so als leidenschaftliche politische und soziokulturelle Entscheidungen zeigen, die „sich selbst an das Prinzip des Noch-Nicht-Seins [...] binden, wo die Kluft zwischen Wohlfahrts- und exkludierten Gemeinschaften keine andere Antwort zulässt" (Wevelsiep 2006, S. 153), und dabei das „Nicht-Wissen-Können und Nichtgelingen-Können" (ebd., S. 158) präsent halten.

Der Text „Inklusion, das Politische und die Gesellschaft" (Geldner 2020) fasst zusammen, was die skizzierten Vorstellungen agonaler politischer Kulturen für die Bestimmung eines ‚politischen oder demokratischen Begriffs von Inklusion' bedeuten können (vgl. ebd., S. 122). Er verweist darauf, dass es nach diesem Verständnis „nicht *die eine Idee* von Inklusion [geben kann], die als Maßstab für pädagogische [als soziale und politische] Praxen herangezogen werden kann [...] [und] eine Qualifizierung von ‚Inklusion' als ‚politisch' jenseits seiner konkreten Verwendungsweisen in sozialen Kontexten ermöglichte" (ebd., S. 122, Herv. i. Orig., Anpassung und Ergänzung K.P.). Stattdessen plädiert er für ein Verständnis von „‚Inklusion' als Einsatz für das demokratische Versprechen" (ebd., S. 252).

„Auch inklusionsorientierte pädagogische Praxen und Forschungen sowie damit verbundene Normen der Anerkennung konstituieren sich über den Ausschluss

11.3 Von der (Un)Möglichkeit gleichberechtigter Teilhabe

anderer Partikularitäten, wenn sie sich unter dem Verweis auf das Versprechen der Teilhabe legitimieren – und damit eben auch Teilung produzieren. Sie sind also immer schon in die Auseinandersetzungen darum verwickelt, was Teilhabe an der demokratischen Gesellschaft sein soll und (re-)produzieren so gesellschaftliche Logiken. […] Wem gesellschaftliche Teilhabe ermöglicht werden soll und wie diese Gesellschaft zu bestimmen wäre, ist immer Resultat von hegemonialen und damit partikularen Forderungen und deshalb von Konflikten und Grenzziehungen, mit denen notwendigerweise Ausschließungen einhergehen. Auch inklusionsorientierte Pädagogiken können dem nicht entgehen. Versteht man ‚Inklusion' allerdings als einen *Einsatz für das Versprechen* und widersteht der Versuchung, den Begriff mit diesem Versprechen selbst zu identifizieren, wird es vorstellbar, zugleich *für* und *um* ‚Inklusion' zu streiten. […] Dies impliziert eine unausgesetzte Konfrontation der pädagogischen Ordnungsvorstellungen mit den demokratischen Prinzipien der Gleichheit und Freiheit. […] Die politische Dimension von ‚Inklusion' eröffnet sich also in der Entscheidung für die Begründung einer demokratischen Ordnung für alle, deren faktischen Unmöglichkeit sowie dem dennoch gegebenen Versprechen auf deren Verwirklichung" (Geldner 2020, S. 252 ff.).

Inklusion als Einsatz für das demokratische Versprechen zu verorten, markiert Demokratie „nicht als eine bestehende Herrschaftsform, sondern als einen Horizont des politischen Handelns" (Mokre 2021, S. 197). Im Einlassen auf ein Verständnis von Fürsprachen für inklusionsorientierte schul-pädagogische Angebote als politische und soziokulturelle Entscheidungen finden Fragen nach Inklusion/ Exlusion keine abschließenden Antworten. Jedoch können sie unter diesen Voraussetzungen als Einsätze „transversale[r] politische[r] Praxen […] [verortet werden], die die Positionen in bestehenden Machtverhältnissen berücksichtigen, aber auch darüber hinausgehende solidarische Beziehungen ermöglichen" (Schwenken und Schwiertz 2021, S. 169, Ergänzung K.P.). Transversalen politischen Praxen wird das Potenzial zugeschrieben, „Strukturen exklusiver Solidarität heraus[zu]fordern" (ebd., S. 170), die hegemonialen Wechselbeziehungen von Teilhabe und Ausgrenzungen zu ‚überschreiten' und damit „vormals Exkludiertes zu inkludieren" (Mokre 2021, S. 197, Anpassung K.P.).

Mit diesem Einsatz möchte das vorliegende Studienbuch Lektüren anregen, die Studierenden sowohl theoretisch-reflexive Positionierungen zu Theorien und Konzepten inklusionsorientierter Schul-Pädagogik als auch kritisch-produktive Auseinandersetzungen mit Ansprüchen an, Widersprüchen in und Einsprüchen gegen vielfältige Praxen der Inklusion und Exklusion ermöglichen.

Anregungen für das Selbststudium

1. Skizzieren Sie die Konzepte der ‚deliberativen Demokratie' und der ‚radikalen Demokratie' und markieren Sie deren zu unterscheidende Grundannahmen.
2. Beantworten Sie auf der Basis eines der beiden skizzierten Demokratiekonzepte folgende Fragen: Was könnte es in diesem Kontext bedeuten, *sich für oder gegen* ein (inklusions)pädagogisches Konzept, eine schulische Struktur oder gesellschaftliche Ordnung *zu entscheiden*? Wer entscheidet auf welche Weise was, und was wäre daran politisch?
3. Arbeiten Sie heraus, auf welche Weise sich das Konzept Inklusion/Exklusion als wesentlich für die Thematisierung politischer und demokratischer Prozesse, Praxen und Kulturen zeigt. Welche Ansprüche, Widersprüche und Einsprüche resultieren daraus, wenn Inklusion/Exklusion gleichzeitig zum (Streit-)Gegenstand dieser Politiken wird? ◄

Literatur

Fachwissenschaftliche Literaturempfehlung

Geldner, J. (2020). *Inklusion, das Politische und die Gesellschaft. Zur Aktualisierung des demokratischen Versprechens in Pädagogik und Erziehungswissenschaft*. Bielefeld: transcript. *Diese Studie zeichnet sich dadurch aus, dass sie sich systematisch als ein kontingenter Einsatz mit all den zu lesenden Ambivalenzen und Verstrickungen darstellt, dass sie differente integrations- und inklusionspädagogische Einsätze als demokratiepolitische Vorhaben mit ihren Potenzialen und Grenzen (sowie mit ihren theoretischen Verortungen) kenntnisreich vorstellt und insbesondere dadurch, dass sie die Forderung der (Re)Politisierung im Sinne eines dauerhaft zu führenden Streits politikphilosophisch begründet radikalisiert.*

Darüber hinaus verwendete Literatur

Aktionsbündnis Kinderrechte (2021). Kinderechte ins Grundgesetz – aber richtig! https://kinderrechte-ins-grundgesetz.de/2021a/03/25/organisationen-Fordernkinderrechte-ins-grundgesetz/. Zugegriffen: 06. Mai 2022.

Bartz, A. (2016). Inklusion und Kinderrechte – Konsequenzen für die Schule. In: L. Hartwig, G. Mennen & Ch. Schrappner (Hrsg.), *Kinderrechte als Fixstern moderner Pädagogik? Grundlagen, Praxis, Perspektiven* (S. 262–271). Weinheim und Basel: Beltz.

Bedorf, Th. (2010). Das Politische und die Politik. Konturen einer Differenz. In: Th. Bedorf & K. Röttgers (Hrsg.), *Das Politische und die Politik* (S. 13–37). Berlin: Suhrkamp.

Literatur

Beiler, F., Jung, Th., Kittstein, L., Konietzka, A., Sanders, O., Stoop, J. und Phillipp, Th. (o. J.). Unbedingte Schule Alfter. Konzept. https://cafequeeria.files.wordpress.com/2010/11/unbedingte_schule_konzept_fin_2.pdf. Zugegriffen: 25. Juli 2022.

Bundesarbeitsgemeinschaft Gemeinsam leben – gemeinsam lernen e.V. (BAG) (Hrsg.) (2012). *Ungehindert Kind – Kinderrechte und Behinderung. Ein Lese- und Praxisbuch für Eltern.* Frankfurt/M.: Mabuse.

Bundesministerium für Familien, Senioren, Frauen und Jugend (BMFSFJ) (2019). Fünfter und Sechster Staatenbericht der Bundesrepublik Deutschland zu dem Übereinkommen der Vereinten Nationen über die Rechte des Kindes. https://www.bmfsfj.de/resource/blob/133732/43637e35068c28ae63a0e8db30dc5cff/20190212-fuenfter-und-sechster-staatenbericht-data.pdf. Zugegriffen: 18. Juni 2022.

Bundesministerium für Familien, Senioren, Frauen und Jugend (BMFSFJ) (2022). Kinderrechte ins Grundgesetz. www.bmfsfj.de/bmfsfj/themen/kinder-und-jugend/kinderrechte-ins-grundgesetz. Zugegriffen: 17. Juni 2022.

Bundesministerium der Justiz (BMJ) (o. J.). Grundgesetz für die Bundesrepublik Deutschland. Art 6. https://www.gesetze-im-internet.de/gg/art_6.html. Zugegriffen: 18. Juni 2022.

Bundesregierung (2019). Kinderrechte in Deutschland. https//www.bundesregierung.de/breg-de/aktuelles/kinderrechte-in-deutschland-1579574. Zugegriffen: 18. Juni 2022.

Castro Varela, M. & Dhawan, N. (2020). Die Universalität der Menschenrechte überdenken. https://www.bpb.de/shop/zeitschriften/apuz/309087/die-universalitaet-der-menschenrechte-ueberdenken. Zugegriffen: 12. Juni 2022.

Dawletschin-Linder (2012). Vorwort. In: Bundesarbeitsgemeinschaft Gemeinsam leben – gemeinsam lernen e. V. (Hrsg.), *Ungehindert Kind – Kinderrechte und Behinderung. Ein Lese- und Praxisbuch für Eltern* (S. 9–11). Frankfurt/M.: Mabuse.

Derrida, J. (2018). *Die unbedingte Universität* (7. Aufl.). Frankfurt/M.: Suhrkamp.

Deutsches Komitee für UNICEF e. V. (o. J.). Konvention über die Rechte des Kindes. https://www.unicef.de/_cae/resource/blob/194402/3828b8c72fa8129171290d21f3de9c37/d0006-kinderkonvention-neu-data.pdf . Zugegriffen: 13. Juni 2022.

Eichholz, R. (2012). Ungehindert Kind – ungehindert behindert. In: Bundesarbeitsgemeinschaft Gemeinsam leben – gemeinsam lernen e. V. (Hrsg.), *Ungehindert Kind – Kinderrechte und Behinderung. Ein Lese- und Praxisbuch für Eltern* (S. 15–40). Frankfurt/M.: Mabuse.

Elsässer, L., Hense, S. & Schäfer, A. (2016). Systematisch verzerrte Entscheidungen? Die Responsivität der deutschen Politik von 1998 bis 2015. Endbericht. Forschungsvorhaben im Auftrag des Bundesministeriums für Arbeit und Soziales. In: Bundesministerium für Arbeit und Soziales (Hrsg.), Lebenslagen in Deutschland. Armuts- und Reichtumsberichterstattung der Bundesregierung. https://www.armuts-und-reichtumsbericht.de/SharedDocs/Downloads/Service/Studien/endbericht-systematisch-verzerrte-entscheidungen.html. Zugegriffen: 08. Juli 2022.

Gatrell, P. (2016). 65 Jahre Genfer Flüchtlingskonvention. https://www.bpb.de/shop/zeitschriften/apuz/229819/65-jahre-genfer-fluetlingskonvention. Zugegriffen: 12. Juni 2022.

Generalversammlung der Vereinten Nationen (UN Vollversammlung) (1948). Allgemeine Erklärung der Menschenrechte. Resolution 217 A (III) der Generalversammlung der Vereinten Nationen am 10. Dezember 1948. https://www.bpb.de/themen/recht-justiz/dossier-menschenrechte/38624/allgemeine-erklaerung-der-menschenrechte/ Zugegriffen: 13. Juni 2022.

Gemeinschaft der Elternräte der Stadtteilschulen in Hamburg (o. J.). Initiative „Wir wollen lernen" (WWL). arge.schule-hamburg.de/Archiv/STI-WWL.html. Zugegriffen: 28. Oktober 2020.

Habermas, J. (1996). *Die Einbeziehung der Anderen. Studien zur politischen Theorie*. Frankfurt/M.: Suhrkamp.

Habermas, J. (2012). Arbeit heute. Ein Gespräch mit Hans-Ulrich Reck. In: R. Barbey (Hrsg.), *Recht auf Arbeitslosigkeit? Ein Lesebuch über Leistung, Faulheit und die Zukunft der Arbeit* (S. 113–117). Essen: Klartext.

Hark, S. (2021). *Gemeinschaft der Ungewählten. Umrisse eines politischen Ethos der Kohabitation*. Berlin: Suhrkamp.

Hetzel, A. (2010). Vertrauen als Affekt der radikalen Demokratie. In: Th. Bedorf & K. Röttgers (Hrsg.), *Das Politische und die Politik* (S. 235–251). Berlin: Suhrkamp.

Hinz, A. (2014). Inklusion im Bildungskontext: Begriffe und Ziele. In: S. Kroworsch (Hrsg.), *Inklusion im deutschen Schulsystem. Barrieren und Lösungswege* (S. 15–25). Berlin: Deutscher Verein für öffentliche und private Fürsorge e. V.

Hirschberg, M. (2022). Gleiche Rechte haben und ausüben können: Menschenrechte aus der Sicht der Disability Studies. In: N. Leonhardt, R. Kruschel, S. Schuppener und M. Hauser (Hrsg.), *Menschenrecht im interdisziplinären Diskurs. Perspektiven auf Diskriminierungsstrukturen und pädagogische Handlungsmöglichkeiten* (S. 63–75). Weinheim Basel: Beltz Juventa.

Jörke, D. (2014). Die populistische Herausforderung der Demokratietheorie, oder unliebsame Gemeinsamkeiten zwischen Deliberativen und agonistischen Modellen der Demokratie. In: C. Landwehr & R. Schmalz-Bruns (Hrsg.), *Deliberative Demokratie in der Diskussion. Herausforderungen, Bewältigungsproben, Kritik* (S. 369–391). Baden-Baden: Nomos.

Krappmann, L. (2016). Kinderrechte, Demokratie und Schule – ein Manifest. In: L. Krappmann & Ch. Petry (Hrsg.), *Worauf Kinder und Jugendliche ein Recht haben. Kinderrechte, Demokratie und Schule: Ein Manifest* (S. 17–53). Schwalbach/Ts.: Debus.

Krappmann, L. & Petry Ch. (2016). Vorwort. In: L. Krappmann & Ch. Perty (Hrsg.), *Worauf Kinder und Jugendliche ein Recht haben. Kinderrechte, Demokratie und Schule: Ein Manifest* (S. 11–16). Schwalbach/Ts.: Debus Pädagogik.

Krüger, O. (2019). *Das Gute im Sozialen. Eine perfektionistische Grundlegung des Sozialstaates*. Frankfurt/M.: Campus.

Landwehr, C. & Schmalz-Bruns, R. (2014). Einleitung. In: C. Landwehr & R. Schmalz-Bruns (Hrsg.), *Deliberative Demokratie in der Diskussion. Herausforderungen, Bewältigungsproben, Kritik* (S. 7–26). Baden-Baden: Nomos.

Leonhardt, N., Kruschel, R., Schuppener, S. & Hauser, M. (2022). Der Diskurs um die Menschenrechte – zwischen Orientierung, Recht, Moral, Bildung und Politik. In: N. Leonhardt, R. Kruschel, S. Schuppener & M. Hauser (Hrsg.), *Menschenrecht im interdisziplinären Diskurs. Perspektiven auf Diskriminierungsstrukturen und pädagogische Handlungsmöglichkeiten* (S. 9–21). Weinheim und Basel: Beltz Juventa.

Liebel, M. (2022). Die Sicht auf Kinderrechte – zwischen Universalitätsanspruch und (Kultur-)Relativismus. In: N. Leonhardt, R. Kruschel, S. Schuppener & M. Hauser (Hrsg.), *Menschenrecht im interdisziplinären Diskurs. Perspektiven auf Diskriminierungsstrukturen und pädagogische Handlungsmöglichkeiten* (S. 51–62). Weinheim und Basel: Beltz Juventa.

Lohmann, G. (2022). Die Menschenrechte als interdisziplinäre Herausforderung. In: N. Leonhardt, R. Kruschel, S. Schuppener & M. Hauser (Hrsg.), *Menschenrecht im interdisziplinären Diskurs. Perspektiven auf Diskriminierungsstrukturen und pädagogische Handlungsmöglichkeiten* (S. 24–35). Weinheim und Basel: Beltz Juventa.
März, D. (2017). *Kinderarmut in Deutschland und die Gründe für ihre Unsichtbarkeit.* Weinheim und Basel: Beltz Juventa.
Maywald, J. (2016). 25 Jahre UN-Kinderrechtskonvention. In: L. Krappmann & Ch. Petry (Hrsg.), *Worauf Kinder und Jugendliche ein Recht haben. Kinderrechte, Demokratie und Schule: Ein Manifest* (S. 57–69). Schwalbach/Ts.: Debus.
Mecheril, P., Puhlmann, M., Warkentin, T. & von Wintzingerode, S. (2022). Jenseits von Ignoranz und Überlegenheitsanspruch. Kritik der ungleichen Vulnerabilität des Menschen. In: N. Leonhardt, R. Kruschel, S. Schuppener & M. Hauser (Hrsg.), *Menschenrecht im interdisziplinären Diskurs. Perspektiven auf Diskriminierungsstrukturen und pädagogische Handlungsmöglichkeiten* (S. 200–213). Weinheim und Basel: Beltz Juventa.
Meyer, Th. (2011). *Theorie der Sozialen Demokratie* (2. Aufl.). Wiesbaden: VS Verlag für Sozialwissenschaften.
Mokre, M. (2021). Solidarität als Übersetzung. In: L. Susemichel & J. Kastner (Hrsg.), *Unbedingte Solidarität* (S. 193–206). Münster: Unrast.
Mouffe, Ch. (2010). Inklusion/Exklusion: Das Paradox der Demokratie. In: P. Weibel & S. Žižek (Hrsg.), *Inklusion : Exklusion. Probleme des Postkolonialismus und der globalen Migration* (2. Aufl.) (S. 75–90). Wien: Passagen Verlag.
Mouffe, Ch (2013). Demokratische Politik im Zeitalter des Postfordismus. In: O. Marchart (Hrsg.), *Facetten der Prekarisierungsgesellschaft. Prekäre Verhältnisse. Sozialwissenschaftliche Perspektiven auf die Prekarisierung von Arbeit und Leben* (S. 205–215). Bielefeld: transcript.
Mouffe, Ch. (2015). *Agonistik. Die Welt politisch denken.* Bonn: bpb.
Mühleisen, H.-O. (2015). Idee und Wirklichkeit: Kritische Zugänge zur deliberativen Demokratietheorie von Jürgen Habermas. In: H. Ottmann & P. Barišić (Hrsg.), *Deliberative Demokratie* (S. 119–134). Baden-Baden: Nomos.
Nestler, R. & Vogt, V. (refugee law clinics abroad e. V.) (o. J.). Nicht-amtliche Synopse der Dublin-Durchführungsverordnung. https://www.asyl.net/fileadmin/user_upload/ Gesetzestexte/Dublin-Durchfu__hrungsVOSynopse.pdf. Zugegriffen: 17. Juli 2022.
Netzwerk Artikel 3 e. V. (2018). Schattenübersetzung. Übereinkommen über die Rechte von Menschen mit Behinderungen. Behindertenrechtskonvention – BRK. https://www.nw3.de/attachments/article/130/BRK-Schattenuebersetzung-3-Auflage-2018.pdf. Zugegriffen: 13. Juni 2022.
Niederberger, A. (2014). Inklusion durch Rationalität oder Rationalität durch Inklusion? Deliberative Demokratie im Spannungsfeld von Input- und Output-Legitimität. In: C. Landwehr & R. Schmalz-Bruns (Hrsg.), *Deliberative Demokratie in der Diskussion. Herausforderungen, Bewältigungsproben, Kritik* (S. 67–101). Baden-Baden: Nomos.
Olk, Th. & Hübenthal, M. (2013). Soziale Arbeit und Demokratie – Skizzen zu einem komplexen Wechselverhältnis. In: T. Geisen, F. Kessl, T. Olk & St. Schnur (Hrsg.), *Soziale Arbeit und Demokratie* (S. 267–296). Wiesbaden: Springer VS.

Ottmann, H. (2015). Was man von der deliberativen Demokratie erwarten kann. In: H. Ottmann & P. Barišić (Hrsg.), *Deliberative Demokratie* (S. 221–235). Baden-Baden: Nomos.

Palazzo, G. (2002). *Die Mitte der Demokratie. Über die Theorie deliberativer Demokratie von Jürgen Habermas.* Baden-Baden: Nomos.

Reinecke, S. (2005). Partizipation durch direkte Demokratie und die Transformationen der politischen Kultur. In: R. Matzker & S. Reinecke (Hrsg.), *Öffentlichkeit, Partizipation, Politische Kultur* (S. 71–79). Bern u.a.: Lang.

Schnell, I. (2003). *Geschichte schulischer Integration. Gemeinsames Lernen von SchülerInnen mit und ohne Behinderung in der BRD seit 1970.* Weinheim: Juventa.

Schwenken, H. & Schwiertz, H. (2021). Transversale und inklusive Solidaritäten im Kontext politischer Mobilisierungen für sichere Fluchtwege und gegen Abschiebung. In: S. Dinkelaker, N. Huke & O. Tietje Olaf (Hrsg.), *Nach der „Willkommenskultur". Geflüchtete zwischen umkämpfter Teilhabe und zivilgesellschaftlicher Solidarität* (S. 165–192). Bielefeld: transcript.

The UN Refugee Agency (UNHCR) (o. J.). Genfer Flüchtlingskonvention. https://www.unhcr.org/dach/de/ueber-uns/unser-mandat/die-genfer-fluechtlingskonvention. Zugegriffen: 13. Juni 2022.

Tietje, O., Dinkelaker, S. & Huke N. (2021). Einleitung: Umkämpfte Teilhabe. In: S. Dinkelaker, N. Huke & O. Tietje (Hrsg.), *Nach der „Willkommenskultur". Geflüchtete zwischen umkämpfter Teilhabe und zivilgesellschaftlicher Solidarität* (S. 7–21). Bielefeld: transcript.

Wevelsiep, Ch. (2006). *Zur Metaphysik des Politischen. Die Radikalisierung der Postmoderne im Ereignisdenken.* Bonn: Pahl-Rugenstein.

Wir wollen lernen (2010). Volksentscheid erfolgreich umgesetzt. http://www.wir-wollen-lernen.de/1392/volksentscheid-erfolgreich-umgesetzt/index.html. Zugegriffen: 30. Juni 2022.

Wir wollen lernen (2015). Elternwahlrecht und ‚Inklusion'. http://www.wir-wollen-lernen.de/2444/elternwahlrecht-und-das-modewort-inklusion/index.html. Zugegriffen: 30. Juni 2022.

The manufacturer's authorised representative in the EU is Springer Nature Customer Service Centre GmbH, Europaplatz 3, 69115 Heidelberg, Germany. If you have any concerns regarding our products, please contact ProductSafety@springernature.com

Printed and bound by CPI Group (UK) Ltd, Croydon, CR0 4YY
23/03/2026
02076457-0008